꼬리 먹는 뱀
우로보로스 사유와
서양 문명 비판

I

선악과와 처녀 잉태:
유대-기독교 문명

꼬리 먹는 뱀
우로보로스 사유와
서양 문명 비판

I

선악과와 처녀 잉태:
유대-기독교 문명

권석우

투탕카멘의 석관을 둘러싸고 있는 우로보로스 묘사: 투탕카멘의 황금가면은 그 자체로도 뱀의
형상을 띠고 있다. 이집트 신왕국 제18왕조 투탕카멘왕의 무덤 보물 자료. 카이로 이집트박물관

나는 알파와 오메가요
처음과 나중이요 시작과 끝이라
요한계시록 22:13

감사의 말

학살과 관련된 전쟁문학을 전공으로 하는 필자의 공부가 굳이 다른 방향
은 아니지만 여성과 죽음, 그리고 연이어 삶과 평화에 관한 단편들로 채워
지기 시작한 것이 거의 20년을 상회한다. 전쟁문학에 나타나는 '악의 평
범함'과 편재성(遍在性, ubiquity)과 더불어 도처에 창궐하는 '죽음의 진부
함'에 대한 자각이 이에 관한 연구를 촉발시켰다고 할 수 있으며, 특별히
여성과 죽음에 관한 서양학자들의 문화사적 연구는 필자의 연구와 관련
된 시대적 개념과 본문에 인용되는 많은 화보들을 확인해 보는 좋은 길
잡이였다. 구스케(Karl S. Guthke)의 『죽음의 젠더: 예술과 문학의 문화사』
(*The Gender of Death: A Cultural History in Art and Literature*, 1999), 디직스
트라(Bram Dijkstra)의 2부작 『사악함의 우상들: 세기말 문화의 여성적 악
에 대한 환상』(*Idols of Perversity: Fantasies of Feminine Evil in Fin-de-Siècle
Culture*, 1986)과 『사악한 여성들: 20세기 문화에 나타난 여성의 성의 위
협』(*Evil Sisters: The Threat of Female Sexuality in Twentieth-Century Culture*,
1996), 그리고 메논(Elizabeth Menon)의 『고안된 사악함: 팜므 파탈의 창조
와 상업화』(*Evil by Design: The Creation and Marketing of the Femme Fatale*,

2006) 등의 연구서는 필자의 연구 개시에 많은 도움이 되었다. 배신(Beth Bassein)의 『여성들과 죽음: 서양사상과 문학의 연결고리들』(*Women and Death: Linkages in Western Thought and Literature*, 1984)과 브론펜(Elisabeth Bronfen)의 『여성의 주검을 넘어: 죽음, 여성성과 미학』(*Over Her Dead Body: Death, Femininity and the Aesthetic*, 1992) 등도 이 분야에서 참고해야 할 기본적인 서적들이었다. 출판을 준비하는 과정 가운데서 뒤늦게 접한 찰스 워스(James Charlesworth) 교수의 10년 연구의 결실인 『선하고 악한 뱀: 보편적 뱀 상징의 기독교화 과정』(*The Good and Evil Serpent: How a Universal Symbol Became Christianized*, 2010)은 필자의 뱀에 관한 연구를 필두로 하는 작업이 학문적인 타당성과 중대함을 지닐 수도 있다는 사실을 고맙게도 확인해 주었다.

많은 이들이 입을 모아 말해왔지만 죽음 자체에 대한 연구는 불가능하였다. 죽음이 체험 가능한 "사건"(event) 혹은 "사태"(crisis)가 아니라서 그러하다고 자책을 애써 비껴 여성이라는 우회로를 선택했지만, 여전히 죽음 자체에 대한 질문은 오롯이 남아 있다. 필자가 선택한 길은 영원히 알 수 없다고 치부되었지만 인류의 영성이 진화함에 따라 조금씩 알려지기 시작하는 죽음을, 이보다는 덜 재현 불가능한 것이라고 알려진 여성이라는 범주와 연관하여 들여다보는 것이었다. 여성을 통해서 필자는 삶이 죽음이 되고 죽음이 다시 삶이 되는 현상을 추적하려고 하였으며, 여성적 동물상징이라 할 수 있는 뱀과 이에 상응하는 태양계의 별자리인 달에 대한 성찰은 또한 삶이 죽음이고 죽음이 삶이라는 '우로보로스'(ouroboros, uroborous)의 원(圓) 또는 원융(圓融) 현상을 깨닫게 해주는 데 일단 부족함은 없었다. 삶이 죽음이라는 관념과 사실을 말 그대로 인지하고 삶을 죽음처럼 그리고 죽음을 새로운 삶을 예비하는 길, 즉 과정 또는 도정(道程)으로 생각하며 죽음을 자연의 일부로 스스럼없이 받아들여 이를 구체적인 삶 속에서 체현하고 살았던 이들은 얼마나 행복하였을까?

이러한 생각으로 필자는 여성을 매개로 한 인류의 죽음 관념에 관한 자료들을 선별하여 수메르-바빌로니아, 그리스, 기독교 문명을 거쳐 팜므 파탈이 횡행했던 19세기 말, 그리고 유럽 문명의 적자로서 미국 문명의 죽음 지향적 성향을 잘 드러내 주고 있는 베트남 전쟁 시기의 서양인들의 문명과 사유에 대한 점검을 수행하였다. 책을 준비하는 과정에서 생사불이(生死不二)와 생사여일(生死如一)을 말하는 우로보로스, 천상적인 것과 지상적인 것의 융합을 상징하는 '날개 달린 뱀'(flying serpent) 내지는 용(龍), 뱀과 하와(중국에서는 여와), 물과 달과 여성의 음부, 인안나와 이슈타르, 메두사와 대모신, 팜므 파탈과 여성 전사 등등의 다양한 아이콘과 상징들, 그리고 동정녀 탄생과 삼위일체뿐만 아니라 지식나무와 생명나무의 통합, 존재 자체를 의미하는 전쟁의 여신 네이트(Neith)와 아테나, 청동기시대의 "여성의 세계사적 패배" 모계제에서 부계제로, 성전(聖戰)과 정전(正戰), 여성적 평화 등등 작금의 해묵은 관념들이 출몰했다. 여성과 죽음에 관한 논의는 여성과 전쟁에 관한 필자의 원래의 주제로 다시 돌아갔고, 여성과 생명과 평화에 관한 함축적 논의는 부수적인 것만은 아니기에 여성과 죽음, 그리고 전쟁에 관한 우리의 논의에 한 지향점을 시사하고 있다는 점에서 이 책의 본문 말미에 추가되었다.

이제 일단의 작업을 마치고 지나온 시절을 책으로 엮으려 하니 홀가분함보다는 자괴감이 앞선다. 세기말에 대한 논의에 이르러서는 프로이트와 융을 시발점으로 하는 정신분석학과 분석심리학의 여성관에 대한 분석을 시도하기는 하였지만 미진한 감이 든다. 니체의 경우에는 그가, 적어도 피상적으로는 경멸적인 의미에 있어서 여성을 삶, 즉 '여성적 삶'(vita femina, vita feminae)으로 파악하였기에, 물론 삶과 죽음의 다르지 않음, 즉 불이(不二)를 논하는 이 책의 성격에서 전혀 벗어나는 것은 아니었지만, 일단은 그의 아포리즘적 스타일을 따른다는 미명으로 그의 방대한 저작에 비해 궁색하게 언급되었다.

아무튼 이 책은 책이라는 형태를 기획할 당시부터 일관되게 단행본의 일부분으로 기획하고 발표한 글들을 자양분 삼아 본문에 들어갈 내용을 새로운 장들로 추가하는 가운데 그 내용을 네다섯 곱절 이상 확대한 결과물이다. 논문의 형태로 발표된 글들에 관한 출처는 책의 말미에 따로 밝혀 놓았다. 책으로 엮는 20년의 과정에서 부정확한 정보들과 그릇된 사실들도 많이 발견되어 대폭 수정되었고 필자의 원래 입장과는 정반대 결론이 도출되기도 하였으니, 지나간 15년 그리고 이 책의 결론 부분을 차일피일 미루며 5년간 더 공들인 과정은 학문의 세계가 온갖 모순들과 관점에 따른 상이한 입장들이 상존하였을 뿐만 아니라, 공자도 소크라테스도 밝힌바 있지만 학문 자체가 이미 시초부터 부분적 지식, 쿠자누스(Nicolaus Cusanus)를 인용하자면 '아는 무지'(docta ignorantia: "박학한 무지" "무지의 지" "현명한 무지" 등으로 번역. 무지를 알아 더 나은 지식과 깨달음으로 나아가고 있다는 의미에서 "아는 무지"를 택함), 즉 무지에 대한 인정을 통하여 일자 혹은 신적인 통일성에 대한 깨달음으로 귀착할 수밖에 없음을 확인하는 시간이었다.

이와 관련하여 밝히고 싶은 두 가지 에피소드 중 하나는 1장에 일부 포함된 논문(2009)을 쓸 무렵 뱀에 대한 필자의 인식이 정확하지 못하여 창세기에 나타난 뱀을 신약의 사탄으로 오인하고 글을 썼다는 것이다. 뱀이 먼저이고 사탄은 그 후에 등장하여, 정확히 말하자면 요한계시록에 이르러 비로소 사탄은 뱀과 동일시되었다. 뱀과 사탄, 그리고 이브의 동일화를 견지했던 통속적인 전승을 비판하는 필자의 글이 오히려 그러한 관념을 따라 여전히 뱀을 사탄으로 표기했다는 사실은, 기존의 사회문화적 통념을 바로잡는 것이 얼마나 어려운 일인지를 보여준다. 오독이 아니라 심각한 결함이었다. 사탄은 창세기에 등장하지 않으며, 구약 전체에서 명사로는 9번만 등장하고 있는데, 마태복음 16:23의 "사탄아(Σατανᾶ) 물러가라"는 표현에 익숙한 우리는 뱀과 사탄과 이브를 동일시하기 일쑤이다. 그런데 여기서 예수가 사탄이라 표현한 인물은 말 그대로 교회의 "반석"이 되는 베드로였다.

Sola scriptura(오직 성경으로)!

두 번째 에피소드는 선악과에 관한 것이다. 히에로니무스(Eusebius Hieronymus, 347?~419?: 신·구약 성경의 라틴어 번역본 『불가타』의 저자, 일명 "성 제롬" St. Jerome)가 "선과 악을 알게 하는 나무"의 과실, 한국어로는 선악과로 번역된 과실을 "mālum"(말룸)이라 번역했다고 보통은 알려져 있는데, 책을 준비하고 편집하는 과정에서 히브리어 구약 성경과 그리스어본 셉투아긴타, 그리고 라틴어본 불가타 성경 원전 대조를 해보니, 적어도 창세기 1~3 장에서는 히에로니무스가 이를 말 그대로 "말룸" 자체로 번역한 적이 없다는 사실에 대한 발견이었다. 암시를 한 흔적은 드러나고 있으나, 이를 명시적으로 "말룸" 혹은 오늘날 우리가 알고 있는 사과로 누가 최초로 번역했는지에 관한 탐구는 지난한 과정을 예고하고 있다. 밀턴이 이를 사과라 표현한 적은 2번 정도 『실낙원』에서 있었지만, 그 또한 대체적으로 "금지된 과일"(forbidden fruit), 혹은 통칭인 "과일"로 선악과를 지칭했다는 사실을 알게 되었으며, 창세기 시대 혹은 밀턴 시대의 사과가 우리가 알고 있는 사과하고는 거리가 있다는 사실 또한 덤으로 알게 되었다. 고리타분한 것으로 되어 있는 "학문연구"(scholarship)의 중요성, 스칼라십과 시의에 민감한 비평(criticism) 간의 차이와 상호 영향을 가늠해주는 좋은 예가 될 수 있겠다.

선악과로 대표되는 분별적 이성과 젠더, 그리고 죽음과 전쟁에 관한 연구가 역설적으로 죽음과 '전쟁의 무젠더성'을 주창하는 연구서로 종내에는 탈바꿈한 소이는 시간과 공이 드는 스칼라십의 결과이니, 필자가 애초에 상정한 '삶과 죽음의 등가성' 혹은 '가역성'이 '비등가성'과 '불가역성'으로 탈바꿈하여 새로운 책의 기획이 되고 있는 이유이다. 순간의 영원을 주창하여 존재의 구원과 해탈을 상정하고 있는 기독교와 불교 등이 기대고 있는 형이상학의 논지를 따르자면, 삶과 죽음은 동일성과 역설을 매개로 하여 동일화되어 왔다. 방생방사(方生方死)와 방사방생(方死方生), 적래적거(適來適去)의 '비' 제사생(齊死生)을 말하는 장자는 혹 예외가 될지 모르겠지만,

일정부분 금강경과 반야경 계통의 불교를 포함하는 동양의 형이상학적 사유 또한 서양의 존재와 일자의 형이상학과 많이 다르지 않았다.

선악과 젠더, 그리고 생사의 분별을 넘으면 그 분별을 바탕으로 느긋한 지혜가 찾아온다. 많은 양의 주석들은 수메르-바빌로니아 신화와 서양의 종교에 대한 논의, 즉 고고신화학과 종교인류학 방면이 필자에게는 생소한 분야이어서 그 부족함에 대한 알아차림이 불안한 사족으로 덧붙여져 그렇기도 하지만, 일반 독자들은 물론이지만 이 분야 전문가들의 질정과 후속 연구를 촉발하기 위하여 어원학적 추가 설명과 문헌학으로 협소하게 번역되는 '필로로지'(philology) 자료를 분에 넘치게 추가한 까닭이다. 전문서로 시작된 책이 필자의 지식에 대한 갈구와 그 '넓이'를 탐구하려는 성향 때문에 일반 독자들도 염두에 두는 소위 인문서로도 나름 부분적으로는 탈바꿈하기도 하는 모양새를 지닌 꼴이 되었다. 일관된 주제의 3권의 책으로 엮어 나오기까지 생각보다 많은 시절을 소비했던 까닭은, 변명일 수밖에 없겠지만 필자의 과문함과 일천함 또한 한 몫을 하였으니, 중간 중간 관련 서적들을 구입하고 읽기와 쓰기와 고치기를 지속적으로 수행하였어도 '깊이' 면에서는 여전히 아쉬움이 남는다. 히브리어와 그리스어 등 고전문헌에 관한 보다 더 정확한 인용과 보강 작업은 개정판에서 다룰 요량이다.

특별히 이 책의 2장에서 전개되고 있는 『70인역』(Septuaginta)에 나타난 그리스어 "parthenos"의 의미가 우리가 알고 있는 생물학적 의미의 처녀로서 그것이 "젊은 처자"를 뜻하는 히브리어 "알마"(almah)의 오역임을 주장하는 최근 학계의 소위 진보적인 주장과는 달리, 오히려 그 역어가 시대적 상황을 고려한 적절한 번역어일 수도 있다는 주장에 대해서 독자들은 주목해 주기 바란다. "parthenos"는 "출산의 경험이 많은" 혹은 "아직 정식으로 혼례를 올리지 않은" 처자 정도의 의미로 그리스 사회에서 통용되었던 것 같다. 물론 대중들이 "parthenos"의 의미를 잘못 알고 생물학적 의미의 처녀(히브리어로 이에 상응하는 어휘는 "bethula")로 받아들여 사용했으리라는 추측은 별개의 문제이다. 기원후 2세기경 로마의 아퀼라(Julius Aquila)의 직역에 가까운 새로운 번역판과 이어지는 테오도티온(Theodotion) 역본과 심마쿠스(Symmachus) 역본에서 히브리어 "알마"(almah)를 "파르테노스"(parthenos)가 아니라 "젊은 처자"라는 뜻의 "네아니스"(neanis)로 표기하였다는 사실을 발견하는 것은 공자께서 말씀하신 "학이시습지 불역열호(學而時習之 不亦說乎)"의 순간이었다. 테오도티온과 심마쿠스는 아퀼라와 마찬가지로 항간에서 사용되는 "parthenos"의 뜻을 일부러 무시하였을까? "neanis"는 "parthenos"에 붙어 있다고 간주 되는 생물학적 의미를 걷어낼 수 있는 역어로 사용되었을 수도 있었는데, 성서번역 전통에서 유실된 아퀼라의 판본을 직접 확인하고 대조하여 세심하게 논할 수 있는 학자들의 후속 연구를 기대한다.

필자가 또한 제안하고 있는 향후의 연구 과제, 즉 고대 신화에서 엔릴의 형 엔키나 모세의 형 아론, 그리고 이삭의 맏형인 이쉬마엘에 이르기까지 서자(庶子)가 장자이며 그들이 제사장직을 수행하였으며, 수메르 문명권에서 왕위 즉위의 순서가 우리 식으로 표현한다면 성골이 아니라 진골이 우위라는 이 책의 3장에서 간략하게나마 전개되고 있는 논의, 팜므 파탈에 관한 기원을 추적하려는 어원학적·문헌학적 연구, 그리고 책 전체에 걸쳐 산발적으로 언급되는 신들의 이름과 계보, 또한 그에 대한 비교 종교적 성찰 등들이 이 분야의 전문가들에 의해서 검토되고 비판받기를 기대한다. 히브리어 성경에서 "선과 악을 알게 하는 나무", 즉 선악과에 대한 표기에서 선(tob)과 악(rah)이라는 용어가 보고 듣기에 좋고 거슬리는 미추(美醜)에 대한 관념으로부터 시발된 '호오'(好惡)의 개념이었다는 성경 구절을 인용한 재해석 또한 독자들은 주목해 주기를 바란다. 동양이나 서양이나 인간에 대한 기본적인 생각이 선악이 아니었음을 발견하는 것은 선악의 이분으로 분별되는 세상을 살아가는 필자에게는 공부하는 의미를 깨닫게 해준 말하자면 개안(開眼)의 순간이었다. 전국시대 말기 이전투구의 혼란 속에서 하늘의 인자함(仁)에 대한 기대가 무너지고 덕(德)의 개념이 쇠퇴함에 따라 등장하게 된 순자의 성악에 관한 생각이 선(善), 또는 위(僞)의 정치적 중요성을 설파하는 이론에 지나지 않는다고 서양 원죄설의 영향을 받은 모종삼(牟宗三)과 곽말약(郭末若)을 위시해 많은 이들이 이미 순자의 의도를 따라 잘 해석한 바 있듯이, 서양의 원죄론과 자주 비견되는 중국 순자의 성악설마저도 찬찬히 살펴보면 인간의 절대적인 악함을 논하고 있지는 않았다.

책을 준비하는 과정에서 필자를 사로잡고 있었던 것은, 비록 필자는 더이상 이것이 가능하지 않다고 생각하여 책의 말미에 이르러서는 삶은 삶이고 죽음은 죽음일 뿐 우로보로스의 현상학은 이미 반 우로보로스라는 해석, 즉 해석학적 현상학을 거쳐 순간학, 즉 삶과 죽음의 비동일성 또는 비가역성을 말하게 되지만, 지나간 3~4천 년 인류가 금과옥조로 여긴 것은 이책의 주제인 '삶과 죽음의 동일성'과 '가역성'이었다. 이것이 시작과 끝이, 그리고 삶과 죽음이 동일함을 보여주는 우로보로스를 지시하는 뱀이 우리에게 전하는 말이었고, 필자는 그것을 지나간 다양한 문명권에서 확인하고 싶었다. 감사의 글을 쓰는 이 순간에서도 그러나 필자는 삶이 죽음이고 죽음이 삶이라는 해묵은 그러나 놀라운 이 말을 안다고 가장하지는 않는다. 삶이 죽음으로, 죽음이 다시 삶으로 향해야만 하는 우로보로스 인식과 그것에 대한 인류의 집착! 삶과 죽음은 그 자체로 우로보로스의 원(圓)을 그리고 있었다.

김형효 교수가 주장하는 원효의 교직(交織)과 대대(待對)의 철학, 옥시모론(oxymoron)과 역설과 모순이 난무하는 세상을 반영하는 교차배어(交叉配語, chiasmus)와 역설의 수사학, 쿠자누스(Nicolaus Cusanus, 1401~1464)의 '상반의 일치'(coincidentia oppositorum)와 융(Carl Jung, 1875~1961)의 '대극의 합일' 또는 '융합의 신비'(coniunctio oppositorum, *Aion* 31; mysterium coniunctionis, *Mysterium Coniunctionis* 365) 등은 세상의 이원성 혹은 사물의 양면성과 이로부터 촉발되는 "하나로의 지향" 혹은 움직임을 표상하고

있는 우리의 우로보로스 수사(修辭)와 맥락이 닿아 있었다. 음양과 생사, 전쟁과 평화, 미추와 선악, 영육과 형상과 질료, 심지어는 동양의 이기(理氣) 개념도 퇴계와 율곡의 이기호발설(理氣互發設)과 기발이승론(氣發理乘論)에서 나타나듯이 대극의 합일을 이루고 있다. 상반의 일치라는 수사는 그러나 엄밀히 말한다면 이분법과 무한궤도의 변증법을 가리기 위한 포장에 지나지 않으니, 우리는 여전히 상반된 것의 일치를 꿈꿀 뿐 그것의 궁극적인 일치 혹은 화합이 가능한 세상을 살고 있지는 않고 있는 것 같다. 그렇다면 우리의 우로보로스 수사는 동서양 문명을 막론하고 이원론과 그 예기(銳氣)를 애써 포장하여 감싸 안으려는 무늬만 일원론이 될 수 있는 인류의 양날의 칼에 불과할 수도 있다. 전생심리학과 윤회, 그리고 신지학을 포함하는 이 분야의 연구에 진전이 있다면 그때 다시 약간의 확신을 갖고 삶과 재생으로 이르는 죽음을 다시 말할 수 있기를 희망할 뿐이다.

죽음이 그냥 '아무것도 없는' 죽음인 경우가 오히려 역설적으로 더 편안할 수 있다는 생각은 떠나지 않는다. 심판과 윤회보다는 "죽으면 그저 해탈"이라는 가르침이 많은 사람들을 더 위로할 수도 있다는 생각은, 우리의 죽음학 또는 사생학(死生學) 교육이 그러한 방향으로 이어져야 한다는 당위성을 내포하고 있다. 불교 유식학(唯識學)의 논리를 빌지 않아도 시쳇말로 '개뿔 아무것도 없는'(nothing) 죽음이야말로 니르바나요 해탈임을 모르는 바도 아니고 소위 무(無)가 우리가 알고 있는 '없음'(ouk on)이 아니라고 동서양의 철학자들에게서 익히 들어왔지만, 인류는 항상 죽음 이후에 '그 무엇'(甚麼, something)이 있기를 바라왔다. 니체의 동일영원회귀론도 이러한 소망에서 멀지 않다. 그 무엇도, 아무것도 없다고 주창하는 중관학(中觀學) 위주의 일부 대승불교마저도 사후세계라는 인식 또는 미망과 희망에서 여전히 자유롭지 않은 것은 일부 사실이기도 하다. 무아는 자아를 해탈은 윤회를 전제로 하니 아뢰야식(阿賴耶識)과 그것이 지구에서 펼쳐내는 삼사라(saṃsāra, 迷妄)의 세계 넘어 또 다른 근원의 나와 또 다른 미망의 도솔(兜

率)의 세계가 존재할는지 필자는 알지 못한다. 그러나 종교가 죽음이라는 현실과 그것을 넘어서려는 현재의 소망에서 태동했다는 필자의 인식에는 변함이 없다. 많은 이들이 이구동성으로 말해왔지만 죽음이 없다면 삶뿐만 아니라 학문도 없었을 것이고 신이라는 관념 또한 불가능했을지 모른다. 굳이 역설일 것도 없지만 그렇다면 신은 생명이지만 또한 죽음이기도 하다. 새로운 생명을 보장해 주는 것, 그리고 신을 충분히 볼 수 있는 계기는 대개의 경우는 죽음을 통해서 가능하다. 기독교의 십자가의 죽음은 필자에게 그런 의미를 띤다.

신이 남성적이면서도 여성적이고 죽음과 전쟁마저도 남성성과 여성성을 공유하고 있다는 사실의 발견 혹은 재확인은, (물론 동서양의 사상을 비교할 때 지나친 일반화는 지양되어야 하겠지만) 인도의 불이(advaita: 不二, 不異)와 중국과 한국의 이기이원(理氣二元)과 이기일원(理氣一元)의 사상을 다시 한 번 점검해 주는 계기가 되었다. 엔트로피와 네겐트로피(negentrophy)의 자리에서 바로 꽃피는 부활과 재생의 약속! 죽음에서 피우는 삶! 삶이 죽음이고 죽음이 삶이라는 사실을 결론으로 삼는 이 책에서, 서양의 '리베스토드'(Liebestod), 즉 "사랑을 위한 죽음"이라는 토포스(topos)만큼 우리의 주제와 어울리는 용어가 또 있을까? 리베스토드는 바로 죽음을 위한 사랑인 '토데스리베'(Todesliebe)로 교차되니 인생이란 에로스와 타나토스, 즉 삶과 죽음이 대대적으로 꼬아진 우로보로스의 끈이 아니고 무엇이랴. 느낀 것은 많지만 정작 책을 준비하면서 알아차린 것은 배울수록 더 모르니 배울 것만 늘어난 것을 확인하는 것뿐이었다. 이제야 비로소 글을 조금 읽을 줄 알게 되고 학문에 입문하는 것 같으니, 공자의 입지(立志)는 어리숙한 필자에게는 지천명(知天命)을 지나 이순(耳順)의 길목에서 찾아온 셈이다. 학문은 죽음에 대한 성찰에서 시작되어 그것에서 결국은 한 치도 벗어나고 있지 못하지만, 필자에게 학문은 모름에 대한 깨달음과 모름에 대한 끝없는 인정과 깨달음일 뿐이다.

책을 준비하면서 소싯적 읽은 바슐라르(Gaston Bachelard)와 뒤랑(Gilbert Durand)을 다시 읽게 되었던 것은 소략한 즐거움이 또한 아닐 수 없다. 보들레르를 해석하는 유평근 교수를 지면으로 하여 뒤늦게 접한 심층수사학, 그리고 유평근-진형준 교수를 통하여 접하게 된 뒤랑의 상상인류학은 젊은 문학도의 꿈을 회상하게 했던 행복한 순간이었다. 이 책을 관통하는 주제라 할 수 있는 '삶과 죽음의 우로보로스'와는 먼 것처럼 보이지만 그들이 주장하는 '양가적 상보성'을 필자 또한 주장하고 있었으니, 반복하여 다시 말하자면 하늘 아래 새로운 것은 하나도 없다. 새로 얻은 그들의 통찰이 본문의 흐름에 잘 어울리지 않는 경우에는 주석으로도 처리하였으나 책이 번쇄해진 느낌이다.

글을 발표하고 책을 펴내는 과정에서 특별히 연세대학교의 문경환 교수님에게 헤아릴 수 없는 도움을 받았다. 본문에 등장하는 그리스어와 라틴어를 위시한 고전어의 어원과 의미에 대한 확인뿐만 아니라, 계속되는 필자의 질문을 해박한 서지·문헌학적 정보로 받아주었던 선생님의 도움과 배려는 필자의 공부를 더욱더 가열 차게 하는 격려와 피드백이었다. 감사드린다. 고전어에 대한 필자의 매우 부족한 공부에도 불구하고 필요에 따라 한문은 말할 것도 없지만 히브리어와 그리스어 등의 원문을 간혹 병기함은 해당 원어를 밝히는 것이 의미를 분별하는 데 필요한 경우가 있을 때와 추후의 파생 논의가 필요할 때이다. 좀 더 공부해서 부정확한 부분은 추후에라도 바로잡겠다.

학문은 언어를 깊숙이 모르고서는 진행될 수 없음을 알게 되었으니, 설익은 지식과 과시 욕구, 그리고 때마다 출현하는 비평과 이론에 많이는 휘둘리지 않을 후학들의 연구에 필자의 작업이 자료집 정도의 수준으로라도 도움이 되었으면 하는 바람이다. 3권이나 되는 책을 한 터울로 출판하려 하니 어려운 점이 적지 않았다. 도서출판 청송재의 장종표 대표님과 배정환 편집장님의 호의와 후의에 힘입어 출판 승낙을 받고 이제 감사의 글을 다시 고치고 있으려니 남다른 감회가 들지 않을 수 없다. 화보와 편집을 꼼꼼히 잘 살펴준 청송재의 전문 편집인 양성숙님에게도 고마운 마음 드린다. 10년 전 초벌구이 상태에서 참고문헌을 정리해 주었던 당시 대학원생 김지수와 필요한 자료들을 공수해준 서울시립대 도서관 사서분들과 택배원분들, 연구의 많은 부분을 거들어준 한국연구재단과 서울시립대의 지원에도, 그리고 필자의 허무개그가 가미된 수업을 잘 "참고" 들어준 학부생들에게도 많은 감사드린다. 필자의 작업을 응원해 주시고 출판의 다리를 놓아주신 영남대 이강옥 교수님에게 특히 더 감사한 마음이 든다. 국문학 분야에서 생사학의 새로운 지평을 열고 계시는 선생님의 학문적 여정이 또 다른 결실을 맺기를 축수할 뿐이다. 혼자서는 아무 것도 할 수 없으니, 가르치면서 또 가르침을 들으면서 우리는 많은 것을 알게 된다.

책을 준비하는 이쪽저쪽 많은 일이 생겼다. 아주 오래전 매형에 이어 유학을 마치고 귀국한 후에는 아버님, 둘째형, 큰형수님도 세상을 떠났고 고등학교 시절 내 친구도 주위에서 사라져 갔다. 취직은 더뎠고 비행기를 타고 태평양이라는 시간을 넘나들며 죽음에 관해 입문한 시절이 이 근방쯤이다. 기묘한 것은 부정적으로 치부됐던 죽음과 이에 대한 생각과 작업으로 인해 이 책이 나오게 되었으니, 우스꽝스럽게도 죽음에 감사한 생각마저도 든다. '삶을 생각하는 자 죽음을 준비하라'는 저 오래된 서양의 모토에 일견 상반되는 "삶을 모르는데 죽음을 어찌 알리오" 하는 공자님의 말씀이 어느 정도 필자를 위로해 왔던 것 같다. 시기상으로는 1권이 먼저인 것 같으나 2, 3권의 작업에 이어 결국 1권으로 되돌아와 있었으니, 필자의 작업 자체가 시작과 끝 그리고 생사의 우로보로스를 지키고 있었다. 보편적 신화소로 동서양 문명에 나타나는 생명수(生命樹)의 단짝이 된 소위 지식의 '선악과나무'는 생명수와 더불어 '삶과 죽음의 우로보로스' 변증을 드러내는 천재적 고안물이었다. 물론 삶과 죽음은 같을 수 없었다. '삶과 죽음의 비가역성' 내지 '비동일성'은 이 책 1권 2장의 주제이기도 한 '성처녀와 창녀'라는 젠더 이분법으로 서양에서는 개화한 것 같다. 삶과 죽음을 동시에 체현하고 상징했던 '팜므 파탈'이라는 여성이 '치명적 여성'으로 둔갑하여 죽음으로 전락한 연유이다. 지나친 일반화는 금물이겠으나 선악과와 여성은 우로보로스 그 자체로 필자에게는 느껴졌고, 삶과 죽음의 분리를 애써 기우고 합치려는 인류의 작업과 바람은 잘 알고 있듯이 서양에서는 '예수'라는 심상으로 현현했다. 신(神)이라는 개념 자체도 죽음이 없었으면 불가능한 개념이 되니, 우로보로스가 되기에 충분했다. 야훼와 제우스, 그리고 심지어는 예수마저도 아주 간혹 일부 서양의 전통에서 뱀의 형상을 입고 출몰한 까닭이다.

우주를 천원지방(天圓地方)이라 한다면 필자는 여성과 죽음이라는 땅의 영역에서 시작하여 이상하게도 여성과 관련된 우로보로스의 상징이 가리키는 영역인 하늘을 동시에 말한 것 같다. 그렇다면 우로보로스는 땅과 하늘의 교합과 융화와 일치로 해석되어야 한다. 여성은 삶과 죽음, 하늘과 땅을 애초부터 동시에 품고 있었으니, 하늘-양, 땅-음이라는 이분법은 이미 효력을 다하고 있었는지 모른다. 이 책을 오늘의 나를 있게 해준 어머님과 하늘로 가신 아버님, 형님과 누님, 곱디고운 아내 주미선과 딸 세라, 그리고 특히 어려운 시절을 버티어 내고 있는 아들 세준에게 두 손 모아 올린다.

2022년 2월 大母山과 九龍山 자락에서 탈고,

같은 해 10월 24일 감사의 말을 붙이다.

일러두기

1. 서양의 기독교 신에 대한 종교적 표기로는 통상적으로 "하느님" 혹은 "하늘님"을 사용하되, 유대의 전통을 말할 때는 표기의 정확성에 관한 논란이 있으나 공동번역 성서 등 가톨릭과 일부 개신교에서 굳어진 "야훼"(←야웨), 개신교의 하느님을 말할 때는 "여호와" 혹은 "하나님"을 사용한다. 하나님에 대한 개념은 유일신이라는 세속적 개념이 아니라 "완전한 분" 혹은 크신 "한 분"으로 이해해야 한다는 한신대학교 김경재 교수의 말을 따랐다. 히브리어 성경 인용은 달리 적시하지 않는 한 "biblehub.com"의 웨스트민스터-레닌그라드 코덱스, 라틴어는 『클레멘스 불가타』 성경, 그리스어 『70인역』 성경 인용은 "bibledatabase.net"과 대한성서공회 USB 성경을 따랐음을 밝혀둔다. "ibibles.net" 또한 참고하였다. 성경 본문 인용은 한국의 개신교에서 사용하는 개역 국한문 병용판 『톰슨 성경』을 따랐다.

2. 그리스어 등 제 언어권에서 발음 부호는 소리의 구별이 필요할 때만 이를 밝히며, 히브리어·그리스어·라틴어 등 고대 문자의 표기법은 학계의 관행대로 로마자로 표기했다. 차후 개정판에서는 책 말미에 각 언어권 전공자들의 의견을 종합한 후 색인의 형태로 이를 밝히고자 한다.

3. 전반적으로 고유명사는 필자가 아는 한 원래의 이름을 찾아주려고 노력하였다. 이를 테면, 『70인역』 성경은(그리스어 번역본. 히브리어로 기록된 구약 성경을 70인 또는 72인의 유대인 학자가 번역하여 "칠십인역 성경"이라 불린다) 영어식 표기 "Septuagint"(셉투아진트)를 따르지 않고 라틴어 "Septuaginta"(셉투아긴타)로 표기하였다. 그리스어 인명 표기에는 라틴어식 발음 [u]가 아니라 원어대로 [o] 발음을 견지하였다. 예컨대, [Heracleitos]는 "헤라클레이토스", [Herodotos]는 "헤로도토스"로 표기하였으며, 영어가 아닌 인명, 지명은 각 나라의 실제 발음을 존중하여 표기하였다.

4. 여전히 논쟁이 되는 것은 그리스어 웁실론("υ"), 라틴어 "y"의 표기법인데, 이것만큼은 국립국어원의 외래어 표기법인 ("입실론") "이"를 따르지 않고 "위"로 통일하였다. (웁실론의 발음은 초기에는 [u], 고대 그리스와 헬레니즘 시기에는 [y]로 바뀌었다가 현대 그리스어에서는 [i]로 소리난다. 고대 그리스어는 장단음의 구분이 있었으나 현대 그리스어에서 없어졌다.) 따라서 [i]와 [y]를 명확히 구별하여 "Dionysus"는 "디오뉘소스"로 표기한다. 같은 자음이 중복될 경우는 그 앞의 모음이 장음이 되는 현상을 고려하여 "Odysseus"는 "오뒷세우스"로 표기한다.

5. 인용 방식은 〈한국 영어영문학회〉 인용 방식을 준용하되, 때에 따라서 책의 제목이 필요한 경우 혹은 독자들의 편의를 위하여 잘 알려진 도서에 관한 인용인 경우 도서명을 본문 속에 직접 표기하기도 하였다. 외국어 작품의 인용은 우리말로 옮기고 출처를 밝히되, 분석에 필요한 경우에는 원문을 병기한다.

6. 인용한 문장의 일부분을 강조하거나 주의가 필요할 때, 그리고 아직은 익숙한 관념이나 번역어가 되지 않은 경우는 큰따옴표 [" "]를 사용하였다. 그리고 필요한 경우, 인용 문장의 중요한 부분은 권점 및 밑줄로 구분하여 [강조 필자]를 표기하였다. 특정 용어나 번역어가 관용구로 굳어진 경우는 작은따옴표 [' ']를 사용하여 구분하였다. 문장 안에서 보충설명이 필요할 때는 소괄호 [( )] 및 줄표 [—]를 사용하여 그 의미를 분명히 전달하고자 하였다. 도서명 및 신문, 잡지의 이름은 겹낫표 [『 』], 책의 소제목과 시 제목, 논문은 홑낫표 [「 」], 영화와 연극, 오페라, 그림, 노래 등의 예술작품의 제목은 홑화살괄호 [〈 〉]로 표기하여 구분하였다.

"ouroboros"는 꼬리를 뜻하는 희랍어 "οὐρά"와 "먹다", "삼키다"는 뜻의 인도유럽어 "*gwere-"(→그리스어 "βοσάω")에서 유래하는데, 우로보로스라는 어휘는 우로보로스와 뱀을 뜻하는 "ophis"의 합성어인 "ouroboros ophis", 혹은 그리스어 그대로 표기하자면 "dracon ouroboros"(δράχων οὐροβόρος)의 축약형으로서 형용사가 명사의 역할을 대신하여 사용된 것이다. 우리는 이후 이의 라틴어 표기인 "uroboros"를 이 책에서는 사용한다.

우로보로스의 희랍어 어원에 대해 설명하면서 찰스워스(James Chralesworth) 교수는 우로보로스라는 개념이 그리스인들이 애급인들로부터 차용한 것이라는 호라폴론(Horapollon)과 올림피오도루스(Olympiodorus)의 아주 오래된 설명을 인용하면서, '꼬리를 먹는 뱀'이라는 원형(圓形)적 상징으로부터 희랍인들은 원(圓)의 안에 쓰이어 있는 "하나가 전체", 혹은 "하나인 전체"(en to pan)를 시각적으로 이해할 수 있었으며 이로부터 시간의 순환영원성과 우주의 완전함을 추찰할 수 있었다고 말하고 있다. 그리스 신화에서 영원(Aion)은 간혹 뱀을 칭칭 감고 알몸으로 현신하기도 하는 시간(Chronos)의 자식이다(Charlesworth 155-156, 154).

이러한 뱀의 우로보로스적 이미지는 하나와 전체를 표현하는 "하나, 즉 전체"(en to pan)를 나타내는 연금술적 의미를 함유하게 된다(Jung 『인간의 상』, 「미사에서 변환의 상징」, 203). 영지주의자들이 자주 상용하던 우로보로스라는 용어를 융의 체계 안에서 역사의 발전적 개념들의 하나로 확장하여 유행을 타게 한 이는 노이만(Erich Neumann)이다. 창조와 창조 이전의 완벽한 상태인 유토피아적인 혼돈을 지칭하는 우로보로스는 모든 시대와 문화권에 나타나며 그가 제시하는 의식의 8단계에 고루 흔적을 보이고 있다(노이만 『의식의 기원사』, 10-11, 37).

우로보로스는 뱀 이외에도 "용, 바다, 동굴, 골짜기, 알 등으로 표상되기도 하며, 자기충족성, 자기완결성, 자기동일성, 모든 미분리와 비현현의 상태, 현실태 이전의 잠재적 가능태, 전체성, 원초적 통일성, 파괴(해체 혹은 죽음)와 재통합(재결합 혹은 재생)의 순환성, 자기소멸과 자기갱신을 영구히 계속하는 힘, 영겁회귀, 영원한 시간성, 영지(靈智), 남녀추니(양성구유), 창조의 원질, 창조 이전의 암흑, 태초의 부모, 삶의 신비, 물질과 영혼의 일체성, 창조와 부활, 반대의 일치, 생명원리"(박규태 59) 등을 나타내는 상징이다. 필자는 이에 웜홀(worm hole)을 추가한다. 블랙홀이 사실은 원형의 구멍이 아니라 단지 하나의 평행 공간일 수 있음에도 불구하고 인류의 원형적(原形的) 상상력은 그것을 원형(圓形)으로 투사해내고 있다.

아담과 이브:
귀도 레니(Guido Reni,
1575~1642),
1620년경, 디종 미술관

꼬리 먹는 뱀
우로보로스 사유와
서양 문명 비판

Ⅱ

메두사와 팜므 파탈:
삶과 죽음의 여성

꼬리 먹는 뱀
우로보로스 사유와
서양 문명 비판

Ⅲ

전쟁과 평화, 사랑과 죽음:
우로보로스와 탈(脫)우로보로스

제5부
결론

제15장 | 여성과 죽음, 전쟁과 평화:
탈우로보로스의 가능성에 대한 성찰

1 죽음과 전쟁의 무젠더성

2 젠더와 음양의 무화, 그리고 토톨로기의 귀환

3 삶과 죽음의 우로보로스적 동일성과 종교의 기원

4 우로보로스 현상학과 탈우로보로스 해석학의 정초

5 삶과 죽음의 비등가성과 불가역성으로 살펴보는 은유의 죽음

6 "순간과 무혼의 형이상학"과 장자의 사생관

부록 1

전쟁은 사랑의 질병인가?:
리베스토드(Liebestod)와 토데스리베(Todesliebe),
혹은 죽음과 사랑의 키아스무스(chiasmus)

1 사랑과 죽음, 주체(자아)와 객체(타자)

2 전쟁의 원인과 죽음에 대한 사랑, 죽음 충동

3 죽음에 이르는 사랑의 질병, 미움

4 에로스와 관능의 타나토스: 사랑의 절정으로서의 죽음

5 죽음 지향적 사랑 vs. 사랑의 평화학

부록 2

인도·유럽어족의 지식과 지혜의 어원

부록 3

뮈토스와 로고스의 대위법:
어원학적·문헌학적 고찰과 20세기 로고스적 이성의 쇠락

인간 삶에 대한 알레고리: 젊은 여인의 손에 들고 있는 모래시계와 시들어가는 꽃과 함께
머리 위에 떠 있는 꼬리를 물고 있는 뱀, 죽음과 재생의 상징 우로보로스의 형상이 보인다.
귀도 카냐치(Guido Cagnacci, 1601~1663), 17세기, 유화

삶과 죽음의
여성

체코 태생의 오스트리아 화가 알프레드 쿠빈(Alfred Kubin, 1877~1959)의 두 작품만큼 이 책의 주제 중의 하나인 팜므 파탈(femme fatale)이 표상하는 "여성과 죽음, 그리고 삶"이라는 주제를 잘 표현하고 있는 작품은 아마 드물 것이다. 체코어로 〈죽음으로 가는 길〉(*Droga do Piekel*, 1900)이라고 하는 표제가 붙은 이 작품이 남성들, 또는 인류 전체를 표상하고 있는 개개인의 영구를 담은 관들로 하여금 여성의 하체, 정확하게 말하자면 여성의 음부로 함몰되는 장면을 연출하고 있다면, 이보다 1~2년 후의 작품 〈죽음을 향한 도약〉(*Salto Mortal*, 1901~1902)은 발기한 남성이 죽음으로 표상되는 여성의 음부로 돌진하는 모양새를 띠어 앞선 작품의 주제를 섬뜩하게 강조하고 있다는 느낌이다.

전자의 그림이 죽음을 수용하는 약탈과 풍요의 대지모신(Great Earth Mother)을 그리고 있다면, 후자의 그림은 남성을 거세하는 모양새를 지녀 여성을 죽음으로 파악하는 '팜므 파탈'적인 현상의 배후에 있는 '거세와 부재, 그리고 상실'이라는 서양 형이상학의 한 패턴을 극명히 드러내고 있다. 여성은 유방과 생식기만으로 표상되어 있으며 생명과 죽음의 골짜기를 향

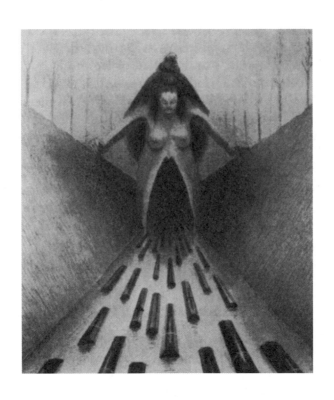

죽음으로 가는 길:
알프레드 쿠빈(Alfred Kubin, 1877~1959), 1900년.

한 남성의 도약은 손과 발의 뒤틀린 위치에서 유추할 수 있듯이, 패배하도
록 운명 지워졌다. 발기한 성기는 그 기능을 상실하도록 거꾸로 달려 있어
남성 기투(企投, Geworfenheit)의 성공과 그 부질없음, 즉 발기와 거세의 순
환과 이에서 더 나아가 생사의 덧없음을 말해주고 있다. 자세히 관찰하지
않아도 성이 죽음이 되고 그 죽음의 주재자가 여성이라는 극명한 메시지를
담고 있는 이 두 편의 그림은 리얼리즘의 선구자 귀스타브 쿠르베(Gustave
Courbet, 1819~1877)의 〈세상의 기원〉(L'Origine du monde, 1866)의 후속편

으로 보아도 무방하다. 쿠빈의 두 번째 그림이 쿠르베와 다른 점이 있다면, 〈세상의 기원〉이 풍요의 여성 성기를 그려내고 있는 반면 쿠빈은 파멸과 죽음의 그것을 그려내고 있다는 점일 것이다. 프로이트가 그의 논문 「친근 낯설음」("Das Unheimliche", 1919)에서, 아름답고 친숙하지만 "친근 낯설음"(익숙한 것 안에서 낯설게 느껴지는 섬뜩한 감정)이라 표현한 여성의 성기는 이렇게 생명과 죽음을 동시에 상징하고 있다. '여성적 삶'(vita femina)에서 비롯된 '여성적 죽음'(mors femina)이라는 이 책의 주제는 쇼펜하우어(Arthur Schopenhauer), 프로이트(Sigmund Freud)와 더불어 세기말 여성혐오자 3인 중의 한 명으로 알려지기도 한 니체(Friedrich Nietzsche) 이후로는, 이제 진부할 때로 진부해져 "삶은 죽음"이라는 다소 현학적인 명제를 드러내 보이고 있을 뿐이다.[1]

다른 모든 현상들 가운데서도 죽음이라는 현상의 체험 불가능성에 대한 인식은 대체로 모든 것을 설명하고 재현하려는 속성을 지닌, 불멸을 꿈꾸는 필멸의 인류를 불편하게 만들었다. 죽음의 체험과 재현 불가능성을 타개하기 위한 궁여지책 중의 하나는 타인의 죽음을 관찰한 결과를 갖고 나의 죽음 그리고 더 나아가 우리의 보편적인 죽음을 설명하려는 시도인데, 타인의 죽음이 나의 죽음이 아닌 바에야 이를 설명하려는 시도는 애초부터 비유 또는 매개, 그리고 투사로 나아가기가 다반사였다. 동어반복(토톨로기: Tautologie → tautology)일 수밖에 없는 "죽음은 죽음이다"는 언명은, 야훼의 뜻 말로 일각에서는 여겨지기도 하는 "나는 나다"(출 3:14)는 언명처럼 참이기는 하나 아무런 구체적인 정보를 제공해주고 있지 못하기 때문이다.[2] 죽음을 설명하는 것은 이렇게 애초부터 죽음 자체를 설명하지는 못하고 이를 에둘러 표현하기 등의 방법(예컨대 결과로서 원인을 추찰하는 퇴행적 사유, 혹은 이를 비유적으로 표현하는 수사 등)에 만족할 수밖에 없었다. 이를 선입견을 배제하는 관찰과 해석을 지향하는 현상학적 방법으로 기술해보자.

죽음이 있다. 그렇다면 그 원인은 무엇인가? 삶이 있기 때문이다. 삶은 어디서 연원하는가? 알 수 없다. 다만 사람을 포함한 동물들의 출산을 관찰하여 보면 출생은 대략 암컷에게서 이루어진다. 따라서 죽음의 원인 자체는 아니더라도 죽음의 제공자 혹은 매개자는 여성이다. 삶이 있기에 죽음이 있다. 그렇다면 죽음의 원인은 삶이다. 삶이란 무엇인가? 그 또한 알지 못한다. 삶은 어디서 오는가? 삶으로 몸을 입고 드러낸 여성으로부터이다. 따라서 죽음의 원인은 삶을 잉태한 여성이다.[3]

결과가 원인을 구성해내는 이러한 논리[4]는 논리학에서 이것이 있기 때문에 저것, 혹은 저것이 있기 때문에 이것이 있다는 결과가 원인을 구성해내는 이러한 논리(post hoc ergo propter fallacy) 또는 사후추론(ex past-facto reasoning), 그리고 수사학과 해석학에서는 각각 결과로서 원인을 말하는 은유의 일종인 환유(換喩), 사후성(事後性, Nachträglichkeit), 회상적 오류(retrospective fallacy) 등의 여러 가지 이름으로 불리어졌는데, 특별히 죽음을 그 자체로 보지 못하고 여성적인 것으로 파악하는 습속을 우리는 "매개적 투사"(Vermittlungs Projektion)의 일환으로 이해할 수 있겠다. 20세기 문화인류학자 뒤랑(Gilbert Durand, 1921~2012)에 따르면 "미래로부터 과거 방향으로 작용하는 이러한 앞선(avancé) 인과성"은, "아프리오리"(a priori)의 반대 개념인 "아 파르테 포스트"(a parte post), 즉 "아포스테리오리"(a posteriori), 사역적 재투입(réinjection causative),[5] 그리고 비코(Giambattista Vico, 1668~1744)의 "귀환"(ricorso) 등의 개념으로 표현을 입은 바 있다(1996: 45, 83, 97, 119-122).

사실 결과를 보고 원인을 '억지춘향식'으로 추론하는 습속은 동서양을 막론하고 학문의 전 영역에 침투해 있는 것 같다. 영국의 소설가 엘리엇(George Eliot, 1819~1880)은 『미들마치 마을』(Middlemarch, 1871~1872)이라는 소설에서 이를 "비둘기집에 넣기"(pigeonholing)라고 표현하였는데, 이러한 습속은 그리스 신화의 프로테우스의 침대(Proteus's bed) 그리고 동양문화권의 아전인수(我田引水)나 견강부회(牽强附會)라는 개념으로 이미 유사하게 표현된 바 있다. 지구에 도달하는 별빛을 역으로 추적하는 과정도 그러하지만, 현재의 시각을 갖고 지나간 역사를 해석하고 또 재해석하는 과정은 현재라는 결과로 과거라는 원인을 재구성하는 이른바 "역 인과"(retro-causation) 과정과 다르지 않다.

뒤랑의 "사역적 재투입"이라는 용어와 유사한 "회소성(回遡性)적 귀납과 추인"이라는 중국의 사상가 갈조광의 표현을 따라가 그가 차용하고 있는 구절을 인용하자면 "도인위과 도과위인!"(倒因爲果 倒果爲因!)—"원인을 결과로 결과를 원인으로!"[6] 삼위일체의 성립, 신 되신 예수의 모후를 신격화하여 동정녀 마리아로 옹립하는 과정에서 공인되어야만 했던 마리아의 무염시태(無染始胎), 신앙의 열조 아브라함 가문 족보의 창세 시점으로의 재구성뿐만 아니라, 그리스 신화의 신통기(神統記, theogony) 즉 신들의 족보 만들기와 재배치, 인도불교의 서천(西天) 28조설 형성과 중국선불교에서 혜능을 6조로 옹립하는 과정, 그리고 근자에는 유럽 정신병리학의 핵심을 이루는 개념인 프랑스 병리학자의 이름을 딴 '샤르코의 예'(Charcot's example)에 이르기까지, 사후적 구성을 거친 담론의 속성을 지니지 않은 개념과 사건은 그리 많지 않다. "원인들은 나중에 오기 때문에 사물에서 시작해야만 한다"는 들뢰즈(Gilles Deleuze)의 주장은 필자에게 이러한 의미를 띠고 있다.[7] 원인이 있어야 결과가 있다면, 우연으로 촉발되는 세상의 필연, 변화와 생성은 담보되지 않는다.

논란이 있을 수 있겠으나 예수에 의한 십자가 구속의 역사는 아담으로 대표되는 인류의 죄를 속량하기 위하여 이루어진 사건인데, 시대착오적인 혐의에도 불구하고 결과적으로는 구속이라는 미래가 죄 혹은 원죄라는 과거로 투사된 예일 수 있다. "죄의 삯은 사망"(롬 6:23)이라는 사도 바울의 말이 바로 이어지는 그리스도를 통하여 영생을 약속하는 하나님의 은사에 그 강조점이 주어지고 있지만, 세례 문답에서 종종 행해지듯이 "사망하기 때문에 인류가 죄가 있다"는 언급으로 와전될 필요 또한 없다.[8] "죄가 더한 곳에 은혜가 더욱 넘쳤음"을 고백하는 그의 언급(롬 5:20), 타락했기에 더 많은 은혜와 구원을 받는다는 소위 '행복한 타락'(felix culpa)의 개념 또한 "결과가 원인을 구성하는 오류"(post hoc ergo propter hoc fallacy)[9]에서 자유롭지 않다. 원죄설의 원인이자 배후로 지목되는 아담의 '출'(出)에덴은 적어도 창세의 시점에서 그리고 그것이 문서로 기록되고 편찬되던 시점에서는 예수의 구원을 예견하지 않았다. 구원이 있기 위해서는 그러나 타락이 있어야 했으니, 구원이 있고 난 후 타락은 시대를 역행하여 인류의 저의식에 잠입하게 된다. 이른바 원죄의 탄생은 이렇게 이루어졌다.

갈조광의 지적대로 이러한 "역사적 소급을 통한 추인" 혹은 견강부회가 때로는 "낡은 학문을 연속시키고, 아울러 새로운 지식과 연계시켜 사상사가 지속적으로 변화할 수 있도록 만들었던"(I: 129) 점은 주목을 요하지만, 그의 지적과는 약간은 상이하게 현재의 시각으로 과거를 해석하고 과거의 시점으로 현재를 재단하는 해석학의 공과(功過) 내지는 '자기 지시'(self-reference)와 '순환논증'(circular reasoning)의 적정 타당함과 오류를 또한 유념할 일이다. 과거의 뮈토스와 현재의 소위 이성적 사유, 즉 로고스는 서로가 서로에게 자양분을 공급하며 다음 세대의 사유를 산출할 뿐, 상호를 서로 배제하지 않는다.[10] 현재의 시각은 과거의 사건을 일면 복구하면서도 침탈하고 있다.

오이디푸스 콤플렉스에 자양분을 대어준 '대지(母)와의 결합'이라는 신화소가 소포클레스 시대의 아테네인들에게 알려져 있지 않았을 가능성, 즉 그 비개연성에 대한 논의 또한 분분하다(Sheppard; Conford 1912, 1950, 30-31). 프로이트의 오이디푸스 콤플렉스는 사실관계를 떠나 그것으로 명명할 때만 성립되며, 이러한 시각 속에서 네로 황제와 그의 어머니 아그리피나, 햄릿과 어머니 거투르드 사이에 개입되었을 모계 재산권과 왕위상속의 지분에 대한 논의는 잊혀갔다. 우리는 이미 해석된 현상 속에 거주하고 있으나, 현상학적 판단중지, 즉 '아포케'에 대한 요구는 그 지난함과 불가능성에도 불구하고 계속해서 요청될 수밖에 없다. 최초의 시기 혹은 불가지적 성격을 지니는 원인에 관한 추론이 행해지고 나면 해석된 현상들만이 존재하니 현상학이라 쓰고 해석학이라 읽는 이유가 바로 여기에 있다. 해석학적 현상학을 이미 정초하고 있는 후기 후설의 역사와 역사 해석에 의거한 '발생론적 현상학'은 이를 말하고 있음이다. 과거에 기반을 둔 해석학적 현상학, 즉 해석학이 존재와 실존, 현존과 현재에 논의의 초점을 모은 현상학과 길항관계를 유지하고 있는 까닭이기도 하다. 다음 장들에서 논의할 선악과의 "원래" 의미와 예수의 동정녀탄생설, 그리고 뱀의 기원에 관한 시원적 탐구는 필자에게 이러한 의미, 즉 해석학적 담론의 사회구성적 성격과 이를 거부하는 현상학적 "원 사실"(Ur-sache) 사이의 알력과 차이 또는 조율이라는 의미를 지닌다.

중국의 동북아공정도 일본의 역사 비틀기도 또 넓게 보아 "역사는 과거와 현재와의 대화"라는 역사학자 카(E. H. Carr)의 언급도 이러한 연장선상에 있다고 생각하지만, 이러한 그의 언급은 현재를 중심으로 한 과거의 해석만을 의미하고 있지는 않다. 아무튼 현재를 통하여 과거를 들여다보고 축조하는 관행 혹은 습속은 특히 신화와 종교, 그리고 이와 관련된 분야들에 있어서 경전과 정전(正典, canon)의 성립과 왕들과 교주들의 사후적 옹립뿐만 아니라, 수많은 왕통과 법통의 사후적 계보 구성에도 많은 역할을 해오고 있다. "나사렛" 출생의 예수를 근친상간으로 얼룩진 다윗과 솔로몬 가계의 고향인 "베들레헴" 출신의 예수로 옹립하기 또한, 『유대 고대사』의 저자 요세푸스(Flavius Josephus)의 이와 관련된 역사 기술에서 제시된 일부 결과로 판단해 본다면, 이의 극명한 예가 될 수도 있겠다. 아담의 족보도 그러하고 단군의 법맥을 구성하는 경위도 이러하며, 이미 지적하였지만 인도 불교의 '서천 28조설'과 중국 선불교의 6조 옹립 또한 그러하다. 17세기 북아일랜드 성공회의 대주교 어셔(James Usher)와 그의 의견에 동조한 케임브리지 대학의 부총장 라이트풋(John Lightfoot)의 계산에 의하면, 우주 창조의 정확한 시간은 기원전 4004년 10월 23일 오전 9시 정각이니, 구약에 나타난 아담의 족보를 역으로 계산한 결과이다.

우리는 생명과 우주의 기원에 대해 많은 천체물리학자들처럼 알고 있다고 말하지만 그 무엇도 진정으로 알지는 못한다. 모든 사건에는 원인이 있는 것처럼 보였지만, 그리고 학문은 그 원인을 현재를 거슬러 축조해 내었지만, 그 궁극적 원인은 신, 혹은 창조력이라는 개념으로밖에 표현되지 못하고 있다. 결과가 원인이 되어 서로 "되먹임"(feedback)과 자기 지시의 순환과정을 반복하고 있다는 사실은 최근의 "비선형적"(non-linear) 혼돈 이론에서도 지지되고 있다. 이와는 약간 다른 문맥이 될 수는 있겠지만 죽음을 설명하기 위하여 여성을 불러들였던 합당한 이유 찾기, 또는 투사의 이면에는 책임 전가 또는 회피의 수사(修辭, rhetoric)가 궤를 같이하고 있었다. 죽음이라는 부정적 현상을 설명할 수 없다는 사실을 깨달은 인류는 그것을 여성에게 부정적으로 투사하여 설명하기 시작했다. 여성 때문에 죽음이 세상에 존재하기 시작했다는 식의 사고방식인데, 이러한 책임 전가는 특히 유대-기독교 초기 교부들의 사유에서 릴리스-하와-이브라는 최초 여성들에게 집중되는 양상을 띠었다. 물론 논리를 따라가자면 최후의 책임은 아담과 하와(이브)에게 생명을 그 속성으로 선사한 신에게 돌아가야 하겠지만, 초기 교부들이 해석한 성경은 신 자체에 대한 질문으로까지는 접근하지는 않았다.

여성과 죽음, 그리고 전쟁과 평화의 상관관계에 대한 필자의 관심은 유대-기독교 문명권에 대한 생각에서 서양 문명의 시원이라 할 수 있는 수메르-바빌로니아, 이집트, 그리스 문명을 되돌아 본 연후 다시 시대를 격하여 19세기 말의 유럽과 1960년대의 베트남 전쟁 시기의 미국 문명 등과 같은 다른 시대의 다른 문명권에 관한 질문으로 이어졌다. 19세기 말의 유럽 문명에 대한 점검은 이 시기가 소위 "세기말"(fin-de-siècle)이라는 개념과 현상을 통하여 서양 문명의 종착점을 보여주었고, 베트남 전쟁 시기의 미국 소설을 통한 서양 문명의 적자(嫡子)로서의 미국 문명에 대한 분석은 세기말에 이어 삶과 죽음을 동시에 표상하는 여성이 생명의 여성에서 죽음의 여성으로 완전히 변한 것이 1960년대 이후의 미국이었기 때문이다. 결론에서 논의가 더 심화되겠지만, 여성은 원(圓), 즉 우로보로스 그 자체로 원만함과 포용, 항상(恒常)과 유지(維持), 남성은 직선과 이것이 함의하는 대립과 폭력, 발전과 파괴에 자주 비유되곤 한다. 그러나 여성은 서양의 상상력에서는 풍요와 기근, 창조와 파괴를 동시에 상징하기도 하는데, 이는 우리가 말해왔듯이 여성이 비단 삶뿐만 아니라 죽음 또한 품고 있기 때문이다. 여성 자체가 우로보로스라는 말인데, 우로보로스로 돌아보는 서양 문명의 분석이 또한 '삶과 죽음의 여성'과 이와 관련된 선악과와 처녀잉태, 뱀과 달과 물, 지식과 지혜, 전쟁과 평화 등에 대한 분석으로 주로 채워진 이유이기도 하다.

이 책에서 필자가 도달하고 있었던 결론은 본문의 거듭된 주장, 즉 여성이 삶이고 죽음이고 다시 재생과 부활이며 그러한 여성성을 매개로 삶이 죽음이 되고 죽음이 다시 삶이 되는 것이 아니라, 여성이 여성이듯이 죽음은 죽음이고 전쟁 또한 전쟁일 뿐이라는 사실이었다. 삶이 죽음이라는 말은 하고 있었지만 그것의 심도를 깨닫는 차원은 아직 멀리 있다. 이 책의 큰 주제이기도 한 '우로보로스'(ouroboros)[11]라는 심상을 빌려 이렇게 쉬운 동어반복을 말하기까지, 그리고 결국은 동어반복이지만 '삶은 죽음이고 죽음은 삶'이라는 은유를 말한다는 것은 일견 같은 말을 동시에 할 수밖에 없으나 더 이상 유효하지는 않은 토톨로기적 세계관에서 우리가 아직도 여전히 벗어나고 있지 못하다는 것을 말해주고 있다. 감사의 말에서도 언급한 바 있지만 "우리의 우로보로스 수사는 동서양 문명을 막론하고 이원론과 그 예기(銳氣)를 애써 감싸 안으려는 무늬만 일원론이 될 수 있는 인류의 양날의 칼에 불과할 수도 있다." 인류는 아직도 이원론과 일원론 사이를, 그리고 동어반복과 차이, 동일성과 비동일성에서 기웃거리고 있다. '상반의 일치' 혹은 '융합의 신비'로 표현된 변증법이 지향하는 일원적 종합, 즉 뱀 혹은 여성이 표상하고 있는 순환적 사유가 불가능하다는 '역설적' 깨달음은 이 책의 결론에서 필자가 말하는 '탈우로보로스의 순간학'을 정초하게 한다.

차이와 반복이라는 은유는 동어반복과 동일성이라는 토톨로기의 잔상을 여전히 지니고 있어 결국에는 토톨로기로 작동하기가 다반사이다. 세상이 생사나 선악, 그리고 미추처럼 양면이 항상 존재하면서도 그 둘이 오목볼록하여 다르지 않다는 것을 진작 알아차리고 말한 이들은 많았다. 생사가 여일했고 번뇌가 보리였고 순간이 영원이라는 동서양 현인들의 뭇 주장들이다. 세상은 늘 두 가지 양면과 애매모호함, 동일성과 모순, 이분법과 일원론이 공존했고 예로부터 지금까지 변한 것, "하늘 아래 새로운 것은" 하나도 없었다. 조금 맥락은 다르지만, 시인 강은교는 「창의 이쪽」에서 다음과 같이 말한 적이 있다.

그것은 맨발
흔들리는 모래의 우주
그리고 나는 문 안에 있었다.
아무것도
변한 것은 없었다.

이 책이 중점적으로 다루고 있는 적어도 3~4천 년의 시기 동안 특별히 서양이라는 세상은 소위 동양이라는 세상보다는 조금 더 예나 지금이나, 시인 엘리엇(T. S. Eliot)이나 최승자의 표현을 사용하자면 "흉물을 떨면서"(disfigured), 이분법으로 나누어진 세상 속에서 때로는 영원 또는 영혼으로 표현되기도 하였던 하나, 즉 일자(一者)에 대한 추구를 지속해왔다. 기독교가 숭앙하고 집착하는 '하나'님은 하나둘의 숫자이기도 하지만 양면과 다면을 포함하는 홀로 수의 완전함을 뜻한다고 이미 지적된 바 있다. 유일신은 그러나 다신을 전제로 성립할 수밖에 없다.[12]

남성과 여성, 육체와 영혼, 순간과 영원, 지상과 천상으로 대별되었던 사물의 이항·양면적 속성과 그럼에도 불구하고 꼭 동양적 사유라고만은 할 수 없는 불이(不二, 不異)적 속성의 함께함은 '애매함'과 '알 수 없음' 그리고 '무젠더'와 '무자성'(無自性)을 이해하는 첩경이 되었다. 남성적이면서도 여성적인 것, 아는 것 같지만 알 수 없는 것, 그것이 사람이고 사물이고 신이고 우주가 아니겠는가? 프로이트가 개진하고 있는 망설임과 양수겸장을 활용한 중층결정(super-determination)의 수사학, 융의 아니마·아니무스 이론은 필자에게 사물의 양면성과 불가지성을 표현하는 사상으로 읽혀졌다. 본문에서 펼쳐질 신화적 사유에 대한 탐구 속에서 필자는 태양과 달이 모습과 젠더를 바꾸어 가며 서로를 대신하며, 문화와 시대에 따라 그들의 젠더를 상이하게 습득하고 있다는 사실을 알아차리게 되었다. 이는 비단 태양과 달 뿐만이 아니다. 물의 양면성, 즉 물이 죽음과 삶을 동시에 표상하고 있다는 사실은 아주 일찍이 바슐라르(Gaston Bachelard)가 알려주었다. 그가 말하는 4원소뿐만 아니라 세상의 모든 원소는 왜 아니겠고 동양이 말하는 음양오행의 생(生)과 극(克)을 통한 목화토금수의 생성과 소멸과 변화는 왜 아니겠는가? 활성산소와 미토콘드리아가 지시하는 삶과 죽음의 연쇄와 등가성! 이 책의 주제인 여성도 죽음도 전쟁도 그러하였고, 삶과 사랑도 그러하였다. 아이러니하게 사람과 우주, 그리고 젠더에 관한 연구가 '젠더의 무화'를 주장하는 꼴이 되었다. 음양(젠더)과 생사의 불이(不二)적 합일과 상호보족성, 그리고 그 한결같은 미궁!

이 책의 구성에
대하여

이 책의 개요를 간단히 설명하면 다음과 같다. 이 책의 제1부의 1장에서 필자는 우선 유대-기독교 문화권에서 인류 최초의 여성으로 알려진 하와-이브가 원래 그들의 어원학적 의미이자 존재근거인 생명을 잃어버리고 어떻게 죽음의 화신으로 자리매김 되는지 추적한다. 여성을 열등한 존재로 보아 그에게 원죄를 전가하는 결과를 마련한 사도 바울의 생각은 이브를 악마의 통로로 보았던 테르툴리아누스(Tertullianus, 160~220. 고대 로마의 종교가), 그리고 원죄설을 창안하고 영육의 이분법을 정초하게 되는 아우구스티누스(Aurelius Augustinus, 354~430. 고대 신플라톤주의 철학과 기독교를 결합하여 중세 사상계에 영향을 주었다)로 이어지게 된다. 뱀과 이브는 "회상적 오류"(retrospective fallacy), 또는 "회소(回遡)적 귀납과 추인"의 과정을 거치며 동일화되며, 그들이 동시에 표상하고 지칭했던 생명의 에이전트로서의 품위를 잃어버리고 죽음의 전달자로 그리고 종극에 이르러서는 죽음 자체가 된다. 생명을 표상했던 여성과 죽음의 동일화 과정에 심대한 영향을 미친 것은 "선과 악을 알게 하는 나무"와 금단의 과실을 라틴어 성경을 번역한 성 제롬이 사과나무(mālus)와 사과(mālum)로 번역 또는 "의도적으로" 오역했다고 추정한 것에 있었고, 또 중국과 한국 등의 동양 문화권에서는 이를 선악과나무와 선악과로 번역한 것에 기인했다. 그러나 선악과나무는 인류에게 죽음을 가져다주는 열매의 나무가 아니라 언어와 분별, 그리고 지혜의 나무였으며 궁극적으로는 생명의 나무였음을 또한 필자는 주장하고 있다. 삶과 죽음을 동시에 품고 있는 선악과는 우로보로스의 과실임이 틀림없으며, 그것의 전달자인 이브는 우로보로스 자체를 체현하고 발현하고 있다.

2장에서는 1장에서 논의된 뱀과 생명 간의 관계를 서양의 고대 문명권의 신화에서 확인하는 작업이다. 뱀이 영원의 상징으로 나타났던 이유는 허물을 벗고 꼬리를 무는 뱀, 즉 우로보로스(ouroboros)를 불사의 엠블럼으로 파악하고 있었기 때문인데, 이러한 현상은 수메르-메소포타미아, 이집트, 그리고 고대의 그리스 문명권에서 보편적으로 나타나고 있다. 양면성과 일의성을 동시에 지닌 우로보로스라는 상징은 대지모(Great Earth Mother) 여신의 풍요함과 궁핍, 축복과 저주, 창조성과 파괴성을 함께 드러내는 표상으로 부족함이 없었고, 차후 이 책의 결론에서 논의가 더 진행되겠지만 '불일이불이'(不一而不二)인 모든 것을 포함하는 신, 또는 완전한 하나님(하늘님)의 개념에 접근하고 있다. 뱀의 신화적 이미지는 물의 원소론과 달의 천체론으로 연결되며, 뱀과 달을 숭상하는 순환론적 문명권의 퇴조는 인류의 의식에 시작과 죽음을 알리는 직선론적인 시간관의 태동으로 인하여 순환성과 영원성에서 일회성으로 시간관념이 바뀌는 것과 궤를 같이한다. 아침마다 부활하여 달과 더불어 영원함의 표상이 되기에 부족함이 없었지만 언제나 같은 모습을 지닌다는 면에서 시간의 일회성의 표상으로만 파악되었던 태양을 숭상하는 문화권의 부상이, 순환과 영생을 상징했던 여신과 가변성의 제왕인 달로 표상되는 순환론적 문명권의 퇴조와 엇물려있음은 물론이다.

3장은 불사와 영원을 상징했던 여신의 퇴조가 신과 인간, 천국과 지옥, 저승과 이승을 구별하는 기독교 문화권에서 여성을 성처녀와 창녀로 구별하였던 이분법적 방식과 맞물려 진행되었던 과정을 추적하고 있다. 삶과 영원을 잃어버리게 되는 여성은 죽음의 담지자, 전달자 그리고 죽음 자체가 되었는데, 기독교 문화권은 이를 여성에 적용하여 성처녀와 창녀라는 젠더 이데올로기로 표출해 내었다. 『70인역』(*Septuaginta*)에서 그리스어로 번역 혹은 기록된 '처녀'(parthenos)는 히브리어로 단순히 젊은 여자를 뜻하는 알마아(almâ)의 오역이라고 소위 '진보적'인 신학계에서 주장된 바 있다.

우로보로스(1478년): 수세기에 걸쳐서 여러 문화권에서 나타나는 이 상징은
"시작이 곧 끝"이라는 의미를 지녀 윤회사상 또는 영원성의 상징으로 인식됐다.
테오도로스 펠레카노스(Theodoros Pelecanos)의 그림, 1478년.

그러나 필자는 그리스어 "parthenos"의 뜻이 원래 생물학적인 처녀의 뜻
이 아니라 생식력이 강하고 자녀를 많이 산출한 여성 혹은 "결혼하지 않
은 여성"(Briffault III: 169), 또는 "법적으로 동거하지 않은 (…) 결혼하지 않
은 어머니"(Sissa 347)에게 주어지는 사회적 신분에 어울리는 합당한 칭호
였음을 밝히어 내어, 히브리어 성경을 저본으로 한 그리스어 구약 성경, 즉
『70인역』의 번역이 오히려 적확할 수 있음을 주장한다. 아직 학계에서는 본
격적인 논의가 없지만 아퀼라(Aquila), 테오도티온(Theodotion), 심마쿠스
(Symmachus) 역본이 채택하고 있는 "네아니스"(neanis)가 "parthenos"보다
일반적인 처자(處子)의 의미로 쓰이고 있는 것 같은데, 파르테노스가 '네아
니스'의 일부이었는지 아니면 '네아니스'가 파르테노스보다 후에 등장한 어

휘었는지, '네아니스'가 생물학적 의미를 여전히 지닌 파르테노스의 대안으로 사용되었는가에 관한 논의는 추후 보다 더 정치한 작업을 요구하고 있다. 고전어에 해박하고 문헌비평에 충실한 눈 밝은 납자(衲子)의 출현을 기대한다.

이러한 시도는 비단 죽음의 전달자로서의 어머니, 즉 생명을 창출하여 그것을 죽음으로 이르게 하는 여성의 역할을 폄하할 수 없게 하는 전기를, 더 나아가 '정치적 옳음'(political correctness)에 대한 찬반양론, 혹은 미명 아래 과거의 사건이나 현상을 당대의 문화에 대한 역사적 고증에 의거하지 않고 오늘의 해석학적 잣대로 오독하는 학문적 관행을 재점검할 수 있는 기회를 또한 마련해 준다. 우리는 '정치적 옳음'이 정치적으로 정말 옳은지 또한 되물어야 한다. 부활의 씨앗을 인류에게 선사해준 성모마리아를 또한 최소한 5남 2녀를 둔 평범한 여성 중의 하나로 사유했던 초기 기독교인들의 의식 세계(막 6:3; 또한 마태 13:55-56)를 밝히려는 시도는, 예수로부터 가능하게 되는 영생을 추인하고 추구하는 가운데 삶과 죽음을 엄격하게 구분할 수밖에 없었던 인류의 습속을 그리고 불가피한 죽음에 대한 회피의 전략으로 차용되어왔던 여성으로부터 죽음이 들어왔다는 사유를 거부하게 할 수 있는 변곡점을 제공해 주고 있다. 사람의 아들 예수가 표상하고 있는 것은 영생이 아니라 죽음 속에서 삶과 부활이 태동하고 있다는 사실일 것이다. 생물학적인 출산이 있었기 때문에 죽음을 경험하는 것은 사실이지만 바로 그 죽음 속에서 삶은 다시 태동 되고 있다. 예수의 동정녀탄생설, 그리고 성모마리아의 무염시태만큼이나 아니 그것을 때때로 상회하여 자연 출산은 또한 신의 위대한 능력을 드러내는 기적 중의 하나이다. 숨 쉬는 공기와 마시는 물이거나 들판의 꽃이거나 지구의 자전과 공전이거나 신의 손길이 미치지 아니하는 것은 없으니, 모든 출산은 자연분만이든 처녀잉태든 신의 위대함과 권능을 드러내는 기적일 뿐이다. 생사천명!

지식과 지혜를 동시에 품은 뱀과 삶과 죽음을 동시에 표상하는 여성의 의미를 천착하는 4장은 선악과와 뱀에 대한 재논의이다. 4장에서 필자는 이 글의 전편이라고 할 수 있는 1장의 선악과와 뱀과 여성의 연관성에 관한 논의에서 한층 더 나아가, 뱀에 관하여 부정적 심상을 견지하고 있는 통속적인 믿음과는 달리 성경이 뱀을 지식나무와 생명나무의 주인, 또는 신 자체로도 파악하고 있는 수메르-메소포타미아와 그리스 신화의 뱀에 관한 사유를 그대로 따르고 있다는 사실을, 성경 구절에 대한 세세한 문헌학적 분석과 가능하다면 타문화 간의 비교 연구를 통하여 밝히고자 한다. 지식 나무와 생명나무에 대한 새로운 시각은 지식에 대한 새로운 평가, 즉 지식과 분별의 총화가 지혜와 깨달음과 다르지 않다는 사실을 도출하게 하여, 뱀이 상징적으로 대표하고 있는 지식과 이것의 또 다른 이름인 분별적 이성을 폄하하여 타락과 사망의 도정으로 파악한 기독교의 사유가 수정 되어질 수 있는 가능성을 함의하게 된다.

뱀이 지식과 이것의 취득의 결과로 인하여 죽음을 인식하게 만드는 표상이 되어 죽음 자체로 받아들여지기도 했지만 그의 원형적 표상은 오히려 우로보로스로 고대인들에게는 알려져 오기도 했는데, 이는 죽음이 그 자체로 끝나는 것이 아니라 죽음이 이어주는 삶, 즉 재생과 영생을 바로 상정하고 있기 때문일 것이다. 뱀은 허물을 벗고 다시 살아난다고 인지되었으며, 그 빳빳한 몸통으로 똬리를 틀 때는 음양을 겸비한 우주의 원리를 체화하는 동물로, 그리고 꼬리를 물고 우로보로스라는 원을 그리고 있을 때는 완전함과 영원의 상징으로 해석되기도 한다. 이러한 인식은 '죽음이 삶'이라는 역설적인 깨달음으로 인류의 심상과 의식에 등장하게 되는데, 뱀에 관한 이러한 신화인문학적 상상력의 복원은 지식과 지혜의 분리로 인하여 삶의 의미와 지향하는 바를 잃어버리고 폭력과 전쟁, 의미 없는 자살과 진부한 죽음 사이를 배회하는 현대인들에게 사유의 한 방편을 제공해 줄 수 있을 것으로 사려된다. 이 책 제1권의 부제가 서양 문명 비판으로 제시된 이유이기도 하다. 책 전체를 관류하는 키워드 중의 하나인 우로보로스 모티프를 형식적으로도 뒷받침하기 위해, 즉 형식에 있어서도 시작과 끝이 여전히 같은 우로보로스 주제에 머문다는 점에서 책의 말미에 부록으로 계획되었던 4장은 이 책의 제1권 1부를 마감하는 장으로도 필요하다 판단되었기에 4장으로 재배치되었다.

이 책의 2부를 시작하는 5장은 제1권에서 논의한 여성성과 이와 연관된 생명·죽음과의 상관성을 여성의 근원이자 에센스로 여겨지는 여성 성기에 대한 성찰을 통하여 논구하는 부분이다. 출산이 이루어지는 여성의 자궁을 결국에는 죽음의 원초적 기관으로 보게 되는 습속을 추적해나가는 과정 속에서 필자는, 여성의 성기를 부활과 재생을 또다시 준비하는 기관으로 보는 사유의 한 가닥 또한 확인할 수 있었다. 달의 이움과 성숙이 여성의 임신과 월경(月經, menses)으로 체현되는 과정을 추찰하면서 인류는 죽음을 넘어 삶을 다시 기약하고 있었으니, 예수를 잉태한 "신성한 원천으로서의 흠 없는 자궁" 또한 생물학적 자궁임이 분명하다. 보들레르의 '악의 꽃'은 동시에 생명의 꽃이 됨에 부족함이 없었으나, 인류는 수많은 인류학적 고찰이 확인해주고 있듯이 여성 생식기에 대해서만큼은 부정적 사유를 견지해 왔다. 이와 같은 경향은 문학도 그러하지만 특히 회화 분야에서 더욱더 두드러지게 나타나고 있었다. 죽음의 원인을 삶이 배태하고 있다 하더라도 그러나 삶은 삶이고 죽음은 죽음일 뿐이라고 우리의 지난한 삶은 소박하게 증거하고 있다. "삶과 죽음의 등가성"(바슐라르 『휴식의 몽상』, 199)을 필자는 계속해서 말하고 싶었지만, 영원과 지속을 말하는 형이상학적 견지에서 삶은 죽음이며 죽음은 삶으로 해석될 뿐, 죽음이라는 절망과 삶이라는 고단함은 여전히 맹위를 떨치어 삶과 죽음을 분리하고 있다.

이어지는 다음 부분들에서는 여성의 성기를 지시하는 우로보로스의 신물인 뱀과 그것의 상상적 변형인 메두사에 대한 분석으로 채워졌다. 필자는 우선 5장에서 프로이트가 분석한 메두사와 거세에 관한 이론을 비적으로 성찰한 후, 그의 메두사에 관한 상념이 그 자신도 필요하다고 상정하는 "메두사의 기원에 대한 [신화적] 연구"에 의해 구체적으로 실체화될 수 있다고 주장한다. 이어지는 본문의 6장과 7장에서는 메두사에 대한 양가적인 판단, 즉 추함과 거세로서의 메두사에 대한 인상적 논의와 더불어 그녀의 아름다움과 생명력에 대한 표현과 예찬이 함께 있어 왔음을 이와 관련된 시문학과 회화작품에 대한 분석을 통하여 드러낸다. 역사의 파국을 몰고 온 파멸의 사이렌들이 오히려 남성들이었다는 엘렌 식수(Hélène Cixous)— 그녀의 에세이 『메두사의 웃음』(Le rire de la méduse, 1975)은 현대 페미니즘에 있어 중요한 작품으로 평가받는다—의 메두사에 대한 재평가는 3기 페미니즘을 훌쩍 지나 포스트 페미니즘이 운위되고 있는 지금의 입장에서 보면 젠더 역차별이라는 문제의 소지가 없는 것은 아니다. 식수의 메두사는 대지의 여신 데메테르에게 웃음을 선사하여 메마른 대지에 다시 풍요와 평화를 선사하는 니체의 여성의 그것에 대한 비유인 바우보(Baubo)와 닮아 있다.

아름다운 메두사에 대한 본격적인 고찰은 8장에 이르러 신화 속에 나타난 메두사를 역사적으로 복원하는 작업 속에서 이루어졌다. 메두사는 아테나 여신의 전신으로서 나일강 유역에서는 "존재"를 의미하는 네이트(Neith) 여신으로도 불렸는데, 그녀가 최소한 희랍의 메티스(Metis) 여신과 같은 품위를 지니면서 아름다운 처녀이자 통치자, 여왕으로 군림했었다는 사실은 우리가 알고 있는 추악한 메두사에 대한 관념을 바꾸기에 충분한 것으로 판명된다. 메두사가 프로이트의 말대로 여성의 성기, 그것도 어머니의 성기를 의미할 수도 있었다면 그것은 아름답고 생명을 창출하는 기관에 대한 상징으로 재해석될 뿐, 그동안 서양의 주류 정신분석학이 행해왔던 거세와 상실과 부재, 그리고 죽음에 대한 해석으로 머물 수는 없다고 필자는 역설하고 있다. 서양 정신을 대표하는 학문 중의 하나인 정신분석학이 파악하는 대로 무(無)는 부재와 없음이 아니며 생물학적 의미이건 비유적 의미이건 여성 또한 거세된 것이 아니다. 이 책에서 필자는 유(有)를 포함하는 무(無, mē on → das Nichts)와 우리가 통상적으로 알고 있는 무(无, ouk on), 혹은 허무를 구별한다.

이 책의 제2권 후반부에 해당하는 3부는 여성을 죽음과 동일화하는 부정적 관념이 팜므 파탈(femme fatale)이라는 현상을 낳게 했던 유럽을 위시한 서양의 19세기 말에 관한 연구이다. 3부의 도론이자 이론적으로는 이 책의 출발점이 되기도 하는 9장에서 필자는 세기말의 회화와 문학에 관한 단편적인 성찰을 통하여 여성을 파멸과 죽음의 에이전트로 보는 현상이 세기말에 극점을 이루어진 현상을 고찰하는 가운데, 뱀이라는 심상을 넘어 이제는 강-바다인 물과 달과 죽음, 그리고 모성과 여성과의 어원학적 상관관계뿐만 아니라 말(馬)로도 표현되는 시간의 속성과 여성에 관한 젠더 관련성을 니체와 하이데거, 바슐라르 등 다양한 이론가들의 입장에 대한 성찰과 더불어 추적한다.

10장에서는 이러한 현상을 가능케 한 유럽의 시대상에 대한 분석을 행한다. 세기말, 데카당스, 신여성, 팜므 파탈의 어원과 기원에 대한 추적뿐만 아니라 팜므 파탈의 세기말적 징후의 하나이기도 한 창녀의 창궐에 대한 분석을 통하여, 필자는 니체적 의미의 "여성적 삶" 또는 "삶이라는 여성"(vita femina)에 일견 함축되어 있는 여성비하의 의미를 넘어서, 팜므 파탈의 원래의 의미인 '생명의 여성', 즉 팜므 비탈(femme vitale)의 복원 가능성과 그 필요성을 논하고 있다. 여성을 죽음이 아니라 생명으로 다시 복원하는 작업은 물론 여성과 죽음을 동일화하는 서양의 지적 전통에 대한 비판적 되돌아보기이기도 하다. 팜므 파탈이라는 개념은 그것이 원래 혹은 이면에 함의하고 있었던 팜므 비탈이라는 관념과 더불어 삶과 죽음의 중첩과 동일함이라는 우로보로스 원형을 그려내고 있다.

4부의 11장에서는 여성을 전쟁으로 보는 습속이 여성을 죽음으로 보았던 사유의 연장선임을 밝힌다. 지혜의 여신인 아테나가 전쟁의 여신이기도 하였다는 그리스 신화에 착안하여, 필자는 전쟁을 윤리적이고 이성적이고 (Hegel) 자연[이성]적이고 숭엄한 것으로(Kant), 그리고 자연적으로 파악하는(Nietzsche) 서양의 지적 전통에 대하여 통속적인 이해의 범위에서 일말의 의문을 제기한다. 수메르, 이집트, 헬라스(고대 그리스)의 고대 서양 신화에서 전쟁의 신이 여신으로 나타난 이유는 온갖 부정적인 것을 여성에게 전가하는 남성들의 부정적 투사에서 기인하기도 하지만, 보다 더 근본적인 이유는 적어도 청동기시대 문물이 유럽을 석권하기 전까지 서양의 신이, 동양의 신도 간혹 그러하기도 하지만 남성성과 여성성을 동시에 겸비한 양성구유의 [여]신이었기 때문임을 밝히고 있다. 필자가 알고 있는 한, 수메르는 예외가 될 수 있겠지만, 적어도 비교적 초창기 이집트와 헬라스 사회에서 우리가 지금 알고 있는 대로의 여신이라는 개념은 존재하지 않았고, "여신들"은 남신들에게 구애받지 않는 독립 존재로 활동했다. 이러한 사실을 지적하는 것은 물론 여성을 죽음과 전쟁으로 파악하는 전통이 본질적이고 보편적인 것이 아니라 시대의 필요에 따라 축조된 관념임을 밝히는 것이 된다.

이어지는 장들은 베트남 전쟁문학에 나타난 여성과 죽음과 전쟁의 동일화에 대한 고찰이다. 베트남 전쟁문학인 『13계곡』, 『비좁은 병영』, 『시체세기』, 『대나무 침대』 등의 작품을 중심으로 여성과 죽음의 동일화를, 그리고 『호랑이 여전사』를 통하여 여성과 전쟁이 얽혀져 있는 여전사 개념의 실체와 그 허구성을 궁구하고 있는 11장과 12장은, 여성과 죽음과 전쟁의 동일화라는 습속 또는 선입견이 확대 재생산되어 여성과 동양이라는 등식을 만들어내기도 하여 성차별은 물론이지만 인종차별과 이의 연장이라 할 수 있는 제국주의적 사유 방식을 산출해냈는가에 관한 확인과 이를 비판하는 실제비평의 장이다. 베트남 전쟁을 '역사의 영도'(零度, zero point), 혹은 포스트모더니즘의 기점으로 보는 논의는 베트남 전쟁이 서양 문명의 적자로서의 미국의 치부인 인종적 편견과 여성혐오, 그리고 계급 간의 빈부격차와 불평등을 용인하는 사회구조를 노정하고 있다는 점에서 찾아져야 할 것이다. 베트남 전쟁은 다른 어느 전쟁보다는 특히 서양 문명이 그 우로보로스적 복원력을 잃어버려 여성이 죽음과 전쟁으로만 파악된다는 점에서 파국의 역사를 예견하고 있었다. 인류가 짐승보다 못하다는 소위 반(反) 휴머니즘(anti-humanism, 서구 사유 전통의 인간 중심주의에 대한 비판적 관점에서 20세기 후반에 부상한 사유의 한 경향. 전통적인 인본주의에 반하는 이론으로 인간 주체의 관념을 무력화시켰다) 인식은 홀로코스트에서 분출되어 베트남 전쟁에서 지속된다.

여성 전사에 대한 분석은 다음 14장의 여성과 전쟁, 그리고 평화와의 상관관계에 대한 분석으로 자연스럽게 이어졌다. "여성은 평화적인가 또는 평화는 여성적인가" 하는 질문은 여성이 죽음과 전쟁으로 표상되는 현상의 이면에 더불어 도사리고 있는 질문이었다. 결론 삼아 말하자면 여성은 전쟁도 평화도 아니라는 것이 필자의 입론인데, 이는 여성을 오롯이 전쟁으로, 평화로, 죽음으로, 또는 생명으로 보는 다소 일의적인 기존의 시도에 대한 필자 나름의 암중모색일 수 있겠다. 니체도 말한 바 있듯이, 그의 진의가 여전히 명확하게 드러나 있지 않기는 하지만, 다양한 여성들과 남성들, 다양한 사람들과 사물들이 있을 뿐이며 그들 모두는 시각과 관점에 따라 다양한 색과 모습을 지니고 있다.

지금은 고인이 되었지만 현실주의와 실용주의 정치학을 표방하고 있는 시카고대학의 국제정치학자 엘쉬타인(Jean Bethke Elshtain)의 전쟁과 평화 그리고 여성성에 관한 이론을 주로 분석하는 가운데, 우리는 전쟁과 평화가 동전의 양면이라서 인구에 의미 없이 회자되는 "평화를 위하여 전쟁을 준비한다"는 로마의 격언이 엘쉬타인도 인정하듯이 불가피한 전쟁과 이전투구의 현실 정치를 반영하는 언급이기는 하지만, 특별히 핵의 파멸을 목도하고 있는 21세기의 세계시민이 받아들이기에는 지극히 소극적이고 부정적인 평화관임을 밝힌다. 전쟁의 부재가 평화라는 소극적 평화관이 더 이상은 불가능한 핵전쟁의 시대에 이르러 평화를 달성하기 위한 전쟁이라는 개념을 유실하게 되는데, 이러한 변이의 원인에는 핵이 전쟁 자체를 무화시켜 전쟁과 평화의 대위법적 변증을 불가능하게 만들고 있다는 사실이 도사리고 있다. 평화의 실천에 물론 남녀 구별이 있을 수는 없다. 마찬가지로 반전과 반핵을 기치로 하여 여성과 평화를 동일화하는 일부 페미니즘 진영의 주장은 의도치 않았는지는 모르겠지만 여성과 전쟁, 그리고 죽음을 동일화하는 시대착오적인 습속을 반복하는 양상을 보이고 있다. 전쟁과 평화가 우로보로스적 짝패로 기능하고 있지 못하는 특별히 핵 시대에 있어서 평화를 위해서는 전쟁을 준비해야 할 것이 아니라 평화를 준비하여야 한다고 필자는 역설하고 있다.

〈부록 1〉은 전쟁의 원인을 사랑으로 분석한 필자의 20여 년 전의 글을 원문의 수필적 성격을 보존하면서도 전쟁에 관한 철학적 성찰과 미추와 선악과 호오에 대한 맹자와 묵자, 그리고 불교의 선악에 대한 이론을 보강한 글이다. 선악과 폭력의 기원으로서의 애증, 즉 호오지정(好惡之情)과 그것의 기반으로서의 지(知)와 사물, 그리고 물(物) 이전의 하늘이 부여한 본성에 대한 논의는 1장과 4장에서도 이루어졌으니, 전쟁의 원인을 사랑으로 보는 관념이 생경한 독자는 1장과 4장을 함께 읽으면 좋겠다. 사랑에서 연원하는 전쟁과 죽음을 문학 작품에서 분석하고 있는 부록은 전쟁의 원인을 프로이트가 암시한 바 있는 '죽음충동'(Todestreib)이라는 개념으로 분석한 후, 그러한 죽음충동이 '사랑의 폭력성'에서 기인하고 있다는 사실을 사랑이 즉각적으로 미움으로 변하는 현상, 즉 사랑과 미움의 상동구조(homology) 혹은 사랑과 전쟁의 친연성이라는 현상을 통하여 추적한다. 진부해진 죽음을 대량으로 그것도 합법적으로 수행할 수 있는 전쟁은, 마르쿠제(Herbert Marcuse)의 말마따나 죽음을 체념하며 받아들이는 인류의 마조히즘적인 저의식(底意識)이 사디스트적인 공격성으로 변한 현상이기도 한데, 비일비재한 죽음과 전쟁의 이면에는 죽음으로 회귀하고 싶은, 죽음을 관능적으로 사랑하는 인류의 근원적인 의식이 도사리고 있어서인지 모른다. 비교적 원고 초반기에 준비되어 우로보로스라는 이 책의 전제와는 어긋나는 듯이 보이는 필자의 글을 여기에 다시 상재함은 필자가 제기한 사랑의 폭력성과 사랑의 평화학 사이의 접점을 그리고 사랑과 죽음, 사랑과 전쟁의 대위법적인 성격을 필자가 아직 해결하고 있지 못해서이다. 사랑은 전쟁의 우로보로스이다.

〈부록 2〉는 제1권의 4장에서 제시된 지식과 지혜의 다르지 않음을 어원학적으로 추적하는 글이며, 〈부록 3〉은 뮈토스와 로고스의 대위법 내지는 우로보로스적 상호보완에 대한 글이다. 뮈토스와 로고스의 어원을 추적하는 가운데, 로고스를 선호하는 플라톤의 철학적 글쓰기에서 뮈토스적 요소가 사용되고 있어 뮈토스-로고스가 서로를 보완하고 배태하는 우로보로스 혹은 대위법적 의미로 사용되고 있음을 밝히고자 하는 이 부분에서 필자는 서양의 로고스의 의미가 우리가 오늘날 알고 있는 이성 혹은 진리로 변하는 과정을 추적하는 가운데 한자문화권의 "理性"으로 번역되는 연유를 밝힌 연후, 글의 중반부에 이르러서는 서양의 역사가 "뮈토스에서 로고스로" 변화 혹은 치환되지 않았다는 사실을 논구하게 된다. 로고스는 시간이 지나면 새로운 뮈토스가 되어 "뮈토스"라는 신화 체계, 혹은 담론의 일부를 구성하게 된다는 것인데, 필자는 이를 우로보로스적 대위법이라 규정하고 있다. 전체 책의 종지(宗旨)와는 약간 멀어진 감이 있다. 불필요하다고 생각하는 독자는 이를 건너 뛰어도 무방하다.

우로보로스의 상실과
탈(脫)우로보로스 사유의 정초

이 책에 나타난 필자의 애초의 연구 주제는 서양 문화에서 여성을 죽음으로 또 죽음을 여성으로 보는 현상을 분석하는 가운데, 그러한 현상의 이면에 우로보로스라는 심상이 똬리를 틀고 있다는 것을 논구하는 것이었다. 말하자면 성, 여성, 죽음, 생명, 전쟁이라는 다양한 주제를 엮는 일이관지(一以貫之)의 막연한 속 틀로써 우로보로스를 상정하게 되었으나, 이것은 어디까지나 환원적이고 귀납적인 진행 과정의 결과이었지 애당초 우로보로스라는 관념에 짜 맞추어 연역적인 방법을 따라 결과를 상정해 놓고 그 안에 각론을 배치하는 식의 소위 '이론의 폭력'(violence of theory)이라는 틀을 따라 논의를 전개한 것은 아니다.

이 책의 마지막 장(15장)의 한 부분을 "우로보로스의 현상학"으로 이름하기는 했지만, 우로보로스라는 준거틀 내지 관념은 이 책의 후반부에 가서야 떠오른 착상이었으니 해석학적 결과에 의한 현상학적 원인을 구성하는 과정을 추적하는 이 책의 취지와 부합한다. 현상학이 우선은 "일차적으로 일종의 '방법 개념'"이며 현상학에 이미 해석학이 개입되고 "현상학이 낱말의 근원적인 의미에서 해석학"이기도 하다는 하이데거의 주장(Heidegger 1927; 47, 61)을 염두에 둔다면, 독자들은 각 장을 읽을 때 이를 굳이 우로보로스라는 협소한 관념만으로 독서를 진행할 필요는 전혀 없을 것이다. 글의 흐름과 전개가 현상학적 기술 방법을 일부 차용하고 있다는 사실을 인지하고 독서를 진행하는 것으로 족하다 할 것이다. 우리가 살고 있는 이 세상이 더 이상 어떤 하나의 중심 관념이나 틀로 수미일관 일목요연하게 해석할 수 없는 포스트구조주의와 포스트휴머니즘 시대에 산다고 사람들은 이구동성으로 말하기를 즐겨하지만, 그것은 사실 혹은 역사에 대한 일단의 해석이 진행되고 난 후의 '사건'(Ereignis, event)이다. 이는 진리를 비진리로 그리고 권력으로 보았던 니체와 푸코도 마찬가지이다. 초분별 혹은 탈분별은 분별 이후의 작업이며 서로는 서로를 보완하고 있으니, 분별과 초분별도 그러하지만 현상학과 해석학 또한 우로보로스적 짝패, 혹은 안팎에 다름 아니다.

여성을 죽음으로 또 죽음을 여성적인 것으로 보는 시각은 여성이 전적으로 죽음만을 지칭한다는 입장은 당연히 아니라는 사실 또한 명기하고 넘어가자. 여성적인 것은 죽음 말고도 가정, 모성, 수동성, 포용성, 생명, 평화 등의 많은 속성을 포함하고 있기 때문이며, 전쟁과 평화도 물론 각각 남성적인 속성과 여성적인 속성을 공히 포함하고 있다. 엄밀히 말할 수 있다면 여성을 죽음으로 보는 시각과 죽음을 여성으로 보는 시각은 완전히 같지는 않다. 이와 같은 논의는 여성을 죽음(또는 삶), 전쟁, 사랑, 평화로 보는 시각과 그것을 거꾸로 하여 죽음(또는 삶), 전쟁, 사랑, 평화를 여성적으로 보는 시각에도 공히 적용된다 할 수 있다.

13장에서 논의가 더욱 진행되겠지만, 후자의 시각이 전자보다 더욱더 배타적이고 폐쇄적으로 작동할 수도 있다는 점은 레비나스(Immanuel Levinas, 1906~1995)의 "타자성은 여성적인 것에서 완전히 개화한다"는 언명에 관한 보부아르(Simone Beauvoir, 1908~1986)의 비판(xix; 주석 3)에 견주어 설명할 수도 있겠다. 타자를 여성으로 보던 여성을 타자로 보던 이를 함축한 '여성은 타자'라는 은유는 그런데 보부아르의 주장을 따르자면 사실상 가부장제의 힘과 권력을 강화하는 "남성적인 특권의 주장에 불과하다"(xix; 주석 3). 애시 당초 땅과 하늘, 해와 달, 낮과 밤, 그리고 선악이라는 이항구조에 전혀 관련이 없었던 타자라는 이 개념은 원래 주체와 더불어 "인간 사유의 기본적인 범주"였지만, 레비나스도 자신도 모르게 경도되듯 "주체와 객체의 상호작용"(xix)을 유실한 채 인류의 역사에 잠입하여 이분법적 구별과 차별적 관념을 양산해 내었다. '여성은 타자'라는 은유를 비판하면서도 그대로 이 용어를 사용하고 있는 보부아르의 정치적 입지는, 이 책의 결론에서 논의되겠지만 죽음과 전쟁의 젠더에 관한 분석을 행한 후 세상 만물에는 젠더가 없다는 '젠더의 무화'라는 필자의 개념과 많이 다르지 않다.

'여성은 타자'라는 그녀의 회의적 언급은 레비나스의 타자성의 철학을 곡해한 '타자는 여성'이란 언급과 더불어 페미니즘의 표제어가 되기도 하였지만, 양자의 미세한 차이는 이미 설명한 그대로이다. 이 책의 개괄적 주제가 나열하면 "삶, 죽음, 전쟁, 평화, 여성"이 아니라 "여성, 죽음, 삶, 전쟁, 평화"인 이유이며, 그 다섯 항목이 공히 종속적 서술형으로 기술되고 있지 않고 등위접속사인 쉼표(comma)로 이어지고 있는 이유이기도 하다. 이러한 방법을 혹자는 은유를 대체하는 환유의 침공이라 말한다. 14장에서 논의가 진행되듯이 '여성이 평화적인가' 하는 질문은 '평화는 여성적인가' 하는 논제와 일정 부분 다름이 확인되고 있지만, 많은 비평가와 이론가들은 양자를 거의 같은 의미로 사용하기도 하며 필자 또한 서술상의 편의에 따라 후자의 입장을 취할 때도 있다. 따라서 우리가 우리의 주제를 여성과 죽음, 또는 '여성은 삶'으로 표기할 때 그것은 죽음과 여성 혹은 '죽음은 여성'이라는 명제와 대동소이할 때도 있으며, 미세한 차이가 있고 양자의 차이를 부각할 필요가 있는 경우에는 부가 설명을 하였다.

전쟁과 평화를 여성적인 것으로 그리고 여성을 죽음과 삶으로도 동시에 보는 현상에 대한 분석도 어느 정도는 이루어졌다고 생각한다. 우로보로스의 세계에서는 삶과 죽음, 시작과 끝이 수미일관 동등하게 취급되고 있으니 하늘 아래 영원한 주제는 삶과 죽음, 그리고 간혹 그 사이를 관통하며 흐르는 사랑이다. 소위 '힐링'이 필요한 시대를 우리는 살고 있다. 시한부 인생, 프로이트의 표현을 빌자면 "근원적인 거세"의 삶을 살고 있는 사람들에게 그리고 우울과 절망에 빠져 자살을 꿈꾸는 사람들에게, 죽음이 삶으로 이어진다는 위로의 말을 하지 않고서는 삶이 죽음이고 죽음이 삶이라는 언어도단을, 그것이 비록 방편(方便), 즉 상황(contingency)적 언술이라는 점을 고려하여도, 말하기는 쉽지 않았다. 그러나 또 한편 고통에 대한 자각과 받아들임 없이 "죽음을 사는 우리의 삶"에 잠정적 치유는 물론이지만 영원의 위안이 가능하리라고 생각하지는 않는다. 삶을 이해하기 위해서는 고통과 죽음을 또한 알아야 하기 때문이다.

공자의 "삶을 모르는데 어찌 죽음을 알 수 있으리오"(未知生 焉知死 『論語』, 「先進」)와 같은 언급 또한 이러한 사유를 드러내고 있는데, 이는 전후 문맥을 보자면 공자가 귀신의 영역인 죽음 이후의 세계를 당연히 전제하며 고통과 슬픔으로 점철된 삶을 사는 사람의 일을 알고 최선을 다하는 것이 귀신을 섬기는 것보다 앞선다고 말하고 있기 때문이다.[13] 모른다고 말할 수 있는 것, 모른다는 것, 그리고 모름은 무릇 앎과 학문의 알파와 오메가이니, 자연과학이 이를 '알려지지 않은 것'(unknown)으로 파악하고 있을 때 인문학은 여전히 그것을 "알 수 없는 것"(unknowable)으로 파악하고 있었다. 죽음을 알기 위해서는 삶을 알아야 할 터인데, 그러나 우리는 아직 삶 또한 잘 알지 못한다.

공자의 언급과는 표면적으로만 다른 것 같지만 죽음에 대한 성찰은 삶과 생명을 향하고 있었다. 죽음이 삶이 되는 유현(幽玄)한 현상을 우리는 뱀과 아주 자주 동일시되었던 여성으로부터 배웠다. 여성을 죽음으로 그리고 때에 따라서는 죽음을 여성적인 것으로 파악하는 사유는 그러하기 때문에 부정적이지만은 않다. 삶이 항상 좋은 것이 아닐뿐더러, 죽음 또한 항상 나쁜 것이 아니기 때문이다. 장자는 말한다. "일찍 죽어도 좋고 오래 살아도 좋고 태어나도 좋고 죽어도 좋다!"(善夭善老 善始善終 『莊子』, 「大宗師」) 삶과 죽음은 장자의 사유에서도 우로보로스의 원환을 형성하고 있다. 보부아르의 『모든 인간은 죽는다』(1946) 혹은 포르투갈의 작가 주제 사라마구(José Saramago)의 『죽음의 중지』(2005)는 죽음이 세상에서 없어질 때 나타나는 현상을 열거하고 있는데, 죽음이 없어지면 세상에는 역설적으로 권태와 절망, 죽음만이 창궐하게 되니 역설적으로 죽음이 있어야 삶의 수레바퀴는 돌게 된다. 우로보로스적 사유 방식이기도 한데 선악이라는 지침금이 있어야 삶이 허락된다는 니체의 차라투스트라를 비틀어 말하자면, 죽음이라는 지침금으로 삶은 허락된다. 그러나 죽음이 좋은 것일 수 있기에 이를 표상하는 여성을 계속 죽음과 동일하게 간주하자는 주장이 성립될 수 없는 소치는, 여성을 죽음으로 파악했던 문명의 몰락과 역사의 파국을 지나간 수천 년 세월을 통하여 서양의 인류가 나름 목도하고 이에 대한 비판적 성찰을 행해 왔기 때문이다.

삶을 여성으로 파악하는 사유는 진리를 여성으로 파악한 연후 그것을 비진리로 확인하는 니체의 사유와 마찬가지로 여성의 속성 자체인 생명을 무시하고 멸시하여 여성을 죽음으로 보는 사유로 굳어져 갔다. 삶과 진리가 때에 따라서는 거짓일 수 있다는 자각은 삶과 진리 자체에 관해서는 판단을 유보한 채, 그것들과 습관적으로 동일시되는 여성에 대한 폄하와 멸시로 이어져갔다. '삶의 여성'(vita femina)이 어느덧 '죽음의 여성'(mors femina)으로 탈바꿈되기 때문인데, 이는 괴테나 니체의 여성에 대한 사유에서처럼 생명의 창출자인 여성이 부득불 죽음의 생산자로 지목될 수밖에 없었기 때문이다. 생명의 담당자로서의 여성이 죽음의 담지자가 될 수 있다는 주장은 이미 밝힌바 소박한 현상학적 견지, 즉 통속적인 상상력에서만 성립되고 있다. 죽음의 원인을 삶, 그리고 삶의 원인을 그 제공자인 여성으로 보는 이러한 "회소적" 해석이 사실 남성들의 기망(欺妄)에 지나지 않는다는 사실을 지적한다는 것은 이미 진부한 일이 되었지만, 여성은 그럼에도 불구하고 죽음과 동일화되어 부정적인 것의 총화로 인식되어왔다. 그러나 "여성→ 삶→ 죽음"이라는 사유는 여성을 매개로 "여성→ 삶→ 죽음→ 삶"이라는 원환의 우로보로스를 이미 함의하고 있었다.

세상은 존재론적으로 자아와 타자, 인식론적으로 주체와 객체, 정치경제학적으로 주인과 노예 등의 이분법으로 매끈하게 나누어지지 않는다. "주체와 타자의 이분법이 형이상학적 믿음에 불과"하고 "현세와 내세, 천국과 지옥 같은 신학적 환상"(박정수 162-163)일 수 있고 또 그럴 수밖에 없다고 한다면, 삶과 죽음의 분별 또한 삶이 죽음으로, 죽음이 삶으로 전환한다는 사실을 무시한 채 여전히 마야의 영역 속에서 이분법의 폭력을 지지하는 기제를 수행할 수밖에 없게 된다. 스피노자(Baruch Spinoza)가 말한 것으로 알려진 "모든 규정은 부정이다"(Omnis determinatio est negatio)는 언급은 나 또는 너, 즉 자아와 타자의 실체를 인정하지 않는 상대적인 세계관을 반영하는 언급으로 필자에게는 읽혀지지만, 실상 서양의 이러한 타자 지향적 주체의 구성은 인류에게 거세와 상실, 부재와 허무의 세계관을 유포하게 되는 결과를 가져왔다. 프로이트의 체념과는 달리 우리는 어떠한 것도 결여 하지 않은 채 세상에 태어난다. 태어나지 않은 아기에게 자궁 안이 제일 편한 장소라는 등의 검증할 수 없는 말과, 태어나지 않은 것과 빨리 죽는 것을 농으로 최고로 치는 서양의 비극적 인식 또한 신중히 검토할 필요가 있다.

삶을, 그저 죽음이 찾아온다 해도 축복이라 볼 수는 없을까? 삶의 부재가 죽음이 아니듯이 죽음의 부재 또한 삶이 아닌 연유이다. 불교의 무아 혹은 몰아(沒我)가 자아를 부정하고 있지 않듯이 해탈 또한 윤회를 부정하지 않는다. 윤회와 해탈의 주체로서의 자아는 말나식에서 아뢰야식까지 인류의 의식과 무의식 속에 현존하고 잠재해 있다. 부정적이고 소극적인 의미에서 삶과 죽음이라는 두 현상이 서로 같을 수는 있어도 삶이 있기에 죽음이, 그리고 죽음이 있기에 삶이 있는 것은 아니다.

삶이 있으면 반드시 죽음이 있고,
죽음이 있으면 반드시 삶이 있다.
(方生方死 方死方生『莊子』,「齊物論」)

장자가 일정 부분 받아들이고 있는 혜시(惠施)의 방생설을 우리는 이렇게 읽어 왔으나 21세기에 삶과 죽음은 더 이상 서로가 서로의 원인과 결과가 되지 않으니, 삶이 있고 죽음이 있을 뿐(方死, 方生)이어서 삶과 죽음을 나름의 본질과 조건으로 받아들일 때 인류는 죽음이라는 미몽에서 벗어나게 될지도 모른다.[14] 우리의 세계가 은유가 작동되지 않는 세계라는 가정하에서 그리고 매 순간순간이 '사건'으로서 영원에 값한다는 평행우주론의 견지에서 오히려 역설적으로 언급을 하자면, 삶은 삶일 뿐 죽음을 전제로 한 삶이지는 않다. 죽음의 경우도 동일하다. 삶은 삶에서 태어나고 죽음은 죽음이라는 삶에서 태동한다.

그러하기 때문에 순간이 순간이고 영원의 일부가 아니라 영원 자체이기도 하다면, 순간이 영원의 일부로서 영원으로 가는 도상, 즉 길 위의 한 점이 아니라 '영원 그 자체'라면, 죽음은 죽음일 뿐이지만 삶이기도 하였다. 우로보로스는 삶은 죽음이고 죽음은 삶이라는 은유를 그리고 더욱더 나아가 삶은 삶이고 죽음은 죽음이라는 토톨로기를 전하고 있지만, 이 책의 15장에서 필자가 밝히고 있듯이 우리는 삶과 죽음의 등가성 혹은 동일성이라는 우로보로스를 상실한 세대이다. 삶이 죽음이라는 말과, 여성이 삶이기 때문에 죽음이라는 말은 다르다. 여성이 삶이자 죽음으로 파악된다 하더라도 삶과 죽음이 동일화될 수 없는 것은 3단 논법의 은유 혹은 유사 동일성이 가능한 세계에서 우리가 더 이상 살고 있지 않기 때문일 것이다. 죽음은 죽음일 뿐 더군다나 여성적인 것으로 치환될 수 없다. 삶도 삶일 뿐이다. 삶이 죽음이고 죽음이 결국은 삶이 아니라는 반명제, 즉 유무와 생사의 불이의 삼단논법을 넘어 다시 분별을 말하기 위하여 우리는 삶이 죽음이고 죽음은 다시 삶이라는 분별의 과정을 우선 혹은 다시 통과하여야 하지만, 대개의 경우 선악의 초월이라는 개념이 함의하는 분별과 초분별의 세계에서 여행을 멈출 수도 있다. 유무, 선악, 생사의 은유 혹은 변증은 A(有, 善, 生)≠B(無, 惡, 死) → A=B → A≠B의 과정에서 굳이 말하자면 2번째 단계에 속하게 되니, 결국에는 A(有, 善, 生)=A(有, 善, 生)라는 토톨로기로 회귀하고 있다. 이에 대해서는 책의 마지막 3권 결론 부분에서 논의가 조금 더 진전된다.

물론 우리는 한 인류학자의 말을 단순화하여 전사로서의 남성은 죽음을 향한 존재이고 어머니로서의 여성은 생명을 향한 존재(Clastre 341, 348)라고 조야하게 말할 수는 있다. 그러나 남성이 언제나 파괴와 폭력, 그리고 죽음에 연관되지 않듯이, 여성 또한 생명과 평화만을 그려내고 있지만은 않았다. 젠더는 원래 무젠더이다. 여성이 죽음이라는 주장에서 벗어나 여성이 삶임을 주장하려 하였고, 비록 이것이 비루한 반복이고 배후에 담긴 그 깊은 의미를 잃어버린 토톨로기 수사로 전락할 위험성을 떨쳐버릴 수는 없었지만, 여성은 여성일 뿐 여성이 삶, 또는 죽음이라는 주장을 바로 할 수 없는 까닭이 여기에 있다.

여성의 지나친 이상화가 오히려 여성의 복종을 강요하는 이데올로기로 작동할 때도 있었지만 괴테의 『파우스트』에서 "영원히 여성적인 것이 우리를 이끌어 올린다"(Das Ewig-Weibliche / Zieht uns hinan)는 말에 담겨 있는 여성의 생명 창출에 관한 깨달음과 오의(奧義)를, 전 인류의 멸절과 죽음을 방사하고 있는 핵 시대, 재현의 불가능성과 사건의 무의미성을 요구하고 있는 묵시의 핵 시대에 반추하고 또 반추할 일이다. 돌이켜보면 '여성이 삶'이라는 은유를 이 책의 결론과는 상이하게 필자는 자신도 모르게 말하고 있었고, 그 진부함과 불가능성에도 불구하고 이러한 주장은 인류가 잔존하는 한 계속될 것이라는 점을 그래도 믿고 싶었다. 우로보로스의 사라짐과 은유의 죽음을 말하는 가운데서 필자는 그러나 여성은 삶이며 동시에 죽음이며, 이러한 맥락에서 여성은 모든 것의 총화라고 주장할 수는 있었다. 죽음이 삶으로 변하는 과정을 추적할 수는 없었지만 삶은 삶이고 죽음은 죽음이라는 토톨로기 속에서 삶이 죽음이고 그 죽음이 다시 삶이 가능했던 시대가 있었음을 확인할 수는 있었으니, 우로보로스는 삶과 죽음이 꼬아져 있는 영원한 생명의 매듭이다.

서문 주

1. 〈삶은 여성이다〉는 "vita femina est", 그리고 〈여성적 삶〉은 "vita feminea" (←femineus) 혹은 "vita feminina"(←femininus)로 표기되어야 할 것이다. 하지만 니체가 그의 작품 속에서 여성 혐오적 표현을 구사할 때 "femina"가 형용사적 용법으로 사용되어 명사가 그대로 격변화 하지 않고 쓰인다는 사실은 연세대학교 문경환 교수의 확인을 거쳤다. 일례로 암퇘지는 "porcus femina", 암늑대는 "lupus femina"로 쓰인다. 물론 "vita feminae"는 〈여성의 삶〉이라는 뜻으로 사용 가능하다. 따라서 〈여성적 죽음〉이라는 표현 또한 이러한 맥락에서 "mors femina"로 표기하기로 한다. 니체의 〈여성적 삶〉("Vita femina")이라는 표제가 붙은 발언을 인용하면 다음과 같다. "내가 말하고자 하는 것은 이 세계에는 아름다운 것들이 넘쳐나고 있지만 그럼에도 불구하고 이것들이 모습을 드러내는 아름다운 순간은 너무 적다는 것이다. 하지만 이것이야말로 삶의 가장 강력한 마법일지 모른다. 삶은 가능성이라는 황금실로 짜인 베일로 덮혀 있다. 약속하고, 반감을 품고, 수줍어하고, 냉소하고, 동정하고, 유혹하는. 그렇다, 삶은 여성이다(Ja, das Leben ist ein Weib!)"(『즐거운 학문』, 339편).

2. 필자는 영미권에서 사용하는 수사학적 표현인 "토톨로지" 대신 형이상학의 근간을 이루는 동일성 관념을 염두에 두고 독일어와 영어 발음을 섞어 이를 "토

톨로기"로 표기한다. 토톨로기(Tautegorie, Tautologie, tautology)는 셸링(Friedrich Schelling)이 알레고리와 대비하여 사용하는 용어로서 "바로 그것"을 뜻하는 "tauta"와 "말하다"는 뜻의 명사형 "logos"를 결합한 것으로, '자기 자신을 직접 의미하는 언어 방식'을 뜻한다. 토톨로기를 대표하는 "나는 나다"라는 표현은 이집트 북부 나일 삼각주의 고대 도시, 사이스(Säis)의 네이트 신전 비문에 새겨진 것으로, 유대-기독교의 "야훼" 스스로를 표현하는 말과도 유사하며, 제우스 또한 스스로를 "나는 나였으며, 나이며, 나일 것"이라 칭한 바 있다. (이에 대한 더 자세한 설명은 이 책의 4장, 11장의 논의를 참조할 것.)

토톨로기와 알레고리는 표면적으로는 정반대의 뜻을 지닌 것처럼 보이는데, 셸링은 영국 작가 콜리지(Samuel Coleridge)가 처음 만든 이 말을 차용하면서, 『신화철학』에서 "신화는 알레고리적이 아니고 자의적(tautegorisch, 自意的)이다"라는 자신의 주장을 논증한다고 심철민은 에른스트 카시러의 『상징형식의 철학』에 대한 번역판 주석에서 밝히고 있다. 신화는 알레고리적이기보다는 토톨로기적이기 때문에 '자의적' 해석들에 열려 있다고 카시러는 말하고 있다. 토톨로기와 대비되는 알레고리(← alieniloquium)는 그리스어 "알로스(allos)"와 "아고레우에인(agoreuein)"이 합성된 말로써, "말해지고 있는 것과는 다른 것을 함의하도록 하는 언어 방식을 뜻한다"(Cassirer 2012, 22; 심철민 역주 3). 로마의 퀸틸리아누스는 알레고리를 "연속된 은유"로 정의하였는데(노부미 102 재인용), 알레고리는 굳이 직역하자면 "다르게 말하기" 즉 새로운 말 혹은 새로운 상징 정도가 될 터인데 알레고리는 넓은 의미로 보자면 은유의 한 갈래임이 분명하다.

애매모호한 상징에서 한 발 나아가 특정한 윤리와 교훈을 요구하는 시대에 창의적인 알레고리가 새로운 상징을 만들어낸다는 언급으로 필자에게는 읽히는데, 이는 새로운 상징을 알레고리로 보는 문학관을 따르고 있음이니 괴테의 상징 옹호와 벤야민(Walter Benjamin)의 알레고리 옹호가 필자에게는 같은 것으로 읽히고 있는 까닭과 다르지 않다. 고난과 구원의 십자가의 상징이 무지몽매의 알레고리로 볼테르에게 보였던 소치인데, 범박하게 말하자면 순수 문학은 이미지와 상징을, 종교와 철학과 선전문학은 꼭 그렇다고 할 수는 없지만 알레고리를 선호한다고 말할 수 있다. 상징은 수사의 기원으로 따지면 은유에, 알레고리는 정치

이데올로기라는 결과적인 측면으로 보자면 풍자에 가깝다. 시대는 끊임없이 새로운 상징을 요구하고 있으며, 상징은 역사문화적 틀로부터 자유롭지 않다. 종교적 믿음이 가능했던 중세 시대, 그리고 그러한 신앙을 잃어버려 새로운 표징을 희구했던 20세기 마르크시즘을 표방했던 휴머니즘 시대는 새로운 상징을 원했던 바 이에 힘입어 대량의 알레고리를 산출했다.

3. 이와는 다른 맥락이지만 카파도키아의 성 바실리우스(Saint Basilius the Great)는 "생명은 죽음을 낳지 않고, 어둠은 빛의 기원이 아니며, 병은 건강을 만드는 것이 아니다"고 밝힌 바 있다(Jung *Aion*, 47 재인용). 바실리우스의 이러한 언급은 물론 악은 선의 결핍이고 악은 존재하지 않는다는 오리게네스의 이론에서 시작하여 아우구스티누스와 아퀴나스로 이어지는 신명론적 차원의 언급이지만, 융은 이를 전제를 증명 없이 진리로 여기는 오류, 즉 "페티티오 프린키파이"(petitio pricipii)라고 말하고 있다(*Aion*, 36-53). 이는 죽음은 생명의 단절이므로 구세주에 대한 신앙 속에서 죽음이 존재하지 않는다는 말인데, 필자는 이를 "생명은 생명이고 죽음은 죽음이며, 여성은 생명도 죽음도 아님"을 패러디한다. 장자의 다음과 같은 언급 또한 우리의 논의와 어울린다. "삶 때문에 죽음이 생기는 것이 아니며, 죽음 때문에 삶이 죽는 것도 아니니, 생사는 서로 기대어 있지 않으니 모두 각각 일체가 담기어있다"(不以生生死, 不以死死生. 死生有待邪, 皆有所一體. 「知北遊」 18; 이강수·이권 III: 61 참조). 21세기는 이제 이렇게 말해야 한다. "죽음은 생명을 창출하지 않으며, 전쟁은 평화의 기원이 아니다!" 이에 대한 추가 논의는 에필로그에서 다시 이루어진다.

4. 이유, 근거 또는 원인을 의미하는 그리스어 "아이티아"(aitia)는 설명이라는 뜻에 더 가까운데, "'aitia'는 그리스어의 부정과거형시제('this is done')를 과거 시제('this was done')로 변형시킨 그 기묘한 심리적 과정을 거쳐 과거적인 것이 되었다." 이는 마치 플라톤이 『파이돈』의 후반부에서 "'이 사물이 아름답다'는 명제에 대한 설명은, '아름다움'이라는 이데아가 존재하며, 이 사물이 이 이데아를 분유하고 있기 때문"이라는 설명과 유사하다. 콘포드(F. Conford) 교수가 주석 246에서 명확히 지적하듯이 사물과 이데아 "관계의 특성들은 (…) 오직 개별자와 개념 사이에서만 성립하며, 그것은 사물에서 개념으로 가는 관계이지 그 반대

는 아니며, 모든 사물들이 어떤 개념과 이 관계를 맺는다"는 의미이다(Conford 1918, 170-171; 309-310).

사물이 먼저이지 이데아가 먼저 아니라는 설명으로 필자에게는 읽히는데 이데아가 사물의 원인이 된다는 소크라테스의 입을 빌린 것으로 여겨지는 플라톤의 이론은 콘포드 교수가 생각하기에는 플라톤의 착각이다. "'이것은 아름다우므로 아름다움 자체를 분유하므로 아름답다'는 명제는 이제 '이것은 아름다우므로 아름답다'는 명제와 정확히 같은 의미이며, '분유하다'라는 동사는 '이다'의 동의어일 뿐이다. 이데아는 더 이상 원인이 아니다"(Conford 1918, 309).

5. "사역적(使役的) 재투입"이라는 생경한 번역어는 원인을 만들어내는 재투입, 혹은 투사 정도로 이해할 수 있겠다.

6. 倒果僞因, 從果向因 등과 유사한 갈조광의 표현을 더 소개하자. 영서연설(郢書燕說: 초나라 영 지역 사람의 편지를 연나라 사람이 설명함), 망문생의(望文生義: 글자만 보고 대강의 뜻을 짐작하는 것). 갈조광의 포스트모던적 사상사 기술과 관련하여 그 담론적 성격을 논의한 I: 125-137 특히 참조.

7. 이 표현은 들뢰즈가 그의 『베르그손주의』(1966)에서 삭제한 1956년의 논문에 나오는 구절이다. 이를 해제한 김재인은 "새로운 것, 미규정, 예견 불가능한 것, 우연, 우발성, 돌발성, 발명, 창조, 자유 등'을 거론하며 세계가 원인들에 앞서 온다"(166)고 첨언한다. 결과는 때때로 원인보다 앞서며, 우리가 목도하는 원인은 결과를 반영한 원인이기 쉽다.

8. 우리는 다석 유영모 선생의 수성(獸性)의 탐진치(貪瞋痴)를 원죄로 보는 사유와 "탈 원죄"의 가능성에 대해서 이 책의 1장 7절에서 논하게 된다. 고 이어령 선생 (1934~2022)의 사유 또한 이와 유사하다. "이모털[sic](immortal, 죽지 않는)한 존재는 하나님뿐이라는 사실을 망각한 거지. 하나님 이외의 존재는 다 죽어. 그게 원죄야."(중앙일보 2022.2.28.) 삶과 죽음을 손바닥과 손등의 관계로 보는 그의 조화롭고 원만한 사유에서도 인류의 죽음이라는 현상을 소급하여 원죄로 보는 흐름이 또한 감지된다. 우리는 묻는다. 꽃과 돌을 포함한 일체유정 또한 원죄를 지니는가?

9. 선악과의 증득으로 인하여 타락하였지만 예수그리스도를 통하여 영생을 얻게

된다는 '펠릭스 쿨파'(felix culpa)는 밀란의 대주교 성 암브로시아(337~397)의 신조어라고 하나, 그의 제자인 성 아우구스티누스(354~430)의 아이디어라고도 전해지며, 이를 대중적으로 확산한 신학자는 중세의 성 아퀴나스이다. 1장에서 후술되겠지만 성 아우구스티누스의 성적인 분방함, 즉 타락과 참회는 그로 하여금 원죄사상과 '펠릭스 쿨파'라는 용어의 입안자가 되게 하였다. 철학자 김영민은 이를 다음과 같이 표현한다. "적지 않은 상인 기독교인들은 '죄의 틈과 사춤 속에서마저 생동하는 은혜'라는 역설에 초점을 맞추는 게 아니라, 오히려 '은혜를 위해서는 차라리 죄라도 좋다'는 식의 자가당착에 이르고 있는지도 모른다. 그리고 이 자가당착은 그 모든 인과(因果)에 관한 도착(倒錯)의 역사가 말해주고 있듯이, 수단이 목적을 잠식하며, 이윽고 그 과정을 통해 그 목적의 무목적성을 스스로 증명하고 만다"(김영민『당신들의 기독교』, 21). 우리가 1장에서 논할 아우구스티누스의 죄와 참회에도 적용될 수 있으나, 아우구스티누스의 죄가 심대하여 그의 회심과 은혜 받음이 더 빛난다는 식의 사유 또한 지양될 필요성이 있다.

10. 뮈토스와 로고스, 신화와 탈신화, 선사시대와 역사시대의 사유를 균형감 있게 섞은 갈조광의 축심(軸心), 즉 야스퍼스의 차축시대와 이와 관련된 춘추전국시대의 제자백가의 백화난만, 그리고 조선조 당쟁의 긍정적 성격에 관한 논의로는 이 책 제3권의 마지막 장과 부록 3, "뮈토스와 로고스의 대위법" 참조.

11. 이 책의 2장에서 장황하게 설명될 요량이지만, 우로보로스는 직역하자면 "꼬리를 먹는 뱀"(uroboros ophis)의 축약어이다. 이 책에서는 시종과 생사, 자아와 타자, 주체와 객체, 나와 타자 혹은 세상과의 일치를 의미하여 영혼과 영원을 상정하는 형이상학적 관념의 뼈대를 의미하는 개념으로 사용한다. 니콜라우스 쿠자누스(Nicolaus Cusanus, 1401~1464)의 상반의 일치(coincidentia oppositorum)와 칼 융(Carl Jung, 1875~1961)의 대극의 합일 또는 융합의 신비(coniunctio oppositorum, *Aion* 31; mysterium coniunctionis, *Mysterium Coniunctionis* 365) 등은 세상의 이원성 혹은 사물의 양면성과 이로부터 촉발되는 큰 하나로의 움직임을 표상하고 있는 우리의 우로보로스 수사(修辭)와 맥락이 닿아 있으니, 더 부연하자면 음양과 생사, 전쟁과 평화, 미추와 선악, 영육과 형상과 질료, 심지어는 동양의 이(理)와 기(氣)가 섞인 '이기일원'(理氣一元)이라

는 개념도 우로보로스적 대극의 합일이라는 궤적을 그리고 있다. 서양철학의 근간을 이루는 변증법 또한 넓게 보아 우로보로스적 사유라 필자는 정의한다.

12. 한국어의 '한'의 개념을 완전한 개념으로 보아 하나님을 완전한 하나님으로 받아들이고 있는 신학자 김경재, 수신(數神)인 "ᄒᆞ나님"이 아니라 하늘님을 뜻하는 "하ᄂᆞ님"의 개념으로 보는 김광식 교수를 참조. 큰 신, 혹은 하늘신이라는 개념은 종교다원주의에서 말하는 이른바 보편재신론(普遍在神論, panentheism)의 중요한 개념이 된다.

13. 『論語』, 「先進」의 관련 구절을 4장의 논의에 앞서 밝히면 다음과 같다. "季路問事鬼神. 子曰 未能事人 焉能事鬼? 敢問死. 曰 未知生 焉知死?"

14. "不來不去, 不生不死"에서 "滴來滴去, 滴生滴死"의 逍遙遊로의 인식론적 전환의 필요성에 대해서 필자는 미출간 도서(2023년 후반기 예정)에서 "方", "齊" 그리고 "滴"에 관한 어원학적 문헌학적 고찰을 전개하는 가운데 영혼과 영원의 형이상학이 전제로 하고 있는 서양의 존재론에 대한 비판적 읽기를 시도하며, 우로보로스와 탈우로보로스의 갈마듦, 즉 우로보로스의 拮抗을 논하게 된다. 필자는 方死方生(죽음이 있는 곳에 태어남이 있다)을 "方死, 方生"으로 중간에 콤마를 넣어 "方"에 관한 시간적, 인과적 읽기에서 이에 관한 공간적 읽기를 제안하고 있으니, 方死方生(방사방생)은 "여기저기 삶과 죽음이 있다" 정도가 될 것이다.

원을 품은 뱀: 테베(현 룩소르) 소재 고대 이집트 왕가의 계곡, 네페르티티(투탕카메이 무후) 어잉의 꼬눈에서, 2019.11.18. 필자가 카메라에 담은 "원을 품은 뱀"을 그린 채도 벽화

제1부

뱀은 이렇게 말했다:
삶은 죽음이고
죽음은 삶이었다

그러므로 너희는 뱀같이 지혜롭고 비둘기같이 순결하라 ―〈마태복음 10:16〉

세상에는 선도 악도 없고, 그것을 그렇게 만드는 생각만이 있다.[1]
―셰익스피어, 『햄릿』

뱀 같은 여인이여 내 앞에서 물러나라! 거짓되고 미운 너, 뱀과 짜고 나를 속였으니
그 이름 어울리는구나. ―밀턴, 『잃어버린 낙원』

죽음은 여성의 배우자인가? (…) 그녀는 死中生의 몽마이었다.
―콜리지, 『노수부의 노래』

여자는 본질상 뱀이다. 하와이다. (…) 여자에게서 세상의 온갖 악이 나온다.
(…) 따라서 여자에게서 지식도 나온다. (…) 여자를 통해서야 비로소
인간은 인식의 나무를 맛보는 법을 배웠기에.
―니체, 『안티 크라이스트』

성을 처음으로 불결한 것으로 만든 것은 삶에 대한 원한을 토대로 하고 있는
그리스도교였다. 그리스도교는 삶의 시작에, 삶의 조건에 오물을 들이부었던 것이다.
―니체, 『우상의 황혼』

선과 악을 창조한 것은 언제나 사랑을 하고 창조를 하는 자들이었다.
(…) 요람에 담기기가 무섭게 우리에겐 묵직한 말들과 가치들이 지참금으로 주어진다.
우리에게 주어진 이것들은 선과 악이라 불린다. 이 지참금 때문에 우리에게 삶이 허용된다.
(…) 이 세상에 존재한 이후로, 인간은 자신을 좀처럼 즐기지 못했다.
형제들이여, 그것만이 우리의 원죄일 뿐이다!
―니체, 『차라투스트라는 이렇게 말했다』

제1장

선악과나무의 사과나무로의 변신,
혹은 우리가 낙원을 떠나야 했던 까닭

1

이브, 사탄, 그리고 뱀

삶이 있어 죽음이 있게 되는 현상에 관한 인류의 관찰과 이로 인한 깨달음은 죽음의 원인으로 삶을 설정하게 되고 삶의 원인으로 여성을 지목하기에 이르렀다. 죽음의 원인이 삶이 되고 삶의 원인이 여성이 되니 여성은 다시 죽음이 된다. 생사의 우로보로스 사유가 태동하는 순간이니, 우로보로스는 그것 자체를 체현하고 있는 여성을 통하여 그 시초와 결말을 이미 동시에 품게 된다. 우리가 비교적 접근이 용이한 지나간 3~4천 년 서양의 상상력 또한 특별히 아담과 이브의 창조와 타락의 설화에서도 잘 나타나 있듯이, 성과 여성을 죽음으로 보는 데 익숙해져 있다. 이러한 인식의 저변에는 성 또는 사랑의 행위가 남성과 여성이 이루어 내는 상호 관계임에도 불구하고, 성을 여성적인 것으로만 치부하는, 그리고 여성을 유혹하고 파멸시키는 자로 상상하여 다분히 여성 폄하적인 가부장제의 습속이 자리 잡고 있다고 해도 과언은 아니다. 생명을 배태하는 여성을 아이러니하게도 죽음의 전달자로 보는 사고방식은 여성을 죽음 자체로, 그리고 죽음을 여성으로 보는 방식으로 고착화되었다. 신의 "강력한 사자"인 죽음이 양성적인 보다 엄밀히 말하자면 중성적인 성향을 잃고 여성화되는 현상은 죽음을 말 탄 남성 기사로 보는 중세의 풍습과 뒤섞여, 두 가지의 큰 전승 구조를 만들어 서로 우위를 다투면서 21세기의 서양으로 이어진다.

　서양 고전을 대표하는 두드러진 책 중의 하나인 성경은 창세기 3:6에 나타난바 그대로 유혹이라 할 것도 없고 부추김이라고 할 것도 없는 "먹음직도 하고 보암직도 하고 지혜롭게 할 만큼 탐스럽기도 한 나무"의 과실을 단순히 건네주는 하와에게, 아무 생각 없이 혹은 자발적으로 넘어간 최초의 인간 아담이 선악과가 표상하는 '성에 관한 지식'을 담보로 영생을 잃게 된다고 말하고 있다. "여호와 하나님이 가라사대 보라 이 사람이 선악을 아는 일에 우리 중 하나 같이 되었으니 그가 그 손을 들어 생명나무 실과도 따 먹고 영생할까 하노라 하시고 여호와 하나님이 에덴동산에서 그 사람을 내어 보내어 그의 근본 된 토지를 갈게 하시니라"(창 3:22-23). "아담 안에서 모든 사람이 죽은 것"(고전 15:22)으로 그리고 "아담으로부터 모세까지 (⋯) 모든 사람이 죄를 지었으므로 사망이 모든 사람에게 이르렀다"(롬 5:12-13)는, 구약의 생사관을 그대로 차용하고 있는 것 같은 사도 바울(예수와 동시대에 출생, 주후 62 또는 64년 사망 추정)의 해석은 다음과 같이 계속 이어진다. "여자의 가르치는 것과 남자를 주관하는 것을 허락치 아니하노니 오직 종용할지니라 이는 아담이 먼저 지음을 받고 이와가 그 후며 아담이 꾀임을 보지 아니하고 여자가 꾀임을 보아 죄에 빠졌음이니라"(디전 2:12-14). 바울의 이러한 성차별적 생각들은 순교자 유스티누스(Justin the Martyr, 103~165)를 위시한 몇몇 초기 교부 철학자들에게 영향을 미쳐, 뱀을 사탄과 동일시하는 사유를 창출해내기도 하였다.

　그들이 논거로 삼고 있는 성경 구절 중의 하나는 주후(기원후) 64년경에 기록된 것으로 추정되는 요한계시록 12장 9절인데, 이는 후대의 문헌이 이보다 거의 천 년이나 앞선 과거의 문헌인 구약을 재해석하고 어떻게 오독하는가에 대한 좋은 예가 된다. "큰 용(δράκων, drakōn)이 내어 쫓기니 옛 뱀(ὄφις, ophis) 곧 마귀라고도 하고 사탄이라고도 하는 온 천하를 꾀는 자라."

요한계시록의 이러한 주장은 후대에 이르러 사탄이 뱀이고 이브를 유혹한 것은 뱀이라고 해석되는 전거를 마련하게 되는데, 이를 받아들여 교리적인 면에 있어서 뱀을 사탄과 동일시하여 확정한 최초의 인물은 성 아우구스티누스(354~430)로 알려져 있다(Charlesworth 276, 315). 계속해서 그리스어 성경『70인역』을 살펴보면 뱀이 용과 완전히 혼용되어 사용되고 있다는 사실을 재확인하게 된다. "여자의 뒤에서 뱀(ὄφις, ophis)이 그 입으로 물을 강 같이 토하여 여자를 물에 떠내려가게 하려 하되 (…) 용(ῥάκων, drakōn)이 여자에게 분노하여 돌아가서 그 여자의 남은 자손 곧 하나님의 계명을 지키며 예수의 증거를 가진 자들로 더불어 싸우려고 바다 모래 위에 섰더라"(계 12:15~17).[2]

선악을 안다는 것이 무엇을 의미하는가에 대한 논의는 잠시 접어 두고 성경을 말 그대로 읽는다면, 인류에게 죽음을 근원적으로 선사한 것은 그러나 사도 바울에서 시작하는 통념에서 굳어진 여성인 이브가 아니라 사탄과는 아직까지 전혀 관련이 없는 뱀이었다. 우리는 창세기 3장의 에덴동산에 관한 신화에서조차 그리고 구약의 그 어디에서도 뱀과 이브를 동일시하는 입장을 찾아볼 수 없을뿐더러, 오히려 그녀가 뱀과 원수 관계로 나타나는 것을 알게 된다. "내가 너로 여자와 원수가 되게 하고 너의 후손도 여자의 후손과 원수가 되게 하리니 여자의 후손은 네 머리를 상하게 할 것이요 너는 그의 발꿈치를 상하게 할 것이니라"(창 3:15). 통속적인 상상력에서 사탄은 마귀로도 불리어 지는데 요한복음 8:44는 마귀를 여성이 아닌 남성, 그 가운데서도 어미가 아닌 아비로 표현한다. "너희는 너희 아비 마귀에게서 났으니." "너희 아비인 마귀"가 아담을 의미하던 비유적인 표현으로 살과 욕정을 가진 뭇 남성을 의미하던 아니던, 적어도 여기서 사탄 즉 마귀는 여성과 동일화되고 있지 않으며 이는 요한계시록과 일치한다.

원죄를 유발하는 선악과의 증득에 있어 구약은, 물론 이 원죄설 또한 정확히 말하자면 성 아우구스티누스의 고안물이기도 하지만, 이브를 아담보다 더 책임을 져야 할 위인으로 기술하지 않는다. 오히려 후대의 증폭된 해석을 따르자면 아담이 그의 배필인 이브를 감싸주지 않고 이브에게 선악과 증득의 책임을 전가한 것(창 3:12)이 에덴동산의 추방의 원인으로 거론되기도 한다. 여성 혐오적 성향을 보인다고 말할 수 있는 밀턴(John Milton)도 이러한 해석을 차용하고 있는데, 이브의 유혹의 결과 혹은 허물을 너그럽게 품어주지 못한다는 점을 강조하여 아담을 매개로 인류의 타락을 설명하는 밀턴을 일각의 전투적 페미니즘에서처럼 가부장적 사상의 극단적 지지자라 몰아 부칠 필요는 오히려 없어 보인다.

사탄이 신약에 비해 구약성서에서는 잘 등장하지도 않았을뿐더러, 특별히 그가 뱀이나 또 여성으로도 표현되지 않았다는 사실은 잘 지적되지 않았다. 구약은 단지 이브에게 선악과의 효능에 대해 다른 의견을 설명하고 의혹을 심어준 뱀에 대해 말할 뿐이지, 당연한 말이지만 아직 까지는 창세기에는 전혀 등장하고 있지 않는 '사탄'의 유혹에 관한 언급은 하고 있지 않다. 그, 즉 뱀은 단지 이브에게 교묘하게 질문만 하고 있을 뿐, 유혹의 말을 하고 있지는 않다(Charlesworth 323~324). 성경은 단지 말하고 있을 뿐이다. "여호와 하느님의 지으신 들짐승 중에 뱀이 가장 간교하더라"(창 3:1). 들짐승 말고는 더 "간교한"(subtle, cunning), 즉 히브리어로 "총명한"('ārŭm) 것이 있을 수 있다는 말로 보아도 무방하다.[3] 그런데 성경 구절 그대로 분명히 말하자면 선악과의 증득 과정에서 아담을 유혹한 것까지는 아니지만 그것을 권한 것은 이브라고 할 수는 있다. 창세기가 배경이 되는 시기와 문서(여기서는 J 문서) 편집 당시의 여성 모멸적 관점을 반영하여 뱀과 이브의 성적인 관계를 추리하는 논설이 없는 것은 아니지만(LaCoeque & Ricoeur 40), 그러나 뱀은 적어도 축자적인 견지에서 볼 때 이브를 유혹하지 않았다. 아담을 부추긴 면이 없지 않았으나 선악과를 취하기로 한 결정은 분명히 이브에게서 나왔다. "여자가 그 나무를 먹음직도 하고 보암직도 할 만큼 탐스럽기도 한 나무인지라 여자가 그 실과를 따먹고 자기와 함께한 남편에게도 주매 그도 먹은지라"(창 3:6).

"사탄과 뱀의 연관성은 신약성서에서는 강조되지 않았다. 에덴동산에서 벌어진 최초의 사건을 제외하고 이후에도 기독교의 전통이 유지되면서 사탄은 좀처럼 뱀으로 묘사되지 않는다"는 러셀(Jeffrey Russell)의 주장(1987, 309-10)은 기억할 만하지만, 러셀이 자신도 모르게 사탄을 뱀으로 오인하여 오독을 유발하는 언급을 지속적으로 하고 있는 까닭은 에덴동산에 등장하는 뱀이 "최초의 사건에서"조차 전혀 사탄과는 동일 인물로 나타나지 않았다는 사실에 대한 간과이었다.[4] 대부분의 서양 언어권에서 악마가 남성인 경우가 대부분이며, 중세에 이르러 악마의 역할을 여성인 마녀가 대신하는 경우도 있었지만 대개 여성 악령들이 남성 악마의 보조자에 지나지 않았다는 사실은 악마의 괴수가 되는 사탄이 꼭 여성이지 않았다는 사실을 예증하고 있다. 창세기에는 사탄이 존재하지도 않았고 그의 성이 남성 또는 여성이었는가에 관한 갑론을박을 차치하고 통속적인 상상력에 따라 그의 성이 남성이었다고 가정한다면, 인간계에 죄와 사망을 불러들인 원흉은 이브를 유혹한 뱀과 이와 동일시되는 남성 사탄이 됨에도 불구하고 그러나 서양의 기독전승은 왜 뱀과 이브를 동일시하여 종극에는 이브를 사탄이라 날조하여 여성에 대한 참담함을 후세에 남기게 되었을까?

사탄이 뱀으로 잘 표현되지도 않았고, 특별히 이브 또한 뱀으로 나타나지도 않았지만, 창세기에 나오는 뱀이 최초로 여성을 유혹하고 "남자보다 더 잘 속아 넘을 것 같은"(Philo supplement I: 20-21; Charlesworth 306 재인용) 허영에 찬 것으로 해석되어왔던 이브가 아담을 유혹했다는 필론(주전 20~주후 42)의 주장은, 사도 바울에서 시작되어 성 아우구스티누스, 성 아퀴나스, 루터와 캘빈의 학술적 저작에 일부 간간이 나타나는 여성비하적인 영향을 받은 후대의 사유, 그리고 사이렌과 스핑크스, 전갈 등 뱀의 모습을 지닌 이브의 후예들로 나타나는 "통속적인"(exoteric) 일반 전승에서 변형을 거쳐, 에덴동산의 이야기를 극대화하는 밀턴의 『잃어버린 낙원』(*Paradise*

Lost, 1667)에 이르면, "모든 땅에서 가장 음흉한(subtlest) 뱀"(IX: 86)으로 표현되는 사탄이 "죽음을 먹는지도 모르면서 탐욕스럽게 아무 제약 없이 선악과를 집어삼키는"(IX: 792) 이브로 자리매김 되어, 사탄과 이브로 대표되는 여성과 죽음을 동일화하는 사고방식을 유출해 낸다.

뱀뿐만 아니라 남성적인 젠더를 부여받는 사탄도 그의 실제성과 상관없이 오히려 여성과 동일화되는 과정을 거쳐 여성 자신으로 변해갔다는 사실에 전혀 주의를 기울이지 않았다는 말인데, 여성은 이렇게 뱀을 매개로 사탄이 되어간다. 사탄인 "그와 더불어 한패를 이루어" "뱀이라는 이름이 가장 잘 어울리는" 이브는 심지어 뱀 자체로 아담에 의해 호명되기까지 한다. 아담의 "완벽함은 모든 면에서 이브의 그것을 훨씬 능가하며" 이브의 열등함은 그녀로 하여금 유혹에 쉽게 굴복하게 하여 인류에게 사망의 지옥을 열게 한다(『잃어버린 낙원』, X: 1500~1510). 아담은 이브에게 말한다.

뱀 같은 여인이여 내 앞에서 물러나라! 거짓되고 미운 너
뱀과 짜고 나를 속였으니 그 이름 어울리는구나.
생긴 모습과 화사한 색을 빼고는 뱀을 닮아
내면의 거짓 보여주고 있으니
지옥의 거짓 앞에 놓여진 하늘다운 모습
뭇 생명 이제부터 유혹하지 못하도록
경고하기에 부족함이 없구나.

Out of my sight, thou serpent, that name best
Befits thee, with him leagued, thy self as false
And hateful; nothing wants, but that thy shape,
Like his, and colour serpentine may show
Thy inward fraud, to warn all creatures from thee

Henceforth; lest that too heavenly form, pretended

To hellish falsehood, snare them. (X: 867-73)[5]

통속적인 대중적 상상력은 뱀과 사탄과 이브를 동일시하는 사유를 고안하고 추인해왔지만, 밀턴이 다른 한편 지니고 있었던 생각(즉 사탄이 신의 편린을 지니거나 신의 대행자라는 생각)을 적극적으로 수용하지는 못했다. 기독교 문화가 뱀에 관한 상징을 잃어버렸기 때문이기도 하지만 초기 기독교 교부들의 성에 관한 까닭 없는 그러나 알고 보면 이유가 있는 적대적인 태도의 폐해가 너무 오랫동안 서양의 상상력을 지배해왔기 때문이다. 이브를 그저 "뱀"이라 칭한 밀턴의 표현이 더욱더 증폭되어 500년 후 그녀를 "뱀"으로 완전 동일화하여 인류가 유혹당할 수밖에 없고 경계할 수 없는 뱀으로 파악하여 통속적인 상상력에서는 '뱀 여인'이 된 이브의 운명은 뱀과 이브의 동일화를 둘러싼 굴곡을 잘 보여주고 있다고 할 수 있겠다.

2

"죄의 삯은 사망이요"(롬 6:23)

사도 바울과 테르툴리아누스,
성 아우구스티누스의
여성과 죽음에 관한 편파적 사유

초기 교부 시대가 시작되기 전 기독교라는 기구 혹은 집단의 창시자라 말할 수 있는 초대교회의 바울이 명확하게 이러한 여성과 뱀과 죽음의 관련성에 대해 언급하고 있지는 않았지만, 앞서 인용한 그의 언급, 즉 "아담 안에서 모든 사람이 죽은 것"이라는 표현 속에서 여성을 원죄의 이유로 치부하는, 그러하기에 여성과 죽음을 동일시하는 사유를 찾아내기는 그리 어렵지 않다. 표면적으로는 이브가 아니라 "아담 안에서" 죄가 이루어졌다고 주장하고 있는 것 같으나, 그의 계속되는 교리적 언급들은 여성을 열등한 존재로 보아 원죄를 전가하여 "여성 안에서 모든 사람이 죽어가는" 전거를 마련하게 한다. "각 남자의 머리는 그리스도요 여자의 머리는 남자요"(고전 11:3) 너무나 분명하게 언급되는 이러한 여성 차별적 언급은 고전 11:11의 언급, 즉 "주 안에는 남자 없이 여자만 있지 않고 여자 없이 남자만 있지 아니하니라"와 같은 양성 평등적 의식에 의해 그 불균형이 일시 해소되는 것 같다. 그러나 여자는 교회에서 잠잠히 침묵해야 하고(고전 14:34-35), "천사들 때문에 여자에게 주는 권위의 표시"(고전 11:10)인 베일을 쓰고 기도해야 한다는 같은 장에서의 그의 언급은, "천사들 때문에"라는 언급의 의미가 무엇인지 정확하게 설명되지 않은 채, 여성은 하나님의 형상대로 창조되지 않은 불완전한 존재라는 인식으로만 후대에 강조되어 받아들여지게 된다.

여자가 베일을 쓰는 이유에 대해서는 여러 가지 설명이 있었지만,[6] 바울의 관점을 따르자면 남자가 여자의 머리, 즉 주인이기 때문에 여성은 그 머리를 가려 남성에게 순종해야 한다는 논리로 비약되었다. "남자는 하나님의 형상과 영광이니 그 머리에 마땅히 쓰지 않거니와 여자는 남자의 영광이니라 남자가 여자에게서 난 것이 아니요 여자가 남자에게서 났으며"(고전 11:7-8) "여자의 머리는 남자"이다(고전 11:3).

여성 출산이라는 생물학적 현상을 정면으로 부정하고 있는 이와 같은 언급은 아담의 갈비뼈로부터 이브가 나왔다는 창세기 야훼기자의 언급에 의해 이미 표현된 바 있다. "하나님이 (…) 우리의 형상을 따라 우리의 모양대로 우리가 사람을 만들"었다는 창세기 1:26의 소위 P 문서의 언급은 아담으로부터 이브가 만들어지는 J 문서를 거쳐 바울에 이르러 "남자는 하나님의 형상과 영광"(고전 11:7)으로 창조되었다고 해석되며, 계속 이어지는 그의 상충되는 "여자가 남자에게서 난 것 같이 남자도 여자로 말미암아 났으나"와 같은 언급은 분명히 성경에 기록되어 있으나 잊히고 만다. 그런데 전자의 경우, 즉 아담으로부터 이브가 나왔다면, 원죄의 몸을 애시 당초 제공한 자가 아담이며 원죄를 묻는다면 그것은 결국은 아담에게 귀속된다는 논리적 추론은 여전히 도외시되고 있다.

물론 우리는 여자의 무조건적인 순종과 여성의 열등함을 종용하고 아담으로부터 이브가 출생하며 원죄에 있어서 여성의 책임을 분명히 하는 언급이 실려져 있는 앞서도 인용한 디모데전서 2:12~14의 말씀과 같은 바울의 성차별적 의식을 드러내기 위해 빈번히 그리고 대표적으로 인용되는 몇몇 구절들을 포함하는 서간문들이, 실제로는 바울의 저작이 아니라는 현대 신학의 학문적 성과를 수용하여 바울이 남녀의 성에 관해 교리적으로 충분히 균형 잡힌 의식을 지니고 있었다고도 주장할 수도 있다. 그러나 바울이 성차에 대해서 모호하고 때로는 모순적인 태도를 보인다는 사실 또한 묵과할 수는 없다.

예수 안에서 남성과 여성의 구별이 있을 수 없다는 갈라디아서 3장 28절, 즉 "남자나 여자 없이 다 그리스도 예수 안에서 하나이니라"와 같은 언급은 분명히 고린도전서의 구절들과 상충한다. "내가 사는 것이 아니요 오직 내 안에 그리스도께서 사신다"(2:20)는 유명한 구절로서 '바울신학'을 완성하는 것으로 해석되고 있는 갈라디아서에 개진된 바울의 양성 평등적 의견이, 고린도전서의 그것보다 저자의 의도를 더 잘 드러낸다는 몇몇 신학자들의 언급을 뒷받침할 확실한 증거를 우리는 갖고 있지 않다. 갈라디아서는 바울이 제3차 전도여행을 하는 56년경에 에베소에서 기록하였다고 알려져 있으며, 고린도전서는 확실하지는 않지만 제2차 전도 여행 후 55년경에 기록된 것으로 추정될 뿐, 그 시대적 격차는 중요한 요소로 작동하지 않는 것으로 보인다. 아마도 갈라디아서 2:20에 나타난 것처럼 그리스도에게 마음을 주어 "마음을 비운" 바울에게 있어서조차, 그가 살았던 당대의 "유대 사회와 로마 사회의 가부장적 문화 속에서 성차별주의의 갖가지 찌꺼기들을 버린다는 것은 불가능한 일"(Wills 148)이었는지도 모른다.

논쟁의 씨앗은 창세기 1~3장에 담기어 있었다. 남성의 갈비뼈에서 여성을 얻었다는 구절이 나오는 소위 J 문서의 2장 4절에서 마지막 2장 25절 부분은, 여성이 남성과 동일하게 창조되었다는 창세기 1장이 대표하는 소위 P 문서와 끊임없는 불협화음을 자아내고 있다.[7] 신명으로 "엘로힘"을 사용하는 E 문서의 신명을 제사장의 일관된 시각으로 기술한 P 문서의 창세기의 초기 부분인 "1:1~2:4a"가 따르고 있다는 사실로 미루어 본다면, 소위 E-P가 옹호하는 남성과 여성의 동시 창조설이 더 권위가 있어 보이기는 한다. 이는 기록 순이 아니라 문서가 묘사하고 기록하는 시대를 볼 때 시기적으로는 사제들이 참고하고 있는 E 문서가 J 문서보다 앞선다는 점에서도 그러하다. 그러나 비단 신명인 야훼뿐만 아니라 남성과 여성의 창조 과정에서 일반적으로 받아들여지고 있는 것은 흥미롭게도 아담에서 그 생명을 취한 이브가 기술되고 있는, 다만 다루고 있는 내용이 아니라 편찬 연도에 있어서는 시기적으로는 E 문서보다 3~4백 년 전에 기술된, J 문서이다.[8] E-P 문서에는 없는 J 문서의 구절 중 특히 다음과 같은 구절은 여성의 남성 도출설과 이로부터 비롯되는 결핍으로서의 여성관을 확립하는 것에 일조했다.

> 여호와 하나님이 아담에게서 취하신 그 갈빗대로 여자를 만드시고 그를 아담
> 에게로 이끌어 오시니 아담이 가로되 이는 내 뼈 중의 뼈요 살 중의 살이라
> 이것을 남자에게서 취하였은즉 여자라 칭하리라 하니라. (창세기 2:22~23)

갈비가 생명을 뜻하는 수메르어 티(ti)의 다른 뜻이기도 하다는 논의는 차후 진행되므로, 우선 여기서는 "뼈 중의 뼈"의 의미와 '남자에게서 나온 여자'의 의미에 대해 간략히 살펴보자. 부부 신학자 안성림·조철수에 의하면 "〈누가 누구의 뼈이고, 살이다〉라는 표현은 그들 서로가 가족·친척(핏줄)이라는 숙어이다"(97) 그들이 전거로 삼고 있는 이와 관련된 성경 구절은 창세기 29:14인데, 이는 조카이자 사위가 되기 위해 정혼례의 기간 동안 삼촌 라반의 집을 반드시 방문해야 하는 야곱을 반가이 맞는 라반의 반응에서 엿볼 수 있다. "야반이 가로되 너는 참으로 나의 골육이로다." 한국어 성경은 뼈와 살을 한자어 "골육"이라 칭하였지만 히브리어 성서 원문은 "뼈"(astom→asmi)와 "살"(basar→besari)로 명확하게 표기하고 있으며, 이러한 표현이 성경에서 자주 나타난다는 사실로 미루어 보아 관용구 "뼈와 살"은 가족이나 친척을 칭할 때의 수사학적인 관용구임을 알 수 있다.

여자 "ishah"는 남자 "ishih"의 파생어인데, 아담에 "헤이"를 붙이면 흙이라는 뜻의 "아다마"가 나오는 것처럼 "ishih"에 "헤이"를 붙이면 "ishah"가 된다(안성림·조철수 85~86). 아담과 이브가 서로 영혼과 생명을 나누었다는 아름다운 문학적 표현이 여성의 종속적인 위치를 말하는 이데올로기적

인 표현으로 굳어져갔다는 것인데, 초대교회를 지나 초기 교부 시절에 이르면 이와 같은 남성과 여성의 불평등한 구별은 심화되어 간다. 히브리어 "잇쉬"에서 여성을 의미하는 "잇샤"가 파생하여 남녀의 동근·동일성을 드러내고 있음에도 불구하고 이러한 조어법은 '여성의 남성 파생설'을 부추기는 기제로 사용되어 갔는데, 그리스어 『70인역』 성경은 이에 상응하는 표현을 각각 "andros"와 "gune"로 번역하여 히브리어 "ishih"와 "ishah", 즉 남녀의 동근적(同根的, homogeneous) 성질을 유실하게 된다. 각각 다른 어휘를 사용하여 남녀의 동등함을 말하고 있다고 할 수 없는 까닭은 바로 앞의 구절에서 아담의 갈빗대에서 여성을 만들었다고 하는 구절이 있기 때문이며, "뼈 중의 뼈 살 중의 살"이라는 관용구가 여전히 여성의 복속을 지칭하는 의미로 해석되기도 하기 때문이다. 아담과 이브의 창조 신화 수용 과정에서 '순차적 남녀 창조설'을 기록하고 있는 J 문서는 '남녀 동시 창조설'을 옹호하고 있는 E 문서를 제치고 있다.

생명의 씨앗은 영적인 존재인 남성의 정자에 의해 배타적으로 전해지고, 여성을 심각한 도덕적 결함이 있는 육(肉)의 존재로 보아 난자를 포함한 여성의 생식기관은 씨앗을 기르는 수동적인 기관이라 믿었던 아리스토텔레스(기원전 384~322)의 형상과 질료로 대변되는 영육의 이분법은, 특별히 유대기독교 문명 가운데 성차별을 옹호하는 3세기경 카르타고의 테르툴리아누스(Quintus Septimius Florens Tertullianus, 160?~220?)의 저작 『여성들의 복장에 관하여』(De cultu feminarum)에서 여성의 육체를 "시궁창이 있는 신전"으로 그리고 "이브를 악마의 통로"로 보는 시각으로 변질되어 그 절정의 표현을 만나게 된다. 예나 지금이나 여성의 복장과 화장에 대해서는 말이 많았던 모양이다.[9]

너희들은 각자가 이브의 화신임을 알지 못하는가? 너희의 성욕에 대한 신의 심판은 이 시대에 유효하니 그 죄 또한 필연적으로 존재한다. 너희들은 악마의 통로(devil's gateway)이다. 너희들은 금단의 나무 봉인을 뜯은 자들이다. 너희들은 신성한 법을 처음으로 어긴 자들이다. 너희들은 용감하지 못한 악마가 감히 공격하지 못하는 남성들을 유혹하였다. 너희들은 너무 쉽게 신의 모습을 닮은 남성을 파멸시켰다. 너희들로 인하여 죽음이 들어왔고 신의 아드님 또한 돌아가셔야만 했다. (I, 1; Noddings 52 재인용)

생명의 근원인 하와(이브)로 인하여 죽음이 존재하게 되었다는 현상학의 착각은 그러나 이 문맥에서는 전형적인 시대착오를 띠고 나타난다. 신의 아들인 예수의 죽음이 하와 때문이라는 이 언급은 예수의 죽음이라는 결과를 역으로 추적하여 원인을 만들어내는 전형적인 사후추론의 오류, 즉 이 책의 서문에서 논한 "결과가 원인을 구성하는 오류"(post hoc ergo propter hoc fallacy)에서 자유롭지 않다.

남성(ishhi)에서 나온 여성(ishah)은 그러하기 때문에 이상하게도 논리적 추론에는 어긋나게, 남성처럼 살은 지녔으되 남성과는 달리 영혼을 지니지 못하는 사악한 존재, 죽음을 가져다주는 존재로 해석되는 운명을 맞이하게 된다. 여성들은 "악마의 통로"일 뿐 아니라 악마 자체가 되는데, 이러한 관념은 '팜므 파탈'(femme fatale)과 '바기나 덴타타'(vagina dentata)에 관한 온갖 요설과 여성의 성기 자체를 악마의 기관으로 보는 상상력으로 추후 서양의 상상력을 잠식하게 된다. 토포르(작자 확인미상)의 〈악마쥐로서의 여자 성기〉는 말 그대로 이러한 관념이 현대에도 여전히 유포되고 있다는 사실을 보여준다(도판은 Duerr 2003).

기원후 4세기 말경 히포(지중해 연안에 위치 한 지금의 알제리 아나바)의 주교 성 아우구스티누스(354~430)에게 있어서 육체를 대변하는 여성은 영혼이 없고 때문에 하나님의 형상대로 창조되지 못한 존재로 인식되었다는 사실은, 천국과 지옥, 그리고 이와 조응하는 선악의 신비를 이분법적으로 해석했던 마니교와 이와 유사한 사유를 전개했던 헬라스 철학의 영육의 이분법적 사유 방식에서도, 그리고 "자신의 관능적인 기질과 욕정에 대해 부단히 싸우면서도 항상 만족스러운 성과를 얻지 못했던"(Eliade 『종교사상사』, 73) 개인적인 성향에서 또한 기인한다. 시인 엘리엇(T. S. Eliot)이 『불의 설교』(1922)에서 인용하는 욕망과 환락의 도시 "카르타고로 나는 왔다"(『황무지』, 306행)는 구절이 나오는 그의 『고백록』(주후 397)은 조금 더 부연할 필요가 있다. 30세 초반의 엘리엇이 우주의 4원소 중의 하나인 불에서 욕망과 금욕, 그리고 정화의 힘을 동시에 느꼈다면, 청년 아우구스티누스는 불의 여러 표상 가운데 아직 욕망의 단계에만 머무르고 있어 영혼의 각성으로 나아가기 위한 소위 '영혼의 어두운 밤'(dark night of the soul)을 깨달음 없는 몸으로만 계속해서 경험해야만 했다.

> 욕망의 솟단지가 주위에서 날름거리는 카르타고로 나는 왔다. (…) 나는 뭔가를 심하게 사랑할 필요가 있었기에 사랑의 대상을 찾기 시작했다. 나의 진정한 필요는 내 영혼의 양식인 신에 대한 것이지만 나는 어두움이 없는 안전한 길을 좋아하지 않으며 이러한 갈망을 나는 모르지 않는다. 나는 사라지지 않는 양식을 필요로 하지 않는데, 이는 내가 충만함을 얻어서가 아니라 내가 그것을 갈급하면 할수록 그것이 덜 맛있어 보이기 때문이다. 내 영혼은 병들었다. 나는 종창이 나고 그 가려움증을 완화하고 해소하기 위하여 절망적으로 세속의 수단을 찾아 헤맨다. 그러나 숨결이 없는 물질적인 것은 내 사랑의 진정한 대상의 될 수 없다. 사랑을 하고 그 사랑을 다시 돌아오게 하는 것이 내 마음의 욕정이었고, 나를 사랑하는 이의 육체를 또한 즐길 수 있다면 그것은 더욱더 감미로울 것이다. (『고백록』 III, 1:55)

젊어서는 선신과 악신을 떠받드는 조로아스터교, 즉 배화교의 분파인 마니교에 침잠하여 성에 적대적인 태도를 견지하였던 것으로 알려져 있는 아우구스티누스는, 실제로는 17~18세 무렵에는 카르타고(지금의 튀니스)에서 여자 노예와 14년을 동거하여 아데오다투스(Adeodatus)라는 사생아를 둔 것뿐만 아니라, 이후 어머니의 권유에 따라 가족을 버리고 밀라노에 이주 10살 어린 소녀와 약혼을 하고 그 소녀가 결혼 적령기에 도달하는 387년이 되기 전 새로운 애인을 얻었고, 같은 해인 387년 그의 나이 33세에 기독교로 개종하기 전까지 욕망과 금욕 사이에서 고통받는 생활을 견뎌내야만 했다고 전해진다. 그는 밀라노의 약혼 시절에도 거리의 여자들에게서 욕망을 해소하였다고 알려져 있어 논란을 제공하고 있다(Chadwick 28, 36, 48; Utrio 27).

그 자신의 말처럼 아우구스티누스는 여성이 대표하는 육체의 무게에 짓눌려 있었고(X: 43, 251) 성욕에 대한 통제는 주교가 된 이후 『고백록』을 집필할 당시 나이 44세에도 그를 괴롭히는 한 요소였음이 분명하다. 『고백록』은 제목 그대로 죄를 고백하는 서술 시점이 과거인 글이지만, 군데군데 드러나는 현재형으로 기술되는 그의 간구와 기도는 여전히 죄의식으로 가득하다(I: 6-7, 24-28). 성에 대한 그의 적대적 태도는 주체할 수 없는 성욕에 대한 반대급부였던 것으로 추측되며, 이러한 죄의식은 향후 그를 2세기 리용의 주교인 스미르나의 이레나이오스(Irenaios, 130~202)의 뒤를 이어 원죄설의 확고한 입안자, 그리고 여성과 연관이 있다고 치부되는 뱀을 사탄과 동일시하는 교리를 창출하는 인물로 우뚝 서게 한다.

이분법적 선악의 우주론을 강령으로 하는 마니교에 대한 추종 이후 그에게 있어서 악은, 모든 존재는 선할 수밖에 없다는 이론을 신봉하는 후대의 신학자 토마스 아퀴나스의 이론에서처럼, 선과 따로 존재하는 실체를 갖는 것이 아니라 "선의 결여"(privatio boni)로 파악되었다. 이분법에 의한 선악의 신학적 사유는 젠더적인 이분법적 사유로 치환될 때, 여성을 신의 속성이 될 수 없는 악을 담지하는 존재로 파악하는 전통, 그리고 삶과 죽음의 존재론적 논의에 들어서게 될 때 불행하게도 죽음을 삶과 대등하고 대위적인(對位的, chiastic), 즉 우로보로스적 관념이 아니라 삶의 결여와 존재의 상실과 부재로 파악하는 사유로 귀착하게 한다. "원죄"(peccatum originale)가 성교에 의해 유전된다는 항간의 '성교원죄설'[10]의 강력한 지지자와 적어도 부분적으로는 통속적 전파 과정에서는 이론적 입안자가 되는 아우구스티누스에게 있어서, 인간은 원래부터 타락했고 여자는 남자보다 조금 더 타락한 것으로 보여지는데 이에는 영혼=남자, 육체=여자라는 이분법적 선입견이 작용하고 있음은 물론이다. 이러한 그의 태도는 예수의 동정녀탄생설과 삼위일체를 지지하는 가운데 "결혼 생활에서조차 성행위가 모종의 탐욕 없이는 행해질 수 없음을 전제"하면서 "아이를 낳을 의도 없이 즐기는 성관계도 '용서받을 만하다'"(Chadwick 186, 188 재인용)는 의견으로 후퇴하는 양상을 보이기도 한다.

그러나 『고백록』 이후 59세에 집필을 시작한 대표작 『신국론』(De civitas dei)에서도 성과 여성에 대한 부정적인 태도는 남성=이성, 여성=감성을 거부하는 산발적이고 일관성 없는 그의 발언에도 아랑곳없이(『신국론』 8권 32, 47, 『삼위일체론』 7권 13, 20; 차용구 46 주석 45, 46 또한 참조), 책의 또 다른 부분에서 끊임없이 감지되고 있다.

저 한 사람이 우리 모두였을 때 우리모두가 저 한 사람 안에 있었다. 저 한 사람은 여자를 통해 죄로 물들었고 여자는 죄를 짓기 전에 저 사람으로부터 만들어졌다. (…) 죄악으로 타락하고 죽음의 사슬에 얽매이고 온당하게 단죄를 받을 본성에 입각해서 인간으로부터 인간이 태어나는데, 저 최초의 인간과 다르지 않은 인간이 태어나게 되어 있었다. 또 바로 이점 때문에 후손들에게도 자유의지의 악용으로 재앙이 연달아 발생했고, 인류가 마치 뿌리가 썩듯이 기원에서부터 부패한 채로, 오직 하느님의 은총으로 풀려난 사람들만을 제외하고는, 모두가 불행에 연좌되어 끝이 없는 둘째 죽음이라는 결말로까지 이끌려가고 있다. (『신국론』, 13권 14장, 1371)

타락의 원조는 이브이고 그다음으로는 이브의 유혹을 받은 아담인데, 바울의 "이러므로 한 사람으로 말미암아 죄가 세상에 들어오고 죄로 말미암아 사망이 왔나니 이와 같이 모든 사람이 죄를 지었으므로 사망이 모든 사람에게 이르렀느니라"(로마서 5:12; 강조 필자)를 변용한 아우구스티누스의 "저 한 사람이 우리 모두였을 때 우리 모두 저 한 사람 안에 있었다(omnis enim fuimus in illo uno, quando omnes fuimus ille unus)"는 유명한 구절에서, "저 한 사람"으로 표현되고 있는 아담은, 아담이라는 한 개인이 아니라, 현대의 한 여성 신학자의 말을 빌린다면 온 인류를 통칭하는 "집단적 인격체"(corporate personality)를 의미한다(Pagels 1988, 108).

문제는 로마서 성서 원문에 나오는 전치사 "에프"와 관계대명사 "호"의 합성 "에프 호"(eph ho)를 아우구스티누스처럼 "엔 호"(en ho)로 해석하는 것이 타당한가에 집중된다. 1546년 트리엔트 공의회가 인정한 이러한 해석은 아담 이후 "모든 사람이 죄를 지었으므로"(eph ho pantes hemarton)에서 후퇴하여 "아담 안에서(en ho) 죄를 지은 모든 사람에게" 죽음이 미치었다는 해석으로 진화하였으니, 초기 성경에 등장하지 않았던 타락이나 원죄라는 개념이 기원후 1~2세기 유대교 지혜문학과 묵시문학의 영향을 받아 죽음을 죄의 결과로 보는 개념으로 변하여(강선남, 11-14, 20-22) 기원후 4세기 아우구스티누스에 이르면 원죄설을 추인하는 방향으로 굳어져 갔다. 인류가 죄가 있다는 것을 죽는 것을 보고 알게 된다는 궤변이 등장하게 되었다는 말인데, 결과로부터 원인을 추론하는 오류의 대표적 예이다.

우리의 논의를 다시 아담과 이브의 죄로 한정하자면, 그리스어 "아담"이 개별적 존재인 남자가 아니라 인류 전체를 통칭한다는 주장인데, "아담은 성(性)이 아니라 종(種)을 의미한다. 남자와 여자는 동일하게 하나님의 형상

아담의 타락: 휘호 판 데르 휘스
(Hugo Van der Goes, 1440년경~1482),
1477년경, 비엔나 미술사 박물관

으로 창조되었다"(Levenson 204)와 같은 논의들은, 비록 논쟁이 아직도 진행되고 있지만, P-E 문서인 창세기 1~2:4장이 지지하는 아담과 이브의 동시 창조설을 염두에 둔 해석이다.

> 하나님이 자기 형상 곧 하나님의 형상대로 사람을 창조하시되 남자와 여자를 창조하시고. (창 1:27)

아담을 남성이 아니라 당연히 성경 그대로 사람이라는 뜻으로 새겨야 된다는 말인데, "원 아담"(Adam Senior)에서 우리가 알고 있는 남성 아담(Adam Junior)과 여성 이브가 분화되었다는 통합발달심리학자 윌버(Ken Wilbur)등의 해석(232-233)도 이에 해당한다. 이와 같은 해석들은 기독교적 전통 내에서는 일견 타당한 해석이기는 하지만, 우리가 논의하는 문맥에 국한한다면 모든 사람을 성욕을 통제할 수 없는 원죄를 지닌 아담의 후예로 한정한다는 점에서 그 문제점을 또한 노정한다.

문제가 되는 것은 원죄의 씨앗을 품은 정자를 전달하는 성교이었는데, 그러나 쌍방 간의 성교에 왜 오로지 여성만이 책임을 져야 하는지에 대해서 그는 별다른 설명을 하지 않는다. J 전승을 따라 다시 한 번 논하자면, 이브는 아담에게서 나왔으니 그 원래의 책임은 시간 논리적으로 따르자면 남자에게 있게 된다. "죄의 삯은 사망"이라는 바울의 해석을 뒤집어 죽음의 원인을 원죄로 규정하는 아우구스티누스의 결과가 원인을 재구성하는 담론에서, 죽음은 원죄와 은총에 관해서 아우구스티누스와 의견을 달리했던 펠라기우스(Pelagius, 354~420)가 주장하듯이 생명 자체인 하느님에게서 만들어진 것으로서 인류가 받아들여야 할 자연적이고 당연한 현상이 아니라, 아담의 소위 '자유의지'로 인한 선택의 죄로 인해 인류가 감수해야 할 '의도적'이고 '임의적인'(voluntary) 현상으로 해석되었다. 그러나 인간의 자유의지 마저도 세상만사를 주관하시는 신의 예정 가운데 있지 아니한가. 선악의 이분법을 강력히 주창하여 악을 신의 속성에서 배제하는 아우구스티누스의 신학 체계에서, 인간의 자유의지로 인한 죄업의 삯인 죽음을 징벌의 차원에서 수용하는 것은 어쩌면 당연한 귀결이었을 것이다.

> 그리스도인들 사이에 통하는 믿음에 따르면 우리에게는 육체의 죽음마저 자연 본성의 이법(理法)에서 나온 것이 아니다. 하느님은 그 어떤 죽음도 자연 본성의 이법에 따라 만든 것이 아니며 죽음은 오로지 죄의 값으로 닥쳐온 것이다. (『신국론』, 13권 27장; 1375)

로마의 현란하고 문란한 성적인 표현과 행위들에 대한 반감과 그럼에 도불구하고 성행위에 탐닉한 본인 스스로의 자책 내지는 죄의식이 아우구스티누스의 원죄 사상의 형성에 부정적인 영향을 끼쳤음은 물론이다. 로마가 멸망하게 된 까닭은 기독교라는 신흥 종교의 수용 때문만이 아니라 로마 성도덕의 문란함 때문이었다고 그는 단언했다(『신국론』, 2권 26-27장, 특별히 305). 축복받아야 할 몸과 성은 저주받아야 할 몸과 성이 되었다. 발렌티누스(Valentinus, 100년경~160년경)에서 줄리안(Julian of Norwich, 1342~1416)에 이르기까지 성을 긍정적으로 사유했던 영지주의의 사유는, 순교자 유스티누스(Justinus, 100~165년경)에서 테르툴리아누스, 그리고 오리게네스(Origenes, 185년경~254년경)와 아우구스티누스(354~430)를 거쳐 중세의 스콜라철학에 이르러 성을 부정적으로 보는 초기 기독교의 사유를 받아들인 전통에 자리를 내어주게 된다. 이러한 맥락에서 인간에 의해 날조된 기독교적 신의 죽음을 선포하고 기독교의 노예적 도덕관을 비판하며, 종교적 수행자들을 정신의 자위 행위자라 신랄하게 비판한 니체가 의미 있게 들어선다. 그는 아우구스티누스를 "무례할 정도로 행동이나 욕망에 품위가 없었으나, 거기에는 여성적인 순정과 음욕이 깃들어 수줍어하면서도 저도 모르게 신비적이고 육체적인 합일을 갈망"(『선악을 넘어서』, 673)한 위인으로 양가적으로 평가하고 있다.[11] 더 이상의 논의가 진행되지 못하는 아쉬움을 무릅쓰고 첨언하자면, 중세의 성 아퀴나스(1224/5-1274) 또한 이러한 가부장적 시대의 한계를 어느 정도 답습한다는 면에서 여성 차별적이라는 낙인에서 자유롭지 못하다(신재식 228-235).

이브, 뱀, 그리고 죽음:
한스 발둥(Hans Baldung, 1484~1545),
1510~1530년경, 캐나다 국립미술관

3

뱀과 이브의 동일화

굳이 이브에 관한 초기 교부들의 『성서』에 관한 해석을 인용하지 않아도 생명이 창조되는 어머니의 자궁은 동시에 죽음이라는 현상을 배태하고 있다고 여겨지고 있었다. 생명을 잉태하고 보존하는 여성이 있으므로 죽음이 발생하고 죽음이라는 결과로부터 삶이라는 원인과 여성이라는 매개 동인을 추찰해 내게 되니, 죽음의 원인은 삶이며 그 숙주는 여성이 된다.

발둥(Hans Baldung, 1484~1545)의 〈이브, 뱀, 그리고 죽음〉만큼 제목 그대로, 우리가 논하고 있는 (여)성과 죽음의 동일화라는 주제를 잘 표현하는 그림은 없을 것이다. 아담으로 추정되는 해골의 형상을 한 남자는 이브의 유혹에 넘어가 그녀가 먼저 딴 사과를 취하기 위하여 나뭇가지로 손을 뻗고 있다. 이브가 휘어잡고 있는, 또는 그녀의 손으로부터 직접 뻗어 나온 것처럼 보이는 뱀은 우연의 일치인지는 모르지만 필자가 다음 장에서 구체적으로 논할 자기 꼬리를 집어삼키며 원융과 조화, 영원의 원을 그리고 있는 우로보로스 형상의 모습으로, 아담의 손목을 물어뜯고 있다. 물론 이러한 우로보로스의 심상이 발둥의 그림에서는 부정적으로 나타나고 있는 것 같으나, 죽음과 삶의 우로보로스라는 관념이 어떻게 인류에게 다가오고 해석되어야 할지는 추후 많은 성찰을 요구하고 있다. 죽음 없는 삶은 가능하지 않다.

뱀의 사형(蛇形) 곡선이 여성의 몸을 표현하기에 적합하다는 사실 또한 이러한 동일화에 일조하였다. 플랑드르 화단의 거장 휘스(Hugo van der Goes, 1440년경~1482)의 작품 〈아담의 타락〉(1477년경)에서 '사악한' 이브는 별로 탐스럽지 못한 머리채와 밋밋한 젖가슴을 가진 여성의 형상으로 표현되고 있으면서도 전체적인 몸의 굴곡은 바로 옆의 도마뱀의 곡선과 닮아 있어, 여성과 뱀의 동연성(同延性)을 환기하고 있다. 이 작품에서 뱀은 아주 명확하게도 인두사신(人頭蛇身)의 형태를 지닌 여성으로 표현되어 있으며, 그녀의 사주에 따라 이브는 원죄의 사과를 취하여 뱀으로 변신하고 있고 아담은 그의 사타구니를 치욕스럽게 가리고 있어 성을 원죄로 보는 해석을 지지하고 있다.

뱀은 자살을 선택한 로마의 정숙한 여인인 루크레티아(Lucretia)를 소재로 한 그림들에서도 알 수 있듯이 단검처럼 남성 성기의 상징으로 쓰이고 있으나, 턱을 벌려 희생자 남자나 그의 심볼인 성기를 닮은 무기를 삼키려고 할 때는 여성 성기의 상징으로 보이기도 한다. 뱀은 "유연하면서도 단단하고, 꼿꼿하면서도 둥글고, 부동적이면서도 잽싸다"(Bachelard 『휴식의 몽상』, 294). 프로이트가 강력하게 주장했던 남근의 모습을 닮은 뱀은 그러나 그 시원의 자웅동체 형상을 잃어버리고 항상 여성과 동반되어 자주 나타나, 구약학자 발(Mieke Bal)의 표현을 빌리자면 "회상적 오류"(retrospective fallacy)라는 과정을 통해, 그 여성적인 성질과 이름을 부여받는다. 여성과 동반되어 자주 나타나다 보니 여성의 일부, 또는 여성 자체가 되어 버리는 현상이라 할 수 있겠다. 그에 의하면 영육을 구별하는 서양 문화의 이원론적인 습속이 창세기의 야훼 기자를 움직여 남성적인 것으로 간주되는 영혼의 파생물이라 할 수 있는 육체에 해당하는 부분을 여자로 치부하는 결과를 가져왔지, 원래 성서에 창조된 피조물은 아담과 이브, 그리고 사탄도 그러하지만 비단 문법적 성뿐만 아니라 문화젠더적 성 또한 없다는 것이다. 앞으로의 논의에서 밝혀지겠지만 아담은 "흙"이고 하와는 "생명"이라는 뜻을 품고 있을 뿐이어서, 심지어는 야훼의 경우도 그렇지만 따로 그 문법적 성을 부여받고 있지 않다.

구약학자 발의 정치한 분석, 예컨대 야훼(J(a)hw(e)h←JHWH)와 하와(Hawwah←HWH)가 어원학적으로 유사하다든가,[12] 남성과 여성이 동시에 창조되었다는 창세기 1장에 의거한 주장, 그리고 말을 할 줄 아는 뱀에 관한 창세기에 나타나는 만물정령에 관한 논의를 여기서 장황하게 요약하고 싶지는 않다. 다만 성을 죄악으로 생각했던 유대인들의 사고방식에서 성은 생명이 아니라 사망에 이르는 도정이었고, 원래는 성이 없었거나 양성이었으나 뱀의 유혹에 넘어가 후대에 여성으로만 해석되는 이브가, 유대 문명권의 인류 최초의 여인 릴리스(Lilith)에 대한 기원전 2300년경 수메르에서 출토된 장식품에서 확인할 수 있듯이, 릴리스와 더불어 유혹과 죽음의 원조로 비쳐지기 시작했다는 것이다.

이브의 전신으로만 알려진 히브리 신화 최초의 여성 릴리스는 창세기의 편집 과정에서 사제전승, 즉 P 문서(priestly document)에 속하는 부분으로 대부분 잘려나간 것으로 확인되고 있는데, 그녀가 농경 문화권의 대모신(大母神, Great Mother Goddess)이었다는 논란은 차치하고 일단 논의를 전개하자면, 야훼 전승의 아담의 갈비뼈에서 나온 하와와는 달리 릴리스는 아담과 동시에 창조된 인물로 잔존하는 사제전승과 더불어 유대 경전에서 그려지고 있다. 이사야서 34:14에서도 등장하는 릴리스는 흠정역 성서와 이를 따르는 후대의 성서본에서는 그녀의 신조(神鳥)인 "가면올빼미"(screech owl) 또는 부엉이로 전환되어 등장하고 있지만, 탈무드와 사해문서 등에서는 히브리어 성경 그대로 '릴리스'(lîlît; 불가타 성경에서는 lamia)라는 이름을 보존하고 있다.

수메르문명에서 죽음의 여신 역할을 하고 있는 최초의 여성인 그녀

릴리스(Lilith): 메소포타미아 테라코타(불에 구워진 점토)기원전 1800~1750년, 런던 대영박물관

는 가장 무시무시한 마귀인 "아르다트 릴리(Ardat Lili), 일명 릴리투(Lilitu)"의 후신으로서, "그리스·로마의 라미아(Lamia)와 유사하며, 히브리 릴리스(Lilith)의 원형에 해당한다"(Russell 1980, 47). 릴리투 혹은 릴리스는 아카드어 "lilitu"를 음역한 것이며 그 뜻은 "들판을 헤매는 젊은 여자 허깨비"이다(조철수 2003, 373). 릴리스는 수메르의 달과 지혜의 여신 인안나보다 오래된 여신으로 등장하며 좌우에 뱀의 변형이라 할 수 있는 부엉이를 신물로 거느리고 있어 그녀가 유부의 여왕으로 인식되었음을 보여준다(Johnson 82-83). 그런데 인안나의 후신이라고 할 수 있는 그리스와 로마의 아테나와 미네르바 또한 빛나는 부엉이로 간혹 뱀눈을 갖고 있는 것으로 묘사되고 있는 것에 유의할 필요가 있다.

아테나 신전이 있는 아크로폴리스는 원래 올빼미 또는 부엉이 여신에게 헌정되었다가 후에 뱀의 신 케크롭스에게 바쳐졌으며, 후일 부엉이 의식을 담당하는 아테나 여신의 신전 터가 된다(Brosse 316-317, 406). 브로스(Jacques Brosse)의 주장은 부엉이(glaux, glauks)라는 용어가 그리스어에는 없는 어휘이며 원래 부엉이 여신은 아프리카로부터 유입되었다는 버날(Martin Bernal)의 주장과 유사한데, 리비아를 위시한 아프리카의 여신이었던 아테나 여신이 지혜와 유부의 상징인 뱀의 눈과 흡사한 "빛나는"(glaukos) "달(glaukô)과 같은" 부엉이(glauks) 눈을 지녔던 지혜의 여신 "glaukôpis"로 표기되면서 후대 로마에 이르러 "회청색의(glaucus)", 즉 녹색 눈의 미네르바로 개명되는 이유와 일맥상통한다(Bernal III, 578). "Glaukôpis"는 말 그대로 새기면 "빛의 사자인 뱀" 혹은 "빛을 보는 자" 정도가 될 터인데, 이렇게 본다면 부엉이를 신물로 하고 있는 지혜의 여신 아테나와 미네르바는 지혜를 상징하는 뱀 여신이 되기도 한다.

여성과 지하 혹은 죽음의 세계를 연관시키는 이러한 사고방식은 신화에 대한 후대의 해석에도 영향을 미치어 19세기 말 회화 작품들을 예로 들어 말하자면, 콜리어(John Collier)의 유화 〈릴리스〉(1889)와 또 그와 동시대의 크노프(Fernand Khnopff)의 고대 바빌로니아의 사랑과 전쟁의 여신 〈이슈타르〉(1888)[13] 등 여성과 죽음을 동일시하는 유대-기독교의 세기말적 병리 현상을 충격적으로 전해준다. 콜리어의 릴리스는 앞서 언급한 반동의 "이브, 뱀, 그리고 죽음"이라는 주제를 그대로 이어받아, 뱀과 관련이 있는 이브를 릴리스로 환치한 후 풍만한 면모를 과감하게 드러나게 하여 릴리스를 유혹과 죽음의 여왕으로 그려내는 데 부족함이 없다. 여성의 음부 혹은 이의 연장인 허벅지와 동일시되고 있으면서도 남근 형상의 뱀을 온몸에 휘두르며 성적인 황홀경에 빠져있는 릴리스는, 그녀의 뇌쇄적인 풍만함과 타

락을 부추기는 성향으로 인해 인류의 모태인 이브를 에둘러 비판하는 아이콘으로 세기말 유럽에 등장하게 된다. 한편 크노프의 그림에 나타난 이슈타르의 갈라진 복부, 즉 성기에서 꾸역꾸역 흘러나오는 것은 뱀 모양을 한 창자로 보아도 무방하며, 성기의 연장인 이 창자는 의미심장하게도 죽음의 전달자인 악마의 형상을 그려내고 있다. 여성의 육체 그리고 무엇보다도 여성성의 최고 상징인 자궁에서 죽음을 포함한 모든 악마적인 것이 산출되었다는 통속적인 믿음은 이렇게 해서 세기말에 유럽을 풍미했던 아이콘 4인방 중 릴리스와 이슈타르를 산출해낸다. 여성과 죽음의 동일화에 대해 보부아르는 다음과 같이 극명하게 말한다.

이슈타르: 페르낭 크노프(Fernand Khnopff, 1858~1921), 1888년, 빅토리아 앨버트 박물관, 런던

어머니는 그녀의 자손에게 생명을 선사함으로써 죽음을 부여한다. (…) 사랑과 죽음을 묶어주는 결속은 트리스탄(Tristan)의 전설에서 첨예하게 드러났지만, 이 결속은 사랑과 죽음 이상의 깊은 진실을 지니고 있다. 육체에서 태어났기에, 사랑에 빠진 인류는 육체적인 충일함을 맛보고, 그리고 그 육체는 무덤으로 향하게 되어 있다. 바로 여기에서 여성과 죽음의 동맹이 확정되어진다. 위대한 대지의 포획자는 곡식을 잘 자라나게 하는 풍요로움의 뒤집혀진 모습이다. 죽음은, 마치 끔찍한 신부가 그녀의 달콤하고 거짓된 육체의 거죽에서 해골 형상을 드러내듯이, 그 스스로를 드러낸다. (186-87; 강조 필자)

사랑과 죽음을 동시에 표상했던 여성은 생명의 창조자로서의 주체적 위치를 상실하고 오로지 죽음만을 표상하는 파괴적 타자로 여겨지게 된다. 여전히 여성을 죽음이 아닌 사랑으로 또 우리를 구원할 미지의 그 어떠한 것, 예컨대 '영원한 여성'으로 보는 입장 또한 존재했지만 이와 같은 논의는 추상적인 영역에서만 작동 가능한 것이었고, 실제적인 장에 있어서 '영원한 여성' 혹은 '구원의 천사'는 특별히 19세기 말 영국 빅토리아조의 젠더 이데올로기인 '가정의 천사'라는 개념이 함의하고 있는 마귀, 묶어서 '천사와 마귀'(angel and demon)라는 당시 신조어에서 알 수 있듯이, 남성을 망치는 악마, 또는 죽음으로 표상되기가 다반사였다. 여성이 칭송을 받을 때는 그녀가 허약하고 유아기적인 순진함을 지니고 있을 때이거나 출산과 양육의 도구로서 현모양처 역할을 할 때뿐이다. 피와 살로서의 여성은 숭배되지만, 종극에는 바로 그 변하고 부패하는 피와 살의 속성 때문에 두렵고 혐오스러운 대상이 된다. 보들레르(Charles Beaudelaire)가 파리의 사창가, 혹은 제유적으로 말하자면 여성의 음부를 '악의 꽃'으로 표현한 것이나, 프로이트가 "눈에 익지만 낯설은"(unheimlich) 비엔나의 유곽이 함의하는 여성의 음부를 시원의 고향("die" Heimat)으로 파악하는 것 또한 성, 또는 여성과 죽음을 동일시하는 서양인들의 습속을 잘 드러내준다 할 수 있겠다.

릴리스(Lilith): 존 콜리어(John Collier, 1850~1934), 1889, 앳킨슨 미술관 및 도서관

히브리어에서 또한 하와가 아람어와 아랍어에 있어서 뱀을 지칭하는 말과 유사하다는 사실을 주장하는 필립스(John Philips)의 글은, 비록 어원학적인 자세한 정보를 제공하고 있지 않아 아쉬운 면이 없지 않은 통속적인 글이지만, 이브가 결국은 사탄임을, 그리고 죽음을 세상에 선사한 타락 자체임을 강변하는 글로 널리 읽혀지고 있다.

> 이브와 뱀, 그리고 연이어 뱀과 (유대인의 전설에서는 '사마엘'이고 쿠란에서는 '이블리스 또는 샤이탄'이라고 불린다) 사탄의 연상 작용은 최초 인간들의 창조와 타락 이야기를 해석할 때 거듭 확인된다. (…) 이브는 사탄과 친근한 악마의 대변인으로 여겨진다. 때때로 그녀 자신은 금단의 열매로 보이기도 하고 때로는 낙원의 뱀, 심지어는 타락 그 자체로 보인다. (…) 이브와 뱀 사이의 연관관계에 관한 오래된 역사가 야훼 기자의 의견과 더불어 하와(hawwāh)와 아람어로 뱀[hiwya]과 아랍어로 뱀[hayya]을 뜻하는 용어가 같은 어근으로부터 파생한 관계 또는 그 둘의 음성학적으로 유사한 관계에 대한 고찰과 더불어 시작되었다는 사실은 흥미진진하게도 그럴 법하다. 아마도 야훼 기자는 근동지역의 종교들에서 신성한 여성들과 뱀들의 오래된 연상관계를 환기하려고 했는지도 모른다. (41)

그러나 사탄은 알려진 바와는 달리 발군의 여성 신학자 페이젤스(Elaine Pagels)를 따르자면 "반드시 악한 존재이지는 않으며 (…) 민수기와 욥기에서는 (…) 하나님에게 순종하는 종"의 역할을 하기도 하며, 천사 또는 하느님의 아들(bene elohim)로 등장하면서 간혹 하느님의 비밀 첩보원 또는 메신저 역할을 하기도 한다. 그녀를 계속 인용하자면 사탄의 어근 "śtn"은 "돌아 다니다"를 뜻하는 "shût"와 발음이 유사하며 "반대, 방해, 대항하는 자를 뜻한다"(Pagels 1995, 58-60).[14] 히브리어로 뱀을 나타내는 "헤비아"(hevia)는 하와와 동일 어근을 갖고 있기도 하거니와, 하와와 아람어 "hiwya" 사이의 연관성을 주장하는 필립스의 의견(40), 아랍어에서도 뱀(hayya)과 생명(hayat), 그리고 이브(hawwa)를 지칭하는 단어들 또한 같은 어근에서 나온 것이라고 주장하여 그 상호연관성을 강력하게 주장하고 있는 콜린스(Andrew Collins)의 또 다른 의견(40-41)은, 뱀과 여성, 그리고 사탄의 동일화를 설명하는 것에서 더 나아가 3자가 공히 '생명'과 관련이 있다는 것을 보여주고 있다. 주지하듯이 히브리어 하와는 "살아있는 (것)"이라는 "하이"라는 어간에 여성형 어미 "아"가 붙여져서 된 합성어이며, 그리스어로는 "헤우아", 라틴어로는 "하바→헤바(→에바)", 영어로는 "이브"가 되는데, 악으로 번역되는 "넘치는"이라는 뜻의 "evil"(←ivel, upel)과 이브와의 음향연상 또한 언제 굳어졌는지 모르지만 확연하다.

수메르 문화에서 물과 생명을 관장하는 달의 신 난나(Nanna)말고도 간혹 달의 여신으로 등장하는 신은 "생명의 여신" 닌티(Nin,ti)인데, 그녀의 갈비뼈(ti)를 지칭하는 말의 뜻이 어원적으로 하와와 같은 '생명'이라는 뜻을 가진다는 의견은 지금까지 잘 알려있지 않다.[15] 밀턴의 빛나는 사탄, 계명성(啓明星) 혹은 금성으로도 번역되었던 루시퍼(Lucifer)도 그러했지만 사탄으로 표상되었던 뱀은 "방해물, 수호자, '불멸로 이르는 모든 길'의 해독자"(Eliade 『종교사론』, 253; Durand 『인류학』, 490 재인용)이며, 적절한 시기에 이르면 "욥기가 보여주듯이 (…) 종말론적 드라마, 죽음에 대한 승리의 필요 불가결한 순간으로 통합"(Durand 『인류학』, 490)되어 하늘의 별자리인 용(辰星)이 된다. 방해물과 장애가 있기에 인류의 타락이 있고 이에 반하여 승리자 예수와 그의 업적이 더 돋보인다는 소위 '행복한 타락'(felix culpa)의 '긍정적' 전주 역할을 사탄이 수행하고 있다고 말할 수 있다. 그렇다면 이와 비슷한 맥락에서 이브와 뱀이, 그리고 이의 화신인 사탄이 '생명'이라는 공통분모를 의미한다는 사실을 우리는 어떻게 해석해야 할까? 이브의 후손인 여성들은 왜 죽음으로만 표현되어왔는가? 알려진 대로 성경은 과연 이러한 의견을 추인하고 있는가?

4

성과 선악 분별의 과실, 선악과

장음 부호 '막시마(maxima)'가 바꾼 사과(나무)의
미시사와 히에로니무스의 의도적 오역?

금단의 열매로 알려진 선악과는 에덴에서만 자생했던 "신비롭고 매혹적인"
열매일 뿐, 이를 무화과나무 열매로 보는 견해는 후대에 삽입되었다는 주장
도 여전히 존재하지만(Charlesworth 308), 이브가 취한 금단의 열매는 다산
과 성을 상징하는 가나안 지방의 여신을 받드는 신전 주위에 심어져 있던
올리브나무라고 추정되는 달 나무, 또는 무화과나무(ficulneus, fig tree)의 열
매인 무화과(ficus)로 보는 것이 통설이라고 알려져 있다(Harding 84-89, 96;
Stone 214-6). 이러한 통설은 사과나무도 그러하지만 무화과나무 또한 지금
의 이스라엘 지역 등에서 자생했고, 에덴동산이 위치하고 있는 곳으로 추정
되는 메소포타미아 지역에서는 자라나지 않았다는 고증에도 불구하고(배철
현, 『옹켈로스 창세기』, 129; 주석 7), 여전히 사과나무보다는 선악나무에 합당
한 나무로 여겨져 학계에서는 받아들여지고 있다.[16]

에덴동산의 위치가 문제가 되고 있는데, 그 위치로는 창세기 3:7-10을
따르자면 티그리스, 유프라테스 상류 지역인 터키 남부와 이란, 이라크 북
부 지역의 고지대 호수, 또는 아라랏산이 위치한 부근이 거론되고 있다. 이
를 초기 수메르문명이 개화한 두 강의 하류 삼각형 지역, 즉 갈대아 우르

지역 부근으로 보는 학자들도 있다. 우르는 신앙의 열조이며 알려진바 유대교의 초조로 등극하는 아브라함의 고향이다. 히브리인들의 삶에 중요한 역할을 하였던 무화과나무를 시대와 장소를 격하여 에덴동산의 나무로 간주하여 창세기의 "선과 악을 알게 하는 나무"로 기술하여 삽입했을 수도 있으니, 이는 세계의 신화소에서 생명나무에 관한 이야기는 보편적으로 편재하지만 "선과 악을 알게 하는 나무"에 관한 언급은 창세기가 독보적이라 할 수 있기 때문이기도 하다. 유대 카발라의 지식의 나무는 "선과 악을 알게 하는 나무"보다는 생명수에 더 가깝다. 성서는 "선과 악을 알게 하는 나무"가 어떠한 나무인지 구체적으로 밝히고 있지 않은데, 무화과나무로 이를 추정하는 시기가 언제서 부터인지는 확실하지 않으며, 이 나무를 사과나무로 보는 시기는 대체적으로 불가타 성경이 번역되던 시절로 알려져 있으나 이 또한 사과로 알고 있는 과실 또는 그에 해당하는 말룸(mālum)이 구체적으로 어떠한 과일이었는지에 따라 의견이 분분해진다. 물론 이러한 해석은 창세기 3:7에 언급된 무화과나무 혹은 그 실과(teenah)를 "선악을 알게 하는 나무"의 과실과 동일하게 취급할 때 그러하지, 이를 다른 나무로 본다면 해석은 또 달라지는데 성서가 이를 명확하게 같은 나무로 지칭하고 있지 않기 때문이다.

> 이에 그들의 눈이 밝아 자기들의 몸이 벗은 줄을 알고 무화과나무 잎을 엮어 치마를 하였더라. (창 3:7)

선악을 알게 하는 나무의 과실을 먹고 눈이 밝아져 마침 옆 자리의 무화과나무 잎을 사용했을 가능성도 있고, 한국어 성경 번역으로만 본다면 그 둘이 동일한 나무일 수도 있겠다. 히브리어는 등위접속사 "way"(and)로 연결되어 있어 모호하다. 그런데 앞에서도 명확히 밝힌바 에덴의 위치로 추정되는 이라크 남부 지역에 무화과나무가 자생하지 않았다고 한다면, 당시

성서의 기자가 이스라엘에서 자생했던 무화과나무를 상상력을 발휘하여 지금의 이라크 지역에 위치했던 것으로 추정되는 에덴동산으로 옮긴 꼴이 된다. 에덴을 마음속에 존재하는 이상향 혹은 영적인 고향으로 보면 동산의 위치와 서식하는 식물의 종류에 대한 왈가왈부로부터 자유로워질 수 있는데, 항간의 논의와는 다르게 찰스워스 교수가 금단의 나무를 에덴동산에만 자생하는 "신비롭고 매혹적인" 특별한 나무로 보는 까닭이 부분적으로 여기에 있다.

당시 히브리를 포함한 근동 지역과 지중해 지역에서 올리브나무(감람나무)와 무화과나무 둘 다 성스러운 나무의 대명사인 것은 사실이지만, 올리브나무가 아테나 여신의 나무이기도 하여 도유식(塗油式)에 사용되는 기름을 생산하는 열매를 맺는 나무로서 성스럽고 축복받은 천상의 나무였던 반면, 무화과나무는 신탁을 내리는 나무이기도 하지만 겉모양으로는 남근과 여성의 질을 연상하는 때로는 불경한 나무가 되기도 하였다. 기이한 상상력이기는 한데, 남성의 음낭을 연상하기도 하는 무화과 열매(그리스어 sykon)는 눈꺼풀이 두툼한 작은 사마귀와 "여성의 성기"(mons Veneris)를 말하며, 파생어 "sykea"는 궤양과 종양을 지칭한다. 그것은 브로스(Jacques Brosse)를 연이어 계속 인용하자면 "라틴어 'ficus'가 여성형일 때 무화과를, 남성형일 때는 '무사마귀'를 뜻하는 것과 거의 비슷하다. (…) [무화과] 열매가 음낭을 가리킴과 동시에 반쯤 열려진 여성의 외음부(이탈리아어로 "fica"는 이 의미를 갖는다)를 상기시키고"(323-324) 있음은 외형적으로 검증 가능하다. 현대 이탈리아어에서도 무화과를 의미하는 피코(fico)가 간혹 여성의 음부를 의미하는 피카(fica)로 사용된다는 것은 주지의 사실이다. 마르스 신에게 바쳐지는 수꽃이 달린 무화과나무는 "caprificus"로 불리어지기도 하였는데, 호색의 동물이기도 한 숫염소를 의미하는 "caper"는 "발정하다"는 뜻을 갖는 "caprein"에서 연원한다(Brosse 322, 332; 최영전 23).

이는 특히 선악과나무 물망으로 오른 올리브나무의 잎사귀가 무화과나무의 잎사귀보다 작아 아담과 이브의 벗은 몸을 가리기에는 부족하다고 판단된다면, 우리의 해석에서는 금단의 열매를 올리브나무보다는 무화과나무의 열매로 보는 것이 더 무리가 없어 보이기는 하다. 후대의 상상력은 이를 무화과나무로 확정하고 있는 것 같으니, 예를 들자면 미켈란젤로가 시스티나 성당에 그린 천지창조에 등장하는 나무는 무화과나무이다. 무화과나무 (fig tree)는 부처(budha)가 그 아래에서 완전한 깨달음을 얻은 보리의 나무, 즉 보리수(菩提樹, bodhi tree 혹은 sacred fig tree)의 일종이기도 한데, 이러한 사실은 비록 우연이고 또 엄격히 말해 나무의 종류가 달라 아전인수격 해석이 될 수 있겠지만, 불교가 이보다 시기적으로 늦게 개화된 기독교 사유에 적잖이 영향을 끼쳤음을 추측해 볼 수 있는 하나의 지표이다.[17] 실제로 고대 이집트의 사랑과 죽음의 여신인 이시스(Isis)의 전신인 "암소의 여신" 하토르(Hathor)는 "무화과의 여신" 또는 "무화과나무의 부인"(Brosse 32)으로 불리기도 하였다.

이와 같은 주장은 창세기의 무대가 되고있는 지금의 시리아, 팔레스타인 지방을 포함하는 가나안 지방에는 무화과나무는 있었지만, 사과나무가 자생하고 있었다는 기록이 남아 있지 않다는 몇몇 학자들의 주장에 의해서 더 탄력을 받는다. 물론 창세기의 무대가 가나안 지방이 아니고 아브라함이 이주해 온 이라크 지역이라 해도 이야기는 크게 달라지지 않는다. 현재의 이라크 지역에 사과나무가 자생하고 있었다는 분명한 보고 또한 없다. 좀 더 부연하자면 재배 사과(malus domestica←malus sieversii, 야생사과)의 원산지는 지금의 카자흐스탄 지방인 중앙아시아 서부와 유럽 동남부로 되어 있고 이후 그리스와 소아시아 지방으로 확산된 것으로 알려져 있는데, 사과나무가 에덴동산이 위치했다고 추정되는 메소포타미아에 들어온 시기는 기원후 1200년경으로 되어 있다. 동부 지중해 지역, 즉 요르단, 레바논, 시리아, 이스라엘-팔레스타인을 포함하는 소위 '레반트'(Levant) 지역에서 사과나무가 자생했다는 기록 또한 없다.

우리가 식용으로 하는 열매를 산출하는 야생사과(malus sieversii)의 원산지가 카자흐스탄 천산산맥 부근 지역이라는 문화인류학자 공원국의 말에 따르면 야생사과는 "푸석푸석했고 맛도 밍밍했지만 크고 아름다웠기에, 실크로드를 오가는 이들이 과육을 먹고 씨를 버리거나 일부러 심으면서 동서로 확장되기 시작했다. 이것이 작지만 과육이 단단하고 신맛이 나는 다른 야생사과들과 교배되고, 사람들이 사과의 가치를 알아보고 선별 육종하면서 대를 거듭해 더욱 알이 크고 맛있는 과일이 되었다"(경향신문, 2019.04.09). 그가 추천하고 있는 사과의 자생지와 확산에 관한 117개의 사과 제놈 분석에 관한 논문을 보자면 재배 사과는 카자흐스탄 지역의 야생사과에서 46%, 유럽 중서부지방의 원생종(malus sylvestri)에서 21%, 그리고 나머지 33%는 알려지지 않은 품종에서 유전자 형질을 획득했다(Duan 6). 사과나무가 이형접합체라는 말인데, 사과나무의 유전자가 부모의 유전자를 그대로 전달받지 않고 복잡한 수분 과정을 거친다는 사실은 잘 알려져 있다.

물론 이설 또한 존재한다. 사과가 서구에 소개된 것은 알렉산더 대제의 군대라는 설이 유력하지만(Adams 108), 『성서의 식물』의 저자 조하리(Michael Zohary)는 사과나무가 기원전 4000년경에 이란이나 아르메니아, 터키, 시리아로부터 이스라엘과 이집트에 수입되어 재배되었고, 터키와 레바논에서는 사과나무의 변종이 실제로 자생하고 있었다고 주장한다. 그러나 중동 지방의 선사시대 유물 중에는 탄화된 사과가 발견되지 않았으니, 창세기 에덴동산의 무대 중의 하나로 추정되는 티그리스, 유프라테스강 하류 지역, 즉 이라크 남부 지역 혹은 지금의 쿠웨이트 지역에 사과나무가 없었던 것으로 간주해도 큰 무리는 없을 것이다. 사과나무의 원산지가 코카서스 지방으로 팔레스타인 지방을 경계로 하고 있지만, 이 지역이 한때 사과나무의 남방한계선이라는 점도 참고해야 할 것이다(최영전 49~54).[18]

보다 더 실질적인 경제적인 이유로만 본다면 금단의 열매로 더 합당한 과일은 지중해 연안 지역, 메소포타미아와 이집트 등에서 자생했고 재배되기도 했던 포도나무의 열매, 또는 사막지대의 필수 작물인 대추야자의 열매(date; 히브리어 tamar; 그리스어 phoenix)일 수도 있겠다. 그런데 포도나무의 경우는, 신약에 나타난 예수 보혈의 상징으로서의 포도주에 대한 시대착오적인 의미 부여에도 불구하고, 그 잎을 엮어서 사타구니를 가릴 정도로 크기이기는 하나 성경에서 기술하고 있는 나무와는 동떨어진 나무이며, 대추야자의 경우 여름에는 그늘을 주고 그 기둥은 겨울에 연료로 사용되어 경제성이 풍부하지만 사과나무와 마찬가지로 그 잎이 그다지 넓지 않다는 면에서 성경에서 언급하고 있는 나무와는 부합하지 않는다. 다윗의 선조가 되는 유다의 며느리이자 그의 씨를 잉태하여 다윗의 선조가 되는 베레스(Perez)를 출산한 이가 히브리어로 "대추야자 열매"를 뜻하는 다말(Tamar)인 것은 우연의 일치이다. 선악과나무와 생명나무를 동일한 것으로 취급한다면 고대 이스라엘인들에게 중요하게 취급되었던 삼나무, 올리브나무, 포도나무 등이 그리고 잎의 크기로 보면 바빌로니아 지역에 서식했던 종려나무(palm tree)가 으뜸으로 물망에 오르나, 여러 가지 정황에 비추어 보면 창세기 3:7에서 실명으로 적시되고 있는 무화과나무 정도가 성경에서 기술하고 있는 선악과나무로 가장 잘 어울린다 하겠다.

물론 복숭아꽃, 즉 도화(桃花)와 여성성과의 밀접한 연관을 염두에 둔다면 아담이 먹은 선악과는 심미안적으로는 사과보다는 복숭아가 더 어울린다는 저간의 주장은 선악과를 성에 대한 지식과 성으로 인한 타락을 지칭하는 과실로 본다면 아주 틀린 말은 아니다. 복숭아는 실제로 중국에서는 손오공의 고사에서 나타나듯이 영생을 가져다주는 과일로 또 도연명의 무릉도원(武陵桃源)에서는 지극한 아름다움과 영생불멸을 선사할 수 있는 과일로 등장하고 있다. 복숭아나무는 중국 화북의 산시성과 간쑤성의 해발 600~2,000미터 고원 지대가 원산지로 아시아를 거쳐 지중해 연안으로 확산된 것으로 알려져 있는데, 지금의 서식지는 중국에서 시작하여 한국과 일본, 그리고 페르시아, 아프가니스탄, 크리미아 지역 등으로 한정되어 있으니 창세기의 무대와 시대에는 등장할 수 없는 과일이다.

이상화의 「나의 침실로」(1923)의 한 구절인 "수밀도의 네 가슴에 이슬이 맺도록 달려 오려무나"와 같은 표현을, 그리고 엘리엇(T. S. Eliot)의 「프루프록의 연가」의 다음 구절에 나오는 복숭아(la pêche←persica; 중성명사로 persicum malum)와 여성의 가슴, 여성 성기, 그리고 죄 혹은 원죄(le péché originel)와의 관련성을 상기할 만하다.

Do I dare

Disturb the universe?

(⋯)

Shall I part my hair behind? Do I dare to eat a peach?

롭스(Félicien Rops)는 "죽음의 복숭아나무"를 뜻하는 〈원죄〉("Le pêcher mortel" 1905)에서 시각적으로뿐만 아니라, 죄(le péché)와 복숭아나무(le pêcher) 사이의 음향연상으로 이를 잘 확인해주고 있다.

선악과인 무화과와 복숭아의 동서 문명적 연관성이 감지되나 사실 에덴동산으로 추정되는 지역에 두 나무 공히 서식했을 가능성은 그러나 지금까지 추론된 바로는 희박하다. 복숭아나무의 잎은 무화과 잎과는 달리 성경에서 기술한 대로 그들의 "벗은 몸", 혹은 통속적 상상력이 지시하는 대로 성경에는 직접적으로는 없는 말이지만 아담과 이브의 부끄러운 곳(恥部), 혹은 요즘의 표현을 쓰자면 "소중한 곳"을 가리기에는 작게 보인다.

가부장적인 유대-기독교가 확산함에 따라 농경문화를 기반으로 하는 모계 전통의 종교가 숭앙하는 뱀과 신전 주위에 심어진 무화과나무를 폄하 하는 과정이 진행되었다는 사실을 설명하기는 그렇게 어렵지 않다. 왕조와 나라가 바뀌면 전대의 역사에 대한 평가가 달라짐에 따라 역사 자체가 변하는 이치와 같다. 이는 다음 장들에서 계속해서 후술되겠지만 완전함을 상징하는 뱀이 '자기 순환적 폐쇄성'이라는 명목으로 오히려 신으로서의 그의 위치를 뱀신의 모습으로 나타나기도 하는 유대-기독교의 야훼에게 물려준 것과 같은 이치이다.[19] 팔레스타인의 자갈이 많은 산길을 걷기 위해서는 그리고 도처에서 출몰하는 뱀을 물리치기 위하여 막대기와 가죽을 댄 샌들은 필수였으니(김용옥 2020, 149-150), 뱀이 정반대의 이유로 또한 백안시되었던 것은 따로 설명을 필요로 하지 않는다.

문제는 팔레스타인을 포함하는 중동 지역에서 그 열매와 나무 자체가 귀하게 취급받는 무화과와 그 나무인데, 예루살렘 입성을 앞두고 제자들과 베다니 근처에 이르러 행한 예수의 다음과 같은 언급은 무화과나무가 예수에게 있어서 "구약을 상징하며, 율법을 상징하며, 율법의 권위의 정점에 있는 솔로몬·헤롯 성전을 상징하며, 로마 제정과 결탁한 유대교의 타락을 상징합니다"(김용옥 2020, 226)고 하여도, 당시 성경을 해석하는 많은 이들에게 있어서 이와 같은 예수의 언급은 비록 그것이 유대인들의 미성숙한 신앙을 나무라는 상징적 언급임에도 불구하고 시대를 격하여 또 그러한 발화가 이루어진 시대 상황에 대한 고려를 무시하고 무화과와 무화과나무 자체를 부정적으로 보는 데 많은 영향을 끼치게 된 것으로 사려된다. 5~6월에야 이른 열매를 맺는 무화과는 예수의 육체적 갈증과 배고픔을 해소해주지 못했을 뿐만 아니라 유대인들의 영적인 결실을 약속해주지도 않았다고 해석되기도 하였다.

> 멀리서 잎사귀 있는 한 무화과나무를 보시고 혹 그 나무에 무엇이 있을까 하여 가셨더니 가서 보신즉 잎사귀 외에 아무것도 없더라 이는 무화과의 때가 아님이라 / 예수께서 나무에게 일러 가라사대 이제부터 영원토록 사람이 네게서 열매를 따 먹지 못하리라 하시니라. (마가 11:13-14)

무화과 자체가 창세기가 문서로 성립되던 처음부터 선악과로 상정되었는지는 잘 모르겠으나, 예수의 언급이 시대를 소급하여 무화과와 무화과나무에 대한 부정적 의식을 형성하는데 일조한 것은 사실로 보인다.

아담과 이브가 그들의 "치부"를 가린, 사과나무 잎과는 외형적으로 닮지 않는 "음경(陰莖)처럼 보이는"(Brosse 346) 넓직한 잎을 가진 서남아시아와 지중해 연안에서 자생했던 무화과나무가 가나안 지방의 여신인 아쉐라 여신[20]의 신전 주위에 심어진 바로 그 "신성한 나무"(sacred tree) 또는 "생명의 나무"(tree of life)였다고 주장하는 학자들은, 사과나무가 원죄의 나무가 되는 시기는 중세 시대에 이르러 라틴어 성경이 활발하게 출판되기 시작한 이후, 특별히 4세기 말 5세기 초에 유세비우스 히에로니무스(Eusebius Sophronius Hieronymus, 347?~420), 일명 성 제롬의 그리스어본을 저본으로 한 라틴어 통속 번역본, 즉 『불가타 성경』(Versio Vulgata, 390?-405)이 나온 이후라고 한다(Spong 137; Baring & Cashford 498).[21] 한 종교 전통의 생명의 나무가 다른 종교 전통에서는 "선과 악을 알게 하는 나무", 후대에 이르면 죽음을 선사하는 지식의 나무가 되는 연유이기도 하다.

통속적 상상력에서 민간 유포본인 불가타 성경의 위력을 과소평가할 수는 없는데, 이는 우리가 알고 있는 신화도 그러하지만 "역사의 진실이란 여러 세기에 걸쳐 이루어진 세인의 합의가 공인"하는 언술이기 때문이다 (Veyne 21). 사과나무(mālus)의 열매를 뜻하는 라틴어 "mālum"과 악을 의미하는 "malum"이라는 어휘의 상호연상 작용을 주목하여 70여 개를 상회하는 "나쁘다"는 뜻의 라틴어 형용사 중 성 제롬이 금단의 열매 또는 지식의 나무를 창세기 2-3장의 "선과 악을 알게 하는 나무"를 번역하는 과정에서, 사과 또는 사과나무를 암시하는 용어로 번역하였거나 의도적으로 오역하였다는 것인데, 용어의 혼용, 또는 중의법(double entendre)이 종교의 해석에 있어서 심대한 효과를 가져 온 한 사례이다.[22] 성과 여성, 그리고 죄를 동일시하는 여성 비하적인 사고방식의 편린이 히에로니무스에게 영향을 미쳐 이브의 사과를 "사악한" 과일로 일부러 번역했다는 주장인데, 히에로니무스의 드러나지 않은 이러한 성차별 의식은 그의 금욕주의의 영향을 받아 6세기경 발아하는 수도원운동의 독신주의 선호 경향에서도 그 흐름을 확인할 수 있어 우리의 주장에 버팀목이 되고 있다.[23]

"나쁜", "사악한"의 의미를 뜻하는 중성 형용사 "malum"의 여성형과 남성형은 "mala", "malus"이다. 문법적으로 더 엄밀하게 정리하면 이는 사과나무를 뜻하는 라틴어 "mālus"와 "사악한"을 뜻하는 남성 형용사 "malus" 사이의 음향연상(clang association)을 이용한 의도적 오역으로 보인다. (이 두 낱말 사이에는 모음 "-a-"의 장단 차이밖에 없다. 여기서 흥미로운 사실은 "사과나무"(mālus)가 여성명사라는 점이다. 똑같은 "mālus"가 남성명사로 사용되는 경우 "배의 돛"을 뜻한다.) 부연하자면 "사과(열매)"는 중성 명사로서 "mālum"인데, 이 명사와 "사악한"을 뜻하는 중성 형용사 "malum" 사이의 음향연상 또한 확연하다. "사과는 사악한 것이다"(Mālum malum est).[24]

물론 히에로니무스가 생몰 했던 시절(347?-420년 9월 30일)과 불가타 성경이 편찬되어 가던 시절(390?-405)의 "mālus"와 "mālum"이 밀턴 시대의 "apple", 그리고 이것이 우리가 오늘날 알고 있는 사과와 동일한지는 여전히 논란이 되지만, 창세기 3:7절에 적시된 무화과를 선악을 알게 하는 나무의 열매와 직접적으로 연결시키지 않는 제롬의 번역은 하등의 문제를 야기하지 않는바, 제롬의 번역어로 추정되는 "malum"이 부드러운 껍질을 지닌 과일의 총칭이어서 사과를 배제하지 않는다는 사실을 보면 알 수 있다. 논의가 더 진행되겠지만 알려진 것과는 달리 적어도 라틴어 성경 번역에서 제롬은 선악과를 "말룸"으로 콕 집어 번역한 적이 없으며, 후대에 말룸이 사과로 정착되는 과정에 그가 직접적으로 관련이 있다고 말할 수 있는 증좌를 우리는 지니고 있지 않다.

라틴어로 사과를 의미하는 "mālum"은 그리스어로 사과(나무), 혹은 일반적인 과일을 뜻하는 "mēlon" 또는 "mālon"에서 유래한다. 영어의 비속어로 여성(성기)을 뜻하기도 하는 "melon"은 그리스어 "mēlon"에서 왔다고 추측할 수 있다. 여성을 "악마의 통로"(devil's gateway)로 보아 그녀로부터 죽음이 들어왔다는 테르툴리아누스의 의견에 익숙해 있던 이들에게, 말룸과 유사한 멜론이 여성의 성기를 연상시킨다는 관찰과 추론은 말룸을 선악과로 보는 것에 결정타를 선사했다. 필자가 근자에 만난 몇몇 영문학자들과 물리학자들은 여전히 선악과나무를 사과나무로 알고 있었으며, 남성의 갈비뼈는 공히 12쌍이 아니고 하나를 빌려주어 11개로 알고 있었다. 19세기 말 방사선이 발견된 이래로 비단 신학뿐만 아니라 과학자들도 여전히 우리가 사는 21세기에서도 이러하니, 히에로니무스가 이를 "mālum"으로 번역하였다는 주장 내지는 단정이 쉽게 이루어졌음을 우리는 미루어 짐작할 뿐이다.[25]

그런데 말룸(mālum)을 밀턴(John Milton, 1608-1674)이 "apple", 즉 사과로 번역한 것이 오역의 시초라는 항간의 말은 수정되어야 하지만, 『흠정역』(1611) 성서가 여전히 창세기의 해당 구절 번역에서 "fruit"를 고수하는 것을 보면 후대에 밀턴이 선악과를 "apple"로 표현하여 오역의 대중화에 기여했다는 사실은 마땅히 인정받아야 한다. 그는 『실낙원』(1667) 9장과 10장에서 각각 1번뿐이지만(IX:585; X:487) 이 과일을, 당시의 "apple"이 특히 밀턴이 활동했던 17세기에는 우리가 알고 있는 사과일 수도 있고 과육이 있고 씨앗이 있는 과일을 통칭하기도 한다는 주장도 없는 것은 아니지만(예를 들어 https://en.wikipedia.org/wiki/Apple), 그 의미가 무엇이든 간에 "apple"로 분명히 표기하고 있다.[26]

뒤러(Albrecht Dürer, 1471-1528)의 동판화 〈아담과 이브〉(1507)에 나타난 과일은 사과와 아주 비슷해 보이며, 르네상스로 이어지는 수많은 화가들의 그림에 나오는 사과들 또한 그대로 밀턴에게 이어지고 있는 것 같은데, 로제티(Dante Rossetti) 등 19세기 중후엽 라파엘전파 화가들의 그림에 이르면 사과는 적어도 그 외형적인 모습으로 볼 때 확실히 우리가 오늘날 알고 있

는 사과의 그 모습으로 정착하게 된다. 브루어(E. Cobham Brewer)가 편집한
『민속 사전』(*Dictionary of Phrase and Fable*, 1898)은 아주 정확히 "malum"
은 사과를, 그리고 "malus"는 사과나무를 뜻하는 것으로 기록하고 있어 통
속적인 상상력에서 "말룸"이 사과로 정착한 과정을 기록하고 있다.

　이 책의 4장에서 어원학적인 논의가 자세히 진행되겠지만 그리스어본
성경(70인역, 즉 셉투아긴타)의 선악과나무는 히브리어본의 그것, 즉 "에츠 하
다아트 토브 와라"[27]와 동일하게, 선과 악에 대한 개념은 지금의 선악에 관
한 개념과는 다르겠지만, "선과 악을 알게 하는 나무"(ξυλου του γινωσκειν
καλον και πονηρον), 불가타 성경에서는 "lignum scientiae boni et mali"
로 표기하고 있다. 흥미로운 사실은 "말룸"의 어원적 모태가 되는 희랍어
"melon" 혹은 "malon"이 라틴어 "말룸"과 유사하게 어둡고 비유적으로
는 사악하다는 뜻을 지닌 "melas"(μέλᾱς)와 어원학적으로 동일한 어근인
"mel*"에서 나온 것이 아닐까 하는 추측이 들 정도로 그 발음이 서로 유사
하다는 것이다.

　고대 페르시아의 언어인 아베스타어는 사악한 이를 "mairiia"로 산스크
리트어는 더러움 혹은 악과 죽음까지를 지칭하는 말을 "mala"(魔羅)로 표
기하고 있어 더욱더 흥미를 자아내고 있다. 성 제롬이 이러한 사실을 몰랐
을 리 없다고 가정한다면, 그는 비록 창세기에서는 원문에 충실하여 선과
악을 알게 하는 금단의 열매를 "말룸"으로 축약하여 번역하지는 않았지만,
창세기 2:9, 2:17의 번역에서 "악"을 염두에 두고 일부러 "말룸"과 연관하여
번역했다는 말이 된다. 즉, 선과 악을 알게 하는 나무를 성 제롬이 오역한
것이 아니라 그 나무의 실과를 염두에 두고 의도적으로 "나쁘다"는 뉘앙스
를 암시하는 "malum"과 연관시켜 번역하였던 것이지만, 후세인들이 이를
쉽사리 "mālum"으로 단정 짓고 에덴동산의 "선악을 알게 하는 나무"의 과
실을 사과(mālum)로 고착화시켰다는 것이다.

　그런데 많은 사람이 전거 없이 그리고 이 분야의 전문가들마저도 때로

는 두루뭉수리하게 주장하듯이[28] 성 제롬이 창세기에 통칭으로 표시되어 있는 열매를 뜻하는 히브리어 "peri"(복수형 perot→fruit)를 "malum"으로 직역한 것은 아님이 분명하다. 특별히 창세기 번역에 있어서 성 제롬이 그리고 뒤를 이은 클레멘스(1592) 혹은 노바 불가타(1979)에서 이를 "malum"으로 번역한 사례는 필자의 과문함으로 인하여 찾을 수 없었다. 단지 그는 "선악을 알게 하는 나무"라는 의미의 "lignum scientiae boni et mali"(창 2:9; 2:17)로 직역하였을 뿐이고, 이것을 원죄를 상징하는 사과나무와 사과로 연결시킨 이들은 후대의 사람들이었으나 언제 이러한 번역과 해석이 확정되었는지 우리는 정확히 알지 못한다.

실제로 우리는 풀다 사본을 위시하여 상당히 많이 번개된 것으로 알려진 제롬의 라틴어 성경 사본들만을 갖고 있으며(민경식 131-132), 제롬 성경(406)을 다소 수정했다고 알려진 클레멘스 성경(1592)이 원본을 얼마나 고수하고 있는지에 대해 잘 알지 못하고 있다. 트리엔트 공의회(1545-1563)가 제롬의 성경을 로마 가톨릭의 공식 성경으로 인정한 바 있으며, 식수투스 5세 통치 기간(1585-1590)에 출판된 것으로 추정되는 소위 식수투스 불가타(Sixtina)는 단명한 것으로 전해지며 원본은 남아 있지 않다. 1592년 불가타 성경이 클레멘스 8세에 의해 클레멘티나 불가타로 공인 성경이 나오기 전까지 교회와 평신도들이 천년 넘게 사용했던 성경은 비록 "중세기 초반에 불가타로부터 밀려났다"(Würthwein 122, 129)고 전해진, 그리스어로부터 번역되었다고 추정되는 고전 라틴어판 성경, 즉 "Vetus Latina"이기도 하였으니, 당시 유포본이기도 하였던 고대 라틴어 성경에 의거하는 분석 또한 마땅히 필요한 실정이다.[29]

더군다나 제롬은, 클레멘티나 성경에 의하면 선악을 알게 하는 나무를 번역함에 있어 이를 특정 나무 열매를 뜻하는 "malum"과 관련된 용어로만 번역하지 않았고 히브리어, 그리스어 성경을 따라 '선'을 뜻하는 "bonum" 또한 병기하였는데, 후대에 "malum"만이 논의의 중심이 되었던 연유는 선악과의 증득을 원죄로 보려는 시각과 시도들이 만들어 낸 보기에 따라서는 장음 부호 '막시마'가 만들어 낸 대형 참사일 뿐이다. 문명의 수레바퀴의 거대한 움직임은 때에 따라서는 이렇게 소소한 것으로부터 시작되기도 한다. 악을 아는 것은 그렇다고 치고 선을 아는 것 또한 나쁘다는 자가당착적 해석의 오류가 상정되는데, 악과 죄의 상관관계를 강조하는 해석들이 이 나무의 원래 명칭에서 '선'을 제거하고 "악을 알게 하는 나무"로 변형시켰던 것이 현재 우리에게 주어진 (선)악과나무이다. 물론 니체적인 의미에서 선악을 분별하고 연이어 이것을 초월하는 것에 대한 논의는 별개의 것이며, 성서 신학자들이 이를 염두에 두고 선악과를 원죄와 사망의 과실로 해석했을 리는 만무하다. 우리의 논의의 중심에 서 있는 창세기 1-3장에 국한하여 말한다면 성 제롬은 실과로 번역된 통칭 과일을 뜻하는 히브리어 "실과"(peri parah)를 "fructus"(3:2; 3:3; 3:6)로, 무화과나무 혹은 그 실과(teenah)를 "ficus"(3:7)로 정확히 번역하고 있다. 이는 또한 히에로니무스가 번역 작업에 있어서 시초부터 참고하지 않았다고 되어 있는 그리스어 번역 성경 셉투아긴타에서도 마찬가지이다. 관련 부분만 발음 부호를 생략한 채 인용해 보자.

여자가 뱀에게 말하되 동산 나무의 실과를 우리가 먹을 수 있으나
και ειπεν η γυνη τω οφει απο καρπου ξυλου του παραδεισου φαγομεθα
(창 3:2; 강조된 부분은 "나무"에 해당하는 "xülŏn")
이에 그들의 눈이 밝아 자기들의 몸이 벗은 줄을 알고 무화과나무 잎을 엮어 치마를 하였더라
και διηνοιχθησαν οι οφθαλμοι των δυο και εγνωσαν οτι γυμνοι ησαν και ερραψαν φυλλα συκης και εποιησαν εαυτοις περιζωματα
(창 3:7; 강조된 부분은 "무화과"에 해당하는 "sükē")

셉투아긴타는 무화과에 해당하는 낱말을 "syki" 혹은 "syko"로 정확히 표기하고 있어, 불가타가 "선악을 알게 하는 나무"를 무화과나무가 아니라 사과나무로 해석되는 빌미를 전혀 제공하지 않고 있다는 사실은 잘 알려져 있지 않다. 불가타뿐만 아니라 후대의 클레멘스와 노바 불가타 또한 차이를 보이지 않아 "fructus"와 "ficus"를 각각 유지하였으니, 적어도 창세기 3장에서 히에로니무스는 학계의 관행 혹은 알려진 바와 달리 이를 명사형 "mālum"으로 직역한 적이 없다는 사실을 우리는 알게 된다. 히에로니무스가 그의 의도와 상관없이 해석되고 전역(轉譯)되는 경우가 있었음을 짐작할 수 있는데, 아우구스티누스가 동서교회의 분열을 예감하여 히에로니무스의 히브리어본을 저본으로 한다고 되어 있는 라틴어 성경 번역을 만류한 의도가 조금은 이해되는 순간이다. 아우구스티누스의 염려대로 그러나 지역을 바꿔 불가타는 이후 신성로마제국의 성경으로 그리고 셉투아긴타를 저본으로 하는 그리스어 성경은 비잔틴 문명권의 정교회 성경으로 거듭나게 된다.

불가타 성경에서 사과의 의미를 지니건 않건 간에 "mālum"이 그대로 그 형태를 보존하고 나오는 구절을 찾아보면, 잠언 25:11, 아가서 2:3, 8:5, 요엘서 1:12 등이며, 이 중 앞의 두 구절을 한국어 개역 성경과 히에로니무스의 불가타를 저본으로 하는 클레멘스 불가타에 의거 차례대로 인용해보면 다음과 같다.

경우에 합당한 말은 아로새긴 은쟁반에 금사과니라
mala aurea in lectis argenteis qui loquitur verbum in tempore suo
남자들중에 나의 사랑하는 자는 수풀 가운데 사과나무 같구나 내가 그 그늘에 앉아서 심히 기뻐하였고 그 실과는 내 입에 달았구나
sicut malum inter ligna silvarum sic dilectus meus inter filios sub umbra illius quam desideraveram sedi et fructus eius dulcis gutturi meo
(강조 필자)

"mālum"이 선악이라는 개념과 연관되지 않고 좋은 과실을 뜻하는 의미로 쓰이고 있다는 사실을 알 수 있는데, 해당 구절에서 사과에 관한 히브리어 해당어는 『웨스트민스터-레닌그라드 코덱스』를 따르자면 본문에 "tappuywach"로, 그리고 셉투아긴타는 "melon"으로 표기되고 있다. 히브리어로 지금의 사과에 해당하는 어휘는 "타푸아흐"로 발음된다! 물론 각 해당어로 표기된 과일이 지금의 사과인가 하는 질문은 여전히 남는다. "peri"는 무화과, 석류, 포도, 살구, 복숭아, 배, 유자 혹은 레몬 등의 과일에 대한 통칭이며, 사과로 번역된 히브리어 "tappuywach"는 모과나무 열매, 즉 모과(quince)에 가까우니, "mālum"으로 번역되었다 하여 이를 곧 "사과"로 번역 내지는 오인할 필요는 없어 보인다. "mālum"은, 주석 15에서 그 용례와 자생지가 자세히 밝혀져 있는데, 성 제롬이 활동하던 4세기경에는 과육이 있으며 안에 씨가 있는 과일을 의미했으며 『미드라쉬』(Midrash)가 이를 밀, 옥수수, 무화과, 그리고 심지어는 포도나 포도 주스로 주석을 단 이후 15세기 영국에서는 다양한 종류의 레몬 혹은 유자, 귤(citrus) 등을, 15세기 후반에는 심지어 바나나를 지칭하는 말로 확장되기도 했다.

5

선악과의 또 다른 의미

타락 설화 전체의 핵심은 사람의 죽음의 문제를 설명하려는 시도, 죽음이 세상에 들어온 경위를 제시하려는 시도로 보인다. (…) 불멸성과 필멸성의 가능성이 똑같이 인간에게는 결정되어 있지 않고, 그것은 인간이 선택하도록 인간에게 넘겨져 있다. 생명나무는 인간의 손이 닿은 곳에 서 있었고 그 과일이 인간에게 금지된 것이 아니었기 때문에 (…) 창조주 하나님이 생명 과일을 따 먹도록 조장하지는 않았더라도, 암암리에 허용은 해주신 것이다.

(Frazer, 『문명과 야만』, I: 73)

생명나무는 '숨겨져' 있어서 아담이 선악의 지식을, 즉 지혜를 자기의 것으로 하는 순간에야 비로소 이해할 수 있고 거기에 접근할 수 있었던 것 아닐까? (엘리아데, 『종교형태론』, 381)[30]

물론 우리는 사과가 여성의 유방, 특별히 아프로디테의 가슴을 상징한다거나 해부학적으로 보아 사과의 속을 여성의 음부로 파악하는 때로는 진부한 사고방식을 알고 있다. 요컨대 고대 희랍에서 사과는 에로스적 사랑의 상징이었고 이의 사도를 자처하는 파리스의 심판에서도 보듯이 불화와 미움(eros→eris)으로 변질되기도 하였는바, 사랑과 미움이 짝패로 작동하고 있다는 사실을 여실히 보여준다. 사랑은 미움으로 쉽게 변하며, 미움은 특히 그것이 타자에 대한 미움이 될 때 이기적 사랑의 배면일 될 뿐이다. 성을 죄악으로 간주하는 초기의 일부 기독교 문화가 "선악을 알게 하는 나무"의 과실이건, 무화과나무 열매이건 이를 사과로 일부러 오인하여 해석할 수도 있었다는 추측은, 오역의 진위를 떠나 히에로니무스의 '문화적' 번역에 힘을 실어준다. 에덴의 나무를 의도적인 시대착오로 후대에 사과나무로 동일시하게 되었다는 주장인데, 에로스와 여성성을 상징하는 사과를 염두에 둔다면 쉽게 수긍이 가기도 한다. 복숭아가 더욱 그렇기는 하지만 사과의 외면 곡선은 또한 젖가슴 또는 복부의 곡선과 닮아있으며 움푹 들어간 사과꼭지는, 견강부회인 면이 없지 않지만, 브로스의 지적대로 여성 성기를 지칭한다(342).

혼란은 또한 대지의 여신 가이아가 헤라를 경유하여 헤스페리데스(아틀라스의 딸들)[31]에게 넘어간 "불멸의" 황금사과나무를, 금지된 과일로 후대에 이르러 일부러 오인 또는 차용했던 것에서도 비롯되었는지도 모른다. 사과류의 나무를 지키고 있었던 라돈(Ladon)이라고 하는 용, 또는 뱀은 헤라클레스에 의해 살해된 후 헤라에 의해 뱀자리로 떠받들어져 하늘의 별이 되었다고 전해진다. 사도 요한을 필두로 하는 초기 사도시대와 맞먹던 시기에 불멸의 사과를 취득했던 것으로 전해지는 헤라클레스는, 찰스워스 교수에 의하면 예수와 종종 비교되어 거론되기도 했다(Charlesworth 6). 이와는 거꾸로 하늘의 별이 지상으로 떨어져 용, 혹은 뱀이 되었다는 동서양의 이야기 또한 인구에 꾸준히 회자되고 있는데, 샛별(啟明星)이 떨어져 사탄인 루시퍼가 되었다는 해석이 이에 해당한다.

주지하듯이 트로이의 헬렌과 연관된 사과는 파리스의 사과인데 불화의 여신(Eris ← Eros)에 의해 파리스가 아프로디테에게 건네준 사과가 바로 이

사과이다. 그것이 헤라와 아테나를 제치고 사랑의 여신에게 넘어갔다는 사실은 사과가 상징하는 생식력과 에로스의 전담자가 수메르-메소포타미아 신화의 사랑과 전쟁, 그리고 지혜와 때로는 죽음까지도 총체적으로 담당하는 인안나와 이슈타르, 고대 이집트 신화의 네이트(Neith) 또는 이시스에서 그리스 신화의 사랑의 여신 아프로디테로 그 역할이 분화되어 넘어갔음을 의미한다. 파리스를 제우스신의 대리인으로 해석하여 사과를 이성애적인 에로스의 상징이라고 해석하는 리고글리오소(Marguerite Rigoglioso)의 주장(2010, 88-89)은, 지혜와 전쟁의 여신 아테나와 사랑의 아프로디테의 분화가 전체적으로 상정하고 있는 처녀생식에서 '신성혼'(hieros gamos)으로의 변환이라는 신화시대의 해석학적 프레임을 지탱해주고 있다. 사과는 북구의 신화에서 불멸과 청춘, 미와 관능을 상징했는데 우리가 앞서 인용한 아가서 2:3 구절에 나오는 사과(tappuywach, malum)는 관능적인 맥락에서 운위되고 있다. 성 제롬이 이러한 전통을 또한 몰랐을 이유가 없다.

리투아니아 지역 등에서 "뱀들의 날인 1월 25일 사과나무를 흔들어 (…) 다가오는 봄을 위하여 뱀들을 깨우는 풍습"(Gimbutas 1989, 135)을 아직도 시행하고 있다는 사실은 뱀과 사과의 상호 연상 작용이 오늘날까지 지속되는 것을 보여 준다. 이러한 이야기는 뱀 또는 부엉이 등으로 표상되는 여신들이 거주하는 곳이 주로 나무였다는 점에서도 확인할 수 있다. 4장의 뱀과 나무의 친연성과 생명나무의 주인으로서의 뱀과 지식나무의 주인인 신에 관한 니체의 상념에 관한 논의, 그리고 이와 맞물린 사망에 이르는 지식과 영생으로 이르는 지혜의 논의에 관한 형태로 주제가 더 확장되겠지만, 고대 수메르어에서 뱀과 나무를 의미하는 단어가 공히 "muš"(mush)로 쓰였고 나무를 뜻하는 "muš"가 "giš"(gish; 나무를 뜻하는 닌기쉬지다의 중간 이름)로 변하였다는 사실(Albright 279)을 인지하는 것은 뱀과 나무의 친연성을 넘어서 앞으로 이 책의 4장에서 전개될 지식나무와 생명나무의 동일성을 이해하는 첩경이 되고 있다. "Nin.gish.zida"는 생명나무의 주라는 뜻으로 그가 어깨에 이고 있는 두 마리의 뱀은 생명과 치유의 신 아스클레피오스 혹은 헤르메스의 뱀 혹은 뱀들에 상응한다.

아담과 이브가 눈이 밝아진 후 최초로 한 일은 무화과나무 잎을 엮어 그들의 벗은 몸, 즉 아랫도리를 가리고 죽음이 없다고 전해진 에덴으로부터 추방당하는데, 이는 성으로 인한 생명의 탄생이 죽음과 관련이 있다는 원시인들의 인식을 창세기 기자가 또한 반영하고 있다고 할 수 있겠다. 선악과의 취득이 여호와 하나님이 예언하듯이 인류에게 당장은 죽음을 선사하지는 않았지만, 선악과가 유대-기독교 문화에서 죽음의 나무로도 여겨졌음은 분명하다(창 2:17; 3:2). 그러나 J 문서는 선악과의 또 다른 효용에 대해서도 언급하고 있는데, 이는 성경에 기록된바 하나님의 형상 그대로 우리들의 눈을 밝아지게 한다(창 3:7). 이어서 성경은 "여호와 하나님이 가라사대 이 사람이 선악을 아는 일에 우리 중 하나같이 되었으니 그가 손을 들어 생명나무 실과도 따먹고 영생할까 하노라"(창 3:22)하고 분명히 말하고 있다. "우리 중 하나"가 누구를 뜻하는지, 그리고 창세기 4장 1절에 나타나는 "안다"라는 히브리어의 의미가 "성행위를 하다"는 뜻이라는 사실에 대한 논란은 차치하고라도,[32] 성경이 성을 안다는 것을 비단 죽음에 이르는 것으로 파악하고 있을 뿐만 아니라, 선악과가 표상하고 있는 성에 대한 지식 또는 분별적 이성을 영생으로 이르는 길로도 파악하고 있음은 분명하다.

죽음과 영생은 역시 같이 붙어 다니는 말이니, 한 쪽이 없으면 다른 한 쪽도 온전히 기능하지 못한다. 예수께서 우리가 알고 있는 의미의 원죄를 언급한 적이 없었고 성에 관한 지식 혹은 음양의 구별을 죄와 동일시하지 않았다는 사실은 2세기경 초기 기독교 교부들에 의해 중요하게 취급되지 않았다. 눈이 밝아진다는 것, 즉 지식과 지혜의 개안이 성과 죽음, 그리고 종극에는 영생으로 귀결된다는 사실은 더군다나 잘 논구되지 않았다. 역사적인 진위를 떠나 가부장적인 유대교의 성에 대한 부정 일변도의 자가당착적인 주장과 일부 기독교적 전통의 여성 비하적인 주장을 넘어서서 생각해 본다면, 유대인들은 성에 관한 지식을 나와 너를 나누는 분별지의 기본뿐만 아니라 카발라와 같은 일부 지파에서는 영생으로 가는 첩경으로 생각했던 것처럼 보인다.

이 장의 후반부에서 전혀 다른 말을 할 요량이지만, 분별과 영생, 혹은 지혜라는 맥락에서 금단의 열매를 "선악과"라 번역하여 지칭하는 한국의 성경 번역은 일품이지만 결과적으로는 또한 이품(二品)이기도 하다. 원래 번역의 의도를 잃어버리고 "악과"(惡果)로만 받아들여지고 있기 때문이기도 하다. 히브리어 성경의 미추와 호오의 개념에 가까운 "선과 악을 알게 하는 나무"(עץ הדעת טוב ורע), 그리고 선악의 시원적 미추 개념을 그대로 지니고 있는 칠십인역의 같은 구절(ξυλου του γινωσκειν καλον και πονηρον), 불가타 성경의 즐거움과 싫음, 또는 좋음과 나쁨의 뜻을 지닌다고도 말할 수 있는 "선과 악을 알게 하는 나무(lignum scientiae boni et mali), 그리고 불가타 성경을 저본으로 하는 흠정역의 선량함과 적합함, 그리고 넘침과 부적절함의 뜻을 지닌 "'선악'의 지식의 나무"(the tree of knowledge of good and evil)에 이르는 유장한 서양의 전통을 한국어 성경이 취하고 있는 "선악과"라는 어휘가 일견 함의하고 있지 못하다고 판단할 수도 있기 때문이다.

"선악의 지식의 나무"로 표기되는 흠정역에 이르러서는 우리가 받아들이고 있는 이분법적 선악의 개념이 작동하고 있다고 말할 수는 있겠지만, 당대의 "good"과 "bad"의 의미가 그리고 19세기 말 20세기 초 통용되던 한자어 善惡이 지금 한국에서 사용하고 있는 선악의 개념과 다를 수 있기 때문이다. "tob & rah"(히브리어), "kalos & kokos"(그리스어), "bonum & malum", "善惡", "正邪"(한자어), "miccha, mothya, samma"(산스크리트어, 팔리어) 등의 고전어와 "good(ghedh) & bad(bheidh, badde)", "right & wrong" "gut & schlecht", "bon & mal" 등의 영독불 현대어, 그리고 "evil(←ivel, upel: "넘치다"는 뜻)", "devil(←deva, "神"이라는 뜻)", "demon(←daemon, "精靈"이라는 뜻)" 등의 어휘들에 관한 기존의 의미와는 색다르고 다양한 의미의 어원학적 분석과 더불어, 선악의 지식을 죽음으로, 지혜를 생명과 영생으로 보는 조야한 이분법이 어느 시대부터 연원하고 있는지를 밝히는 작업은 또 다른 지면의 지난함을 요구하고 있다.[33]

악을 안 연후 또는 이와 동시에 선을, 그리고 선을 안 연후 또는 이와 동시에 악을 알게 된다는 인식론적 과정을 배제한 번역이어서 그렇기도 하지만, 부연하자면 "선악을 알게 하는 나무"에 있어서 선악을 동시에 언급하는 것은 상극법(merism)이라는 수사학을 사용한 관용적 표현이기도 하면서,[34] 세상의 이치가 선과 악, 또 빛과 어둠으로 구성되어 있음을 나타내기도 한다는 사실을 지금의 한국어 "선악과"가 충분히 소화해 내고 있지 못하고 있기 때문이다. 오로지 선을 선호하고 악을 무조건 배척하는 습속은 일원론(monism)의 독단이라 할 수 있으며, 이러한 맥락에서 '선악의 피안'이라는 니체의 상용구가, 단순한 변증법을 탈피하여 기존의 선을 무조건 배척하지 않고 또한 기존의 선악을 또 하나의 선 또는 악으로 대체하지 않는다는 가정 하에서, 이분법의 폐해를 치유하는 대안으로 떠오르는 순간이다. "선악은 신의 편견이다. 뱀은 이렇게 말했다"(『즐거운 지식』 313). 물론 니체가 말하는 "선악의 피안"이 또 다른 선악의 준거점이 되고 있는지는 별개의 문제이다.[35] 독단적 일원론은 상대를 인정하지 않는 체계이며, 상대주의적 다원론을 받아들이는 진정한 의미의 理氣一元論과는 구별된다.

그리스 신화에서는 판도라의 상자로 표현되는 죽음은, 프로메테우스의 불, 그리고 언어 등으로 다양하게 표현되는 신의 선물에 대한 은유들 중의 하나이다. 성경을 인간적인 입장에서 읽고 해석하자면, 죽음을 예비하신 분은 사탄 또는 이브가 아니라 사람들이 믿고 말하는 신이었다. "선악을 알게 하는 나무의 실과는 먹지 말라 네가 먹는 날에는 정녕 죽으리라 하시니라"(창세기 J 문서 2:17; 또 P 문서는 3:3). 사탄의 질시로 인하여 세상에 죽음이 들어온 것이 아니라, 죽음은 신이 인류에게 주신 영생의 지겨움, 또는 '윤회의 공포'를 상쇄하는 신의 선물이기도 하다. 선악과는 무명(無明)의 세계에 거주하는 인류에게 주신 "눈을 밝혀주는" 총명한 이성, 즉 하느님의 형상을 드러내는 과실이기도 하다. 바로 이러한 의미에서 뉴턴의 만유인력 혹은 애플 컴퓨터 회사의 한 입 베어 먹은 지식=원죄를 의미하던 아니던, 사과라는 심볼은 지혜와 영생의 표상이 되기에 부족함이 없었다. 애플의 창업자 故 스티브 잡스는 이러한 의견에 동조하지 않을는지도 모르겠지만, 우연의 일치로 애플의 판권을 나타내는 "R"은 필자에게는 "금지"(restriction)로도 읽혀지기도 하니, 컴퓨터가 표상하고 퍼뜨리는 지식은 원죄로 읽혀질 수도 있다. 신의 지식은 이브의 금단의 열매에서도 나타나듯이, 결핍과 욕망이 한 몸으로 뒤섞인 서양의 사고 유형을 따르자면 "금지되었기에 추구하고 욕망한다"는 서양의 전형적인 욕망론, 거세와 상실과 부재의 욕망론을 대변하고 있다. 스피노자가 세상의 종말이 오더라도 한 그루의 사과나무를 심겠다는 말은 사과가 함의하는 인류의 종말에도 불구하고 사과가 표상하는 지식과 지혜의 지속적 추구에 대한 표명으로 필자에게 해석되지만, 기실 그의 범신론적이면서도 유신론적인 사유 안에서 그가 동시에 의미했던 것은 사과나무가 표상하는 원죄에 대한 인정으로 인한 체념과 관조일 수 있었다.

창세기 3장 5-22절, 31장 24절에 나타나는 선악과나무 혹은 선악과는 "모든 지식의 나무" 또는 "모든 것의 지식"(knowledge of everything)이라고 주장하는 논리(Gordon 36, Fischer 70; 김상일 2006, 37 재인용)를 그대로 따라가자면, 선악과와 그 나무는 성경에 나타난바 죽음을 선물하는 과실과 그 나무이기도 하지만, 한국어 번역 "선악과" 그대로 분별과 이성을 알게 하는, 그리고 더 나아가 이러한 신의 속성을 지닌, 어쩌면 영생을 속성으로 하는 신 자신을 표시하는 비유적 나무임이 분명해진다. 굳이 역설이라 말할 필요도 없이 죽음의 나무이어야 생명의 나무가 될 수 있는 것이니, 선악분별의 나무를 죽음의 나무로 보았던 초기 기독교의 사유는 자기 자신들도 모르게 하늘의 진리를 말하고 있었는지 모른다. 이러한 사유를 극한으로 더 밀고 가면 우리는 지식의 나무 자체가 생명의 나무와 동일화되고 있음을 알 수 있으니, 예수께서 진리와 생명을 같은 것으로 보아 그에게로 이르는 길로 파악하고 있는 소치이다. "내가 곧 길이요 진리요 생명이니"(요 3:16).

특별히 폭력과 전쟁으로 점철된 20세기를 보낸 서양의 인류에게 지식은 사망으로 이르는 길이었지만 그들은 지식이 함의하고 있는 생명에 대한 추구를 계속해 왔다. 선악과로 상징되고 있는 지식을 홀대했다고 되어 있는 서양 문명이 오히려 지식의 추구를 게을리 하지 않고 생명과학과 인공지능을 포함하는 과학 문명의 번영을 이루었다는 사실은, 지식과 죽음, 지혜와 생명에 대한 판에 박힌 이분법적 사고를 되돌아보게 한다. 지식에 대해 부정적 입장을 견지했던 초대교회와 초기 교부들의 세례를 받은 서양 문명은 일견 지식을 폄하하고 있는 것 같았지만 오히려 정반대로, 결과적으로 오늘날 서양의 과학 문명의 발달에 견주어 본다면, 서양 문명만큼 지식을 숭앙한 문화권은 없었을 것이다.

이 절의 제사에서 인용한 프레이저(James Frazer 『문명과 야만』, I: 73)나 엘리아데(Mircea Eliade 『종교형태론』, 381) 등 많은 인류학자와 종교학자들이 이 구동성으로 말하듯이 죽음을 설명하기 위하여 다른 타 종교의 전통에는 없는 선악의 지식의 나무가 생명수(生命樹), 혹은 우주목(宇宙木)과 더불어 창세기에 유입된 경로에는, 비록 우연일지는 몰라도 죽음이 부활이고 삶이 되는 무의식적 깨달음, 즉 우로보로스적 인식이 자리하고 있었다.

> 여호와 하나님[YHWH Ellohim]이 가라사대 보라, 이 사람이 선악을 아는 일에 우리 중 하나같이 되었으니 그가 그 손을 들어 생명나무 실과도 먹고 영생할까 하노라 하시고 (…) 이같이 하나님이 그 사람을 쫓아내시고 에덴동산 동편에 그룹들과 두루 도는 화염검을 두어 생명나무의 길을 지키게 하시니라.
>
> (창 3:22-24)

선악과의 취득 이후에야 생명과의 취득이 가능하다는 언급으로 해석되기도 할 수 있지만, 이 구절은 말 그대로 읽으면 '실'낙원의 이유가, 인류가 선악과를 취득하여 '선악을 분별하는 신'이 되려는 것을 막으려고 하는, (이는 선악을 넘어서는 깨달음 혹은 도(道)의 개념을 상정하는 불가나 도가와는 미세하게 다른 양상을 띠지만) 신의 뜻에서도 연원 하는 것이 아닌가 하는 의구심을 자아내는 구절이기도 하다.

필멸의 인간과 불멸의 신 사이의 경계가 희박하고 가변적이지만 역사시대가 도래하면서 그것이 금지되고 있다는 이야기는 비단 창세기에만 있는 것은 아니다. 메소포타미아의 아다파(후대의 아담으로 추정됨) 신화에서 인류의 창조주이자 지혜의 신 에아(수메르의 엔키)는 만신전의 주인인 아누가 아다파에게 선사하는 영생의 과일을 먹지 못하게 종용한다. 뱀이 영생불사의 불로초를 취하게 되는 길가메시의 신화 구조나 유리디체를 죽음의 세계로부터 구해내는 오르페우스의 '되돌아봄'과 같은 신화의 극적인 서사 장치와 창세기의 '금단의 열매'라는 서술방식은 매우 유사하다. 죽음의 세계로부터 인간은 돌아올 수 없고 돌아와서도 안 되니, 이는 예수께서 부활을 미루시고 계신 연유와 유사하다. 한국어 표현 歸天 혹은 "돌아가신 것"으로 족하다.

> 그 경계로부터 여행자 그 누구도 돌아오지 않는
> 미지의 고향.
> (The undiscovered country from whose bourn
> No travellers returns. Shakespeare *Hamlet* III. i.)

유대인의 상상력에서 선악을 안다는 행위는 사실 이브의 유혹 이전에 하나님의 계획 속에서 아담을 통해 이미 준비되고 있었다. 아담의 이름을 짓는 행위에 의해 촉발되는 이성(理性, 異性)에의 눈뜸은 적어도 표면적으로는 선악과의 증득 전에 일어난 것으로 성경은 기술하고 있다. 이름 짓는 행위는 선악과가 표상하고 있는 분별적 이성이 아담과 이브의 몸속에 이미 내재 되어 있다는 사실을 보여주고 있는데, 아담의 이름 짓기는 당연히 선악과의 증득을 퇴행적으로 이미 예견하고 있다. 이름 짓는 행위를 통해 아담은 이미 "눈이 밝아져" 선악을 분별하게 되고 인간은 분별적 언어와 이성, 즉 로고스를 사후적으로(nachträglich) 이미 지니게 된다.

> 여호와 하나님이 흙으로 각종 들짐승과 공중의 각종 새를 지으시고 아담이 어떻게 이름을 짓나 보시려고 그것들을 그에게로 이끌어 이르시니 아담이 각 생물을 일컫는 바가 그 이름이라 아담이 모든 육축과 공중의 새와 들의 모든 짐승에게 이름을 주니라 (창 2:19-20)

윌버의 논의를 차용하여[36] "신학적 타락"(theological fall)과 "과학적 타락"(scientific fall)을 구별, 전자를 창조된 인류의 타락과 퇴화(involution)로 후자를 '탈'(脫)에덴 이후 인류의 지식축적으로 보아 발전과 진화(evolution)로 해석하고 있는 김상일 교수는 위 구절을 다음과 같이 해설한다.

> 사물에 대한 명칭 부여 행위는 논리적 행위이며, 이는 창세기 기록의 핵심적 주제라고 할 수 있다. 그러나 종래의 전통 신학에서는 이 점을 지나치고 말았으며, 그 결과로 인간 타락(fall)에만 주안점을 두어 윤리적인 문제를 논리적인 것과 연관시키는 데 실패했다고 할 수 있다. (⋯) 사물에 이름을 붙인다는 것은 주역에서는 사물의 상을 만들고 상에 이름을 붙이고 다시 이를 수와 일치시킨다는 것을 뜻한다. 사물에 명칭을 부여한다는 것은 곧 '자기 언급(self-reference)'이며 이는 곧 역설을 조장한다. (⋯) 창세기 기자는 정확하게도 이런 명칭 붙이기 즉, 자기 언급 행위가 있은 다음, 신이 만물의 짝을 만드는 작업을 했다고 기록하고 있다. "이렇게 아담이 집짐승과 공

중의 새와 들짐승의 이름을 붙여 주었지만 그 가운데는 그의 일을 거들 짝이 보이지 않았다"(창 2:20). 이를 역설의 말을 빌리면 양이 있는데 음이 없다는 말과 같다고 할 수 있다. 지금까지 창세기를 윤리적으로만 보았지 논리적으로는 보지 않았기 때문에 이름 짓기(naming)와 짝짓기(matching)가 얼마나 밀접한 상관관계에 있는지를 몰랐다. (⋯) 아담에게는 이름 짓는 행위 자체가 타락이고 죽음의 시작이다. 이름 짓는 행위 다음에 곧 이어서 인간은 남자와 여자가 구별되고 분별적 행위(알음알이)와 함께 타락이 시작된다. 타락의 정확한 과정이라 할 수 있다. 그래서 태초에 원죄가 있은 것이 아니라 역설이 있었던 것이다. (2006, 34-35, 152; 강조 필자)

그의 논의를 따르자면 제2의 타락인 과학적 타락은 오히려 인류가 우로보로스적 원시시대를 거쳐 자기반성적 합리적 사고를 기반으로 한 태양시대 내지는 차축시대로 이행하기 위한 필요 과정이자 신의 안배였지만, 오히려 필자가 보기에는 '출'(出)에덴이라는 과학적 타락은 에덴 '창조'라는 신학적 타락과 많이 구별되지 않는다. 자만과 교만으로도 표출되는 처음의 타락 없이 발전과 진화라는 출에덴의 두 번째 타락이 담보되지 않기 때문이다. 김상일도 암시하고 있듯이 '알음알이'로 격하되곤 하는 언어와 지식의 분별적 행위를 통하여 그러나 우리는 지혜의 마디마디를 획득하게 된다. 칸트는 「추측해 본 인류 역사의 기원」에서 이를 다음과 같이 표현하고 있었다.

인간이 이성에 의해 인류의 최초의 거주지로 생각되었던 낙원으로부터 나온 것은 결국 순전한 동물의 조야한 상태로부터 인간성의 상태로, 또 본능의 유모차로부터 이성의 인도로 옮아간 것을 의미한다.

(92; 이진우 62 재인용)

탈에덴이 동물성에서 인간성으로, 본능에서 이성으로 옮아간 것을 의미한다는 칸트(1724~1804)의 주장인데, 이는 200여 년을 격하여 프랑스의 장자연구자인 "탈합치"(dé-coïncidence)의 철학자 줄리앙(François Jullien)에게서는 다음과 같이 나타나고 있다.

> 지상낙원에서 아담과 이브는 '합치했다.' 그들은 '행복하게' 살았지만(이들이 행복하다는 것을 알았을까?) 실존하지는 않았다. (…) 분리도 없고 어렴풋이 계획된 분란도 없는 완벽한 적응의 세계에서 그들은 '바깥에 서서' 즉 실존하며 모험할 바깥을 조망할 수 없었다. 그럼에도 그들은 사과를 먹음으로써 기존 질서에 균열의 생산력을 들여놓았고 이 세계와 그 포화 상태 및 충족성에서 빠져나오게 하는 간극을 벌렸다. 적어도 이 최초의 서사는 이렇게 읽힐 수 있다. 그들은 합치하기를 멈추면서 의식의 길에 접어들었고('발가벗고 있다'는 것을 '서로 보았고') 역사에 이르렀으며(에덴의 세계에는 이야기들이 없었다) 주체들로서 활성화되었다. 그들이 낙원에서 벗어나고 추방된 자로서 규탄당한 것은 달리 말하면 그들이 실존에 진입한 것으로 고찰될 수 있다. (27)

무의식과 신화의 합치의 세계에서 줄리앙이 말하는 주체와 의식과 역사의 비합치 세계로 진입하는 과정은 언어의 습득과 사용을 매개로 하여 이루어지기도 한다. "확정성 높은 어근, 성별로 구별되는 명사, 과다한 유의어들"로 이루어진 아리안족의 신화적 언어들과는 조금 달리 "어근의 고정성과 명확성"을 특징으로 하는 아프리카아시아 어족 중의 하나인 셈족의 유일신을 숭앙하는 '셈어'(Semite language), 특히 '서 셈어'로의 '원 언어'(原 言語, Ur-language)의 분화는, 표명된 바 창세기 10장 5, 20, 31절에 나오는 것처럼 "인간의 교만과 신의 개입에 따른 결과가 아니라, [언어에 내재한] 상징과 분화의 유기적 과정"(Lincoln 125, 145)에 기인하기도 한다. 인도·유럽어족과 아프리카·아시아어족 계통의 언어가 대개 속하는 굴절어(inflectional language)에서 발원하는 주체성의 강조가 때로는 인간의 교만과 또 다른 주체일 수밖에 없는 신의 개입을 요구하고 있는바, 셈어 또한 속해 있는 굴절어의 속성이 인간의 타락과 신의 구원이라는 서사를 만들었다는 말이 되기도 한다. 창세기 11장의 1절, 특히 6-7절은 10장과는 달리 다른 전승을 따른 것일 수 있고 장이 바뀜에 따라 서술 방식이 바뀐 것일 수도 있다.

> 여호와께서 가라사대 이 무리가 한 족속이요 언어도 하나이므로 이같이 시작하였으니 이후로는 그 경영하는 일을 금지할 수 없으리로다. 자, 우리 [Elohim을 받는 복수 동사를 감안한 번역, 통상 하나님으로 번역됨]가 내려가서 거기서 그들의 언어를 혼잡케 하여 그들로 서로 알아듣지 못하게 하자 하시고 (11:6-7; 강조 필자)

언어의 혼잡이 "자연적인 원인에 의해서가 아니라 어떤 특별한 초자연적인 간섭에 의해서 되어진 것임"(창세기 11:9의 주석; 톰슨 성경 13)을 주장하려면, 먼저 신이 그 스스로를 수사적이건 아니건 한글 번역어인 "우리"(elohim), 즉 "신들"이라 칭하는 사실 또한 해결하고 넘어가야 할 것이다.

굴절어의 한계를 반영이라도 하듯이 서양 인류가 자만과 교만에서 벗어나 겸손과 겸양의 미덕을 배워 주체와 객체의 상호 조망 내지는 '되먹임'(feedback) 과정 속에서 사물로 하여금 주어 자리를 차지하도록 타협하게 될 때 그러나 "탈"(脫)에덴에서 "입"(入)에덴으로의 '되돌이 길'(U-turn)은 예비 되고 있었는지도 모른다. 주체와 객체 혹은 사물은 서로 자리를 바꾸는 기도를 단행하였는데, 아도르노(Theodore Adorno) 철학에서 말하는 '사물의 말 걸기' 혹은 조동종을 개창한 조산본적(曹山本寂, 840~901) 선사가 말하는 우물이 나귀를 보는 "井處驢"의 경지와 세상은 우리가 사물에게 말하고 사물이 우리에게 무언의 말을 속삭이는 유토피아를 그려내고 있다.

마땅히 "우물 안의 개구리"(井底之蛙)에서 벗어나야 "井處驢"는 가능해지나 그러나 "井處驢"는 "驢處井"의 연후에 가능하다. 주객체의 변증과 무분별과 무심은 분별과 마음속에서 태동하니, 에덴이 탈에덴을 탈에덴은 "입"(入)에덴을 서로 머금고 있어 우로보로스의 변증을 드러내고 있다.

사물을 명명할 때 그 사물은 그 이름에 값하는 사물이기도 하며, 그러나 그럼에도 불구하고 그 이름으로 불리는 사물은 사물 자체가 아니라는 사실은 중세의 유명론과 실재론 논쟁을 거쳐 언어와 사물, (즉자적) 현상과 (대자적) 의식에 관한 논쟁으로 이름을 바꿔 오늘날까지도 계속되고 있다.[37] 사물을 이름으로 표현할 때 세상에는 죽음이 들어서게 되며 그것에 대한 답보로 우리가 상징과 영원을 얻게 된다는 라캉의 언급(Ecrits 프랑스어판 319; 영어판 104)은 굳이 헤겔과 소쉬르를 소환하지 않아도 자명한 사실이다. 언어와 상징은 사물의 죽음이지만, 사물은 언어와 상징을 통하여 표현될 수밖에 없는 역설적 운명을 지닌다. 사물과 이름, 존재와 언어의 일치하지 않음은 굴절어와 고립어로 대표되는 동서양을 막론하고 불가해(不可解) 중의 하나이었다. 호명되어 꽃이 된 꽃은 꽃이기도 하고 꽃이 아니기도 하다. 신 또한 마찬가지이다. 신은 신이며 신으로 발화되는 순간 은유의 축복과 저주를 동시에 그 속성으로 지녀 신이 아니게 되지만 여전히 신으로 남게 된다.

언어는 침묵의 신을 표현하기도 하지만 그 침묵을 완전히 표현해내지 못한다. 언어를 사용하는 인류는 그 언어를 매개로 지식과 지혜를 얻었지만, 습득된 언어와 지식은 삶과 죽음이 다르다는, 본원적인 성과 생명은 죽음에 이르는 길이라는 분별심과 깨달음을 그에게 가르쳐 주었고, 그에게 그 자신이 낙원을 떠나야만 되는 필멸의 존재임을 알게 해주었다. 언어를 통하여 그러나 인류는 죽음을 인식하지만, 죽음 이후의 영생을 또한 알고 상상하기도 한다. 그렇다면 언어는 지혜와 죽음을, 그리고 종극으로는 영생을 인류에게 선사하는 선악과이기도 하다. 선악과로 얻어진 언어와 분별 그리고 그것으로부터 얻어진 지식은 사물의 죽음이기도 하지만 생명과 영원을 들여다보는 지혜의 눈이기도 하다. 선악과가 죽음의 과실이자 지혜와 삶의 과실로 거듭나는 이유이기도 한데, 이렇게 본다면 선악과는 우로보로스의 과실이자 그 상징이 되고 있음이 분명하다.

필자는 자신도 모르게 선악을 알게 하는 지식의 나무를 "에츠 하하임 토브 와라"로 표기한 적이 있으니, 문법이 맞지는 않아도 그리고 생명을 의미하는 "하임"(haym)과 손을 의미하는 "요드"(yod)의 어근이 전혀 달라도 "선과 악을 알게 하는 생명의 나무"라는 필자의 무의식이 그러한 조어법을 만들어 낸 것으로 생각한다. 선악의 분별과 이로 인한 지식은 우리를 죽음으로 또 때로는 생명으로 이끌기도 하는데, 이는 우리가 4장 2절에서 논하게 되는 "지식나무와 생명나무의 통합"을 다루고 있는 장에서도 논하게 되는 바 지식나무와 생명나무가 공히 키워내는 선악과가 죽음과 삶의 우로보로스 과실이 되고, 삶의 여성인 하와가 죽음의 여성이 되어 선악과를 선취하여 우로보로스를 몸소 체현하고 발현하고 있는 이유이다.

6

유가와 불가 사상에 나타난
선악과 호오, 지식과 지혜의 의미

사람이 태어나 고요한 상태가 하늘이 부여한 본성이다. 외물의 자극을 받고서 움직이는 상태가 본성의 욕망이다. 외물이 이르게 되면 知가 知하게 되니, 그렇게 된 후에 좋아함과 싫어함이 드러나게 된다. 좋아함과 싫어함이 안에서 절도가 없게 되면, 知가 외부에 의해 끌려가 자신으로 돌아오지 못하게 되면, 천리가 없어지게 된다. (『禮記』, 「樂記」)

선악의 개념이 음양에 대한 분별에서 촉발되며 인류의 원죄가 분별지의 으뜸인 성에 대한 자각과 실천에서 비롯되었다는 아우구스티누스를 위시한 초대 교부들의 생각은 서구사상이 만연한 현대의 지구촌 곳곳에서 면면히 그 습속이 이어지고 있다. 그러면 이제 동양의 성(性), 즉 본성(human nature) 혹은 음양(sex, gender)과 서양의 성(sex-gender 혹은 nature)에 관한 단순 비교의 오류, 그리고 이로부터 또한 파생되는 동서양의 자연(自然) 개념에 관한 일반화의 오류를 무릅 쓰고 동양의 '성'에 관한 논의를 주로 유교와 불교의 논의에 힘입어 전개해보자.

동양의학을 따르자면 성을 안다는 것은 남녀를 구분하고 음양의 도리를 아는 것인데, 성에 관한 지식은 오장육부(정확하게는 心包를 포함하는 육장육부)의 총화인 눈을 밝아지게 하여 선악을 분별하게 한다. 창세기에 나와 있는 그대로이다. 음양의 도리를 실천할 때 생명이 탄생하고, 생명의 탄생이 죽음을 선사한다는 것은 현상(학)적으로도 자명한 진리이다. 생명이 있기에 우주가 존재하며, 또 순서를 바꾸어 우주 자체는 생명, 즉 창조력을 배태하고 있다. 인간의 본성, 또는 자연인 성(性), 한문 그대로 "마음의 생겨남" 또는 "날 때 받는 마음"으로도 해석이 가능한 성에 관한 지식은 생(生), 즉 삶이라고 고문(古文)들은 밝히고 있다. "태어난 그대로를 성이라 한다"(生之謂性 『孟子』,「告子上」 3; 조긍호 78-79 참조). 『중용』의 천명지위성(天命之謂性) 또한 이러한 인식을 이미 드러내고 있어, 신유학의 굴절을 겪은 조선의 성리학자들 또한 이기(理氣)에 대한 상이한 사유에도 불구하고 대체적으로 성(性)을 이(理)로 보는 점에는 동의하였다. 그러므로 "성을 알면 (…) 하늘을 알게 된다"(知性 知天 방동미 54, 97). 바꾸어 말하면 성은 태어남(生)이며 천명이 된다.

서양의 '선악을 알게 하는 나무', 혹은 '지식의 나무'라는 표현에서 감지할 수 있듯이 선악의 분별과 지식의 증득은 불가분의 관계를 이루고 있는데, 동양사상, 특별히 묵자와 순자 또한 선악을 분별케 하는 호오의 근거로서의 인식작용, 즉 '지'(知)의 문제를 천착하고 있는 것으로 보인다. 동양사상에 나타난 선악과 호오 그리고 분별지라는 우리의 논의는 필자의 과문함으로 지극히 제한적으로 이어질 수 있다는 점은 독자의 양해를 구하는 바이지만, 서양의 선악과가 표상하는 '분별지'(分別知)[38]는 지식과 지혜의 질적인 차이에 관한 문제이기도 하지만 인간의 언어로부터 촉발되는 명목적인 사리분별에 머물고 있다는 점 또한 명기하고 넘어가자.

노장을 비롯한 소위 도가사상은 우리가 이 책에서 논하는 선악과 호오와 직접적으로 관련되지 않는다는 전제 아래 일단 이에 대한 언급은 자제되었지만, 『莊子』,「齊物論」의 다음 한 구절은 분별지가 언어에 값하는 것이 아닌가 하는 의구심을 갖게 하는 문장으로 인용을 요한다.

거룩한 사람은 (…) 말하면서도 논의하지 않는다. (…) 거룩한 사람은 마음에 품고 있지만, 일반 사람들은 구별하여 서로에게 보여준다. 그러므로 '구별함(辯)에는'이라고 한 것은 알지 못함이 있기 때문이라는 것이다.

(「齊物論」; 김학목 번역 127)

크게 구별함은 말하지 않는 것과 같으니(大辯不言 「齊物論」; 김학목 128), 구별함(辯)은 분별(辨)과 다르지 않다. 알려진 바와 달리 그러나 분별지 혹은 지식은 참다운 지혜와 대척에 있지 아니하며, 굳이 말하자면 장자가 말하는 小知와 大知의 차이일 수는 있겠다. 곽상은 소지(小知)와 대지(大知)의 분별을 폐한 바 있다. 장자에게 있어 분별지가 진지의 일부가 되는 것과는 달리, 그러나 서양의 선악과가 함의하는 분별지는 일단은 지양되어 합치되어야 할 것으로 파악되고 있어 서로 차이를 드러낸다 할 수 있다.

중국 유교에 나타난 선악과 호오: 순자를 중심으로

서양의 선악에 대한 분별적 사유가 그러하지만, 동양의 선악에 대한 개념과 이에 관한 판단도 또한 각 시대와 문화권마다 다양하며, 호오와 선악 또한 구별되어 사용된 것 같다. 욕구와 싫어함, 즉 호오(好惡)가 형용사적으로 쓰인다면 선악(善惡)은 명사적으로 쓰인다고 해도 과언이 아니며, "다양한 종류의 악덕(vices)을 분명히 지칭하는 '악'(惡)자와는 달리, 중국 고대 문헌에서 명사로서 좋은 것 혹은 아름다운 것에 광범위하게 사용되는 '호'(好)자가 오로지 도덕적 선만을 지칭하는 경우를 찾기란 쉽지 않다"(김명석 2009, 238). 이분법적 사고에 익숙해진 독자들은 흔히 맹자의 성선은 인간의 선함을, 순자의 성악은 인간의 악함을 강조하는 사상이라 하는 것에 별다른 거부감을 드러내지 않을지도 모른다.

그러나 맹자의 성선이 "오직 도덕적 선만이 존재한다는 소박한 주장이 아니라 (…) '진심(盡心)이라는 수양론과 직결되는 시각에서 고찰할 때 더 정확히 파악"되며 순자의 「성악」에 언급되는 "선과 악을 형이상학적 규범에 따른 도덕적 선과 악으로 이해해서는 안 될 것이며, 사회적 질서의 여부를 지칭하는 말로 보아야 할 것"이라는 주장, 그리고 순자의 욕(欲)과 성(性)에 관한 이분법이 성악론으로 발전될 가능성을 열었으나 욕과 성, 혹은 성과 위(偽)의 보족성, 즉 본성과 수양의 성위지합(性偽之合)을 강조한 글로 보아야 된다는 주장(김승혜 1990, 2001, 298-301, 318)을 접하고 있는 현대의 독자들은, 성선과 성악이 그렇게 매끄럽게 배타적인 개념으로 사용되고 있지 않다는 점을 이내 알게 된다. 더군다나 욕과 성을 말할 때의 성은 광의의 성, 성과 위를 말할 때는 협의의 성을 김승혜가 구별하여 사용하고 있다는 사실(2001, 291, 301)을 알아차리는 독자들은 더욱더 그러할 것이다.

조긍호는 순자의 유명한 "사람의 성은 악하며, 그 선한 것은 위(偽)의 소산"(人之性惡 其善者偽也)이라는 구절이 들어 있는 「성악」(性惡)이 순자의 저작이 아닐 수도 있다는 일반적인 견해를 김승혜와 마찬가지로 받아들이는 가운데, 순자의 성(性)에 대한 관념이 이원적이어서 좁은 의미에 있어서 욕(欲)을 의미하는 성(性)과 욕뿐만 아니라 지(知)와 능(能)을 포함하는 광의의 성(性)의 개념으로 나누어지며, 순자가 성을 말할 때는 욕만을 지칭하는 협의의 성이라는 김승혜의 의견을 소개하고 있다(김승혜 291; 조긍호 219, 주 18). 본성으로서의 성(性)과 사회적 질서 혹은 제도가 유지되는 사회에서 수양으로서의 위(偽)의 상호보족성을 설명하고 있음인데, 위(偽)는 말하자면 지(知)와 능(能)을 포함하는 광의의 성(性)의 개념과 부합한다.

필자가 다루기에는 보다 정치한 학술적인 이야기 같은데, 순자의 성악설이 "'인간의 본성이 악하다'는 선언적 주장이라기보다 현실적으로 악한 성품을 어떻게 착한 것(선)으로 변화시킬 것인가 하는 방법론에 더 많은 관심을 기울이면서 인간의 윤리 도덕적 문제들에 새해 해명을 시도한 결과물"이라는 김상래의 주장(156)은 우리의 논의에 많은 시사점을 던져주고 있다. 성선설의 주창자인 맹자에게 있어서 성인의 대명사로 추앙되는 요순에 대하여 순자는 다음과 같이 말하며, 맹자와는 다르게 위(僞)의 중요성을 설파한다. "길을 가는 사람도 우임금이 될 수 있다"(途之人可以爲禹 「性惡」).

성과 위에 대하여 순자는 다음과 같이 밝힌 바 있다.

> 나면서부터 그러한 것을 성(性)이라 하는데, 성은 태어난 바와 미묘하게 합하여 감응을 일으키나 노력함이 없이 그대로 그와 같은 상태를 일러서 성이라고 한다. 성의 좋아함, 미워함, 기뻐함, 분노함, 슬퍼함, 즐거워함 등은 정(情)이라고 한다. 정이 그러한 가운데 심(心)이 사려하여 능(能)이 그를 위해 행동하는 것을 위(僞)라고 한다. (「正名」 1; 김승혜 289 번역 참조)

요컨대, 위(僞)는 인간의 악한 본성, 즉 性을 이성으로 다스리는 것이라 말할 수 있다. 이렇게 본다면 유희성의 주장(112-139)대로 순자의 성에는 어떠한 도덕성도 포함되어 있지 않은 것으로 보아지는데, 순자의 다음 구절은 이를 확인해 주고 있다.

> 본성 자체는 자연(天)과 마찬가지로 선도 아니고 악도 아닌 가치중립적인 것이다. (…) 본성이란, 내 스스로 어쩔 수 없는 것이지만, 교화될 수 있는 것이다. (性也者, 吾所不能爲也, 然而可化也『荀子』, 「儒效」)

선악으로 표기되어 사용되는 개념이 미추와 호오에 기초한 관념이라는 사실을 맹자와 순자의 성선설과 성악설에 대한 간단한 설명을 통해 우리는 알게 되었는데, 이에 대한 논의는 동서양을 막론하고 초미의 관심사였음이 확인된다.[39] 소크라테스는 흔히 선(善)으로 번역되고 있는 "좋음"(to agathon) 자체를 정의하지는 않고 이를 아름다움(kallos)과 진실성(alētheia) 그리고 적도(適度) 혹은 중용의 상태(metriotēs)로 빗대어 설명하면서, 필레 보스가 주장하는 선의 원천으로서의 즐거움은 4번째 좋음이라 규정하고 있다(『필레보스』 64d-67b). 동서양을 막론하고 선악에 관한 개념이 형용사나 동사로 쓰이는 미추와 호오에 기초하고 있으며, 명사적 용법이 강한 선악이 라는 용어가 우리가 알고 있는 도덕적 윤리적 선악이 아니고 미학적, 실용 적, 우주론적 선악의 개념이라는 사실 혹은 주장은 향후 다른 지면에서 동 서양 각국 언어의 선악에 관한 어원학적 분석에서 드러날 것이다.

우리가 본 장의 제사로 인용한 『禮記』, 「樂記」의 다음과 같은 지식에 대 한 논의는 원문에서도 여실히 나타나는바 우주적 '호오'와 '음양'에 관한 사 유이지 윤리적 '선악'에 관한 글은 아닌 것이다. 공자가 편찬한 것으로 알려 진 『禮記』의 한 구절을 다시 읽어보자.

> 사람이 태어나 고요한 상태가 하늘이 부여한 본성이다. 외물의 자극을 받
> 고서 움직이는 상태가 본성의 욕망이다. 외물이 이르게 되면 知가 知하게
> 되니, 그렇게 된 후에 좋아함과 싫어함이 드러나게 된다. 좋아함과 싫어함
> 이 안에서 절도가 없게 되면, 지가 외부에 의해 끌려가 자신으로 돌아오지
> 못하게 되면, 천리가 없어지게 된다. (物之知知 然後好惡形焉 『禮記』, 「樂記」
> 이상옥 역 973; 강조 필자, 번역은 장원태 12를 따름)[40]

호오에서 인간의 희노애락이 생기는데 정(情)을 서양의 감정, 정서, 혹은 정념과 유사한 것으로 파악할 수 있다면, 호오의 결과 또는 등가물이 정(情) 인 셈이다. "인간의 본성이 좋아함, 싫어함, 기쁨, 노여움, 슬픔, 즐거움[으로 발현된 것]을 情이라 한다. (…) 性은 [인간이] 생래적으로 타고난 경향성이 고, 情은 [性을 짐작케 하는] 바탕이 된다"(『荀子』, 「正名」). 좋아함과 싫어함은

공맹에서도 일부 그러하지만 특별히 순자에게서도 생래적 성향, 즉 본성이지, 윤리적 선악과는 관련 없는 개념으로 정초되어 있음을 알 수 있다.

중국 불교에 나타난
선악과 호오

선악과 호오에 관한 유가의 입장과 비슷한 사상을 불교의 한 자락을 통해서도 간단히 알아보자. 중국 선종의 제3조인 승찬(僧璨)은 『신심명』(信心名) 제1, 2구에서 다음과 같이 말한다.

> 지극한 도가 어렵지 않네 (至道無難)
> 버릴 것은 오직 간택심 뿐 (唯嫌揀擇)
> 밉다 곱다 그것만 없으면 (但莫憎愛)
> 툭 트이어 명백하리라 (洞然明白) (성철 13)

밉고 곱고, 좋고 싫다 하는 "憎愛", 즉 호오의 간택심은 아마도 선악을, 그리고 넓게 보아 음양을 구별하는 마음일 터인데, 그러나 승찬이 여기서 말하고 있는 것은 만법무구(萬法無咎) 무구무법(無咎無法)의 시방세계에서 탐진치로 발전되는 호오의 간택심을 버리라는 것이지, 간택 자체를 부정적으로 바라보라는 것은 아닐 것이다.

"쾌락과 불쾌에 의해서 욕망이 일어난다"는 초기 경전 숫타니파타(Sutta-nipāta)의 가르침, 혹은 "'공'(公)은 '호오에 사심이 없는 것'을 뜻하고, 정(正)은 '호오가 이치에 합당한 것을 의미 한다"는 주자(朱子)의 주장을 언급하며 "호오의 성향에서 파생된 인식과 분별의 작용이 결국 인간 사회의 온갖 불선하고 비도덕적인 현상들을 일으킨다"는 강여울의 불교의 가르침에 대한 최근의 해석(133)에 이르기까지 우리가 알 수 있는 사실은 그런데, 인간의 감정에서 가장 기초적인 것으로 볼 수 있는 것이 여전히 승찬 선사가 말하고 있는 호오, 즉 좋아함과 싫어함이라는 항목이며, 이것이 바로 호불호에 대한 인간의 욕망으로 발현된다는 사실일 것이다. 미추 혹은 욕망이나 쾌락에 대한 선호인 탐욕(貪)과 이것이 충족되지 못하였을 때 나타나는 진애(瞋碍), 즉 노여움과 분노는 서양기독교의 원죄에 상응하는 불교적 해석일 수 있는 탐진치를 구성하고 있다. 치(痴 혹은 癡)에 대한 호불호, 즉 호오는 인간의 마음속에 양면성을 띠고 존재하고 있는데, 이는 이에 해당하는 한문의 조어법에서도 확연히 드러나는바 지식에 대한 '의'혹(疑惑) 또는 반감이 지식이라는 병(疒)의 형태로 인간의 마음속에 어리석음, 즉 치(痴)로 자리 잡는 것을 보면 알 수 있다. 섣부른 지식은 어리석음이자 병인 것이다.

미추와 이에 대한 호오로부터 발원하는 선악의 개념이 상정되고 있음인데, 특별히 좋아함 혹은 사랑함은, 그것이 분별이고 집착이 되면 바로 미움의 이면이 되기에, 사랑이 비록 동정심과 같이 소위 정언명령들 중의 하나일 수는 있겠지만, 주체와 객체를 구분하는 "마음의 이끌림" 또는 분별작용이라는 폭력으로 탈바꿈한다. 바로 이 지점에서 불교에서 말하는 "세속적 대상에 대한 호오 자체를 벗어나기 위한 싫어함"(강여울 146), 즉 호오를 싫어한다(惡好惡)는 뜻으로 새길 수 있는 염오(厭惡)가 갈애(渴愛)와 집착으로부터 우리를 자유롭게 할 수 있는 한 방편으로 떠오르게 된다. 요컨대 염오는 탐진치의 "번뇌에 좌우되는 세속의 가치로부터 자연스럽게 멀어지고 그것으로부터 떠나고자 하는 마음"으로써 "무탐진치[로서]의 오(惡)의 마음이다"(강여울 145). 탐진치를 싫어하는 더 나아가 탐진치를 여읜 적극적 싫어함이 염오라는 주장인데, 승찬 선사가 말하는 "但莫憎愛"는 바로 이를 말하고 있음이다. 선악이라는 명사적 인식으로부터 선오(善惡), 혹은 호오로의 동사적 변환, 그리고 기독교 문화권에서 회자되는 선악과와 미움을 배태하고 있는 사랑에 대한 연관이 확인되는 시점이다.

그러나 호오의 간택심을 넘어서는 경지가 간택심을 갖은 연후에 가능하듯이, 선악의 지식을 넘어서는 무구별과 무차별의 지혜는 선악을 구별하는 것으로부터 시작한다. 승찬 선사의 애증으로부터의 탈피와 초월이 세속의 애증의 체험 이후에 가능한 까닭이다. 경허와 만공, 청화와 성철 스님의 경우 그리고 더 시원적으로는 부처님의 경우에서도 알 수 있는 것처럼 끊을 연이 있은 다음에 출가가 이루어지니, 깨달음 이후에도 이승은 여전히 중요하다. 이승과 저승이 서로를 의지할 때 생기하는 개념임이 자명해지니, 이 또한 우로보로스의 짝패로 규정할 수 있겠다. 이승에 기초하지 않은 깨달음은 진정한 깨달음이 아닐 수도 있으니 속세가 정토라는 말은 이를 두고 말함이다. 깨달음 자체의 상징이 된 부처는 부인 아소다라에게 그리고 그러한 깨달음의 경지에 도달하고도 남음이 있는 원효는 요석공주에게 설총이라는 아들로 이어진 사바의 연을 소홀히 한 것을 참회하였다. 섣부르게 체념과 달관을 하여 이분법을 넘어서는 초 논리와 초월적 세계를 동경하고 접수하게 되면 이승에서의 온갖 슬픔과 고통 그리고 인연은 상대적으로 중요하지 않게 되니, 한 치도 나아가지 못하는 운명적 순환의 수용 혹은 어줍지 않은 달관이라는 죽음 혹은 저승 지향적 사유의 폐해가 드러나게 된다.

체념과 달관은 동아시아의 빈곤을, 카르마는 카스트 제도를 또한 양산해 내었다. 선악과 생사를 넘어 절대 경지에 다다른다는 중국과 한국의 선불교가 전투적이고 호국적이라는 사실은 차치하고서라도, 기묘하게도 '확오'(廓惡)를 중시하는 임제종과 소소한 '일상선'을 추구하는 조동종이 양대 세력을 이루는 일본 선불교의 종지(宗旨)가, 캐나다의 빅토리아(Brian Victoria)가 발군의 책『전쟁과 선』(2009), 그리고『불교 파시즘: 선(禪)은 어떻게 살육의 무기가 되었나?』(2013)에서 지적하듯이, 태평양전쟁 당시 일본의 군국주의와 타협하여 생사의 여일함과 업보로부터 비롯되는 윤회의 편재(遍在)에 대한 깨달음에서 비롯되는 무구별, 무차별, 혹은 열반의 당위성을 빌미로 타자에 대한 폭력과 살인을 정당화하는 논의로 변질되었던 소이가 또한 이해되는 순간이다. 선악의 분별을 넘어서기는 해야겠으나 무턱대고 또 선악을 넘어설 일이 아니다.

선악의 피안은 선악을 구분하고 구별하는 것에서 시작하며 선악의 차안(此岸)은 그 피안으로 가는 첩경이니, 반야심경이 "색과 공이 다르지 않아"(色不異空) 색과 공을 구별한 후 색과 공을 구별하지 않아 "공이 색이 되어"(空卽是色), "무명(→色)도 없고 무명이 없음(→空)도 없다"(無無明亦無無明盡)고 말할 때의 의미, 니체가 선악의 전형을 넘어선 '선악의 피안'이라고 말했을 때의 의도 또한 차안과 피안의 "상호의존"(interdependence)이라고 필자는 생각한다. 쿠자누스의 상반의 일치(coincidentia oppositorum)와 융의 대극의 합일 혹은 이와 상응하는 우로보로스 논의와 연관 짓는다면 우리는 이를 선악의 상호의존 혹은 지식과 지혜, 분별과 초월, 죽음과 영생의 상호의존이라 말할 수 있겠다. 선악과 유무와 해탈-생사의 우로보로스! 쿠자누스의 말을 직접 들어보자.

> 신에게 있어서 모순적인 것들은 대립적인 것들에 앞서 있는 하나의 단순한 개념에서 합치되어야 한다. 따라서 신 안에서 구별과 비구별을 두 가지 서로 다른 것들로 볼 것이 아니라, 이들의 절대적으로 단순한 원리에서 구별과 비구별과 다른 것이 아닌 것으로 선재해 있는 것으로 이해해야 한다.
>
> (김형수 51 재인용)[41]

불가(佛家)에서는 선악의 분별심과 간택심을 종극적으로 우리가 넘어서야 한다지만, 선악의 피안에 이르는 도정은 언어와 이성이라는 선악의 분별심을 통해서도 가능한 차원이 아닐까? 우리는 장자가 이것을 이미 有是有非와 無是無非의 양행(兩行)으로 표현한 것을 알고 있다.[42] "인간의 타락은 선악을 알게 하는 나무의 열매를 따 먹고, 이제는 자기가 선과 악을 판단하는 의식적 주체가 되었다고 생각하는 데서 시작"(김경재 1994, 195)되었다고 말할 수도 있지만, 그러나 자만과 교만을 갈무리하여 넘어설 수 있다면 선악의 인식론적 분별은 종교학적으로 보아도 필수불가결한 것은 아닐까? 출에덴이 이룩하는 인류의 是非分別과 이로 인한 지식의 축적이 없었다면 오늘날의 인류가 존재하지 않는다는 역설을 우리는 어떻게 해석할 수 있을까? 불선(不善)은 "선하지 않다"는 뜻이거나 선악의 맥락에서는 차선의 의미로 쓰였지 "선하지 않다"는 뜻은 아니며, 서양적 전통에서 운위되는 '악은 선의 결핍'이라는 아우구스티누스의 악에 관한 이론에서도 선의 결핍은 선의 전적인 배제를 의미하지 않는다. 절대적으로 선하고 절대적으로 악한 것은 세상에 존재하지 않는다.

4장에서 논의가 더 심화되겠지만 '선악'의 지식의 나무는 서양의 상상력에서도 결국 지혜와 생명의 나무와 동일한 나무임이 판명된다. 지식과 지혜를 분별하여 지식과 사망의 선악과를 도대체 폄하하였다면 하였다 할 수 있는 기독교 전통은, 지식과 지혜가 같은 것이고 선악의 피안이 선악의 차안(此岸)과 분리하여 존재할 수 없다는 것을 깨닫는 행위 속에서 고무되고 지양된다. 선악의 피안은 그것의 분별 속에서 태동하니, 피안은 차안에서 발아한다. 신께서 주신 운명, 즉 선악의 차안을 어린아이의 순진무구함과 부정적, 즉 '적극적 수용성'(negative capability)으로 받아들여 선악의 차안을 그대로 피안으로 여겨 '초인'의 개념을 상정하는 니체를 일부 기독교인들처럼 '악마' 혹은 '개'로 명명하여 홀대할 일이 또한 아니다.

7

선악을 아는 죄와
뭇 생명의 탄생

거세, 상실, 결핍, 부재의 형이상학과
근친상간의 세상에서 벗어나기

신이 주신 영원한 삶의 도정에서 대개의 서양인들은 언제나 불행하지만은 않은, "눈이 밝아지는" 분별의 유한한 삶을 선택하여 위대한 과학 문명을 이룩하였다. 그들은 결코, 간혹 한국 교회의 주일설교에서 행해지는 지식에 대한 폄하성 발언에도 불구하고, 지식의 나무를 폄하하지도 않았고 그것을 사망의 나무로 또한 생각하지도 않았다. 그러나 서양이 지식의 추구를 토대로 위대한 과학 문명을 이룩했다는 언급은, 서양 문명이 정신적이지 못하고 동양 문명은 과학적이지 못하다는 언급으로 무분별하게 차용되고 있다. 현대의 과학적 지식에 의해 얻어지는 혜안은 신에게 이르는 여러 가지 방편들 중 하나의 길임이 분명하다. 분별적인 이성은 물론 그 부정적인 성질에도 불구하고 초분별적 감성의 상태로 전이하기 위한 필요충분조건임이 분명하다. 그러나 분별적 이성이 과학과 이성이라는 허울로, 미분화된 형태의 신화적 이성을 무시하고 폄하하게 될 때, 초분별적 이성으로의 도약이 불가능해지고 폭력과 전쟁 같은 분별성이 촉발한 지난한 과정을 겪어야만 했다는 사실은 지나간 2천 년의 서양사를 일별해 보면 잘 알 수 있다.

　언어와 지식은 인류에게 죽음을 선사하기도 하지만 지혜와 생명을 약속하기도 한다. 서양의 상상력에 국한한다면, 선악과는 인류가 취하지 않으면 안 될 필멸과 영생의 실과나무였던 것인데, 이는 죽음이 없다면 십자가의 부활도 약속된 영원한 삶 또한 없다는 면에서도 확인할 수 있다. 파우스트의 입을 통하여 울려 퍼졌던 다음과 같은 말, 즉 "멈추어라 순간이여 너는 참으로 아름답구나!"(Verweile doch!, du bist so schön!)와 같은 순간의 아름다움 혹은 순간의 영원성에 관한 깨달음의 언어는, 말년의 괴테가 인간의 유한성을, 그리고 뱀으로 표상되는 분별지의 증득으로 인하여 그 뱀이 또한 상징하는 영원을 상실한 인간의 필멸을 받아들이는 말로 해석이 가능해진다. 오직 찰나의 '순간'만이 있을 뿐이다.[43] 그러나 뱀은 인류에게 죽음과 더불어 역설적으로 또한 영원을 선사하였으니 이렇게 본다면 순간의 파편인 죽음과 영원한 지혜는 하나이다. 죽음이 없었다면 신학과 철학뿐만 아니라 일정 부분 학문의 엄밀한 잣대를 넘어서야 하는 문학 또한 존재하지 않았을 것이다.

성 또는 이에 의해 촉발되는 순간의 삶이 있으므로 죽음도 있다는, 불교적인 용어를 사용한다면, 선악과 사건 이후로 인류의 영생의 상실은 삶과 죽음을 구별하게 해주는 선악이라는 분별지(分別智), 즉 원죄의 증득에서 기원한다는 것인데, 문제는 서양의 "회상적 오류"(Bal 317) 또는 "참회하는 인류학적 상상력"(Ricoeur 233, 260; Durand 1992)이 실제로 광범위하게 적용될 때, 선악을 구별하고 생사를 구별하는 이분법이라는 질곡을 서양 세계에 선사한 사건에 책임이 있는 주체를 주로 여성의 시조인 하와, 즉 이브로 파악하고 있다는 점일 것이다.

성모마리아가 악을 상징하는 뱀의 머리를 밟고 있는 그림들은 문화 이데올로기적으로 구축된 이브를 부정하려는 여성적 숙명의 투사일는지 모르지만, 이브를 소극적으로 그리고 부정적으로만 뱀과 동일시했던 기독교 전통은 신화종교의 뱀 숭배가 여신 숭배의 부산물임을 잘 이해하지 못한 한 결과이기도 하였다. 창세기 3장 15절의 다음과 같은 구절, "내가 너로 여자와 원수가 되게 하고 너의 후손도 여자의 후손과 원수가 되게 하리니"와 같은 뱀을 여성과 원수로 만든 예언은, 여성을 사악함과 죽음으로 보는 사고방식을 부정하려는 여성학자들의 필요에 의해 반어적으로 자주 인용되지만, 제3기와 그 이후의 포스트 페미니즘이 더욱더 궁구해야 할 논리는 그러나 뱀과 여성을 적대시하는 성경의 한 구절을 근거로 고래의 부정적 여성상을 폄하고 거부하는 것이 아니라, 뱀을 여성으로 파악했던 시원의 사유를 긍정적으로 파악하고 수용하여 종래에는 남성성과 여성성의 분리 자체를 넘어서는 것이어야 할 것이다.

여성이 죽음이라면 그 죽음은 또 다른 생명을 잉태한다. 삶과 죽음이 같다는 종교적인 비유는 시작과 끝을 한 몸에 체현하고 있는 뱀, 즉 우로보로스(uroboros)에 의해 선취 된 적이 있었다. 여성 또한 삶과 죽음을 몸에 구현하고 있다. 생명의 탄생은 죽음에 이르는 길이고, 죽음은 또한 또 다른 삶을 위한 과정이기 때문이다. 이러한 인식에의 도달은 창세기의 기자로 하여금 다음과 같은 말을 전하게 하였다. "여호와 하나님이 가라사대 이 사람이 선악을 아는 일에 우리 중 하나같이 되었으니 그가 손을 들어 생명나무 실과도 따먹고 영생할까 하노라"(창 3:22).

여기서 잠시 장자를 인용해보자. 『莊子』, 「應帝王」 편은 주체와 분별, 그리고 혼돈에 관해 다음과 같이 비유로 말하고 있다.

"남쪽 바다의 임금을 숙(儵)이라 하고, 북쪽 바다의 임금을 홀(忽)이라 하였고, 그 중앙의 임금을 혼돈(混沌)이라 하였습니다. 숙과 홀이 때때로 혼돈의 땅에서 만났는데, 혼돈은 그때마다 그들을 극진히 대접했습니다. 숙과 홀은 혼돈의 은덕을 갚을 길이 없을까 의논했습니다. '사람에겐 모두 일곱 구멍이 있어, 보고, 듣고, 먹고, 숨 쉬는데, 오직 혼돈에게만 이런 구멍이 없으니 구멍을 뚫어 줍시다' 했습니다. 하루 한 구멍씩 뚫어 주었는데, 이레가 되자 혼돈은 죽고 말았습니다."

(빠를)'숙'과 (없어질)'홀'은 캐나다의 종교학자 오강남의 말을 빌자면 나타나는 것과 사라지는 것, 또는 확장 해석하여 만물의 생성과 괴멸을 나타내는데(347), 혼돈에게 생긴 일곱 구멍은 주체의 의식, 또는 분별 작용을 말함이다. 그러나 논의한 바 분별심이 꼭 부정적인 것은 아닌데 분별은 그 속성으로 초분별을 포함하고 있으니, 분별 이후에야 비로소 우리는 분별하지 않는 경지에 이르게 될 수도 있다. 분별은 이미 초분별을 품고 있으니, 분별의 지극은 분별의 초극이 된다. 서양-분별, 동양-초분별의 작위적인 논리는 마땅히 지양되어야 하니, 우리는 분별과 초분별도 그러하지만 동서양의 과학과 정신문명 또한 우로보로스의 짝패로 이름한다.

이러한 맥락에서 필자는 "구멍이 뚫리어 죽어버린 혼돈, 선악과를 따먹고 에덴의 동산에서 추방된 아담과 하와, 그들의 모습이 바로 오늘날의 우리의 모습이다"(이기동 20)는 주장에 동조하지 않는다. 혼돈은 질서, 즉 코스모스와 대비될 때 혼돈으로 가늠할 수 있으니, 눈 코 입 등 내외, 즉 혼돈과 분별의 코스모스를 이어주는 구멍이 있어야 비로소 혼돈으로 작동한다. 앞서 인용한 "죄로 말미암아 사망이 왔나니"(로마서 5:12)와 더불어 "죄의 삯은 사망이요"(로마서 6:23)라는 말을 상기하게 하는 이와 같은 언급은 사실상 오늘날 교회의 세례 문답에서 공공연하게 물어지고 있다. 장자의 혼돈에 대한 몰이해는 둘째치고서라도, 혼돈이 선악과 증득의 결과라는 한 유학자의 말을 어떻게 해석해야 할까? 우리가 죄가 있다는 것을 아는 까닭은 주위의 죽음을 보고 우리가 또한 죽는 것을 알고 있기 때문이라고 일부 개신교 교회에서는 가르쳐진다. 헤겔이 『정신현상학』에서 인용하는 안티고네의 다음과 같은 입장에도 필자는 역시 동조하지 않는데, 이는 결과가 원인을 창조하는 사후성(事後性, Nachträglichkeit)의 논리에 이러한 언급들이 비단 기대고 있어서만이 아니라, 서양의 이분법이 정초하고 있는 거세와 부재, 상실과 결핍, 그리고 원죄를 상정하고야 마는 서양의 비극적인 사유를 기독교를 거쳐 헤겔 또한 그대로 따르고 있기 때문이기도 하다.

범박한 표현이지만 우리는 이를 거세와 상실과 결핍과 부재의 서양 형이상학이라 칭할 수 있겠다.[44] 헤겔이 기독교의 비극적인 사유를 정당화하기 위해 그리고 이로부터 태동하는 그의 '인륜성'(das Sittlichkeit)의 철학을 위해 인용하는 소포클레스의 다음 한 구절을 보자.

고통 받기 때문에, 우리는 우리가 잘못했음을 인정한다.
(Weil wir leiden, anerkennen wir, daβ wir gefehlt. 소포클레스 『안티고네』
926행; 『정신현상학』 II: 48)[45]

가족과 사회, 가족의 법 혹은 도덕과 신이 지배하는 사회의 인륜 사이에서 가족의 법을 택하는 안티고네는 "신들이 정당하다 생각한다면"(『안티고네』925행) 그녀의 잘못 혹은 죄를 인정할 수밖에 없는데, "자신의 행위의 결과를 통하여 비로소 자신의 잘못을 알게 되며 (…) 결과를 통해 자신의 고유한 운명을 인정"(최상욱 212-213)하는 안티고네의 태도야말로 결과가 원인을 구성해내는 기독교의 원죄 논리에서 벗어나지 않으면서도 이의 기원을 여성에게서 찾는 헤겔이 원하는 현실적인 답이 되고 있다. "인륜적인 것은 현실적이 되어야만 한다"(『정신현상학』 II: 48).

헤겔에게 있어서 인륜 "공동체의 적대적인 원리는 그것이 공동체 전체의 목적과 유리되지 않는 한은 부실한 악의 원리에 지나지 않으므로", "여성적이라는 것을 스스로가 내면의 적으로 삼는 것이 된다"(『정신현상학』 II: 55, 54). 크레온과 에테오클레스가 대표하는 신과 사회의 남성적 공동체의 논리는 폴리네이케스와 안티고네가 대표하는 여성적 가족의 논리를 지양하고 있음이 밝혀지고 있는데, 여기서 우리가 주목할 사안은 남성과 여성의 대립이 이성과 감성, 선악의 분별과 차별, 그리고 국가 대 가족의 대립으로 비화하고 있다는 점을 간파하는 것이다. 안티고네의 고통과 슬픔이 그녀의 죄로 인한 것은 아니었지만, 오이디푸스의 딸로 태어난 것은 이미 죄일 수 있다고 생각하는 헤겔의 입장은 거세와 상실과 부재의 형이상학을 반복할 뿐만 아니라, 서양 사유의 여성부정의 변증법을 확인해 주고 있다. 그러나 여기서 죄를 짓고 있는 자는 오이디푸스일 뿐이니 모르고 지은 죄도 죄일 수 있다면 그것은 이브와 아담처럼 지식을 추구했던 오이디푸스의 죄 아닌 죄일 뿐이다. 지식의 나무 열매가 상정하는 죄의 씨앗이 되는 지식이 긍정적이든 부정적이든 의미 있게 들어서는 순간이다. 아담과 이브가 죄를 지은 주체가 아니라 남성과 여성의 대립을 부추기고 남성 위주의 신을 숭배하게 되는 플라톤 발 희랍철학의 맥을 이은 기독교 문명은 죄와 이의 인정으로 인한 결과물인 거세와 상실의 수사학을 여전히 견지하고 있다.

이러한 사유의 종착역은 고통에서 피어나는 구원에 관한 사유로 우리를 이끌어 간다. 필자가 최근에 들은 클로드 최 작곡, 조수미 노래의 〈사랑은 꿈과 같은 것〉의 댓글 중 하나가 바로 이러하다. "오, 십자가에 못 박히신 예수님! 나는 당신을 찬미합니다. 당신의 고통과 아픔과 괴로움을 찬미합니다. 당신은 나의 구원이십니다"(https://www.youtube.com/watch?v=2YRLGG4XTsY&list=RD2YRLGG4XTsY&index=2; 2022.2.18. 검색). 고통과 슬픔의 삶을 전제하는 한 구원을 강조하는 종교는 여전히 남아 있을 것이다. 김용옥은 증보판 『시진핑』(2018)의 서문에서 다음과 같이 밝힌 바 있다. "선진문헌에서 (…) 인간은 구원의 대상이 아니다. (…) 산스크리트어라는 인도유러피언 언어의 종교적 내음새가 배인 불교는 역시 기독교와 대동소이한 인간관의 바탕을 가지고 있다. '일체개고'라는 사법인 중 한 명제가 이미 인간은 구원의 대상이 될 수밖에 없다는 것을 암시하고 있다"(30). 그러나 우리는 영원과 윤회를 상정하고 있는 기독교와 불교가 역설적으로 이구동성으로 선전하는 슬픔과 고통의 형이상학에서 벗어날 수 있을까? 거세와 상실, 부재와 상실의 형이상학은 인류에게 슬픔과 고통을 선사하면서 구원의 가능성을 끊임없이 환기하고 있으니, 이는 이 책의 에필로그에서 논의가 전개되는바 영원에 의거한 영혼의 형이상학에 대한 논의로 우리를 이끌고 있다.[46]

들뢰즈(Gilles Deleuze)는 그의 주저 『앙띠-외디푸스』에서 부재의 존재론과 슬픔과 고통, 결핍과 충족으로서의 서양의 전형적 욕망론에 이의를 제기하며, 이에 이론적 자양분을 공급하고 있는 표상적 세계관을 질타한 바 있다. 욕망이 "결여의 본질" 속에서 찾아지고 있다는 그의 언급은 플라톤과 아우구스티누스, 아퀴나스를 거쳐 칸트와 프로이트, 그리고 라캉에 이르기까지 서양의 사유를 관통하는 실타래일 터인데, 그러나 들뢰즈는 다음과 같이 극명하게 말하며 상실과 억압의 욕망론 내지는 주체론으로부터 탈출을 시도한다.

> 욕망은 아무것도 결여하고 있지 않다. 그것은 그 대상을 결여하고 있지 않다. 욕망에 결여된 것은 오히려 주체다. 혹은 욕망은 고정된 주체를 결여하고 있다. 고정된 주체는 억압을 통해서만 있다.
>
> (『앙띠』 49; 번역은 최상욱 221, 강조 필자)

재현과 초월에 의거하여 이데아와 현상, 형상과 질료, 주객의 분리를 모토로 하는 표상적 논리와 더불어 원인과 결과가 뒤바뀌어 결과가 원인을 산출해 내고 있는 사후성의 논리를 기반으로 하는 서양의 논리존재론이, 우리가 신을 죽였다는 바울의 죄의식과 고통의 신학에 이어 아우구스티누스의 원죄론으로 개화하여 죄와 구원의 윤리학을 창출하게 되었다는 점은 우리가 이 징의 초두에서 밝힌 그대로이다. 분별과 초분별의 길항작용과 상호필요성을 주장하는 이 글의 취지에서 말하자면 물론 주객의 분리와 질타받고 있는 '표상적' 논리가 전적으로 부정되어서는 안 될 것이지만 말이다.

서양 사회에서 인간의 원죄를 확정 짓는 두 번째이지만 확실한 모티프는 아담의 타락 이후 예수 살해라는 토포스로부터 나오는데, 그러나 불멸을 그 코어 개념으로 하고 있는 신을 어떻게 살해할 수 있을까? 들뢰즈의 말마따나 우리는 어머니를 성적으로 원하지 않았으며 신을 교살하지도 않았다. 그를 빗대어 계속 언급하자면, 헤겔의 국가 인륜적 의식 또한 '결과로 서 원인을 재구성하는 논리' 혹은 표상 담론의 질서를 따라가고 있으니, 헤 겔의 모순은 차이를 동일성으로 소환하며 동일성을 차이의 충분조건으로 만들 뿐이다(1972, 338). 이데아를 꿈꾸는 초월의 철학에서 순간의 차이는 영원 반복을 거쳐 동일화되고 차이를 상정했던 모순은 "영원의 시야 아래 에서"(sub specie aeternitas) 무화한다. 동일성과 차이 또한 서로가 서로에게 필요조건이 되고 있다.

존재는 에덴이 상징하는바 상실과 결핍을 전제하지 않는다. 진은영은 니 체와 들뢰즈의 맥락에서 "금지 당했기 때문에 욕망하는 것이 아니라 욕망 하기 때문에 금지 당한다. 욕망은 결핍이 아니라 생산이다"라고 강변한다 (207-208). 그러나 욕망하는 것을 금지당하는 한 욕망은 결핍으로 이르기 십상이다. "욕망의 대상은 없고 따라서 결핍된 대상도 없다"는 들뢰즈 사상 에 대한 하트의 평가(329; 진은영 208 재인용)는 욕망이라는 결핍에서 벗어나 기 위한 방편이 될지언정, 욕망을 부정적으로 보고 있다는 면에서 서양의 욕망과 결핍의 무한궤도에서 결코 벗어나지 못함을 알려주고 있다. 이미 인 용한바 "욕망은 아무것도 결여하고 있지 않다. 그것은 그 대상을 결여하고 있지 않다"고 들뢰즈는 명확히 밝히고 있다. 적절한 욕망은 필요한 것이며, 그것은 대상에 대한 욕망이지 흔히 말하기를 즐겨하는 '욕망에 대한 욕망' 은 아닌 것이다.

우리는 또한 어떤 여하한 이유로 혹은 그 원인을 모른 채 고통 받고 있 기 때문에 고통 받으며 살거나 자살하거나 죽음을 받아들일 뿐이지, 세상 에 고통이 편재(遍在)한다는 사실과 그것에 대한 자각으로 인해 우리의 죄 를 강박적으로 인정할 필요를 느끼지 않는다. 여전히 상실과 부재를 상정하 고 있어 존재자의 형이상학에서 벗어나고 있지 못하고 있다는 하이데거에 대한 저간의 갑론을박을 모르는 바는 아니지만, 헤겔과는 달리 상실을 전 제하면서도 상실의 회복이 가능한 혹은 상실이 원래부터 존재하지 않는 시적인 사유에 침잠하고 있는 하이데거에게 있어서 안티고네의 죽음을 그대로 받아들이는 행동은 시원, 즉 죽음으로 회귀하는 존재론적 결단일 뿐 아니라, 세상에는 비단 고통과 죽음뿐만 아니라 탄생의 기쁨과 삶이라는 웃음도 공존하고 있다는 사실을 깨닫는 행위이다. 하이데거에 있어서 죽음은 헤겔과는 달리 죄를 인정하는 기제가 아니라 존재의 심연인 '무'(das Nichts)로의 초대이다. 그가 『숲길』(1950, 1980)에서 인용하고 있는 횔덜린의 미완성 송가인 『므네모쥐네』의 한 구절을 인용해보자.

> 천상의 신들이
> 모든 것을 다 할 수는 없다. 다시 말해서
> 우선 죽을 자들[인간들]이 심연에 도달한다.
> (Hölderlin 『므네모쥐네』 n. p.; Heidegger 397 재인용)

궁핍한 시대, 심연의 부재에서 현존을 향하여 전향하는 시인들을 회상하는 횔덜린의 시편은 하이데거에게는 근거 짓는 근거로서의 '무'의 현존을 상기하고 있다. 최상욱은 위의 시 구절을 다음과 같이 해석하고 있다.

> 이런 의미에서 안티고네는 신들보다도 그리고 존재자에 몰두해있는 그 어떤 인간보다도 더 진실한 자며, 그 안에서 존재 세계를 드러낼 수 있는 인물인 것이다. 다른 인간들이 도처를 달려가지만(pantoporos), 아무 곳에도 도달하지 못하는 것(aporos)과는 달리, 안티고네는 (…) 인간이 결국 무에 도달한다(ep ouden erchetai)는 사실을 알고 있는 자다. (267)

죽음을 기꺼이 받아들이는 안티고네에게서 불멸의 신들에게 결여되어 있는 무의 경지를 감지하는 최상욱에게 있어서, 그녀 안티고네는 '궁핍한 시대의 시인'(Dichter in dürftiger Zeit)임에 분명하다. 궁핍한 시대는 안티고네에게 죽음을 선사하며 인간이 기꺼이 무의 일종인 죽음을 받아들일 때 완전한 신을 넘어설 수 있다는 논리인데, 최상욱 또한 존재와 무의 변증을 안티고네가 체화하고 있다는 하이데거를 따라서 무의 '근거 없음의 근거' 혹은 '근거 없음의 심연'(der Abgrund der Grundlosigkeit)를 안티고네가 보여주고 있다고 생각하고 있다. 요컨대, 인간의 "심연"(Abgrund)은 근거(Grund)를 따로 필요로 하지 않으며, 무의 심연이 존재의 근거를 껴안게 될 때 심연을 불러들이는 근거인 거세와 죄, 결여와 부재는 그 효력을 상실하게 된다. 지옥 혹은 천국이라는 사후 세계의 심연에서 꽃피는 인간존재의 실존!

하이데거가 전범으로 삼고 있는 희랍 사회에서 기독교 사유가 강조하게 되는 죄의 개념이 있었는지는 별개의 문제이다. 하이데거는 안티고네에 대한 그리스적 해석의 장에서 이러한 점을 분명히 밝힌 바 있다.

> 대립적인 것은 그것이 그리스적으로 사유되어야 한다면 결코 나쁜 속성이나 결핍, 심지어 '죄'로 해석되어서는 안 된다. 그리스 정신 안에는 도대체 죄라는 것, 즉 유일하게 기독교적으로 이해된 신앙의 반대인 죄는 존재하지 않는다. 그리스 정신 안에는 도대체 죄란 존재하지 않는다는 문장은 여기에선 모든 것이 허용되었다는 것을 의미하는 것이 전혀 아니며, 오히려 그것이 말하는 것은 '부정적인 것'은 '죄'라는 방식이 아니라는 것, 즉 특정한 관점에서 이해된 창조주와 구원자에 반대하여 특정한 관점에서 이해된 과오와 반항이란 방식이 아니라는 점이다. (『이스터』, 132; 강조 필자)

히브리어에서 "죄짓다"는 말은 "chata"로 표기되는데, 이는 그리스어 "hamartia"의 동사형과 같이 "목표에서 벗어나다" "목표를 놓치다" "과녁을 벗어나다" 등의 뜻을 지니고 있는 것으로 보아(주원준 https://pds.catholic.or.kr/pdsm/bbs_view.asp?menu=4797&id=162037), 적어도 초기 히브리 문명에서의 죄의 개념이 후대의 기독교 문명의 죄의 개념과는 일단은 구별된다는 점을 적시하고 넘어가자. 위에서 필자가 인용한 바 있지만 헤겔이 그의 주저 『정신현상학』에서 인용하고 있는 소포클레스 『안티고네』 926행도 마찬가지이다. 한국어로도 "잘못"이라 번역되어 있는 이 구절의 해당어는 각각 "hemartekotes"(← hamartia)와 "gefehlt"이며, 그 뜻은 히브리어와 그리스어와 동일하여 독일어로는 "적중하지 못하다" "모자라다" "갖고 있지 않다" 등이다. 신고전주의를 대표했던 영국의 시인 포프의(Alexander Pope) 다음 구절을 보자.

실수는 인간의 몫이고 용서는 신의 영역이다.

(To err is human; to forgive, divine. An Essay on Criticism II: 325)

이를 구태여 "죄를 짓는 일은 인간이 하고 용서는 하나님이 하신다"라고 번역할 필요는 없다. 히브리어 "하타"(chata)의 기본적인 뜻은 주원준을 계속 참고하자면 "(목표에서) '벗어나다' 또는 (목표를) '놓치다'"이다.

백세 못되어 죽는 자는 저주받은 것이리라. (이사야 65:20)

주원준이 용례로 들고 있는 위의 성경 구절에 "하타"의 변용어 "ha·cho·v·te"는 흠정역 영어 번역의 "sinner"와는 조금 다른 뉘앙스를 띠고 있는데, 몇몇 현대 성경은 한국어 개역 성경을 포함해서 이를 죄인이라 번역하고 있지 않다. 출애굽의 과정에서 금송아지를 만드는 것과 같은 "큰 범죄"를 뜻하는 경우에 있어서도(출 32:30-32) "하타"는 이 기본적인 뜻에서 많이 벗어나고 있지 않는 것 같으며 그리스어 성경 『셉투아긴타』도 당연히 이를 따르고 있다.[47] 영어의 "sin"—고대 영어(1150년경 이전의 영어) "synn"—이 어떤 뜻을 지니고 있는지, 그리고 이것이 히브리어 씬(Sin)으로 첫 자를 구성하는 사탄(씬+테트+눈)과 메소포타미아의 월신(月神) 씬(Sin)과 어떠한 연관이 있는지는 또 다른 궁구의 대상이다.

그런데 필자에게 죽음은 그저 죽음일 뿐 헤겔의 경우처럼 죄의 인정이나 하이데거처럼 존재의 시원인 "심연"(Abgrund)으로의 초대는 아니다. 존재 자체가 근거가 필요 없는 근거 자체라는 그의 말을 염두에 두어도 그렇다. 전치사 "Ab'을 근거의 완전한 부재(Abwesen)라고 생각"(『숲길』 396)하여 역설적으로 근거를 무화하는 그의 어원학적 분석 속에서, 근거(Grund)와 존재(Wesen)는 여전히 그 영향력을 행사하고 있다. 앞서 인용한 하이데거의 구절을 다시 일부분만 읽어 보자.

> 대립적인 것은 그것이 그리스적으로 사유되어야 한다면 결코 나쁜 속성이
> 나 결핍, 심지어 '죄'로 해석되어서는 안 된다. (『이스터』 132)

죽음 혹은 무는 삶 혹은 존재와 "대립적인 것" 혹은 우리의 표현을 사용하는 것이 허락된다면 우로보로스 짝패로서, 서로가 서로를 현시할 때만 순간적으로 존재하는 개념이 된다. 삶의 대립으로서의 죽음, 혹은 무는 하이데거의 분석을 따르자면 기독교 신앙이 정초한 죄와는 거리가 멀다. 필자가 계속해서 언급하는 '상반의 일치'(쿠자누스) 혹은 '대극의 합일'(융)이라는 우로보로스 개념은 어느 한쪽을 부정하여 이를 죄 혹은 상실과 부재로 정초하지 않는다.

'근거 없음의 근거'는 그러하기 때문에 여전히 근거를 필요로 하고 있다. "삶은 죽음이고, 또한 죽음 역시 하나의 삶이다"(Leben ist Tod, und Tod ist auch ein Leben, 횔덜린 「사랑스런 푸름 안에서 꽃피다」 VI: 27)라는 시 구절을 그의 횔덜린 평론집 『이스터』에서 인용하면서 대립의 일치가 아니라 '삶과 죽음의 동일성'을 설파하는 듯한 하이데거의 형이상학적 죽음관에 마냥 동조할 수 없는 것은, 혹 그의 '존재자에서 존재로'의 방향 설정이 시원과 근원을 탐구하는 그의 성향으로 말미암아 다시 존재자의 철학으로 회귀하고 있

지 않은가 하는 의구심이 들기 때문이다.

동서양의 사상을 막론하고 죽음이 삶으로 다시 변환하고 그것을 희구하는 순간, 존재자의 철학은 망령을 드리우며 인류의 의식에 다시 침입한다. 우로보로스의 상상력에서는 삶은 죽음이고, 죽음은 삶이지만, 탈우로보로스의 현실에서는 삶은 삶이고 죽음은 그저 죽음일 뿐이다. '죽음을 있는 그대로 받아들이기'는 영원(비록 하이데거는 그것을 '무'라고 주장하겠지만)을 전제로 하지 않아도 좋다. "그저 죽을 뿐"이라는 소박한 사실을 받아들일 때 하이데거가 꿈꾸었던 '존재자의 철학에서 존재의 철학으로의 전회'는 혹 가능해질지도 모른다.

하이데거의 비극은 아마도 시적인 상상력 속에서만 죽음이 다시 삶으로 이어지고 철학적 사유에서는 그것에 대한 확신이 결여될 때 발아하는 것일지도 모른다. 철학의 엄밀한 사유 속에서 죽음은 다시 삶으로 이어지지 않지만 시적인, 특별히 횔덜린에서 보이는 서정적 사유는 '순간과 영원의 일치', '삶과 죽음의 동일성'을 가능하게 하고 있으며, 이렇게 될 때 그가 넘어서기를 시도했던 존재자의 철학은 오히려 다시 그 모습을 드러내게 된다. 서양철학이 존재를 망각하고 존재자를 탐구했다는 말도 일견 어패가 있을 수 있는 것은 존재를 말한다는 것이 하이데거의 주장처럼 꼭 존재자를 배제하지 않기 때문이다. 존재의 철학을 희구하는 것은 하이데거가 지적하였듯이 지나간 수천 년 동안 이루어진 '존재자의 철학'에의 경도에 대한 반동이겠지만, 존재자만을 그리고 이에서 벗어나 존재만을 필요로 하고 사유하고 싶을 때도 있으니, 인류는 존재자와 존재, 영원과 순간, 삶과 죽음, 문학과 철학(뮈토스와 로고스)을 "대극적으로" 동시에 필요로 하고 있다.

신이 없는 사회가 있었을까 하는 의구심이 들지 않는 것은 아니지만 존재자 혹은 신 관념이 있는 사회는 일정 부분 거세와 상실과 부재를 말할 수밖에 없었는데, 그러나 상실한 낙원에서의 삶이 꼭 행복했을 것이라고 우리는 확언하지 못한다. 오히려 낙원은 불완전하기 때문에, 즉 거세와 상실과 부재가 있기에 낙원이 되는 것은 아닐까? 유토피아는 "아름다운 곳"(eutopia)과 "없는 곳"(outopia)이라는 뜻을 동시에 품어, "없는 곳이 좋은 곳"(No place is good place)이라는 의미로 진화한다. 호손(Nathaniel Hawthorne)은 『주홍글자』(1850)의 첫 장에서 청교도들의 유토피아를 묘지와 감옥이 있는 곳으로 묘사하고 있는데, 낙원은 낙원이 아니기 때문에 낙원이라는 사유와 일맥상통한다. 탈에덴은 에덴을 유지하기 위한 필수조건이었다. 관념적으로만 볼 때 낙원에서 우리는 할 것이 더 이상 없으며 지겨움과 권태 속에서 지쳐갈지도 모른다. 모자람이 있을 때, 즉 죽음이라는 상실을 목도하고 이에 대응할 때 우리는 삶의 활기와 추동력을 얻게 되고 지난한 삶을 영위하게 된다. 우리는 다만 살다가 죽어갈 뿐이며, 이러한 의미에서만 존재의 심연인 무에 도달하게 된다. 죽기 때문에 또는 우리가 슬픔과 고통과 아픔을 느끼는 상실과 부재와 타락의 세대를 살아가기 때문에 원래부터 죄가 있다는 헤겔의 언급을 하이데거가 거부하고 있다는 사실을 여기서 적시하는 것만으로 충분할 듯하다.

다석 유영모 선생은 원죄의 선험적 본질을 인정하지 않고 이를 하느님과의 교통을 방해하는 수성(獸性)의 탐진치(貪瞋痴)로 보고 있는데, 탐진치의 증득이 출생 전의 원죄인지 그의 말대로 분별의 삶을 살아가면서 노잣돈삼아 짓는 죄, 즉 불경이 말하는 '카르마'(業)인지는 궁구할 일이다. 탐진치의 결과가 선악과라는 다석의 주장이 원죄를 사하는 십자가의 대속을 인정하지 않는 그의 의도와는 달리 결국은 원죄를 인정하는 논리로 와전될 수 있기 때문이다.[48] 먹이사슬의 삶 속에서 "어쩔 수 없는" 죄를 짓고 사는 것은 모를까, 자식들 앞에서 부모는 언제나 죄인일 수밖에 없다는 말은 예외로 하더라도, 태어날 때부터 사람이 원죄 혹은 이와 연관되는 동물적 성질을 품고 태어난다는 의견에는 신중하게 접근할 필요가 있기 때문이다.

동물적 성질을 또한 무조건 폄하할 일도 아닌바, 그 수성(獸性)으로 인하여 인류의 생명은 어느 정도 유지되고 연장된다. 인류에게 식물적 성질이 없다고 말할 수도 없지만 굳이 말하자면, 인간은 식물이 아니라 동물에 속한다. 살아가면서 죄를 짓는다고 말할 수 있을 뿐이니, 시인 김종삼은 다음과 같이 말하고 있다.

라산스카
나 지은 죄 많아
죽어서도
영혼이
없으리
—『김종삼 전집』, 〈라산스카〉

오히려 원죄는 먹이 사슬, 즉 타자의 생명을 통하여 자기의 생명을 유지할 수밖에 없는 인간조건의 비루함 내지는 생명간의 상호의존성을 자각하지 못하고, 스스로 '죄 사함'을 받았다는 내로남불식의 오만, 즉 원죄의 하나가 아닐까? 주일마다 행해지는 '죄 사함' 후의 도덕적 우월감, 즉 죄가 없다는 착각이야말로 역설적으로 원죄라면 원죄가 될 뿐이다. 우리는 이러한 사유의 양태가 역사를 거슬러 올라가면 청교도주의의 타락된 형태인 마녀사냥과 타자의 멸망을 희구하여 '전쟁 수행의 정당성'(jus in bello)을 도외시한 채 인디언 학살과 유대인 학살 등으로 나타났다는 것을 잘 알고 있다.

영성학 또는 신지학의 입장에서 본다면 은혜가 충만한 우주 속에서 우리는 사망 후 심판이 아니라 지구상에서의 삶을 되돌아보고 "지구 삶"의 의미를 학습하고 깨닫는 과정을 거친다. 문학적인 견지에서 보자면 고통의 바다인 삶을 지녀 살아내었다는 사실만으로도 일체유정은 소위 그 '죄'값을 이미 치른 존재들이다. 태어났다는 것만으로도 지루하고 한편 짜증나고 안쓰러운 일이라고 생각할 수도 있지만, 현대에 이르러서는 칸트나 헤겔, 그리고 일정 부분 하이데거의 후예들인 데리다나 라캉 등이 주장하는 서양의 거세와 억압의 심리학에서 벗어나 우리는 소소한 욕망의 추구와 행복한 삶을 추구할 자유와 권리 또한 지니고 있다. 생명 받음이 신의 축복이 아니라고 생각하면 굳이 원죄를 주장 못할 일도 아니지만, 윤회의 고통과 영생의 지겨움 속에서 하루하루를 견디어내는 뭇 생명을 폄하할 일도 아니다.

탈에덴이 상징하는 '생명 받음'이 없었다면 다른 생명들도 그러한지 아닌지는 잘 모르겠지만, 먹고 마시고 사랑하는 인간사의 소소한 기쁨을 인류는 알지 못하지 않았을까? 탈에덴의 축복이 없었다면 한 술 찌개와 한 가닥 면발의 고마움을 그리고 생명 받음의 축복을 인류는 누릴 수 없었을 것이다. 생명은 신의 축복이자 하늘의 명(天命)이 아닌가? 굳이 삶을 고해로 또 원죄의 업과라 말할 필요 또한 없다. 이것이 장자가 이승과 저승 또한 긍정하며, 현존에 대한 인식과 긍정이라는 면에서 하이데거와 퐁티(Maurice Merleau-Ponty)류의 현상학과는 맥락은 약간 다르지만 선불교가 그리고 일부 기독교가 현재, 즉 '지금, 여기'의 삶을 긍정하고 있는 이유일 것이다. 탈에덴의 심리학은 "탈원죄"의 윤리학을 이미 정초하고 있었다.

8

탈에덴의 불가피성("탈원죄"의 필요성)과 윤동주의 「또 태초의 아침」

노동하는 인간 '호모 라보리스'(homo laboris)와
죽는 인간 '호모 모르티스'(homo mortis)의 탄생

이상과 같이 선악과와 관련된 번역을 통하여 히브리 성경에 기록된 "선과 악을 알게 하는 나무"의 과실인 선악과에 대한 분석을 행하였다. 선악과에 합당한 과실로는 올리브, 포도, 대추야자, 종려나무의 과실, 살구, 복숭아, 석류 등 여러 가지 과실이 물망에 올랐지만, 언제 누구라고 확실히 말할 수는 없지만 대개 무화과와 사과로 낙점하는 서양의 전통이 형성되었다. 필자는 이러한 해석에 심미적이고 성서적인 이유로 복숭아를 추가하였으니, 이는 복숭아가 여성성의 결정체로 동서양의 상상력을 석권하였다는 사실에 기인한다. 복숭아가 함의하는 성적인 함의는 적어도 외관상으로만 보자면 무화과와 사과의 성적인 연상 작용을 상회하고도 남음이 있다. 동서양을 막론하고 최초의 지식은 성, 즉 음양에 관한 지식이라고 해도 과언은 아닐 것이다.

기독교 전통에서 선악과가 인류에게 원죄라는 신화적 멍에를 씌워주었고 예수의 십자가 사건이 이를 확인해 주는 역사적 사건이었다면, 그러한 상실과 부재, 슬픔과 고통이 약속하고 있는 이승의 삶 속에서 인류의 유일한 소망이 저승에서의 부활과 축복으로 기울어지는 것은 당연한 일일지도

몰랐다. 러셀(Bertrand Russell)과 토인비(Arnold Toynbee)가 말하는 소위 기독교의 '내세 지향적' 사유에 힘입어 상실과 부재를 조건으로 회복과 현존의 '동일성'을 추찰해내는 서양의 형이상학이 발아하는 지점이며, 이에 대한 비판으로 하이데거의 존재로의 선회와 들뢰즈의 차이의 철학이 의미를 띠는 순간이기도, 죽음이 다시 부활이라는 삶으로 변질되고 소원되는 순간이기도 하였다.

선악과는 필자에게 서양 형이상학의 과도기적 종착역인 거세와 부재(Freud, Derrida, Lacan), 소외와 상실(Marx)을 표상하는 과실이 아니라, 지식과 지혜와 성(性, sex)으로 촉발되는 아름다운 삶을 상징한다. 아담과 하와의 출에덴이 없었다면 현재의 서양 인류 또한 존재하지 않았을 것이며 지구상에서 삶은 이어지지 않았을 것이다. 창세기 1장 28절 다음과 같이 말한다.

> 하나님이 그들에게 복을 주시며 그들에게 이르시되 생육하고 번성하여 땅
> 에 충만하라

굳이 삶을 거세 혹은 고해로만 파악할 필요는 없지 않은가. 불우한 삶을 살았지만 거세와 상실과 부재라는 서양의 지적 와류 속에 서서 그래도 주어진 운명을 사랑하려 했던 니체가 그리고 시적 사유로 존재를 파지하려 노력했던 하이데거가 의미 있게 들어서는 순간이다.

우리가 에덴에 끝까지 머물렀다면, 기독교에서 말하는 인류의 4천 년 삶은 이어지지 않았을 것이고, 출에덴으로 인하여 몇 명의 아담과 이브의 후손이 출생했다면 씨족사회의 폐쇄성으로 인한 아담-이브 일가의 근친상간적 가족 구조는 당연히 예견되는 수순이었다. 동서양을 막론하고 고대 사회의 어느 정도 보편적이라 할 수 있는 근친상간 현상은 자주 관찰되는 바 3장에서 논의가 자세히 진행되겠지만, 아브라함-이삭-야곱(Jacob) 선

조들의 적장자 유다(Judah)가 그의 며느리인 다말(Tamar)과의 통정 후 낳은 아이가 다윗의 선조인 베레스(Perez)이고 보면, 대지를 여성으로 여기는 신화적 사회가 근친상간 구조일 수밖에 없다는 레비스트로스(Claude Lévi-Strauss)의 말을 굳이 인용하지 않아도, 이러한 일화가 함의하고 있는 것은 초기 씨족사회의 수준을 벗어나지 않는 에덴동산에서의 근친상간 현상의 불가피성이었을 것이다. 필자에게 외디푸스 콤플렉스는 근친상간의 경제적 필요성을 호소하는 별로 극단적이지도 않은 해석에 불과하다. 다말은 시아버지 유다를 술을 먹여 유혹하였지만 이는 그녀의 시동생 오난(Onan)으로부터 거부당한 수혼제(嫂婚制, levirate)의 관습을 다른 방법으로 충실하게 수행한 것으로 재해석되어야 한다.

필자에게 삶은 원죄로 인한 참회의 과정도 그리고 탐진치의 탈을 벗어야 할 고해의 바다도 아니다. 저주가 아니라 축복일 때도 있고, 끝까지 살아남아 향유해야 할 그 무엇이기도 하다. 성경은 말하고 있다, 생육하고 번성하라! 여기서 사용되고 있는 히브리어 "peru"는 "과실을 많이 맺으라"는 뜻이다. 원죄의 선악과와 대조되는 과실의 온갖 축복을 신은 내리시고 있는 중이니, 영독불 성경과는 달리 한국어 성경 번역 "생육하라"는 과실의 비유를 잃어버리고 있다. 아우구스티누스의 '성' 원죄설은 이미 폐기되었어야만 했으니, 니체의 "지혜[인식]의 나무가 있는 곳에 낙원이 있다"(『선악을 넘어서』 4장 152: 696)는 구절을 인용하면서 이주향 교수가 지적하듯이, 도대체 인식의 나무를 맛본 것이 죄이고 원죄가 된다면 그리고 죄가 삶인 것이라면(65), 그러한 죄는 더 이상 죄가 될 수 없으니 우리는 그것을 다만 어떤 수식어도 붙지 않는 '삶'이라고 말할 뿐이다.

신들의 거처(E.den)인 풍요의 에덴으로부터 소위 '서양' 인류는 당연히 나와야 했었다. 소설가 호손(Nathaniel Hawthorne)의 「라파치니의 딸」("Rappaccini's Daugther", 1844)은 은총의 가피를 입어 인류가 에덴에 계속 머물고자 할 때 또 과학지식의 성취로 인하여 또 다른 지상의 에덴을 꿈꿀 때 일어나는 비극을 우리에게 보여주고 있다. 에덴으로의 회귀에 관한 꿈은 그러므로 미래가 아니라 과거의 영광을 찬탄하는 유토피아의 꿈에 지나지 않는다. 천년왕국과 혁명에 관한 사유가 과거에 머무르는 이유와 다르지 않다. 예수의 재림에 관한 기대 또한 묵시의 미래가 아니라 과거를 말하고 있는 것처럼 필자에게는 느껴지는데, 클레(Paul Klee, 1879~1940)의 〈새로운 천사〉(*Angelus Novus*, 1920)가 앞을 보지 못하고 과거의 뒤안길을 반추하고 있는 이유와 상통한다.⁴⁹ 세상의 거의 모든 종교가 그러하지만 특별히 기독교의 교리들과 이에 기초한 파국을 예고하는 미래는 또한 여전히 과거에 묶여 있다. 기독교에서 말하는 물의 심판과 앞으로 있을 불의 심판은 또한 미래를 향하고 있지 않다. 과거를 근거로 하는 유토피아에 대한 미몽에서 벗어나 현재라는 순간 자체를 사고할 수 있을 때, 인류는 진정으로 미래를 꿈꿀 수 있게 될는지 모른다. 인류는 에덴이라는 이상향에서 나와야만 했으며 이러한 의미에서 창세기는 "출에덴" 내지는 "탈에덴"을 보여주는 위대한 언설이 된다.

에덴 자체가 초분별이 아니라 미숙한 세계이었다는 주장인데 미성숙하고 미분별의 에덴으로의 복귀에 대한 소망은 역설적으로 분별을 추구하는 서양의 사유방식과 문화를 창출하기에 이르렀다. (동양이 초분별을 추구하여 이미 탈에덴의 미분별과 초분별을 이룩했다는 말은 물론 아니다.) 탈에덴이라는 가공의 유토피아가 개념적으로 상정되지 않았다면 에덴이라는 세계가 존재하지 않았다는 논리이니, 에덴은 또한 탈에덴을 전제할 때만 에덴의 기능을 수행할 수밖에 없다. 서양의 인식론이 에덴뿐만 아니라 탈에덴도 필요하였다는 말인데, 탈에덴의 함의하는 분별지는 서양 세계에서는 오히려 역설적으로 과학의 발전으로 이어져갔다. 소위 동양적인 것으로 치부되는 불교가 그 유식론의 현람함에도 불구하고 분별지를 폄하하였다고 평가되었던 것과 대조적이다.

진흙(땅)을 의미하는 아담과 생명을 의미하는 하와(이브)를 보편적인 의미로 확장하여 그들을 인류의 선조로 옹립하는 것에 십분 동의하더라도, 그들의 탈에덴의 여정을 굳이 추방과 고통으로 점철된 신화소로 해석하여 상실과 부재와 거세의 형이상학과 심리학을 계속 선전하고 전파해야만 하는 것일까? 우리는 소위 서양 인류의 선조를 홀대하는 습속과 이로부터 파생하는 오이디푸스와 근친상간의 신화를 유지하는 작업에 무관심하게 방관자로 남기를 선택할 것인가? 하와의 유혹에 대한 보수적인 해석을 견지한다하더라도 탈에덴을 선도한 생명의 여성 하와는 오히려 우리에게 언어와 지혜의 선악과를 가져다준 소중한 존재가 아닌가? 아담과 이브는 서로 성을 나누어 사랑했고 사랑한 것이 죄라면 그들은 기꺼이 성경에서 말하는 출산과 노동을 감내할 준비가 되어 있었던 것은 아닐까?

나훈아·배종옥, 조항조·김용임 등이 근자에 불렀던 〈아담과 이브처럼〉은 필자에게 아담과 이브 신화소에서 유실되었던 남녀 사랑의 소중함과 아름다움을 복원하는 노래로 다가온다. 전자의 듀엣 팀은 조금 청순하고 후자는 꿀 떨어지는 분위기이다. 낙원의 상실과 출산의 고통과 죽음의 공포를 말하는 에덴은 이제 사랑과 공감을 말하는 에덴으로 탈바꿈한다. "복낙원"(復樂園, paradise regained), 즉 낙원의 회복은 밀턴이 생각했던 것처럼 예수의 사랑으로 가능해지기도 하겠지만, 보다 적극적으로는 그것이 예수의 가피로 인한 것이던 아니던 에덴이 "신의 동산"(← E.din.)으로 주어지는 것이 아니라 인류가 사랑을 향유하고 절제를 실천하여 "인간의 풍요 동산"(← edinu)을 스스로 만들어 나아갈 때 이루어진다. 에덴동산에서 불가능했던 사랑은 탈에덴의 자유 속에서 움트기 시작했으며, 생명의 탄생과 그것으로 인한 인류의 지속은 지금까지 이어지고 있다.

에덴과 탈에덴의 동시 필요성 내지는 상호보족성은 분별과 초분별의 조화를 가르치는 에덴의 신화로 다가온다. 초분별은 김상일을 따르자면 "분별이 전제되어 하나로 조화가 이룩된 상태이다." 전적으로 동의하지 않지만 그를 계속 읽어보면 "전분별은 에덴동산의 유아기적 상태이고, 초분별은 새

하늘과 새 땅의 새 예루살렘 상태이다"(1988, 35). 필자에게 에덴은 분별을 내재한 초분별의 세계이기도 하니, 이를 굳이 "새 예루살렘"이라 재삼 정의할 수 없는 이유는 발전론적 역사관의 폐해를 우리가 이미 알고 있기 때문이기도 하다. 분별과 초분별의 상태가 어우러진 장소를 우리는 다시 에덴이라 상정하는데, 이를 굳이 미분별로의 회귀라고 서둘러 말할 필요는 없다. 영국의 낭만주의 시인 블레이크(William Blake)의 "순진"→"경험"→"고상한 순진"(innocence, experience, higher innocence)이라는 틀 또한 이러한 선형적 발전적 사관을 반영하고 있다. 끝이 시작으로 다시 회귀한다 하여, 이러한 끝이 시작보다 진화되었다고 주장하는 것은 여전히 기독교의 선형적 사고관에 매몰되어 있음을 보여주고 있다. 선과 곡선, 발전과 순환이 어우러져 있을 뿐이니, 서로는 서로를 여전히 내재하고 있다. 시작 또한 끝을 이미 머금고 있다.

인간은 또한 노동하는 존재이어야만 하니, 이 또한 탈에덴의 필요성을 입증해주고 있다. 노동은 어떠한 형태이건 그것이 힘에 많이 부치지 않고 보상도 적절하다면 저주가 아니라 마땅히 축복이 되고 있으니, 적절한 수준에서의 노동은 양도할 수 없는 인권 중의 하나이다. 창세기가 노동의 필요성내지는 불가피성을 에둘러 말하고 있는 이유이다. "사람은 일이 필요하다"는 막연한 말 또한 이를 말하고 있음인데, 창세기는 이를 다음과 같이 기록하고 있다. "땅은 너로 인하여 저주를 받고 너는 종신토록 수고하여야 그 소산을 먹으리라 (…) 네가 얼굴에 땀이 흘러야 식물을 먹고 필경은 흙으로 돌아가리니"(창 3:17, 19). 땀 흘리는 노동이 없다면 우리는 에덴이 제공하는 풍요에서 헤어나지 못해 우울과 권태에 지쳐 지금의 북구유럽이 이러한 전조를 보이고 있듯 자살을 꿈꾸기도 하며, 흙으로 돌아가지 않는다면 영생의 지겨움 속에 또 불교 용어를 사용한다면 윤회의 공포에 시달려, 푸근한 안식을 찾지 못하게 된다. 죄 많은 중생이 윤회의 업에서 헤어 나올 방법은 없으니, 기독교의 원죄와 부활 그리고 불교의 육도윤회는 이렇게 서로 만나고 있다. 원죄와 업장의 유사함은 또한 기독교와 불교가 같은 언어와 사유체계를 지닌 한 곳으로부터 분화되어 나왔다는 세간의 주장을 가능하게 하고 있다.

과실과 채소가 풍부한 대부분의 아열대 지역, 그리고 기후가 온화한 캘리포니아 지역 등의 온난 지역에 의외로 "집 없는 떠돌이"(homeless people)가 많은 이유와 탈에덴이 함의하는 고통과 노동의 필연성은 정반대로 부합한다. 인류는 풍요의 포만이 선사하는 나태와 무절제를 좋아하지 않으니 분별없어 행복한 꿀꿀이의 삶보다는 탈에덴의 고통과 슬픔 있는 삶을 선택하게 된다. 성서의 탈에덴 우화는 필자에게 이러한 의미를 띠고 있다. 풍요가 제공되고 그렇지 않더라도 이에 대한 반대급부로 윤회내지는 영생이 보장되고 약속되었던 지역의 사람들이 행복했던 이유와는 별개로, 동서양의 종교공동체가 하루하루 필요한 노동, 즉 울력을 중요시했던 이유가 이해되는 순간이다.

일일부작 일일불식(一日不作 一日不食)이다. 장자의 다음 구절은 비단 노동의 필요성뿐만 아니라 이 책의 전체 주제인 삶과 죽음의 우로보로스, 즉 생로병사의 여여함과 필요함을 알려주는 절창이다.

> 대저 자연은 나에게 몸을 맡겨주고 나를 생명으로써 수고롭게 하고 늙음으로써 나를 편안하게 하고 죽음으로써 나를 쉬게 하나니, 그러므로 내 생명이 좋은 것이라면 곧 그 때문에 내 죽음도 좋은 것으로 여겨야 할 것이다. (夫大塊載我以形, 勞我以生, 佚我以老, 息我而死. 故善吾生者 乃所以善吾死也. 「대종사」; 이강수·이권 I: 341)

에덴이 상정하고 있는 풍요와 영원불사가 항상 좋은 것은 아니니, 21세기 인류는 이제 영혼의 불멸성을 토대로 하는 "영원의 형이상학"을 비판적으로 점검할 시기가 되었다. 죽는 것도 좋을 수 있으니, 죽음은 신이 우리에게 주신 선물이자 축복이다. 죽음의 인간, 호모 모르티스(homo mortis)!

　우리의 천재적인 시인 윤동주는 필자의 번쇄한 주제를 다음과 같이 간단하게 읊은 적이 있다.

모든 것이 마련되었네
사랑은 뱀과 함께
독은 어린 꽃과 함께
(윤동주 「태초의 아침」)

빨리
봄이 오면
죄를 짓고
눈이
밝아

이브가 해산하는 수고를 다하면
무화과 잎사귀로 부끄런 데를 가리고
나는 이마에 땀을 흘려야겠다.
(윤동주 「또 태초의 아침」)

　지식나무 과실의 증득과 이로 인한 눈의 밝아짐이 이브의 해산과 인간의 노동으로 이어진다는 창세기 3장의 주제를 이처럼 간명하게 읊은 구절을 필자는 알지 못한다. "사랑은 뱀과 함께" 싹터 그로부터 "모든 것이 마련"되었다는 그의 통찰은, 선악과의 증득이 사랑을 낳게 했다는 말로 필자에게는 들린다. 선악과의 증득이 아니었다면 그리하여 남녀 간의 상열지사가 없었더라면 인류는 단종 했을 것이다. 그렇다면 "네게 잉태하는 고통을 크게 더하리니 네가 수고하고 자식을 낳을 것이며"라는 창세기 3장 16절의 한 구절은 또한 출산이 수고이기는 하지만 고통이 아니라 기쁨일 수도 있다는 사실을 함의한다. 출산의 고통 이후 우리는 새 생명의 기쁨을 만끽하기도 한다.

선악과는 죽음의 과실이자 삶의 과실이기도 하다. 선악과가 촉발했던 실낙원이라는 사건은 인류에게 죽음을 선물했지만 그 죽음은 다시 삶과 지혜를 선사하고 있다. 요컨대 선악과와 이의 취득으로 인한 실낙원은 필멸의 인류에게 살아가야 할 지식과 이를 기반으로 다시 생명과 부활의 소식을 전하고야 말 시원의 우로보로스 장소이기도 하다. "지식은 우리의 운명"이었으며 신피질(neocortex)의 발달, 즉 뇌 용량의 증가는 비단 지식의 축적만을 가져다 온 것이 아니라 "죽음이 자신의 운명"이라는 인식을 또한 인류에게 선사했다(Sagan 279, 120). 이러한 인식에 도달하게 될 때 우리는 밀턴의 생사에 관한 『잃어버린 낙원』의 다음 마지막 구절들을 흡족하게 이해하게 된다. 세이건(Carl Sagan)이 『에덴의 용』, 「메타포로서의 에덴」에서 『잃어버린 낙원』의 생사에 관한 천착을 하고 있는 다음과 같은 구절을 인용하고 있는 것은 그러므로 우연이 아니다. "죽음이 [또한] 생명의 문"임을 깨달은 아담은 말한다.

"나는 이제 알았나이다 순종하는 것만이 최선임을,
유일하신 하나님을 경외하며 사랑하고,
그의 목전에 있는 것처럼 걷고, 언제나 그의
섭리를 지키며, 모든 피조물에게 자비를 베푸시는
하나님만을 의지하고, 항상 선으로 악을 정복하고,
작은 일로써 큰일을 성취하고, 약하게 보이는
것으로써 세상의 강한 것을 물리치고,
소박한 유순함으로 속세의 지혜를 무너뜨리고,

또한 진리를 위하여 고난 받는 것이 최고의

승리로 가는 강인함이며, 믿는 자에게는

죽음이 생명의 문인 것을 배웠습니다.

나는 이제 영원히 축복받은 나의 구원자로 알게 되는

그분의 모범적 행적을 통하여 이것을 배웠습니다."

이에 대하여 천사도 역시 마지막으로 대답하였다.

"이것을 배웠으니 그대는 이제 지혜의 극치에 이르렀도다.

이보다 높은 것을 바라지 말라. 그대가 비록 모든 별들의

이름을 알고, 모든 하늘의 능력들,

온갖 심연의 비밀들, 모든 자연의 일들,

하늘과 공중과 땅과 바다에 있는

하나님의 위업들을 알더라도, 또 이 세상의 온갖 부를 즐기고

모든 지배권, 즉 큰 제국을 수중에 넣었다 하더라도.

다만 그대의 지식[50]에 부합하는 행위를 더하며,

믿음을 더하며, 믿음에 덕을, 덕에 인내와 절제를, 절제에 사랑을,

그 위에 자비라는 이름으로 불려질

다른 모든 것들의 영혼이 되는 사랑을 더하라.

그리하면 그대 이 낙원을 떠나기를

마다하지 않을지니, 그대의 마음속에 낙원을,

한층 더 행복한 낙원을 지니게 될 것이라."

(XII: 562-587; 조신권 역 참조)

눈이 밝아지는 것, 즉 선악과의 증득과 이로 인한 지식의 습득이 계몽주의적 전통이 애써 역설하듯이 '행복한 타락'(felix culpa)의 전주곡일 필요는 없지만, 분별하는 계몽적 이성의 개안(開眼)이 서양의 정신에는 일단은

어울리는 작업이었던 것 같다. 행복한 타락이라는 개념은 서양 세계의 "결과가 원인을 구성하는 오류"(post hoc ergo propter hoc fallacy)의 기독교적인 해석이라고 우리는 이미 이 책의 서문 입론 부분에서 이를 밝힌 바 있다. 그러나 우리는 아우구스티누스로부터 연원하여 529년 오랑주공의회와 1546년 트리엔트 공의회에서 추인되고 있는 죄의 결과로서의 죽음이라는 관념을 거부하는 해석신학자 슐라이어마허(F. Schleichermacher)와 이를 잇고 있는 교의철학의 대가 바르트(Karl Barth)의 입장에 동의하고 있다(김균진 246-250).

대부분의 기독교신학자, 그리고 기독교적 세계관의 영향을 받지 않을 수 없었던 헤겔을 위시한 철학자들의 생각은 그러나 우리가 일반적으로 받아들이고 있는 '죄의 삯은 죽음'을 뒤집은 죽음의 원인이 원죄 혹은 라는 수사에 익숙해져 있다. 시인은 이러한 사유를 받아들이기에는 아직 순수하지만, 그가 살고 있는 시대로부터 완전히 자유롭지는 않았다. 횔덜린(Friedrich Hölderlin)은 "그러나 위험이 있는 곳에, / 구원 또한 자라네"(전집 IV: 190; 하이데거 『숲길』, 398 재인용)라고 읊은 바 있다.[51] 소위 '행복한 타락'의 변주라 할 수 있으니, 위험이 있는 곳에 구원이 있다는 구절에서 "위험"(Gefahr)은 우리가 소포클레스의 안티고네와 이에 관한 헤겔의 해석 부분에서 논한 바 있지만 "모자람", 즉 그리스어 문화권의 '하마르티아'(hamartia)와는 또 다르게 우리를 비극적 세계관으로 경도되게 하고 있다. 모자람에 관한 사유로부터 촉발되는 서양의 욕망론은 끊임없이 위험과 모험을 감수하는 비극적 세계를 상정하고 있으며, 이러한 세계관은 위험 추구로 인한 죄의식의 발현 그리고 죄업의 수행에 대한 후회에 침잠되기 마련이다. 더 이상 우리는 우리의 죽음과 고통의 원인을 아우구스티누스와 헤겔, 그리고 일정 부분 하이데거가 그랬던 것처럼 잘잘못, 즉 원죄 탓으로 돌리지는 말기로 하자.

밀턴의 생각도 횔덜린과 유사한 것 같다. 청교도 시인인 그는 원죄가 허락하고 있는 구원에 경도되어 있는 것 같다. 에덴보다 "더 행복한 [마음의] 낙원"(A paradise within, happier far)의 약속을 허락하고 있는 밀턴의 선악과! 우리들의 세상이 에덴보다 "더 행복한 낙원"인지 아닌지는 모르겠으나, 믿거나 믿지 않거나 "죽음이 생명의 문"(death the gate of life)인 것은 확실하니, 죽음의 선악과나무가 생명과 지혜의 나무를 그리고 실낙원이 낙원과 '복낙원'의 개념을 이미 그 안에 품고 있는 이유이다. 밀턴은 말한다, 이렇게 될 때 우리는 "낙원에서 떠나기를 싫어하지 않을지니" 노동의 기쁨과 출산의 기쁨이 있는 더 좋은 바로 '지금 여기'에서 만족하며 살게 된다. 에덴은 '지금, 여기'(here and now) 지구의 시공간 삶이 되고 있으니, 구태여 우리는 에덴으로 돌아갈 이유가 없게 된다.

이 글의 중반부에서도 인용한 바 있고 4장에서 히브리어 본문과 다른 언어권들의 이에 대한 번역을 통하여 장황하게 논의가 다시 되겠지만, 선악의 분별이 영생의 첩경임을 성경은 다음과 같이 분명히 말하고 있다.

> 여호와 하나님이 가라사대 보라 이 사람이 선악을 아는 일에 우리 중 하나 같이 되었으니 그가 그 손을 들어 생명나무 실과도 따먹고 영생할까 하노라 하시고 (창 3:22)

선악과의 증득은 궁극적으로 인간에게 죽음을 선사하였다고 해석할 수는 있지만, 창세기 3:6에서처럼 임박하는 목전의 죽음을 예고하지 않았고 생명나무의 영생은 모르겠지만 지혜와 이에 꼭 어울리는 수명을 가져다주었다. 아담은 창세기 5:5에 의하면 930까지 살다 갔다. 충분하고 넘치는 삶이었으나, 우리는 이제 100살로 만족하자. 2:17에서도 말한 그대로의 환한 삶이다. "이에 그들의 눈이 밝아"(창 3:7).

선악을 알게 하는 나무(창 2:7)는 아담으로 하여금 이브를 알게 하였다

(창 4:1). 역으로 읽으면 아담이 이브를 알자 선악의 분별을 할 수 있었다는 말로 더 많이 들린다. 아담과 이브의 성에 대한 개안과 이로 인한 죽음의 도입이 선악의 지식을 설명하는 꼴이고, 우리는 이러한 결과가 원인을 창출하는 사유에 대해서 이미 이 책의 총 서문에서 설명한 바 있다. 눈 밝은 독자들은 이 장의 서두에서 행한 필자의 어원학적 설명 없이도 "알다"는 동사가 히브리어에서 (성)관계를 맺는다는 뜻이라는 것을 이미 알아차렸을 것이다. 선악의 분별은 성 또는 음양의 분별과 더불어 시작하며, 여성의 성으로부터 시작되는 생명과 죽음의 '이륜무'(二輪舞, pas de deux)는 여성을 삶에서 나아가 죽음으로 보는 우로보로스 은유를 가능케 했다. 성을 타락으로 보는 시각은 이러한 연관관계의 부산물이었을 뿐이다.

선악과는 죽음뿐 아니라 생명을 가져다주었으니 우로보로스 과실이 되기에 부족함이 없었다. 생사는 우로보로스 현상 그 자체이니, 어원학적으로 추적해보아도 이브의 원뜻이 생명이었지만 죽음으로 이내 치환되었다는 것은 우리가 이미 논하여왔다. 생명과 죽음을 창출하는 여성을 우로보로스 젠더, 생성과 변화를 상징하는 달을 우로보로스 천체, 그리고 뱀을 우로보로스의 신물(神物, emblem)로 보는 시선과 관점이 가능한 까닭이다. 선악의 분별적 지혜 너머로 우리는, 비록 그것을 지겹다고 타박하고 있지만, 인간적인 의미에서 영생이 비록 좋은 것은 아니지만 그러한 영생을 보고 있기 시작한다. 죽음은 어떤 면에서는 안식과 영생으로 이르는 길이다. 다음 2장과 이어지는 4장에서는 유대-기독교 문명뿐만 아니라 논의를 확장하여 수메르와 바빌로니아, 그리고 헬라스 지역에 나타난 뱀과 여성, 그리고 선악의 생명수에 대한 서양의 관념과 사유를 본격적으로 들여다보기로 한다. 영원의 상징으로서의 뱀의 우로보로스 이미지에 대한 분석은 뱀과 여성에 대한 부정적 논의를 어느 정도 일소하게 될 것이다.

9

수운 최제우의 "불연기연"

김용옥을 통해 본 기독교의 폭력적 사랑과
수운 최제우의 '불연기연'에 대한 단상

김용옥은 이미 우리가 슬픔과 고통의 형이상학과 관련된 이 글의 7절 부분에서 언급한 바 있는 최근의 저작 『시진핑』(2018)에서 동서양 사유의 차이를 논하면서 그 차이를 또한 다음과 같이 밝힌 바 있지만, 그의 다소 과장 섞인 말대로 그 언급의 심대함에 대해서 사계의 권위자들은 아직 반응하고 있지 않는 것 같다.

> 기독교의 "사랑"도 궁극적으로 "서恕"로 재해석되어야 한다. 모든 윤리적 명제는 긍정태보다는 부정태가 에러가 적다. 최소한의 규정성이 윤리적 행태의 근원이 되어야 한다. 누구든지 전지전능의 주재를 원하지 않는다. 삶의 모험, 도전, 스릴, 고뇌가 사라지기 때문이다. 하나님은 이 세계의 주재자가 될 수 없다. 무엇이든 창조란 관계의 소산이다. 모든 관계가 단절된 하나님만의 특권적 창조는 하나님의 오만일 뿐이다. 하나님은 이 세계를 창조할 수 없다. "하나님은 사랑이시다"를 말하지 아니 하고, 내가 "하나님은 서恕이시다"를 말하는 이유는 바로 이러하기 때문이다. 하나님은 최소한의 규정성으로 겸손하게 이 세계에 임해야 한다. 이것이 바로 유교가 말하는 인문

정신의 핵심이다. (219; 강조 필자)

모든 것이 충족되어 있는 에덴동산에서의 삶은 "삶의 모험, 도전, 스릴, 고뇌"가 없는 밋밋한 삶이 될 수 있으니 이것이 바로 탈에덴과 이로 인한 원죄 증득의 불가피성이라는 서사라고 해석이 가능한데, 소위 이기적 사랑에서 "내 마음이 타인의 마음과 같아진다"는 마음(恕)으로의 문명사적 전환을 주장하는 김용옥의 사유 체계에서는(2018, 199), "하나님이 세상을 이처럼 사랑하사 독생자를 주셨으니 이는 저를 믿는 자마다 멸망치 않고 영생을 얻게 하려 하심이라"(요 3:16)와 같은 말씀은 자칫 편파적 사랑의 폭력성을 환기하는 언급이 되고 있다.

인간의 "오만"(hybris, pride)이 탈에덴의 이유가 되고 있음은 『실낙원』의 저자 밀턴을 포함하여 일정 부분 일치를 보고 있는 사유일진대, 어떠한 동서양의 사상가가 "하나님의 오만"을 이렇게 신랄하게 말한 적이 있었던가? 요컨대 그는 신의 사랑 또한 인간의 사랑처럼 이기적이고 폭력적이고 불완전하다고 생각하고 있는 것처럼 보이는데, 그 언급의 진위 내지는 타당성 그리고 그에 대한 비판을 일정 부분 뒤로 미루고 그의 말을 계속 들어보자.[52] 그의 학문에 대한 "엷음" 내지는 표절에 관한 시비는, 그의 광범위한 저작을 면면히 읽지 않고 우선 비판하고 마는 습속에서 일부 기인한다.

아우구스티누스에 의하면 신이 이 세계를 창조한 것은 결국 이 세계를 너무도 사랑하기 때문이라는 것이다. 예수의 성육신 문제도 하느님께서 인간을 그토록 사랑하셨기 때문에 인간의 모습으로 육화된 것이라고 설명한다. 이러한 설명은 삼위일체론의 핵심을 이룬다. (…) 하나님의 사랑은 곧 소유이며, 소유는 전지전능의 소유를 뜻한다. 왜 이 세계는 꼭 창조되어야 하는가? 네 이웃을 네 몸과 같이 사랑하라는 것도 결국 하나님의 인간에 대한 전적인 소유를 전제로 하는 것이다. (…) 하나님이 인간을 사랑하기 때문에,

인간이 인간을 사랑하기 때문에 인간이 과연 행복할까? 사랑하기 때문에 생기는 폭력보다는, 무심한 자연스러움이 인간세를 더 평화롭게 만들지 아니할까? (217; 강조 필자)

"그리스도교의 사랑은 결코 형이상학적 폭력성으로부터 해방되었다고 말할 수 없다"(219)고 단언하는 주장의 배후에는, 십자가의 사랑에 의도치 않게 맺힌 독선과 원한의 신학에 대한 김용옥 나름의 평가가 거웃하고 있다.

부재와 거세, 결핍과 상실과 회복이라는 서양의 '거대 서사'(grand narrative)의 마지막은 결핍을 메꾸어 주는 무조건적이어야 하지만 사실 조건부적으로 구약 성서에 나타난 신의 사랑에 대한 요청으로 귀결될 수밖에 없다. 그러나 결핍으로 충만한 이러한 사랑이 십자가의 목숨 값을 우리에게 요구할 때 과연 우리가 행복할 수 있을지, 마조히즘적 체념으로 신의 사랑 혹은 신에 대한 강요된 믿음을 우리가 받아들일 수밖에 없었던 것은 아닌지, 신과 사랑이라는 개념에 대한 문명사적 전환을 요구하는 21세기의 벽두에 생각해 볼 일이다. 신의 배타적이고 넘치는 사랑은 그의 표현을 그대로 사용하자면 "삶의 모험, 도전, 스릴, 고뇌"를 배제하고 있어 인간의 자유를 핍박하게 되니, 부재와 결핍이 요구하는 이기적 욕망의 충족에 기초한 인간의 사랑으로 하느님의 완벽한 사랑 또한 추락하고 말게 된다. 서양 문명의 소위 부재와 결핍, 그리고 이의 반대급부가 상정하는 영혼과 영원, 그리고 신에 빗대고 의지하고 있는 형이상학적 사유가 21세기 여전히 유의미하고 유효한 한 축으로 작동하는 소이가 비판받는 이유가 또한 여기에 있다.

시인 이희중은 근 20여 년 전 한 독서 모임에서 서양 기독교에 대해 말하면서 "누가 언제 나를 위해 죽어 달라했는가? 우리에게 원죄는 과연 있는 것일까?" 말한 적 있다. 그에게 지금 답장을 보낸다. 선악과라는 개념이 촉발한 십자가의 사랑은 혹 굴종과 예속을 요구하고 있는 것이 아닌지, 끊임없이 사랑을 갈구하는 서양의 형이상학내지 신학은 화해와 용서, 그리고 선물(gift)과 환대(hospitality)를 말하는 데리다와 레비나스를 마냥 소환하기만 하는 것으로 만족하고 있는 것은 아닌지, 그리하여 우리는 또한 에덴이라는 범주적 필요, 즉 '범주적 명령'(categorical imperative)에 의하여 요청된 가상의 공간에서 스스로를 축출하여 상상이 창조한 '잃어버린 시간'(le temps perdu)을 그리워하며 구속사적 필요와 폭력에 속박당하여 갈피를 못잡고 있는 것은 아닌지!

김용옥은 또한 최근작 『동경대전 2: 우리가 하느님이다』(2021)에서 "창조의 하나님" 내지는 "物不能自成"[53]을 모토로 하고 있는 서양적 사유로부터의 탈출을 가능케 하는 새로운 사유, 즉 개벽의 가능성을 "생성 중인 하느님", 그리고 "無爲而化"와 "不然而其然", "不必"이 아니라 "難必"(難必者不然, 易斷者其然)을 말하고 있는 수운 최제우의 사상에서 찾고 있다(『동경대전』; 김용옥 II: 87, 113-114, 199-208). 불연은 불가능한 것이 아니라 이루기 어려운 것, 즉 난필일 뿐이고, 일상경험에서 쉽게 판단할 수 있는 것을 기연이라 한다. "不然而其然"은 김용옥의 독법으로 보자면 불연과 기연이 아니라 "그렇지 아니한 세계는 결국 알고 보면 그렇고 그러한 것으로 다 설명이 된다는 것"(II: 200)이니, 시작과 끝, 삶과 죽음의 수미일관을 실천하고 지향하는 우로보로스의 세계가 이에 합당할 수도 있겠다.

불연이기연이라 하더라도 그러나 세상은 여전히 모르는 것으로 가득하니, 여러 종교에서 말하는 '신비의 일치'(unio mystica)는 자칫 세상의 신비를 알 수 있다는 오만함의 반영일 수 있다. 불연과 기연을 그대로 인정하는 것이 오히려 양행(兩行)을 설파하는 장자의 세계관이며 기독교적으로 보아도 불연은 세상사의 신비에 대한 인간의 불가해(不可解)와 한계를 인정하는 겸손함이 될 수도 있다. 수운이 불연기연을 말하면서 계속해서 其然其然과 不然不然의 토톨로기를 말하고 있는 까닭이다.

우리 상식에 그러한 것을 통해보면 그러한 것은 또 그러하니 별문제가 없다. 그러나 그러하지 아니한 것을 탐색하여 생각해보면 그러하지 아니한 것이 그러하지 아니한 것일 뿐이로다. (『동경대전』; 김용옥 II: 202)

연은 연대로, 불연은 불연대로 나름 존재하다가 소멸할 때도 있으니, 필자는 김용옥의 번역, "그러하지 아니한 것이 그러하지 아니한 것 위에 쌓여갈 뿐이로다"(不然于不然)를 택하지 않는다. 연과 불연은 장자에서 많이 등장하는 구절인데, 수운이 "불연기연"을 장자에서 따왔다고 생각하면 더욱 더 그러하다.

(자기에게) 가可하면 가可하다고 하고, (자기에게) 불가하면 불가하다고 한다. 길은 그것을 걸어 다녀서 이루어지고, 물物은 그렇게 일컬어서 그러한 것이다. 어째서 그러한가? 그러한 데에서 그러하다. 어째서 그렇지 않은가? 그렇지 않은 데에서 그렇지 않다. (可乎可, 不可乎不可. 道行之謂成, 物謂之而然. 惡乎然? 然於然. 惡乎不然? 不然於不然. 「齊物論」; 이강수·이권 I: 118-119)

불연과 기연이라는 신의 섭리에 의문을 품었던 아담의 분별과 이로 인한 오만과 불복종은 탈우로보로스적 사유를 품고 있는 장자의 양행과 소요유 문맥과 대비해서 궁구할 구절이다. 불연과 기연의 상호침투성내지는 우로보로스적 성질에 대해 수운의 신비주의를 연구한 성해영 교수는 이렇게 말한다. "기연이 기연으로 그치는 것이 아니라 그 속에 불연을 내포하고 있고, 불연이 궁극적 체험을 통해 기연으로 변할 수 있지만 다시 그 기연은 또 다른 종류의 불연을 품고 있다는 사실이 수운에게는 참으로 경이로웠던 것이다"(206).
불연과 기연은 우로보로스적 견지에서 본다면 애초부터 차이와 구별이 없었으나, "인류지성사의 발전은 결국 불연을 기연화하는 과정이었다"고 보는 김용옥의 비판적 의견(II: 200)에 찬동할 때 불연을 기연으로 보는 우로보로스의 과정, 즉 은유적 지성이 끼어들게 되었다. 필자는 오히려 이에 한 걸음 더 나아가 불연과 기연을 그대로 여여히 받아들여 "불연즉기연"을 오히려 한층 더 넘어서는 독법을 제시한다. 구태의연하다 비판할 수는 있겠으나, 오래 된 것이 항상 틀린 것은 아니다. "산은 산이 아니다"를 넘어선 "산은 산이다"는 언명에 빗대어 보면 다음과 같다.

불연은 기연이다. (A=B)
불연은 기연이 아니다. (A≠B)
불연은 기연이다. (A=B)

김용옥의 주장대로 수운이 불연기연이라는 사상으로 한민족에게 형이상학과 종교를 근간으로 하는 서학의 악폐에서 벗어나 과학을 선사하려 했다는 것은 십분 알고도 남음이 있으나, 우로보로스 선악과의 이중성은 과학과 종교가 여전히 동시에 요구되고 있음을 보여주고 있다. 수운의 종교이원론적 사유는 형이상학을 배제하지 않으며, 김용옥이 암시하고 있는 것처럼 본체와 초월자를 여전히 배척하고 있지 않다. 필자는 수운이 오히려 불연과 기연을 그대로 받아들이고 있다고 생각하며, 김용옥의 번역 또한 그의 주장에도 불구하고 그 자신도 모르게 불연과 기연을 은유로 보지 않고, 불연과 기연 사이에서 동어반복의 균형을 찾고 있다.

사물의 이치를 머나먼 형이상학적 세계에 비정하여 규명하려고 하면, 모든 것이 불연이고 또 불연이고 또 불연의 사태가 되고 만다. 그리고 또 한편 그 것을 사물이 생성되어가는 조화의 세계에 의탁하여 생각하면 모든 것은 그 러하고 그러하고 또 그러한 이치일 뿐이다!

(比之於究其遠, 卽不然不然, 又不然之事; 付之於造物者, 卽其然其然, 又其
然之理哉! 『동경대전』; 김용옥 II: 207)

"造物者"를 특정 종교의 神 혹은 天主가 아니라 "조화의 세계", 즉 세상
의 원리라고 새긴다면, 불연과 기연은 초분별과 분별의 선악과를 부르는 서
양의 인식과 존재론과 상응하고 있다고도 말할 수 있겠으나, 수운의 종지는
卽不然不然, 卽其然其然이다. 불연기연은 따라서 불연이기연과 불연즉기연
을 동시에 함의하고 있다.

불연즉기연은 김용옥의 해석의 의도와는 달리 오히려 형이상학을 여전
히 상정하는 사유가 될 수 있는데, 이는 불연을 이성적이고 과학적인 사유
로 이해하는 과정, 즉 기연화하는 과정 속에서 의도치 않게 불연을 계속 상
정하는 것을 노정한다는 면에서 그러하다. 기(氣)철학이 그것이 품고 있는
원리와 원칙, 즉 리(理)를 배제하지 않는 것과 같은 이치이다. 따라서 우리
는 불연기연을 "不然卽其然"이 아니라 불연과 기연으로 따로 보는 기존 독
법을 응용하는 탈(脫)우로보로스 내지는 비(非)우로보로스 함의와 필요성
을 제3권의 15장에서 제시한다는 전망으로 이 책의 1장을 마무리한다.

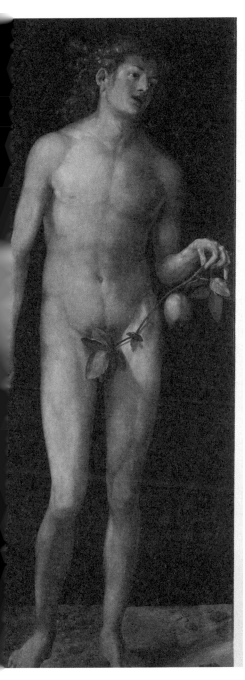

아담과 이브: 알브레히트 뒤러(Albrecht Dürer, 1471~1528),
패널에 오일, 1507년, 마드리드 프라도 미술관

1장 주

1. 원문을 제시하면 다음과 같다. "there is nothing either good or bad, but thinking makes it so." "덴마크가 최악의 감옥"이라는 햄릿의 말에 로젠크란츠가 동의하지 않자 햄릿이 내뱉은 말인데, 문맥은 "좋거나 나쁜 것은 없어 생각이 그렇게 만들 뿐이야" 정도이다. 제사로 제시된 번역문은 다소 과장된 번역이라 할 수도 있으나, 파드마삼바바의 『티벳 해탈의 서』 서문을 쓴 융과 이에 해설을 가미한 웬츠(Evans Wentz)는 상기 번역을 선호할 듯하다(52-53; 140).

2. 불가타 라틴어 성경은 이를 각각 "serpens", "draco"로 표기하고 있다. 용이 결국은 뱀이라는 사실에 대해서는 이 책의 제2장을 참조할 것. 성서에 대한 인용이야말로 아전인수격 해석의 전형이다. 문외한이 성경을 함부로 인용하는 것도 문제이지만 목회자나 설익은 학자들이, 필자도 이러한 면에서는 자유롭지는 않겠지만, 문맥을 무시하고 취사선택하는 것 또한 문제가 될 수 있다. 인용한 요한계시록 12장 9절과 12장 15-17절의 뱀과 용에 대한 라틴어, 그리스어, 아람어, 그리고 고대·현대 히브리어 등 정확한 서지문헌학적 확인 작업이 계속 필요하다.

3. "총명한"('ārŭm)이라는 뜻을 갖는 히브리어는 또한 2:25의 아담과 이브의 상태를 말하는 "벌거벗은"('ārŭmym)이라는 술어는 같은 어근인 "ʿrm-"을 공유한다.

"아담과 그 아내 두 사람이 벌거벗었으나 부끄러워 아니하니라." 뱀의 교묘하고 간교하고, 또 보기에 따라서는 총명한 성질을 인류의 시조인 아담과 이브가 공유하였다는 말이 된다. 뱀의 매끈한 모습과 아담과 이브의 "자연 그대로의" 벌거벗은 모습 그리고 이러한 상태와 지적인 총명함이 교차되는 순간이다.

벌거벗었으나 부끄러워하지 않을 확률이 아주 없는 것은 아니지만, 이 문장은 통속적 상상력 속에서는 벌거벗은 것이 부끄러운 것으로 해석되고 있다. 그러나 성경은 다만 다음과 같이 말하고 있을 뿐이다. "내가 동산에서 하나님의 소리를 듣고 내가 벗었으므로 두려워하여 숨었나이다"(창 3:10). 아프리카의 어느 족속은 여전히 벌거벗고 다니나 수치를 느끼지 아니하고, 누드 비치의 사람들도 일정 부분 마찬가지이다. 필자가 근자에 의견을 나눈 타 대학의 영문과 동료 교수는 해변의 누드족들을 보고 창조 설화가 미치지 않는 것으로 해석하였고, 벌거벗음을 부끄러움으로 기술하고 있는 성경 구절에 의구심을 느꼈다고 한다. 그는 독실한 기독교 신자이다.

즉 필자가 이 책의 4장 1절과 2절에서도 밝히고 있지만, 밝히고 있지만, 벌거벗은 사실, 즉 (여)성(cunnus→cunt→cunning)에 대한 지식(carnal knowledge)은 시초의 최고의 지식이었다. 셉투아긴타는 이를 "phronimos"로 번역하고 있는데 "현명한" "앞을 볼 줄 아는" 등의 의미로 쓰이고 있다. "cunning"은 영어번역으로는 최고인데, 필자는 흠정역의 "subtil"보다는 현대의 많은 다른 성경들이 택하고 있는 "shrewd" 혹은 "clever"를 취한다. 이와 상응하는 셉투아긴타의 어휘 선택(phronimos, panourgos)과 프랑스어 성경 번역(rusé, avisé)에 대해서는 최일성 308-309; 주석 52-53 또한 참조. 히브리어 어근 "*rm-"에 대한 분석으로는 Charlesworth 291-292, 301-302 참조.

4. 감사의 글에서도 밝힌 바 있지만 이러한 오독을 필자도 행한 바 있다. 필자는 이 책 1장의 일부분을 이루고 있는 원고본(2009)에서 뱀이 사탄과 동일화된 것이 요한계시록이 집필된 64년 이후의 "회상적 오류"에 의한 사안이라는 언급을 하면서도, 여전히 에덴동산의 뱀을 사탄으로 표기하는 실수를 저지르고 있었다. 이 글 4쪽의 다음과 같은 표현, 즉 "선악을 안다는 것이 무엇을 의미하는가에 대한 논의는 잠시 접어 두고 성경을 말 그대로 읽는다면, 인류에게 죽음을 근원적

으로 선사한 것은 사도 바울에서 시작하는 통념에서 굳어진 여성인 이브가 아니라 사탄과는 아직 까지는 전혀 관련이 없는 뱀이었다. 우리는 창세기 3장의 에덴동산에 관한 신화에서조차 그리고 구약의 그 어디에서도 뱀과 이브를 동일시하는 입장을 찾아볼 수 없을뿐더러, 오히려 그녀가 뱀과 원수 관계로 나타나는 것을 알게 된다"는 구절은 2009 원고본에서는 다음과 같이 나타난다.

> 선악을 안다는 것이 무엇을 의미하는가에 대한 논의는 잠시 접어 두고 성경을 말 그대로 읽는다면, 인류에게 죽음을 근원적으로 선사한 것은 그러나 통념과는 달리 사도 바울이 단순하고 명확하게 말하고 있듯이, 여성인 이브가 아니라 뱀과는 아직 까지는 관련이 없는 사탄이었다. 우리는 창세기 3장의 에덴동산에 관한 신화에서조차 그리고 구약의 어디에서도 뱀과 이브를 동일시 하는 입장을 찾아볼 수 없을뿐더러, 오히려 그녀가 사탄과 원수 관계로 나타나는 것을 알게 된다. (150; 강조 필자)

뱀과 사탄의 위치가 바뀌어 있다는 것을 알 수 있으며, 이브의 원수가 뱀이 아니라 사탄으로 표기되고 있다는 것을 알 수 있다. 굳어진 관념과 선입견의 강고함과 무서움을 체험한 순간이었다.

독자들이 여기서 읽고 있는 글은 이 책의 2장과 4장을 거친 후의 해석확장본이다. 이 글들과 필자의 저본 원고본(2009)을 같이 읽으면 필자의 자기 수정이 계속되고 있음을 알 수 있을 것이다. 글을 다시 쓰면서 접한 프린스턴 신학대 찰스 워스(James Charlesworth) 교수의 『착하고 악한 뱀: 보편적 뱀 상징의 기독교화 과정』(2010)은 필자의 의견을 가다듬고 공고히 하는 데 많은 도움이 되었다.

구약과 신약에 나오는 사탄과 에덴동산에 나타난 뱀과의 무연관성에 관한 보다 상세한 논의를 위해서는 Shawna Dolansky 교수의 https://www.biblicalarchaeology.org/daily/biblical-topics/bible-interpretation/how-the-serpent-became-satan/(2020.8.6 검색) 글 참조. 그녀에 의하면 사탄은 구약에서 9번만 나오는데, 욥기에 나오는 사탄처럼 주로 야훼의 심부름꾼 혹은 신을 대신하여 인간을 고소하고 고발하는 대리인으로 나오며, 에덴동산에서 혹 악마적인 존재가 있다면 그것은 뱀이 아니라 인간, 아담이다. 악마라는 개념은 서양 세계에서 대략 기원전 2~1세기경 발현한 개념이며, 기독교 전통에서는 주후 1세기경 교부 신학자들에게서 발아하여, 단테나 밀턴에 의해 상용화되기 시작했다.

아마도 뱀과 이브 그리고 사탄에 관한 통속적인 상상력을 장악해왔던 구절은 예수의 "사탄아 물러가라"(마태 16:23)라는 표현일 텐데, 그리스어 구약과 불가타 클레멘스 신약은 말 그대로 이를 호격인 "Satana"로 표기하고 있다. 예수는 교회의 시조가 되는 베드로를 사탄으로 호명하고 있으니, 사탄이 존재한다면 그것은 무슨 악마가 아니라 인간의 내면, 혹은 그 자신을 지칭하고 있다는 것을 알아야 한다. 사탄의 의미에 대한 추가적인 설명으로는 이 글의 주석 12 또한 참조.

5. 번역에 도움을 준 밀턴을 전공한 연대의 서홍원 교수님에게 감사드린다.

6. 가톨릭교에서 차용하는 베일은 그 순수함과 신비함을 강조하고 있으며, 신부의 면사포는 베일의 신비함뿐만 아니라 그 순수한 처녀성을 강조하는 것으로 변용된다. 베일의 효용은 그러나 단지 그것의 가려짐만에 있지 않고 드러남에도 동시에 존재한다. 베일의 열어젖힘은 신비와 그것의 정복을 동시에 함의 하고 있으니, 베일이 여성의 복속을 지시하는 제유가 되는 까닭이며 바울신학이 여성 차별적이라는 견해 내지는 편견이 형성되는 소이이다. 요컨대 베일은 여성의 신비와 그에 대한 멸시, 그리고 상품화로의 전락을 드러내는 상징이니, 팜므 파탈의 신비-멸시-상품화 과정과 동일한 맥락에 있다 할 것이다. 베일의 또 다른 기원과 "출산 경험이 많은" 처녀신과의 관계에 대한 논의는 3-3장에서 자세히 이어진다.

7. 이러한 예를 하나 더 들자면 천지창조에 관한 성경의 일관되지 못한 기술일 것이다. 유대신학자 레벤슨(Jon Levenson)이 위트 있게 주장하듯이 "〈태초에 하나님이 천지를 창조하셨다.〉는 문장은 사실 이것들이 서로 다른 날에 창조되었다는 사실과 충돌한다. 하늘은 둘째 날에, 땅은 셋째 날에 창조되었다"(219). 물론 성경의 문학성을 인정하여, 이를 비유 또는 수사로 보면 문제는 일부 해결되지만, 축자영감(literal inspiration)을 기반으로 하는 성서의 권위가 침탈되는 경우가 생기게 된다.

8. 신을 '야훼'(혹은 '여호와')라 칭한 적어도 창세기 2:4b-4:26, 그리고 연이어 통상

적으로 12장까지는 기원전 950-800년경 남 유대왕국의 사람이 집필했다고 알려져 있으며, 야훼기(록)자를 뜻하는 독일어 "Jahwist"의 첫 글자를 따 J 문서로, 신을 "우리들"이란 복수 개념의 대명사로 받는 신성한 "Elohim"이라 칭한 창세기 1:1-2:4a는 제사장, 즉 사제문서(Priestly Document)라 말하며 이를 기원전 700-500년경 성립된 P 문서라 한다. J와 P, 그리고 이들이 사용하는 두 가지의 신명이 아예 뒤죽박죽 섞여 있는 대표적인 예는 이어지는 창세기의 홍수 이야기이다(6:5-9:28). 엘로힘이 신성함 혹은 거룩함이라는 뜻을 지니며 "el", "il" 혹은 "ilah"라는 신의 이름에서 연원한다는 다양한 주장에 대해서는 이 책의 15장 참조. 배철현에 의하면 신명의 또 다른 호칭인 "일라"(ilah)는 이스라엘로 오면서 "엘로아흐"(eloah)가 되는데 우리가 신의 또 다른 이름으로 알고 있는 "엘로힘"(elohim)은 "엘로아흐"의 남성 복수형이다(2015, 428). 이에 대한 보족적 논의로는 이 책의 에필로그를 볼 것.

P 문서와 더불어 신을 '엘로힘'이라 칭한 문서는 기원전 850-750년경의 E 문서가 있는데, 이에 속한 문헌은 족장들의 이야기와 출애굽, 민수기 등이다. 선민사상이 잘 나타나는 P 문서의 대표적인 것은 아브라함과 요셉의 이야기를 포함하는 모세오경 중 당연히 출애굽기와 레위기인데, 이는 바빌론 포로기, 즉 유수(幽囚) 시절(기원전 587~535) 이후 돌아 온 제사장들의 관점을 반영한 문서가 P 문서이기 때문이다. J 문서는 기원전 586년에 신바빌로니아 제국의 네부카드네자르 2세에게 함락되었던 남 유다(기원전 930년~586년)의 관점을, E 문서는 기원전 722년 아시리아(앗수르)에게 멸망을 당한 북이스라엘(기원전 930년~722년)의 관점에서 기술된 것으로 알려져 있으며, 강조하는 인물도 각각 달라 아브라함과 모세로 나뉜다.

천지창조와 신의 호칭, 그리고 아담과 이브의 관계에 대해서는 많은 이들이 작금을 막론하고 J 문서를 따르고 있다는 것은 주지의 사실이며, 시대적으로 먼저 멸망 당한 북이스라엘보다 남 유다가 더 지속되었다는 사실도 당연히 일조하였다. 시대적으로는 J 문서와 시기적으로는 친연관계에 있는 P 문서가 또한 신을 엘로힘이라 칭하기도 하여 이를 E 문서와 혼동하는 경향이 있다. 이는 두 문서의 주장과 내용이 유사한 점에서도 기인하기도 하며, 창세기의 배치가 시대순과는 달리 J와 E를 섞어 창세기를 전체적으로 총괄 편집한 P 문서가 E 문서의 신명을 따르고 있기 때문이다. 그러나 집필연대와는 달리, 적어도 엘 또는 엘로힘이 야훼보다 먼저 쓰인 신명이라는 사실로 미루어보아 먼저 멸망한 북 이스라엘의 관점을 취하고 있는 E 문서가 이보다 대략 250년 전의 J 문서보다 더 오래된 전통을 따르고 있는 것은 분명하다.

작금의 성경은 J 문서의 신명을 상용하고 있는데, '야훼 엘로힘'은 순서대로 "주 하나님"으로 구별되어 번역된다. 벨하우젠(Julius Wellhausen)은 J, E, D(신명기 "Deuteronomy"의 첫 글자 D를 땀), P의 집필연대를 각각 9, 8, 7, 6 혹은 5세기로 본다. J 문서가 먼저 집필되었지만 전승의 내용은 이보다 후에 쓰인 E 문서가 앞서고 있음을 기억하자. 모세오경은 전체적으로 P 문서를 골격으로 나머지 문서들이 배열되었다는 것이 정설로 받아들여지고 있으며, 창세기, 출애굽기, 레위기, 민수기를 거의 포함하는 P 문서는 공격적인 D 문서에 비해 대체적으로 치유적이고 평화적이며(Armstrong 89, 93-95), E 전승은 "제사장적이며 제의적이고 권위적이며 왕조신학을 반영하는" J 문서보다 "보다 민주적이고 예언적이며 또 윤리적이라고" 알려져 있다(Newman 101; 장일선 224 재인용).

9. 니체의 다음과 같은 말을 참조하자. "진정한 여성에게는 학문이 수치심을 일으킨다. 그들은 학문을 통해 자신의 피부 밑이—심지어는! 옷이나 화장 밑이—들여다보이는 듯한 느낌을 갖는다"(『선악을 넘어서』 IV: 127, 693).

10. "원죄라는 단어는 396년 아우구스티누스가 자신의 동료인 심플리키아누스(Simplicianus)에게 보낸 편지에서 처음 사용한 것으로 알려지고있다"(최일성 294; 주 11). 이러한 생각은 수메르-바빌로니아 문화권에서도 나타나는바, 엔키의 피조물인 엔키두는 삼핫(Shamhat)과의 성교 직후 신적인 지위를 잃어버리고 인간으로 전락, 사망의 굴레를 쓰게 되며 이를 슬피 여겨 불사의 약을 찾는 길가메시의 죽음과 영생에 관한 이야기가 비로소 시작된다. 엔키두와 길가메시에 관해서는 이 책 2장의 2절 참조. 그러나 엔키두는 사망을 맞이하지만 성에 관한 지식을 통하여 "신과 같이 되며"(『길가메시 신화』 I. iv. 29) 현명해지며 아름다워진다. 성(sex)은 또한 신에 이르는 길이며, 이는 비단 인도의 힌두교와 티벳 밀교 등에만 국한되지 않는다.

무릇 죽어야 아름다운 법이며 죽음을 통하여 인간은 신적인 지위를 획득하게 된다. 성교가 원죄의 근거가 된다는 소위 성교원죄설은 적어도 창세기에 명시적으로 나와 있지 않다. 아우구스티누스가 성교원죄설을 입안했는가에 관한 논의는 분분하다. 브라운(Peter Brown)에 의하면 아우구스티누스의 사유에서 "아담과 이브의 [타락 이전의] 처음 상태에서 성욕이 없지 않았으나, 그것은 의식적이고 의도적인 의지와 완전히 일치 한다."(402) 알쏭달쏭하다. 아우구스티누스가 그의 방탕한 삶에 대한 지나친 죄의식으로 성을 백안시하였고, 출산을 위한 성행위를 인정했다고 간략히 정의하는 편이 추후 착종된 논의를 미연에 방지하는 첩경이 될 수 있다.

아퀴나스는 다음과 같이 말한다. "God made man and woman before sin (Genesis 1-2). But nothing is void in God's works. Therefore, even if man had not sinned, there would have been such intercourse, to which the distinction of sex is ordained"(*Summa Theologiae* Question 98. "The preservation of the species"). 에덴동산의 아담과 이브의 성행위에 대한 아우구스티누스와 아퀴나스의 의견, 그리고 이에 반하여 성행위가 없었다는 오리게네스에 관한 의견은 건대의 김종갑 교수가 보내주셨다. 감사드린다.

문제는 이러한 사유 방식들이 성행위를 더럽고 추잡한 것으로 만드는 과정에 일조한 것일 터인데, 이러한 사고방식은 성 제롬의 독신주의와 후대의 금욕적인 수도원 운동을 낳게 하였다. 이 점에 대해서는 이 글의 후반부 참조. 1139년 라테란공의회에 가서야 사제의 독신을 의무조항으로 규정했으니, 그 이전에 사제독신은 엄격히 지켜지지 않았다고 보아도 무리는 없다. 제2차 바티칸공의회(1962-1965)는 사제독신의 동기로 '전례상의 금욕계명'만이 아니라, '하늘나라를 위한 독신'을 추가하고 있다.

J 전승에 의하면 인간은 원래 불완전했으나 P 전승(특히 논의되고 있는 창세기 1장에서 2:4a)에 이르러 태초 인간의 완전성에 관한 주장과 더불어 예기치 않았던 타락의 신화가 시작된다고 바토(Bernard Batto)는 적시하고 있다(51, 92).

11. 니체의 다음과 같은 언급들 또한 우리의 논의와 부합하는 측면이 있다. "순결에 대한 설교는 반 자연으로의 공공연한 도발이다. 성생활에 대한 모든 경멸, 성생

활을 '불결하다'는 개념으로 더럽히는 것은 다 삶에 대한 범죄 자체다―삶의 성령에 대한 진정한 죄이다"(『이 사람을 보라』, 386). "성을 처음으로 불결한 것으로 만든 것은 삶에 대한 원한을 토대로 하고 있는 그리스도교였다. 그리스도교는 삶의 시작에, 삶의 조건에 오물을 들이 부었던 것이다."(『우상의 황혼』, 202). 그러나 니체의 성과 여성에 대한 태도가 그것들에 대한 그의 적대적인 비판에도 불구하고 양가적이고 이율배반적이었음을 기억할 필요가 있다. 세기말의 여성혐오라는 역병에서 벗어나 그나마 여성에 대해 의뭉스러운 태도를 보였던 니체를 옹호하며 그를 "원 페미니스트"(proto-feminist)라고 많은 비평가들을 따라 말해야 할까?

12. 생명을 뜻하는 하와를 거꾸로 읽으면 "나는 나다" 또는 "나는 나일 것이다"라는 의미를 갖는 '야훼'와 비슷한 아나그램(anagram)이 된다. 어원학적으로 분석해 보아도 통상 주(主)로 번역되고 있는 "YHWH"의 어근은 "HWH"로서 그 의미가 "살아 있다"이며 야훼(Yahweh)로 읽는다. 3인칭 남성 단수 미완료형이 "YHWH"라는 것이며, 이렇게 본다면 야훼와 하와는 아나그램이 아니라 같은 어근, 즉 "생명"에서 파생한 말이다. 구약학자 올브라이트(W. Albright)는 또한 야훼라는 신명의 어근이 하와로부터 연원한다는 암시성의 주장을 1924년 그의 논문에서 행한 바 있다(55-83: 김이곤 135 재인용).

또 다른 논의가 되겠지만 중국 문명의 여와 또한 흙으로 사람을 빚어내었다고 되어 있다. 음성의 유사성뿐만 아니라 신화소의 한결같음과 유사성을 들여다볼 수 있는 좋은 예이다. 여와의 창조신 품위에 대해서는 김선자(2006) 참조.

13. 『길가메시 서사시』는 이슈타르를 신들의 거처인 에안나의 주인으로 묘사하면서 그녀를 "사랑과 전쟁의 여신"으로 분명히 규정하고 있다(토판 1; 김산해 2005, 65 자료 의거). 아프로디테와 비너스의 원형이라 할 수 있는 이슈타르는 수메르에서는 인안나로 불리어졌다. 인안나와 이슈타르의 표기에 대해서는 이 글의 주석 22 또한 참조.

14. 아랍어로 샤이탄(Shaytan)은 "말을 많이 하는 자", 또는 배철현에 의하면 히브리어로 "고발하는 자"(『신의 질문』, 130)라는 뜻을 갖는다고도 한다. 사탄은 히브리어로 "신"(El)의 품격을 지니는 "사타나엘"(Satanael)에서 연원한다. 이집트 신

화에서 불사의 뱀의 형상을 지닌 사타(Sata)는 인간에게 광명을 전하는 신이었는데 이로부터 사탄의 연원이 되었다는 일설도 있다(민희식 58-59). 밀턴(John Milton)이 그의 서사시 『잃어버린 낙원』(Paradise Lost)에서 묘사하는 사탄의 다른 이름이기도 한 루시퍼(Lucifer), 즉 "빛 천사"의 속성이 이와 유사하다 하겠다.

사탄은 히브리어로 "대적하다" "반대하다" "고소하다" 등의 뜻을 지니는 "사탐"과의 연관성이 추찰되어 하나님의 대적자, 즉 우리가 알고 있는 사탄의 뜻으로 변모하기도 하였는데, 그러나 여기서 분명히 알고 넘어가야 할 사실은 구약의 사탄은 하나님을 대적하거나 반대하기보다는 그의 일을 수행하는 대리인 역할을 했다는 것이다. 욥기에 나타나는 사탄이 바로 이러하다.

신약에서 쓰이는 "디아볼로스"는 "διαβαλλω"(diaballo)에서 연원하는데, 그 뜻은 "가로지르다"이며 이의 중성 명사형은 "말을 거스르는"(diabolicus; ad=verse) 자, "거꾸로 던지는 자" "남이 가는 앞에 뭔가를 던지는 자", 즉 적(敵, diabolos, adversary)이다. 구약과 신약 영어 성경에서는 주로 "devil"로 표기되고 있는데, 저주를 퍼붓는 자, 마구잡이로 험담을 하는 자, 비방하는 자(diabolos, slanderer)에서 마귀(diabolos→devil로 오역)의 뜻으로 변모한다. "devil"은 산스크리트어로 신을 뜻하는 "deva"에서 연원한다.

에스겔서는 사탄을 "Lucifer"로 표기하며 흠정역(KJV) 성경은 이를 전체적으로 "demon"으로 번역하고 있다. 이는 "daimon"의 원래 뜻이 "정령" 또는 "양심의 소리"라는 사실을 반영하는 듯하지만, 현대적인 의미에서 보자면 오역이 될 가능성이 있다. 시끄럽게 떠들면 사악해진다는 의견은 노자에서도 나오는 사상인데(言者不知 知者不言), 아카드어의 "시끄럽게 떠들다"라는 동사 "ragu"와 히브리어로 "사악함"을 뜻하는 단어 "רע"는 같은 단어이다. 통상 악으로 번역되는 히브리어 '라'(rah, רע)와는 같은 단어이다"(조철수 2003, 123). 통상 선악과의 악으로 번역되는 히브리어 "rah"의 뜻은 "보기에 좋지 않은" "냄새가 좋지 않은" "기분이 좋지 않은" 등으로 번역되는데, 이에 "소리가 좋지 않은"이라는 뜻을 추가한다.

『아트라하시스 서사시』(Epic of Atrahasis)에 의하면 상급 신들인 아눈나키

(Anunna·kis)가 하급 신들인 이기기키(Igigi·kis)의 노동을 대신해주기 위해 이미 창조된 인류를 멸망시키고자 한 이유는, 그들의 소음이 신들의 낮잠, 즉 평온을 방해했기 때문이다. 불교에서도 소리는 사바세계의 모든 욕정과 욕망의 소리이다. 요한복음이 말씀, 즉 로고스를 창조와 동일한 것으로 파악하고 있는 것과는 달리, 말 즉 언어가 타락의 근원임을 드러내는 흥미로운 발상이며, 바벨탑이 대다수의 수메르 전공 학자들의 주장대로 '우주선 선착장'뿐 아니라 '언어의 바벨탑'으로도 여전히 해석되고 있는 이유이기도 하다. 바벨탑을 우주선 선착장으로 보는 전자의 입장을 따르자면 사탄은 당연히 바벨탑에서 파견나온 신 또는 신의 대리인이 되기도 한다.

15. 배철현은 이를 "쩰라" 즉, "물에 떠다니는 배의 반쪽"으로 히브리인들이 여성을 비하하기 위해 사용한 단어로 해석하고 있는데, 전거를 제시하고 있지 않다(http://blog.daum.net/_blog/BlogTypeView.do?blogid=0JhIe&articleno=8765971). 그는 다만 "쩰램"(tselem)의 어원이 불분명하다고 하면서 그 뜻은 형상이라 밝힌다(『신의 질문』 481). 옆구리, 흉곽, 또는 어떤 것의 한 면을 나타내는 히브리어 쳴라(ṣela‘), 혹은 쩰라와 형상을 뜻하는 "ṣelem"은 유사성이 확연히 있어 보인다. 아카드어로는 "쳴루"(ṣelu)라고 하는데, 이에 관한 논의에 대해서는 Walton 2013, 144-145, Aberbeck 75 참조.

쳴라(쩰라)와 쳴람(쩰람)의 연관성에 대해 필자가 확인한 바를 밝히자면, '쩰라'에 대한 히브리어는 성경 전문 사이트 biblehub.com에서는 "'haṣ·ṣê·lā'"로 표기되어 있다(창세기 2:22). 쩰라는 옆, 부분(side) 또는 방(chamber)으로 설명되어 있으며 창세기 2:22에 대응하는 불가타 성경 구절은 "et aedificavit Dominus Deus costam quam tulerat de Adam in mulierem et adduxit eam ad Adam"(강조 필자)이다. 노아의 방주의 옆 부분 또한 "'haṣ·ṣê·lā'"로 표기되어 있는데, 그 어원은 불분명하다고 되어 있다. 여성을 부수적인 반쪽으로 꼭 보았다고는 할 수 없으며, 오히려 갈비=생명으로 보는 해석이 더 문학적이며, 어원학적인 근거도 있어 보인다.

수메르학의 권위자 중의 하나인 크레이머(S. N. Kramer)는 수메르어 "Ti"가 갈비와 생명을 뜻한다고 밝히고 있다. 후에 창세기가 차용하게 되는 물의 신 엔키와 출산의 여신 닌후르쌍(Nin.hur.sag)의 소생인 생명의 여신 닌티(Nin.ti, 생명의 여주)에 관한 탄생 설화는 수메르를 위시한 근동 지방에서 "여성의 창조와는 하등의 상관이 없는 (…) 물과 관개의 창조적 힘"의 중요성을 갈파한 설화소로도 볼 수 있다(203-205; 주석 31). 따라서 쩰라를 "갈비"로 번역하는 것은 야훼 기자의 다중적 의미와 펀(pun)을 살리지 못한 번역이 된다(Kramer 54). 창세기 2:18의 "돕는 배필"(흠정역 "help meet"→helpmate)에 관한 의견 개진에서 마이어스(Carol Meyers)는 시편 121:1-2를 근거로 들어 "helpmate"를 "도움을 주는 신"으로도 해석한다(84-85).

16. 무화과나무는 넓게 보아서 터키의 소아시아, 서남아시아 또는 지중해 연안이 원산지이며 이집트, 팔레스타인, 시리아 등의 지역에서 재배되었고 이집트에서는 4,000년 전에 심은 기록이 있다고 전해진다. 무화과나무의 학명이 "ficus carica"인 것은 소아시아 지역의 "Caria" 지역에서 옮겨 심어져서 그렇다고 말해지고 있기도 하다(최영전 26). 이는 일반적으로도 받아들여지고 있다. "무화과의 원산지는 아라비아반도 남부로 선사시대에 코카서스, 소아시아에 전해졌다. 소아시아(터키 지방)의 카리아(Caria)지역에 많이 자생하고 있기 때문에 Ficus Carica라는 학명이 붙여진 것으로 알려져 있다.

그러나 야생종이 많은 지중해 연안과 서남아시아 일대를 원산지로 보는 견해도 있다. 이는 재배종의 조상으로 간주되는 카프리계 무화과가 지금도 서남아시아에 야생하고 있기 때문이다. 무화과는 "영일과"라고도 하는데 이는 페르시아어 '앙지루'를 한자로 음역한 것이며 매일 익는 과일이라는 뜻에서 유래되었다고 한다"(https://m.blog.naver.com/nongmaru/221369555506. 2022.10.17. 검색). 무화과의 원산지가 아시아서부, 지중해 연안지역이었지 이란 그리고 더 확장하여 에덴이 위치하는 곳으로 추정되는 이라크 지역까지도 원산지가 아니라는 언급으로 해석될 수 있으나, 이 또한 엄밀한 고증을 요하고 있다.

발정의 과일로 치부되는 무화과에 대한 교부들의 시선이 곱지 않았으리라 추찰할 수 있다. 뒤에서 상술되겠지만 사과를 의미하는 "mālum"은 그리스어로는 "melon"인데 멜론은 과일 전체를 의미하며, 특수하게는 사과를 지칭하기도 한다. 사과나무는 장단음을 고려하지 않은 채 표기하면 여성명사 "malus", 복숭아나무는 "pesica malus" 또는 "persicus", 복숭아는 "melon persicon(혹은 prunus persica)", 살구는 "melon armeniacon", 레몬은 "melon citrion"으로 표기된다.

말룸은 복수형으로 사용될 때 남성의 고환을 의미하기도 한다(Servius n.p.; Brosse 343 재인용). 말룸과 멜론 그리고 여성의 성기와의 연관성은 이 글의 주석 12, 죽음과의 관련성은 이 책의 4장 주석 12 각각 참조. 남성의 고환과 여성의 외음부, 그리고 복숭아(melon persicon)와 무화과(ficus→fico)의 학명 사이의 연관성이 충분히 암시되고도 남음이 있다.

17. 석가세존이 깨달음을 얻은 보리수는 인도보리수(ficus religiosa)이며 이는 "sacred fig tree" "bo tree", 또는 "pipal tree"로 영어권에서는 불리어진다. 우리의 논의의 대상이 되고 있는 무화과나무(ficus carica)와 보리수나무는 장미목 뽕나무과 무화과나무 속에 속한 것은 맞지만 개별적으로는 조금 다른 나무이다. 호퇴자(胡頹子)라는 한약재로도 쓰이고 있는 열매를 산출하는 인도보리수보다는 약간 키가 작은 보리수는 장미목의 보리수나무과 보리수나무속에 속한다. 슈베르트의 연가곡에 나오는 보리수(Lindenbaum)는 피나무의 일종으로서 아욱목의 아욱과 피나무 속에 속하는 나무이다. 그 열매가 염주로 쓰이고 있는 피나무에는 염주나무와 보리자나무 등이 있는데, 한국의 산사에서 볼 수 있는 보리자나무가 보리수로 오인된 것 같다. 백양사의 유명한 보리수나무는 실상 보리자나무이다.

18. 재미있는 것은 카자흐스탄어로 알마(Alma)는 사과라는 뜻이니, 이 나라의 수도였던 알마티(← Alma Ata 1929-1997)는 "사과의 도시"라는 이름답게 사과의 주원산지이었고 지금도 그러하다. 히브리어로 알마는 처녀, 혹은 성모 마리아를 지칭하기도 하는데 사과와 처녀 그리고 이브와의 연관성을 추찰 할 만하다. 이에 대해서는 9장의 주석 19를 전후한 논의를 볼 것. 숙명여대 김상률 교수에 의하면 이 야생사과의 씨앗은 지금도 그러하지만, 예전에는 독이 든 것 같이 맛이 쓰고 떫떠름했다. 소위 '사과원죄설'의 시작일 수도 있겠는데, 백설 공주의 '독 사과' 또한 파리스의 사과처럼 이러한 전통에서 벗어나 있지 않다.

19. 완전하기 때문에 불완전하고 불령하다는 의미인데, 이러한 사유는 우로보로스

적 순환의 '불가역성'을 주장하는 필자의 향후 연구 주제가 되고 있다. 뱀으로 표상되는 원의 이미지가 그러나 타자를 필요로 하지 않는 완벽한 원인지 오히려 약간은 찌그러져야 하는 타원이 되어야하는 것인지는 필자가 「우로보로스의 현상학」(2020)이라는 글에서 이미 논한 바 있으며, 우로보로스가 완전함을 표상하긴 하지만 또 역설적으로 완벽하므로 완벽하지 않다고 밝히게 된다. 케플러는 다음과 같이 말한 적 있다. "곡선은 신을 나타내고 직선은 신의 피조물을 표상한다"(『코페르니쿠스의 천문학 대강』 해설; Graham 60 재인용).

20. 2장 주석 17 참조. 구약에서 블레셋(=팔레스타인) 지역을 포함하는 지중해 동해안 가나안 문명권의 이교도 신으로 나타나는 아쉬다롯(Ashtoreth 한국어 야스다롯)은 지역과 시기에 따라서는 아시리아 지역의 아스타르테(Astarte), 우가리트 지역의 아낫(Anat), 또는 아시라트(Athirat) 등으로 불리어졌는데, 현대영어에서는 에스텔, 또는 에스더(Esther)로 불려진다. 아낫은 아쉬다롯의 자매이며 그녀와 함께 바알의 배우자로 나타날 때는 둘 다 공히 '바알라트'라고 불린다. 한국어 성서는 영어번역을 따라 이를 "아세라"로 표기하고 있다.

우가리트어 문헌에 의하면 그녀는 실제 제의에서는 바알이 대신하는 창조주 엘(El)과의 사이에서 70명의 신을 낳은 엘의 배우자이며, 따라서 엘의 자식 또는 엘의 다른 이름이기도 하였던 야훼의 배우자이었다고 주장되기도 한다. 근친상간적 구조가 엿보이고 있다. 야훼와 아쉐라의 관계에 관한 주전 1400-1200년경의 우가리트(현재 시리아 지역의 라스 샴라(Ras Shamra)) 문헌 출처로는 Charlesworth 345, 577 주석 314, 그리고 아쉐라가 보통명사로 여신을 뜻하며 야훼의 배우자가 아낫(Anat)이라는, 그러나 전거를 확실히 제공하지 않는 이설에 대해서는 Bernal III, 562-563 참조.

시나이반도 북쪽의 쿤틸렛 아즈롯 유적지에서 발견된 주전 800년 전의 비문에는 "야훼와 그의 아쉐라"라고 분명히 표기되어 있다(Hess 344, 348, 354). 아담과 이브, 특히 모든 죄의 근원으로 해석되는 이브의 창조 설화는 야훼의 원래 배우자로도 추정되는 아쉐라 여신을 폄하하기 위해 고안되었다는 의견 또한 광범위하게 존재한다(Assante 128). 이에 관한 성서의 기록으로는 히스기야왕이 여전히 항간에서 잔존했던 우상 숭배의 대상으로 아쉐라 목상을 베어버리는 열왕기 하 18:1-4, 아쉐라 여신을 창녀로 보는 열왕기 하 23:7 등을 또한 참조.

물론 아쉐라 여신과 그녀의 상징인 성목(聖木)과 성물인 뱀은 고대 여신들의 전통과 맥락 안에 있다. 이 창조의 여신은 다른 지역, 또 다른 시간대에서는 "이닌, 인안나, 나나, 누트, 아낫, 아나히타, 이쉬타르, 이시스, 아우 셋, 이샤라, 아쉬에라, 아슈타르트, 아토렛, 아타르, 그리고 하타르"(Stone 9) 등으로 다양하게 불려졌다. 잘 알려진 사실이지만 "인안나는 원래 샛별신이었는데 후대 바빌로니아시대 (기원전 2000년 이후)에 전쟁과 사랑의 신인 이쉬타르와 혼합되어, 그 원래의 모습"이 희석된 감이 없지는 않다. 아카드어 문헌에 나타나는 이쉬타르는 사랑과 전쟁의 여신인 인안나의 후신이라 보아도 무리가 없다(배철현 2004, 2). 북부 수메르 지역에서는 이슈타르로도 혼용되어 불리어진 인안나는 바빌로니아와 아시리아에서는 확연히 이슈타르로 불리어지며 인안나의 역할을 대신하게 된다(Baring & Cashford 176-80).

"이쉬타르" 대신 굳어진 "이슈타르"로 표기한다. 필자는 또한 배철현의 "이난나" 대신 조철수(2003)와 김산해, 그리고 주원준의 표기법인 "인안나"를 택하고 있는데, 이는 인안나 (In,anna)가 "'하늘신 안(An)의 여주인'이라는 뜻의 닌안나(Nin-an-na)에서 나온 이름이라고 생각"(조철수 2003, 39; 주석 13; 주원준 35)되기 때문이며, 많은 학자들 또한 이를 정설로 생각하고 있다. 달의 여주(女主) "이난나"로 표기할 때는 달의 신 난나(Nan,na)와 연관성이 있어 보여 문학적 상상력이 가미된 합당한 이름이 될 수도 있고, 또 사막지역에서 중요한 신으로 등극한 달의 신을 지칭할 때는 그것이 더 합당해보이지만, 이 책에서는 전자를 택한다.

지혜의 여신 인안나가 주신 안(An)으로부터 메(me)를 물려받아 그를 대신하여 통치하기도 하는데, 이는 희랍신화에서 제우스를 대신하여 아테나가 간혹 그의 아비를 제치고 주신의 역할을 하는 것과 유사하다. 안의 증손녀인 인안나는 엔릴의 손녀, 그리고 난나의 딸이기도 하였는데, 에안나 신전을 차지하기 위해서 증조할아버지인 안의 정부, 즉 아내 노릇을 하기도 한다(김산해 2005, 394). 에안나(E,anna)는 "하늘 신전"이라는 의미로 인안아의 영역인 우륵에 위치한다.

21. 스퐁 주교와 베어링 & 캐쉬포드 등의 언급은 지극히 간단하여 우리의 논의에

많은 도움이 되지 못한다. 심지어 Baring & Cashford는 라틴어로 사과[나무]인 "malus"[sic]가 악을 의미하는 "malum"과 같은 어근에서 나왔다고 주장하고 있다(498). 구글을 검색해보면 많은 이들이 "mālus"와 "mālum"을 구별하지 않고 사용하고 있다는 사실을 알 수 있다. 고전 라틴어 번역 성경인 "Vetus Latina"가 셉투아긴타를 저본으로 삼고 있는 것과는 달리, 제롬의 불가타 성경은 히브리어 성경에서 직접 번역하는 것을 모토로 하고 있다. 제롬의 불가타는 원본이 존재하지 않으며 8000여 개의 서로 다른 사본들 중 현존하는 최고의 것은 6세기경의 풀다 사본(Codex Fuldensis)으로 알려져 있다(민경식 131-132).

성 제롬의 번역에 이의를 제기하여 에라스무스는 비잔틴 사본들을 편집하여 신약성서를 1516년에 출판하였으며 이는 소위 TR(수용문헌, Textus Receptus)의 시초가 되고 있으나, 서두른 감이 없지 않은 에라스무스의 수용문헌은 아이러니하게도 수용의 측면에서 타락한 판본으로 후세에 기록된다. 성 제롬도 그렇다고 전해지지만 에라스무스도 실제로는 히브리어본을 참고하지 않고 그리스어본을 참조하여 번역 작업을 실행한 것으로 소문이 나기도 했으며, 그리스어판본에는 없는 3위일체에 관한 구절을 라틴어판본을 따라 그리스어판본에 삽입한 것으로 알려져 있다(민경식 157-161).

인쇄술의 발명 이래로 불가타는 진화를 거듭하였으며 1528년 TR의 후속 편집인인 스테파누스(Robert Stephanus, 1503~1559)가 편집한 최초의 비평본(1551)은 로마 가톨릭의 공인 성경이 된 1592년의 클레멘스 불가타와, 교황 요한 바오르 2세가 공인하게 되는 노바 불가타(*Bibliorum Sacrorum nova vulgata editio*, 1979)의 저본이 된다. 노바 불가타는 제롬의 불가타를 복원한다는 취지를 지녔지만 클레멘티나와는 맞춤법을 바로 잡은 이외에는 실제 본문 상에서는 시편 등을 제외하고는 많은 차이가 나지 않는 것으로 알려져 있다. 독일 성서공회에 의해 1969년에 출간된 "*Biblia Sacra Vulgata*"는 불가타 초기 본문의 재생을 목적으로 편찬되었으며 불가타 본문 연구에 많은 도움을 주는 것으로 알려져 있다. 본문의 불가타 인용은 주로 클레멘스 불가타에 의거하고 있다.

22. 이와 더불어 통속적인 상상력 속에서는 클레멘티나 불가타(1592), 그리고 밀턴의 『실낙원』(1667) 이전 전 유럽에 광범위하게 유포되었던 『마녀들의 망치』

(*Malleus maleficarum*, 1486) 또한 "malum"과 음향 연상 작용을 지니고 있다고 추정할 수 있다. 마녀들이 사타구니에 끼고 있는 빗자루 혹은 꼬리는 여성 성기의 연장임이 분명한데, 바오르 2세에 의해 마녀가 실질적으로 존재하지 않았다는 언급에 비추어 볼 때, 마녀들의 망치는 실상 당시 도미니크 수사 크레머(Heinrich Krämer)와 스프렝거(Jacob Sprenger)가 대표했던 가톨릭교회에 속해있던 마남(魔男) 남성들의 여성혐오에 기초한 가부장제의 망치였음은 밝히고 넘어가고자 한다.

23. 성 제롬의 엄격하고 극단적인 금욕주의와, 동정녀 마리아의 영원한 순결성에 관한 믿음은 그의 "독신은 천국을 채운다"(김동주 159 재인용)는 말에서 간명하게 나타난다. 그는 성처녀 문제와 성직자의 독신 문제에 대해서 조비니아누스, 펠라기우스, 헬베디우스 등과 논쟁하였는데, 특별히 독신에 대한 그의 엄격한 입장은 그를 조비니아누스와 중도적 입장에 있는 펠라기우스와 구별하게 한다(김경수 2116, 129). 그의 이러한 믿음의 배후에는 아우구스티누스에게도 영향을 미쳤던 이분법적인 마니교의 금욕주의가 도사리고 있다(김경수 2012). 이에 관해서는 국내외 많은 학자들의 논의가 있으며, 이 책의 3장에서 독신의 문제와 밀접한 연관을 갖는 동정녀 마리아에 관한 논의가 이루어 질 것이다.

24. 〈주간동아〉 2018.04.25 1135호 6쪽의 기사를 보라. "그런데 왜 선악과가 사과로 고착된 걸까. 히브리 성경은 그리스어 번역을 거쳐 5세기 초 히에로니무스(영어명 제롬)의 주도 아래 라틴어 번역이 집대성됐다. 로마 가톨릭에서 정경(正經)으로 삼았던 불가타성경이다. 불가타 성경에서 문제의 나무는 "lignum scientiae boni et mali"로 번역되어 있다. 히브리어와 마찬가지로 선과 악을 구별하는 지혜의 나무라는 뜻이다.

문제는 그 나무의 열매를 뜻하는 단어에 있었다. 히브리 성경에선 모든 종류의 열매와 그 즙까지 의미하는 페리(peri)라는 단어를 썼다. 사과를 비롯해 무화과, 석류, 포도, 쌀, 밀 등 모든 열매를 포괄하는 단어다. 히에로니무스는 이를 라틴어 말룸(ma-lum)으로 번역했다. 이 단어는 사과라는 뜻과 함께 배나 복숭아처럼 실한 과육 속에 씨를 품은 과일을 통칭한다. 거기서 그치지 않는다. 라틴어에서 이 단어의 장모음 a를 단모음으로 발음하는 malum은 '악(惡)'[sic]을 의미한다. 그 형용사형인 malus는 나쁘다는 뜻이고 a를 장모음으로 발음하는 ma-lus는 사과나무다"(https://gall.dcinside.com/board/view/?id=mystery&no=1243006. 2018.10.1. 접속; 강조 필자). 대강의 뜻은 부합하나 정확하지 못한 정보를 담고 있음이 독서의 진행 속도에 따라 밝혀질 것이다. 인터넷 정보의 유용함과 그 부정확함은 기독교의 천지창조를 비판하는 근자의 진화생물학자 도킨스(Richard Dawkins) 등을 포함하는 과학자들의 마구잡이식 인용과 의견 차용에서도 발견된다.

25. 선악과와 사과나무에 연관된 라틴어 정보는 연세대의 문경환 교수님이 재차 확인해주었는데, 그는 사과를 의미하는 라틴어 "mālum"은 밤이나 호두처럼 껍데기가 딱딱한 견과류의 과일(nux, nut)이 아니라, 사과, 살구, 복숭아, 대추, 석류나무 등과 같은 부드러운 껍질을 가진 열매를 총칭하는 어휘였다고 필자에게 알려주었다. 견과류에 비해 사과는 상대적으로 부드러운 껍질을 지녔다고 말할 수 있다.

마찬가지로 프랑스어에서 보통 사과라고 번역되는 "pomme"는 라틴어 "pomum"에서 온 말로 원래의 의미 또한 "malum"과 마찬가지로 사과류의 열매로 볼 수 있는데, 고대 영어에서 오이를 "eorðæppel"(직역하면 "earthfruit")로, 프랑스어에서 고구마 또는 감자를 "pomme de terre"로 표기하는 것은 이러한 추측을 가능하게 한다고 한다. 부언하자면, "pomme de pin"은 소나무이다. 현대 이탈리아어에서 "pomum" 대신 그리스어 계통의 말룸에서 유래한 "mela"를 쓰는 이유는 일반적인 과일을 통칭하는 "pomum"이 말룸보다 늦게 라틴어로 유입된 까닭이다.

한편 배철현은 "melon"이 과일에 대한 통칭이 아니라 양, 염소 혹은 그것들의 거죽이라고 하며, 라틴어 말룸 때문에 멜론이 현재 우리가 알고 있는 멜론의 의미를 갖게 되었다고 주장하는데 고증을 거칠 일이다. 터프츠 대학 페르세우스 프로젝트(http://www.perseus.tufts.edu/hopper/text?doc=Perseus%3Atext%3A1999.04.0057%3Aentry%3Dmh%3Dlon1)는 양 혹은 염소로 또한 명시하고 있지만 동일한 단어 "μῆλον"은 또한 사과, 혹은 사과나무로 셉투아긴타에서 또한 사용되고 있음을 유념할 일이다. 셉투아긴타는 사과에 해당하는 히브리어를 이미 "melon"으로 표기하고 있다(잠언 25:11; 아가서 2:3).

라틴어로 과일은 '포뭄', 과일나무는 '포무스'이며, "malum"에 해당하는 프랑스어
는, 브로스(Jacques Brosse)가 재차 밝힌 바에 의하면 "pomme"이며 이는 훌륭
한 열매를 뜻한다(307-308). 과일의 여신이 포모나(Pomona)임을 상기할 필요
가 있다. 여담이기 하지만 중국에서 사과는 "평과"(苹果, 핑구오)로 표기되는데
성탄절 이브에 사과를 선물하는 습관이 있으며, 성탄절은 평안절(平安節)로 불
려진다. 무엇이 먼저이어서 어휘에 영향을 주었는지는 모르겠으나 평과의 '평'과
평화(平和)의 앞 글자와 소리가 같다. 문명에 따라 사과의 해석이 전혀 다르다는
사실은 죄와 구원에 관한 사유 또한 상이하다는 사실을 암시하고 있다.

여담삼아 말하자면 보험업계에서 사용하는 "bonus-malus" 시스템은 어떤 소
정의 표준이나 정도를 충족할 때와 충족하지 못하고 넘치거나 모자랄 때 금전적
인 보상 또는 인센티브를 경감한다. 보너스 지급과 차감의 기준이 기준 충족과
미달에 따라 정해진다는 사실은 히브리어와 그리스어 등에서 이를 가르는 소위
"선악"의 기준이 성질 혹은 성향의 정반대가 아니라 표준의 넘침과 모자람을 염
두에 두고 사유되어졌다는 사실을 "反證"하고 있다. 이를 알려준 서울시립대 사
회복지학과 이준영 교수님에게 감사드린다.

26. 필자가 찾을 수 있었던 구절은 2개뿐이었고, 이외의 경우 특별히 9장을 살펴보
니 밀턴은 이를 "fruit"로 표기하고 있다(IX: 924, 972, 996, 1046, 1073). 흥미로
운 사실은 고대 영어에서 "æppel"은 과일을 통칭하는 말이기도 하였으며, 다음
주석에서 장황하게 설명이 되겠지만 이러한 전통은 프랑스어 "pomme"의 의미
에 그대로 남아 있다. "pomme"는 과일에 대한 통칭이기도 한다.

27. 히브리어 성경은 웨스트민스터 레닌그라드 판을 참조하되 학계의 관행인 로마
어 표기법을 준용하였고, 향후 혹 그대로 전사할 시 필요하지 않다면 모음을 굳
이 표기하지는 않는다. 그리스어와 라틴어 성경 인용 또한 필요한 경우를 제외하
고 모음부호를 따로 표기하지 않는다.

28. 여기에는 배철현(2015) 님 같은 전문가도 있고 권재현(2018) 님 같은 기자도 있
다.

29. "Vetus Latina"는 일부분이 편집 중에 있으며, 제롬의 불가타 원본은 확인할 수

없었다. 향후 정치한 작업이 요망되는데, 검색기관 싸이트인 "http://cal-itsee.bham.ac.uk/itseeweb/iohannes/vetuslatina/manuscripts.htm."와 "http://textus-receptus.com/wiki/Vetus_Latina"(2021.12.7 검색)에는 요한복음을 필두로 다양한 종류의 코덱스가 일부 상재되어 있다. 1965년 시작되어 1979년 교황 바오로 2세 때 출판된 노바 불가타는 제롬의 라틴어 번역을 복원한다는 취지 아래 그 편찬 작업이 수행되었지만 구체적으로 몇몇 구절들만이 삭제되거나 각주에 편입되었다고 한다.

30. 프랑스어판(1940)으로부터 번역한 이재실의 『종교사 개론』(1993)에는 이 부분의 표제어가 이은봉의 영어판(1958)에 의거한 한국어판(1996)의 "선악과나무", 즉 "지식의 나무"가 아니라 "지혜의 나무"로 번역되어 있다. 프랑스어판과 저자가 또한 직접 번역한 것으로 되어 있는 영어판의 적확한 용어 확인이 필요하다 할 수 있겠다. 필자는 선악과나무를 지혜의 나무로 파악하고 있으며, 엘리아데도 이에 동의하고 있을 줄 안다.

31. 헤스페리데스는 아틀라스의 딸들로서 가이아 여신이 헤라에게 결혼 선물로 준 불멸의 상징인 황금사과나무의 열매(melon)를 라돈과 더불어 수호하는 님프들이다. 아폴로도루스에 의하면 그들의 이름은 아에글(Aegle), 에뤼씨아(Erythia), 헤스페리아(Hesperia), 그리고 아레투사(Arethusa)이다(2.5.11; Rigoglioso 2010, 84 재인용). 여담이지만 멜론은 앞의 주석에서도 밝혔듯이 사과 (비속어로는 여성 성기) 이외에도 "작은 가축"을 동시에 지칭하고 있는데, 황금사과와 황금 양의 유사성 혹은 동일함이 여기서 유추될 수 있다. 라돈은 튀폰과 에키드나, 포르퀴스와 케토, 때로는 대모신 가이아로부터 직접 무성 생식했다고도 알려지고 있는데, 시원의 뱀, 즉 용으로 등장하고 있는 라돈이 지키고 있는 열매인 사과는 후대 기독교 전승에 의해서도 영생의 엠블럼이 되기에 손색이 없다.

32. 창세기 4:1은 다음과 같은 번역으로도 가능하다. "아담이 그의 아내 하와를 알고 그녀는 카인을 낳았다." 영지주의자들로 알려진 에세네파의 저작으로 추정되는 사해문헌에는 다음과 같은 구절이 나온다고 한다. "사람이 선과 악을 알 수 있는 스무 살이 충분히 되지 않았으면 잠자리를 하여 알려고 여자에게 가까이 가지 않을 것이다"(조철수 2002, 316 재인용; 강조 필자). "알다"는 의미의 히브리

어 "야다"(yada)의 의미에 관해서는 4장의 주석 8 참조. 음양의 구별, 그리고 성(性)이 인식의 시작이라는 것을 히브리어 "야다"는 보여주고 있으며, 이는 전쟁의 원인으로서의 선악의 구별이라는 필자의 논의와 일맥상통한다.

33. 이 작업은 서양철학에 국한하여 말한다면, 선(善)이란 무엇인가에 관하여 소크라테스가 『티마이오스』와 『필레보스』에서 피력한 이래 서양 철학자들의 선악에 관한 근본적인 질문으로 우리를 이끌고 간다. 특별히 히브리어 성경에서 통상 악으로 번역되는 "עֹד"(rah)의 어원적 의미에 대해서는 이 책의 4장 2절, "성경에 나타난 뱀: 생명나무와 죽음나무의 통합"을 보라.

34. 극과 극의 두 요소 또는 상반되는 두 가지 요소를 함께 언급함으로써 전체를 표현하는 상극법(merism 또는 polar expression)은 예를 들자면 "물불을 가리지 않는다"는 표현에서 모든 역경을 "물불"로 말하고, "동서남북"으로 모든 방위를 말하는 표현법이다. 성서에서 예를 들자면 "여호와의 눈은 어디서든지 악인과 선인을 감찰하시느니라"(잠언 15:3)와 같은 표현이 이에 해당한다 하겠다.

선과 악으로 모든 것을 표현하는 것도 당연히 상극법의 일종인데 저명한 구약학자 고든(Cyrus Gordon)은 『성서와 근동』(*The Bible and the Ancient Near East*, 1997)에서 "선악의 지식의 나무"를 "모든 지식의 나무"로 번역해야 한다고 주장한 바 있다(36). 고든은 『오뒷세우스』에서 율리시즈의 아들 텔레마코스(Telemachos)가 하는 다음과 같은 말, 즉 " 나는 좋은 것과 나쁜 것, 모든 것을 안다"(20: 309-310)는 말을 인용하면서, 선악뿐만 아니라 창세기가 밝히는 천지창조에서 "천지" 또한 모든 것을 의미한다고 연이어 주장한다(36). 이에 대한 보다 더 자세한 분석으로는 이 책의 4장 2의 주석 6, 7을 참조.

배철현은 또한 선악의 나무를 상극법의 한 형태로 "우주의 신비와 비밀을 푸는 '지식'이 담긴 열매를 맺는" 나무로, "선과 악이라는 사회적 규범을 넘어서는 지식의 나무"로 해석한다(『신의 질문』 48). 즉 선악의 나무는 삼라만상의 원천을 인식할 수 있는 지식의 나무이다. 물론 지식의 나무와 지혜의 생명수에 대한 일치 혹은 불일치에 대한 논의는 여전히 남는다.

35. 융의 다음과 같은 말을 또한 기억할 필요가 있다. "심리학적 영역 안에서 말하자면 선악 중에서 어떠한 것이 세상을 지배하고 있는지 솔직히 우리는 잘 알지 못

한다. 희망하건대 우리들은 단지 선함이 세상에 두드러지기를 즉 그것이 우리에게 어울리는 것을 바랄 뿐이다. 어느 누구도 일반적인 선이 무엇인가를 말할 수는 없을 것이다. 도덕적 판단의 상대성과 오류 가능성에 대한 통찰은 아무리 깊어져도 우리를 그러한 결함으로부터 구원해주지 않으며, 자신이 선과 악을 초월해 있다고 여기는 사람들은 대체로 보면 인류 최악의 고문자들인데, 왜냐하면 그런 사람들이야말로 자신들의 질병으로 인한 고통과 두려움 때문에 맘보가 비뚤어져 있기 때문이다"(*Aion* 53; 강조 필자).

36. 윌버의 『에덴에서 진화화기』(1983)의 논리는 다분히 일자로부터 타자로의 분화, 즉 창조 자체가 타락이라는 동일성의 철학자 쉘링의 언급과도 궤를 같이한다(김상일 1994, 360; 2003, 249). 윌버의 사유체계에서 타락은 '신학적 타락'과 '과학적 타락' 둘로 나누어지는데, 신학적 타락은 에덴동산에서의 추방이 아니라 창조과정 그 자체이고, 에덴에서 추방된 후의 과정은 과학적 타락이라고 정의된다. 과학적 타락은 김상일의 입장에서 보면 진화와 진보이다. 이에 대한 추가적 논의는 이 책의 4장에서 이어진다.

37. 모든 것은 이름일 뿐이어서 실재가 아니라 하나하나의 사물이 존재한다는 유명론은 보편이나 이데아를 통해 실재 혹은 신에 이르게 된다는 실재론과 반대의 위치에 있다. 영국의 경험론이나 19세기의 리얼리즘 논의가 중세의 유명론에 해당하며, 플라톤의 이데아론은 중세인의 입장에서 보면 역설적인 의미에 있어서 실재론이다.

38. '分別知'라는 용어는 당나라 시대 장자 주석가 성현영의 용어라고 이종성은 밝히고 있다. 조야하게 말하면 분별지라는 지식은 무분별이라는 진지(眞知)에 이르기 위한 한 방편인데, 성현영은 이를 다음과 같이 표현한다. "所凜形成, 各有限極, 而分別之智, 徇物無涯"(『莊子』, 「應帝王」 成玄英 疏; 이종성 1998, 390; 주석 1 재인용). 知와 智가 호환되어 사용되고 있음을 알 수 있는데, 지식과 지혜에 관한 착종된 논의는 이 책의 4장에서 이어진다. 장자의 소지(小知)와 대지(大知)의 분별은 필자의 장자의 유무사생관에 관한 책(2023 출간 예정)에서 다루어진다.

그러나 신예 학자 김상희의 장자의 분별지(辨知)에 대한 의견은 다르다. "진인 이후에 진지가 가능하다는 말은 분별지의 추구를 그만두고 자연과 합일하는 양생으로 나아갈 때, 참 지혜[眞知]가 발로된다는 의미이다"(127). "지식을 통해서 참사람이 되는 것이 아니라 참사람이 됨을 통해 참 지혜를 소유하는 과정의 전이가 일어난다"고 하면서 김상희는 "무한한 분별지는 자연과 분리된 대상적 지식일 뿐만 아니라, 제도적 선악의 가치와 결부되어 명예와 형벌로 인간을 구속하는 틀에 맞춘 인간을 양성한다"(128-129) 주장한다.

김상희는 지식과 지혜를 확연히 구분하고 있는 것 같은데, 지식과 지혜의 다르지 않음과 이러한 이분법적 분별의 폐해에 대한 추가 논의는 역시 이 책의 4장에서 펼쳐진다. 맹자는 말한 적이 있다. "사물의 차별성은 사물의 본성이다"(物之不齊, 物之情『孟子』,「滕文公上」; 김상희 59 재인용). 장자가 이를 배척하지 않는다고 필자는 생각한다. 따라서 김용옥의 다음과 같은 말은 숙고를 요구한다. "무욕은 결코 욕의 전면적인 거부가 아니다. 욕은 인간에게서 사라질 수도 없고 사라져서도 아니 되는 것이다. 무욕이란 분별지의 폭력에서 벗어나는 것이다. 무욕이 대상으로 하는 세계, 즉 무욕함으로써 보고자 하는 세계는 묘묘한 세계이다"(『노자가 옳았다』 70). 무욕이 욕의 거부가 아니듯이 그런데 초분별은 분별의 전적인 배제가 될 수 없다.

39. 미추와 호오로부터 발원하는 소위 성'악'의 개념, 그리고 그것이 주희의 도학에 이르러 현대에 우리가 알고 있는 성악(性惡)의 의미로의 고착화에 대한 간략한 소개로는 조긍호 75-103, 209-252, 특히 223, 230-231 계속 참조.

40. 호오를 인간의 일반적인 정서, 즉 호오지정(好惡之情)으로 보는 해석은 대체적으로 받아들여지고 있는데, 이상옥의 번역 또한 그러하다. "마음이 외물에 느껴서 움직이면 지력(知力)이 작용해서 그 외물을 알며 그렇게 되면 호오(好惡)의 정(情)이 발생한다"(이상옥 973).

희노는 호오로부터, 애락은 좋은 것과 나쁜 것으로부터 나온다는 구절과 이에 관한 설명이 나오는 『左傳』(昭公 25年), 『荀子』,「樂論」 구절에 대한 논의로는 김명석 2012, 6-7; 13-14 참조. 호오, 즉 욕구와 혐오가 희노애락과는 달리 "희노에 의해 대표되는 감정 군에 속하지 않고 특별한 지위를 누려 (…) 감정들의 집합 바깥에 위치한다"는 주장에 대해서는 김명석 2008, 163-168 참조.

41. 3이라는 숫자에 매달려 이를 구별하면 진리를 이해할 수 없다는 아우구스티누

스의 "삼원성과 하나-됨의 같음", 즉 삼위일체에 관한 논의에 대한 쿠자누스의 설명이다. 관련 문맥은 조규홍 역본의 103쪽 참조.

42. 장자의 兩行(「齊物論」13)을 是非의 고리(環)와 無是無非의 虛, 즉 環中으로 발전시킨 이는, 충북대의 서대원 교수를 따르자면 곽상이다. "저 是非라는 것은 서로 부정하며 영원히 꼬리를 물고 이어지는 것이다. 그래서 '環'이라 부른다. '環中'은 빈 곳이다. 지금 是非로 環을 삼으니 그 가운데를 얻었다는 것은 無是無非이다. (…) 是非는 영원한 것이다. 그러므로 대응도 영원하다"(「齊物論注」). 이에 대하여 서대원 교수는 다음과 같이 평한다. "兩行이란 無是無非만 인정하고, 有是有非를 부정하는 것이 아니라, 無是無非의 기초 위에 有是有非를 받아들이은 것이다. 다시 말하면 본질적 無是無非와 현상적 有是有非를 동시에 긍정하는 것이다"(서대원 2005, 78).
장자는 천지정신과 더불어 왕래하면서 만물 위에 군림하지 않고 또 시비를 폐하지도 않으며 세속에서 사람들과 더불어 살고자 했던 것이니(獨與天地精神往來 而不敖倪於萬物 不譴是非 以與世俗處, 『莊子』, 「天下」), 시비와 무시무비는 서로를 긍정하고 필요로 하고 있다. 말과 침묵은 적정한 수준에서 그리고 무시무비는 적당한 시시비비를 전제하고 있다.

43. 순간과 영원의 동일성에 관한 괴테의 깨달음, 혹은 '지속'(la durée)을 말하는 베르그송(Henri Bergson)에 반하여, 순간이 영원의 일부가 아니라 영원 그 자체라는 바슐라르(Gaston Bachelard)의 논의에 관해서는 이 책의 에필로그 결말 부분을 볼 것.

44. 서양 문화의 A와 B의 대척적 관계에 대해서 영국의 저명한 동양학자 그레이엄(A. C. Graham)은 데리다(Jacques Derrida)를 예로 들며 서양 문명의 "'말 중심주의적'(logocentric) 전통은 B를 폐지하고 A만을 남기려고 분투하는 사슬을 가지고 있다"고 평하고 있다. 타자를 인정하지 않는 서양 문명이 거세와 상실과 부재를 속성으로 갖게 되는 소이연이다. 중국 문명의 A와 B, 혹은 음양의 관계가 상호의존적이라 서양 문명처럼 선과 악의 이분법으로 비화하지 않는다는 그레이엄 교수의 의견(219)을 그렇다고 100% 신봉할 수 없는 것은, 여기에도 여전히 동서양의 이분법이 작동하고 있는 것이 아닌가 하는 의구심이 있을뿐더

러, 동일률과 모순율, 그리고 배중률에 기초한 서양의 이분법이 A=B이며 동시에 A≠B가 아니라는 은유의 속성이 A, B의 상호배제를 무력화시키고 있기 때문이기도 하다.

데리다의 문자학은 그러나 서양 문명에 본유적으로 내재하는 "문자이성중심적" 사유 방식을 카피한 속임수일 수 있다. 그가 비판하고 있는 "소리이성중심주의적"(phonologocentric) 사유가 실상은 모순과 변증에 자양분을 제공하는 문자이성중심주의를 엄폐하는 키치(kitsch)에 지나지 않기 때문이다. 이와 같은 비판은 문자적 성향이 강한 중국어에도 적용된다. 중국 문자인 한자 또한 소리 체계를 지니고 있음을 유념할 일이다.

45. 원문을 확인해야 하겠지만, 한국어로 "잘못한"으로 번역되는 "gefehlt"(←fehlen)은 "과녁을 벗어난" 정도의 뉘앙스를 지니는 그리스어 "hamartia"와 상응한다. 문제는 기독교 문명권에서 이에 상응하는 어휘가 부족함에서 더 나아가 결여, 죄, 혹은 원죄로 번역되는 경우인데, 이를 "벗어남" "모자람" 내지는 "부족함" 등으로 번역할 때 하마르티아에 주어진 무거운 의미를 벗어날 수 있을 것이다. 태어나 고통의 세월을 감내하며 사는 것도 힘든 일인데, 죄까지 졌다고 할 필요는 없지 않은가.

46. "영혼의 불멸성"(Platon)과 베르크손(Henri Bergson)의 "지속"과는 다른 개념인 "지속의 영원성"을 근간 혹은 담보로 하는 영원의 형이상학에 관한 논의, 그리고 한 평생을 영원으로 보는 수운 최제우의 사유에 관한 논의는 에필로그의 마지막 부분에서 이루어진다. 영원의 지겨움 또는 윤회의 공포라는 개념에 대한 이해는 기독교의 영생에 대한 약속을 비판적으로 들여다보는 반대급부이다. 대개 모든 종교는 영생을 근거로 발생, 성립, 존속되고 있는데 이에 자양분을 제공하는 개념이 서양 세계에서는 존재론의 비조인 파르메니데스의 존재와 비존재, 관념론의 대가인 플라톤의 '영원의 형이상학' 관념내지는 이데아이다.

47. "하타"는 히브리어의 8, 9번째인 헤트와 테트 그리고 모음 알레프로 구성되어 있다. 그러나 테트가 뱀의 웅크린 모습을 연상한다 하여 이를 울타리를 뜻하는 헤트와 뱀을 뜻하는 테트, 그리고 본성을 말하는 알레프로 파자하여 "울타리 속에 있는 뱀의 본성"으로 해석하는 식의 관행(https://blog.naver.com/

okpo2166/221430075576 2021.3.29)은 지양되어야 한다. 주원준에 의하면 헤트는 "막힌 땅" 내지는 "울타리"를 의미하며, 이에 상응하는 수메르어는 "집" 또는 "방"을 의미하는 "에"(E)이며 그리스어로는 "에타"(H)이다. 헤트는 또한 "좋다"는 의미를 갖는데 "선과 악을 알게 하는 나무"에 쓰인 선에 해당하는 히브리어 "토브"(tob) 또한 같은 뜻을 갖고 있다(https://cafe.daum.net/oratio2004/LfvP/49?q=%ED%9E%88%EB%B8%8C%EB%A6%AC%EC%96%B4%20%ED%85%8C%ED%8A%B8 2021.3.29.). 뱀을 뜻하는 히브리어는 "나하쉬"이다. 상식의 지나친 오용을 경계하자.

48. 다석의 탐진치에 관한 생각을 정리하는 이정배는 다석이 "예수의 보혈로 본성 회복을 말하는 기독교의 대속 사상 역시 옳지 않다"고 생각한 연유로, "대속 사건 이후에도 세상은 조금도 달라지지 않았던 까닭"(154), 그리고 "인간에게도 하느님만큼의 위격이 있다는 것이 다석의 확신"(164)이어서 "탐진치란 태양을 가리는 구름 같은 것으로서 다석은 이를 '원죄'라고 했다"(186)고 생각했기 때문이라 주장한다. 이렇게 본다면 다석의 탐진치는 출생 전의 원죄인 것 같지는 않다. 본성을 가리는 죄라는 말인데, '원죄'로 명명된 이 죄가 본성과 같이 존재하여 시초부터 본성을 흐리게 한다고 해석하면 기존의 '원죄설'과 별 다를 바 없기도 하다. 상기하자면 기독교의 원죄설은 예수가 아니라 아우구스티누스가 정초한 해석이며, 이는 기독교의 세례문답에서도 언제나 거론되고 확인되는 아우구스티누스가 창안한 기독교의 기본 교리가 된다.

49. 클레의 이 그림은 벤야민(Walter Benjamin)에게는 "역사의 천사"로 번안된다. "파울 클레가 그린 〈새로운 천사〉라는 그림이 있다. 이 그림의 천사는 자기가 꼼짝 않고 응시하던 어떤 것에서 멀어지는 듯 묘사되어 있다. 그 천사는 눈을 부릅뜨고 있고, 입은 벌어져 있으며, 날개는 펼쳐져 있다. 역사의 천사는 필시 이런 모습을 하고 있을 것임에 틀림없다. 그 천사의 얼굴은 과거를 향하고 있다. (⋯) 낙원에서 폭풍이 자신의 날개를 꼼짝달싹 못하게 할 정도로 세차게 불어오기 때문에 천사는 날개를 접을 수도 없다. 이 폭풍은 천사가 등을 돌리고 있는 미래 쪽을 향해 저항할 수 없이 천사를 떠밀고 있으며, 반면 천사의 앞에 쌓이는 잔해의 더미는 하늘까지 치솟고 있다. 우리가 진보라고 일컫는 것은 바로 이런

폭풍을 두고 하는 말이다"(「역사의 개념에 대하여」 테제 9: 339, 강조 필자).
파시즘의 도저한 침공 아래 역사의 희망을 보지 못했던 벤야민의 절망을 읽을
수 있는데, 그러나 또 한편 유대의 묵시의 천사가 여전히 과거의 에덴을 향하고
있을 때 탈출구는 없어 보인다. 에덴에서 나온, 또는 에덴을 설정하지 않는 인류
는 그러나 얼마나 행복해질 수 있을까?

50. 원문은 "wisdom"으로 되어 있다. 소위 인간적인 지식과 종교적인 지혜를 분별
하는 기독교의 세례를 받은 역자의 의도가 드러나고 있으나, 지식과 지혜가 별
반 다르지 않다는 것이 이 책의 4장에서 밝혀지게 된다.

51. 인용되고 있는 시는 「파트모스, 홈부르크 백작에게」이며 원문은 다음과 같다.
"Wo aber Gefahr ist, wächst / das Rettende auch." 국내에서는 장영태 번역으
로 『횔덜린 시전집』 2권 252-263에 상재되어 있으며 원문을 제공하고 있지 않
다.

52. 필자는 그의 신작 『시진핑』(2018), 『노자가 옳았다』(2020), 『동경대전』(2021) 등
에 관한 의견을 "장자의 우로보로스적 사생관"(2023 출간 예정)에서 소소하게
피력한 바 있다.

53. "만물은 스스로 만들어질 수 없다"는 뜻으로 서양의 전통적 창조론 중의 하나
인 '무로부터의 창조'(creatio ex nihilo) 개념과 유사. 불교 유식의 28천중 6천에
해당하며 기독교를 포함한 여타 종교의 창조주가 속해 있는 '타화자재천'에 상
응. 성서적 창조관으로 익히 알려진 무로부터의 창조 개념은 그러나 "아무것도
없는 것으로부터의 창조"(creation ex ouk on)가 아니라 무언가를 포함하고 있
는 "빈 것으로부터의 창조"(creation ex mē on)로 읽혀야 된다는 것이 레벤슨(Jon
Levenson)을 포함한 최근 학계의 의견이다. 선악과의 의미를 궁구한 밀턴(John
Milton) 또한 무의 창조를 이렇게 생각했다는 것이 정설이다. "Nihil"은 이때 유
(有)가 없는 무(无)가 아니라 유(有)를 포함하는 무(無)로 읽혀져야 한다. "物不
能自成" 이론은 장자를 새롭게 해석하고 있는 곽상의 독화적성론(獨化適性論)
그리고 수운의 "無爲而化"와 대비된다.

기뻐하지 말라, 블레셋 온 땅이여 너를 치던 막대기가 부러졌다고
뱀의 뿌리에서는 독사가 나겠고 그 열매는 날개달린 뱀이 되리라
―〈이사야 14:29〉

우리는 심지어 달의 형이상학이라는 것도 말해볼 수가 있는데,
그것은 살아 있는 피조물들, 우주 안에서 생명을 공유하고 있는 모든 것들,
즉 생성-성장-위축-사멸-부활의 과정 속에 있는 모든 것들에 관련되는
'진리'의 일관성 있는 체계라는 뜻에서 그러하다.
달이 종교적 인간에게 계시하는 것은 단지 죽음이 삶과 불가분으로
엉켜있다는 사실뿐 아니라, 무엇보다도 죽음이란 끝이 아니며,
거기에는 항상 새로운 탄생이 뒤따른다는 사실이라는 점을 잊어서는 안 된다.
―엘리아데, 『성과 속』

인도인들에게 달 여행은 '망혼의 길(pitriyâna)'이며,
영혼은 새로운 화신을 기다리면서 달 속에서 휴식을 취한다.
이것은 입문자들, 즉 무지의 망상에서 해방된 자들이 걷는 태양의 길,
'신들의 길'(devayâna)과는 아주 다르다.
―엘리아데, 『종교사 개론』

달은 인간의 영혼이 가는 곳이고 태양은 신이 가는 곳이다.
―엘리아데에 의한 필자의 변주

물은 죽음에의 초대(une invitation à mourir)인 것이며,
원초적인 물질적 피난처 중의 하나에 우리가 되돌아가는 것을
가능케 하는 특수한 죽음에의 초대인 것이다. (…) 물과 여인과
죽음의 종합적인 이미지는 분산시킬 수 없는 것이다.
―바슐라르, 『물과 꿈』

제2장

뱀과 달, 물이 전하는
우로보로스 상징

1

뱀이 전하는 원융과
영원의 우로보로스 상징

사탄의 형상을 입었다고 특별히 기독교적 서양 세계에 와전되어 받아들여
진 뱀은 고대 서양의 신화와 민간전승 속에서는 언제나 부정적인 모습만으
로 재현되는 것은 아니었다. 빳빳한 머리를 세워 치켜들고 긴 막대기형의
몸 틀을 지니고 있으면서 간혹 여성의 가랑이 사이에 위치해 있는 남근적
인 형상을 갖는 뱀은, 겨울이면 땅속으로 들어가고 봄이면 땅 위로 나와 이
승과 저승을 오가는 부활의 동물이기도 하면서, 원형의 똬리를 틀 때나 스
스로의 꼬리를 잡아 무는 것으로 표현될 때는 삶과 죽음의 영원한 반복을
나타내는 영원성에 관한 여성적 상징으로도 인식되기도 하여 그 자웅동체
적 완전성을 드러내는 신물(神物, emblem)로 여겨지곤 했다. 꼬리를 무는 뱀
우로보로스(ouroboros, uroboros),[1] 또는 허물을 벗고 되살아나는 뱀은 윤회
라는 허물을 계속해서 탈피하여 "생에서 비롯한 죽음과 죽음에서 비롯한
생의 변증"을 드러내는 "살아 있는 영원의 상징"(Bachelard 1948, 309), 즉 정
신의 자기순환성을 표상하는 것이 되기도 하거니와, 뱀과 관련된 여신을 숭
배하는 지중해 연안의 고대 종교에서 뱀은 대체적으로 불멸과 지혜의 상징
이었다. 뱀만큼 삶이 죽음이고, 죽음이 다시 삶임을 드러내는 상징을 표현

하는 동물은 없었다.

뱀이 지혜와 완성을 상징한다는 고대 서양의 시원적 사유는 뱀을 우주의 근원으로 생각하여 뱀과 그 변형인 용(龍)을 상서로운 동물로까지 우대하여 생각하는 동양의 사유에서도 그 유사함을 발견할 수 있다. 인도의 원주 민족과 그들의 토템인 뱀, 즉 나가(Nāga)는 간혹 아리아인들의 신화에서는 브리트라(Vritra)라는 이름의 용으로도 등장하는데, 힌두 신화에서는 "비쉬누(Vishnu)의 상징인 가루다(우주 새, Garuda)"(윤용복 21)와 더불어 우주를 구성하는 두 원칙이다. 중국 신화에서도 사랑과 모성의 여신인 서왕모(西王母)는 파멸과 죽음, 그리고 새로운 생명을 인류에게 선사하는 뱀 신과 비슷한 모습으로 등장한 적이 있다.[2]

구렁이는 한국의 초가집에서 길조를 상징하는 동물로 귀하게 대접받았으니, 뱀은 그 명민하고 이지적이고 냉철한 성격으로 당당히 12지지의 한 쪽을 담당하고 있기도 하다. 뱀과 용에 관한 기록이 별로 전해지지 않는 일본의 경우와는 달리 한국문화에서 이들에 관한 기록은 『삼국사기』와 『삼국유사』, 그리고 민담집 『용재총화』 등에서 다양하게 나타나고 있다. 현재 한국의 청량리 약령시(藥令市)의 불로장생관 앞에 세워져 있는 둘로 꼬아진 곡선의 배합으로 이루어진 사형(蛇形) 장식은, 델피에서 이전되어 터키의 이스탄불 히포드럼 광장에 설치되어 있는 머리 부분이 잘린 세 마리의 뱀 기둥과 흡사한데, 이는 뱀을 의술과 지혜의 상징으로 보는 헬라스의 전통과 유사한 사유 방식이 현대의 동양 문화에서도 존재하며 여전히 이어지고 있다는 사실을 말해준다. 유아사 야스오 교수는 흥미롭게도 중국 은주(殷周) 시대의 구리 그릇의 내부 밑바닥에 우로보로스가 새겨져 있는 것을 보고하고 있다(29). 인도와 중국, 그리고 적어도 한국의 문화에서 뱀과 그 변형인 용은 시대를 초월하여 신성함과 부귀함을 상징하는 동물로 존재해왔다.[3]

우연의 일치이긴 하지만 뱀과 자주 억울하게 동일시되기도 하는 일부 서양 세계의 최초의 여인으로서 생명이라는 뜻을 갖고 있는 하와는 중국 최초의 여인인 여와(女媧, 女蝸, 女渦)와도 발음이 비슷한데, 이는 각각 구덩이 또는 구멍, 달팽이, 소용돌이를 뜻하고 있어 물과 관련되어 있음을 알 수 있다. 중국 신화에서 최초의 남성과 여성으로 되어 있는 복희와 여와의 하반신이 뱀의 모습을 지닌다는 사실은 정재서 교수도 지적한 바 있지만(63-72), 우연의 일치라기보다는 뱀의 시원적인 형상에 대해 동서양의 견해가 일치함을 드러낸다. (다음의 그림은 신장 투르판에서 출토된 당나라 시대의 〈복희여와도〉(伏羲女渦圖). 특히 여와는 중국의 신화에서 "혼돈 즉 생명의 원천이자 모태"(송정화 2003, 150; 2005, 35) 또는 그 발음도 유사하게 "야훼"처럼 흙으로 사람을 빚은 창조신 자체로도 등장하는데(김선자 2006, 76, 86), 이러한 혼돈과 창조의 이미지를 표현하기에 여와 즉, 굴신하는 뱀은 가장 적합한 동물이었다.

> 女媧의 媧라는 글자에서 보이는 순환원리에 주목해 보자. 媧는 한자에서 咼와 통한다. 咼는 둥근 구덩이를 의미하기고 하고, 빙빙 돈다는 의미이기도 하다. 그리고 渦는 빙빙 도는 소용돌이를 의미한다. 마찬가지로 咼를 쓴 글자들은 대부분 둥글다 혹은 빙빙 돈다는 의미를 지닌다. 예를 들면 蝸는 둥글게 똬리를 튼 나선의 달팽이이고, 堝는 둥근 도가니이며, 窩는 둥그런 토굴인 움이란 뜻을 지녔다. 그러므로 媧라는 글자가 喚起하는 이미지는 소용돌이치는 혼돈 즉 태초의 혼돈인 카오스의 이미지이다. 고대 중국인들은 이러한 순환하는 원초적인 카오스의 이미지를 뱀으로서 상징화시켰던 것이다. (송정화 2005, 36)

순환하는 우주 속에서 음양이 조화롭게 엮이어 있는 복희여와도는 따라서 혼돈의 질서, 즉 우주를 상징하는 두 뱀이 조화롭게 꼬아져 있는 모습으로 구현되었고, 나선(螺旋)형이 상징하고 있는 그 혼돈 속의 조화로운 모

습은 달과 태양과 별들의 모습으로 표현되고 있다.⁴ 중국 문명의 〈복희여와도〉를 수메르문명의 창조신 엔키(Enki)의 원통형 인장(cylinder seal)에 새겨진 그림과 비교하는 것은 동서양의 뱀에 관한 시원적 사유의 동일성을 유추해내는 작업에 크게 도움이 된다(도판은 기원전 2300-2150으로 추정됨; Campbell 1974, 353에서 빌려옴).

동서양을 막론하고 신들의 하반신이 뱀의 형상을 지니고 있는 것으로 표현되는 이유는 아마도 신을 기체인 영(靈)으로 표현하는 인류의 사고방식과 무관하지 않은 것 같다. 영은 천상을 날라 다니기에 하반신은 주로 곡선으로 처리되었고, 똬리를 틀고 있는 뱀은 이 곡선을 두루뭉수리하게 표현하기 좋은 지상의 동물이었을 것이다. 사형(蛇形)은 영혼을 표현하는 가장 좋은 방법이었던 것 같다. 시각적으로 보아도 휘감아 돌고 있는 은하수를 표현하기에 가장 적합한 지상의 동물은 물의 속성을 갖고 있는 뱀이었다고 추측하기에 무리가 없는데, 은하수(銀河水)는 따라서 은하사(銀河蛇)라 불려도 무방하다.⁵ 우주가 시초의 혼돈을 의미했던 하나의 거대한 뱀이었다고 사유되어진 적이 있었다.

뱀에 관한 동서양의 견해는, 이 책의 4장에서 자세한 설명이 되어져 있지만 간단히 먼저 정리하자면, 뱀이 혼돈과 질서의 우주를 동시에 상징하는 자웅동체적 동물이었고, 허물을 벗어 재생한다는 측면에서 삶과 죽음, 그리고 시작과 끝을 동시에 구현하는 원융(圓融)의 우로보로스라는 점으로 모아진다. 고대 서양인들이 신을 자웅동체로 생각하여 그들이 믿었던 여신들 또한 남성적인 속성 또한 갖춘 신들로 생각했듯이, 뱀은 남성적인 꼿꼿함으로 표상되던지 똬리를 튼 여성적인 원으로 형상화되던지 전체와 완전

복희여와도(伏羲女渦圖): 투루판 지역의 대표적인 고분 유적인 아스타나 무덤에서 발견. 중국의 천지창조 신화에 등장하는 복희와 여와를 소재로 삼고 있다. 그림의 중앙에 두 신이 서로 마주본 자세로 표현되어 있는데, 왼쪽이 여신인 여와, 오른쪽이 남신인 복희이다. 사람의 모습을 한 상반신과는 달리 하반신은 뱀과 형상으로 꼬여 있다. 서울, 국립중앙박물관

을 의미하는 자웅동체적인 (여)신과 밀접한 연관을 갖고 있었다. 그러나 뱀이 남성적인 성향을 지니고 있는 것처럼 보이나 자주 여성의 성기와 근접하여 밀접하게 묘사되기도 하여 그 자웅동체적인 시원의 형상을 잃어버리고, 어느 때라고 콕 집어서 말할 수는 없지만 대략 "기원전 4000~3000년경의 우주적인 가부장적 시대부터"(Sjoo & Mor 61) 긴 세월을 거쳐 특별히 19세기 말의 서양에 다다르면 여성적인 것으로만 파악되어, 뱀과 여성, 그리고 성과 죽음이 "상호동연성"(co-extensiveness)을 획득하게 된다는 사실은 1장에서 이미 논한 바 있다.

서양 문학에 빈번히 등장하는 괴물 퇴치 이야기에 등장하는 용은 사실 뱀의 변형인 경우가 많으며, 중국에서는 하늘로 승천하여 천상의 부귀와 권력의 상징이 되는 용이 되는 동물은 이무기, 즉 큰 뱀으로 표현되곤 했다. 일부 동양 문화권과는 달리 대개의 서양 문화권에서 뱀이 부정적으로 표현되고 있는 것은 후대에 발전된 유대-기독교 문명의 영향이라고 알려져 있다. 농경 사회에서 뱀이나 그의 화신인 용이 농사에 필요한 비를 내리는 존재로 여겨져 숭배의 대상으로 자리 잡은 반면, 사막이나 산악지대에서 유랑했던 이스라엘 유목 민족에게 뱀이 그 양가적인 성질을 잃어버리고 가축이나 사람에게 해를 끼치는 부정적인 동물로 인식되었다는 사실은 어렵지 않게 추론할 수 있다(민희식 58).

이는 마치 청동기시대를 이끌었던 동인 중의 하나인 말(馬)이 중국 민족에게는 이민족의 침입과 연관되어 상서롭지 못한 동물로 받아들여지는 경우와 유사하다.[6] 그러나 고대의 서양인들은 뱀을 파괴적이고 사악한 존재로만 생각하거나 뱀과 사탄과 여성을 동일시하지만은 않았다. 유대-기독교 전통 안에서 사탄과 동일시되곤 하던 뱀이 여성을 유혹하는 자로, 그리고 또한 유혹하는 자 사탄과 그의 토템이 되는 뱀이 여성으로 표현되기가 다반사이기는 하였지만, 뱀이 초창기의 유대-기독교 전통 안에서는 언제나 뱀=사탄=여성이라는 틀 안에서 부정적으로만 기술되었던 것만은 아니었다. 초기의 유대-기독교 전통과 불가분의 관계를 맺고 있는 수메르-바빌로니아 문명과 이집트, 그리고 이와 유사한 시대를 접하고 있는 그리스 문명 또한 '부정적인 뱀'과는 다른 이야기를 우리에게 전해주고 있다.

2

수메르-바빌로니아,[7] 헬라스,[8] 유대-기독교 신화시대의 뱀과 달, 물

엄밀하게 말한다면 유대-기독교 문명 이전의 수메르·메소포타미아, 애급 그리고 고대 헬라스 문명권에서 뱀은 통속적인 유대-기독교 문화의 세례를 받은 우리가 통상적으로 알고 있는 뱀은 아니었다. 우리는 클레오파트라의 뱀에 대해 익히 들어 알고 있는데 그녀가 맹독을 지닌 코브라에 물려 죽는다는 사실을 군이 두려워하지 않고 그가 선사하는 죽음을 황홀하게 받아들이는 까닭은, 뱀이 주는 신화적인 재생과 영원성의 의미를 그녀가 물론 받아들이고 있기 때문일 것이다. 코브라는 이집트 왕가의 성사장(聖蛇章, uraeus)이자 아름다움과 전쟁의 여신 이시스(Isis)를 나타내는 토템이기도 하였다. 뱀을 여성과 밀접하게 연관시킨다는 사실은 유대-기독교 문화와 다름이 없으나, 그 이음매는 부정 일변도가 아니어서 뱀은 왕가를 상징하는 성물이었다.

수메르 문화에서 12지신 중의 하나인 최고신 안(An)의 서자이자 장자인 물의 신 엔키(Enki)는 비록 최고신 안의 적자인 바람 신 엔릴(Enlil)에게 신권에 대한 주도권을 인정하고 있지만, 심지어 하반신은 뱀의 모습을 그대로 지닌 채 그의 신물인 뱀을 통해 인류에게 지식을 전달해 주고 있어 엔릴의 권위를 간혹 능가하고 있는 창조신으로 나타난다.[9] 수메르 신권 사회에서 엔키의 퇴조는 후대에 이르러 그의 토템적 상징인 뱀의 퇴조와 직접적인 연관을 맺고 있음을 짐작할 수 있는데, 인류의 창조주로 알려진 엔키의 신물이 뱀이었기에 수메르와 메소포타미아의 종교적 전통을 비판적으로 흡수하는 후대 기독교 문명에서 엔키와 그의 신물인 뱀이 오명을 감내해야만 했다는 사실은 역사적으로 지극히 자연스러운 현상이기도 했다.

길가메시와 사별하게 되는 친구의 이름은 "엔키두"(Enkidu)이며 모신 키(Ki)가 만든 것으로 전해지지만, 어원학적인 고증을 뒤로 한 채 필자 나름의 해석을 가미하면 창조신 "엔키가 만든 이"라는 뜻을 지니게 된다고 할 수 있으니 인류를 이르고 있음이다.[10] 엔키두는 유대-기독교의 아담과 비슷하게 최고신 안의 형상을 따라 진흙으로 만들어지며 따라서 인류에게 주어진 필멸의 운명을 감내해야 하는데, 길가메시가 얻은 불로초를 강탈해간 동물이 뱀으로 나타난다는 사실은 뱀과 유혹, 영생에 관한 창세기의 이야기와 많이 닮아 있다. 『길가메쉬 서사시』 제11토판 308-314행은 불로초의 탈취로 인해 뱀이 외피를 벗어 새로운 생명으로 거듭나게 되었다고 전하고 있는데(배철현 2004, 110; 김산해 2005, 311-313), 뱀을 재생과 불멸의 상징인 신으로도 해석할 수 있는 일화이다.

물론 뱀을 (여)신과 동일시한다면, 신의 속성인 영원한 삶을 인류의 창조신인 뱀 신 엔키가 다시 회수해간 것으로 해석할 수도 있다. 대홍수를 살아남은 바빌로니아의 우트나피쉬팀(Utnapishtim; 수메르어로는 '지우쑤드라'라고도 불리며 성서의 노아에 해당)의 가시로 뒤덮인 나뭇가지, 후대에는 겨우살이로도 인지되는 황금가지로 헤스페리데스와 이브의 황금사과로 그리고 아르고호의 원정대를 이끄는 이아손의 황금 양털로도 변이되는 이 불로초를 길가메시로부터 탈취하여 영생을 얻은 것 또한 뱀이다.[11] 영생은 인류의 속성과는 어울리지 않으며 사람을 포함한 피조물은 일단 죽기 때문에 아름답다 할 수 있다.

수메르문명의 연장선상에 있다고 할 수 있는 바빌로니아, 즉 아카드 문명에서 혼돈과 바다의 여신 티아맛(Tiamat)은 뱀의 모습을 취하기도 하고 몸소 맹독을 지닌 뱀들을 출산하기도 하는데, 새로운 신들의 대장이 되는 엔키의 소생 마르둑(Marduk)에 의해 그 몸이 나뉘어져 천지를 창조하고 새로운 문명을 창출하는 자양분을 제공해주고 있다. 바빌로니아 신화에서 여신의 사라짐이 '사지절단'(dismemberment)이라는 다소 극단적인 방법을 통하여 가부장적 신의 등장을 예고하는 신화소로 표현되어 있다는 사실은, 바빌론 문명이 점차적으로 여신 숭배 전통에서 벗어나고 있다는 사실을 말해 준다.

　　그런데 창조 여신으로서의 뱀신에 대한 긍정적인 평가는 수메르의 지혜의 여신 인안나(Inanna)의 속성을 부분적으로 승계하고 있는 메소포타미아의 이슈타르(Ishtar)에 의해서도 계속 전해진다. 큰 뱀, 즉 용의 별자리가 12황도대(황도십이궁)를 전부 통과하기 때문이기도 하겠지만 천궁의 거대한 뱀, 즉 용과도 동일시되는 12황도대가 뱀과 달의 여신이기도 한 "이슈타르의 허리띠"로 칭해진 적이 있었다는 사실(Harding 347)은 뱀과 그 여성적 현신인 이슈타르를 태양 중심의 우주와 동일시하는 고대 바빌로니아의 사유 방식을 드러내고 있다. 밤하늘의 용, 즉 뱀 별자리가 황도대의 모든 별자리를 지나고 있었다는 사실은, 서기 2세기에 활동한 프톨레마이오스(90~168)의 천궁도에 의해서 확인된다(그림은 조철수 2010, 741 참조). 12성좌의 주인은 뱀으로 표시되기도 하였던 '하늘님'이었다. 고대 그리스인들은 시간을 신성한 강, 즉 오케아노스(Oceanos)로 명명하였는데 이는 지구를 한 바퀴 감싸고 있는 또 때로는 12황도대를 등에 지고 자기 꼬리를 물고 있는 뱀의 형상으로 나타나기도 한다.

　　뱀을 지혜의 상징으로 보는 시원적 사유는 이에 대해 상반된 입장을 그대로 지니고 있는 기독교 문명과는 달리, 보다 더 적극적인 양상을 띠며 헬라스 문명권에 유입된 것 같다. 수메르의 인안나와 바빌론의 이슈타르, 그리고 고대 그리스의 이에 상응하는 여신인 아프로디테 또한 뱀과 잘 연상되어 나타나곤 하며, 대지의 신 데메테르(Demeter)를 모시는 엘레우시스 (Eleusis) 지방의 비의(秘儀)에서 데메테르는 퀴크레우스(Kychreus)라는 거대한 뱀의 보호를 받은 것으로 전해진다. 헤르메스의 지팡이 카두케우스 (Caduceus)는, 앞서 언급한 여와와 복희처럼 평화 또는 지혜를 상징하는 두 마리 뱀으로 꼬아져 있고, 이는 생명을 다루는 학문인 의술의 로고 (여기서는 단지 한 마리의 뱀)로 후대에 추앙되어 나타난다. 의술의 신 아스클레피오스는 항상 뱀과 동반하여 또 때로는 뱀에 싸여 등장하기도 하는데, 그는 뱀이기도 한 메두사의 왼쪽 옆구리에서 나오는 "피로는 생명을 죽이고, 오른쪽에서 나온 피로는 치료를 하고 생명을 회복"시키는 의술을 행하고 있는 것으로 나타나(Campbell 1964b, 37), 파멸과 창조의 양성을 구유하고 죽음과 재생의 양면성을 지니고 있는 뱀신에 관한 신화소를 재확인하고 있다.

뱀은 파멸과 죽음의 독과 치유와 재생의 약을 동시에 지니고 있는 우로보로스 동물이었다. 그리스 신화는 창조와 뱀의 연관성에 관하여서는 기독교 문명보다는 더 적극적으로 수메르-바빌로니아 신화를 반복하기도 한다. 제우스는 변신의 도사로 백조, 황소, 심지어는 뱀으로까지 변신했다고 전해지는데, 수염이 달린 뱀의 형상을 한 권위적이고 장중한 제우스의 모습은 뱀을 숭상했던 고대 종교의 한 모습을 보여준다(그림은 기원전 4세기로 추정되는 아테네의 피라아에우스(Piraaeus)에서 발견된 봉헌 석판; Johnson 159). 영혼불멸을 주장하는 오르페우스교에서 받드는 황소의 모습을 한 자그레우스(Zagreus)는 뱀의 모습으로 둔갑한 제우스와 비유적으로 그의 딸이기도 한 대지와 생명의 여신 페르세포네(Persephone) 사이에서 태어났다고 전해지는데(Campbell 1992, 318), 이러한 사실은 뱀으로 표상되는 제우스의 천상의 기운을 대지가 흡수하였다는 사실뿐만 아니라, "늘 죽고 늘 살아나는"(Campbell 1964b, 39) 축제와 재생의 신 디오니소스의 속성이 뱀으로부터 연원한다는 믿음을 견지한 헬라스인들의 사유 방식을 가늠하게 한다.

주지하듯이 후대에 자그레우스의 모습으로 프리기아의 대지의 여신 세멜레(Semele) 공주의 자궁 안에서 "다시 태어난"(dios+nys)이가 디오뉘소스(Dionysos)이고 보면, 말 그대로 디오뉘소스는 재생과 부활을 상징하게 되어 오르페우스교의 교주로 등극한다.

앞에서 암시하였듯이, 유대-기독교 문명은 적어도 그 시원적 단계까지는 뱀에 대해 부정적이고 적대적인 태도만을 견지하지는 않았다. 기원전 1~2세기에 출토되는 헬라스 시대의 신비한 부적인 '안퀴페데'(anquipede)에 그려져 있는 뱀 다리를 지닌 야훼 또는 이아오(Iao) 신에 관한 그림(Baring & Cashford 501)에서 우리는 뱀을 여성과 동일시하는 사유와는 다른 전통을, 그리고 뱀을 긍정적으로 파악하고 있는 서양 문명의 전통을 재확인할 수 있다. 수메르 문화에서 신이 뱀의 모습으로 나타나는 것은 비일비재한데, 염두에 두어야 할 사실은 야훼 또한 뱀의 다리를 갖고 나타나는 그림을 베어링(Anne Baring)과 캐쉬포드(Jules Cashford)가 캠벨의 『신화의 이미지』에 나타난 모습대로 그대로 상재하고 있어 캠벨의 주장을 옹호하고 있다는 점이다(Campbell 1974, 353; Baring & Cashford 501). 기원전 1~2세기로 추정되는 헬레니즘 시기 유대인의 부적에 나타나는 이 그림의 정확한 출처를 그들은 밝히고 있지 않다. 수메르의 인류 창조신인 엔키의 하체가 뱀의 모습으로 나타나기도 하고, 뱀을 통하여 지식을 전수하기도 한다는 사실은 이미 밝힌 바 있다. 융의 다음과 같은 언급은 우리의 논의와 일맥상통한다.

> 뱀은 인류 최초의 부모가 죄를 짓도록 설득했으며 더 나아가 하느님의 아들을 통해서 인류가 구원에 이르도록 한다. 알다시피 이 인과 관계는 뱀을 숭배하여 소테르Soter(구원자, 구세주)와 동일화하는 동기를 제공했다.
>
> (『원형과 무의식』 147-148)

뱀이 히브리어로는 "나하쉬"(Nāhāsh)이며, 그 뜻이 "'해독하다, 발견해내다'라는 의미의 'NHSH'에서 나온" 말이라는 언급(조철수 2002, 240)에 동조한다면, 우리는 독을 지닌 뱀을 치유와 지혜의 동물로 보는 신화적 사고방식, 헬라스의 아스클레피오스의 경우에서 표출되었던 바로 그 죽음과 재생의 상징으로서의 뱀(카두케우스)이라는 신화소를 다시 확인할 수 있게 된다. 뱀은 물론 언제나 치유와 재생만을 약속하지 않는다. 뱀을 죽음과 연관시키는 창세기와 요한계시록은 말할 것도 없지만, 민수기 21장은 또한 타락과 안일에 빠진 히브리 백성을 단죄하여 죽음을 선사하는 여호와의 사자로 뱀을 등장시키기도 한다. 그러나 우리가 주목해야 할 사실은 죽음과 동일시되던 뱀이 유대-기독교 문명에서도 곧바로 생명을 다시 전하는 상징이 된다는 것이다. "모세가 놋뱀(nāhāsh)을 만들어 장대 위에 다니 뱀(nāhāsh)에게 물린 자마다 놋뱀을 쳐다본즉 살더라"(민수기 21:9). 모세가 뱀으로 형상화된 지팡이를 가지고 사막에서 물을 솟아나게 하는 민수기 20:7-11의 일화는 신의 속성을 뱀에게 부여한 고대 종교의 유습을 모세가 그대로 답습하고 있다는 한 증좌이기도 하다.

유대교 신비학자 폰스(Charles Ponce)에 의하면 놋뱀의 이미지를 십자가상의 그리스도의 원형이라고 생각하는 많은 기독교 신비주의자들(cabalists)이 있었고, 중세의 성상에서 그리스도의 십자가 가로대를 감고 있는 뱀으로 상징되는 많은 사례들을 보게 된다고 한다(183). 십자가에 매달린 뱀이 그려져 있는 16세기 독일의 은전 탈러화에 대해 캠벨은 다음과 같이 언급한다.

"모세가 황야에서 뱀을 들어 올린 것처럼 인간의 아들도 들려야 한다"(요한복음 3:14). 기독교의 시각에 따르자면 모세가 치료의 뱀을 들어 올린 것(민수기 21:5-9)과 예수가 십자가에 매달린 것은 둘 다 역사적 사건으로서 전자가 후자의 전조로서 형상화된 것으로 읽힌다. (…) 은화를 도안한 예술가장인 히에로니무스가 전통적인 형상의 뒷면에 뱀이 지닌 구원적 지혜의 힘이라는 오랜 테마와의 관련성을 암암리에 나타내려 했으리라는 것은 가능한 일이다. (1974, 355)

캠벨은 뱀을 숭상하는 어떤 종파에서는 "뱀을 구세주의 첫 번째 현현으로 숭배하기도 하였다"(1974, 357)는 사실을 연이어 지적하면서, 사실은 야훼가 "뱀이 지닌 힘의 한 측면이며 (…) 어머니 대지의 뱀 남편"이고 "사제들의 지파인 레위지파의 이름이 [뱀 혹은 용 같은 바다괴물을 뜻하는] 레비아단이라는 말과 같은 어원에서 나왔다"(1964, 42-3)는 주장을 펴고 있기도 하다. "왕관을 쓰다" 또는 "거룩해지다"라는 뜻을 가지고 있는 '레위'(levi)라는 어휘가 미노스 문명에서 사랑과 달의 신이었던 와드(Wadd) 여신을 수식하는 말이라는 사실을 지적하고 있는 하딩(Esther Harding)은, 또한 레위인들이 초승달이 상징하는 뱀 모양의 머리 장식을 달고 있었다는 보고를 하고 있다(99). 모세가 십계명을 받은 곳은 바빌로니아의 달의 신이며 그들의 주신이기도 한 '씬'(Sīn) 신을 모시던 "달의 산", 즉 오늘날의 시나이 산인데(Harding 153; 주원준 83), 시나이 산에서 고대인들이 달을 숭상하는 의식을 했고, 레위인들 또한 이러한 전통을 지켰다는 주장을 우리가 받아들인다면, 레위 지파가 초기 유대교에서 뱀으로 표상되는 달을 섬겼던 지파라는 추측 또한 가능하다.[12] 히브리인들의 신앙의 열조가 되는 아브라함, 즉 아브람이 거주했던 우르와 이를 판박이 한 터키 남동부의 이주지 하란(Harran)이 당시 달의 신인 씬을 모시던 지역이었다는 지적(김산해 2007, 335)은 귀담아들을 만하다.

초기의 유대-기독교 문명이 뱀에 관한 신화적 사유를 견지했다는 사실은 이교로 치부되는 타 종교의 신물인 뱀을 사악한 동물로 파악하여 뱀과 여성, 그리고 죽음을 동일시하게 되는 후대의 기독교 문명의 사유 방식이 또한 지나간 2~3천 년의 통속적인 역사의 구성물임을 확인해 주고 있다.

마치 이교도의 신전 주위에 심어졌던 신목(神木)인 무화과나무의 열매를 선악과로 치부하는 습속과 비슷하게 타종교의 수호신인 뱀은 기독교 전통 안에서 백안시되고 악마화되었으니, 이는 비단 우리가 언급하고 있는 수메르-바빌로니아, 이집트뿐만 아니라 페르시아에서도 행해졌다. 페르시아인들의 적수였던 스키타이인들이 신봉했던 뱀은 마왕 아흐리만(Ahriman)과 동일시되어 초기 기독교의 뱀에 관한 부정적 사유에도 영향을 미친 것으로 추정된다. "두려운 힘에 대한 똑같은 경외감이 이집트인들 사이에서는 세트라는 악마 숭배로 변했고, 이스라엘인들 사이에서는 야훼 숭배로 변모했다는 사실"(Carus 36), 혹은 주장은 뱀에 대한 찬양과 멸시를 나누는 분기점이 되고도 남음이 있었다.

지구상의 인류, 특별히 사막 지역의 거주민들이 보기에는 항상 거의 같은 모습으로 영원불멸한 것처럼 떠 있는 늘 뜨거운 태양보다는, 차고 이우는, 즉 탄생과 죽음, 그리고 재생을 약속해 주는 달이, 필멸의 족속인 인류의 재생을 투사하고 염원하는 대상으로 더 적합한 천체로 떠올랐을 것이다. 달 숭배에 관한 인류의 제의 의식이 풍성했던 반면 태양 숭배에 관한 신상들이 많이 발견되지 않아 인류의 의식 속에 태양의 신성화 현상, 즉 태양의 "히에로파니"(hierophany)가 많지 않았다는 엘리아데의 주장과 궤를 같이하고 있는데, 그의 멋들어진 말을 약간 바꾸자면 달은 인간의 영혼이 가는 곳이고 태양은 신들이 가는 곳이다(『종교형태론』 188-190, 246-247).[13] 가변성과 변화의 상징인 달을 통하여 인류는 죽음에 관한 성찰에서 시작되는 사유를 할 수 있었는데, 이는 달(mens)로부터 정신, 마음을 의미하는 "mentality"가 그리고 그로부터 달의 경로를 뜻하는 "mensturation"이 유래한 사실로 보아도 충분히 짐작이 가고도 남을 일이다.[14] 달이 삶과 죽음을 현상적으로 체현하고 있는 '여성'적인 것일 수밖에 없는 이유이기도 하다.

달의 어근인 "*me-"와 인안나의 상징인 온갖 지혜의 총화인 "me"와의 연관성에 관한 어원학적인 고찰은 7장의 3절에서도 논의가 진행되겠지만, "me"와 "Metis" 그리고 비단 "Medusa"뿐만 아니라 애급의 여신 "Maat"와 희랍의 대지의 여신 "Demeter"로 연결된다. 대지와 지혜와 달의 상관관계! 달의 어근 "me"와 그 파생어에 대해서는 엘리아데는 "me라는 어원에서 산스크리트어의 mami, 곧 나는 측량한다는 단어가 파생되었다"고 밝히고 있다. "달은 보편적인 측정 수준이다. 인도·유럽어족에서 달에 관계되는 다음 용어들, 즉 mâs(산스크리트어), mâh(아베스타어), mah(옛 프러시아어), menu(리투아니아어), mêna(고트어), méne(그리스어), mensis(라틴어) 등은 모두 그 어원에서 파생되었다"(『종교사』 154)고 엘리아데는 또한 밝히고 있다(달과 측량, 시간과의 연관성에 대해서는 엘리아데의 『영혼회귀』 93 참조). 뒤랑이 엘리아데를 읽어 인용하고 있는 것 같다.

엘리아데의 다음과 같은 언급은 필자의 논의와 또한 같은 선상에 있다.

> 달은 우주적 생성에 종교적인 가치를 부여하며, 인간을 죽음과 화해시킨다. 반대로 태양은 상이한 가치를 부여하며 계시한다. 태양은 생성을 공유하지 않는다. 비록 언제나 움직이고 있기는 하지만, 태양은 변치 않은 채로 머물러 있다. 그 형태는 언제나 동일하다. 태양의 성현은 자율성과 힘, 통치권, 지성의 종교적 가치에 표현을 부여한다. 이 때문에 몇몇 문화권에서 우리는 최고 존재의 태양신화가 진행되는 과정을 볼 수가 있는 것이다.
>
> (『성과 속』 140)

태양이 유일신의 표상으로 남성적으로 군림하는 반면 달은 그 가변성으로 인하여 지상에 거주하는 인류에게 신들의 부드러움과 관용, 그리고 그들 사이의 알력을 숙고하는 천체로 떠올랐다. 영원으로 가는 도정에 있으면서도 불멸과 필멸의 속성을 공통으로 지닌 인류에게 불멸의 태양은 어울리지 않는 행성임이 분명하다. 변화와 생성에 어울리는 속성을 지닌 인류의 별자리가 달이 될 수밖에 없었고, 신적인 태양과 인간적 달의 유비, 즉 신과 인류, 남성적인 것과 여성적인 것의 유추와 대비가 횡행했던 이유이기도 하다. 신들, 특히 여신들이 초승달 모양으로 된 가늘어진 뱀을 자신의 상징으로 삼고 있었다는 사실은 바빌로니아의 이슈타르나 헬라스의 헤카테, 아테네나 아프로디테, 그리고 아르테미스 등 제 여신들의 상징이 초승달로도 나타나는 것에서 확인할 수 있게 된다.

"달 모양을 하고 있는 뱀이 밤, 죽음, 월경, 다산성 등과 연관된다"(Russell 1987, 81)는 사실, 그리고 또한 그러한 뱀이 "그믐달처럼 지하 세계와 죽은 자들의 왕국과 관계를 가지고 있다"(Harding 98)는 믿음을 이해하기 위해서는, 껍질을 벗으면서 자기 꼬리를 물고 있는 뱀과 더불어 초승과 그믐과 보름이 그 변화하는 모습만으로도 충분히 삶과 죽음의 순환성을 말하고 있다는 사실을 이해하는 것만으로 충분하다. 히브리어로 뱀을 의미하는 나하쉬(nāhāsh)의 어근은 "*nhs-"(גחש) 정도가 될 터인데, 남부 아라비아의 달 신의 이름이 "nhstb"로서 뱀을 의미하는 어근을 공통으로 사용하였다는 사실(Wilson 17)은 뱀과 달의 친연관계를 확연히 드러내는 어원학적인 증좌이다.

다음 쪽에서 언급이 더 진행되겠지만 달의 어근 "*me-"는 시간과 관련이 있는 것이 분명한데, 변화와 생성, 죽음과 재생을 지시하는 달은 그 이중적인 성격으로 인하여 긍정적 의미의 '부정적 능력'(negative capability)과 포용의 상징이 되어 갔다.

인간으로 하여금 수많은 이질적 사물들을 연결시키고 접촉시킬 수 있도록 만들어준 것은 달의 상징이었다. 예를 들자면, 탄생생성-죽음-부활, 물-나무-여성-산출력-불멸성, 우주적인 어둠-태어나기 전의 존재-죽은 후의 삶, 거기에 뒤따르는 달과 같은 유형의 재생('어둠으로부터 나오는 빛'), 직물-'생명의 실'의 상징-운명-무상-죽음 기타 등등이다. 일반적으로 순환,

이원성, 양극성, 대립, 갈등의 관념뿐 아니라 대립자들 간의 융화, 반대의 일치(coincidentia oppositorum)의 관념도 달의 상징에 의하여 발견되거나 아니면 명료화된 것이다. (『성과 속』 139-140)

구석기와 신석기시대에서 출토되고 있는 순록의 뼈들이나 동굴벽화에 나타나는 들소와 황소 뿔의 모습은 초승의 곡면을 닮아 있어 흔히 달의 상징이 되기도 하였는데, 이는 물론 초승을 통하여 탄생과 죽음을 이해하고 그 가운데서 재생을 염원했던 원시인들이 그 강력한 상징으로 달의 스펙트럼을 선택했기 때문이다. 기원전 22,000~18,000년경으로 추정되는 프랑스 도르도뉴 지방에 있는 로셀(Laussel)의 바위에 새겨져 있는 여신상들 중의 하나가 그 오른손으로 움켜잡고 있는 초승 모양의 들소 뿔의 모습, 그리고 기원전 20,000~18,000년경의 레스퓌그(Lespugue)에서 출토된 비너스 여신상에 그려져 있는 달의 모습은(장영란 2003, 16-19), 기원전 17,000~14,000년경의 것으로 추정되는 그 유명한 크레타문명의 여신상에 이르면 양손에 뿔 모습과도 유사한 뱀을 쥔 모습으로 변형되어 나타나는데, 이들은 모두 뱀과 (초승)달, 그리고 신을 상징했던 황소의 뿔이 표상하는 생명의 탄생과 죽음으로의 귀환을 연쇄적으로 보여주는 상징들이다.[15] 달은 흔히 죽음의 나라이었고 달의 신은 어원에서도 알 수 있듯이 항상 시간과 죽음의 신이었다(Durand 『인류학』 145, 454). 달의 어근에 대하여 뒤랑은 엘리아데와 유사한 관찰을 하고 있다.

달의 어근인 메(me)는 산스크리트어에서 마스(mas)가 되었고, 아베스타어에서는 마(mah), 고트어에서는 메나(menâ), 그리스어의 메네(mene), 그리고 라틴어의 멘시스(mensis)가 되었는데 모두가 '측량하다'라는 뜻이다. "검은 달"이 대부분의 시대에 최초의 죽음으로 여겨지는 것은 이러한 운명에 대한 동화 때문이다. (『인류학』 145)

조금 더 첨언해보자. 달은 그리스어 보통명사로는 "light, brightness, bright flame"을 뜻하는 "selas"에서 온 것으로 "Selena", 라틴어로는 "빛나는"이라는 뜻의 고전 라틴어 "losna"에서 온 "luna"와 이에서 파생한 불어 "lune" 등으로 로맨스어로는 여성이지만, 게르만어 계통에서는 고대영어 "mona", 고트어 "mena", 독일어 "Mond", 화란어 "maan" 등 남성으로 나타난다.[16] 정신, 생각을 의미하는 라틴어 "mens"에서 파생한 달, 또는 월경의 뜻인 "mensis"는 남성이다. 뒤랑은 "달(셀레네, selene)과 태양의 섬광(셀라스, selas) 사이에 어근 슬(*sl-)을 매개로 하는 동일시가 있었을 것이다"(218)고 추측하기도 한다. 달의 타이탄족의 신은 "Phoebe"와 "Phoebus"였으며, 이집트에서는 토트(Thoth)가 겸하기도 하였다. 셀레나와 루나는 고유명사로 쓰이기보다는 주로 보통명사나 수식어로 쓰였다. 아르테미스가 달의 신으로 등극하는 것은 아마도 그녀의 로마 시대의 상대역인 디아나가 달의 신의 역할을 한 것에서부터 유추되어 소급 적용된 것 같다.

아르테미스가 월신의 역할을 부여받는 것은 셀레나와의 의미혼합(syncretism)에 의한 것으로 추측되기도 한다. 아프로디테는 밝은 달만을 표상하였고, 셀레네에서 아르테미스, 셀레네, 헤카테로의 분화가 이루어졌다는 하딩(Esther Harding)의 주장(186)은 그러나 검증을 요구하긴 하지만 통속적인 상상력에서는 그대로 받아들여지고 있다. 수자원이 풍부하여 오히려 물의 중요성을 심각하게 생각하지 않게 되는 해상 도시 왕국의 연합체였던 헬라스 문명이, 근동이나 중동의 사막 문화보다 물을 지배하는 별자리인 달을 상대적으로 덜 중요하게 생각했다고 할 수는 있다. 그리스 신화의 헤카테(Hecate) 여신만큼 여신과 뱀의 밀접한 관련성을 보여주는 예는 많지 않은데, 이는 헤카테가 뱀으로 상징되는 하계의 여신이자 마법과 달의 여신으로도 불리는 사실에서도 확인할 수 있다. 인류는 그들이 영원하지 않지만 오히려 역설적으로 그 순환성으로 인해 다시 영원할 수 있다는 사실을 달의 경로, 즉 생명과 죽음의 현상이 공존하는 우주의 원리가 여성의 몸으로 체현되는 달의 길, 즉 '월경'(月經)을 통해 배웠으며, 달은 사후에 그들이 돌아가 태양에서의 영혼의 재생을 기다리는 장소로 간주되기도 하였다. 달이 이울어 사흘이 지나가면 그는 죽음 속에서 다시 태어난다.

4원소 신화비평을 따르자면 의심할 바 없이 뱀은 달, 그리고 더 나아가 물로 표현되는 여성성의 발현이다. 물은 생명을 지닌 몸을 구성하고 있지만 때로는 바다의 폭풍우나 인류를 멸절시킨 간빙기의 대홍수처럼 절망 또는 죽음의 원소로 활약하기도 한다. "물은 죽음에의 초대(une invitation à mourir)인 것이며, 원초적인 물질적 피난처 중의 하나에 우리가 되돌아가는 것을 가능케 하는 특수한 죽음에의 초대인 것이다. (…) 물과 여인과 죽음의 종합적인 이미지는 분산시킬 수 없는 것이다"(Bachelard 『물과 꿈』, 83-84; 125). 그러나 물은 무거워 지하세계인 유부로 스며들지만 동서양의 신화나 전설에 흔히 나타나는 어부 왕(Fisher King) 이야기와 기독교의 세례의식에서 엿볼 수 있듯이 재생 또한 상징한다. "물은 가능성의 우주적 총체를 상징"하며 "물과의 접촉은 언제나 부활을 가져 온다"(Eliade 『성과 속』, 115). 죽음이 없다면 재생 또한 없다는 십자가의 진리를 우주의 4원소의 하나인 물은 말하고 있다. 예수님을 어부로 표현한다거나, "예수, 그리스도, 하느님의, 아들, 구세주"의 각각의 단어 앞 다섯 글자가 그리스어로 물고기(ΙΧΘΥΣ)―고대 기독교에서 예수의 상징으로 사용했던 물고기 형상, 익투스(ichthys)―를 뜻하는 단어가 된 것은 단지 우연의 일치만은 아니다.

북부 아프리카와 메소포타미아, 그리고 헬라스 지역을 포함하는 몇몇 고대 지역들에서는 뱀으로 표현되는 창조의 여신은 대개 양성적인 성질을 공유하고 있었다(Sjöö & Mor 57-62). 마치 인간의 태아가 시원적인 형상으로는 여성적인 성질을 지니다가 수태 후 몇 주를 지나 남성적인 XY 성질을 만들어낸다는 현대의 과학적인 재발견을 앞서서 반영이라도 하듯이, 고대 서양인들에게 창조의 여신은 늘 양성적이었다. 문제는 뱀을 양성 또는 여성으로 보는 고대의 사유 방식이 남성 위주의 사고방식으로 변하기 시작할 때, 여신과 여성을 폄하하는 인식이 뱀을 부정적으로 보는 시각을 태동시켰다는 것이다. 여신과 여성을 부정하기 위하여 그들의 속성이자 상징인 뱀을 에둘러 비판하는 작업은 전략적으로 유효했다.

죽음을 남성으로 보는 시각의 퇴조와 서서히 맞물려, 뱀을 남성적으로 표현하는 회화적 사유, 또 뱀의 모습을 갖춘 남신의 모습 또한 인류의 신화적 상상력에서 차츰 자취를 감추게 되고, 여성과 뱀의 결속은 더욱 더 굳어지게 되었다. 여성은 유혹하는 자 사탄과 동의어로 쓰이기 시작했고, 사탄의 몸인 뱀의 형상 또한 양성적인 성질을 잃어버리고 여성화 과정을 밟기 시작했다. 유대교와 같은 가부장적 종교들의 등장과 때를 같이하여, 뱀과 더불어 나오는 또는 동일화되었던 사랑의 여신 인안나로부터, 이집트의 하토르 이시스, 고대 아프리카와 헬라스의 지혜의 여신 아테나와 헤라에 이르기까지 여신을 추앙하는 고대 종교는 이단시되었고, 특별히 여성을 타락의 원인으로 해석하는 초기 기독교에서 유혹하는 여성과 뱀을 동일시화는 성향은 신화시대 이후의 당연한 논리적 귀결이었다.

3

뱀·달·물·여신의 신화시대에서
새·태양·불·남신의 역사시대로

태양이 언제나 그 모습 그대로 둥글게 솟아오르고 지는 반면, 인류에게 물
을 선물하는 달은 원형의 모습을 지닌 채 언제나 둥글게 떠 있는 것은 아
니었다. 물과 근접한 지중해 연안과 사막 지역이 많은 바빌로니아와 이집트
등의 뜨겁고 건조한 지역에서 상대적으로는 태양보다 중요하게 취급되어 온
물(생명)의 원천인 달과 여성을 창조의 주역으로 보던 문화는,[17] 그러나 어
느 순간에서부터인지, 학자에 따라서는 호전적인 청동기-철기시대 또는 가
부장제적 종교의 도래와 더불어 나타나는 현상이라고 해석하기도 하지만,
태양을 주신으로 섬기는 문화로 변화하기 시작한다. 이시스와 인안나, 이슈
타르, 그리고 키벨레 등의 월모신(月母神)은 사라져가고 중세 시대에 그나마
잠시 동안 성모마리아 신앙으로 다시 한 번 등장할 뿐이었다.

　수메르의 물과 뱀 신 엔키는 신들의 사회에서 주도권을 상실하며, 그의
일부 특성을 표현하고 있는 엔릴 계의 후계자 난나(Nanna)는 남성 또는 양
성을 구비한 달의 신으로 파악되다가 후대에 이르러 남신으로만 해석되는
운명을 맞이한다. 물론 난나의 배우자인 닌갈 또한 달의 여신으로 나타나지
만 달의 신으로서의 그녀의 역할은 난나에 비해 미미한 편이다. 태양신 우

투(Utu) 그리고 달과 금성의 여신 인안나가 수메르 최고의 도시 우르(Ur)의 신인 달의 신 난나로부터 분화된 것은 분명한 사실인데,[18] 이는 그들이 엔릴 계통의 달의 남신 난나와 엔키 계통의 달의 여신 닌갈의 소생으로 기술되고 있는 수메르 신의 계보에서도 확인할 수 있다. 태양신 우투는 이란성 쌍둥이인 달과 금성의 인안나와 더불어 난나의 소생인데, 난나는 최고신 엔릴이 곡식의 신 닌릴, 일명 쑤드(Sud) 혹은 쑤드라(Sudra)라는 처녀를 '겁탈'하여 낳은 아들이며 위로는 당연히 안의 손자가 된다.

흥미로운 것은 남성적 태양이 양성적 달로부터 분화되었지만, 달의 신 난나가 후대에 이르러서는 남성으로만 해석되었다는 사실인데 달을 남성으로 파악하는 전통은 게르만어 계통에서 그 명맥을 유지하게 된다. 난나는 수메르의 인안나를 거쳐 바빌로니아 신화에 이르면 달과 샛별의 여신 이슈타르로 점차 대체되지만, 인안나는 달보다는 샛별(금성)의 신으로 유명세를 타게 되며 이슈타르의 경우도 달을 담당하는 직함은 상대적으로 중요하지 않게 취급되게 된다. 바빌로니아의 달의 신이자 한때 최고신 역할을 했던 씬(Sīn)은 태양신 샤마쉬(Shamash)의 기세에 눌려 노인으로 표현되며 그 역할마저도 후대에는 이슈타르에게 전해져 겨우 그 명맥을 유지하게 된다. 바빌로니아 문명권에서 그러나 원래 씬 신의 위력은 샤마쉬와는 비교가 안 될 정도로 무소불위였으며 씬은 "아누와 엔릴, 에아의 세 모습으로" 나타나기도 하여(Durand 『인류학』, 441) 그 시원의 삼위(三位)를 보존하고 있기도 하였다. 달의 여신 인안나가 한때 엔키로부터 지혜와 권력의 엠블럼인 "me"를 이양 받아 최고신이 되는 과정을, 그리고 난나와 씬의 월신으로서의 종교사회적 권위를 생각해보면 쉽게 이해가 가는 대목이다.[19]

청동기시대 전사(戰士) 문화권에 이르러서야 달이 여성으로 표현되기 시작되며 신석기나 초기 청동기시대에는 달이 남성이고 태양이 여성으로 파악되었다는 캠벨(Joseph Campbell)의 언급(2013, 85, 47)은 추가 설명과 논의를 필요로 하고 있지만, 양성적인 달의 모습을 파악하고 있는 말로 해석된다. 달이 태양과의 관계에 있어서는 여성적이고 지구와의 관계에 있어서는 남성적이라는 플라톤의 『향연』에서의 통찰(Bachofen 148 참조) 또한 달의 양성성을 파악하고 있는 언급으로 보아도 무방하다. 이집트의 오시리스는 이시스와 더불어 달의 신이었는데, 오늘날 우리는 오시리스를 이시스의 배우자로 그리고 태양신 라(Ra)의 전신으로만 사유한다. 오시리스 이후 달의 신은 남성 신인 토트(Thoth)가 일부 담당하게 되지만, 태양신 아몬-레(Amon-Re)의 위상과 그 역할에 비하면 미미해진 편이다.

물론 여성적인 것으로도 파악되는 태양(신)을 남성적인 것으로만 파악하여 역사의 전면에 전적으로 등장시킨 문명은 유대-기독교 문명이다. 고대 히브리 문명의 신은 태양신으로 표상되기가 일수였고, 요한계시록에 태양의 얼굴을 지닌 것으로 묘사되고 있는 예수는 후일 태양신 미트라를 숭배하던 로마의 황제 콘스탄티누스에 의해 새로운 태양신으로 옹립되기도 한다. 신화문명사적인 관점에서 이를 말하자면 빛이신 신에서 달과 태양이 분화되었는데, 상대적으로 최초에 태양을 숭상했던 문명권은 달의 문명으로 그리고 다시 태양을 숭상하는 문명권으로 재차 진화한 것 같으며, 현세는 태양의 위세가 세력을 끼치고 있는 세대이며 다시 달의 시대가 도래 할지는 미지수이다(고대의 태양 → 과거의 달 → 현대의 태양 → 미래의 달?). 태양을 상징으로 하는 지나간 2천 년의 직선론적인 세계관은 인류에게 죽음을 선물하였는데, 21세기 현세는 순환론적인 시간상을 보여주는 달의 상징, 즉 재생과 부활의 복원을 다시 꿈꾸고 있다.[20]

피셔(Claudia Fischer)의 주장에 의하면, 우르 3왕조 시대(기원전 2112~2004)에는 난나/쑤엔의 아들로서 우투/샤마쉬에 대한 통상적인 제의는 존재하지 않았으며, 아카드 왕조 시대(서기전 2335~2150)의 사르곤왕이 다스리던 시대(기원전 2335~2279) 이전에 우투/샤마쉬가 달의 신의 아들이라는 증거 또한 알려지지 않았다. 이집트 최고신으로서의 태양신 숭배를 고려한다면 메소포타미아 유역의 달의 중요성을 제외하고 여러 시대에 걸쳐 태양이 결코 달보다 열등한 위치에 있지 않았다고 한다(130, 주석 37). 피서의 주장은 기원전 3천 년의 중반기에 태양신을 주신으로 믿던 문명권이 쇠퇴하고 달의 신을 주신으로 삼는 문명권이 특정 시대의 특정한 문화권에 등장했다는 것으로 요약될 수 있다. 달과 태양의 생성 연대와 우위에 관한 분분한 주장들 중의 하나인데, 청동기시대 이후 '비옥한 초승달 지역'(fertile crescent)에서만큼은 달의 신이 태양의 신에게 주도권을 빼앗긴 것은 분명하다.

헬라스 신화에서도 사정은 마찬가지이다. 이슈타르의 후예라 할 수 있는 사냥과 달의 신인 아르테미스 또한 원래 남성이자 여성이었는데, 어느 때부터인지는 확실히 가늠할 수는 없지만 후대에 이르러 여성으로만 파악된다. 달은 비단 간혹 아르테미스로 변신하기도 하는 여신 아프로디테와만 관련이 있는 것만은 아니었다. 초승을 나타내는 아르테미스(Artemis), 보름을 나타내는 셀레네(Selene), 삭망을 나타내는 밤의 여신이기도 한 헤카테(Hecate)는 전부 여성으로 표상되었는데(Harding 186), 뒤랑에 의하면 "달은 복수(複數)의 어머니"로서 풍요의 신들로 나타나며, "달 셋의 결합은 본질적으로 달의 속성이다"(『인류학』 438, 441). 로마 신화에 이르면 달의 신은 정숙한 여신으로 유명한 처녀신 디아나(Diana)가 되는데, 그녀는 희랍의 아르테미스가 담당했던 사냥과 출산, 그리고 처녀성의 수호여신이었던 달 신의 역할을 온전히 물려받지 못하게 된다. 달의 신 역할은 명목적으로는 유노(Juno)가 하게 되는데 그녀의 전신인 희랍의 헤라가 달의 역할을 한 적이 없다는 사실에 비추어 보거나 로마시대에 태양숭배 사상이 유행했다는 점을 참고한다면, 달의 역할과 그에 대한 숭배 제의가 축소되었다고 말할 수 있게 된다.

이는 마치 중국 신화에서 창조의 역할을 담당한 대모신(大母神)의 하나인 월신(月神) 여와가 "한대(漢代) 이후로 접어들면 신화 속에서 복희(伏羲)의 배우[자]신으로 더 자주 등장하게"(송정화 2003, 150-51) 되는 것과 유사하다 할 수 있다. 헤르메스(Hermes)는 인안나의 시종 역할을 하는 수메르의 넌기쉬지다(Nin.gish.zida, 아카드어로는 닌슈부르(Nin.shu.bur))의 후신인데,[21] 두 마리의 뱀이 꼬아진 양성구유의 지팡이를 지니고 있어 성별을 구별하고 있지 않았지만(Campbell 1964a, 470-2), 후대에 이르러 남성으로만 인식되었는데 이 또한 여신의 퇴조와 남신의 부상으로 인한 남성 권력화의 한 예가 될 수 있겠다.

뱀과 달로 상징되는 가변성의 여신은 해로 상징되는 일회적 남신에게 우주 창조의 주역을 넘기게 되고, 인류의 시간과 죽음에 관한 의식도 순환성에서 일회성으로 변하게 된다. 태양이 달의 아들이자 연인이었다는 사실은 잊혀져 갔다. 뱀으로 상징되는 달의 여신들은 뱀, 또는 용의 정복자인 남신들에게 정복되고 복속 당하게 된다. 바빌로니아 신화에서 바다 괴물인 큰 용, 즉 티아마트(Tiamat)는 그의 배우자인 강의 신 압수(Apsu)와 더불어 양성을 겸비한 여성으로 상상되기도 하였다. 용의 양성성을 바빌로니아인들이 인지했다는 사실을 의미하기도 하고, 혼돈의 우주를 여성으로 그리고 그 정복자를 남성으로만 파악하지 않는 그들의 성차 초월적 사유 방식을 드러내기도 하지만, 그러나 종국에는 양성적인 티아마트가 강력한 남신인 마르둑에 의해 대체되는 것으로 나타나 있어 여신의 퇴조를 강력하게 시사하고 있다.

이집트의 태양신 라(Ra)는 뱀 신 아포피스(Apophis)를 매일 밤 물리쳐야 되며, 헬라스의 제우스 또한 수백 개의 뱀 머리를 가진 반인반사의 티탄인 용 튀푠(Typhoon)을 물리치고 올림포스의 주신으로, 아폴로 또한 대지의 용인 퓌톤(Python)을 물리친 후 델피의 주신이 될 수 있었다. 아시리아나 페니키아의 그림들 속에서 짐승들이나 괴물들은 여신을 상징하는 달 나무를 지키거나 또는 튀푠이나 세트(Set)처럼 그것을 공격하는 모습으로 나오기도 하는데(Harding 90), 어떠한 경우든 그것들은 격퇴되어야 할 대상이었다. 구약의 신 야훼 또한 바다에 사는 민첩하고 거대한 뱀 신인 용 레비아탄(leviathan)을 물리쳐야만 했다(이사야 27:1). 시편 74:13-24 구절과 요한계시록 12:7-9 구절은 바다 괴물 레비아탄의 머리를 쪼개는 신의 모습과, 대지의 신이자 악마, 사탄이 되는 거대한 용을 쳐부수는 성 미가엘 대천사의 위용에 대한 묘사이기도 하다. 영국의 수호성인인 성 조지(St. George)가 뱀 또는 용을 물리치는 이야기, 또 아서왕 전설에서 아서가 우주의 몸체인 뱀을 정복하는 이야기 등은 남성 영웅이 용을 살해함으로써 그것의 신묘한 성질을 전수받는다는 것을 의미하기도 하지만, 여성적인 용의 성질을 남성이 통합 흡수한다는 이야기로 해석되어 가부장적인 남성 영웅의 탄생을 지시하는 신화소로 작동하기도 한다. 양성성의 대표적 표상이었던 뱀은 남성으로 축소되어 전이된다.

달과 뱀을 매개로 하여 여성을 생명과 재생으로 보았던 사유는 여성을 다시 죽음으로 보는 사유로 변형되어 부정적 여성상을 인류의 저의식(低意識, subconsciousness)에 유포하게 되었다. 변하는 '불변'의 우주는 여전히 그대로였지만, 음양으로 구성된 지구와 우주에 관한 인류의 인식은 부단히 변하여왔다. 어머니를 살해한 오레스테스를 무죄로 인정한, 후대에 엥겔스가 서양 중심적 계급투쟁의 사고방식에 사로잡혀 고대사회에서 명확한 계급투쟁을 찾을 수 없자 이를 성에 관한 남녀의 투쟁으로 치환하여 "여성의 세계사적 패배"(weltgeschichtliche Niederlage des Weiblichen Geschlechts)로 명명한, 아레오파고스(설립 초기에는 주로 전리품을 민주적으로 분배하던 아주 조그마한 장소로서 "아레이오스 파고스", 즉 전쟁의 신 "아레스의 언덕"이라는 뜻) 법정의 판결은 사실상 죽음과 재생을 상징하는 달과 삶의 신비를 말하고 있는 뱀(신)의 퇴조, 그리고 여성과 뱀을 동일시하여 여성을 폄하하는 사고방식에서 미리 예견되었다. 아테나 여신의 오레스테스에 대한 무죄 방면에 이어 도시 아테네의 논쟁적 대소사를 판결하게 되는 오늘날의 국회와 상응한다 할 수 있는 아레스 언덕의 민회(民會)는, 지혜와 '합리적' 전쟁의 여신이지만 남성에 가까운 아테네의 주신 아테나와 '파괴적' 전쟁의 심볼인 그녀의 파트너 아레스와의 미묘한 조합에서도 알 수 있지만, 전쟁과 지혜의 상호 협

력관계를 부추기며 전쟁으로 점철되었던 서양의 가부장적 패권주의의 성향을 드러내고 있는 장소로 표상되어왔다.

"남녀관계는 (…) 근본적으로 변화되었으나, 그 개개의 단계적 발전은 역사시대 이전에 이루어진 것이다. 그럼에도 불구하고 사회학자들은 그것을 '여성의 세계사적 패배'라고 부르고 있다"는 프리샤우어(Paul Frischauer)의 언급(31) 또한 엥겔스의 주장에 이의를 제기하고 있다. 헬라스 신화의 악녀 메데아나 독부 클뤼타임네스트라는 너무 잘 알려진 사악한 여성의 대명사들이며, 그녀들에 대한 부정적인 판단은 사랑을 기초로 하는 어머니에서 딸로 이어지는 모계 모권의 전통이 금·권력과 폭력을 기반으로 하는 아버지에서 아들로의 상속(patrimony)에 의해 대체되었다는 것을 의미하기도 한다. 죽음과 재생을 한 몸에 구현하고 있는 뱀과, 생명과 죽음을 동시에 품고 있는 여성은 순환론적인 우주 인식의 사라짐과 더불어, 어림잡아 지나간 3-4천 년만을 고려한다면 서양의 주된 담론에서 소극적이고 부정적인 면에서만 명맥을 유지하게 된다. 죽음 또한 삶을 예비하는 기능을 잃어버리고 삶과 대극적인 개념으로만 인식된다. 삶과 분리된 죽음이 이분법이라는 사유의 형태로 인류의 의식 속에 들어오게 된다.

기원전 4000년경 신석기시대 후기에서 시작되어 철기 문명이 도래하기 직전의 기원전 1750~1500년에서 여성신의 퇴조가 거의 완성된다고 보는 견해(Sjöö & Mor 231; Baring & Cashford 152; Campbell 1992, 312-314; 2013, 55; Gadon 110), 청동기 문명이 대략 기원전 2000년을 전후하여 '고 유럽'(Old Europe)에 퍼지고(Neumann 1949, 5-170; Gimbutas 1973, 163-164), 비록 구약의 성립연대가 대략 기원전 1200~800년 사이라는 성서학자들의 주장을 반영하고 있지 못하지만 가부장제가 2500여 년 동안의 긴 시간을 거쳐 대략 기원전 500년 정도에 히브리 성경이 집필되던 시기에 제도화된다는 견해(Lerner 212) 등은, 청동기-철기 가부장제와 여신의 퇴조에 관해 많은 것을 시사해주고 있다. 이 시기는 고고학자 차일드(Gordon Childe)의 말을 빌지 않아도 신석기말기-청동기시대의 도시문명이 발아하던 시기이기도 하였다(1951, 204-206; 2004, 203-204, 271-273).[22]

이 시대에 접어들면 사랑과 전쟁의 여신이기도 하면서 달을 간혹 지배하기도 했던, 그리고 엔키로부터 지식의 총화인 '메'(me)를 물려받기도 하여 저승을 다스리기도 했던 수메르의 무소불위의 신 인안나는, 기원전 20세기의 아카드어 문헌인 『길가메시 서사시』에 이르면 길가메시를 유혹하지도 못하고 그에게 거절당하지만 그를 처벌하고 폄하할 수도 없어 두무지에게 사랑을 구걸하고 마는 볼품없는 여인으로 등장하기도 한다. 헬라스 신들의 어머니인 헤라 여신 또한 제우스신에게 매어있는 변덕이 많고 질투만 일삼는 부차적인 신으로 변용되어, 그들의 서사시 『일리아스』에서도 전쟁에 별다른 영향을 주지 못하는 단역 배우로 등장한다. 헤라와 아테나 그리고 아프로디테의 아름다움에 대한 우스꽝스러운 경합은 여신의 퇴조를 말하는 서술 모티프임에 모자람이 없으며, 파리스로 인해 트로이 편을 들었던 '자유로운 사랑과 섹스'의 여신 아프로디테의 패배는 추후 검증을 요하는 사안이기는 하지만 자유연애와 혼음, 그리고 일처다부제적 속성을 갖는 잡혼의 사회가 일부다처제와 일부다처제로의 변이를 주장하는 바흐오펜(J. Bachofen)의 논의를 지지하고 있다. 제 2차 포에니 전쟁(기원전 264-146)에서 에이네스(Aeneas)의 어미인 아프로디테의 역할을 흡수하는 힘없는 가모장 유노(Juno)의 등장(Bachofen 99)은 서양의 역사가 가부장적인 가족 체제를 확립해가고 있음을 예증하고 있을 뿐이다.

"청동기 중반 이후 (…) 농경문화의 위대한 어머니 여신의 신화가 유목문화의 남신의 신화에게 패배하여 흡수 및 통합되는 과정에서 세계에 대한 이분법적 사유 방식과 가치관"(장영란 2002, 46)이 여성을 죽음으로 보는 부정적 이데올로기에 일조했음을 추측하기는 어렵지 않다. 가부장제가 완전히 확립되어 가고 있던 청동기 후기 또는 철기 시대에 이르러 여신숭배에 대한 '의도적인 파괴'가 있었다는 그래함(Lanier Graham)을 위시한 여러 신화학자들의 주장은 이제 공공연하게 정설로 받아들여지고 있다(Graham 10; 박정오 34 재인용; 장영란 2000, 77-78). 이는 바빌론 문화에서 거대한 용, 히브리어로는 "깊은 물"(tehom) 또는 혼돈을 의미(Campbell 1964a, 105)하기도 하는 여신 티아맛(Tiamat)[23]을 이기는 청동기시대의 남신 마르둑, 헬라스 신화에서 메두사를 무찌르는 페르세우스(Perseus), 또 그의 증손이 되는 헤라클레스가 메두사(Medusa)의 증손녀인 휘드라(Hydra)를 정복하는 이야기 등에서도 이미 확인된 바 있다. 농업이 주요한 생산수단이 되어가는 청동기시대 구약의 야훼께서 카인의 농산물보다 목축업을 하는 아벨의 제물을 선호하신 것은, 여전히 목축업을 주 생산수단으로 하는 가나안 지역의 특성을 반영하면서도 생산양식에 있어서 농업으로의 점진적 변화에 대한 반작용의 메타포로 보아도 무리가 없다.[24]

풍요신(fertility god)으로 바알과 더불어 그의 배우자인 바알라트, 즉 아쉐라(Ashera)와 그녀의 딸이면서도 바알의 배우자로 다시 대를 이어가는 아쉬다롯(Ashtoreth) 등과 같은 여신들을[25] 숭배하던 농경문화의 전통을 폄하하기 위해, 수렵과 목축, 그리고 전쟁을 주로 하는 청동기-철기 유대 문화는 여신에 대한 직접적인 공격보다는 여신과 연관되고 연상되는 뱀, 육체, 성 등을 에둘러 부정하는 방법을 선택하였다. 성 비판은 종교 비판의 대체물이었다. 지중해 연안의 원시종교에서 지혜의 상징이었던 뱀이 새로운 종교가 등장함에 따라 그 품격과 품위를 잃고, 빈번히 악과 죽음으로 동일시되어야만 했던 것은 역사적 전개 과정의 필연적 결과이기도 하였으며, 인간의 자연적 성을 죄악시하는 것은 성적인 행위를 신에게 바치는 우주적 찬가라고 생각했던 고대의 풍요 여신숭배 전통을 거부하기 위하여 본말을 전도하는 하나의 책략이기도 하였다. 원래 선악나무와 생명나무의 여신은 이브이고 그 수호신은 뱀이라는 주장(Johnson 186, 191), 혹은 뱀이 에덴동산의 침입자가 아니라 "에덴동산의 실질적인 신"이었다는 주장(Campbell 1992, 98) 등은, 여성과 뱀으로 상징되었던 삶과 죽음의 순환성을 다시 인류의 일회적인 의식 속에 끌어들이기 위한 새로운 시도이다.

　히브리의 최초의 여인 릴리스(Lilith) 또한 나무 몸통에서 머물렀고, 뱀 또한 자주 나무를 그의 서식처로 삼았다는 것은 우연의 일치를 넘어 우리에게 여성과 뱀, 그리고 죽음과 생명을 동일시했던 시원의 사유를 들여다볼 수 있는 좋은 준거점을 마련해준다.[26] 선악과는 인류에게 죽음을 가져다주었지만 생명 또한 가져다주었다. 이러한 선악과가 생명과 죽음을 동시에 체현하고 있는 여성, 또는 뱀과 밀접한 연관을 지닌 것으로 사유되었다는 사실은 그러하므로 선악과를 인류에게 죽음을 선사했던 과일나무로만 해석하는 사유방식을 정면으로 반박하고 있다. 삶은 죽음으로 향하고 있지만, 바로 그 죽음 속에서 삶은 다시 태동하고 있다.

4

새로운 상징, 물과 불의 우로보로스 '날 뱀'의 출현을 기다리며

삶과 죽음의 순환성을 몸으로 체현하는 뱀, 가변성과 풍요의 토템적 상징으로서의 뱀, 그리고 현묘한 유부의 지혜를 상징하는 뱀은 언제 다시 인류의 상상력에 다시 받아들여져 시원의 자웅동체의 상상력으로 치유의 모습을 선사할 수 있을까? 창조의 신과 달, 그리고 뱀이 원시인의 사유에서 언제나 자웅동체적인 여성성을 지녔다는 사실은, 창조의 신을 남성으로 뱀과 달을 여성으로만 파악하는 현대인의 이분법적인 사유방식을 되돌아보게한다. 1장의 3절에서 밝힌 바 있지만, 지혜와 유부의 상징인 뱀의 눈과 흡사한 "달"(glaukô)과 같은 "부엉이"(glauks) 눈을 가졌던 로마의 지혜의 여신 미네르바(glaukôpis)는 서양 문명의 황혼녘에 비행한 적이 있었다고 인구에회자되곤 한다. 그의 새벽녘에로의 귀환을 소망한다. 미네르바에서도 동일시되었던 달의 여신과 지혜의 뱀신을 다시 숭배하자는 것이 아니라 죽음을인류에게 선사한 오명으로부터, 그리고 그와 연관된 여성을 죽음으로 보는시각을 중립화하자는 것이기도 하며, 죽음을 부정적으로만 보는 시각에서벗어나자고 하는 주장이기도 하다.

새(鳥)-해-불-남신의 역사시대의 문제를 시대를 거슬러 뱀(蛇)-달-물

-여신의 신화시대의 척도로 해결할 수 있다고 생각하는 것은 물론 시대착오적 발상이다. 가부장제이건 모계사회(matriarchy)이건, 역사시대이건 신화시대이건 나름대로의 문제가 혼재하고 있다. 그러나 문명발달과 교류의 측면에서 볼 때 신화시대와 모계사회의 이념과 가치는 평가절하만 되어야 할 것이 아니라 건설적으로 통합되어야 한다. 역사시대는 신화시대의 사고방식을 유습으로 그 문화적 지향성을 확장해 나아가고 있지만, 그것을 초극해 나아간다는 미명아래 신화시대의 부정적인 측면만을 본의 아니게 강조할 필요는 없을 것이다.

삶과 죽음이 하나이던 시절이 있었다. 인류는 거칠은 물(고기)의 시대인 쌍어궁(Pisces)의 시대에서 공기와 대기의 시대의 초입에 속하기는 하지만 그러면서도 상대적으로 '온화한' 물의 시대인 보병궁(Aquaris)으로 들어섰으며, 물의 시대에서 일면 태양처럼 행동했던 예수가 보여주었듯이 새로운 상징을 기다리고 있는지도 모른다. 인류는 그러나 물의 시대에서조차 물의 상징인 뱀과 달을 홀대하는 방향으로 나아갔다. 우리는 신화와 역사시대를 거쳐 또 다른 문명의 차축시대로 진입하고 있다. 인류의 영적인 성장을 약속하고 있는 시대의 새로운 상징은 아마도 '날틀'일터인데, 그렇다면 우주선은 보병궁 시대의 "푸른 하늘 은하수"를 항해하게 될 배(船), 즉 용선(龍船)이 아니면 무엇이겠는가?[27]

원시인들에게 유현한 상징이었던 천상적인(ouranic) '불새'와 지하의(chthonic) '물뱀'을 뭉뚱그린 '날뱀'(flyng serpent), 즉 뱀의 공기적 속성을 갖는 '뱀새' 또는 '바람 용'에 관한 애급(애굽)과 마야 문명, 이 글을 시작하면서 제사(題詞)로 인용한 바 있는 이사야서의 새로운 뱀신으로서의 예수그리스도에 관한 견해(Charlesworth 415)를 포함하는 기독교 문명을 위시한 동서양의 신화가 보병궁의 시대에도 하나의 상징으로 작동할 수 있을지, 그리고 상상적으로만 존재했던 용이 가시의 세계에 어떠한 형태로 그 모습을 새로 드러낼지는 미지수이다(위의 그림은 테베(현 룩소르) 소재 고대이집트의 왕가의 계곡에서 2019.11.18. 필자가 카메라에 담은 날개 뱀을 그린 채도 벽화). 뱀 두 마리가 꼬아져 날개를 덧댄 헤르메스의 지팡이, 즉 카두케우스를 통한 신탁을 인류는 잃어버린 지 오래이다.[28]

뱀을 여성과 죽음과 연결시켰던 습속 또한 쉽지는 않았지만 이제 그 유효성을 상실하려 하고 있다. 뱀은 보기에 따라서는 그 징그럽고 오싹한 모습으로 혼란과 혼돈의 상징이 될 수 있으나, 그와 여성이 동일시된다고 하여 여성을 징그럽고 오싹한 괴물 혹은 불길한 존재로 파악하여 그녀를 죽음의 표상만으로 볼 수는 없다. 논리학을 잠시 빌리자면, A=B이지도 더군다나 A=A(A′)이지도 않은 것을 갈파한 포스트모더니즘의 판국에, A=B이고 B=C이니 A=C라는 형식논리학이 작동하는 세상은 멀어진 지 오래이다. A=B이면서 엄밀한 의미에서는 동시에 B가 아니라는 동일성과 차이를 품고 있는 은유의 원래 속성을 상기하자면, 여성은 삶이거나 삶이 아니지도, 죽음이거나 죽음 또한 아니다.

바빌로니아 신화는 혼돈을 상징하는 여성인 티아맛의 몸으로부터 세상이 만들어졌다고 말하고 있지 않은가? 죽음을 부정적으로 보았던 습속은 역설적으로 본다면, 굳이 토인비(Arnold Toynbee)와 러셀(Bertrand Russell)을 운위하지 않아도, 천국을 설파했던 죽음지향적인 기독교문화의 폐해 중의 하나였다. 뱀은 지혜와 재생의 상징이기도 하며 여성은 생명의 원천이기도 하다. 죽음을 좋은 것으로 재규정하더라도, 좋은 것이기 때문에 다시 그것을 뱀으로 그리고 여성으로 표상했던 시대는 과거지사가 되었다. 죽음은 삶만큼 좋을 것 같다 해서, 죽음을 다시 여성적인 것으로 규정되어야 할 필요는 없는 것 같다.

삶과 죽음을 동시에 표상할 수 있었던 상징으로 동일시되었던 뱀과 여성에 대한 인류의 시원적 사유 방식은 기독교 문명에 의해 주로 부정적으로 해석되기도 했지만, 이러한 부정적 사유의 등장은 넓게 보아서는 달을 숭상하는 문화에서 태양을 숭상하는 문화로의 문명사적 전환과 궤를 같이

한다. 야훼와 예수가 뱀의 모습으로 현신한 수많은 그림들에 나타난 삶과 죽음에 관한 오의(娛義)는 일부 빛바랜 기독교 신학의 논의에서 자취를 감추기 시작했다. 비교문명사적인 관점에서 본다면 특별히 기독교 문명은 십자가의 죽음을 통하여 삶을 이루어내어 삶이 죽음이고 죽음이 삶임을 몸소 실천한 예수의 가르침을 충분히 받아들이지 못하고, 신화시대의 뱀과 여성에 관한 유현한 상징과 사고를 폐기하는 방향으로 나아갔다.

삶은 죽음이고 죽음은 삶이되기도 한다. 이것이 바로 수메르의 인안나나, 바빌로니아인들의 이슈타르, 이집트인들의 이시스, 유대-기독인들의 릴리스와 이브, 또 (북유럽의 덴마크 쪽에서 이주해 왔다고 추정되며 산스크리트어를 쓰는) 이주 인도인 아리안족의 칼리 여신이 사랑의 여신이면서도 죽음의 여신이 되기도 하는 이유이다. 인안나의 '저승으로의 여행'은 달의 원만함과 이움, 즉 삶과 죽음을 문학적으로 형상화한 이야기이기도 하다. 뱀과 달, 그리고 여성을 동일시했던 서양 신화의 사유는 삶과 죽음의 순환과 등가성을 우리에게 계속 속삭이고 있었으나 언제서부터인지 그러한 현자들의 목소리는 잘 들리고 있지 않다. 다음 장에서는 주제를 약간 바꾸어 삶과 죽음의 우주적 여성이 기독교의 젠더 이데올로기를 만날 때 처녀와 창녀의 두 형상으로 꼬아져 합쳐지기도 하다가 분화되는 현상을 추적해보자.

2장 주

1. "ouroboros"는 꼬리를 뜻하는 그리스어 "οὐρά"와 "먹다" "삼키다"는 뜻의 인
도유럽어 "*gwere-"에서 유래하는 것으로, 라틴어로는 "vorare"(cf. devour,
carnivore…) 내지 "gurges"('throat': cf. English gorge, gulf…) 등으로 그리고
그리스어로는 "bro-" 내지 "bor-" 계열로 발전(cf. bora 'food'[동물의 음식],
brosis 'eating')한 것으로 파악된다. 상용어 우로보로스는, 우로보로스와 뱀을
뜻하는 "ophis"의 합성어인 "ouroboros ophis", 혹은 헬라스어 그대로 표기하
자면 "dracon ouroboros"(δράχων οὐροβόρος)의 축약형으로서 형용사가 명사
의 역할을 대신하여 사용되는데, 이에 대한 어원학적 정보는 연세대학교 문경환
교수님이 제공해 주었다. 우리는 이후 이의 라틴어 표기인 "uroboros"를 이 책
에서는 사용한다.

우로보로스의 그리스어 어원에 대해 설명하면서 찰스워스(James Chrales-
worth) 교수는 우로보로스라는 개념이 그리스인들이 애급인들로부터 차용
한 것이라는 호라폴론(Horapollon)과 올림피오도루스(Olympiodorus)의 아
주 오래된 설명을 인용하면서, 꼬리를 무는 뱀이라는 원형(圓形)적 상징으로부
터 그리스인들은 원의 안에 쓰이어 있는 "하나가 전체", 혹은 "하나인 전체"(en
to pan)를 시각적으로 이해할 수 있었으며 이로부터 시간의 순환영원성과 우

주의 완전함을 추찰할 수 있었다고 말하고 있다. 그리스 신화에서 영원(Aion) 은 간혹 뱀을 칭칭 감고 알몸으로 현신하기도 하는 시간(Chronos)의 자식이다 (Charlesworth 155-156, 154).

간단하게 정리하자면 우로보로스는 그리스어 "οὐρά"와 "삼키다"는 그리스어 일 인칭 단수 동사 "βοσάω"의 합성어에서 만들어진 형용사형으로서 명사의 품위 로 쓰이고 있다. 이러한 뱀의 우로보로스적 이미지는 하나와 전체를 표현하는, 즉 "하나, 즉 전체"(en to pan)를 나타내는 연금술적 의미를 함유하게 된다(Jung 「미사에서 변환의 상징」·「인간의 상」, 203). 영지주의자들이 자주 상용하던 우로 보로스라는 용어를 융의 체계 안에서 역사의 발전적 개념들의 하나로 확장하여 유행을 타게 한 이는 노이만(Erich Neumann)이다. 창조와 창조 이전의 완벽한 상태인 유토피아적인 혼돈을 지칭하는 우로보로스는 모든 시대와 문화권에 나 타나며 그가 제시하는 의식의 8단계에 고루 흔적을 보이고 있다(노이만 『의식의 기원사』, 10-11, 37).

우로보로스는 뱀 이외에도 "용, 바다, 동굴, 골짜기, 알 등으로 표상되기도 하며, 자기충족성, 자기완결성, 자기동일성, 모든 미분리와 비현현의 상태, 현실태 이전 의 잠재적 가능태, 전체성, 원초적 통일성, 파괴(해체 혹은 죽음)와 재통합(재결합 혹은 재생)의 순환성, 자기소멸과 자기갱신을 영구히 계속하는 힘, 영겁회귀, 영 원한 시간성, 영지(靈智), 남녀추니(양성구유), 창조의 원질, 창조 이전의 암흑, 태 초의 부모, 삶의 신비, 물질과 영혼의 일체성, 창조와 부활, 반대의 일치, 생명원 리"(박규태 59) 등을 나타내는 상징이다. 필자는 이에 웜홀(worm hole)을 추가 한다. 블랙홀이 사실은 원형의 구멍이 아니라 단지 하나의 평행 공간일 수 있음 에도 불구하고 인류의 원형적(原形的) 상상력은 그것을 원형(圓形)으로 투사해 내고 있다. 이에 관한 추가 논의는 이 책의 에필로그 부분 15장 참조.

2. 서왕모는 주 왕조의 목왕을 만나면서 도교의 자애스러운 신선으로 인간에게 불 멸의 복숭아를 주는 여인으로 기술되었지만, 이보다 초기의 『산해경』에 의하면 세상에 역병을 내리는 표범의 꼬리에 무시무시한 호랑이의 이빨을 지닌 모습으 로 나타나기도 한다. 서왕모가 황제의 아내이며 인류의 모신이 되는 누에의 신 누조(嫘祖)의 별호인 서릉씨(西陵氏)를 그 원형으로 하여 죽음과 삶을 관장하

는 여와의 분화형으로 보는 의견에 대해서는 하신 80-86, 그리고 서왕모가 한 (漢) 대에 이르러 오히려 음양의 신인 복희와 여와를 좌우에 거느린 존재로 표현되어 양성구유적 존재로 된다는 의견은 Loewe 138-139 참조.

특별히 하신은 서왕모를 설명하면서 중국의 고대 신화에 "생명을 창조하는 생명의 신과 생명을 죽이는 죽음의 신이 바로 동일한 신이라는 것"(85)을 밝혀내어 죽음과 삶의 동일성을 말하고 있는 본 저서의 주제를 확인해 주고 있다. 달의 신인 여와의 분화형이라 말할 수 있는 서왕모는 죽은 자의 산이 되기도 하는 곤륜산 요지(瑤池)의 주인으로서 불사의 약을 지닌다고 되어 있는데, 이는 죽음의 신이 삶과 재생의 신이 되기도 한다는 이시스·오시리스의 재생의 신화와 닮아있다. 이에 대한 보다 자세한 논의로는 나희라 「서왕모 신화에 보이는 고대중국인의 생사관」(『종교학 연구』 15 (1996): 145-160)을 또한 참조.

3. 유아사 야스오의 『身體の 宇宙性』을 『몸과 우주: 동양과 서양』이라는 제목으로 번역한 이정배·이한영은 우로보로스를 "커다란 고리(環)"의 모습을 띤 거룡 (巨龍)으로 옮기고 있다(2004, 7, 28-29). 유아사 교수의 생각과 번역을 그대로 따른 것 같다. 용의 기원에 관해서는 대체로 인도의 나가 기원설과 고대 중국의 토템 기원설, 그리고 중국을 위시한 고대 도철문에 나타나는 뱀 기원설, 기상학적인 착시현상의 결과인 용솟음 현상, 그리고 공룡의 후신 등 다양하게 나타난다(윤열수 46-66). 캠벨은 독수리와 뱀이 합하여 용이 된다고 주장하기도 하며(1992, 84), 신석기 후기 황하 중하류 지역의 용산(龍山) 문화권을 위시한 중국 신화에 나타나는 용이 사실은 뱀과 흡사하다는 주장, 그리고 그 용이 "다리와 큰 얼굴, 몸체에 가죽이 있는 점"에서 양자강의 악어를 모태로 하지 않았는가 하는 주장 또한 존재한다(정연학 40). 권위 있는 설문해자는 이를 비늘이 있는 가장 큰 파충류, 즉 "鱗蟲之長"으로 설명한다(허진웅 597-598).

용의 헬라스어는 드라콘(δσάκων; 라틴어 dracō)으로 큰 뱀(serpent) 또는 성서에 나오는 레비아탄인 큰 바다뱀을 의미하기도 했다. 요한계시록은 다음과 같이 기록하고 있다. "용을 잡으니 곧 옛 뱀이요 마귀요 사단이라 잡아 일천 년 동안 결박하여 / 무저갱에 던져 잠그고 그 위에 인봉하여 천 년이 차도록 다시는 만국을 미혹치 못하게 하였다가 그 후에는 반드시 잠깐 놓이리라"(요한계시록 20:2-3). 한국어 성경 에스겔 29:3에 나오는 "악어"를 일부 영역본은 용으로도 표기하고 있는데(신광철 113), 원문을 확인해보면 히브리어 성경은 이를 "hattannîm"으로, 그리스어 성경은 "dracon"으로, 불가타는 이를 "draco"로 표기하고 있다. 레비아탄이 실제 짐승인 악어, 즉 용을 의미하는 히브리어 "타닌(님)"과 동일하다는 주장에 대해서는 조철수(2003, 170; 주석 170) 참조.

4. 달팽이, 혹은 두꺼비를 뜻하는 "蝸"가 사실은 달 속에 사는 신비한 두꺼비인 섬여(蟾蜍)이자 중국의 신화에서 생육과 번식을 맡고 있는 여신 항아이며, 복희여와도에 나타나는 두 마리 뱀이 실은 뱀과 여성적인 두꺼비라는 주장, 그리고 두꺼비의 뱀에 의한 대체가 여성의 패배, 즉 "뱀-새-남근-성욕-부권으로 이어어지는 복희 신화가 두꺼비-물-고기-여근-번식-모권으로 이어어지는 여와 신화를 역사적으로 전복시킨 것"이라는 주장에 대해서는 노승현 522-523 참조.

5. "미리"는 양주동 박사의 지적대로 용을 가리키는 한국어이다(94-97; 신월균 265 재인용). 은하수의 순 한국말, 특히 경상·제주 방언으로 잘 알려져 있는 '미리내'는 "뱀=용의 강", 즉 은하사(銀河蛇)이다.

6. 중국문명의 말에 대한 보다 더 자세한 논의로는 8장 2절 참조. 1장 4절에서 밝힌 바와 같이 기독교가 포교되기 전 이교도 신전의 주위에 심어져 있던 사과나무로 후대에 오인되는 무화과나무가 금단의 나무로 낙인찍혀 폄하되는 경우, 또는 유대 목축 문화권에서 농경민족의 시조가 되는 카인이 유목민족의 시조가 되는 아벨을 돌로 쳐 죽여 인류에게 원죄라는 굴레를 끊임없이 덮어씌우는 대표적인 사례로 둔갑하여 오용되는 경우도, 새로운 환경과 제도에 따라 사물과 사건, 그리고 이와 연관된 사람이 그 원래적 속성과 의미를 잃어버리고 한 면으로만 평가되는 경우이다.

7. 바빌로니아라는 개념이 탄생한 것은 기원전 1460년경 카슈의 왕 울람부리아시가 그를 바빌론의 왕으로 칭하지 않고, 남부메소포타미아 전체를 아우르는 명칭인 카르두니아시(Karduniash)의 왕으로 칭한 것에서 비롯되었다고 한다(Roux II, 35). 아모리 왕조는 기원전 1800년경 수메르와 사르곤 왕의 치세로 유명한 아카드 (한국어 성서에는 아가데)를 하나의 왕국으로 통합시켰는데, 이 새로운 왕국을 바빌로니아라고 칭하는 것(Childe 1954, 255)이 통상적이다. 바빌로니아의

함무라비 왕이 유명하다. 신바빌로니아(626-539 기원전)는 아람인의 한 족속인 칼데아(성서에는 구데아)인이 세운 왕국이며 네부카드네자르 2세(한국어 성서는 느부갓네살)의 공중정원이 유명하다. 페르시아의 키루스 2세에 의해 멸망한다. 유대인들의 바빌론 유수를 종식시킨 왕으로 한국어 성서에는 고레스 대왕으로 칭송된다.

바빌론과 바빌로니아가 지역적인 개념이고 아카드가 언어문명적인 개념임을 감안하여 여기에서는 상용되는 "수메르·바빌로니아"라는 명칭 대신 간혹 "수메르·아카드"(Roux II, 35) 또는 티그리스와 유프라테스 양안 지역을 폭넓게 지칭할 때 "수메르·메소포타미아"라는 용어를 사용한다. 엄밀히 말한다면, 현재의 이라크와 거의 일치하는 메소포타미아라는 개념은 아시리아와 바빌로니아 지역으로 구분되어 사용되었으며, 통상 바빌로니아라는 명칭은 북부의 아카드(2800~1100 BC)와 남쪽의 수메르를 포함하는 개념으로 사용된다. 수메르문명은 두 강이 만나는 하류의 삼각주 지역에서 일어난 문명을 일컬음인데, 초기 왕조 시대(2900?~2350? BC), 아카드 왕조 시대(2350?~2150? BC), 우르 제3왕조 시대(2150?~2000? BC)를 통칭하는 통속적인 용어로 사용되기도 한다.

8. "그리스"는 라틴어에서 유래된 영어식 표기법이고, 희랍은 한자식 표기법이다. 이 글에서는 대홍수 이후 데우칼리온과 피라의 아들인 헬렌(Hellēn)이 세운 최초의 나라를 "헬라스"라고 칭했다는 박종현의 지적(8-9)을 받아들여, 고대 그리스를 칭할 때는 때로 희랍 대신 "헬라스"로 표기하기도 한다.

9. 수메르의 서자와 장자에 관한 왕위 세습 체계는 신라의 성골과 진골 체제와는 반대이다. 형제보다는 사촌 닌릴과 결혼한 엔릴이 세습 1순위가 되고 닌키(닌마)와 형제간 결혼을 한 엔키는 그 다음 순위이다. 그들의 소출 또한 이 제도를 따라 왕위가계도 또는 세습 서열이 매겨진다. 그러나 엔키가 왕위 순위에서 밀린 것은 엔키의 어미가 정실이 아니라는 의견 또한 폭 넓게 존재한다. 그런데 우리가 염두에 두어야 할 것은 정실부인과의 소생이 여자형제, 그 중에서도 특히 이복여자형제 혹은 사촌여자형제와 결혼을 할 때 왕위세습에 있어서 1순위가 된다는 사실이다.

또 다른 예를 들자면 실제로 엔릴과 그의 이복동생인 닌후르쌍과의 소생인 닌우르타는 엔릴과 그의 여자 형제인 닌릴과의 소생인 달의 신 난나를 제치고 정식 승계자가 된다. 엔키의 소생인 마르둑(Marduk)의 왕위 찬탈은 그렇기 때문에 서자이자 장자인 엔키의 왕권을 후대에 회수하기 위한 장치로 보인다. 마르둑의 이복동생인 두무지와 엔릴계의 인안나와의 사촌 간 혼인에 있어서도 우생학적 이유보다는 권력의 확장에 대한 욕구가 앞서고 있는 것 같다. 다른 혈통의 권세와 권위를 손쉽게 섞을 수 있는 사촌 간 결혼을 우대했던 수메르의 결혼 제도가 신라의 성골, 진골 체제와는 무엇이 달랐는지, 전문가의 해석이 필요한 시점이다.

10. 문헌에 의하면, 인안나가 쳐 죽인 반인반수 엔키두는 모신 키(Ki; Antu) 즉 아루루가 길가메시의 폭압에 맞서기 위해 천신 안(아누)의 모습을 본 따 점토에 침을 섞어 만든 인물이다. 수메르 최초의 도시 에리두의 뜻이 신들로부터 "멀리 떨어진 곳에(RI) 지은(DU) 거처(E)"(김산해 2003, 158)라면, 엔키두 또한 "엔키가 만든 이"라는 해석이 가능하며, 위키페디아 영어백과사전은 이러한 해석을 추인하고 있다. 루갈반다왕과 여신 닌순의 소생인 길가메시는 황소자리, 엔키두는 산양자리이다(조철수 2005, 366-67).

에덴(Eden)은 단순히 "들판"(sērum)으로 번역되기도 하며(조철수 2003, 66), 수메르어 "에딘", 즉 "신(DIN.GIR)이 머무는 곳(E)"이라는 뜻이라고 추찰된다(Sitchin 212-213). 추측일 뿐 어원학적으로 성립되지 않는다고 주장하는 이들도 있지만, "에안키"가 하늘의 신인 안과 지하의 신 키의 집, 또는 신전, 그리고 "에압주"는 강물의 신 압수의 거처, "에샤르라"가 우주의 집으로 해석되는 것으로 보아 신들의 거처로 에덴을 번역하는 것은 별 무리가 없어 보인다. 에덴이 수메르어 에딘(EDIN)을 거쳐 아카드어로 "에디누"(edinu)로 정착되는 과정, 그리고 그 말뜻이 "환희" 또는 "풍요"를 의미하는 서 셈어 어근 "-d-n"에서 연원한다는 논의로는 배철현 2002, 200-201, 2001『옹켈로스 창세기』, 123 참조.

11. "다시 젊은이가 되는"(토판 310행) 효능을 선사하는 가시로 뒤덮인 나뭇가지, 즉 불로의 가시나무를 주원진은 대추야자나무, 혹은 야훼신이 거주하는 나무, 그리고 그리스도의 면류관이 되는 가시나무, 즉 고통과 돈오(頓悟)의 가시나무로 해석하고 있다(180-195). 그러나 주원진의 주장을 더욱더 보강할 수 있는 정교한 논리는 그의 말대로 어원학과 문헌학, 그리고 고고학의 보다 광범위한 예증에서

비롯되어야 할 것이다. 그의 주장이 암시하는 대로 가시나무를 선악과와 연관시킬 수도 있겠으나, 이 경우 또한 검증에 있어서 엄밀성을 필요로 한다. 무화과나무도 잎이 그렇게 큰 것은 아니지만, 가시로 덮인 대추야자나무는 잎이 그렇게 넓지는 않다.

12. 바빌로니아의 달의 신인 씬(Sīn; 쑤엔(Suen)으로도 표기)은 수메르어로는 난나로 표기되었다. 파르테논 신전과 견주어 보는 하란의 황토지역의 달 신전의 광대함은 필자를 압도하였는데, 달을 주신으로 모시는 전통은 현대의 많은 국가들, 특히 이슬람 국가들의 모스크의 첨탑(minaret)이나 몇몇 나라의 국기에 초승으로 그 모습이 이어진다. 씬 신전에 관한 화보, 그리고 바알벡의 바벨 신전에 관한 화보로는 김용옥(2010b, 365-367; 2011a, 228; 2017,120) 참조.

13. 영어판이 아닌 프랑스어판에서 번역된 이와 관련된 구절은 다음과 같다. "인도인들에게 달 여행은 '망혼의 길(pitriyâna)'이며, 영혼은 새로운 화신을 기다리면서 달 속에서 휴식을 취한다. 이것은 입문자들, 즉 무지의 망상에서 해방된 자들이 걷는 태양의 길, '신들의 길'(devayâna)과는 아주 다르다. (…) 이란의 전승에서 (…) 가장 고결한 영혼은 아후라-마즈다의 무한한 빛인 가로트만(garotman)에게까지 도달한다. (…) 달의 운명은 형태를 '소멸시켜' 다시 창조하는 데 있다. 생성을 '초월하는' 것은 달의 저쪽에 있는 것뿐이다. 모든 영원한 것은 달의 저쪽에 있다(Supra lunam sunt aeterna omnia)"(『종교사개론』169-170).

14. 인간이라는 뜻이 "생각하다"는 산스크리트어 "man"에서 유래한다는 신지학자 베산트(Annie Besant) 여사의 의견은 어원학적으로 추후의 논의를 거쳐야 하겠지만 곱씹을 만하다. 잘 알려진 대로 불교의 제7식인 말나식(manas-vijnana)은 "생각하다"는 의미로부터 나온 명사형으로 "의식"을 뜻하는 "manas" 또는 "영혼"을 뜻하는 "manes"에서 유래한다. 인류를 통칭하는 "man"과 달, 즉 "mens"와의 유사성을, 그리고 더 나아가 인류의 사유 양식과 달에 관한 상념의 밀접한 연관성을 논구할 만하다.

15. 초승은 황소의 뿔만이 아니라 뱀의 모습을 또한 닮아 생명과 지혜를 상징하는 것으로, 또한 낫(sickle)과 유사한 모습으로 인지될 때는 파멸과 죽음의 무기로 해석되기도 한다. 페르세우스가 메두사의 목을 치던 낫 모양의 "harpe"는 마르

둑과, 제우스, 그리고 헤라클레스가 뱀을 처단할 때 사용하는 무기이기도 하였다.

16. 정보를 확인해 주신 연세대학교 문경환 교수님에게 감사드린다.

17. 과학철학자이며 신지학자인 루카스(Paul Lucas)가 인용하고 있는 플루타르크의 다음과 같은 언급은 본 맥락에 걸맞다. "달(오시리스)은 그 풍요롭고 비옥한 빛으로 동물을 생장시키고, 식물이 자라도록 하는 것을 좋아한다. 그러나 태양(세트)은 지독한 화염으로 동물들을 태워 죽이려고 하고, 대부분의 대지를 사람이 살 수 없는 불모지로 만들었으며, 자주 달까지도 손아귀에 넣었다"(n.p.; Carus 34 재인용)

18. 인안나는 1장 주석 13에서 밝혔듯이 "달의 여주(女主)"라는 뜻이다. "Inanna"는 초기의 "Ninanna"에서 후대에 "N"이 탈락된 것으로 보인다. "Nin"은 여신 또는 여주인이라는 뜻이다. 모신 키(닌마)의 별칭으로도 알려져 있는 "생명의 여주"를 뜻하는 닌티는 달의 신으로도 알려져 있으나, 통설은 안의 딸인 닌후르쌍(Nin. hur.sag)과 동일시된다. 닌티가 달의 신으로 매김 되는 것은 아마도 "늑골, 즉 생명의 귀부인"인 닌티(Nin.ti)가 생명의 원소인 물을 담당하는 달과 상관이 있기 때문일 것이다.

"지구에서 발견되는 암석의 나이는 35억 년인데 비해, 몇몇 월석 표본들의 나이는 약 45억 년으로 태양계의 추정 나이에 매우 가깝다"는 과학자들의 주장(Knight & Butler 79)은, 달에서 태양이 분리되었다는 말은 조금 무리이기 하지만, 달이 [태양 또는 지구보다] 먼저 생겼다는 수메르인들의 통찰과 일치한다. 중국 문명은 이와는 반대로 태양에서 달이 분화한다. 이와는 조금 다른 문맥이지만 신지학자 블라바츠키(Helena Blavatsky)는 "우리 세계의 진화 초기에는 달이 지금보다 지구에 훨씬 가까웠고 크기도 더 컸다. 이후 달은 우리로부터 거리도 멀어졌고 크기도 많이 줄었다. (달이 자신의 모든 본질을 지구에게 준 것이다.)"고 주장한다(Secret Doctrine III, 562; Besant 413 재인용).

달과 목성이 지구상의 인류를 위하여 특별히 창조되었다는 사실을 지적하는 현대의 많은 과학자들은, 달이 지구를 위하여 만유인력으로 조석간만의 차이를 유도하여 바다에 물을 공급하고, 목성은 혜성이 지구에 충돌하는 것을 거르는 포수 역할을 수행하고 있다고 주장하기도 한다. 그들에 의하면 태양계 전체가 지구를 위해 창조되었고, 특별히 달은 물을 관장하는 별자리로 지구 생명의 창출에 필수적이다.

19. 수메르의 최고의 도시 우르의 지배자인 난나-씬과 우륵의 주신인 인안나의 품위, 그리고 월신(月神)으로서 그녀가 취하게 되는 온갖 지식과 지혜의 보고인 "me"에 대해서는 이 책 10장의 2절을 참고할 것.

20. 달과 태양의 젠더, 그리고 태양을 삼키고 토해내는 이집트의 하늘여신 누트와 땅의 남신 겝의 젠더에 관한 보다 자세한 논의로는 3장과 8장 참조.

21. 이집트의 달과 언어, 지혜의 신 토트(Thoth)와도 상응하는 닌기쉬지다는 뱀신 엔키의 지혜를 물려받아 치유와 의술, 그리고 저승의 신으로 그리고 후대에는 성서에서 말하는 선악의 나무와 생명나무의 신으로 인식되기도 하였다.

22. 최몽룡은 한국 고고학회의 한국 신석기 시대와 청동기 시대의 구분을 받아들여 신석기 시대는 대략 기원전 8,000~10,000에서 기원전 2000~1,500, 청동기 시대는 기원전 2,000~1500에서 기원전 300년으로 보고 있다(2004, 16; 2008, 153). 세계사적으로 본다면 청동기 문명이 처음 시작된 곳은 기원전 3,500년경의 이란고원 근처라고 알려져 있다. 아나톨리아와 메소포타미아 지역도 시기적으로 이와 비슷하며, 이집트는 중왕국시대(기원전 2,050~기원전 1786년), 모헨조다로나 하라파 지역은 대략 기원전 2,500년경, 그리고 미노스의 크레타 섬 지역은 기원전 3,000년경에 청동기시대로 진입한 것으로 알려져 있다(최몽룡 2008, 150). 영어판 위키피디아 또한 이와 유사하게 신석기시대를 대략 기원전 10,200~4,500에서 2,000년경, 청동기시대를 근동에서는 3,300~1200, 유럽에서는 대략 3,200~600, 중국에서는 2000년경에서 700년경으로 잡고 있다.

중국의 청동기 개시 연대는 하나라 문명(기원전 2,200~1,750) 시기와 대략적으로 일치하며, 제기(祭器)로 유명한 은나라(기원전 1,600~기원전 1,046)와 주나라(기원전 1046년~기원전 256년)에서 청동기 문명은 더욱 더 발전한다. 흥미로운 사실은 중국의 최초의 여신 여와는 원래 흙으로 사람을 빚은 창조신이었는데 신석기 시대 은나라 문명을 거쳐 청동기 문명인 주나라에 이르면 그 창조신의 위격을 상실하고 팔괘를 만들고 불을 발견한 남신 복희의 배우자로 등장한다는 것이다. 한나라 귀족들의 무덤 속에서 발견되는 복희와 여와의 교미도가 이를 예증하고 있다고 김선자는 주장한다(2006, 92; 2007, 16, 241). 한국은 기원전 900~기원전 800년경 (한국어 위키백과는 기원전 1,500~300년경)시작된 것으로 추정되며, 이 시기는 고조선 시대(기원전 2,333~기원전 108)의 일부분이다.

23. 이와 유사하게 성경 또한 여성과 혼돈, 그리고 죽음과 연관된 물의 기원에 대해 다음과 같이 밝히고 있다. 창조의 둘째 날 하나님은 "물 가운데 궁창이 있어 물과 물로 나뉘게 하시매 그대로 되니라"(창 1:6). 성경을 그대로 따르자면 물은 가부장 시대 이전의 창조 이전에서부터 존재하는 혼돈이었다. 반면, "외경『희년서』(*The Book of Jubilees*)에는 물에 대한 다른 이해가 반영되어 있다. 물은 하나님이 창조한 것으로 언급되며, 심지어는 혼돈과 어둠까지도 하나님의 창조물로 소개된다(2:2)"(민경식 192; 주석 8). 캠벨의 주장과는 약간 달리 조철수는 티아맛의 어원은 아카드어에서 바다를 뜻하는 "taimtu"라고 말한다(2003, 140; 주석 4). 같은 어족 내에서의 변이이다.

24. 카인과 아벨의 신화는 농경문화의 도래 속에서 아직까지도 폭력적이고 전쟁친화적인 유목문화를 억지스럽게 고집하고 있는 유대민족의 신화소이기도 하다. 그러나 구약이 아벨이 살해되었다고 말하는 이유는 아마도 이러한 역사적 변이를 수용하고 있기 때문일 것이다. 카인의 생존은 따라서 청동기 시대 이후의 농경문화의 지속을 의미하는 신화소로 읽을 수 있다. 이와 유사한 이야기는 인안나와 양치기 두무지(바빌로니아에서는 탐무즈)와 엔키두, 그리고 농부의 신 엔킴두에 관한 바빌로니아 신화에서도 나타난 바 있다.

25. 인안나와 이슈타르는 지역과 시기에 따라서는 아시리아 지역의 아스타르테(Astarte), 가나안 문명권의 팔레스타인의 아쉬다롯(Ashtoreth), 우가리트 지역의 아낫(Anat) 등으로 불리어졌는데, 현대 영어에서는 에스텔, 또는 에스더(Esther)로 불려진다. 아낫은 아쉬다롯의 자매이며 그녀와 함께 바알의 배우자로 나타난다. 이에 관한 보다 자세한 소개로는 1장의 주석 20 참조.

26. 히브리 최초의 여인으로 되어 있는 릴리스는 그러나 또한 수메르 시절부터 죽음의 여신으로 역사에 등장한다(그림은 Neumann 1991, 도판번호 126). 그녀는 로마의 미네르바처럼 부엉이 눈을 가졌다. 히브리 문명권의 릴리스가 죽음의 여신

이라는 사실은 후대 유대-기독교 문명이 하와와 이브를 죽음의 여성으로 정초하는 작업에 영향을 끼쳤을 것으로 추찰된다. 문제는 양가성과 모호성을 배제하는 축소된 일의성의 선택이다.

27. 용선은 강릉의 단오제 등에서 사람을 저승으로 인도하는 배의 의미를 갖고 있기도 하다. 용선 축제는 동남아시아에서 일반적으로 행해지는 축제이다.

28. 멕시코를 포함한 마야 문명에서 날개달린 뱀은 '케찰코아틀'(Quetzalcoatl)로 불리며, 이는 독수리(Quetzal)와 뱀(Coatle)의 합성어이다. 케찰코아틀은 마야 문명권에서 지식과 지혜, 학문의 신으로 알려져 있다. 로렌스(D. H. Lawrence)의 『날개 돋친 뱀』(The Plumed Serpent, 1926)에서 '날개 달린 뱀'은 그러나 시작과 끝의 순환을 나타내는 우로보로스라기보다는 음양의 총화를 상징하는 원시적인 권력의 신으로 표현되고 있다. 음양의 총화에 대한 깨달음이 '시작과 끝'의 동일함을 이해하는 첩경이라고 말할 수는 있지만, 로렌스가 파악하고 있는 '케찰코아틀'은 우주를 구성하는 음양에 관한 엠블럼에는 미치지 않는다.

뱀 여신상: 양 손에 뱀을 든 크레타의 뱀 여신, 기원전 1600년경

태양은 날마다 새롭다 —헤라클레이토스 단편 32

처녀가 신성한 아기를 낳았다 —엘레우시스 신전 여사제의 외침

나는 처음이요 끝이니 나는 존경받고 멸시받는 자이니라
나는 창녀이고 신성한 자이니라….
—나그 함마디 출토 「천둥」에서 이시스 여신이 스스로를 일컫는 말

주께서 내 장부를 지으시며 나의 모태에서 나를 조직하셨나이다
내가 주께 감사하옴은 나를 지으심이 신묘막측 하심이라 주의 행사가
기이함을 내 영혼이 잘 아나이다 —〈시편 139:13-14〉

그런즉 누구든지 그리스도 안에 있으면 새로운 피조물이라
이전 것은 지나갔으니 보라 새 것이 되었도다 —〈고후 5:17〉

보라! 처녀가 잉태하여 아들을 낳을 것이요. 그 이름은 임마누엘이라 하리라
—이사야 7:14

"70인역"(LXX)이라고 알려진 그리스어 성경 『셉투아진트』가 아니라 기원후
2세기경 로마황제 하드리아누스의 친척이었던 아퀼라(Julius Aquila)의 직역에
가까운 새로운 헬라어 번역은 우리가 통상 처녀의 의미로 번역하여 사용하고
있는 히브리어 "알마"(almâ)를 "파르테노스"(parthenos)가 아니라
"젊은"(처자)라는 뜻의 "네아니스"(neanis)로 표기하고 있다.
—Jobes & Silva 『70인역 성경으로의 초대』

우리가 매번 처녀와 동침하매 그들은 항상 처녀이다
—알수유티(Al-Suyuti)의 『쿠란』 주석

제3장

"처녀가 신성한 아기를 낳았다":
파르테노스–네아니스 논쟁

천국에서는 성행위가 끝나면 여성들은 다시 숫처녀로 돌아간다.
―이븐 카티르(Ibn-Kathir)의 『쿠란』(56: 35-37) 주석

성을 처음 불결한 것으로 만든 것은 삶에 대한 원한을 토대로 하고 있는 그리스도교
였다. 그리스도교는 삶의 시작에, 삶의 전제조건에 오물을 들이 부었던 것이다.
―니체, 『우상의 황혼』

교회는 '원죄 없는 정결한 잉태'라는 도그마를 덧붙이지 않았던가?
그런데 교회는 이렇게 해서 잉태를 더럽혀버린 것이다.
―니체, 『안티 크라이스트』

정조는 (…) 말한 바와 같이 어디까지든지 사랑과 합치되는 동시에 인간의 정열이 무한
하다 할진대 정조 관념도 무한히 새로울 것입니다. (…) 우리는 정조에 대한 무한한 자
존심을 가지고 언제든지 처녀의 기질을 잃지 않아야 하겠습니다. 처녀의 기질이라면 남
자를 대하면 낯을 숙이고 말 한 마디 못하는 어리석은 태도가 아니고 정조 관념에 무
한 권위, 다시 말하면 자기는 언제든지 새로운 영과 육을 사진 깨끗한 사람이라고 자처
하는 감정입니다. (…) 사랑이 있는 동안에만 정조가 있습니다. 만일 애인에게 대한 사
랑이 소멸된다고 가정하면 정조에 대한 의무도 소멸될 것입니다. 따라서 정조라는 것도
연애 감정과 만찬가지로[sic] 유동하는 것이라 볼 수 있는 동시에 항상 새로울 것입니
다. (…) 그러므로 과거에 몇 사람의 이성과 연애의 관계가 있었다 하더라도 새 생활을
창조할만한 건전한 정신을 가진 남녀로서 과거를 일체 자기 기억에서 씻어 버리고 단순
하고 깨끗한 새 사람을 새 상대자에게 바칠 수가 있다면 그 남녀야말로 이지러지지 않
은 정조를 가진 남녀라 할 수 있습니다.
―일엽 스님, 「우리의 이상」; 「나의 정조관」

누구나 영원히 가질 수 없는 女子, 그래서 불행한 女子 (…) 그러나 영원히
나 혼자 가지는 女子, 물푸레나무 그림자 같은 슬픈 女子
―오규원, 「한 잎의 女子」

1

기독교 문화에 나타난 성(聖)처녀와 창녀: 삶과 죽음의 이분법

여성들은 영혼이 없다고 주장하는 아리스토텔레스에서 여자의 주인은 남자라고 주장하는 바울에 이르기까지 간간이 나타났던 성차별적인 사유를 그 기반으로 삼는 서양의 젠더관 내지는 전통에서, 남성 또한 육체를 갖고 있다는 사실은 자주 잊혀져 왔다. 피와 살, 즉 육체를 가진 존재가 오로지 여성만은 아니었지만, 그리고 성 아우구스티누스가 파악하였듯이 그 육체가 더러운 것이 아니었지만, 여성을 성행위의 도구 또는 성의 화신으로 보아 더러움과 파괴, 그리고 죽음을 전달하는 괴물 같은 것으로 보는 사유는, 그 영육의 이분법적 사유가 기독교 문화의 젠더 이데올로기로 화할 때 여성을 창녀로 그리고 예외적인 인물인 예수의 어머니와 일부의 여성만큼은 '성'처녀로 보는 시각을 산출해냈다. 여성을 성처녀로 보는 시각이 일단 정형화되자 여성을 성처녀가 아닌 '안'처녀 또는 창녀로 보는 시각은 더욱더 공고해졌다. 다름의 논리가 배제와 혐오의 논리로, 구별이 차별로 작동하는 순간이었다.

성모 신앙 등에 나타난 여성에 대한 지나친 이상화는 그 반대급부로 여성에 대한 무시와 경멸을 종종 수반하게 되었는데, 이는 서양 문화에서 성처녀가 몇몇의 경우에만 이상적으로 존재하여 실제로는 성처녀보다는 창녀에 대한 언급이 압도적으로 더 많았다는 사실에서도 알 수 있다. 이 책의 5장에서 삶과 죽음의 여성 성기에 관한 논의에서 더욱더 자세히 설명되겠지만, 구세주 예수를 잉태한 "신성한 원천으로서의 흠 없는 자궁"(immaculatus uterus divini fontis)은 영원한 생명을 상징하게 되었고 이를 제외한 자궁의 출산은 죽음으로 규정되기에 이르렀으니, 삶을 잉태한 여성이 죽음의 여성이 되는 이유와 같다. 말하자면 여성의 성기는 삶과 죽음을 체현한 우로보로스 몸의 대명사이었으며, 이로부터 형성된 처녀와 창녀의 개념은 삶과 죽음을 가르는 분별의 칼이 되어 여성을 죽음으로 보는 시각을 공고하게 하였다. 이는 비단 기독교 문명권 안에서만 일어나는 현상은 아니었으니, 동서양의 신화를 일별하여 보면 처녀에게서 태어난 이는 영생과 영원, 그리고 존귀한 자들의 상징이 되고, 처녀로 형상화되지 않은 여성들에게서 태어난 이들은 보통 사람들로 살아남아 비천한 삶과 숨차게 찾아오는 죽음을 살게 되는 형국을 맞이하게 되었다.

조야하게 말할 수 있다면 처녀는 삶을 처녀의 반대 개념은 타락과 파멸, 그리고 종극에는 죽음을 상징하게 되니, 에덴에서의 추방으로 인한 죽음의 도입은 우로보로스를 품어 그 자체가 되는 여성을 매개로 이루어질 수밖에 없었다. 처녀와 창녀의 개념은, 그것이 비록 이데올로기적 투사를 거친 산물이기는 하지만 여성에게서 분화된 개념임이 분명해지는데, 남성들은 그냥 남성들이기만 하면 그뿐이었다. 변화와 쇠락의 상징체인 달로 비유되는 여성이, 태양으로 비유되는 남성을 제치고 우로보로스의 상징이 되는 것은 일견 자연스러운 현상과 이에 관한 추론이 된다. 비록 태양 또한 뜨고 짐을 반복하지 않는 것은 아니지만 태양은 달처럼 그 모습을 바꾸지는 않아 남성적 부활의 상징이 되고, 달이 여성적 반복과 순환의 상징이 되는 이유와 맥을 같이한다.

여성을 성녀와 창녀로 구분할 때, 그러나 불행하게도 일부의 여성들, 그리고 필자가 생각하기에는 제유적 일반화의 과정을 거쳐 대부분의 모든 여성들은, 창녀로 그리고 그가 체화하고 있는 죽음으로 인식되어야만 했다. 중세의 마녀 사냥, 그 중에서도 특히 잔 다르크를 마녀로 간주하여 그에 합당한 음부를 노출한 화형에 처한 야만의 행동은 대개는 성녀가 되지 못하는, 더 정확히 말하자면 성녀를 원하지 않는 문화권에서 살아가는 여성들의 말로가 어떠한 것인지를 잘 보여주는 일례에 불과하다. 신의 환영을 보거나 그 음성을 듣는 남성들이 성자의 대열에 합류한 반면, 여성들은 신과 교통을 할 수 있는 영혼이 없는 존재로 인식되었기에 비단 창녀뿐만 아니라 미상불 마녀로 낙인찍혀야 했던 것이 중세와 근대 초기를 살았던 많은 서양 여성들의 숙명이었는지도 모른다.

　남녀 '서로'의 성행위가 없다면 인류가 존속할 수 없었음에도 불구하고 성행위를 하는 여성을 주체로 보지 않고 수동적 객체인 창녀로 파악하여 그녀에게 모든 죄를 전가하고 그녀를 비하하고 경멸하게 될 때, 여성을 죄와 죽음으로 보는 사유는 태동한다. 동서양을 막론하고 간통한 여인에 대해서만 처벌을 내렸던 가부장적 이데올로기는 여성을 처녀와 창녀, 또는 어머니와 창녀로 구분하는 고대 유대사회에서 그 패악을 손쉽게 드러냈다.[1] 다양한 형태의 여성이 존재해왔지만 '대표적인'(normative) '정상'(normal)의 여성은 처녀이거나 어머니가 아니면 안 되었는데, 처녀에서 어머니로의 기묘한 탈바꿈은 아마도 일부일처제적인 법리적 결혼제도를 지탱해 주는 논리인지도 모른다.[2] 여성을 처녀 아니면 '안'처녀로 보는 사유를 가장 잘 드러내는 역사적 사건은 깊이 생각해보지 아니하여도, 지나간 2천여 년 동안 진행되어 온 예수의 처녀잉태와 성모마리아의 무염시태와 승천에 관한 기독교의 마리아 숭배와 연결되며, 이를 극명하게 보여준 인물은 1장에서 논의한 바와 같이 이브로 대표되는 여성을 "악마의 통로"로 보았지만, 여성과 성처녀를 구별한 테르툴리아누스이다. 그는 다음과 같이 말한다. 예수를 품은 "저 성처녀인 대지는 아직 적셔지지 않았고 또한 홍수로 수태되지 않았다"(Jung 「심리학과 종교」 97, 주석 53 재인용). 기독교의 교부로 추앙받은 아우구스티누스 또한 예외가 아니다. 성으로 인한 원죄설과 이와 관련된 창녀와 성처녀의 이분법은 그의 신학론을 지탱하는 주된 신조이다.

2

"보라! 처녀가 잉태하여
아들을 낳을 것이요"

파르테노스-네아니스 용어 선택을
둘러싼 성서 번역의 어려움

주지하듯이 예수님의 처녀 출산의 이야기(마 1:18-25; 눅 1:26-2:7)와 승천 이
야기(눅 24:50-53; 행 1:1-11)는 기원후 90년대 후반에서 100년대 초반 소위
초기 기독교 시절에 등장했다(Spong 101, 308-9). 교회사 연대표(Cairns 31)
를 참고하여 이 문제를 상술하면 다음과 같다. 성모마리아가 역사의 무대
에 전면적으로 등장한 것은 예수님의 삼위일체를 주장한 서기 325년 니
케아 공의회 이후 주후 3~4세기이다. 예수님의 처녀잉태설(nativity, virgin
birth)은 마리아가 예수의 어머니임을 공표한 431년에 소집된, 우연히도 풍
요의 여신 디아나의 도시로 유명한 에베소의 공의회를 거쳐, 동방교회에서
는 8세기경, 서방교회에서는 11세기경 성모마리아 자신의 성 안나(St. Anna)
에 의한 처녀잉태, 즉 무염시태(無染始胎 Immaculate Conception)로 발전하
게 된다. 예수님의 동정녀탄생설과는 구분되어 사용되는 마리아의 무염시

태는 그녀를 하나님의 어머니이자 죄인의 중보자로 높이며 그녀를 '하나님
의 은총이 흘러나오는 젖줄'이라고 표현하게 되는 프랑스의 천재적인 설교
가인 클레르보(Clairvaux) 출신의 성 베르나르(St. Bernard, 1090~1153)에 힘
입어 전 유럽에 확산, 기나긴 논란을 거듭하다가, 1854년 12월 8일 교황 비
오(Pius) 9세의 칙령에 의해 가톨릭교회의 공식적인 신조가 되었다.[3]

　마리아가 하나님의 어머니인가 예수님의 어머니인가 하는 로마 시대 에
베소 공의회의 논란을 잠재운 1931년의 비오(Pius) 11세의 마리아는 "하나
님의 어머니"라는 결정은, 1950년 11월 1일 비오 12세에 의하여 성모마리
아가 비록 피동적이지만 예수처럼 아예 육체가 천상으로 올라간 것, 즉 성
모 몽소승천(蒙召昇天, Assumptio)으로, 그리고 1962년 교황 요한 23세에 의
해 '종신 처녀'로 공식 선포되어 1600년 동안의 긴 논란에 종지부를 찍으려
고 시도한다. 예수님의 신격화가 논리적으로 예수의 모후이신 성모마리아
의 신격화를 가져왔다는 것이 일반적인 생각인데, 성처녀 숭배 사상의 예기
치 않았던 불행한 이면에는 성모마리아와 일부 여성을 제외하고는 여성은
성녀가 아니고 불결하다는 생각, 그리고 이 사유를 극단으로 밀고 나간다
면 여성의 자궁에서 태어난 모든 이들은 죄가 있다는 생각이 자리하고 있
다고 해도 과언이 아니다.

　예수의 처녀잉태설을 도입하고 있는 마태복음 1:23이 인용하고 있는 이
사야서 7장 14절은 대략 주전 753년에 기록된 것으로 추정되는데, 다음과
같이 되어 있어 마태복음이 이사야서를 그대로 옮기고 있음을 알 수 있다.

　보라! 처녀[almah]가 잉태하여 아들을 낳을 것이요. 그 이름은 임마누엘
　이라 하리라.

　보라 처녀[parthenos]가 잉태하여 아들을 낳을 것이요 그 이름은 임마누
　엘이라 하리라 하셨으니

이사야 선지자가 열왕기 하 18:2에서 예언하는 임마누엘이 사실은, 역사적으로 고찰해본다면 예수가 아니라 BC 727~698 동안 유다왕국을 통치했던 솔로몬 이후 최고의 성군으로 꼽히는 히즈키야("야[즉, 여호와]는 나의 군셈"이라는 뜻)라는 주장과, 그가 지칭하는 처녀가 히즈키야의 어머니, 즉 아하즈왕의 부인이며 사제 스카르야의 딸인 아비, 혹은 아비야('내 아버지'라는 뜻)라는 주장(조철수 2000, 316-17, 320-21), 그리고 사실 히즈카야가 당시에 이미 9살이 되었는지라 출생이 예언된 이 아이가 히즈카야가 아니라 이사야 선지자의 부인의 아들, 즉 이사야 선지자의 아들이라는 주장(Yitzchaki 56-57; Freemyer & Song 91 재인용), 그리고 처자가 어미가 될 때 "알마"의 신분으로 불리어 이 범주에 임신한 여성이 포함된다는 주장(Walton 3.415-3.416, Kaiser 154-44; Freemyer & Song 91 재인용) 등에 대한 다양한 논의들을 접어두고 우리의 논의를 처녀의 의미에 국한하여 논의를 진행한다면, 히브리어 성경에서 이사야 선지자가 말하는 처녀가 시집갈 여자가 된 "젊은 여자"(almâ = almah)로 기록되어 있을 뿐, 성 경험의 유무를 분별하는 용어로서의 "처녀"(betulâ = betulah)로 사용되지는 않았다는 것은, "알마"가 "베툴라"보다 더 강한 처녀의 의미로 사용되었다는 억지 주장과 신명기 22:23~26에서처럼 "알마"와 "베툴라"가 호환 사용되었다는 등 그 모든 이설과 주의 주장에도 불구하고, 확실하다.

우리는 여기서 파르테노스와 네아니스를 둘러싼 기나긴 논쟁을 장황하게 요약하고 싶지는 않은데, 이에 관한 논의는 카메사르(Adam Kamesar), 웨그너(Paul Wegner), 카라콜리스(Kristos Karakolis), 프리마이어와 송(Daniel Freemyer & Inseo Song), 그리고 국내에서는 김동한, 김주한 등이 이미 잘 정리한 바 있다. 그들이 정리한 바를 따라 필자는 필요한 경우 그들이 인용하는 구절을 해당 성경역의 원문에서 일일이 대조하여 확인하였는데, 그 중 한두 가지 예만 들어보기로 하자. 창세기 34:3에서 세겜에게 강탈당한 야곱의 딸이자 젊은 처자(naarah) 디나가 여전히 헬라어로는 "파르테노스"로 불리어지고 있다는 사실과, 창세기 24:16에서 남자가 가까이하지 아니한 처녀 리브가를 히브리어 성경은 "베툴라"로 그리고 동일인물을 창세기 24:43은 "알마"로, 70인역은 베툴라와 알마를 구별하지 않고 공히 "파르테노스"로 표기하고 있는 것으로 미루어보아(Freemyer & Song 86) 헬라어 "파르테노스"가 우리가 알고 있는 생물학적 처녀의 의미로 쓰이기도, 또 처녀가 아닐 때도 쓰이고 있었다는 사실과, 창세기 34:3이 명확히 지지하듯이 파르테노스의 의미가 구약과 신약 시기에 각각 "처자"에서 "처녀"로 변화하였을 뿐만 아니라(Wegner 482-83), 베툴라 또한 목하 우리의 논의가 지향하는 생물학적 처녀의 의미로만 쓰이지 않았다는 사실, 혹은 주장을 알게 된다.

웨그너(Paul Wegner)의 지적을 계속 따라가자면, 히브리어와 동족어인 아람어 또한 "베툴라"를 "순결한 처녀"(virgo intacta)의 의미로 사용하지 않았다. 베툴라가 결혼 적령기의 처자의 의미로 쓰였다는 주장인데, 웨그너가 전거를 들어 주장하는 구절은 에스더 2:17-19이다(473-476). 아하수에로 왕과 밤을 같이 보내고도 에스더는 19절에서 여전히 처녀인 "베툴라"로 호명되고 있다고 그는 지적하는데, 문맥을 살피는 것도 중요하지만 이는 더 나아가 창세기와 에스더서의 기록 시기와 더불어 베툴라의 용례에 관한 보다 정교한 추후 논의를 요구하고 있다. 필자가 다만 확인한 바로는 에스더서 2장 안에서 우리말로 "처녀"로 번역된 말 중 히브리어 "betulah" 그리고 이에 해당하는 헬라어 "parthenos"로 표기된 부분은 3, 17, 19절뿐이며, 나머지 4, 7, 9, 12, 13절은 "betulah"와 의미 차이가 없이 "naarah"로 표기되어 있어, 두 단어가 히브리어에서도 그렇지만 특별히 한국어에서는 "변별적 자질"(distinctive quality) 없이 혼용되고 있다는 것을 확인할 수 있다.

"알마"의 경우도 마찬가지이다. 단순히 젊은 처자를 의미할 때 알마와 더불어, 히브리어 성경 사전을 참고하자면 우리말로 소녀 혹은 하녀 정도의 의미를 띠는 "나아라"(naarah)라는 용어(Gruber 613 재인용)가 혼용되어 사용되기도 하였으며, "알마"는 처녀라기보다는 처자의 뜻으로 쓰이는 경우가 더 많고 "베툴라"를 제외하는 의미로 쓰이지 않았음이 성경 원문들의 비교에서 나타나고 있다. 생물학적인 처녀와 '안'처녀의 구분이 중요하지 않았다면 그것을 통칭하는 용어로는 협의의 "베툴라"보다는 "알마"가 더 적절했을 것이고, 헬라어 "파르테노스" 또한 "베툴라"와 "알마" 둘 다를 의미하고 있는 용어로 처자의 뜻만 갖게 되는 "네아니스"보다 더 적확한 용어로 떠오르게 된다.

고대 이스라엘의 결혼관습을 따라 젊은 남녀가 대략 16~18세에 정혼을 하고 약 1년 후에 동침하여 결혼이 성립되기도 했었다는 주장, 혹은 사실을 우리가 받아들인다면,[4] 처녀가 잉태하여 아들을 낳는다는 예언은 처녀로서 곧 동침할 여인의 아들이, 즉 사실혼의 관계에 의해서 태어날 아들이 우리가 통상 알고 있는 예수님이 아닌, 물론 마태복음은 "정혼하고 동거하기 전에 성령으로 잉태"(1:18-19)되었다고 분명히 밝히고 있지만, 당대의 임마누엘이 될 히즈키야라는 해석 또한 가능해진다. 임마누엘이라는 뜻은 주지하듯이 "주께서 우리와 함께 하신다"는 뜻인데, 어떤 특정한 인물을 지칭하는 말이 아니라 구원자를 뜻하는 보통명사로 쓰였다고 보는 것 또한 가능하다. 당시 '예수(아)'라는 이름 또한 성인 남자의 이름으로 빈번히 사용되어졌는데, 히브리어 '예수아', 또는 '여호수아'에서 파생된 보통명사로서 예수라는 이름은 보통명사로 "구원"을 의미한다.

창세기 24:43만을 본다면 베툴라에 대한 정확한 번역어는 파르테노스이지만, 에스더 2장의 경우 이는 꼭 파르테노스가 아니라 알마와 거의 같은 의미의 "naarah"로 번역되고 있음을 알 수 있었다. 처녀잉태설을 주장하는 마태와 누가, 특히 마태가 신봉하여 기독교의 강령으로 옹립되는 사건에 그 전거로 운위되는 구절은 이사야서 7:14이었고, 이사야서에 표현된 "젊은 여자"(almah)를 마태복음이 그리스어 파르테노스로 이를 표기하고 있다는 점은 무시되었다. 어떠한 의도가 있었는지, 단순한 철자상의 오기이었는지, 후대에 이사야서의 이 부분이 삽입되었는지, 당대에 알마와 파르테노스 각각의 뜻이 명확하거나 혹 그렇지 못하여 상호혼용이거나 상호배타적인 양상을 보였는지 우리는 여전히 미궁에 빠져 있다. 다른 공관복음서와는 달리 유독 유대인의 혈통을 중요시해야만 했던 마태복음의 기록자가, 이집트의 왕 프톨레미 필라델푸스 2세(Ptolemy Philadelphus, 주전 285~246?)의 주도하에 이루어진, 보통 "70인역"(LXX)이라고 알려진 그리스어 성경 『셉투아긴타』(Septuaginta)[5]를 참조하여 히브리어의 해당 원어인 처녀(almah)가 아니라 그리스어의 "처녀"(παρθένος)의 의미를 그대로 받아 사용하기도 한 것이, 향후 마태복음을 위시하여 사도신경 등에 여러 표현들로 유입되어 고착되었다는 것이 많은 '진보적' 성향의 성서신학자들의 주장이다. 알마가 우리가 알고 있는 처녀가 아니라는 학설을 주장한 『예수의 생애』(1835)의 슈트라우스(David F. Strauss)의 이론을 어만(Bart Ehrmann)이나 스퐁(John Spong) 같은 여러 외국의 성서학자들뿐만 아니라 국내의 오강남, 김용옥 교수 등도 받아들이고 있는 것 같다. 지식과 통찰로 가득하지만 성급한 도킨스(Richard Dawkins)도 예외는 아니다.

> 마태오가 인용한 '동정녀'라는 단어는 이사야가 사용한 히브리어로는 알마 almah였다. '알마'에는 동정녀라는 뜻이 있지만 '젊은 여인'이라는 뜻도 있다. 영어 단어 'maiden'과 비슷한데, 이 단어도 두 가지 뜻을 갖고 있다. 그리스어로 번역된 《구약》 번역본인 《70인역》에서—아마 마태오도 이걸 읽었을 것이다—알마는 '파르테노스parthenos'로 번역되었다. 이 단어는 실제로 '동정녀'를 뜻한다. 요컨대 단순한 번역 오류가 세계적인 '성모마리아' 신화를 낳고, 로마가톨릭교도들이 마리아를 일종의 여신, 즉 천상의 여왕으로 숭배하게 만든 것이다. (2019, 46-47)

과학자임을 자처하는 그의 주장을 들어보면, 그의 과학의 영역에는 어원학이나 서지학 혹은 성서고고학 내지는 성서문헌학의 연구 성과가 포함되지 않는 모양이다. 더군다나 매사에 증거와 증명을 말하고 있는 그가 마태오가 70인역을 읽었을 것이라는 추정을 하며 '파르테노스'로의 번역 오류가 성모마리아 신화를 낳았다는 기술로 눈을 옮기게 되면, 우리는 일부 자연과학자들의 소위 학자연하면서 인문학 섭렵을 감행하는 치기와 오만에 의아심과 의구심을 떨쳐버릴 수 없게 된다. 후술하겠지만 성모마리아 신앙의 이면에 당시에 여전히 엄청난 힘으로 잔존하였고 지금까지 잔존하고 있는 여신숭배신앙에 대한 이해와 고려가 그리고 이 방면의 지속적인 공부가 우리 시대의 위대한 진화론자 도킨스(Richard Dawkins)에게는 다소 부족한 감으로 잡혀지는 것은, 필자의 공부의 부족함은 또 다른 이야기가 되겠지만, 비단 필자만의 생각은 아닐 것이다.

심원한 주제를 다루자면 많은 공부가 필요한 법이니 이는 비단 자연과학에만 국한되는 것은 아니다. 『만들어진 신』(*God Delusion*, 2006) 이후 『신, 만들어진 위험』(*Outgrowing God*, 2019)까지 그의 신에 대한 공부는 이러한 피상적인 기조에서 별 달라진 것이 없는 것 같다.[6] 이사야서 본문 자체도 동정녀 탄생과 무관하지만, 복음서의 모태가 된 마가복음, 그리고 이보다 앞선 소위 Q(Quelle, 원천) 복음에 예수의 처녀잉태설과 부활에 관한 이야기가 언급되지 않고, 마가복음에 나타난 예수의 부활에 관한 이야기, 즉 16:9-16 부분 또한 주후 60년대 후반에 생성된 초기의 마가복음이 아니라 이보다 100년 후에 정경화 과정에서 삽입되었다고 보는 것이 학계의 정설로 되어 있다는 점을 지적하는 신학자 이정배의 지적(59, 316 주석 55)을 적시하며 이에 대한 논의를 이 글의 후반부에서 더욱 더 전개하는 것으로 하고 일단 넘어가기로 한다.

셉투아긴타가 거의 완성되고 확정되었던 시기가 애급(이집트) 알렉산드리아에서 모세오경만 우선 번역된 주전 250년보다 200년 뒤의 일이고, 오리게네스의 헥사플라가 편찬된 주후 245년경, 그리고 그 사이 예수의 처녀잉태설을 기록한 마태복음이 기록되던 시기가 주후 80년대, 마리아가 예수의 어머님을 논했던 에베소 공의회가 주후 431년이고 보면, 초대교회가 인지했던 예수의 '동정녀' 마리아 탄생설에서 생물학적 의미의 처녀에 대한 논의는 그렇게 중요했던 것 같지는 않다. 실제로 기원후 2세기경 로마 황제 하드리아누스의 친척이었던 아퀼라(Julius Aquila)의 직역에 가까운 새로운 헬라어 번역(140년경)은 이를 파르테노스가 아니라 "네아니스"로 표기하고 있다(Jobes & Silva 54; 주석 19).

처녀를 네아니스로 표기하고 있는 성경은 이것 말고도 심마쿠스(Symmachus)와 테오도티온(Theodotion) 역본이 존재하며 공히 처녀에 관한 역어로 "네아니스"를 택하고 있는데, 이는 예수를 단지 요셉과 마리아의 아들이며 선지자요 스승으로 생각하며 예수의 처녀잉태에 무게를 두지 않는 유대교의 전통을 반영한 결과물들이다. 통속적인 의미에서 파르테노스가 지금 우리가 잘못 알고 있는 생물학적 처녀의 의미로 쓰이고 있어 "neanis"라는 역어를 오역이라고 판단해서였는지 아니면 이러한 용어가 예수의 동정녀 탄생을 정면으로 반박해서인지 확언할 수는 없으나 알마아를 네아니스로 번역했던 작업들은 그동안 유실되어 왔다. 파르테노스-네아니스에 관한 어원학적 고찰과 문화적 번역의 타당성에 관한 논의의 재개는 기독교의 점진적 몰락이라는 현 시대적 상황 앞에서 적극적으로 더 개진될 필요성이 있음을 지각하는 시대로 우리는 접어들었다.

히브리어 성경의 알마(almah)와
베툴라(bethulah)의 의미

조금 더 부연해 보자. 셉투아긴타는 우리말로 처녀[7]에 상당하는 용어를 각각 "parthenos"와 "neanis"로 구별하지만, 신명기 23장 24절에 이르면 파르테노스를 네아니스로, 그리고 이어지는 28-29절에서도 상호교환 가능한 용어로 사용하고 있어 우리의 논의를 복잡하게 하고 있다. 설상가상으로 오리게네스의 헥사플라는 이사야 7장 14절의 처녀를 알마 혹은 베툴라로 표기하고 있지 않고 "naarah bethulah"(젊은 처녀→숫처녀?) 표기하고 있으며, '맛소라' 본문과 다른 소위 '원 맛소라' 히브리어 성경을 인용하고 있다고 추정되는 성 제롬 또한 이를 "puella virgo"로 표기하고 있어 베툴라 혹은 "비르고" 자체가 처녀의 뜻이 있는 것인지, 아니면 히브리어와 라틴어 공히 처녀의 의미가 없어 앞의 수식어인 "naarah" 혹은 "puella"가 붙을 때만 그러한 의미로 생각되어져야 하는지, 앞의 수식어가 처녀성을 강조하기 위한 '이사일의'(二詞一意, hendiadys), 즉 중언법(重言法)인지 논의는 끊임없이 확장된다.

오리게네스가 인용하고 있는 히브리어 성경이 혹 우리가 받아들이고 있는 맛소라 텍스트가 아닌가에 관한 의혹 또한 발아되는 순간이다. 맛소라 텍스트를 따르자면 에스더 2:2은 처녀성의 유무와 상관없는 젊은 처녀를 또한 단순히 "bethulah"가 아니라 "naarah bethulah"로 표기하고 있어 어휘의 시대적인 용례 변천에 관한 고려가 없는 성경에 관한 단편적인 인용의 위험성을 경고하고 있다. 히브리어 성경(대략 주전 1200~주전 800(400)년경 집필)과 셉투아긴타(주전 250)와 '원 맛소라'를 거친 맛소라 텍스트(주후 900년경) 사이에 알마와 베툴라의 뜻이 달라졌던지, 처녀에 대한 인식이 달라져 적어도 헬라어에서는 파르테노스와 네아니스의 구분이 더 엄격해졌을 가능성이 있다. 일부 히브리어 성경이 맛소라 모음체계를 따르는 히브리어본이 아니라 셉투아긴타를 저본으로 편찬되지 않았을까 하는 의구심이 드는 순간이기도 하다. 번역에 대한 불신과 고증에 대한 필요성은 이 분야의 전문가가 아닌 필자에게도 꼬리에 꼬리를 물며 다가온다. 성서신학은 조직신학처럼 자로 잰 듯 깔끔하게 정리되지 않는다.

논의의 주안점을 일단은 히브리어 성경의 베툴라와 알마의 구별로 국한한다 해도, 우리가 이미 적시했듯이 알마가 베툴라와 상반된 개념이 아니고, 초기교부시절 네아니스의 의미가 생물학적 처녀의 의미를 또한 배제하지 않는다는 주장(Kamesar 54), 그리고 알마 뿐만 아니라 베툴라를 또한 네아니스로 번역하거나 창세기 24:43에서는 알마를 네아니스가 아니라 "비밀스러운", 혹은 "숨겨진"이라는 뜻의 "apokryphos"로 표기한 아퀼라의 혼란스런 번역들(Kamesar 56; 주 18, 63)에 이르면 논의는 논의 그 자체가 완전히 불가능한 착종된 상태에 이르게 된다.[8] 카메사르가 계속해서 암시하고 있듯이, 이사야 7:14에서 아퀼라가 파르테노스의 의미로 네아니스를 쓰고 있는 것이 아닌가하는 추측 또한 가능한 국면으로 우리의 논의는 접어든다. 당시의 용례에 대한 분분한 추측과 해석이 있을 뿐이며, 이러한 점에서 처녀와 삼위일체에 관한 논의를 유보한 채 삼위를 신의 신비로 돌리는 아우구스티누스가 이해가 되는 순간이기도 하지만 그러나 이러한 다양한 해석들에 대한 인정이 복잡다단한 논의 자체의 필요성을 무력화하지는 않는다.

정리가 잘 되지는 않지만 그래도 다시 시도해 보면 이렇다. 히브리어로 처녀는 "베툴라아"(bethulah)이고 "almah"에 해당하는 젊은 여자는 그리스어로 "네아니스"(neanis)이다(Ehrman 185; Gadon 191; 김용옥 2007b, 246-57). 그렇다면 단적으로 말해서 이사야서의 "almah"에 대한 정확한 그리스어 번역어는 "parthenos"가 아니라 "neanis"이어야만 했다. 한국어 번역에서는 이루어지지 않고 있지만, 베툴라를 "소녀"(naarah) 혹은 여자, 그리고 아내를 뜻하는 이샤(ishah)와 정확하게 구분하여 사용하고 있는 신명기 22장 20-29절 가운데 20-21절을 먼저 살펴보자. "naarah"라는 표현은 이사야서가 사용하고 있는 이와 비슷한 뜻의 "almah"라는 표현보다 앞선 것으로 추정된다.

> 처녀(naarah, neanis)에게 처녀(bethulah, parthenos) 표적이 없거든 처녀
> (naarah, neanis)를 그 아비 집 문에서 끌어내고 그 성읍 사람들이 그를 돌
> 로 쳐 죽일지니.

두 번째 쓰인 처녀의 뜻이 다르다는 사실을 알 수 있는데, 마태복음 1:23이 인용하고 있는 이사야서 7장 14절에 인용되는 "처녀"의 의미를 히브리어 신명기의 기자들이 그리고 셉투아긴타가 이를 명확하게 인지하여 알고 사용하였다는 증좌이다. 오리게네스의 "알마"에 관한 헬라스어 번역은 목하 언급되고 있는 신명기의 이 구절에 기초하고 있다고 알려져 있는데, 그가 유대인이 이사야서 7:14 번역에서 선호했던 "네아니스" 대신 "파르테노스"를 선택했던 이유에는 이사야서의 해당 구절을 신의 계시로 해석하는 그의 입장이 담겨 있을 뿐 아니라, 신명기가 간혹 파르테노스와 네아니스를 명확히 구별하여 사용하지 않는다는 사실 또한 바로잡으려는 의도 또한 반영된 결과로 추정되기도 한다(Karakolis 198-200 참조).

예수를 잉태했을 때는 파르테노스요 그의 형제자매를 잉태했을 때는 네아니스라는 소위 '오리게네스의 절충안'이 나오는 배경이 되는데, 그렇다면 방금 앞서 인용한 신명기 22장 20절 이후의 구절들을 더욱 자세히 들여다보자.

> 처녀(bethulah, parthenos)인 여자(naarah, neanis)가 남자(ish)와 약혼
> 한 후에 어떤 남자(ish)가 그를 성읍 중에서 만나 통간하면 / 24 너희는 그
> 들을 돌로 쳐 죽일 것이니 그 처녀(naarah, neanis)는 성읍 중에 있어서도

소리 지르지 아니하였음이요 그 남자는 이웃의 아내(ishah)를 욕보였음이라 너는 이같이 하여 너의 중에 악(rah)을 제할지니라 / 25 만일 남자(ish)가 어떤 약혼한 처녀(naarah)를 들에서 만나서 강간하였거든 그 강간한 남자(ish)만 죽일 것이요 / 26 처녀(naarah, neanis)에게는 아무 것도 행치 말 것은 처녀(naarah, neanis)에게는 죽일 죄가 없음이라 이 일은 사람이 일어나 그 이웃을 쳐죽인 것과 일반이라 / 27 남자가 처녀(naarah, neanis)를 들에서 만난 까닭에 그 약혼한 처녀가 소리 질러도 구원할 자가 없었음이니라 / 28 만일 남자가 어떤 약혼하지 아니한 처녀(naarah bethulah, parthenos)를 만나 그를 붙들고 통간하는 중 그 두 사람이 발견되거든 / 29 그 통간한 남자는 그 처녀(naarah, neanis)의 아비에게 은 오십 세겔을 주고 그 처녀로 아내를 삼을 것이라 그가 그 처녀를 욕보였은즉 평생에 그를 버리지 못하리라. (신명기 22:23-29; 강조 필자)

여자는 호칭이 다양하고 남자는 한 가지 용어로 통칭되고 있음을 우선 유념할 일인데, 남녀 호칭에 있어서 이러한 차이는 여성은 규정되고 규제되어야 한다는 신명기 기자의 인식을 반영하고 있음을 알 수 있다. "간음한 여자를 돌로 치라"는 유대 율법을 거부한 예수의 행위가 사실은 구약시대의 성서에 의거하고 있음을 알게 된다. 구약시대마저도 화간인 경우 쌍방이 또한 처벌받았다는 사실을 분명히 알 수 있다. 위의 구절을 더욱 더 자세히 살펴본다면 22:20이 처녀(naarah)와 처녀(betulah)를 명확하게 구별하는 것처럼 보이는 것과는 달리, 논란이 되고 있는 22:28-29 구절은 "naarah"가 처녀이거나 처녀 아닌 상태, 혹은 약혼하거나 약혼하지 아니한 처녀를 표현하는 어휘로 동시에 사용되며, 이에 해당하는 셉투아긴타의 번역이 어휘의 선택에서는 "parthenos"와 "neanis"를 구별하고 있지만, 내용면에서는 특별히 29절에서 확인할 수 있듯이 양자의 구별을 엄격하게 하고 있지 않는 히브리어의 용례를 그대로 따르고 있음을 알 수 있게 된다.

신명기의 히브리어 표기도 처녀에 대한 용어가 혼용되어 문제가 되고 있지만, 이러한 구절이 한국어를 포함한 각개 국어로 번역될 때 문제는 더욱 더 착종되고 복잡해진다. 생물학적인 의미의 처녀가 아니라 법적인 신분을 나타내는 파르테노스의 의미에 대해 향후 장황할 정도로 더 자세히 서술하겠지만, 한국어 성경이 표기하는 대로 "약혼하지 아니한 처녀"의 뜻으로 쓰일 때 "naarah bethulah", 그리고 이에 대한 번역어가 "parthenos"로 사용되고 있으며, "naarah neanis"라는 표현은 쓰이지 않고 있으며, "naarah bethulah"인 경우 형용사 역할을 하는 "bethulah"가 단독으로 쓰일 수 있으며 "naarah"는 "bethulah"와 "neanis" 양자를 의미할 수 있다는 사실을 유념하고 일단 넘어가자.

이미 밝힌 대로 70인역 그리스어 구약 중의 일부인 토라, 즉 모세 5경은 대략 주전 250년경에 그리스어로 번역되기 시작하여 구약 전체는 이보다 200년 이후 번역된 것으로 알려져 있는데, 이들 그리스어 구약성경은 히브리어 구약성경이나 그리스어 신약과 더불어 유통되고 있었고 불가타 이전에도 다수의 라틴어 신구약 성경들은 존재했다. 70인역으로부터 중역된 구라틴어 역본(Vetus Latina) 대신 히브리어를 토대로 한 히에로니무스의 새로운 라틴어 구약성경, 즉 불가타(Vulgata) 성경은 대략 주후 405년 전후에 편찬된 것으로 알려져 있는데, 논란의 중심에 서 있는 이사야서의 이 표현은 불가타에서는 "virgo"로 표기되어 있다. 독일어 성경은 "eine Jungfrau" 또는 "ein junges Weib"로 이탈리아어 성경은 "la giovane", "la Vergine"로 프랑스어 성경은 "la jeune fille"와 "une vierge"로 표기하고 있다. 중국어 성경은 독일어 성경처럼 전부 어린 처자를 의미하는 "童女"로 표기하고 있다. 히브리어에서 직접 번역을 시도한 NIV 영어 성경은 불가타에서 KJV에 이르기까지의 이에 대한 번역을 그대로 답습하여 "virgin"으로 표기하고 있다. 물론 "virgin"이나 이에 대한 한국어 번역인 처녀의 뜻이 과연 무엇인가에 관한 논의로 접어들면 이야기는 또 달라진다.

공관복음서보다 먼저 기술된 바울서신(주후 48-67 사이로 추정)이나 Q자료, 그리고 이보다 늦은 요한복음에서는 마리아 처녀잉태설은 나오지 않고, 마태복음보다 먼저 기술되었다고 인정되는 마가복음은 처녀잉태를 포함하는 예수의 탄생에 관한 언급이 전혀 없다. 이를 언급하는 공관복음서는 마태와 누가인데 누가복음은 마태를 받아들이고 있어, 때로는 마가를 제치고 마태가 최초의 복음서로 운위되고 있는 이유가 바로 이것이 되기도 한다.[9] 라틴어 마태복음이 이사야서의 처녀라는 용어를 원용하여 요셉과 "동거하기 전에" 예수를 "낳기까지 동침치 아니"(마 1:25)한 마리아를 계속해서 처녀(virgo)로 표기하고 있듯이, 로마인을 대상으로 기술된 누가복음서 또한 이를 "정혼한 처녀"(불가타는 "virgo"를 계속 사용하고 있는 것을 알게 되는데, 당시의 그리스어 신약 또한 이와 유사하게 그대로 "parthenos"(눅 1:27))라고 밝히고 있다.

캠벨(Joseph Campbell)은 히브리 전통에서 '하느님의 아들'이라는 관념은 대단히 혐오스러워 논의의 대상이 전혀 되지 않았다고 주장하며, 처녀잉태설이 사실은 동서양을 막론하고 보편적인 신화소이지만, 히브리 문명에서 온 것이라기보다는 헬라스문명에서 유래한 것임을 분명히 밝히고 있다 (317-318, 330).

> 하느님의 아들로서의 메시아도 진짜 하느님의 아들은 아닙니다. 메시아는 그 성격으로 보아, 존귀한 정도로 보아, 하느님의 아들과 '비슷한' 가치를 지닐 뿐입니다. 나는 히브리 전통에는 처녀 수태 관념도 없는 것으로 확신해요. 그러니까 처녀 수태 관념은 그리스 전통에서 기독교로 흘러들어 왔습니다. 4복음서를 읽어보세요. 처녀 수태가 언급된 복음서는 〈누가복음〉뿐입니다. 누가는 그리스인이에요. (3:17-18)

처녀잉태설을 히브리적인 것이 아니라 헬라스적인 것으로 분명히 규정하려는 의도에 따라 처녀잉태설을 언급하고는 있지만, 누가복음이 받아들이고 있는 마태복음의 처녀잉태설을 잠시 착각하여 누락하고 있는 그의 언급은, 그러나 우리말의 처녀에 대한 상응어로 알려진 히브리어의 "젊은 여자"(almah)를 헬라스문명권이 "처녀"(parthenos)로 번역한 것이, 일부 신학자들과 도킨스를 비롯한 무신론자들이 주장하듯이 단순한 오역은 아닐 것이라는 앞으로 펼쳐질 필자의 주장을 뒷받침하고 있다.

히브리 문화권에서는 지금 우리가 지니고 있는 생물학적 처녀라는 개념이 별로 중요하지 않았다는 주장인데, 참고로 말하자면 『춘추좌씨전』에서 처녀란 "올바른 여자"의 의미로 사용되었으며 일본에서는 '을녀'(乙女)라 했는데 이는 '오토메'(おとめ), 즉 귀엽고 사랑스러운 여자라는 뜻이다(히구치, 172). 프랑스어 "fille"가 수녀나 매춘부를 동시에 의미하기도 하며, 독일어의 경우에는 "Straßenmädchen" 또는 "Freudenmädchen"이라는 단어들이 소녀("Mädchen")와 구별되기도 하지만 간혹 "Mädchen"은 창녀의 뜻으로 사용되기도 한다. "프랑스어에서처럼 독일어에서도 창녀가 '소녀'나 처녀라는 말로 완화 된다"는 뒤랑의 "재현이 약화되는 반어법"에 관한 주장(『인류학』, 168) 또한 참고할 만하다. 필자가 생각하기로는 히브리어 "알마"에 해당하는 한국어는 이미 굳어진 대로 '처녀' 또는 '소녀'(素女)이다. 대개 소녀는 순백의 처녀라는 의미로 사용되지만 일부문화권에서는, 『소녀경』을 생각한다면, 성경험이 많은 여자로 각인되어 있기도 하다.

야고보가 예수의 형이었다는 최근 미국의 '예수 세미나'의 논란이나 콥트교의 나그함마디 문서 중 도마복음서의 예수의 쌍둥이 동생이 유다 도마이고 예수께서 사랑하신 여인이 마리아 막달레나라는 주장을 잠시 접어두고 이야기를 진행한다면, 예수께서 형제로 적어도 야고보, 요셉, 유다, 시몬, 그리고 적어도 2명의 여자형제들이 있었다는 것은 엄밀한 성서적 사실이다.

이 사람이 마리아의 아들 목수가 아니냐 야고보와 요셉과 유다와 시몬의 형제가 아니냐 그 누이들이 우리와 함께 여기 있지 아니하냐" "이는 그 목수의 아들이 아니냐 그 모친은 마리아, 그 형제들은 야고보, 요셉, 시몬, 유다라 하지 않느냐 / 그 누이들은 다 우리와 함께 있지 아니하냐"

(마가 6:3; 또한 마태 13:55-56 참조)

필자는 여기서 야고보가 예수의 동생이 아니라 형이거나 쌍둥이일 수도 있다는 주장(김용옥 2007b, 251; 2008, 265, 337), 그리고 예수의 "동생이라 하여 이름이 나온 네 사람은 (…) 사실 그의 사촌 형제들이었다"는 주장을 하기 위하여 "사실 마리아에게는 마리아라는 같은 이름의 동생"이 있었음을 밝히는 요한복음 19:25의 구절을 원용하는 르낭(Ernest Renan)의 주장(107-109) 등에는 많은 관심은 없다. 성서문헌고고학 또는 문헌비평이 밝혀줄 사안이다.[10] 중요한 사실은 기록된바 모후 마리아께서 예수님을 제외하고도 최소 6명의 출산이 있었다는 것이고, 마태복음이 인용하는 희랍어 성경 이전의 이사야가 사용한 히브리어는 생물학적인 처녀를 의미하는 "bethulah"가 아니었다는 점이다. 그러나 더욱더 중요한 점은 본 장의 후반부에서 논의가 더 진행되겠지만 소위 '처녀잉태'뿐만 아니라 자연임신 또한 신의 위대한 능력과 신비를 드러내는 현상이라는 사실을, 후대의 번역어 "parthenos"가 포용하고 있지 못한 것처럼 받아들여졌다는 사실이다.

구세주 예수가 아니라 로마의 압제로부터 그들을 해방시켜 줄 정치적 지도자, 혹은 선지자 예수 정도로 생각했던 당 시대 유대인들의 바람과 뇌리 속에 굳이 '예수의 동정녀 마리아 탄생'에 관한 교의 논란은 불필요한 것이었는지도 모른다. 예수를 잉태한 자궁은 "신성한 원천으로서의 흠 없는 자궁"(immaculatus uterus divini fontis)이고 형제자매를 임심한 배는 흠 있는 자궁이라는 다소 궁색한 논리를 전개한 오리게네스 발 지나간 2000년의 이를 둘러싼 모든 착종된 논의는, 처녀성과 남성과 여성들 사이에 이루어지는

'쌍방' 성교에 관한 남성들의 부정적이고 표피적인 고정관념에 기인하고 있다. 세상만사를 주관하시는 창조주에 대한 믿음을 견지하는 오히려 "독실한" 신앙인의 관점에서 본다면 동정녀잉태이건 성교잉태이건 모든 생명의 탄생은 신께서 주관하시는 것이라 굳이 양자 사이를 분별할 필요는 없었지만, 번역자들의 취향, 수많은 구약의 판본들 중에 저본으로 사용하고 있는 판본의 오염, 신약의 라틴어 성경과 히브리어판, 그리스어 성경 판본들의 마구잡이식 상호 저본 사용은 문제를 더욱더 복잡하게 만드는 요인이 되었다. 알려진바 구약과 신약의 판본은 수만 가지를 상회한다.

유대인의 구약과 예수를 구세주로 해석하여 보편적인 신앙으로 발돋움하는 보편 종교로서의 신약이 갈라지는 지점은 예수의 '메시아'설에 대한 입장 차이였는데, 이러한 입장 차이에는 예수의 동정녀탄생에 대한 해석이 깊숙이 개입하고 있다. 아우구스티누스는 비단 이뿐만 아니라 셉투아긴타와 여러 차이를 보이고 있는 히브리어 구약 성경을 참조하고 있는 성 제롬과 논쟁을 하였고, 그의 이러한 우려는 결국은 동방교회와 서방교회, 그리고 더 나아가 히브리 전통과 기독교 전통과의 괴리로 나타나게 된다.[11] 그러나 우리가 이제까지 역설하였듯이 예수를 선지자요 정치적 해방자로 보았던 유대 종교가 마리아를 성처녀로 인정하였는가 안하였는가는 별로 중요한 사안이 아니었는데, 유독 가톨릭을 위시한 기독교에서 동정녀잉태설과 마리아 '종신 처녀설'에 여전히 과도한 집착을 보이는 것은 기이한 현상이라 아니할 수 없다. 신비는 인간의 이성을 넘어간다고 하면 물론 할 말이 없다. 아우구스티누스 또한 3위 일체를 설명이 불가능한 신비라 설명하지 않았던가? 설명하였듯이 예수의 동정녀마리아 탄생설은 이보다 한 걸음 더 나아가 마리아 자신도 그녀의 어머니 성 안나(St. Anna)에게서 처녀로 태어났다는 마리아 무염시태(無染始胎) 사상으로 발전하여 갔다.[12] 오늘날 일부 개신교 신학이 동정녀 마리아를 예수의 모후 정도로 보아 성모신앙을 일부 폄하하는 전통은, 아이러니하게도 예수를 단지 요셉과 마리아의 아들이며 선지자요 스승으로 생각하여 성모마리아의 예수의 처녀잉태에 무게를 두지 않는 유대교와 일부 영지주의자들의 전통과 일맥상통한다. 아니미즘과 범신론의 낙인을 무릅쓴다면 신의 권능이 아닌 세상사는 존재하지 않으며, 처녀잉태이거나 자연임신이거나 난생설화이거나 뭇 생명의 모든 탄생에는 신의 신비로 인한 기적이 작용하고 있다.

일부 성서신학자들의 주장대로 번역이 잘못된 것인가? 그러나 그리스 문명권이나 이의 한 연원이 되고 있는 수메르-바빌로니아 문명권의 신화나 종교에서 처녀, 특히 번역된 바 "parthenos"의 의미가 우리가 오늘날 알고 있는 처녀의 의미를 갖고 있지 않았다는 점이 밝혀질 수 있다면, 우리의 문제 제기는 문화적 번역과 오역의 문제에 대한 문헌학적 탐구로 넓혀지게 된다.[13] 어원학적·문헌학적 분석은 우리를 더욱더 미궁으로 이끌어갈 수도 있지만 그렇다고 그러한 분석의 타당성과 필요성이 희석되는 것은 아니다. "손 타지 않은 상태를 뜻하는 라틴어는 "virgo"가 아니라 "virgo intacta"이다(Briffault III, 170). 어법상 주된 의미를 전하는 형용사 "intacta"가 생략될 수 없는 경우이니, 굳이 라틴어로 처녀를 표기하자면 "intacta"이지 "virgo"가 될 수 없다. 이는 우리의 책의 대 주제인 "꼬리 먹는 뱀"(ouroboros ophis)의 경우에 있어서도 명사 "ophis"는 몰라도 형용사 "ouroboros"를 생략할 수 없는 이치와 같다. (일본어 "아다라시"(新しい)는 형용사만 사용한 경우이지만 한국어의 숫처녀는 정반대의 경우이다.) 그렇다면 논란이 되고 있는 이사야 7:14의 파르테노스에 상응하는 라틴어 번역 "virgo" 또한 그냥 단순히 처녀(neanis), 혹은 이 글의 바로 다음 부분에서 "virgin"에 대한 어원(virgo→virgen, virgin)과 문헌학적 분석에서 밝혀지겠지만 파르테노스의 다른 뜻이기도 한 "생산력 혹은 출산의 경험이 많은 여성"의 뜻을 지니고 있을 수 있는 가능성도 상정된다. 이 책의 2권 프로이트와 메두사에 관한 부분에서 논의가 더 진행되겠지만, 비속어로 엉덩이를 뜻하는 영어의 "can"과 프로이트의 독특한 개념인 "uncanny"(←unheimlich)는 여성 성기를 뜻하는 라틴

어 "cunnus"에서 연원하는데, "virgin"처럼 능력과 힘을 의미한다. 처녀가 능력과 존귀의 표상이듯이, 여성 성기 또한 능력과 권력의 원천이었다.

당대의 말과 글에 대한 분석은 언어학적 분석에만 그치는 것이 아니라 그것이 필요로 하고 있는 과거와 현재의 사회문화적 분석을 당연히 수반하게 된다. 처녀에 관한 우리의 해석학적 탐구는 그것에 관한 주후 3~4세기의 처녀잉태설과 온갖 갑론을박을 거쳐 이루어지게 되는 1854년 무염시태에 대한 인정, 그리고 1930, 1931년 마리아는 하느님의 어머니라는 공식적인 선포와 1950년 성모마리아의 승천설과 1962년 마리아의 종신처녀 품위에 대한 확정으로 이어지는 후대의 종교적 견해의 축적과 2021년 현재의 시대적 요청이 어떻게 앞선 시대의 문화와 종교와 사상을 다르게 해석해오고 또 해석하게 되는지를 비추어 주는 작업이 되고 있다.

3

바빌로니아, 헬라스 문명권에
나타난 성처녀의 의미

손 타지 않은 상태를 뜻하는 라틴어는 "virgo"가 아니라 "virgo intacta"이
다. (Briffault III, 170)
신들은 초월에 비치는 메타포이다(Gods are metaphors transparent to
transcendence Campbell 2013, 101).

고대 종교의 뱀 숭배신앙의 일그러진 형태가 이브의 타락 신화로 자리매김
되었다면, 이를 바로 잡으려는 무의식적 노력은 마리아의 승천 사상으로 나
타난다. 예수와는 달리 태생적인 신성을 부여받지 못했던 성모마리아의 신
격화의 이면에는, 신을 낳은 여성에 대한 경외감뿐만 아니라 여성을 숭배했
던 고대 종교 전통이 면면히 흐르고 있다. 마리아 숭배 사상이 "이교도적인
전승 구조"를 따르고 있다는 지적(Kristeva 101)은 따라서 초기의 기독교가
다른 종교적인 전통을 흡수하여 발전하는 와중에 필연적으로 받아들일 수
밖에 없었던 여신 숭배 전통의 지속 혹은 잔존으로 수정해서 읽어야 하지
만, 이교도의 풍습 정도로 치부되었던 마리아 신앙은 후에 19세기 말 유럽
에 이르러서는 이브와 성모마리아를 폄하하는 전통으로 굳어져 부정적 팜

므 파탈들인 이슈타르와 릴리스, 그리고 살로메와 룰루로 나타나 화려하지만 뇌쇄적인 퇴폐미를 여성에게 덧씌우게 된다. 서양인들 중에 인간으로 태어나 죽지 않은 자는, 예수께서 원래 신의 아들이고 신 자신이라는 후대의 해석을 받아들인다면 가톨릭의 전통 안에서는 성모마리아 혼자이신데, 인간이 신으로 숭배되는 이 전통은 후일 개신교 내에서 성모의 신성을 폄하하는 전통으로 굳어져 격렬한 반항에 직면하게 된다.

태생적인 "처녀신 아테나"(Athene Parthenos)와 평생을 처녀로 지낸 아르테미스와 같은 이교도의 여신을 숭배하던 습속이 자연적으로 마리아를 처녀신으로 숭배하는 전통으로 굳어졌다는 주장인데, 그러나 이와 유사한 처녀생식(parthenogenesis)의 개념은 굳이 캠벨의 주장을 다시 인용하지 않아도, 히브리 문화에서뿐만 아니라 수메르와 바빌로니아, 이집트와 헬라스 등의 신화에서 보편적으로 드러나는 이야기이다. 수메르 신화에서 티아마트(Timat)는 킨구(Kingu)를 처녀생식으로 낳아 강의 신 압수(Apsu)의 아들들과 대항하고, 그리스 신화에서 가이아도 이와 같은 방식으로 하늘 신 우라노스와 바다의 신 폰토스를 낳는다. 가이아는 우라노스와의 소생인 크로노스와 연합하여 우라노스를 제거하게 되는데, 신화는 거세된 우라노스(의 성기)에서 이시스 또는 이슈타르의 후예라고 할 수 있는 아프로디테가 탄생한다고 한다. 마리아 동정녀탄생설에 이르면 신화의 성애적 측면이 제거되어 마리아는 말만 따지자면 형용모순인 '완벽한 처녀성을 상징하는 어머니'로 변용된다.

헬라스 신화에서 아테나와 아르테미스, 그리고 페르세포네와 같은 여신들은 서로의 성격과 성품을 공유하는데, 우리가 이러한 신화에서 특별히 알 수 있는 사실은 처녀신들이 성교의 경험이 없는 여신을 의미하지 않았을 뿐만 아니라 그들이 많은 자녀를 두고 있다는 점일 것이다. 헤파이스토스를 처녀생식으로 낳는 헤라의 경우 그녀는 제우스와 아레스를 낳기도 하였고 만물의 어머니로 불리어졌지만 처녀신 "Virgen"으로 여전히 불리었다. 화로와 가정의 여신 베스타(Vesta, 그리스의 헤스티아(Hestia)) 또한 신성한 처녀성의 수호자이자 신들의 어머니이기도 하며 로마시대에 이르면 특별히 베스타 여신은 남성 성기의 신 프리아포스(Priapos)의 배우자가 된다. 미의 여신 아프로디테가 처녀신으로 불리어졌지만 난봉꾼인 것은 익히 알려진 사실이다. 헤파이스토스가 공식적인 남편임에도 불구하고 그녀는 아레스와 더불어 당연히 비유적인 이야기이지만 네 명의 소생, 즉 에로스, 데이모스(Deimos, 공황), 포부스(Phobus, 두려움), 하르모니아(Harmonia, 조화)를 낳기도 하였다. 처녀신의 대표로 잘 알려져 목하 파르테노스의 대표적 여신으로 운위되는 아테나가, 헤파이스토스와의 조금 복잡한 이야기가 있기는 하지만, 아테네의 시조 에릭토니오스(Ericthonios)의 실질적이고도 명목적인 어미이기도 하다는 사실은 잘 지적되지 않는다.[14]

아테나와 더불어 특별히 처녀신의 대명사로 알려진 아르테미스 또한, 『황금가지』의 보고에 따르면 최소한 히폴리투스와 비루비우스 등과의 성경험이 있음에도 불구하고 처녀성을 유지하는 것으로 나타날 뿐만 아니라 (41-42), 그들에게 있어서 처녀성은 "자율과 독립성, 연인들을 받아들이고 거절할 자유를 상징했다. 처녀는 그녀의 성격과 본능에 충실한 그 스스로 완전한 존재를 의미했지 강탈당하지 않은 처녀를 의미하지 않았다"(Gadon 191). 학자에 따라서는 터키 수많은 유방의 '에베소의 아르테미스'로 익히 알려진 소아시아의 풍요와 다산의 아르테미스와 헬라스와 로마의 정숙한 아르테미스와 디아나를 구별해야 한다고 주장하기도 하지만, 이는 『황금가지』가 주장하는 풍요의 여신 아르테미스(특히 41쪽)와는 다른 모습이다. 헬라스의 신화에서 아르테미스는 아테나처럼 어머니로 불리어진 적이 없다고 주장되기도 하며, 후대에 이르러 로마의 처녀신 디아나는 그녀가 목욕하는 것을 훔쳐본 사냥꾼 악타에온(Actaeon)을 사슴으로 변신시켜 그의 사냥개로 하여금 그 주인을 갈기갈기 찢어 죽이도록 하는 부정적 모습을 보이기도 한다.

그런데 또 다른 전승에 의하면, 그리스의 아르테미스와 소아시아의 아르테미스의 차이에 대한 일반적인 오해에도 불구하고, 그리스의 아르테미스는, 프레이저의 주장을 보강하자면, 텔레포스(Telephos)와 엔뒤미온 (Endymion)과의 사이에 50명의 딸들을 낳은 것으로 되어 있다(Briffault III, 170). 정확히 말하자면 엔뒤미온은 소아시아의 목동이고 그를 사랑한 자는 아르테미스와 동일화되기도 하는 그리스의 달의 여신 셀레네(Selene)였다. 아무튼 초승의 아르테미스와 보름의 셀레네로 구별되기도 하는 달의 처녀 신 또한 프레이저의 주장대로 호색적이라고 말하는 것이 부적절한 것 같지 는 않다.[15] 바로 이러할 때, 즉 처녀가 우리가 알고 있는 생물학적 의미의 처녀가 아니라는 사실을 알게 될 때, 우리는 대지의 여신 데메테르(Demeter) 를 모시는 엘레우시스(Eleusis) 지방의 비교적 의식에서 신전의 여 사제들이 "처녀가 신성한 아기를 낳았다"고 외치는 까닭을 이해하게 된다.[16]

그리스인들에게 있어서 처녀림은 "황폐하고 풍요하지 않은 장소가 아니라 특별히 다산과 번식의 장소이었는데, 이는 처녀림이 생명을 받아들이고 그것을 변형하여 자연적으로 출산을 하고 죽은 것들을 다시 받아들여 재생하는 장소이기 때문이다"(Hall 11). 그들에게 처녀는 또한 단순히 소출이 없는 석녀(石女)를 의미하지 않았는데, 헬라스어에서 처녀를 뜻하는 "parthenos"라는 수식어를 지니고 있는 여신 아르테미스에 대해 프레이저는 이 용어가 단지 결혼을 하지 않는 여신이라는 뜻을 넘어, 헬라스 문명의 시원적인 형태에서는 소아시아의 다른 처녀신들처럼, 사랑과 풍요, 다산의 여신을 의미하였다고 주장한다.

우리가 보통 처녀라고 번역하는, 아르테미스 여신의 수식어로 사용되는 희랍어 단어 파르테노스(parthenos)는 단순히 결혼하지 않는 여성을 의미한다. 고대에는 이 두 가지가 전혀 같은 뜻이 아니었다. 정숙한 아르테미스에 대한 대중들의 예배는 없었다. 그녀의 성스러운 칭호들이 이성간의 관계에 근거를 두고 있는 한, 그 칭호들은 그녀가 이태리의 디아나처럼 순결을 지키기는커녕 여러 명의 아이들을 잉태했었다는 사실을 보여주고 있다. 그러나 그녀가 끊임없이 결혼하지 않은 ―그러나 정숙하지 않은―아시아의 사랑과 풍요의 여신들(사람들은 그녀의 사원에서 난잡한 의식을 치름으로써 그 여신들을 예배했다)과 동일시되었다는 사실은 결혼이 아니라 다산성의 여신으로서의 아르테미스의 성격을 그 무엇보다 더욱 잘 규정할 수 있게 해준다. (Frazer 『황금가지』 I, 「마술과 왕들의 변화」, 36-37; Harding 영어판 101; 김정란 번역 출처 바로잡아 169로 재인용)

로마 문명의 순결한 디아나(Diana) 여신을 명확하게 그리스 문명의 호색적인 아르테미스와 구분하고 있는 것 같아 일견 논란의 여지가 있는 프레이저의 주장을 우리가 그대로 받아들인다면, 앞서 논의한 처녀에 대한 번역이 잘못되었다는 신학자들의 주장과는 달리, 헬라스어 번역으로 "parthenos"가 히브리어 "젊은 여자"(almah)의 정확한 번역이 아닐는지는 몰라도 부분적으로는 타당한 또는 '문화적으로 치환'된 번역이 된다. 히브리어 "almah"가 "bethulah"라는 의미를 포함하고 있다면, 헬라스어 "parthenos"는 "almah"와 "bethulah"의 의미를 동시에 포함하고 있다. 물론 셉투아긴타가 이를 염두에 두고 "almah"를 의도적으로 풍요의 여신의 별칭의 의미로 "parthenos"로 번역하였는가에 대한 의문은 남는다. '파르테노스'라는 뜻 자체가 풍요와 다산의 처녀라는 주장인데, 후대에 이르러 "처녀"의 의미는 생물학적 의미로만 파악되어 의미의 혼선과 와전을 계속해서 낳게 된다.

『어머니들』(The Mothers, 1927)이라는 기념비적인 3부작의 저자 브리포(Robert Briffault)의 다음과 같은 언급은 처녀의 의미에 대한 당 시대의 귀중한 정보를 제공하고 있어 다소 길지만 인용을 요한다.

'처녀'라는 말은 물론 일차적인 주요한 의미로서 '결혼하지 않았다'는 말인데, 보통 사용되는 의미와는 반대의 뜻을 내포하는 칭호들에 사용된다. 처녀 이슈타르는 흔히 '창녀'로 불리어졌고 그녀는 스스로를 "동정심 많은 창녀"로 칭하였다. 그녀는 두건이나 베일을 쓰는데, 그것은 유대인들의 풍속과 마찬가지로 '처녀'와 창녀의 표시이다. 이슈타르 성전의 여사제 또는 성창(聖娼)은 또한 '거룩한 처녀'로 불리어졌다. (…) 희랍어 '파르테노스'(parthenos)는 셈족의 어휘인 "바투르"(bathur) 또는 "바팀"(batim)과 같은 의미를 지니고 있는데 이는 "결혼하지 않은 여성"이라는 뜻이다. 결혼에 의해 태어나지 않은 아이들을 가리켜 "parthenioi"라고 칭했는데 이는 "처녀에게서 태어난 자들"이란 뜻이다. 영어의 "virgin"이란 말은 엄밀하게 말하자면 그 자체로는 우리가 부가하는 의미를 지니지 않으며, 생물학적 처녀에 대한 라틴어는 "처녀"(virgo)가 아니라 "virgo intacta", 즉 손을 타지 않은 숫처녀이다. 아프로디테 또한 처녀였다. 이러한 용어는 초기 에게해 문명권의 모든 여신들에게 붙여졌는데 '처녀'(Virgin) 숭배의 확산은 고대 사모스 섬을 지칭하는 "Parthenia", 아르카디아 지방의 파르테논(Parthenon) 산, 유보이아(Euboea)의 산 "Parthenion", 파파고니아의 파르테니오스(Parthenios) 강 등과 같은 많은 지명들에서 확인할 수 있다. 헤라 여신 자체도 비록 후기신화에서는 모성적인 배우자로 나타나기는 하지만 '처녀'라는 타이틀 속에서 초기의 성격을 연상하는 요소를 지니고 있다. "Virgin"이라는 용어가 새로운 의미를 취득하는 후기로 가면 그것은 칭호를 지니지 않은 여신들에게 붙여지는 것을 정당화하는 방향으로 나아가는데 그녀들은 처녀의 순결을 의미하는 유형으로 변형되어간다. 아르테미스 또한 그녀가 비록 엔뒤미온 사이에 텔레포스와 50명의 딸들을 두고 있음에도 후기에 받아들여진 의미 그대로 처녀신으로 간주되어 광포한 처녀성과 순결성의 진정한 후견인으로 행세하게 된다. (Briffault III, 169-170; 강조 필자)

스파르타의 결혼관습은 성과 결혼제도의 가장 원시적인 형태로 거슬러 올라가고 있다. 여성들과 소녀들은 사회적이고 성적인 관계에 있어서 전적으로 제한을 받지 않았고, 그들은 결혼 전에 그들이 원하는 대로 행동을 하는 것에 자유로웠다. 결과적으로 처녀성은 신부에게 요구되지 않았다. 결혼이라는 테두리 밖에서 태어난 자들, 즉 혼외자식들은 '파르테니오이'(parthenioi)로 불리어졌는데, 이는 '처녀'에게서 태어난'이라는 의미이며, 그들은, 비록 순교자 유스티니우스(Justin Martyr)가 "애비 없는 자식들"이라 표현했지만, 모든 면에서 결혼에 의해서 태어난 자들과 동일하게 여겨졌다. 그러한 혼외 관계들이 너무 풍미했기 때문에 아르게실라오스(Argesilaos)가 다스리던 시절에 가면 "애비가 없는" 스파르타인들의 숫자는 사실상 통상의 결혼 관계에 의해 태어난 숫자들보다 더 많았다. (…) 보수적인 스파르타 사회에서 여성의 위치는 역사시대 희랍의 다른 지역들의 상황과 매우 달랐다. 플루타르크가 말하듯이 그들은 "그리스에서 남성들을 지배했던 유일한 여성들"이었다. 뮐러(Ottofried Müller)는 "스파르타의 어머니들은 성인이 되기까지 그들의 아들들에 영향력을 행사하였고, 이는 그리스 전역에서는 찾아볼 수 없다"고 말하고 있다. 그들에게는 정치적인 사안들에 대한 자문들이 통상적으로 구해졌는데, 상속인으로서 그녀들은 그녀들의 남편들에게 재산을 상속하고 증여했을 뿐 아니라 스파르타의 모든 재산들은 사실상 거의 그녀들의 것이었다. (Briffault I, 400; 강조 필자)

파르테노스가 그리스에서는 생물학적 처녀성과는 상관없는 단순히 결혼하지 않은 여자를 뜻하며 스파르타 사회에서도 이와 유사하게 처녀성이 척도가 아니며 심지어는 "혼외자"를 뜻하는 용어로도 변용되었다는 브리포의 설명은 원문 자체가 명확하게 많은 것을 설명하고 있어 따로 사족을 요하지 않는다. 그런데 처녀의 의미로 상용되고 있는 "파르테노스"라는 말 자체가 "파르테노스의 집"이라는 뜻으로 알려진 "파르테논"(Παρθενών, 현대 그리스어로는 "Παρθενώνας")의 의미와 더불어 어원학적으로는 무슨 뜻을 지니고 있는지는 여기서도 정확히 밝혀져 있지 않아, 이 부분만 다른 학자의 의견과 더불어 필자의 단견을 섞어 보충해보기로 하자.

어원을 살펴볼 때 "처녀의 집을 의미하는 파르테논"(장영란 6)은 일설에 의하면 아테나 여신의 신당 소속의 2명의 소녀인 '아레포로이'(arrephoroi)가 직물의 여신이기도 한 아테나 여신에게 바치는 베일, 즉 페플로스(peplos)를 짜는 방이라고 알려져 있는데, 마땅히 전거를 밝히거나 어원학적 분석이 필요하다 사료된다.[17] 파르테노스에 관한 엄밀한 어원학적인 분석은 아니라고 또한 사료되지만, 버날(Martin Bernal)은 그의 문제작 『블랙 아테나』에서 통상 숫처녀의 신전으로 받아들여지고 있는 "파르테논"이 애굽어로 초록의 대리석 집을 의미하는 "Pr t̠hn."에서 연원한다고 주장하고 있다(III, 577). 그렇다면 파르테노스는 단순히 "숫처녀 신"이 아니라 암록색(그리스어 glaukos; 라틴어 glaucus)의 눈(glaukopis)을 지닌 부엉이(glaux)의 집, 혹은 초록의 집에 거주하는 여신이라는 의미 추정 또한 가능하다. 버날에 의하면 인도·유럽어에는 그 어원이 없는 "glaux" 혹은 "glaukopis"는 이집트어로부터 그 연원을 두고 있는데(III, 578), 이렇게 본다면 그의 해석은 녹색 눈의 부엉이를 신물로 하는 아테나와 어울리는 해석이 될 수 있다. 아테나는 암녹색의 무서운 눈의 "Athena Glaukopis"로도 자주 표기된다. 물론 한 언어의 어족 안에 그에 관한 어원을 추적할 수 없다고 특정 어휘가 그 어족에 속하지 않는다고 주장할 수는 없다. 한 단어의 어근이 처음부터 그러한 의미를 지닐 수도 있다.

그런데 파르테노스가 원래는 성경의 인물인 노아(Noah)의 부인 노리아(Νωρία)또는 바르테노스(βαρθενώς)이기도 하면서 아람어로 "신의 딸"을 의미하는 "Barthenos"(βαρθενώς)가 "παρθένος"의 변형된 형태임을 설파하는 올브라이트(W. Albright)의 의견(288-289)을 우리가 받아들인다면, "παρθένος"는 "신의 딸", 즉 '신딸'이라는 뜻으로 추찰할 수 있다. 파르테노스가 "pal(las)+the(os)+nos의 조합이라는 필자 나름의 해석이 가능한 순간인데,[18] 이는 "nos"를 반복복합어, 즉 첩어(疊語, reduplication)의 형태에서 앞부분이 생략된 것으로 보아 "태어나다"를 뜻하는 동사의 원형인 그리스어 "gignomai"(γίγνομαι) 내지는 라틴어 "gignere"(gigno)를 "*gn-"(gen, gon)의 동족어(cognate)로 볼 때 가능한 분석이다. 파르테노스는 신에게서 태어난 자손, 또는 딸을 의미하며 아테나 여신의 제우스 머리 유출설에 견주어 보면 이에 합당한 어휘가 된다. 우리 모두가 신의 자손들이라는 논의는 잠시 접어두자.

이사야서나 바울의 글을 읽는 독자들의 눈에 처녀(parthenos)의 상태를 지칭하는 처녀성, 즉 'parthenia'라는 단어가 출산도 포함할 수 있는 단어로 인지되었다고 지적하는 시사(Giulia Sissa)는, 우리가 언급한 브리포와 유사하게 헬라스인들이 사용하던 파르테노스라는 말이 "사랑을 모르는 소녀와 결혼하지 않은 어머니 둘 다"를 의미하여, 이 단어가 생물학적인 상태를 지칭하는 말이 아니라 "여성의 사회적인 지위, 즉 시민으로서의 자격"을 지칭하는 말이었던 것뿐만 아니라, 경우에 따라서는 성행위의 경험이 있지만 그 경험이 알려지지 않은 처자를 의미하기도 하였다는 주장을 비교적 최근에 하고 있다(1990, 342, 347).

> 법률적인 전거들은 명확하게도 파르테노스라는 말 자체가 배제하지 않는 파르테노스의 성행위가 사실은 성행위의 발견 또는 드러남이라는 명확하게 규정된 한계에서 움직이고 있다는 사실을 보여준다. (…) 만약에 파르테노스가 그 타이틀을 상실하지 않고 혼외정사를 했다면 그것은 오로지 그 사건이 알려지지 않아 사실로서 성립하지 않기 때문이다. 혼외정사가 대중에게 알려지면 그 파급효과는 당사자를 파멸시킬 정도이다. (…) "parthenios" 또는 "parthenias"의 의미를 규정하는 것은 처녀로 판명될 때 꼭 필요한 역할을 하게 되는 사실에 대한 인지와 이에 부합하는 관찰이

다. 비록 이 파생어가 고대 헬라스에서는 처녀성이라는 것이 존재하지 않았음을 증거 하는 것처럼 보이지만, 그 증거자료는 심대하게 우리를 오도할 수 있다. 많은 사람들 가운데 폴리데우케스(Julius Polydeuces) 또한 다음과 같은 설명을 하고 있다. "'parthenias'는 파르테노스에서 나온 말인데 이는 법적으로 동거하지 않는 여성을 지칭하고, 'skotios'(의심이 가는 여인)은 드러나거나 또는 비밀스럽게 출산을 한 여성이라는 말에서 입안되었다. 폴리데우케스에 의하면 파르테노스는 아기를 출산하는 것을 기대하지 않는 여인, 파르테노스의 위격에 내재한 처녀성(parthenia)에 위배되지만 결혼하지 않은 소녀, 즉 가짜 숫처녀인 것처럼 보인다고 말한다. 어휘학자의 언어학적인 전문적인 지식은 형용모순(oxymoron)을 인지하는 것을 가능하게 하고 심지어는 피할 수 없게 만드는데, 순전히 언표적인 정의는 파르테노스라는 말을 "자연적인 정상적인 아이"라는 말과는 대비되는 중립적이고 기술적인 용어로 해독한다." (1990, 347-348; 강조 필자)

전해 내려오는 주장대로 처녀라는 말이 소위 '안'처녀의 파과(破瓜) 이후의 과정을 염두에 두고 만들어진 것이라면, 이 처녀라는 어휘는 그 생성 과정에서부터 옥시모론 또는 반어를 함의하고 있다. 문제는 그러나 더욱더 심대한 것에 있었다. 만약 파르테노스가 "처녀성(parthenia)이라는 개념 자체를 부정하는 결혼하지 않은 여자, 즉 가짜 숫처녀"를 의미한다면, 그리고 파르테노스가 헬라스 사회에서 "사랑을 모르는 소녀와 [특별히] 결혼하지 않은 어머니"(Sissa 1990, 347)를 지칭하는 말일 수도 있다면, 우리는 『70인역』의 히브리어 알마에 대한 번역어인, 데메테르라든가 아르테미스 여신의 수식어인, 파르테노스가 기존의 진보적 신학을 표방하는 많은 신학자들의 주장과 반하여 오히려 적확한 번역어일 수도 있다는 추론을 할 수 있게 된다. 물론 시사가 밝히는 대로 파르테노스가 그의 또 다른 뜻인 "사랑을 모르는 소녀"를 의미할 수도 있다. 그러나 바로 이러한 의미에서, 즉 사랑을 모르는 소녀이거나 동시에 출산을 한 어머니일 수도 있다는 사실에서 생물학적 처녀성이 여성을 분류하는 사회적 합의에 심대한 영향을 끼치지 못한다는 사실을 우리는 알게 된다. 파르테노스는 생물학적인 상태를 지시하는 것이 아니라 그녀의 사회적인 법적 신분을 지시하는 단어임이 분명하며, 이렇게 볼 때 우리는 페르세포네의 어미로서 말 그대로 "대지의 어머니"라는 뜻의 데메테르와 에베소의 풍요의 여신 아르테미스 여신의 공통 수식어가 파르테노스임을 이해할 수 있게 된다. "알마"에 대한 번역이 오역이라는 진보 학계의 주장이 오히려 신성모독의 혐의가 있을 수 있다면, 그것이 오히려 적확한 번역이라는 필자의 주장은 신성모독의 차원이 아니라 기독교 전통의 예수의 동정녀잉태설에 대한 소모적인 논쟁을 불식시킬 수 있을 뿐 아니라 이 주장의 역 추론적 원인이 되는 삼위일체를 새롭게 정립시킬 수 있다는 점에서, 그 시도가 아주 미세하더라도, 기독교 사상을 포함하는 서양 문명사의 새로운 틀과 전환을 예고하고 있는지도 모른다.

파르테노스가 생물학적 의미가 아니라 사회적 신분을 나타내는 말이라는 논의, 그리고 네아니스의 어원과 그 사회적 함의, 히브리 문명에서의 베툴라아의 사회적 신분과 의미, 그리고 히브리어 베툴라아의 번역어로서 파르테노스와 네아니스와의 경합 과정과 이를 둘러싼 정확한 번역 문제는 전문가들의 적극적이고 정확한 또 다른 성찰과 이에 관한 문헌학적인 고찰과 인류학적 상상력을 요구하고 있다. 글을 시작하면서 제사에서 밝힌 바 있지만 "70인역"(LXX)이라고 알려진 그리스어 성경 『셉투아긴타』와는 달리, 기원후 2세기경 로마 황제 하드리아누스의 친척이었던 아퀼라(Julius Aquila)의 직역에 가까운 새로운 헬라어 번역은 우리가 통상 처녀의 의미로 번역하여 사용하고 있는 히브리어 "알마"(almah)를 "파르테노스"(parthenos)가 아니라 "젊은"(처자)라는 뜻의 "네아니스"(neanis)로 표기하고 있다(Jobes & Silva 54; 주석 19 참조). 이러한 사실에 대한 천착은 단지 학문하는 즐거움을 선사하는 것을 넘어 이 방면의 전문가들이 문명사적 사명감을 갖고 적극적으로 궁구하고 해명해야 마땅하다. 우리는 파르테노스가 때로는 생물학적 처녀성을 지칭하는 말로 사용되었음을 간과해서도 안 되지만(이럴 경우에 처녀들을 의미하는 그리스어는 파르테노스의 복수형 "parthenoi"), 시사가 주장하는 대로 "parthenos"가 또한 출산의 경험이 있지만 아직 정식으로 혼례를 올리지 않은 처자 정도의 의미로 그리스 사회에서 사용되었다는 상충하는 사실에 대해 주목할 필요가 있다.[19] 물론 당대의 대중들이 "parthenos"의 의미를 잘못 알고 생물학적 의미의 처녀(히브리어로 이에 상응하는 어휘는 betulah)로 받아들여 사용했으리라는 추측은 별개의 문제이다.

"parthenios" 또는 "parthenias"라는 뜻이 파르테노스에서 나온 말로 법적으로 동거하지 않는 여성들의 사회적 신분을 뜻하는 말이라는 시사의 최근의 주장도 주장이지만, 전술한 프레이저와 브리포의 주장은 처녀의 어원이 힘, 또는 남성 또는 힘을 의미하는 라틴어 "vir"와 남녀를 포함하는 종족을 의미하는 "gen"의 합성어라는 해석,[20] 또는 처녀라는 용어가 "강탈당하지 않은 처녀가 아니라 스스로 우뚝 서 있는" 또는 "성경험이 풍부한 여성을 지칭하는 말이며, 심지어 창녀에게 적용되어질 수 있는 말"이라는 논란의 여지가 있는 해석으로 확대되기도 하였다(Johnson 153; Hall 11; Harding 171). 특별히 하딩의 다음과 같은 말은 처녀라는 의미가 육체적인 기준으로 규정되는 것이 아니라 영적인 측면에서 정의되어야 함을 시사해 주고 있다.

이사야 선지자가 무슨 이야기를 하고 싶었건, 중세기의 교회에서 성처녀가 숭배되었으며, 맏아들의 기적적인 탄생 이후에도 요셉과의 사이에서 여러 명의 아이들을 낳았다고 성서가 전하고 있고, 라틴어로 된 찬송이 아들의 어머니로서뿐만 아니라 아내로서의 그녀를 찬미하고 있음에도 불구하고, 그녀가 오늘날까지도 단어의 현대적인 의미에서 '처녀'라고 숭배되고 있다는 것은 엄연한 사실이기 때문이다. (…) 그러나 만일 우리가 종교적인 개넘이라는 것이 상징적인 것이라는 것을 인정한다면, 그리고 이러한 모순들을 심리적인 방법으로 해석한다면, 우리는 '처녀성'이라는 용어가 생리적이고 객관적인 사실이 아니라, 하나의 자질, 주관적 상태, 심리적인 태도와 관련되어 있다는 것을 알게 된다. 성처녀 마리아나 여타 종교의 처녀신들에게 적용되었을 때 그 용어는 실제적인 상황을 정의하는데 아무런 도움도 주지 못한다. 처녀라는 현실이 성 경험과 임신, 그리고 시간의 경과에도 불구하고 설명할 수 없는 방법으로 여전히 남아 있기 때문이다.

(Harding 170; 강조 필자)

"처녀신은 그녀의 처녀성을 잃지 않은 채 아이를 잉태한다. 신성결혼(hieros gamos)의 결과는 처녀가 아이를 낳은 것이다"(248)는 하딩의 지속적인 언급은, 동정과 자비로움을 베푸는 마음이 될 때 여신들이 처녀신이라는 호칭을 얻었다는 의미와 유사하다. 비단 인간의 몸뿐만 아니라 마음까지도 "생명의 현현을 담아내는 그릇에 불과하기 때문"(245)에 인간적인 의미에 있어서의 처녀성의 상실은 종교적이고 영적인 차원에서는 의미를 상실한다.

하딩이 말하는 종교적인 각성은 신이 신성한 결혼을 위하여 여성을 취할 때 심리적인 처녀성을 획득할 수 있다는 논리로 비약하는데, 이러한 논리의 근거를 그녀는 그리스도를 천상의 연인 또는 영혼의 약혼자로 간주했던 가톨릭 성인들의 사고방식에서 찾는다. 그녀가 인용하는 던(John Donne)의 다음과 같은 「성스러운 소네트」("Holy Sonnet") 14편의 일부분, 즉 신이신 "당신이 나를 황홀하게 해주지 않으면 나는 자유로울 수도, 또 강탈하지 않으면 결코 정숙한 사람이 될 수 없어요"(Except You enthrall me, never shall be free, / Nor ever chaste, except You ravish me XIV: 13-14)[21]와 같은 '형이상학적 기지'(metaphysical conceit)는, 그런데 한국의 시인 한용운의 자유보다는 복종을 사랑하는 「님의 침묵」뿐만 아니라 「나룻배와 행인」에서도 발견할 수 있다.

나는 나룻배

당신은 행인

당신은 흙발로 나를 짓밟습니다.

나는 당신을 안고 물을 건너갑니다.

나는 당신을 안으면 깊으나 옅으나 급한 여울이나 건너갑니다.

만일 당신이 아니 오시면 나는 바람을 쐬고 눈비를 맞으며 밤에서 낮까지

당신을 기다립니다.

당신은 물만 건너면 나를 돌아보지도 않고 가십니다 그려.

그러나 당신이 언제든지 오실 줄만은 알아요.

나는 당신을 기다리면서 날마다 날마다 낡아 갑니다.

나는 나룻배

당신은 행인

화자인 사람과 신과의 역설적인 관계를 읊은 이 시는, 만약 우리가 성
정치학과 폭력적 가부장제를 잠시 내려놓고 생각한다면, 강탈당하는 여성
으로 표현되는 인류를 방문하는 자비로운 신과의 관계로 읽어도 무방하
다. 신과 인류의 관계를 수동적인 여성과 폭력적인 남성이라는 해묵은 비
유로 해석하는 위험성을 필자가 의식하지 못하여서가 아니다. 오히려 우리
는 수동적인 여성의 자비로움, 더욱더 확장하여 해석한다면 신을 받아들여
야만 하는 운명을 지닌 사람의 너그러움을 말할 수도 있다. 인간이 없다면
신 또한, 물론 그 역도 당연히 가능하지만, 적어도 인류의 의식 속에서는 존
재하지 않기 때문이다. 때로는 나룻배이기도 하고 때로는 행인이 되기도 하
는 이 여자는 "영원히 나 혼자 가지는 (⋯) 그러나 영원히 가질 수 없는 여
자"(오규원, 「한 잎의 여자」)로, 누구에게나 몸을 허락하여 마음을 나누어주지

만 누구도 그녀를 소유할 수 없는 여자, 우리의 주제에 맞게 말하자면 창녀이자 동시에 처녀로 문학에 등장하기도 한다. 이상화의 "수밀도의 네 가슴에 이슬이 맺도록" 달려오는 "침실이 부활의 동굴임을" 아는 마돈나 또한 그렇게 해석할 수 있는 여지를 남기고 있다. 우리가 이 글을 시작하면서 제사로 인용한 일엽 스님의 정조(貞操)에 관한 글을 부분적으로나마 다시 음미해 보자.

우리는 정조에 대한 무한한 자존심을 가지고 언제든지 처녀의 기질을 잃지 않아야 하겠습니다. 처녀의 기질이라면 남자를 대하면 낯을 숙이고 말 한마디 못하는 어리석은 태도가 아니고 정조 관념에 무한 권위, 다시 말하면 자기는 언제든지 새로운 영과 육을 사진 깨끗한 사람이라고 자처하는 감정입니다. (「우리의 이상」 83)

이러한 정신과 육체의 황홀경을 키이츠는 반어적으로 "너 아직 강탈당하지 않은 정적의 신부여"(「희랍 고병부」)라고 읊은 적이 있다. 영어에서 "ravish"라는 어휘가 "강탈하다"와 "황홀하게 하다"라는 의미를 동시에 지니고 있다고 지적하는 이들을 따르자면, 우리는 예이츠(William B. Yeats)가 스파르타의 왕 튄다루스(Tyndarus)의 처인 레다를 강탈하는 제우스의 욕정에 찬 몸짓을 왜 천상의 "무심한 부리"(indifferent beak)로 표현하는지를 이해할 수 있게 된다. 천심은 무심(無心)이다.

불시의 강탈: 커다란 날개가 아직도
비틀거리는 처녀 위에 퍼드덕거리며, 그녀의 허벅지는
시커먼 물갈퀴에 애무당하고, 목덜미는 부리에 잡혔다.
백조는 꼼짝 못하는 그녀의 가슴을 그의 품에 안는다.

A sudden blow: the great wings beating still

Above the staggering girl, her thighs caressed

By the dark webs, her nape caught in his bill,

He holds her helpless breast upon his breast.

("Leda and Swan"; 이재호 역 참조)

그리스 신화에서 제우스의 방문을 받은 여신들과 선남선녀들은 수없이 많은데, 이들 중 인간과의 교합으로 제우스는 테베의 공주 세멜레와 합하여 디오뉘소스를, 알크메네에게서 헤라클레스를, 또는 백조로 변하여 레다에게서 헬렌을, 황금빛 비로 변하여 다나에(Danaë)게서 페르세우스를 얻는 것으로 되어 있어, 시시때때로 인간을 방문하고 겁탈하는 자로 나타나고 있다. 아폴로의 방문을 받아서 변신을 이룬 자들은 월계수로 변한 요정 다프네와 슬픔과 비통이라는 히아신스의 꽃말을 이루는 미소년 히아신스 등이었다.

소싯적부터 이해가 되지 않았던 제우스를 비롯한 수많은 남신들의 무분별한 겁탈 행위가 이해가 되는 순간이지만, 탈 서양 신화에 나오는 수많은 강탈과 그로 인한 변신을 황홀한 강탈로만 해석하자는 것은 물론 아니다. 남성으로 자주 표현되는 신에 의한 여성으로 지칭되는 인류에 대한 황홀한 강탈, 또는 접신은 역사시대에 이르면 서양 문화의 순결 강박증과 가부장적 폭력을 합리화하는 토포스로 해석될 수도 있다. 신화시대가 아니라 역사시대의 관점으로 본다면, 종교적인 측면에서가 아니라 성 정치학적인 측면에서 본다면 영혼의 강탈은, 국내에서는 박홍규가 이러한 입장에 서있는데, 육체적인 강간이다. 강탈과 근친상간, 그리고 가부장적 폭력으로 얼룩진 그들의 신화를 그러나 상식과 이성의 한계 안에서 이해하기 위해서는 신화를 하나의 메타포, 즉 "신의 가면"인 은유(Campbell 1992, 123)로, 아니 더 나아가 신이라는 관념 자체를 메타포로 이해하려는 노력이 필요하다. "신들은 초월에 비치는 메타포이다."(Gods are metaphors transparent to transcendence Campbell 2013, 101)[22] 서양 문명의 젠더 불평등과 그로 인한 인종과 계급을 포함하는 구별과 차별은 신의 강탈이라는 젠더와 관련된 우주적 개념을 비유적으로 이해하지 못하고 처녀라는 개념을 축소화하여 이를 단순히 생물학적 개념으로 받아들인 점에 일부 기인한다.

신화는 사실인 경우도 있지만 오이디푸스 신화가 그러하듯이 비유로 받아들일 때 그 진가가 나타나는 법이다. 제우스가 그의 아비 크로노스를 정말로 죽인 것도 아니고, 그가 여러 처자들의 몸을 부성과 신성의 대표자 자격으로 육체적으로 강탈한 것도 아니다. 예수의 수태고지를 또한 성령으로 인한 자연적이고 동시에 초자연적인 임신 현상으로 보지 않는다면 신의 강탈내지는 간음이라는 황당무계한 프레임에서 자유로울 수 없게 되니, 주석 23을 포함한 관련된 부분에서 후술하겠지만 성모를 방문한 자가 성령으로 오신 가브리엘 대천사라는 푸시킨의 의견이 이에 해당한다. 그렇다면 강탈은 육체적인 접촉이 아니라 정신적인 홀림, 또는 황홀경일터인데, 사도 바울은 이를 다음과 같이 표현해 내고 있다. 신을 받은 사람이면, 즉 "누구든지 그리스도 안에 있으면 새로운 피조물이라. 이전 것은 지나갔으니 보라 새 것이 되었도다"(고후 5:17).

신전의 여사제들이 마음을 비우고 접신할 때 고결한 처녀가 되는 이유가 바로 여기에 있다. 신에게 강탈당한다는 의미는 그들이 육체적으로 정결치 아니하게 된다는 의미가 아니라, 물론 신화가 비유가 아닌 사실로 나타나는 경우도 허다하지만, 그들이 영원을 체험했다는, 즉 신성의 편린을 부여받았다는 의미로 보아야 한다. 베르낭(Jean-Pierre Vernant)의 말처럼 "헬라스의 신들은 인격체들이 아니라 힘들의 집합을 의미하기 때문에 (…) 신성이라는 것은 전체적인 신적인 체계와 관련될 때 존재하게 된다"(『신화와 사유』 II: 86; Loraux 25 재인용). 바빌로니아와 헬라스인들의 신화에 등장하는 호색적인 남녀 신들에 대한 유년기의 '순진한' 풀 수 없었던 질문에 대한 답

변이 그리고 그리스도의 성육신 탄생 설화(nativity)가 인문학적으로 이해 가능해지는 순간이다. 책을 펴내는 가운데 그러나 다시 드는 생각은 인간의 삶의 이야기와 이미지를 투사한 것이 신화이고 신의 이미지라는 유혜메로스의 의견인데, 이렇게 본다면 신의 황홀한 강탈은 고대 원시사회에서 횡행했던 인간의 혼음과 군혼잡교로 인한 오늘날의 의미에서는 강간이 아닌 강간, 즉 화간(和姦) 정도의 의미를 투사한 것이 된다. 강간은 그러나 일부일처제를 추종하는 고대 메소포타미아 사회에서는 금기시되었다. 바람의 여신 닌릴을 강간한 엔릴은 신들에 의해 명계로 잡혀가는데, 닌릴을 부인으로 인정한 연후에야 풀려 날 수 있었다.[23]

임신은 신적인 현상이다. 생명을 창출하는 거룩한 의식 속에서 모성은 신성을 다시 부여받아 거듭 처녀로 태어나 다시 수태를 하게 된다.

> 모성은 어떤 의미에서는 처녀성으로의 예비과정이다. 임신은 처녀성을 준비하는 과정이다. (…) 다시 솟아오르는 자라 불리는 아프로디테는 파포스의 바닷물에서 매일 아침 목욕을 하며 그녀의 처녀성을 갱신했다. 매 번 사랑을 하기 전에 그녀는 다시 처녀가 되었다. 어머니가 다시 처녀가 된다는 것은 새삼스러울 것이 없다. (Hall 98)

처녀신을 숭배하는 신전에서 참배객들로 하여금 여신을 숭배하는 과정에 참여시키기 위하여 신전 처녀, 또는 축별(祝別) 처녀와의 교접을 허락했다는 사실은 헤로도토스의 역사서뿐만 아니라, 초서와 셰익스피어 문학에서도 '음탕한 성직자' 또는 '몸 보시하는 수녀'라는 모티프로 간간이 암시되곤 했다. 수메르의 인안나와 바빌로니아의 이슈타르의 신전에서 근무하던 여 사제들 또한 신성한 일을 위하여 신전을 방문한 남성들과 야합하였다. 그들의 언어에 의하면 창녀의 원래 뜻은 "여신을 대신하는 자"이다(Baring & Cashford 197). 처녀와 (신성한) 창녀와의 기묘한 일치가 이론에 앞서 실천

되었을 뿐만 아니라, 처녀와 창녀에 대한 개념 또한 많이 달랐다.

"많은 남자와 성관계를 맺은 여자일수록 신의 축복을 받은 인간"(마르코 폴로 『동방견문록』; 김용옥 2005, 56 재인용)이었다고 사유된 적이 있었다. 속칭 처녀성이 중요한 것이 아니라 풍요와 다산이 숭배되던 시절이 여전히 있었다. 풍요와 다산이 숭배되는 문화에서 여성의 성적 경험은 장려되어야 할 우주적 리듬을 완성하는 하나의 과정이었지, 처녀성의 상실이 순결의 상실을 의미하는 것이 아니었다. 노이만(Eric Neumann)의 지적대로 디메터(Demeter)와 코레(Kore)로 표상되는 "'영원한 여성'(Eternal Womanly)의 원형적 두 기둥을 이루는 (…) 성숙한 여성과 처녀는 (…) 영원히 지속되는 재생을 가능케 하는 여성의 신비를 체현하고 있다"(1963, 309). 몇몇 문화권에서는 성 경험이 많은 여자가 처녀이기도 한데, 그러하기 때문에 바빌로니아의 달의 여신 이슈타르는 "누구에게나 자신을 주는 여인"으로 존경받았다.

> 고대 바빌로니아의 가정에서는 그녀의 그림을 조그만 제단에 걸어두었는데, 그 그림 속에서 그녀는 벌거벗고 창문 앞에 앉아 있는 모습으로 그려져 있다. 사람들은 그녀를 '바깥을 내다보고 있는 킬릴리'라는 뜻의 '킬릴리 무슈리투(Kilili Mushritu)'라고 불렀다. 그것은 전형적인 창녀의 포즈이다.
>
> (Harding 257)

이슈타르가 욕정을 초월한 무관심한 매음을 하는 신전창녀의 수호신이면서도, 종종 창녀, 특히 "너그러운" 또는 "동정심이 많은" 창녀라고 불리어진 사실, 그리고 신전 창녀들뿐만 아니라 바빌로니아의 여염집 규수들 또한 일생에 단 한번은 신전에서 낯선 이들과 매음을 수행해야 한다는 헤로도토스의 지적은, 비록 그가 이와 같은 풍습이 키프로스(지금의 사이프러스)를 포함한 다른 지역에서도 행하여졌다고 분명히 지적하고 있지만, 그 언급의 진위를 떠나서 이방인들에 대한 편견과 오해를 불러 일으켰다.

바빌론의 풍습 중 가장 좋지 못한 것은 다음과 같은 풍습이다. 이 나라의 여자는 누구나 일생에 한 번은 아프로디테[이슈타르에 대한 헤로도토스의 착각] 신전에 앉아 낯선 남자에게 몸을 바쳐야만 했다. (…) 대부분의 여자들은 아프로디테의 신역 안에, 엮어서 만든 끈으로 머리를 두르고 앉아 있는다. (…) 여자는 일단 여기에 앉은 이상은, 누군가 은화를 여자의 무릎에 던져서 사원 밖으로 나와 그 남자와 몸을 섞지 않는 한 집으로 돌아갈 수 없다. (…) 남자와 몸을 섞은 여자는 여신에 대한 봉사를 다한 것이 되어 집으로 돌아가는데, 그 후로는 아무리 돈을 많이 주어도 그 여자를 마음대로 할 수 없다.

용모가 뛰어난 여자는 곧 집으로 돌아갈 수 있지만, 용모가 시원치 않은 여자는 의무를 다하지 못하면 아무리 오래 세월이 지나도 계속 기다리지 않으면 안 된다. 3, 4년씩이나 앉아 기다리는 여자도 있다. 키프로스의 몇몇 지역에도 이와 비슷한 풍습이 있다. (Herodotos 146-47)

사가의 사적인 판단을 지극히 자제하는 헤로도토스의 객관적인 역사 기술 방식에서 '신성한 매음'의 종교적이고 신화적인 의미에 대한 설명을 기대한다는 것이 무리일지는 모른다. 그러나 헤로도토스의 일견 심층적이지 않은 역사서술에서 우리는 많은 것을 추측하고 추론해 낼 수 있다. 돈 많은 귀부인을 포함하여 "누구나 일생에 한 번은 아프로디테의 신전에 앉아 낯선 남자에게 몸을 바쳐야만 했다"는 그의 언급은, 여성들이 "의무를 다하지 못하면 아무리 오래 세월이 지나도 계속 기다리지 않으면 안 된다"는 언급으로 확장된다. 아마도 헤로도토스는 글을 읽는 독자에게 그 이유를 추측해보라고 더 이상의 언급을 피하고 있는 것 같다.

일본의 처녀와 창녀에 대한 숭배가 "남자 중심의 유교적 가족제도에서 생긴 외래 사상"일 수 있다면(히구치 175), 이는 신전 창녀에 대한 바빌론 사람들의 관념에도 해당된다. 육체를 초월하여 영적인 처녀로 거듭나기 위하여 몸을 버리는 의식을 그들이 행하였다고 주장하는 위험성을 필자가 의식하지 않는 것은 아니지만, 그러나 적어도 바빌론 처자들의 종교적 의식 속에서 몸을 초월한 영혼의 떨림이 존재했던 것만큼은 사실인 것 같다. 바빌론의 신전 매음과 더불어 이방인의 옳지 못한 풍습의 대명사로 회자 되는 가나안 지방 바알 신전의 신전 창기의 행음은 따라서 풍요와 다산의 신 바알과 그의 배우자인 야스다롯(즉, 이슈타르)를 모시는 종교적인 목적에 따라 행해진 신성한 매음 행위였다는 해석이 가능해진다. 문헌학적인 전거를 제시하고 있지 않아 그 언급의 정확성에 대한 고증이 필요하기는 하지만, 워커(Barbara Walker)는 『여성 백과사전』(1983)에서 다음과 같이 말하고 있다.

> "성처녀"는 이슈타르, 아쉐라, 또는 아프로디테의 창녀-여사제들의 칭호였다. 이 칭호는 육체적인 동정을 의미하지 않고 단순히 "결혼하지 않은" 것을 의미한다. 그러한 "성처녀들"의 역할은 성적 숭배를 통해 어머니 [즉, 대지]의 은총을 분배하고 치유하고 예언하고 신성한 춤을 추고, 죽은 자들을 위해 울어주고, 신의 신부들이 되는 것이었다. (⋯) 가브리엘은 말 그대로는 "신적인 남편"이란 뜻이다. 히브리의 복음서들은 마리아를 "almah"로 표현하였으며, 이를 처녀로 잘못 번역하였는데 이는 페르시아의 짝이 없는 달의 여신인 "Al-Mah"로부터 연원한 단어이다. (Walker 1049)

"지모신은 만물을 생산하는 자궁이고, 만물을 흡수하는 창녀이면서도 언제나 처녀성을 보존한다. (⋯) 처녀성은 결코 다스리고 개간될 수 없는 무의식의 세계"라는 이경재의 언급과 유사한데, 그는 고갱의 타이티 기행문 『노아 노아』(Noa Noa, 1900, 1908)에서 뭇 남성들과 자유로운 성관계를 맺고 있는 스스로를 처녀들로 부르는 여인들의 담대한 성적 욕구를 타락한 문명사회에 대한 원시사회의 소박한 아름다움의 일종이라 해석하고 있다(이경재 273, 272). 모든 사람들에게 사랑을 나누어 주는 달의 신 이슈타르를 사람들이 영원히 소유할 수 없듯이, 누구나 소유할 수 있지만 아무도 영원히 소유할 수 없는 존재에 대한 메타포로 '신전창녀' 또한 인류의 의식으로 잠입한 것이 아닌가 추측해 본다. 지상에서 우리는 아무 것도 영원히, 엄밀히 말하자면 단 한 순간도 소유할 수 없다. 이슈타르는 베일을 쓰고 있는데 베일을 쓴 여성은 유태인들에게서처럼 처녀 또는 창녀를 의미하기도 했다 (Harding 171). 서양의 신부들 또한 베일을 쓰는 경우가 있는데, 진리에 대한 비유로 자주 사용되는 말이지만, 누구도 그들의 베일을 완전히 걷어 본 적은 없었으니 생명 출산의 신비가 여성에게 그대로 남아 있는 소치이다.

베일의 기원에 관한 고전적 설명은 앞서 인용한 브리포의 설명에서도 잠시 엿볼 수 있었지만, 노이만(Erich Neumann)을 따르자면 베일을 쓴 자에게 "익명성"을 제공해준다는 의미에서 매춘부의 상징으로 이것을 이해하는 것이다. 다산의 처녀 여신이 따라서 출산 경험이 많지만 언제나 처녀성을 복원하는 신비의 동정녀로 현신하는 이유와 다르지 않다.

> 다산의 여신은 모성이자 동정녀이다. 그녀는 누구에게도 속하지 않으나, 동시에 모든 남자에게 자신을 제공할 준비가 되어 있는 창녀이다. 그녀는 자신이 그러한 것처럼, 다산에 봉헌하려는 사람이라면 누구든 허락한다. (…) 신부의 면사포는 이러한 의미로, 케듀샤(keduscha), 즉 매춘부의 상징으로 이해되어야 한다. 그녀는 알려지지 않은, 즉 익명성이다. 여기서 베일이 벗겨진다는 것은 벌거벗는다는 것을 의미하는데, 그러나 이것은 익명성의 또 다른 형태일 뿐이다. (Neumann 1949, 84)

베일은 따라서 여성의 생산력을 드러내면서도 바울 신학을 따르자면 남성에 의해 그 불완전함과 신비를 드러내야 하는 상징이 되어갔으니, 베일은 신비함과 신비의 정복과 파괴를 동시에 함의하고 있다. 독일의 작곡가 슈트라우스(Richard Strauß)의 오페라《살로메》중 〈일곱 베일의 춤〉("Tanz der sieben Schleier")은, 미국의 소프라노 유잉(Maria Ewing)의 뇌쇄적인 춤이 말하고 있듯이, 여성의 결함과 이로부터 생성되는 욕정과 신비를 말하고 있다. 굳이 말하자면 베일은 여성의 얼굴을 그리고 궁극적으로는 여성의 성기를 가리고 가리키고 있다. 가림과 드러남의 변증에 내재하는 여성성과 생명의 신비!

　창녀를 예찬하자는 말이 아니라 고대 시대의 신전 창녀(hiérodule) 또는 신성한 창녀(sacred prostitute)라는 관습 혹은 개념이 이러한 무제한적 사랑이라는 개념에서 연원 할 수도 있다는 사실을 지적하고 있을 뿐이다. 모세의 형인 아론이 사실은 결혼하기 전 그들의 몸을 신에게 바쳐야 한다는 고대의 풍습에 따라 신전창녀와의 교합을 통하여 소출된 소생일 수도 있다는 사실은 엄밀한 검증을 거쳐야 하는 사안이지만, 그러한 가능성에 대한 언급은 엄폐되고 은폐되고 있다. 그러나 전해지는 수메르의 문서를 따르자면 길가메시는 "신의 어머니"의 뜻을 갖는 들소의 여신 닌순(Ninsun)의 자식으로 '성혼례'를 통해 출생한 자이며, 인안나는 혹은 그녀를 대신하는 인안나 신전의 여사제는 성혼례의 관습에 따라 엔키의 아들이자 마르둑의 이복동생인 두무지와 혼인한다.

　그런데 신성혼에 관하여 이 분야의 전문가인 루(Georges Roux)는 "이슈타르의 신전에서 노래와 춤과 무언극(여자들과 여장남자들이 연기했다)을 포함한 외설스러운 의식과 난잡한 성행위가 행해졌다는 사실은 분명하다." "그러나 여신의 신전에 관련된 여사제에 관해서는 사실상 아무것도 모른다는 점을 인정해야 한다"(I, 289)고 얼핏 서로 상충되는 말을 비교적 최근에 주장한 바 있다. 신전의 성행위, 또는 난잡한 의식에는 남성 동성애자들과 거세된 남자들, 그리고 진짜 창녀들(harmâtu)이 참여하였고, 그녀가 생각하기에는 "이슈타르에게 헌신한 여자들'(ishtarêtu)과 '성별된 여자들'(qashshâtu)만 여성 사제단에 참여할 수 있었던 것 같다"(I, 290, 291)고 주장하여 '신성결혼'(hieros gamos)이라는 관습이 바빌로니아의 전(全) 시대에서 이루어졌다는 증거가 없음을 밝히면서 이것의 가능성을 주장하고 있는 헤로도토스 (I, 182-183)를 반박하고 있다(II, 223-224). 논의의 초점은 아마도 신성혼이 먼저인가 아니면 매춘이 먼저인가에, 그리고 이러한 두 가지 풍습이 동시다 발적으로 혼용되어 일어났는가에 관한 논의로 집약될 수도 있겠다.[24]

그런데 이에 반하여 길가메시가 신성혼에 의해 태어난 아들이라고 생각 하고 있는 조철수는 신성혼, 즉 "성혼례는 도시의 통치자와 간택된 여사제 사이에 여사제가 머물고 있는 신방에서 이루어졌다. 이 신방은 바벨탑으로 도 불리우는 지구라트의 꼭대기에 있다. (…) 기원전 40세기경 수메르 도성 국가가 형성되기 전에도 성혼례 의식이 있었다고 볼 수 있지만 도성 국가가 건설되면서 성혼례는 국가적 의례로 자리 잡게 되었다"고 본다. 이 의식은 수메르에 국한하자면 "페르시아 왕국이 바빌론을 지배하게 된 서기전 6세 기 중엽까지 3500년 동안 지속되었던 종교의례이다"(2003, 300, 233-234)고 구체적인 시기와 장소를 말하고 있다.[25]

서양의 고대 사회에서 적통이 아닌 손위 이복들에 대한 언급이 유달리 많다는 사실은 조철수가 주장하는 것처럼 신성혼의 존재를 증명하고도 남 음이 있는데, 헤라클레스와 아킬레스의 경우처럼 그리스 신화에 이러한 신 성혼에 관한 언급은 그 예들 중의 하나이다. 아브라함의 서출인 이쉬마엘은 물론 상황의 비약이 있긴 하지만 이러한 맥락으로 이해가 가능하지 않을 까? "하나님이 듣는다"는 뜻을 가진 그의 이름에 신을 의미하는 "엘"이 포 함되어 있다는 사실은 그를 제사장으로 보는 시각을 공고히 한다. 비교적 최신의 한 연구(Assmann 1997)에 의하면 이집트인에 의해 노예로 사로잡혀 사라의 청에 의해 아브라함의 첩이 되는 하갈은 아프리카 출신의 공주이며 그녀에 의해서 태어난 이쉬마엘은 이삭보다 장자임이 분명한데, 우연의 일 치로 그가 그의 아비 아브라함의 출신 지역인 우르 지역(지금의 이라크 남부 지방의 조그마한 도시인 "Tell elMukayyar"로 추정)을 포함하는 이슬람 세력의 시조가 되었다는 사실은 익히 잘 알려져 있다. 당시 첩이라는 개념이 지금 우리가 알고 있는 첩의 개념이 아니었다는 사실은 정수일 선생을 위시한 많은 학자들의 생각이기도 하지만, 명백한 고증이 필요한 사안이다. 신전에서 태어난 아이들은 신성을 부여받아 "신성하다" 칭함을 받아 신전의 제사장 직무를 수행하곤 하였는데, 길가메시처럼 왕권을 지니게 된 자도 있었으니, 이쉬마엘이 생존했던 시대에서는 서자 혹은 장자의 구별은 그다지 중요하지 않았던 것 같다. 팥죽 한 그릇에 그의 장자권(primogeniture)을 판 에서가 이를 증명하고 있다.[26]

아우구스티누스는 놀랍게도 그리스도의 십자가의 죽음과 부활을 죽음과 삶을 동시에 품고 있는 어머니와의 '신성혼'이라고 규정한 바 있다(Jung 『상징과 리비도』, 433 재인용). 그래서인지는 모르겠지만 푸시킨의 서사시 「가브릴리아다」(1821)에서 성모마리아는 혼전 순결을 지키지 못한 여인으로 등장한다. 예수가 태어나기 전 성모를 방문한 자는 사탄, 대천사 가브리엘, 그리고 성령의 비둘기로 찾아 온 신이었고, 남편 요셉은 성적 능력이 없는 노인으로 등장한다. 그 중의 한 구절은 다음과 같다.

갑자기 깃털이 길고 흰 날개를 가진
상냥한 비둘기 한 마리가 그녀의 창문으로 날아들었다.
그녀 위에서 그 새는 울면서 빙빙 돌고
즐겁게 지저귄다.
그러다 갑자기 아름다운 처녀의 두 무릎 사이로 날아들어
장미꽃 위에 앉아 몸을 부르르 떨고
그것을 쪼아대고 밟아대면서 빙빙 돌았다.

(Pushkin 42: 황성주 역)

신성모독에 이어 국가 전복적인 혐의가 제기되어 문제가 된 자신의 시에 대해 푸시킨은 조사가 진행될 당시인 1828년에는 자기의 저작이 아니라고 부인했다고 전해진다. 백조로 변신하여 레다와의 사이에서 헬렌을 낳았

다는 제우스의 이야기와 판박이이다.

예수님께서 정혼한 여인 마리아로부터 성스럽게 출생한 요셉 가문의 종교적인 일을 담당해야 할 성령으로 잉태된 장손이라는 주장은 그러나 역사와 "이성의 테두리 안에서의 종교"의 견해와는 상당히 다른 이야기이다. 여전히 왜 하필이면 정혼한 여인을 택하였을까 하는 의문은 남지만, 믿음, 즉 가톨릭에서 말하는 신앙의 신비는 이성적 신학을 뛰어넘는다. 시에서 언급되고 있는 비둘기는 물론 성령의 상징이다. 가브리엘에 의한 수태고지를 뿌슈낀처럼 간음으로 보아 신성모독을 범할 것이 아니라, 세상의 모든 임신이 성령이 행하는 일이고 이를 수사학적으로 표현한 것으로 보는 것이 교리적으로도 문학적으로도 어울리는 해석이 된다. 처녀잉태를 '메타포'로 보지 못한 것에 푸시킨의 신성모독이 존재한다면 한다고 할 수 있겠다. 후술되겠지만 박경리의 『토지』에 나오는 서희의 경우는 불임에 대한 당시 양반가의 풍습이며 대리모 혹은 현대판 씨받이인 시험관 아기이거나 인공수정이라는 견지에서 볼 수 있겠다.

4

성처녀 신화의 역사적 의미와
현대적 해석

신이 아버지와 아들이라면 왜 어머니가 어떤 신성하지 못한 것, 곧 신의 존
엄성과 어긋나는 것이 되어야 하는지 실제로 간파하기 어렵다. (…) 마리아
는 오히려 삼위일체 관계의 범주에 완전히 부합한다. 마리아는 남편 없이도
아들을 잉태했고 아버지는 아내 없이도 아들을 산출했기 때문에 마리아는
삼위일체라는 덩어리 안에서 아버지에 대한 필연적이고 내부로부터 요구되
는 상반성을 형성한다. (포이어바흐 『기독교의 본질』, 151-152)

성경을 빌어 표현하자면 우리는 포도나무이신 예수님의 한 가지일 뿐(요
한 15:5) 죄인이 아니라 모두가 존귀한 하늘님의 아들딸이다. 엄밀한 의미에
서, 만약에 우리의 지구상의 삶이 일회적이라 하더라도, 우리가 살아가면서
"죄를 지으면 지었지" 죄가 많아 태어났다거나 고통받고 죽는 것을 보니 우
리가 죄가 있다고 생각하는 불교나 기독교의 의견에 필자는 동조하지 않는
다.[27] 예수의 성처녀 탄생설은 성을 더러움과 죄악으로 파악하는 전통을 신
봉하는 부류의 인간들이 고안해 낸 이념일 수도 있다. 예수님의 처녀에 의
한 성령잉태는 그러나 신이 인간을 방문하는 기독교 이전의 전통이 실제적

으로 이루어졌다는 한 증좌이기도 한데, 이는 대부분의 동서양의 신화에서 존귀한 자의 탄생은 신화적으로 기술되어 (유사)무성생식(부처, 아테나), 처녀 잉태(예수), 동물 또는 난생설화(단군, 박혁거세) 등을 거친다는 사실에서도 확인할 수 있다. 중국 문명권에서도 예를 들어보자면 하(夏), 은(殷), 주(周), 진(秦) 등의 시조는 모두 하늘에 감응해서 태어난 것으로 기록되어 있다. 하 나라의 수기(修己)는 별에 감응해서, 은나라의 시조를 낳은 간적(簡狄)은 제비 알을 삼키고, 주 나라의 강원(姜原)은 거인의 발자국을 밟고서 그리고 진의 여수(女修) 또한 제비 알을 삼키고 각각 그 시조들을 낳았으니, 아버지 없이 어머니가 아이를 낳은 이야기는 동서양을 막론하고 존귀한 자의 탄생 설화에 공히 등장한다.

삼위일체를 인정하지 않는 과학자 뉴턴(Isaac Newton)을 위시하여 제퍼슨(Thomas Jefferson)이나 에머슨(R. W. Emerson)처럼 일신교(Unitarianism)를 신봉하는 이들도 말할 것도 없지만, 아리우스(Arius)로부터 르네상스 시기 브루노(Giordano Bruno)를 거친 현대의 소위 '비의적'인 신학자들의 의견들 또한 신이 인간을 방문하는 전통과 생명의 탄생을 신적인 현상으로 보는 사유, 그리고 '3'이라는 숫자의 상징과 비유 앞에서는 재고되어야 할 것으로 나타난다. 삼위일체는 비유이면서도 실제 사물의 모습, 즉 우주의 구성을 수(數)로 표현한 관념으로 해석되어야 한다.[28] 헤르메스는 "아들로 태어나기 전 아버지이고, 아버지와 어머니를 낳았으며, 나의 어머니는 나를 그녀의 자궁에 품고 있었다"고 기술되고 있다(Durand『인류학』, 464 재인용). 아들이 아버지가 되어 어머니의 배우자가 되기도 한다는 이러한 신화소는, 딸과 아버지와의 근친간의 관계인 키벨레와 아티스(아도니스)의 경우와는 다르게 나타나지만, 이집트의 호루스와 이시스와의 관계에서 극명하게 표현된 적이 있다. 오시리스의 아들인 호루스가 앉아 있는 왕좌가 어머니 이시스의 몸 자체로 표현되어 있는 것은 삼위일체의 또 다른 위대한 상징이며, 그녀가 유실된 오시리스의 성기 없이 호루스를 잉태했다는 신화는 처녀 수태가 기독교 이전에 유행되었던 보편적 신화소임을 뒷받침하고 있다.[29] 삼위일체와 처녀잉태와 관한 융의 다음과 같은 말을 음미해보자.

> 상징은 절대로 발명이 아니다. 인류에게 그냥 일어나는 것이 상징이다. (…)
> 교리가 생기기 전에 삼위일체가 있었다. 마찬가지로 마리아가 동정녀일 수
> 있는 이유를 놓고 깊은 생각에 잠기기 전에, 원죄 없는 잉태와 처녀 강탄
> (降誕)이 있었다. 처녀의 몸에서 일어난 기적적인 출생은 오래 전에 일어난
> 일이다. 그건 최근의 과정이 아니다. 그렇기 때문에 어떤 것이 상징이 되려
> 면 역사가 아주 깊어야 되고 더없이 독창적이어야 한다.
>
> (『칼 융, 차라투스트라를 분석하다』, 360)

어머니가 3위의 축의 하나로 등장하는 사유 형태는 그러나 청동기시대 문명 이후 등장하는 문화권에서는 점점 사라지기 시작한다. 동양은 이것을 천지인의 삼재(三才)사상으로, 또 조금은 다르지만 인도는 셋이면서 하나인 창조의 브라흐마, 유지와 보수의 비슈누, 파괴의 시바(여성으로는 칼리)로 표현한 적이 있다. 수메르문명 또한 이와 유사하게 3좌1위(三座 一位)의 전통이 있는데, 3좌는 최고신인 하늘의 신 안(An; Anu)과 물의 신 엔키(Enki; Ea), 그리고 바람의 신 엔릴(Enlil; Marduk)이다. 성부와 성자와 성신 그리고 환인과 환웅과 단군 등으로 표현되는 삼위 내지는 삼성(三聖)이라는 사유는 보편적으로 전 세계에서 출몰했는데, 엔키의 배후에 인안나가 존재했듯이 3위에는 성모마리아가, 삼재·삼성에는 웅녀(熊女)라는 태모(太母, Great Mother)들이 여전히 버티고 있었다. 그러나 청동기문명 이후 이러한 삼위에서 성모 또는 웅녀는 무슨 이유에서인지 자취를 감추어버렸다. 양성의 시원적 여신들의 역사에서의 사라짐과 가부장적 문명의 도래는 밀접한 연관이 있으니 우리들의 웅녀는 어디로 사라져 갔을까?

유아사 교수도 잘 지적하고 있듯이 기독교의 여신 전통에 대한 분분한

해석들은 후대에 이르러 지모신 신앙이 강한 동방교회 중심의 성 소피아 성당과 서방교회의 성 베드로 성당을 중심으로 하는 지파의 신조로 이어져 각각 가톨릭교와 프로테스탄트교의 분화에 일조하게 된다(2011, 183-4). 기독교의 삼위일체 사상에서 성모가 성령으로 탈바꿈하여 등장하는 것, 혹은 "삼위의 세속적 발전과 여성원리와의 대결"(Jung 『회상』, 362) 양상은 여신의 사라짐 현상과 보조를 맞추어 일어난 난맥상들 중의 하나가 아닐 수 없다. 이러한 현상은 일부 전승에서 가나안의 신 엘과 야훼의 배우자로 나타나는 아쉐라의 기독교 역사 속의 퇴조와[30] 넓게 보아서는 아테나 여신의 제우스 머리 유출설과 아프로디테의 우라노스의 성기가 만들어 내는 거품(aphros) 탄생설과도 상통하고 있다. 여하튼 여신의 사라짐과 귀환은, 뒤랑(Gilbert Durand)이 모계사회에서 부계사회로의 이동을 파악하는 프르질루스키(Jean Przyluski)를 인용하며 암시한바 "여성 이분법과 (…) 남녀 이분법애서 (…) 남성 이분법으로의 변화"(444)로 설명할 수 있겠다. 헤시오도스와 호메로스 그리고 레비스트로스 등의 여러 사상가를 언급하며 뒤랑이 구축하려 하는 '3 형태론'에 대한 시도(437-446)는 그런데 보다 더 정교한 작업을 필요로 한다. 원시시대의 여성이분법에서는 여성이 양성으로, 현대의 남성이분법에서는 남성이 양성으로 나타나지 않는다는 현상에 대한 엄밀한 작업이 필요한 소치이다.

처녀잉태이던 자연임신과 분만이던 주어진 모든 종류의 삶은 신의 권능과 위대함 그리고 그 신비를 드러내는 우주적 사건이다. 처녀잉태만을 순결하고 신비한 것으로 보는 의견은 만사가 하늘의 뜻이라는 오의를 이해하지 못하는 단견에 불과하며, 여성을 순결하고 고결한 자와 더럽고 비천한 자로 나누는 의도치 않았던 결과를 산출해 냈다. 시대와 공간에 따라 이름을 달리하여 '신'이 어떠한 것으로 규정되던 음양의 작용과 생사의 이어짐, 그리고 우리가 날마다 숨 쉬고 마시는 공기와 물 등, 신의 눈길과 입김이 미치지 않는 것과 곳은 없다. 생사는 말 그대로 천명(天命)이다. 특히 생명의 탄생은 인간적인 입장에서는 체험할 수 있다는 측면에서 보면 죽음의 신비보다는 신의 영역을 엿볼 수 있는 사건이다. 동서양을 가름하여 공통으로 나타나는 출생에 관한 신화소에 그러나 여신이 남성 인간을 방문하는 경우는 그리 흔하지 않는데, 이는 아마도 우리가 파악하고 있는 신화들에서 남신들이 주로 풍요 신(fertility god)이어서가 아니라, 남신을 주신으로 섬기는 청동기시대 이후의 문화의 한 특질인 "여성을 취하는 남신을 용납하는 가부장적인 풍습에 더 귀인"(Pomeroy 11)하기 때문으로 보는 것이 타당하다. 로마의 처녀신 디아나 여신은 월신(月神)과 지혜의 여신 인안나의 품계를 유실하면서 오비드의 『변신』에 이르면 악테온을 무참하게 죽이는 순결의 화신으로 변용되어 각인되어지는데, 이는 남성을 취하는 여신이라는 개념을 버리게 되는 가부장 시대에서 여성들에 대한 순결 이데올로기를 강조하는 서사소의 변용으로 보아도 무방하다. 가 여신들의 특성을 변화시킨 한 결과로 보아도 무방하다.

모계사회의 일부다처제가 부계사회의 일부다처제로 방향을 트는 순간, 여신에 의한 남성의 방문과 강탈은 기록에서 자취를 감추게 된다. 제우스나 아폴론에 의한 소녀 또는 소년의 "황홀한" 방문에 대한 기록은 많이 전해지지만, 헤라나 데메테르에 의한 신성의 분배에 관한 이야기는 전해지지 않고 있다. 여신의 방문을 받은 남성들은 신화가 전하는 바에 의하면 아프로디테에게서 사랑을 받은 안키세스(Anchises)와 미소년 아도니스, 그리고 키르케와 칼립소에 유혹당한 오디세우스 정도였다. 남성 신의 여성 방문이 대개는 건국신화 또는 영웅의 탄생과 관련된 이야기와 관련을 맺어 기술된 반면, 여신의 남성 지배는 여신의 유혹을 견디어 나가는 신화로 변용되어 여신의 권위를 박탈하는 방향으로 나아갔다. 인안나가 길가메시에게 청혼하여 퇴짜를 맞거나 헤라가 볼품없이 나타나고, 키르케나 칼립소, 스킬라 등의 인물들은 괴물로 표현되기도 하는 것이 다반사였는데 이들은 고작해야 님프의 지위를 가지게 될 뿐이었다.

지고의 성스러움은 그러나 신들의 황홀한 강탈처럼 그러나 이와는 조금은 다르게 가장 낮은 곳에서 개화한다. 불교의 진흙에서 피는 연꽃의 비유가 세속의 신성으로의 침범을 의미한다면, 예수님의 마구간에서의 탄생은 신성의 속세에 대한 개입을 의미한다. 모든 중생이 부처와 성인일 수는 없으나, 세계의 위대한 종교들은 이러한 낮아짐과 비움의 미학을 구현하고 있다. 경험의 세계를 품어야 완벽해질 수 있는 시인 블레이크(William Blake)의 최상의 순수(Higher Innocence)의 세계 또한 성(聖)과 속(俗)이 만나는 세계를 그려내고 있다. 성스러움은 개념적으로는 그것과 상대되는 개념인 비 성스러움, 또는 더러움과의 비교를 통해서 상대적 개념으로 정립된다. 실체를 대대적으로 인정하는 불교의 인식론과는 차이점이 없을 수는 없지만 다른 것과의 비교를 통해서만 우월이 가능되는 서양의 소위 부정적인 변증적 방식속에서, 처녀이자 어머니라는 성모의 이중적인 성격은 그러나 오히려 같음과 다름이라는 범주를 포함하는 종교의 포괄적 개념의 성격을 띠어 변증적인 방식에 구애를 받지 않고 그 소임을 다할 수 있었다.

성모마리아께서 어머니이기에 더욱더 성스럽다고 파악하는 점이 성모마리아 신앙의 위대함이기도 하다. 성모마리아 신앙은 동정녀 마리아 신앙을 넘어서는 사유의 한 형태로 발돋움할 수 있는데, 예수의 신격화가 시간을 거슬러 마리아를 동정녀로 파악하는 사유로 발전하게 되었음을 우리는 앞서서 설명하였다. 그렇다면 이제 예수의 신격화 과정에 대해 조금 더 자세히 알아보자. 요세푸스(Falvius Josephus 37-100년경)의 『유대 고대사』(93년경)를 참고하여 예수 생존 시기 중 로마 제국 전체뿐만 아니라 히브리 전역에서도 인구조사가 행하여지지 않았다는 사료의 기록을 그리고 당시 도로와 교통이 발달되지 않아 나사렛에서 베들레헴으로의 도보 혹은 나귀 혹은 나귀로 인도되는 마차 여행이 간단하지 않았을 것이라는 추론을 예시로 말할 수 있다면, 마가복음의 나사렛 예수께서 마태복음의 베들레헴의 예수로 바꾸어지는 연유를 우리는 미루어 짐작할 수 있게 된다. 누가가 기록하는 대로 퀴리뉘우스 총독 때 인구조사가 실행된 것은 사실로 기록되어 있지만 이는 헤롯 대왕(주전 73-주전 4)이 사망하고 난 뒤인 서기 6년에 일어난 일이며, 예수의 생물학적 부친인 요셉이 베들레헴이 고향인 다윗의 41대 후손이라면 거의 1,000년 전의 조상인 다윗의 출생지로 인구조사를 하러 귀향하라고 말할 이유도 없거니와 또 그러한 여정은 경제적인 이유에서건 교통상의 문제에서건 가능하지도 않다.

양 마을 사이의 거리는 직선거리로는 170, 갈릴리를 돌아 여리고와 예루살렘을 거쳐 베들레헴까지의 편도 거리는 약 230km로 추산되며, 당시 군인들이 하루 33km 행군했다는 보고는 있다. 나귀를 둘 다 타고 갈 때 3-4일이면 주파한다는 주장이 없는 것은 아니지만, 임산부를 태운 나귀의 고삐를 요셉이 잡고 간다고 추정하면 도보여행에 준하는 것으로 해석할 수 있겠다.[31] 김용옥 교수도 잘 지적하고 있지만, 산악지형이 많은 이스라엘 길을 임산부와 동행하는 요셉의 경우는 하루 최고 20km 주파 시에도 왕복인 경우 필자의 계산으로도 도보로 족히 한 달이 걸리는 것으로 나오는데, 직선거리로는 서울에서 대전 거리가 160km이니 대전보다 멀고, 우회로로는 230km는 서울에서 김제와 부안 혹은 대구 못 미쳐 김천까지의 우회 거리와 맞먹는다. 미가 5:1-9에 의거한다고 되어있는 마태 2:1-12, 누가 2:11 등 일부 성서적인 전통은 왜 신의 아들로 이미 충분하고도 넘치는 예수를 인간의 아들인 다윗과 솔로몬의 후손으로 탈바꿈해 신격화해야만 했을까? 히브리경전에서 예언하고 있는 구세주는 베들레헴에서 나온다고 되어있으니, 마태와 누가는 이를 따랐으나 보편적인 신앙을 말하는 요한은 마가를 따라 예수를 분명히 나사렛 출신이라 밝히고 있다(19:19). 나사렛이 히브리 성서의 어느 곳에서도 언급되지 않았고 그 근거를 찾을 수 없어 심각한 문제가 될 수 있었다는 조철수의 의견(2000, 328)을 참조하자면, 순박한 마가가 4:29에서 밝히고 있는 나사렛이라는 촌 동네는 마태와 누가의 입장에서 보자면 예수와 격이 맞지 않는 동네이었다. 신격화는 이상하게도 엄밀한 의미에서 보자면 "베들레헴 다윗과 솔로몬의 적통"이라는 꼬리표를 달고 신의 품위를 손상하는 방향으로 나아갔으며, 예수의 마굿간의 탄생이라는 오의, 즉 낮은 자 가운데서 가장 귀한 자가 출현한다는 성육신의 의미를 유실하기에 이르렀다.

다음과 같은 마가의 기록은 그것이 비록 성경의 한 구절임에도 불구하고 어떤 연유인지는 몰라도 주목받지 못하고 있다.

> 예수께서 성전에서 가르치실 새 대답하여 가라사대 어찌하여 서기관들이
> 그리스도를 다윗의 자손이라 하느뇨 (…) 다윗이 그리스도를 주라 하였은
> 즉 어찌 그의 자손이 되겠느냐 하시더라 백성이 즐겁게 듣더라
>
> (마가 12:35, 37)

"여호와께서 내 주에게 말씀하시기를"이라는 구절이 나오는 시편 110편의 구절에서 지칭하는 "주"(adonai→kurios)를 예수로 해석하는 마가의 언급에 관한 진위를 떠나, 그리고 시편에도 나오는 이 구절이 후대에 끼워 넣은 것일 수도 있다는 텍스트 비평의 관점, 그리고 "여호와께서 내 주에게 말씀하시기를"이라는 구절이 사실은 "여호와께서 스스로에게 말씀하시기를"이라는 뜻일 수도 있다는 수사학적 차원의 논의를 잠시 접어둔다면, 마가가 분명히 다윗의 주를 "나의 주" 예수 그리스도로 파악하고 있다는 사실은 논박의 여지가 없다. 시대착오(anachronism)적 기술 방식이 신앙의 관점에서는 묵인되고 있다는 사실을 상기해도 좋을 것이다.

신격화는 탈신격화를 동시에 진행하고 있었다. 다윗은 우리아(Uriah)의 아내 밧세바(Bathsheba)를 불의한 방법으로 취하여 선지자 나단(Nathan)으로부터 책망을 당하기 전부터 나발(Nabal)의 아름다운 아내 아비가일(Abigail)을 그녀의 남편 나발이 죽은 후 아내로 취하는 등 예쁜 여자라면

사족을 못 썼으니, 그의 왕위 재직 시에 일어난 '압살롬의 난'은 이복형제들 간의 강간행위와 상잔, 그리고 이러한 사태가 비록 아히도펠(Achidopel)의 사주에 의한 것이었다고 십분 양보하여도 '아버지 욕보이기'의 극치로서 다윗 가계의 부정함을 드러내고 있다. 다윗과 밧세바 이야기의 무대가 되는 주전 10세기경 간음에 대한 사회적 규정과 법률이 존재하지 않았고 이에 대한 사회적 논의가 신명기의 무대가 되는 주전 7세기경에야 시작되었다는 근자의 논의는 일단 접어두자(2008.3.18. 기독교 타임즈 기사). 솔로몬의 밧세바 유혹은 어쩌면 당대 유대 왕들의 권한이었는지도 모른다. 밧세바의 남편 우리아가 강력히 저항했다는 성경 상의 기술은 없다.

그러나 오난(Onan)과의 수혼제, 즉 형사취수 관습(levirate)에 의거한 잠자리 공유와 경제적 도움을 거부당한 다말(Tamar)이 야곱의 아들인 유다(Judah; 유대왕국은 기원전 931년경~기원전 587년경까지 존속)가 상처를 한 후 며느리 다말을 창녀로 오인하여 그녀와의 근친상간으로 얻은 쌍둥이 중 하나가 베레스(Peres)이고(창 38:1-7; 12-30), 당시 습속에서는 아버지가 불분명한 상태가 허다함에도 불구하고 예수를 특히 베들레헴 다윗의 자손으로 선형적으로 설정하는 마태복음에 의하면, 이 이가 바로 다윗(기원전 약 1030-970)의 9대 조상이다. 여기서 아브라함 이후 14대 다윗에서 솔로몬이 아니라 15대 나단으로 이어지는 누가복음 3:23-38 구절에 대한 분석은 굳이 필요하지 않다. 창조신화를 가지고 있는 문명의 근친상간은 어쩔 수 없다 치부하여도 이와 같은 불가피한 습속을 역사시대까지 실천하여 역설적인 면에서 본다면 하나님과의 신의를 지킨 부정하고 불의한 다윗과 솔로몬의 가계를, "하나님에 대한 전적인 믿음만은 견지한 위대한 혈통"이라는 말 말고는 어떻게 이름 할 수 있을까? 오난의 질외사정은 추후 그를 자위(masturbation)의 원조로 만들었다. 다말은 1장에서 논한바 히브리어로 "tamar"(그리스어 phoenix)이니 유목문명권에서 이는 소중한 대추야자의 열매를 뜻하는데, 그녀의 남편 이름은 한국어 성경에서는 이상하게 "엘"(Er)

로 표기되어 있지만, 신을 뜻하는 "엘" 혹은 "엘로힘"과 전혀 상관이 없다.

다윗이 밧세바와의 사이에서 얻은 이가 지혜의 왕 솔로몬이지만 알려진 바와는 달리 그가 여성편력과 재물과 우상숭배에 경도되어 종말을 맞았다는 사실은 잘 언급되지 않고 않다. 원래 왕가의 가문은 다 이렇다 하면, 이 가문 또한 다른 왕가와 다를 바 없는 신성한 가문이라는 말 밖에는 첨언을 허락하지 않는다. 어느 것이 더 신성모독인지 어느 것이 신의 뜻에 더 합당한 개념인지, 성 아우구스티누스가 삼위일체를 신의 신비로 돌린 것처럼, 신앙의 신비와 본질에 대해서 우리는 잘 알지 못한다고 말해왔지만 계속 이렇게 말할 수밖에 없을까? 호적령과 구레뇨총독 재임 시기에 관한 역사적 갑론을박을 뒤로한 채 논의를 진행하자면 신의 아들 혹은 신 자신인 예수를 "그렇게" 성스럽지 못했던 다윗과 솔로몬의 가계로 편입하는 것이야말로 독실한 신앙인의 입장에서 보면 오히려 신성모독일 수 있고, 처녀잉태를 고집하는 것이 이와 더불어 자연분만을 포함한 모든 생사의 주이신 하느님에 대한 제한적 신관을 상정한다는 생각은 들지 않았던 것일까? 지상의 어머니로부터 태어난 모든 인류는 그렇다면 죄 있는 어머니로부터 출생한 것일까?

예수의 신격화는 성모의 신격화를 가져왔다. 어느 순간에서부터인지는 모르나 성모 개념을 포함하고 있는 어머니라는 개념은 그러나 처녀와 상대되는 개념으로 사용되는 것을 넘어, 더러움을 표상하는 개념으로도 사용되기 시작되었다는 점은 거듭 지적되어야 마땅하다. 물론 튼튼한 아이를 낳는 건장한 어머니라는 개념이 숭앙되던 시절도 있었으나 이는 어머니의 출산과 생식, 그리고 창조력에 대한 다분히 정치적 의도를 지닌 예찬이었지, 어머니 또는 출생 능력 자체에 대한 찬양은 아니었다. 성모마리아 신앙을 비판하자는 것이 아니라 성모마리아 신앙의 이데올로기적 전유를 지적하고자 함이다. 니체 또한 지적한 바, 물론 그의 의견에 전적으로 동의하는 바는 아니고 복잡다단한 니체도 그렇게 일의적이고 단선적으로만 주장하였다고 생각하지는 않지만, "원죄 없는 정결한 잉태라는 도그마'[야말로] (…) 잉태를 더럽혀버린" 도그마(『안티 크라이스트』, 261)로 작동할 수 있었다. 그의 말을 계속 따르자면 "성을 처음 불결한 것으로 만든 것은 삶에 대한 원한을 토대로 하고 있는 그리스도교였다. 그리스도교는 삶의 시작에, 삶의 전제조건에 오물을 들이부었던 것이다"(『우상의 황혼』, 203). 이 책의 8장에서 후술할 예정이지만 니체 또한 자연 잉태를 포함하여 모든 '생사는 천명'(生死卽天命)을 따를 뿐이라 믿고 있었다.

성녀와 창녀의 이분법을 신약은 말 그대로 새로운 계약의 차원에서 거부한 적이 있다. 창녀라 추정되는 한 여자 죄인의 세족 의식을 흔쾌히 받아들이신 예수(눅 7:36-50)의 일화도 그렇지만, 간음한 여인을 정죄하자는 유대인들의 주장, 즉 "모세는 율법에 이러한 여자를 돌로 치라 명하였거니와 선생은 어떻게 말하겠나이까"(요 8:5)에 대해 다음과 같이 답하신다. "너희 중에 죄 없는 자가 먼저 돌로 치라"(요 8:7). 남녀를 동등하게 취급하는 예수의 이러한 인식의 전환, 즉 '메타노이아'(metanoia)는 그런데 메소포타미아의 「우르-남무법」 법조문 6에서도 그 편린을 발견할 수 있다. "만약 어떤 사람이 타인의 권리를 침해하고 부인의 처녀성을 빼앗는다면 그들은 그 남자를 죽일지니라." 그러나 이어지는 7조는 남성에게 유리한 판결로 되어있어 메소포타미아 사회의 남녀관을 엿볼 수 있게 한다. "만약 청년의 아내가 자의로 그 남자에게 접근하여 그와 성관계를 가진다면 그들은 그 여자를 죽일 것이며 그 남자는 놓일지니라"(이종근 39 재인용). 우르-남무법을 보다 정교하게 발전시켰다 할 수 있는 함무라비 법 129, 130조항 또한 이와 유사한 판결을 기록하고 있다.

사람의 아내가 다른 사람과 자는 것을 잡았을 경우에, 그들을 묶어 물에 빠뜨릴 것이다. 만일 여자의 주인(즉, 남편)이 그의 아내의 목숨을 살리기를 원하면 (재판관 역을 하는) 왕이 그의 종(즉, 그 여자)을 살릴 것이다.

아직 부부관계를 가지지 않고 그녀의 아버지 집에서 살고 있는 다른 사람의 아내와 사람이 관계를 가지고 그녀의 품에 누워 있는 것을 잡았을 경우에 그 사람을 죽일 것이나 그 여자는 풀어줄 것이다.

사실 이러한 전통은 구약시대에도 존속하였지만, 소위 가부장제가 지속됨에 따라 여성에게만 죄를 묻는 경향으로 고착화 되었다. 신명기 22장 20-24절을 확인 차원에서 다시 보면, 아내(ishah)로 삼은 여자뿐만 아니라 남자에게도 순결과 정조는 생사를 가르는 덕목으로 작동하였다.

처녀에게 처녀인 표적이 없거든 처녀를 그 아비 집 문에서 끌어내고 그 성읍 사람들이 그를 돌로 쳐 죽일지니 이는 그가 그 아비 집에서 창기의 행동을 하여 이스라엘 중에서 악을 행하였음이라 (…) 남자가 유부녀와 통간함을 보거든 그 통간한 남자와 그 여자를 둘 다 죽여 이스라엘 중에 악을 제할지니라 처녀인 여자가 남자와 약혼한 후에 어떤 남자가 그를 성읍 중에서 만나 통간하면 너희는 그들을 둘 다 성읍 문으로 끌어내고 그들을 돌로 쳐 죽일 것이니

연루된 남성과 여성을 정죄하는 신명기의 전통은 신약시대에 이르면, 앞서 인용한 요한 8:5에 나타나듯이 행위의 상호 당사자 가운데 남성에 관한 언급이 없는 것으로 보아 쌍방 간의 통음에 여성에게만 책임을 묻는 전통으로 굳어져 갔으며, 이러한 습속에 대해 예수께서는 이의를 제기하신 것이다. "누가 내 모친이며 내 동생들이냐 (…) 누구든지 하늘에 계신 내 아버지의 뜻대로 하는 자가 내 형제요 자매요 모친이니라"(마 12:48-50)와 같은 예수의 일견 성차별적이고 반 가정적인 언급은 그럼에도 불구하고 예수께서 성모마리아를 부정하는 언급이 아니라, 성과 인종, 신분의 비천함과 고귀함, 그리고 성스러움과 더러움의 구분을 넘어서는 해방자 예수의 면모를

보이는 언급으로도 해석되어야 마땅하다. 간통하고 사통하는 여인들과 창녀들뿐만 아니라, 남편을 5번 바꾼 사마리아 여인, 일곱 귀신 들린 여인, 또 혈루증을 앓고 있는 여인 등도 예수께서는 용서하시고 때로는 축복하시는 것을 멈추지 아니하였다.

5

마녀사냥, 프로이트의 성녀와
창녀에 관하여

성처녀 신화는 오이디푸스 신화를 넘어서는 과거 시절의 미래지향적 토포스(topos)이었기는 하지만, 그 운용 면에서는 이분법에 근거한 초월적인 논리로 작동하고 있다는 면에서 여전히 서양의 성차별적 이분법을 답습하고 있다. 때문에 서양의 성차별적 이데올로기는 막달라 마리아라는 여성, 또는 아내보다는 성모마리아를, 그리고 성모마리아라는 "어머니"보다는 성모마리아라는 "처녀"를 '규범적인'(normative) 여성으로 받아들일 수밖에 없었다. 더러움과 신성함이 동일화되고, 더러움이 신성함이 되는 인류의 이 모순적인 사유 양태에 신뢰할만한 설명을 제시해주고 있는 것은 앞서 제시한 신전창녀 또는 '축별 처녀'의 개념이 될 수 있다.

더러움과 신성함이 동일화되고, 더러움이 신성함이 되는 인류의 이 모순적인 사유 양태에 신뢰할만한 설명을 제시해주고 있는 것은 앞서 제시한 신전창녀 또는 '축별(祝別) 처녀'의 개념이 될 수 있다. 수도원에 들어오는 여성들인 일명 축별 처녀들은, 아시시의 프란체스코가 전범을 보여 주었듯이, 평생을 오로지 신께 헌신해야 했고 예수님을 영적인 신랑으로 삼아 금욕적인 생활을 준수해야 했다. 베르니니(Gianlorenzo Bernini)의 『성녀 테레

지아의 환희』(1645-52)보다 신의 사랑을 영접하는 여성의 기쁨을 더 잘 묘사하는 조각그림은 드물다. 파이프 오르간의 빛살을 배경으로 사랑의 화살을 온몸으로 맞고 있는 수녀는 마치 운우지경에 젖어 있는 듯 공중에 떠 있는 것처럼 교묘하게 배치되어 있다. 수녀들은 때때로 금식을 하며 신성을 경험하였는데, 그들의 일부는 신과의 황홀한 일치 속에서 예수의 어머니가 되는 상상을 하기도 하였다고 전해진다.

> 그전까지는 처녀야말로 성성에 이르는 유일한 수단이고, 그 다음이 과부고, 마지막이 아내였다. 아내 중에서도 어머니는 날마다 성행위를 하는 존재로밖에 인식하지 않았다. 성모마리아의 모성도 그 처녀성의 그늘에 가려, 중세 후반까지는 그다지 강조되지 않았다. (이케가미 144)

12세기 이후에는 동정녀 마리아의 순결한 이미지가 확산되면서 13세기 이후에는 "날마다 성행위를 하는 존재로밖에 인식"되지 못했던 어머니도 성녀의 대열에 합류하였다는 이케카미의 주장은, 여신을 숭배하는 신화적 전통이 12세기, 13세기의 프랑스 성당에서 화려하고 아름답게 개화했다는 캠벨의 주장(『신화의 힘』 314)과 궤를 같이한다. 그러나 우리는 성처녀에 대한 숭배의 이면에는 대부분의 여성들에 대한 부정적인 생각이 자리 잡고 있음을 익히 알고 있다. 깨끗한 처녀에 대한 이상화는 오히려 처녀를 정복하는 기묘한 심리와 이데올로기로 나타났고, 정복당한 처녀는 더 이상 깨끗하지 않다는 관념이 확산되어 갔다. "동일한 여성관의 양면에 존재하는 여성 멸시와 여성 찬미가 현실의 여성에게는 결코 유리하게 작용하지 않았다"(이케가미 125).

여성을 이상화하는 동시에 여성을 부정적으로 보는 생각도 동시에 발아하여, 13세기경의 유럽에는 여성이 체내에 독을 만들고 있다거나 폐경기의 여성은 위험하다는 생각이 풍미하였고, 중세 말기인 14세기에 이르면 우리는 '마녀'라는 현상을 유럽 전역에서 목도 하게 된다. 16세기 이후, 특히 전성기(1560-1660)에 이르면 마녀사냥이 역사에 전면으로 등장하게 되고 그녀를 화형대에 세우기까지 하게 된다(Russell 144). 마녀사냥은 성모마리아 신앙이 부정적으로 전개된 야만적인 행동이었다. 마녀와 창녀는 이야기 하면서도 왜 마남(魔男)과 창남(娼男)은 말하지 않았던가.

> 1300년까지는 유럽 마술을 구성하는 모든 요소가 완전히 갖추어지며, 그 후 150년 정도에 걸쳐 마녀에 대한 공포는 점차로 유럽 전체를 관통하기 시작한다. 그러다가 중세 말엽인 1450년경에는 공포가 결국 광기로 변하고, 그런 광기 상태는 200년 이상 지속된다. 마녀사냥의 광기를 중세의 산물이라 여기는 통속적인 판단은, 나쁜 것은 뭐든 이른바 '암흑시대'의 교권중시주의와 연결 짓는 잘못된 편견의 결과이다. 마녀사냥은 오히려 르네상스와 종교개혁의 산물이었다. (…) 16세기에는 종교개혁이 불러일으킨 종교적 갈등, 민중 운동, 전쟁 등이 마술을 태동시킨 사회의 긴장 상태를 더욱 악화시켜, 온갖 종파의 기독교도에 의한 마녀 고발 건수가 현저하게 증가한다. (Russell 124, 143)

연쇄살인의 희생자는 "찢어 죽이는 살인마 잭"(Jack the Ripper), 1920년대 바이마르 공화국의 성과 죽음을 소재로 한 딕스(Otto Dix)의 연작 그림과 그의 1940년대 수술 연작에서처럼, 그리고 한국의 근자의 연쇄살인의 장본인 유영철의 경우에 있어서 알 수 있듯이 대개 창녀이다. 여성을 창녀로 보는 인식은 강한 남성을 국가의 기본으로 하는 독일의 제 3제국의 여성 비하 이데올로기를 가능케 했고, 이는 계몽의 변증을 역사적으로 불가능하게 한 인종적 나치즘의 발아로 이어졌다. 여성에 대한 편견은 유대인에 대한 편견과 탄압으로 이어졌다. 나치의 튼튼한 어머니와 더러운 창녀로 대별 되는 성 이데올로기는 여성을 천사 또는 창녀로 보는 자기 기만적 영육의 이분법의 연장에 지나지 않는다. 모든 여성이 처녀라면 인류는 존속할 수 없었을 것임에도 불구하고 이상적인 여성을 구현하는 최적의 인물로 어머니를 찬양하게 되는 독일의 제3제국의 성 이데올로기에서 우리가 여전히 확인할 수 있는 것은 처녀와 창녀의 이율배반적 배합이다. 튼튼한 어머니에 대한 나치의 찬양은 여성으로서의 어머니라기보다는 제3제국의 전사를 산출해내는 기계로서의 어머니를 찬양했다고 보아야 한다. 때문에 당시에 등장하는 어머니의 모습이 고도로 추상화되어 여성적 자질을 잃어버리고 큐비즘의 한계에 갇히게 되는 것은 당연한 귀결이었다.

테베라이트(Klaus Theweleit)는 남성의 창녀에 대한 두려움과 처녀에 대한 욕정의 상반된 마음을 독일 제3제국의 의용병단(Freikorps)에 관한 그의 기념비적 연구서 『남성 환상들』(Male Fantasies)에서 다음과 같이 밝히고 있다. "두 가지의 남성적 충동들이 여성들을 똑같은 힘으로 찢고 있는 중이다. 하나는 여성을 밀어내어 적당한 팔 거리에 두려는 방어적인 마음이고, 다른 하나는 그들을 뚫어 옆에 두고 싶은 마음이다. 두 가지 충동은 여성을 살해하여 멀리 두고, 총으로 뚫고 칼로 또는 몽둥이로 상처를 내어 여성에게 근접하려는 살인이라는 행위에서 만족을 얻는 것처럼 보인다(196). 처녀에 대한 욕망과 창녀에 대한 두려움이 섞여 있으나, 묘하게도 창녀에 대한 욕망 또한 끊임없다. 정복당한 처녀는 더 이상 처녀가 아니라 창녀인가? 여성을 처녀로 이상화하는 것은 종극에는 그것에 대한 정복으로 끝날 수밖에 없는 자가당착을 함의한다.

돌이켜 보면 바이마르 공화국과 제3제국 시기에 왕성한 활동을 하고 그 시대로부터 병리학적인 자료들을 수집 분석하는 프로이트는, 그 병리적인 현상들을 벌써 19세기 말 20세기 초의 독일에서 찾고 있었는지도 모른다. 프로이트의 「사랑생활의 보편적 가치 절하」(1910)와 「남자들의 대상 선택의 특수한 유형에 관하여」(1912)에서 논의되고 있는 천사와 같은 이상적 어머니와 타락한 부정한 어머니에 관한 오이디푸스적 사고방식 또한 처녀와 창녀의 이분법에서 벗어나지 못하는 정신병적 서양 문명의 적자로서의 프로이트를 반추하게 한다. 다윗의 다음과 같은 고백, 즉 그가 "죄악 중에 출생하였음이여 모친이 죄 중에 나를 잉태하였나이다. (…) 우슬초로 나를 정결케 하소서 내가 정하리이다"(시편 51: 5-7)와 같은 여성과 (원)죄와 동일화로 오해되어 종종 해석되는 언급은, 바르세바와의 동침을 추궁하는 선지자 나단에게 음욕의 죄를 저지른 다윗이 그 죄를 세상의 모든 어머니에게 전가하는 책임 회피적 고백이었을 뿐이다. 죄를 따지자면 바르세바의 남편인 우리아를 전장으로 빼돌려 죽게 하고 그의 부인을 차지한 다윗에 있지 그를 잉태한 어머니에게 있지 않다.

　프로이트에게 있어서, 물론 역사적인 진위를 떠나서 하는 이야기이겠지만, 성처녀와 어머니가 대립적으로 만나지 않는 이상적인 장소로서의 성모 마리아가 들어설 자리는 마련되어 있지 않았다. 그에게 있어 가장 행복하고 완벽한 사랑은 자기보존충동과 성충동을 결합할 수 있는, 다른 말로 하자면 사랑과 욕망을 구별하지 않아도 되는 "근친상간적 사랑"으로 나타난다. 이러한 근친상간적 사랑의 개념 가운데서 천사와 같은 어머니는 타락한 부정한 어머니가 된다. 그러나 어머니 역시 아버지와 성행위를 하고 있다는 사실, 좀 더 정확하게 말하자면 어머니 또한 성적 쾌락을 추구하고 있다는 사실이 어떻게 부도덕하고 더러운 어머니에 대한 오이디푸스적인 욕망으로 분석되는지 자못 의아심을 자아내게 한다. 오이디푸스 콤플렉스로 정형화된 이 공식은 그저 그의 유년기의 우발적인 사건, 즉 그의 어머니의 벗은 모습을 보고 일시적으로 욕망을 느꼈다는 자책감과 죄의식에 대한 지나친 반동 작용의 결과로 보인다. 아버지와 어머니의 성행위의 장면을 목도한 아이는 충격에 휩싸이게 되고 이러한 충격은 하나의 치유할 수 없는 외상(trauma)으로 남는다는 것이 그의 트라우마 논의의 기초를 이루고 있다.

　그러나 아이에게 외상을 남기게 되는 것은 기묘하게도 양친의 성행위가 아니라 어머니의 성행위로 해석되는 것이 프로이트의 성 담론의 치명적인 약점이 된다. 프로이트의 문제가 심히 많지만 무비판적으로 자주 언급되는 「처녀성의 타부」(1918)의 다음과 같은 주장 또한 처녀를 숭앙하는 문화에서 어떻게 어머니가 창녀로 전락하는가를 충격적으로 보여주고 있다. 프로이트는 성에 눈을 뜨고, 또 성을 직업으로 삼고 있는 여자가 있다는 것을 발견한 아이가 어머니를 창녀와 동일시하는 과정을 다음과 같이 서술한다.

> [아이는] 더 이상 그의 양친을 성행위의 보편적이고 더러운 표준들로부터 제외시키는 의구심을 지닐 수 없게 되며, 어머니와 창녀가 기본적으로는 똑같은 짓을 하고 있기 때문에 그 둘의 차이가 그렇게 크지 않다고 시니칼하게 스스로에게 말하게 된다. (…) 그는 근자에 습득하게 된 관념을 갖고 그의 어머니를 욕망하게 되며 이러한 바람에 걸리적거리는 방해자로서의 아버지를 새삼 증오하게 된다. 그는 말 그대로 오이디푸스 콤플렉스의 지배하에 놓이게 된다. 그는 성행위라는 호의를 그가 아니라 그의 아버지에게 준 어머니를 용서하지 않으며 어머니의 행위를 정숙하지 못한 행동으로 여기게 된다. (SE 11:171)

어머니와 창녀는 정말로 "기본적으로는 똑 같은 짓"을 하고 있는가? 어머니는 창녀에 지나지 않는가? 그렇다면 성녀의 이미지를 지니고 있는 어머니는 "우리가 알고 있는" 그대로의 창녀인가? 프로이트의 성에 대한 근원적 성찰이 호도되기 십상이라는 사실을 감안하더라도, 그리고 그가 끊임없이 자기의 분석에 대해서도 "견강부회적인 결론들이 (…) 좀 더 넓은 맥락에서 구성되고 (…) 교정되어야 한다"(SE 11: 190)는 단서를 달고 있지만, 그의 분석이 거듭해서 말하지만 여자는 성녀 아니면 창녀라는 이분법적 일원론에 기초하고 있다는 사실을 부인하기는 어렵다. "사랑을 하면 욕망할 수 없게 되고 욕망을 하게 되면 사랑을 할 수 없다"(SE 11: 183)는 분석, 사랑은 욕망과 양립할 수 없다는 이분법 또한 그에게서 끈질기게 감지되고 있다. 과도

하게도 사랑(eros)을 성(sexuality)의 승화로 파악하며 유년의 성에 대한 분석에서 도출된 오이디푸스 증상으로 인간과 문명을 해석하려고 했던 점, 그리고 인간을 사랑의 존재가 아니라 죽음으로 향하는 성적인 존재로 파악한 점이 아마도, 마르쿠제(Herbert Marcuse)가 그의 저작 『에로스와 문명』에서 암시하듯이, 프로이트가 해결하지 못했던 난제였던 것 같다.

그러나 욕망은 그리고 성행위 자체는 프로이트가 생각하는 것처럼 "더러운가"(SE 11: 171)? 그렇다면 성행위를 하는 아버지 또한 어머니처럼 더럽지 아니한가? 오로지 여성만이 성행위를 담당하고 있다는 억견은 행위의 주체로서의 남성은 포함되지 않는, 객체화된 여성만이 주체로 남는 논리로 변질된다. 때문에 서양의 신화에서 짐승들과 엉켜있는 것은, 백조로 변신한 제우스에 겁탈당하고 있는 레다의 경우나 황소(신)과 사랑에 빠진 크레타의 왕녀 파시파이(Pasiphae)의 경우에서 알 수 있듯이, 언제나 여성이다. 돌이켜 숙고해 보지 않아도 그리고 제우스나 아폴로, 포세이돈을 염두에 두지 않아도, 희랍의 남신들은 유괴와 겁탈의 명수들이었다. 남신들이나 여신들이나 이러한 범죄에서 완전히 벗어나지는 못하고 있지만, 문제가 되는 것은 그러나 여신들이 팜므 파탈로 운위되어 후대에 인구에 회자될 때, 남신들은 이러한 혐의와 처벌에서 벗어나 있다는 사실이다. 돈 후안이나 카사노바의 여성편력은 다소 선망 섞인 어투로 언급되어 그들이 '창남'(娼男)으로 규정되지 않는 반면, 로마의 창녀(倡女, 娼女) 메살리나(Messalina)의 엽색 행각은 두고두고 부정적인 여성의 대명사로 언급되고 있다. 아가멤논이 그의 딸 이피기니아를 희생제로 죽인 것은 당연시되고, 그의 아내가 딸의 복수를 위하여 그의 조카와 사통한 것은 비난받아야 당연했고 그녀의 아들에 의해 죽임을 당한 것 또한 무죄로 평결되어야만 했다.

여성 차별적이고 가부장중심적인 서양 문화에서 총각과 '안총각'인 아버지에 대한 구별은 주목을 받지 못했다. 앞서 언급한 두 편의 글(1910, 1912)과 더불어 그의 "사랑의 심리" 3부작의 마지막이 되는 「"처녀성에 관한 금기」(1918)에서 나타나는 더러운 여성에 대한 남성들의 쏠림에 대한 프로이트의 분석은, 처녀를 금기로 보는 원시사회의 분석을 넘어서서 여성 자체를 경원시하는 해석으로 넘어 가지만, 그의 해석이 과연 그가 주장하는 대로 "기이하게도 많은 수의 사례들"(SE 11: 206)에 의거하고 있는지는 의심스럽다. 여성에 대한 성적인 권리를 남편이 아니라 아버지가 먼저 갖고 있다는 분석과 '싸늘한 여성'(frigid woman)에 대한 분석은 후대에 침소봉대되어 해석되었을 뿐만 아니라, '처녀 아니면 창녀'라는 여성 비하적인 분석에 비추어 보면 자가당착적이기까지 하다. 더러운 여성을 원하면서도 더럽다고 하는 이유를 분석해 보아야 할 필요성이 제기된다.

마르타 베르나이스(Martha Bernays)와의 53년의 행복한 결혼 생활을 한 프로이트의 분석으로 보기에는, 일부 남성들의 로망이건 아니건 간에, 경험이 있는 여자 특별히 재혼을 한 여자가 남성들을 더 행복하게 해 줄 수 있다는 단편적인 생각(206, 208)은 과부와 창부에 대한 묘한 선호로 비쳐질 수 있다. 처녀와 '안처녀'가 중요한 것이 아니라 사랑하고 있는가, 아닌가가 문제이다. 물론 사랑(eros) 또한 그 불화(eris)와 수반되는 폭력성으로 문제가 안 되는 것은 아니지만, 적어도 사랑이란 말 앞에서 처녀성에 관한 온갖 논의와 그 비극적 결과는 힘을 잃고 만다. 어머니에 대한 지금까지의 논의에서 알 수 있듯이, 안처녀가 순결하지 않은 것은 아니다. 기원전 4세기 알렉산드리아의 수도승 아타나엘(Athanael)은 이집트의 무희 타이스(Thais)를 사랑한 적이 있다. 필자가 5장에서 밝힌 바와 같이 마네의 〈올랭피아〉(1865)와 졸라의 소설 『나나』를 원작으로 한 〈나나〉(1877), 드가의 연작들(1878-1880)과 툴루즈-로트렉의 《물랑루즈》 연작들(1894), 그리고 피카소가 그린 마네의 〈올랭피아〉를 패러디한 연작들(1901)과 〈아비뇽의 처녀들〉(1907) 등의 여주인공들은 그림들의 소재가 아름답고 사랑스러운 창녀들이었다.[32]

성모마리아 신앙이 어머니를 찬미하게끔 했던 순기능을 모른 척하자는 것은 아니다. 처녀를 규범적인 여성으로 삼은 문화는 불행하게도 '안'처녀를 배타하는 문화로 변질되었고, (여)성에 대한 부정적인 사유를 축적해 나아갔다는 것을 지적할 뿐이다. 주지하듯이 아니마에는 긍정적인 기능과 부정적인 기능이 있는데, "아니마가 성처녀로서 지극히 긍정적인 존재로 섬김의 대상이 되자 아니마의 부정적인 측면은 마녀신앙으로 나타나게 된 것이다"(Jaffe 187)는 지적과 우리의 주장은 일맥상통하고 있다. 12-13세기에 유럽에서 유행했던 성당 건축과 함께 시대를 풍미하게 되는 성모마리아 신앙은 13세기부터 발아하는 마녀사냥에 그 자양분을 공급해주었는데, 처녀로서의 성모마리아 신앙이 처녀가 아닌 여성들을 모두 마녀로 간주하게 되는 마녀사냥이라는 광기로 변질되어 중세의 끝 무렵이나 돼서야 그 오명을 벗게 된 것은 인류의 영혼에 상처를 남기게 된 불행한 사건이 되고 남음이 있었다.

서양 세계는 아주 오랫동안 미덕이 있고도 동시에 관능적인 여성을 거부해 왔고 이러한 태도의 이면에는 성과 자연을 죄악시하고 무시하고 정복하는 습속이 자리 잡고 있다. 도마복음과 같은 외경에 본격적으로 등장하는 막달라 마리아를 거부해야만 했던 필연성의 배후에는, 그들의 처녀신에 대한 오인된 관념이 작동하고 있었다. 막달라 마리아가 예수가 사랑하는 사람이었고, 성경에 기록된바 부활하신 후 처음으로 모습을 본 사람들 중 하나가 그녀라는 신학적 주장에 일조하자는 것이 아니라, 서양의 성차별적 사유가 아내보다는 어머니를, 어머니보다는 처녀 성모를 숭배했다는 것을 밝히고자 함이다. 막달라 마리아는 심지어는 앞서 인용한 요한복음 8:7에 나오는 간음한 여인과 동일시되기까지 하여 '창녀' 막달라 마리아라고 호칭되기도 하였다.

기독교 역사 속에서 막달라라고 불리던 여인의 명예를 더럽힌 일은 수치스러운 일이다. 교회는 고대 기독교의 가장 건강했던 여성의 상징을 파괴했다. 막달라 마리아가 몸을 파는 여인이었다는 흔한 주장을 뒷받침할 수 있는 증거는 어디에도 없다. 그런 주장은 기원후 2세기경 그리스의 이원론에서 육체는 악한 것이라고 했던 설명에 근거하여 조작된 것이었다. 이원론자들에게는 예수 곁에 살아 있는 이 여인의 존재가 예수의 거룩함에 대한 위협으로 비쳐졌고, 그래서 교회는 그녀의 명성을 더럽히기 시작했던 것이다. (…) 명성이 누더기가 된 막달라 마리아는 기독교 역사 속에서 매춘부의 역할을 맡아 왔다. 기독교 교회에서는 예수 옆의 자리에 마리아 대신 유순하고 의존적이며 수동적인 무성의(sexless), 그래서 성적 위협이 되지 않는, 성모 마리아를 배치했다. 예수 이야기에 등장하는 두 명의 여주인공들이 남자들 상상 속의 대표적 모델인 처녀와 매춘부의 역할을 맡음으로써, 예수 이야기에는 더 이상 적용 가능한 여성의 역할 모델이 존재하지 않게 되었다. (Spong 2005, 106-107)

형제자매가 있는 다복한 집안의 출신의 예수, 그리고 그가 사랑하는 여인이 아니라 그를 사랑하는 여인이 적어도 하나 정도는 있었다는 예수의 이야기 등은, 삼위일체를 강령으로 채택하여 예수를 신격화하는 초기 기독교의 틀 안에서는 묵살되어야 할 요설이었다.

'여신'의 개념은 남성을 최고의 권위의 상징으로 받아들이는 문화에서는 수용이 불가능했다. 신은 여성과 함께 하지 않았다. 그렇기 때문에 신을 경배하는 영혼이 주어져 있는 남성들에게 있어서 성적인 대상으로서의 몸의 여성은 언젠가는 쓸모가 다하면 폐기처분해야 할 존재로 인식된다. 성모마리아 신앙과 더불어 12~13세기 동안 프랑스를 위시해서 유럽 전역에서 한동안 유행했던 마리아 막달라를 숭배하는 교회와 육덕이 풍부한 '검은 성모'(Black Maria)에 관한 전통은 때문에 기독교의 역사에서는 발본색원되어야 할 이단에 지나지 않았다. 그들의 근엄한 그러나 모순적 사고방식에는 '낮에는 현모양처 밤에는 사랑스러운 아내'와 같은 부조리하면서도 일견 여성에 대한 포용적이라고 할 수 있는 태도가 적어도 표면적으로는 들어설 자리가 없었던 것이 아닌가 추측해 본다. 물론 이러한 개념마저도 한국의 조선 시대에서도 특히 그러했지만, 여성을 착취하고 그들의 권리를 탈취하는 한 방편으로 기울어졌지만 말이다. 요컨대 사랑의 아프로디테나 아르테미스가 지혜의 아테나와 중첩되어 혼용되어 나타나면서도, 아프로디테나 아르테미스는 동시에, 현대로 오면 올수록, 아테나가 될 수는 없었다. 지적인 여성이 아름답고 모성적이고 생산적이지 못하다는 선입견은 울프의 『등대로』에서 램지 부인(Mrs. Ramsay)과 또 다른 여주인공 릴리 브리스코(Lily Briscoe)와의 대조로 현대문학으로 이어져 형상화된다. 서양의 사유에서 어머니와 처녀라는 개념은 대조(對照)적이고 대대(對待)적이지 않고, 서로 반대되는 모순된 개념으로 작동하고 있는 것 같다.

성이 좋은 것임에도 불구하고 그러나 그것을 죄악으로 치부하는 자기기만을 행사하고 있는 주체는 (일부의) 남성이다. 『압살롬, 압살롬』에 등장하는 퀀텐(Quentin)의 아버지에 의하면 "여자는 원래부터 처녀가 아니다"(107; 신명아 273 재인용). 남성들이 여성에게서 욕망하는 것은 더러움과 사악함이기도 하지만, 더럽게 생각하면서도 여전히 끌리는, 좀 더 정확하게 말하자면 더럽지 않으면 끌리지 않는 이 의식을 근원적인 자기기만과 합리화라면 몰라도 "역설적이다"라고 두루뭉수리하게 파악하기에는 미흡한 점이 없지 않다. 이는 마치 비판을 하면서도 여전히 그 비판의 대상에서 벗어나지 못하는 이데올로기적 자가당착, 또는 비판적 담론의 보수성과 그 한계를 상기하게 한다. 폭력이나 포르노그라피에 대한 비판적인 글들이 사실은 기묘하게 이에 대한 환상을 자극하고 있다는 사실을 알기는 그리 어렵지 않다. 자본주의에 대한 비판, 또는 미국의 제국주의에 대한 비판이 결국에는 그것들에 대한 암묵적 추인으로 귀결되고 만다는 사실과도 그리 다르지 않다. 비판을 받을 가치가 있기 때문에 비판한다는 논리의 이면에는 아예 처음부터 비판 자체를 몰수하는 이데올로기의 폐해, 또는 담론 이성의 '간특한 지혜'가 자리 잡고 있는 것이 아닐까? 폭력적인 남성성과 전쟁을 끊임없이 비판하는 것 같으면서도 페미니즘의 역기능에 대항하는 순기능을 은근히 이야기 하고 있는 제임스(William James)나 남성성에 대한 비판과 호감을 동시에 펼치고 있는 남성 작가 로렌스와 헤밍웨이를 떠올리게 한다. 프로이트를 비판하면서 끊임없이 프로이트로 되돌아가는 담론의 이중성이나, 여성을 비하하면서도 끊임없이 요구하는 모순은 이와 유사한 유형의 자기기만적 사고방식이다.

여성을 땅, 육체, 더러움, 죽음으로 생각하기는 여성으로부터 도망가기, 또 죽음을 정복하기 위하여 여성 죽이기와 같은 문화적 병리현상을 산출해 내기도 한다. 남성 또한 육체를 갖고 있다는 사실은 아리스토텔레스에서 바울에 이르기까지 자주 잊히어졌던 사실이었다. 땅으로부터 나온 것은 오로지 여성 판도라뿐인가? 육체는 더러운가? 동서양을 막론하고 간통한 여인에 대해서만 처벌을 내렸던 가부장적 이데올로기는 여성을 처녀와 창녀, 또는 어머니와 창녀로 구분하는 고대 유대 사회에서도 그 패악함을 이루 말할 수 없었다. 처녀에서 어머니로의 기묘한 탈바꿈이 아마도 현대의 일부일처제적인 법리적 결혼제도를 지탱해 주는 논리인지도 모른다. 물론 엄밀하게 이야기해야 한다면 성모마리아가 역사의 무대에 전면적으로 등장한 것은 주후 5~6세기이지만, 성처녀 숭배 사상의 이면에는 여성은 창녀이고 죽음이라는 생각이 자리하고 있다고 해도 과언이 아니다.

6

성녀와 창녀의
이분법을 넘어서

우리의 어머니들은 처녀가 아니지만 성스럽지 아니한가? 서양의 고대의 처녀신에 대한 논의에서 우리는 '처녀'에 대한 고대인들의 생각은 육체적인 순결을 의미하는 것이 아니라 영적인, 그리고 종교적인 순결을 의미함을 배웠고, 성스러움이 인간적인 의미에 있어서 터부가 되어 세속적인 불결함과 짝을 이루는 개념임을 논구하였다. 크메르의 학덕이 높은 승려에 의한 진담(陳毯) 의식, 즉 처녀 떼기[33]는 몇몇 서양의 문화권에서 "처녀성을 거두어가는 자가 간혹 아버지였다"는 주장(Hall 101)과 불행하게도 유사한, 그러나 우리가 알고 있는 오이디푸스 콤플렉스와는 전혀 차원이 다른 이야기를 우리에게 전해준다. 실제 존재 여부가 도마 위에 놓여 있는 중세 서양의 초야권(初夜權, jus primae noctis)과 동양권의 '기생 머리 올려주기의 풍습', 즉 미즈아게(水揚, みずあげ) 등은 진담이나 힌두교와 밀교의 탄트라 의식, 그리고 서양의 신전 매음 등과 같은 욕정을 초월한 의식의 변종이기도 하다.[34]

역사를 오늘의 잣대로 해석하는 오류는 마땅히 지양되어야 한다. 우리는 먼 옛날 실제로 그들의 처녀신에 대한 관념과 의식의 수행이 욕정을 초월한 그 무엇이었는지 잘 알지 못한다. 어느 정도의 욕정을 초월하는 것은 필요할 터인데, 그러나 완전한 욕정의 초월이 가능하고 또 그래야만 하는 것일까? 모두 다 욕정을 해탈한다면 인류의 영속 또는 실존은 어떻게 되는 것일까? 지드(André Gide)가 그의 『전원교향곡』에서 말하고 있듯이 살과 육체를 지닌 "지상에 가까운 존재는 무겁고 그럴수록 그들은 슬프지만"(plus l'animal est attaché de près á la terre et plus il est pesant, plus il est triste 37), 마치 성모가 끊임없이 출산을 하면서 다시 그의 처녀성을 지키며 인류의 존속을 유지하듯이, 육체를 지니지 않으면 몸을 지닌 인류를 이해할 수 없다는 관념이 예수의 모후 마리아를 통한 '몸으로 나심', 혹은 '몸으로 낮추심'(Incarnation)이라는 개념으로 역사에 개입했던 연유라고 우리는 생각한다. 예수는, 물론 그의 지극히 낮아짐은 천상으로의 상승을 이미 함의하고 있었지만, 인도의 수드라 천민처럼 여성의 배로부터 자연분만을 거쳐 출생하였지 부처처럼 마야 부인의 옆구리에서 탄생하지 아니하였다고 전해진다.

대지가 발산하는 무거움 혹은 "중력의 심리학"(Bachelard 『의지의 몽상』, 394)을 거친 연후 우리는 가벼운 공기의 상승에 몸을 맡기게 되니, 날개가 있는 것의 추락이라는 중력장을 경험해야만 한다. 몸을 낮추고 땅과 가까워져 마음을 비우게 될 때 우리는 오히려 천상에 들어가게 된다.

> 그는 근본 하느님의 본체시나 하느님과 동등됨을 취할 것으로 여기지 아니하시고 오히려 자기를 비어 종의 형체를 가져 사람들과 같이 되었고 사람의 모양으로 나타나셨으매 자기를 낮추시고 죽기까지 복종하셨으니 곧 십자가에 죽으심이라 이러므로 하느님이 그를 지극히 높여 모든 이름 위에 뛰어난 이름을 주사 (빌립보서 2:6-9)

예수의 십자가 사건은 비단 신의 하강 또는 겸손함을 드러내는 사건일 뿐 아니라 영생을 마음에 품은 필멸의 인류가 "죽음 없이는 (…) 새로운 생명이 존재할 수 없다는 사실을 실제로 보여 준 심층적인 진술"(Bowker 385)

이며, 죽음에서 삶이 꽃피는 우로보로스적 상징을 체현한 사건이기도 하다. 십자가를 통한 예수의 죽음과 부활 또한 이러한 의미를 지닌다. 노발리스는 이를 『밤의 찬가』에서 간명하게 밝힌 바 있다.

> 죽음에서 영원한 삶이 계시되었다 —
> 그대는 죽음, 우리를 비로소 선하게 한다.
>
> (노발리스, 『밤의 찬가』: 557-558)[35]

성스러움은 어떠한 세계를 우리에게 그려 줄 수 있을까? 오로지 그것뿐이라면, 성스러움 그 자체는 인간적인 척도에서 보면 재미는 없는 세계일 것이다. 성스러움과 더러움이 서로 대별되는 것이 아니라, 다르거나 같은 것이 아니라 다르지 않다는 상대적인 불이(不二, 不異)의 관념이 필요한 소치이지만, 현대에 오면 올수록 속(俗)은 성(聖)이 되지 못하고 성은 속으로 하강하지 않는다. 예수님이 막달라 마리아와 이집트 또는 티베트의 한 마을, 그리고 성모마리아가 에베소 또는 마르세이유에서 일생을 마감했다는 외경들의 보고는 경전에 포함되어 기독교의 주된 담론으로 편입되지 못하고 있다. 신화적인 테두리 내에서만 논의를 전개해본다면 예수의 마리아 성령잉태설은 고대 바빌로니아의 처녀신에 대한 전통뿐만이 아니라 제우스와 포세이돈 등 헬라스의 남신들이 인간 여성을 방문하던 전통과 맥이 닿아있다. 환웅이 웅녀를 취하여 단군을 얻는 이야기도 이와 유사하다. 신과 인간의 교통과 교접을 다루고 있는 수메르와 헬라스의 많은 이야기들은, 기독교 신화에도 녹아들어 예수의 성령잉태설과 마리아의 무염시태와 같은 역사와 신화를 창출하기에 이르렀다.

성처녀 신앙은 그러나 불행하게도 대부분의 여성을 창녀로 보는 시각을 함의하게 되었다. 성모마리아 신앙 자체가 문제가 있었다기보다는 그 신앙을 이데올로기적으로 이용한 가부장제의 의도적인 전유가 문제였다. 모든 여성을 성녀로, 또 그것의 논리적 귀결인 창녀로 보는 시각은 여성을 피와 살이 있는, 그리고 동시에 영혼이 있는 존재로 파악하는 시각과 상충한다. 오늘날의 의미에 있어서 처녀만을 숭앙하는 문화는 불임의 문화이기도 하다. 단테의 베아트리체나 괴테의 그레트헨, 그리고 첼란의 시에 나오는 유대인 처녀 슐라미트에 이르기까지 '영원한 여성적인 것'(das ewig Weibliche)에 대한 인류의 집착은 소중한 자산이기도 하지만, 동정녀 마리아 신앙처럼 여성을 지나치게 이상화하여 결국에는 멸시하는 역기능을 가져온 것 또한 사실이다. 살과 영혼을 지닌 다양한 여성들이 있을 뿐이다. 무엇이 더 자연스러운 원래의 여성이고 여성성인지 우리는 알지 못한다.

저자는 이 글의 서론적인 뱀과 여성을 다룬 앞글에서 뱀을 매개로 한 여성과 죽음의 동일화를 설명하면서 어머니를 살해한 오레스테스를 무죄로 인정한, 후대에 엥겔스가 서양위주의 사고방식에 사로잡혀 "여성의 세계사적 패배"(weltgeschichtliche Niederlage des Weiblichen Geschlechts)로 명명한 판결은, 사실상 여성과 뱀을 동일시하며 여성을 폄하 하는 사고방식에서 미리 예견되었다고 주장하면서, 지나치게 영육의 하나만을 취하는 시각은 문제가 있다는 것을, 그리고 이브를 뱀과 동일시했던 전통은 고대종교의 여신 숭배와 뱀 숭배의 연속임을 지적하였다. 성(聖)과 속을 그리고 죽음과 삶을 동시에 품고 있는 여신의 퇴조는 인류가 성(性)의 성(聖)스러움을 잃어버리게 된 것을 의미하기도 한다. 처녀와 창녀의 이분법 또한 여성의 패배에 일조한 것은 사실이다. 이러한 이분법은 지나친 여성 찬미와 여성 멸시의 양극을 오가면서 종극에는 여성을 더러움과 죽음으로 보는 사유와 합쳐지게 되는데, 이는 혼돈과 지혜의 상징인 뱀을 삶과 죽음을 동시에 지니고 있는 여성과 동일시하는 과정 속에서 뱀과 여성을 징그러움과 추함, 혼돈, 그리고 사악함과 죽음으로만 간주하는 사유와 비슷하다.

현대문학, 특히 현대의 전쟁문학에서는 성녀나 어머니의 이미지는 희석되어지고 여성은 주로 창녀로 등장하게 된다.[36] 특별한 몇몇의 여성을 성녀로 파악하는 사유의 종착역이 대부분의 여성을 창녀로 취급하는 것이었다는 주장을 확인해주고 있다. 현대의 팝 가수 '마돈나'에게서 그녀의 이름처럼 성모마리아의 이미지를 찾기는 상당히 어렵다. 상당히 많은 틈이 존재한다는 사실을 단지 격세지감만으로 파악할 수는 없는 것 같다. 영화『귀여운 여인』의 줄리아 로버츠가 연기한 비비엔(Vivienne)은 언제든지 남자의 시선과 태도가 변하면 요조숙녀에서 창녀로 전락할 수 있다. 여성은 변하지 않았지만, 그녀에 대한 인식과 태도, 그리고 그에 대한 취향과 취급이 변하여져 왔다. 비하된 여성에서 남성들이 발견하게 되는 것은 구원의 여성이 아니라 치명적 유혹과 죽음의 전달자로의 여성이었다.

성모마리아 신앙은 기독교에게는 양날의 칼인지 모른다. 남성 위주의 삼위신앙은 끊임없이 여신과 여성성의 귀환을 필요로 하는 인류의 원형 의식으로 인하여 도전을 받고 있다. 역사는 우리에게 낡은 관념의 처녀잉태설과 아직까지 잘 이해되고 있지 못하고 있는 삼위일체의 유습에 대해 질문할 것을 요구하고 있다. 진보적인 신학자들의 삼위일체에 대한 반대를 이해하지 못하는 것은 아니다. 삼위가 종교탄압의 질곡으로 작동했을 때 그러나 그것을 반대하는 것은 학자들이 수행해야 하는 임무였다. 처녀잉태설과 삼위일체설은 서로가 서로에게 원인이자 결과인 것 같지만, 전자가 후자의 소산이라는 사실에 비중이 더 가는 것은 이 글의 처음 부분에서 논의한 성모마리아 신앙의 역사가 증명하고 있다.

삼위일체는 역으로 역사를 소급하여 예수의 처녀잉태와 마리아의 무염시태를 사후적으로(nachträglich) 생성해 나아갔다. 예수가 삼위에 의해 신 자신이 된다면, 예수를 잉태한 마리아는 간혹 혹자들이 논리를 가장하여 주장하듯이 신의 어머니이자 부인이 되는가? "처녀(신)는 그녀의 처녀성을 잃지 않은 채 아이를 잉태한다"(248)는 하딩의 언급은 예수에게도, 마리아에게도, 또 영혼을 지녀 신의 형상대로 창조된 우리에게도 모두 해당되는 말이다. 그러하다면 처녀잉태설과 삼위일체설이 지구의 대개의 문화에서 빼

놓을 수 없는 귀중한 인류의 보편적 신화소로 등장하고 있다는 사실에 대해서 우리는 조금 더 개방적이고 의연해질 수 있게 된다.

'아버지'라는 호칭이 수메르 문화권에서 "사람이 큰 신에게, 시종 신이 큰 신에게, 혹은 낮은 신이 그보다 높은 신에게 쓰는 칭호"(조철수 2003, 186 주석 4, 201 주석 6)라는 주장의 의미를 숙고할 필요가 있으나, 이는 이미 예수에 의해 언급된 바 있고 여기 다시 인용하여도 충분하지 않다.[37]

> 예수께서 가라사대 너희 율법에 기록된바 내가 너희를 신이라 하였노라 하지 아니하였느냐 성경은 폐하지 못하나니 하나님의 말씀을 받은 사람들을 신이라 하셨거든 하물며 아버지께서 거룩하게 하사 세상에 보내신 자가 나는 하나님 아들이라 하는 것으로 너희가 어찌 참람하다 하느냐
>
> (요한 10:34-36; 강조 필자)

인류 자신의 처녀성이 덜 중요한 것이 아니라 다산과 풍요가 더 중요하던 시절이 있었다. 처녀성이 미덕이 아니라는 것이 아니라 우리 모두가 성스러운 어머니에게서 신의 속성인 생명을 부여받은 신의 아들딸임을 주장하고 있을 뿐이다. 요한계시록은 다음과 같이 말한다.

> 하늘에 큰 이적이 보이니 해를 입은 한 여자가 있는데 그 발아래는 달이 있고 그 머리에는 열두 별의 면류관을 썼더라 (…) 여자가 아들을 낳으니 이는 장차 철장(鐵杖)으로 만국을 다스릴 남자라 그 아이를 하나님 앞과 그 보좌 앞으로 올려가더라 (12:1, 5)

원죄가 없는 무염시태의 성처녀도 여신도 아닌 그러나 해와 달을 품어 밝음과 어두움, 남성적 의식과 여성적 무의식을 통합하고 있는 여자(γυνή; 불가타 "mulier")에게서 나온 "아들"이 향후 만국의 주가 된다는 예언의 여

성을 융(Carl Jung)은 '세계혼'(anima mundi 「욥에의 응답」 439)이라 칭한 바 있다. (여기서 묵시의 사건 이후 생존하게 될 144,000명의 12지파 유래설이라든가 기독교적 사유를 폭넓게 확장할 수밖에 없는 융의 젠더관을 섣불리 말하지는 말자.) 성모마리아께서는 성경 말씀 그대로라면 예수 말고도 4명의 아들과 최소 2명의 딸을 두신, 다산의 처녀, 즉 "virgin"임에 틀림없다. 신화를 메타포로 본다면, 처녀잉태 그리고 이보다 더 나아가 삼위일체라는 사유 또한 메타포로 보는 지혜가 필요한 시점이다. 모든 여성들은 성관계의 유무에 상관없이 처녀이니, 복되시도다 성모마리아여! 그리하여 엘레우시스의 비의(秘儀) 의식을 행하는 여사제들은 아직도 우리에게 외치고 있는 것이다. "처녀가 신성한 아기를 낳았다."[38] 좋고도 맞는 말이다. 아멘.

3장 주

1. 남성이 벌을 받지 않는 풍습은 성경의 간음한 여인에 관한 일화에서도 나타난
다. 그러나 호세아서의 다음과 같은 말은 이에 관한 예수의 유명한 말과 더불어
오늘날의 시각에서 보아도 젠더 중립적이며 더군다나 그 시기를 고려한다면 일
견 혁명적이기까지 하다. "너희 딸들이 행음하며 너의 며느리들이 간음하여도
내가 벌하지 아니하리니 이는 남자들도 창기와 함께 나가며 음부(淫婦)와 함께
희생을 드림이니라. 깨닫지 못하는 백성은 패망하리라"(4:14). 음부는 히브리어로
창기와 같은 "qedeshah"로 표기되어 있다. 문맥상으로는 하나님에 대한 이스라
엘의 배덕을 책망하는 말임이 분명하기는 하지만, 이스라엘의 성차별적 습속에
대해 강력한 문제를 제기하고 있다고 해석할 수도 있게 된다.
  또한 여전히 부정적인 맥락에서 "음란한 아내를 취하라"(1:2)는 호세아에 대한
하나님의 명령에 대한 해석은 분분한데, 『흠정역 성서』는 이를 불가타 성경을 따
라 "uxorem fornicationum"→"a wife of whoredoms"로 번역하고 있고 일부
영어성경은 이를 "prostitute"로 변질하여 번역하고 있다. 음란함의 다른 의미가
있었을 수 있고 더 적극적으로 해석하면 음란함이 문제가 되지 않았던 사회상
을 반영한다고 할 수 있다. 원문 확인 작업과 바흐오펜이 말하는 "혼음"과 다처
다부, 즉 군혼잡교(hetaerism 2)의 시대에 대한 연구가 필요하다. 호세아가 결혼

한 여성은 '순결한' 신전창녀였지만 나중에 그녀가 부정하고 음란한 여성이었다고 보는 견해 또한 존재한다.

아마도 부정한 여인에 대한 처벌만을 강조하고 있는 세간에 가장 잘 알려진 문학작품은 국내에 천일야화로 알려진 『아라비아의 밤』일 것이다. 샤리아르 왕은 우연히 아내의 부정을 목격하고 매일 밤 처녀의 이야기를 듣고 성행위를 치른 후 그녀들을 죽인다. 세상에 정숙한 여인은 하나도 없다고 생각하는 샤리아르 왕이 생각해야 할 것은 그러나 부정한 여인이 있다면 그녀와 어울렸던 부정한 남성도 존재한다는 사실이다. 성과 죽음은 긴밀하게 연결되어 있고 성행위의 주체와 객체는 여성으로만 나타난다. 성행위에 있어서 남성은 주체도 객체도 아니며 권력을 추구할 때, 라캉의 소위 "성관계는 없다"는 명제가 성립한다.

2. 구·신석기 시대를 거쳐 역사시대에 이르기까지 여성의 간통에 대한 처벌이 그녀가 "도덕적인 질서를 어지럽힌 죄가 아니라, 남편의 소유권을 침해한 죄였다"는 주장은 "그녀를 손님에게 '빌려줄' 권리까지도 요구했다"(Frischauer 31)는 다소 예외적인 경우를 지적하는 것으로까지 확장된다. 비하된 여성은 이제 남성의 소유물, 즉 사물로 격하되고 전락한다. 초야권(jus primae noctis; droit du seigneur) 또한 이를 말하고 있다. 여성은 남편인 주인에게 소유권이 있는 창녀인데, 허락받지 않고 창녀 짓을 하면 처벌받았다.

3. 한국어 위키백과는 다음과 같이 밝히고 있다. "마리아의 원죄 없는 잉태(Imma-culata conceptio)는 예수의 어머니 마리아가 잉태되었을 때 원죄에 조금도 물들지 않았다고 보는 기독교의 마리아론 중 하나로, 현재 로마 가톨릭교회에서만 공식적으로 인정되는 교리이다. 또 다른 말로는 무염시태(無染始胎)라고 한다. (…) 마리아의 원죄 없는 잉태는 초대 교회 때부터 내려온 그리스도인들의 신앙 고백이며, 1854년 12월 8일 교황 비오 9세는 회칙《형언할 수 없는 하느님》(Ineffabilis Deus)에서 마리아가 원죄 없이 잉태되었음을 (…) 교의로 장엄하게 선포하였다." 무염시태에 관한 32항 원문은 다음과 같다. "지극히 복되신 동정녀 마리아가 그녀의 잉태 첫 순간에 전능하신 하느님의 단일한 은총과 특전으로 인류의 구세주 예수 그리스도의 공로를 미리 입어(intuitu meritorum) 원죄의 물듦(labis originalis)에서 깨끗이 보호되셨다는 교리는 하느님께로부터 계시되

었으므로 모든 신자들로부터 굳건하고 영구히 신봉되어야 함을 선언하고 선포하고 정의하는 바이다."

무염시태와 예수의 동정녀 마리아 탄생설(virgin birth; nativity)은 당연히 구별되어 사용되어야 하지만, 한국의 가톨릭 교인들조차 무염시태를 예수의 흠 없는 잉태로 알고 있기가 다반사이다. 서양을 여행하다 보면 "Immaculate Conception School"이라는 학교 명칭이 꽤 많은데, 이는 성모마리아 학교이지, 통상 알려진 것처럼 예수 탄생학교가 아니다. 예수의 원죄 없는 잉태와 마리아의 원죄 없는 잉태는 구별되어 사용되어야 하며, "Immaculate Conception"은 알려진 바와는 달리 가톨릭 교리에서는 통상 마리아 자신의 원죄 없는 잉태, 즉 무염시태를 지칭하지 예수의 동정녀 마리아 탄생을 의미하지는 않지만 후자의 경우로 혼동되어 사용되기도 한다. 조이스(James Joyce)를 전공한 학자이거나 한국의 가톨릭교도 중 이를 명확히 구별하는 이는 별반 없는데, 단국대의 위혜경 교수는 이러한 사실을 근자에 알게 되었다고 전한다.

4. 탈무드의 율법에 의하면 결혼은 약혼식과 같은 의미의 "에루신"(erusin)과 실질적인 결혼인 "니수인"(nisuin)으로 이루어지는데 에루신 단계에서는 '합법적'으로 성관계를 갖는 것이 허용되지 않았으며, 결혼은 약혼녀가 남편의 집이나 "후파"(houpah)라고 불리는 결혼 가마에 들어가는 단계를 거친 후에 비로소 효력을 발생한다(Alvarez-Pereyre & Heymann 410-411).

영화 『갈리쿨라』(Galicula)에서 필자는 처녀라는 의미가 정혼한 관계이지만 아직 동침을 하지 않은 상태의 여성을 지칭하는 의미로도 후대까지 사용되었다는 사실을 확인하게 된다. 네로가 겁탈하는 것으로 알려진 그의 부하의 부인은 여전히 처녀로 호칭되고 있었다. 다윗이 강제로 부인으로 삼는 우리야(Uriah)의 부인 밧세바(Bathsheba) 또한 이러한 의미의 처녀로 불리워지 않았을까 하는 추측해 본다. 사무엘 하 11:4은 다음과 같다. "다윗이 전령을 보내어 그 여자를 자기에게로 데려오게 하고 그 여자가 그 부정함을 깨끗하게 하였으므로 더불어 동침하매 그 여자가 자기 집으로 돌아 가니라." 무엇이 부정함인지 깨끗함인지, 그리고 부정함과 깨끗함이 우리의 처녀의 의미에 관한 논의에서 어떠한 의미를 갖는지 궁구할 일이다.

5. 영어식 표기법인 "셉투아진트"는 70인역의 라틴어 표기인 "Interpretatio septuaginta virorum"을 줄인 표현인 "셉투아긴타"로부터 유래되었으며, 원본은 존재하지 않고 4세기경의 바티칸 사본과 시내 사본, 5세기의 알렉산드리아 사본이 존재하며 우리가 주로 참고하는 사본은 이를 저본으로 하는 레닌그라드 사본이다. 주전 250년경 이들은 히브리어를 읽지 못하는 애급에 사는 다아스포라 유대인을 대상으로 히브리어 모세오경을 그리스어로 먼저 번역하였는데, 현존하는 사본들은 사마리아 오경을 제외하고는 현존하는 성경 중 가장 오래된 것이다. 그러나 통상 우리가 알고 있는 구약 전체를 번역한 넓은 의미의 70인역, 즉 고대 헬라어 역본의 출간은 이 보다 거의 200년 후의 일로 알려져 있으며, 이 보다 더 200년 후에는 오리게네스의 헥사플라에 의해 교정되고, 성 제롬의 의견을 따르자면, 훼손되었다(김주한 69).

『셉투아긴타』, 즉 70인역의 탄생에 관해서는 위서(僞書) 논쟁이 있어왔지만, 주전 2세기경 출현한 「아리스테아스의 편지」에 의하면 70인역은 원래 유대인 지파 12파에서 각 6인씩 선발된 72인에 의해 72일 동안 번역되었으며 이때 번역된 부분은 모세 오경뿐이라고 전하고 있다. 그러나 주후 2세기경 랍비 문헌들은 번역가의 수를 70명으로 기록하고 있으니 이는 이스라엘의 장로들의 수가 70인이라는 것과 우연의 일치를 보이게 되어 이후 70인을 의미하는 "호이 헤브도메이콘타"로부터 그 이름인 70인역이라는 이름으로 굳어진 것 같다(Jobes & Silvqa 45-46).

외경을 포함한 70인역은 순교자 유스티니우스, 이레니우스 등의 2세기경 초기 교부들에 의해 인정을 받았으며, 키프로스의 주교 에피파니우스는 심지어 72명의 번역자들이 2명씩 짝이 되어 따로 히브리어 성경을 그리스어로 번역하였으나 36개의 번역물이 똑같이 일치하였다고 주장하여 이 번역 작업이 성령에 의한 것인가에 관한 아우구스티누스와 성 제롬의 논쟁을 후대에 유발하였다. 반면 유대주의자들에 의한 성경 번역들은 2-3세기에 출현하였다.

6개의 본문을 병행 나열하고 상호 비교하고 있는 오리게네스(Origenes, 185?~254?)의 『헥사플라』(Hexapla)는 당시 유행하고 있었던 세 유대주의 역본을 활용한 것으로 되어있으나, 실제로는 70인역을 저본(底本, Vorlage)으로 히브리어 본문에 나오는 극히 일부분만을 보충해 넣은 것으로 알려져 있으며, 그 순서는 차례대로 히브리어 본문, 히브리어 본문 음역, 아퀼라 역(약 140), 심마쿠스 역(약 170), 70인역, 테오도티온(약 2-3세기) 역이다. 기원전 50년경에 완성된 70인역이 심마쿠스본 뒤에 위치하는 것이 의아스럽기는 하다. 성 제롬(약 345-420)은 헬라어 70인역의 정확성에 의구심을 가져 히브리어에서 직접 번역한 라틴어 신약 성경을 낸 것으로 되어 있으나, 제롬의 히브리어에서의 직접 번역에 의혹을 제기하는 의견 또한 존재한다.

일부 신약성경의 저자들은 종종 헬라어 구약성경을 직접 인용함에도 불구하고, 해당어의 본문과 엄밀하게 대조하지 않은 채 라틴어 구약 성경을 펴내었다고 전해진다. 이는 초기기독교가 신봉한 70인역을 무시한 처사로서, 70인역을 선호한 동방교회와 제롬의 성경을 받아들이게 되는 서방교회의 분열을 예고한 아우구스티누스(354-450)의 빈축을 산 바 있다. 성 제롬이 참조하였던 히브리어 성경은 맛소라 텍스트 이전의 '원 맛소라'로 추정된다. 이상은 김동주의 논문과 김주한의 논문을 간략히 정리한 것이다.

6. 인터넷을 통하여 소위 백과전서적 지식을 습득할 수 있다고 생각하는 일부 과학자들의 자만으로 비롯된 폐해인데, 그들은 인문학 관련자들의 보다 더 전문적인 지식에 자문을 구하기는커녕 사실을 바로 잡아 주어도 듣지 않을 만큼 완고함과 우월감에 가득 차 있다. 한 가지 예를 들어보면 이렇다. 필자는 인공지능의 시대에 신의 죽음에 이어 인간의 죽음을 말하는 동료 과학자를 알고 있는데, 니체 발 '신의 죽음'이 어불성설이며 대중적 지식에 기반한 오류라고 말해 주어도 그에게는 마이동풍격인 것을 확인한 적이 있다. 과학자라면 오히려 사실에 기반 하여 논의를 전개해야 하지 않는가? 인문학적 지식 또한 일정 범위 내에서는 사실의 범주에 속한다는 사실을 자연과학자들은 인정하려 하지 않는다. 니체가 말한 신의 죽음은 타락한 교단으로서의 기독교가 신봉하는 신의 죽음이지, 신 개념의 사라짐을 의미하지 않는다. 실제로 니체는 신을 부정하지 않았고 이는 그의 종부성사로 이어진다.

7. 한국어에서 처녀(處女)의 뜻은 1) 아직 결혼하지 않은 성숙한 여자라는 뜻과, 2) 성경험이 없는 여자, 즉 정녀(貞女) 또는 동정녀(童貞女)의 뜻을 갖고 있다. 아

카드어에서 "아가씨"로 번역되는 "kallātu"는 "시집갈 처녀나 갓 시집온 새색시를 말한다"(조철수 2003, 561 주 37). 젊은 여자, 소녀, 처녀, 남편 없는 과부 등으로 번역되는 "알마"에 대한 용례로는 창24:43, 출 2:8, 시 68:25, 요엘 1:8 등 참조.

8. 이러한 의견에서 한 발짝 더 나간 것이 성 제롬의 알마와 베툴라에 대한 구분이다. 그에 의하면 알마는 "숨겨진"(pokryphos) 처녀이어서 "단순한 처녀"[bethuala]보다 사람의 눈에 띄지 않은 꼭꼭 숨겨 놓은, 성모마리아나 이삭의 배필이 되는 레베카와 같은 진짜 처녀이다. 따라서 그에게 있어 우리가 말한 "처자"의 상당어는 "naarah"이다(Jerome Adverso Jovinian I.32; Koren 98 재인용). 다소 억지스럽다.

9. 이러한 중요한 사실을 마가와 요한이 전혀 언급을 하고 있지 않은 것은 이상하지 않은가? 물론 필자는 이에 대한 상투적인 답을 알고 있다. 예수의 다른 모습을 다른 시각에서 다양하게 기술했기 때문이다. 공관(synoptic)복음이란 말 그대로 여러 관점을 다양하게 기술한 성서이기도 한데, 이렇게 본다면 공관복음은 제설혼합(syncretism)에서 자유롭지 않다.

10. 요한복음 19:25절은 다음과 같다. "예수의 십자가 곁에는 그 모친과 이모와 글로바의 아내 마리아와 막달라 마리아가 섰는지라." 말 그대로 읽으면 예수의 "이모와 글로바의 아내 마리아"는 다른 사람이다. 문제는 또한 르낭이 별도의 설명이 없이 "예수의 친동생들은 예수를 반대했지만, 이 사촌형제들은 젊은 스승을 열심히 섬겨, 〈주님의 형제〉라는 칭호를 얻었다"(107)고 다소 억지스럽게 주장하는 점에도 있다. 이런 주장을 하려면 최소한 "예수의 친동생들"이란 표현을 쓰지 말았어야 했다. 구차하다.

11. 이와 관련하여 '선악과'에 관한 라틴어 번역으로 유명한 성 제롬(347?-420)의 엄격하고 극단적인 금욕주의와, 동정녀 마리아의 영원한 순결성에 대한 믿음과 반하여, 소위 예수를 잉태했을 때는 처녀이고 이후 예수의 형제자매를 출산했을 때는 처녀가 아니어 히브리어 "알마"를 처자의 의미인 "neanis"로 이해하고 있다고 추정되는 오리게네스를 따르는 조비니아누스, 펠라기우스, 헬베디우스 등의 입장 차이와 그들과 성 제롬의 갑론을박을 여기서 간단히 정리할 수는 없다. 성 제롬의 독신주의는 '동정녀 마리아'를 고수하는 그의 입장의 연속이라는 사실을

언급하고 넘어가자. 이에 관한 간단한 소개는 김동주, 김주한, 그리고 1장의 성제룸에 관한 부분 참조.

12. 다소 추측성이 강한 인문과학서 『자연, 예술, 과학의 수학적 원형』의 저자 쉬나이더(Michael Scheneider)는 다음과 같은 흥미로운 보고를 하고 있다. 처녀를 상징하는 숫자인 7과 이의 기하학적 표상인 정칠각형은 그에게 왜 숫자 7과 연관된 인물들이 소위 처녀잉태와 관련이 있는지를 설명해주고 있다.

> 정칠각형은 다른 모양들처럼 베시카 피시스의 '자궁'을 통해 태어나지 않는다(그리고 태어날 수도 없다). 이것은 왜 처녀 수인 7에 들어갈 수 없으며(7이 나누어지 않으며), 7이 10 이내의 다른 수들을 낳을 수 없고, 따라서 7을 붙잡을 수 없는지 설명해준다. 단지 그것은 태어나지 않았기 때문이다"(252).

처녀가 자궁을 통하여 태어나지 않는다는 주장은 아테나와 같은 처녀신들이 정상적인 자궁 출산을 거치지 않고 인도의 사제 계급처럼 머리로부터 유출한다는 설(immaculate conception)을 강력히 지지하고 있는데, 성안나와 성모 마리아의 경우가 이에 해당한다고 할 수 있다. 처녀는 자궁을 통해 출생하지 않는다는 이야기는 예수의 성처녀 출생설(natality), 그리고 많은 신화와 전설의 위대한 주인공들의 "자궁 외 출생설"(extra-canal birth)과 무관하지 않다. 이에 관해서는 8장과 10장의 아테나 여신에 관한 논의를 참조하자.

13. 성모 마리아께서 독생자 예수뿐만 아니라 최소 6명의 자식을 두었다는 사실을 인지하고 있는 사람들은 많지 않았다. 필자가 문의해 본 결과 한국의 개신교도들과 가톨릭교도들도 태반이 이러한 사실에 주의를 기울이지 않고 있었다. '처녀'에 대한 언급을 하고 있는 히브리, 헬라스, 그리고 메소포타미아 문명의 자료들에 대한 원본 대조작업과 이에 대한 연구는 이 방면의 전문가의 몫이다. 대학교육에서 고전어의 습득과 고전문헌의 가르침이 절실하게 필요한 소치를 필자의 미거한 글이 입증하고 있다.

14. 이에 대한 보다 자세한 논의로는 이 책의 7장 3절 참조.

15. 헬라스의 아르테미스와 소아시아의 아르테미스의 지역적 차이와 더불어 소아시

아의 아르테미스가 "다산과 풍요의 '어머니' 신이면서 출산을 관장하는 '처녀' 신이고, 달의 여신으로서 신비적인 '긍정적' 아니마이며, 유혈 제물을 받는 잔인하고 냉혹한 '부정적' 아니마"라는 국내의 논의로는 최혜영 2018, 328-329; 장영란 2015, 240-241 각각 참조.

16. 3세기 로마의 교황 히폴리투스(Hyppolitus, 170~236)는 이단에 대한 논박서인 『철학사상』(*Philosophoumena*) 1권에서 엘레우시스 비의를 집전하는 신전사제(hierophant)의 외침을 다음과 같이 기록하고 있다. "처녀가 신성한 소년을 낳았다! 브리모는 브리모스를 낳았다!" 사자의 땅과 관련된 여신들의 "분노하는", 또는 "무서운" 등의 모습을 의미하는 수식어 브리모(Brimo)는 이러한 문맥에서 볼 때 지하로 유괴된 곡식과 풍요의 처녀왕 페르세포네로 일단 추정되며, 브리모스(Brimos)는 그녀의 아들인 이아코스(Iacchos)임이 분명하다.

17. 페플로스가 그러나 베일이 아니라 여신에게 입히는 원피스형의 약간은 두꺼운 튜닉이라는 견해, 그리고 아레포로스와 카네포로스(kanephoros)의 차이에 대해서는 김승중 275, 351, 231 참조. 아크로폴리스로 이어지는 그들의 축제인 아레포리아(Arrhephoria)와 소녀들인 아레포로이에 대한 파우사니아스(Pausanias)의 언급에 대해서는 Deacy 88-89 참조. 파르테논이라는 이름 자체의 유래에 대해서는 위키백과가 잘 요약하고 있다. https://ko.wikipedia.org/wiki/%ED%8C%8C%EB%A5%B4%ED%85%8C%EB%85%BC_%EC%8B%A0%EC%A0%84(2021.4.25. 검색).

18. 이와 관련이 있을지는 모르지만 그리스어 팔라스(παλλας)는 소녀를, 그리고 이의 남성형(πάλλας)이 소년 또는 아이를 의미하기도 한다는 사실에 대해서는 7장의 주석 2 참조.

19. 파르테노스가 결혼을 하여 아이를 낳으면 "gyne"로 불리어지고, 아직 출산의 경험이 없으면 "nymphe"로 칭했다는 주장에 대해서는 Zaidman 360, 365-366 참조.

20. "virgin"은 "vir"(남자), "vis"(힘, 용기, 무력)와 "낳다", "생성하다"는 뜻의 "geno-"(원형 gigere)와의 합성어인데, 특별히 "남자를 낳는다"는 의미의 동사에서 파생한 명사이다.

21. 하딩이 인용하는 존 던(John Donne)이 아내 앤 모어(Anne More)가 죽은 후 개심하여 신에 대한 사랑을 표현하는 구절에 대한 이 부분의 이재호 교수의 한국어 번역 중 "정숙한 사람"은 김정란 번역에서는 "정숙한 여자"로 되어있다. 그러나 영어 원본도 그렇고 던의 이 부분에 대한 프랑스어 번역은 영어 원본처럼 서술형으로 단순히 "정숙해질 수 없어요"(ne jamais chaste 232)로 표기되어 있다. 번역자들의 젠데 이데올로기를 엿볼 수 있는데, 한국어 사전은 정숙(貞淑)의 의미를 다음과 같이 밝히고 있다. "행실이 곧고 마음씨가 맑고 고움." 정녀(貞女): 숫처녀. 물론 던의 시에서 당신을 "남"신으로 그리고 강탈당하는 모든 사람들을 여성적인 사람들로 해석하면 김정란의 번역이 더 어울린다고 역설할 수 있다.

22. 신이 은유라는 언급은 그러나 마땅히 신 또는 신성을 누미노제(numinose), 즉 성스러움 또는 신비로 보는 오토(Rudolf Otto)의 사유와는 구별된다. 성스러움, 또는 파스칼이 표현한 바 있는 '위대한 신비'(magnum mysterium)은 수사학으로는 토톨로기가 들어서는 길목이며 성경에 대한 축자적 해석과도 관련이 있다.

23. 호색적인 남녀신들에 관한 신화소는 다음 쪽에서도 연이어 언급되고 있듯이 청동기 시대 이후 호색적인 남신들에 관한 신화소로 변하는데, 키토(H. D. F. Kitto)는 신의 호색이 희랍의 경우에서도 알 수 있듯이 먼저 있던 신인 여신을 대개의 경우 남신의 아내로 규정하고, 원주민들의 "지역에서 내몰린 신들이 점점 더 제우스나 아폴론과 동일시되면서, 제우스와 아폴론이 은총을 입은 많은 여신들, 요정들, 인간 여인들에게서 엄청난 수의 후손을 낳은 셈"이 된 "우연적 결과"(300-301)라고 다소 실증적인 해석을 가한다.

어떠한 경우이던지, 만약 신이 존재하는 실체가 아니라 관념이라면 신에 의한 강간은 없었던 셈인데, 폭력과 살상의 대표적인 신화소인 제우스에 의한 크로노스(Kronos)의 제거 또한 당연히, 엄밀히 말한다면 크로노스가 아니라 흐로노스(Chronos)가 시간의 신이라는 의견 또한 존재하지만, 시간인 크로노스를 정복하고 다스리는 제우스를 부각시키면서 세상의 기원을 해명하기 위한 희랍인들의 지적인 시도임은 물론이다.

24. 일본의 신성혼에 관한 풍습은 신성혼과 매춘에 관한 우리의 논의에 유용할 것 같아 잠시 논하기로 한다. 히구치 기요유키는 매춘부가 신관명이나 비구니라는

이름으로 불린 사실을 설명하며, 성혼, 즉 신혼(神婚)은 무녀적 존재인 히메, 즉 신녀(神女)의 접대 매춘에서 시작되었다는 설을 소개한다. "신녀는 신의 대리인과 인간이 접촉한다는 신앙에서 자기를 찾아온 사람들과 하룻밤의 인연을 맺는다고 한다. 이런 일이 계속되면 언젠가 그녀들은 임신하는 경우가 있을 수 있다. 그럴 경우 상대 남자가 누구인지 모르기 때문에 신앙의 세계에서는 그녀들을 신과 교접한 결과 임신했다고 한 것은 아닐까? 신녀에게서 여자아이가 태어나 성장하면 역시 신녀가 된다. (…) 어떤 신앙 집단도 초기에는 잡혼제였다. (…) 세상은 그 아이를 사생아로 부르고 잡혼제를 난교(난교) 등으로 비하하지만, 그 집단 내에서는 결코 부끄러운 일이 아니다. 그것은 그들 자신이 공인한 신앙인 것이다. 더구나 역사적으로도 이러한 풍습은 존재한 듯하다"(44-45).

신을 섬기면서 신사 근처에서 매춘을 하는 여자를 다유우, 오이랑(= 화괴(花魁)), 혹은 고젠(御前)이라 불렀는데, "신을 섬기는 여성 대부분이 접대 매춘을 했는가 하면 결코 그랬던 것은 아니다. 참배인과 하룻밤을 함께 지내는 것은 하급 무녀들이었는데, 후세에는 신사와 관계없는 직업 매춘부가 많이 생겼다. 정식 무녀나 무희 등은 오히려 신의 여자로 성을 터부시한 경우가 많았다"(54-56, 59)고 히구치는 계속 전하고 있다. "성은 본래 신성"하다는 사고방식이 여전히 존재한다는 것인데, 도쿄의 아사쿠사에 위치한 오오토리 신사 관음전 뒤에는 요시와라 유곽이 있어 신사참배 이후 유곽 방문이 이루어진다고 히구치는 또한 보고하고 있다(117). 신성혼과 매춘의 상관관계를 고찰할 수 있는 언급인데 마지막 언급은 신성혼과 매춘을 일정 부분 분리하는 언급으로 해석될 수 있다.

25. 키프로스와 페니키아 지방을 포함한 서부 아시아와 소아시아의 신전매음에 관해서는 Harris 157 참조.

26. 수메르문명에서 인류를 창조하여 인류에게 지혜 또한 전해 주는 신 엔키 또한 장자이지만 서자로 등장한다. 일연의 『삼국유사』 또한 환웅을 환인의 서자(19)로 밝히고 있어 흥미롭다. 서자(庶子)의 의미에 대해서는 논란이 이어져 왔으며, 20세기 초 일본의 식민사관은 "庶"의 의미에 대한 충분한 논의 없이 이를 악용한 바 있다. 히브리 문명에서는 아론과 모세, 모세와 파라오, 이쉬마엘과 이삭뿐만 아니라 "대신하는 자"(supplanter)라는 의미의 야곱과 그의 형 에서의 경우

도 그러하다. 카인과 아벨의 경우는 그 반대로 볼 수도 있지만 여전히 장자인 카인이 그에 합당한 대접을 제대로 못 받는다는 측면에서는 이와 유사한 신화적 서사소로 간주할 수 있다.

첫 번째 아이를 버리거나 죽이는 풍습은 중국에서도 관찰된 바 있는데, 유달림은 이를 "모계사회에서 부계사회로 넘어가는 과도기적 산물"로 보아 '군혼 잡교'(communal marriage)나 '난혼'(promiscuous marriage)이 여전히 성행하던 시기에 "많은 여성들이 혼전에 남자와 성관계를 가졌던 반면 부계 계승제가 이미 시작된 [시대의] 남자들은 자신의 재산을 확실한 자기 혈통의 자녀에게 주고자 하였"던 풍습의 일부분이라고 추측하며 많은 예를 들고 있다(184-186).

대개 위대한 인물의 탄생설화에서나 민족의 시조 신화에서 아비가 밝혀지지 않는 모계시대의 탄생신화는 동양권에서는 '감응 탄생 신화'로 알려져 있는데, 이는 큰 인물은 하늘이 내린다는 신념에 기초하여 위대한 인물의 신성을 강조하거나, "군혼잡교"(hetaerism Bachhofen 2)가 성행하던 시기에 아비를 알 수 없는 아들의 출생을 설명하기 위한 서사적 장치로 보인다(유달림 157-160).

27. 이에 관한 기독교적 사유로는 요한복음 10장 34-36절의 말씀, 즉 "예수께서 가라사대 너희 율법에 기록된바 내가 너희를 신[들](theoi)이라 하였노라 하지 아니하였느냐 / 성경은 폐하지 못하나니 하나님의 말씀을 받은 사람들을 신[들](theoi)이라 하셨거든 / 하물며 아버지께서 거룩하게 하사 세상에 보내신 자가 나는 하나님(theos) 아들이라 하는 것으로 너희가 어찌 참람하다 하느냐"를 위시하여 "하나님이 너희 아버지였다면, 너희가 나를 사랑하였으리니"(8장 42절)에서도 표현되고 17장 11, 21, 22, 23절에서도 반복된다. 신과 하나님이 "theos"로 같이 표기되고 있음을 눈여겨 볼 일이다. 원죄에 관한 필자의 입장에 대해서는 1장의 마지막 부분 참조.

독일의 관념철학을 완성하는 아도르노의 부정의 변증법 또한 인간을 부정적인 의미에 있어서 신들로 파악하고 있어 흥미롭다. "구 칸트 학도인 미노나는 주체를 노골적으로 신화화하며, 오만으로서의 관념론을 표명한다. SF와 로켓공학은 그런 사변적 결론들과 쉽사리 양해된다. 실제로 모든 별 가운데 지구에만 이성적 존재가 산다면, 그것은 일종의 형이상학적 현상일 것이다. 그러나 형이상학은 그것의 백치적 성격을 비난할 것이다. 결국 인간은 실제로 신들일 텐데, 다만 그 점을 알지 못하게 막는 속박 아래 존재하는 신들일 것이다. 그렇다면 어떤 신들이겠는가! 물론 우주를 지배하지는 못하는 신들이며, 이로써 다행히도 그런 사변들은 다시 사라질 것이다"(Adorno 511). 이에 대한 국내 학자의 논의로는 배철현의 「이마고 데이?」(『기독교사상』 2002.3: 184-98); 「"하나님의 아들들," 천상회의에 속한 신적 존재들」(『기독교사상』 2002. 5: 207-17); 「인간은 하나님이다: 창세기 1:26의 Imago Dei에 대한 재해석」(『종교학연구』 2003: 25-50) 등을 참조할 것.

28. 신화를 비유로 해석하는 경우의 효용성은 불교의 경우에도 해당한다. 부처님의 오른쪽 옆구리 탄생설이나 출생 시의 기적, 즉 태어나자마자 일곱 걸음을 걸었다는 것도 비유로 이해될 수 있다. 바라문이 아테나 여신처럼 머리로부터 태어난다면 크샤트리아 계급이 옆구리에서 태어난다는 비유적 표현이 언어적 관습인 것처럼, 부처의 천상천하유아독존을 외치는 7걸음 또한 지옥, 축생, 아귀, 아수라, 인간, 천상의 육도윤회를 여의게 되는 걸음으로 해석되어 왔는데, 엘리아데(Mircea Eliade)는 흥미롭게도 이를 샤만, 즉 무당이 하늘과 접신할 때 사용했던 자작나무의 일곱 개의 홈으로 해석한다(364; Brosse 70 재인용).
   이와는 약간은 다른 양상을 띠고 있지만, 신화적인 혹은 범상치 않은 역사적 인물들의 난생설화 혹은 옆구리 출생설은 비일비재하다. 혁거세는 나정이라는 우물에서 알의 모습으로, 알영은 알영정의 계룡의 옆구리에서 태어났다고 『삼국유사』는 전하고 있다. 현대적인 시각으로 본다면 제왕절개로 태어난 이들이 모두 존귀한 존재라는 웃지 못 할 해석이 가능해지는 순간인데, 여성의 자궁에 대한 비하의식이 깔려 있다고 볼 수 있다. 셰익스피어의 『맥베스』는 이를 기계적으로 이용하여 극의 결말을 맺는다. 인도에서는 천한 수드라 계급은 가랑이에서 태어난다고 되어있다. 부처의 옆구리 유출설에 대해서는 이 책의 11장 주석 31 또한 참조.

29. 이시스의 호루스 잉태를 성령에 해당하는 "카"의 교통으로 파악하는 의견 또한 개진되었다(요시무라 77-78; Dunand 42; 맹성렬 210, 264-268 참조). 그들이 주장하고 있는 성령에 의한 성모마리아의 아기 예수 잉태는 우리가 논하고 있는

처녀잉태와 또한 궤를 같이한다.

30. 아쉐라가 엘 또는 야훼의 배우자라는 논의에 관한 자세한 설명으로는 1장의 주석 16을 참조.

31. 아이를 출산할 시 율법에 따라 태어난 지 33일 만에 예루살렘에 가서 속죄 제사를 지내고 당시 발효된 호적령에 따라 예루살렘을 거쳐 여기로부터 10km 떨어진 베들레헴을 방문하는 것이 합리적이었을 것이라는 주장에 대해서는 http://blog.naver.com/PostView.nhn?blogId=mgblsori&logNo=220563431302, http://blog.naver.com/PostView.nhn?blogId=apectria&logNo=150938950 각각 참조. 이 인터넷 사이트가 원용하는 레위기 12:2-4에는 남아인 경우 33일, 여아인 경우 출생 66일을 지나 회막(tabernacle) 성소에 들어 번제를 지낸다고 말할 뿐, 이것을 예루살렘의 회막이라 밝히고 있지 않다.

모세(기원전 1526~1406 추정)에게 전하는 레위기의 이 율법에서 예루살렘 성소가 그 당시 기능을 하고 있었는지 그리고 모든 제사를 모세 시대는 아니었겠지만 예수 탄생 전후에는 오로지 예루살렘 성전에서만 주관했는지, 또한 신앙심이 깊은 요셉이 지켜야 할 율법도 아닌 로마인 총독 구레뇨의 호적령이 시행된 정확한 시기가 언제였는지 "성서에 근거해" 밝힐 일이다. 예루살렘 동쪽 모리아 산에 지은 솔로몬이 지은 예루살렘 성전의 최초 건립 시기는 기원전 968~961이다. 사실을 거론하기 시작하면 사실에만 충실해야 한다. 베들레헴은 예루살렘에서 남서부 직선거리 10킬로미터 떨어져 위치한다. 필자의 모 동료교수는 성령이 인도하여 이 어려운 길을 갔다고 주장한다. 복 있을진저, 신앙심이 깊은 사람들은 그리고 화 있을진저!

32. 이러한 면에서 필자는 프로이트의 말을 그대로 받아 들여 "왜 성적 쾌락은 고귀한 아내보다 천한 대상에서 느끼는가"를 반문하며 "죄의식에서 벗어나 성을 즐기는 대상은 천한 대상이어야" 하며 "어머니를 창녀의 수준으로 끌어내려 이 두 가지 성향을 이어보려 하거나 장애물이 있을 때만 성을 느끼는 결과를 낳는다"(권택영 11)는 해석에 동의하지 않는다. 라깡의 지적대로 남성들은 성처녀에게도 욕망을 느끼기 때문이다(홍준기 292).

"처녀성 혹은 처녀성을 처음 범하는 행위defloration를 두려워하던 금기는 처음 처녀성을 범할 때, 자신의 기관이 파괴된 것으로 인한 '자기애적 상해'(narcissistic injury) 때문에 여성이 남성에게 공격적이 되는 것을 두려워하기 때문이다"(신명아 1999, 42-43)는 처녀(성)에 대한 남성의 두려움을 일의적으로 해석하고 있는 입장에도 또한 필자는 유보적이다. 꼭 그렇지만은 않다.

33. 3세기 말~14세기 초 원나라 사람 주달관의 『진랍풍토기』(眞臘風土記)에 나오는 크메르의 진담의식과 처녀성, 그리고 풍요에 대한 상관관계를 논의한 김용옥에 의하면 '진담'은 캄푸챠 말로 "미성년의 남녀"(2005, 37)를 뜻하는 말로 학덕이 높은 승려에 의해 이러한 의식이 행해졌다고 한다. "이러한 행위가 공적인 승려의 재량으로 확보되어 있는 한에서는 우리는 이것을 음란한 행위로만 간주할 수는 없다. 그리고 한 승려에게 일 년에 단 한번만 허용된다는 제약적 조건이 있다. 승려의 행위는 신적인 행위로서 의미가 부여되므로, 그녀의 처녀막은 누구의 소유물도 아닌 것이 되어버리는 것이다. (…) 아내가 많은 남성들과 성교를 하는 것을 바로 남편이 자랑스럽게 생각한다든가, 부모가 딸에게 천만 명의 품에 안기는 매력 있는 여자가 되라는 축복을 내리는 것은 모든 이러한 여성의 생산성에 대한 예찬이다. 여성의 질구야말로 시바의 요니며 링가이다. 그것은 인간의 소유의 대상이 아니라 신적 경배의 대상이다"(2005, 49~50). 그러나 7~11세기 미얀마의 아리 불교(Ari Buddhism)에서 행해지던 "순결한 꽃 의식", 즉 초야를 신부의 아버지와 보내던 밀교적 전통의 의식에 대해서는 그 의견이 분분하다.

34. 기록상으로 본다면 서양 문화권에서 최초로 초야권을 행사한 사람은 길가메시로 되어있는데, 서사시는 이를 다음과 같이 기록하고 있다. "그의 큰 욕망 때문에 모든 딸은 어머니의 품으로 마음 편히 가지 못할 뿐 아니라, 장군의 딸이건, 새신랑의 각시이건 모두 그렇습니다." "그는 새 신부가 누구이건 간에 전혀 상관하지 않고 같이 누울 수 있습니다. 새신랑이 그녀와 눕기도 전에 말입니다"(김산해 2005, 75, 333).

김산해에 의하면 "바빌로니아 여성은 이름 모를 나그네에게 (…) 고대 로마의 신부는 남근 상 (…) '신(神)의 남근 상'에 올라가 그 무릎 위에 걸터앉아야만 했다. (…) 결혼 전에 신전이나 사원에서 매음하는 종교적인 습속은 서아시아에서 인도에 이르는 지역에 걸쳐 널리 행해졌"는데 "지역에 따라서 브라만들에 의해 초야권도 행해졌으며, 불임 치료를 위해 신전에서 하룻밤 머물면서 신의 대리인에게 사랑의 기술을 선물로 받았던 여성들도 있었다고 한다"(2005, 335).

초야권에 관한 이야기는 아니지만 박경리의 『토지』에도 이와 비슷한 줄거리가 나오는데, 서희는 친할머니가 그녀의 아들이 불임임을 알고 백일기도 치성 가운데 임신하게 만든 스님의 딸로 기술되어 있으며, 서희의 모친은 서희의 부친이 되는 스님을 찾아 지리산으로 들어가 병사하고 만다. 서양의 역사에서 〈피가로의 결혼〉 또는 〈브레이브 하트〉에 나타나 유명해진 초야권이 사실상 존재하지 않았고 허구라는 주장에 대해서는 김응종 참조. 이와는 약간 다른 말이 되겠지만 군신이 한 여자, 주로 가신의 아내를 공유했던 일본의 봉건시대 접대혼의 경우에 대해서는 히구치 기요유키 201 참조.

35. 이 시는 그보다 10살 연하인 조피 폰 퀸이 결핵으로 세상을 하직하자 4년 뒤인 1801년 3월 25 같은 병으로 세상을 떠난 노발리스의 자살에 가까운 죽음과 죽음을 열망하는 '영원과의 일치'(unio mystica)라는 서정적 주제를 염두에 두고 우선 읽어도 된다. 테니슨(Alfred Tennyson)의 추모시 *In Memoriam*의 주인공 아서 할람(Arthur Hallam)이 주 예수를 의미하는 것과 유사하다. 원문을 소개하면 다음과 같다. "Im Tode ward das ewige Leben kund — / Du bist der Tod und machst uns erst gesund." "gesund"를 필자는 "건강하게", "유익하게" 보다는 "선하게"로 옮긴다.

"강제적으로 은유 관계를 만들어내는 운(韻)"(Bachelard 『의지의 몽상』, 171)의 개념이 여기서 장황하게 언급될 필요는 없다. 죽음에서 삶이 "알려진"(kund) 까닭은 은유 혹은 비유를 통하여서가 아니라 예수를 통하여서 죽음이 이미 사실로서 삶이 되고 있기 때문이다. 죽음을 겸허히 받아들일 때 홀연히 삶은 다시 열리는 법이다. "[누구든지] 나를 위하여 자기 목숨을 잃는 자는 얻으리라"(마 10:39). 예수는 이를 실현하였고 우리의 선조들도 그렇게 살아 왔지만 우리도 또한 계속 그러해야 될 것이다.

36. 문학은 끊임없이 이러한 창녀와 처녀의 이분법을 거부하면서도 재생산해 내는 악순환을 거듭해 왔다. 부인하고 성관계를 하면 근친상간이라는 어처구니없는 말들이 시대를 표류하고 있다. 한국 영화 〈여자는 남자의 미래다〉나 한국의 방

송드라마 〈장미 빛 인생〉에서 간간이 언급되고 있는 "부인과 잠자리를 같이하면 근친상간이다"라든가 "가족끼리는 잠을 같이 자는 것이 아니다"와 같은 언급은 '처녀와 창녀'의 이율배반적 이데올로기와 혼외정사를 부추기는 기묘한 이야기의 합성으로 나타난 현상의 일부이기도 하다. 영화 〈올드 보이〉의 칸느 국제 영화상의 수상, 그리고 일정 부분 한강의 『채식주의자』 또한 한국의 문학과 영화가 오이디푸스와 이로부터 파생된 근친상간 금기라는 서양의 신화를 전용하고 있다는 한 증거이기도 하다. 이러한 논의에 대해서는 부분적이긴 하지만 이 책의 11장 베트남 전쟁 문학에 나타난 여성과 죽음 부분을 참조.

37. 하느님의 아들과 신 또는 주(kyrios; adonai)는 구별되어 사용되어야 한다. "유대인들에게 '신의 아들'이란 신과 특별히 가까운 위치에 올라 신의 권한을 위임받은 지극히 평범한 인간을 의미했다. 예언자, 왕, 사제들도 모두 '신의 아들'로 불렸다. 그런 의미로 보면 사실 성서에서는 모든 이스라엘인을 '신의 아들들'로 여겼다. 복음서에서 예수는 신을 '아버지'라고 부르지만, 신이 자기 제자들의 아버지이기도 하다고 분명히 말하고 있다(Armstrong 154-155).

암스트롱이 인용하고 있는 대목은 그녀가 주석에서 밝히듯이 출 4:22, 호세아 11:1, 로마서 8:14-17, 갈라디아서 4:4-7, 마태 7:11이다. 바울과 복음서 기자들이 예수를 신이라 칭하지 않고 단지 "신의 아들"이라 칭했다는 주장들인데, 요한은 이보다 더 나아가 "하나님의 말씀을 받은 사람들을 신"이라 말하고 있다. 이러한 구절에 대해 의구심이 생길만하기도 한데, 창세기의 신명이 "우리"('ĕ·lō·hîm)로 또한 표기되어 있고 십계명의 제1계명, 즉 "너는 나 외에는 다른 신들('ĕ·lō·hîm)을 네게 있게 말지니라"는 구절을 상기하여 보면 의구심은 일소될 수도 있으리라 본다. 일신교는 다신교를 기초로 하지 않고는 성립될 수 없다. "엘로힘"이 문법적으로는 복수형이지만 단수 명사로 쓰였다는 항간의 주장은 이러한 "우리"를 근거로 삼위일체를 주장하고 있지만, 궁색하다.

외경으로 분류된 에녹 1서 6-8장에도 나오는 이야기이지만 창세기 6장의 반인 반신의 '네필림'(nephlim)에 관한 다음 구절도 우리의 논의를 위해 참고할 만하다.

사람이 땅 위에서 번성하기 시작할 때에 그들에게서 딸들이 나니 / 하나
님의 아들들이 사람의 딸들의 아름다움을 보고 자기들의 좋아하는 모
든 자로 아내를 삼는지라 / 여호와께서 가라사대 나의 신이 영원히 사람
과 함께하지 아니하리니 이는 그들이 육체가 됨이라 그러나 그들의 날은
일백이십 년이 되리라 하시니라 / 당시에 땅에 네필림이 있었고 그 이후
에도 하나님의 아들들이 사람의 딸들을 위하여 자식을 낳았으니 그들
이 용사라 고대에 유명한 사람이었더라(창 6:1-4)

하나님의 아들들에 대한 성서 원문 표기는 "ve·nei- ha·'e·lo·him"으로 되어있는
데, 분명히 모세의 제1십계명에서처럼 똑같은 하나님의 이름, 즉 "ě·lō·hîm"이
쓰이고 있다. 여호와의 품위와 우리가 흔히 하나님으로 번역하는 신 엘로힘의
품위가 혼용되고 있다.

요한복음을 따르자면 성경은 폐하지 못한다. 창세기는 "하나님의 아들들"
(hā·'ě·lō·hîm)이라는 표현을 사용하고 있으며, 요한복음은 예수를 따르는 이들,
즉 인류를 일컬어 신들(Θεοί, deos)이라 분명히 표기하고 있다. 시편 82:6절의
다음과 같은 구절, 즉 "내가 말하기를 너희는 신들이며 다 지존자의 아들들이라
하였으나"에서도 신들은 엘로힘으로 또한 표기되어 있으니 축자영감설을 주장
하는 이들이 마땅히 참고할 구절이다. 이어지는 82:7 구절은 "너희는 범인 같이
죽으며 방백의 하나 같이 엎어지리로다"와 같으니 일부 그리스 신화에서처럼 신
또한 죽음을 면치 못하는 위인으로 기술되어 있음 또한 눈여겨 볼 일이다. 죽음
에 이르는 존재로서의 인간과 신의 동일성!

38. 이러한 의미에서 서양 문화를 "참된 의미에서 타자를 잉태하고 생산하지 못하
는 불임의 문화", "영원한 처녀 신 아테네[sic]"가 대표적 예인 동정녀의 나르시시
즘과 불임의 문화(김상봉 379), 그리고 그에 동조하면서 "서양 정신이 다만 타자
화 된 자기화의 만남을 통해 상상임신을 한 것뿐이라고 생각"(282)하는 가운데
에서 김상봉의 '서로주체성'에 대한 사유를 건설적으로 비판하는 김동규의 멜랑
콜리아 담론에 대한 주의가 필요하다. 김동규도 지적하고 있듯이 서양의 정신이
"서양인들의 타자에 대한 관용; 인정, 환대 같은 타자 개방적인 태도는 모두 폐쇄

적인 자기를 고수하는 태도의 반대급부적인 변용에 불과하다"(274)고 할지라도, 자기애에 대한 비판적 성찰 속에서 나르시시즘 논리의 근거가 되는 동일성을 밀어내는 우울함, 즉 멜랑콜리아가 피어나고 있기 때문이다.

서양은 정말 타자가 존재하지 않았을까? 그렇다면 동양은 타자에 대한 배려를 충분히 실행한 사회이었을까? 암묵적으로 우리는 자신도 모르게 이분법으로 서양을 재단하고 있지는 않는가? "너희 이웃을 사랑하라"는 예수의 격언은 그 이웃에 대한 개념이 동일한 종교 혹은 신앙을 공유하는 공동체만을 사랑하라는 말로 해석되기도 하였지만, 칸트나 후설 하이데거나 데리다에게 있어 서양의 자기 개념이 단지 나르시스적이지 만은 않다는 것이 또한 김동규의 주장이다. 그러나 그럼에도 불구하고 두 철학자 모두 서양 정신을 자기애에 함몰한 상상임신 혹은 '불임'의 문화로 보고 있는 것은 아닐까?

우리가 밝혀왔듯이 아테나 여신 혹은 헤라 여신마저도 생물학적 의미에서 영원한 처녀신이 아니었고 동정녀 마리아 또한 예수를 포함하여 적어도 7명의 자식이 있는 인물로 성서에는 그려져 있다. 서양의 문명에 대한 비판 일변도, 즉 동서양의 문명에 대한 이분법을 벗어나는 계기가 될 뿐 아니라, 서양의 우울 혹은 '서로주체성'에 대한 모색이 다르게 시작될 수 있는 이유이기도 하다. 작금의 많은 어휘와 학술용어는 지금의 의미도 중요하지만 당대에 유통되었던 의미 또한 중요하다. 필자가 선악과의 당대의 뜻과 처녀의 당대적 의미를 되새기고 있는 이유이다.

삶이 있으면 반드시 죽음이 있고,
죽음이 있으면 반드시 삶이 있다.
(方生方死 方死方生)
—『莊子』,「齊物論」

일찍 죽는 것도 좋고 오래 사는 것도 좋다.
태어나는 것도 좋고 죽는 것도 좋다.
죽음과 삶은 하늘의 뜻이다!
(善夭善老 善始善終… 死生, 命也!)
—『莊子』,「大宗師」

그러므로 너희는 뱀같이 지혜롭고 비둘기같이 순결하라
—〈마태복음 10:16〉

모세가 광야에서 뱀을 든 것 같이 인자도 들려야 하리니
이는 저를 믿는 자마다 영생을 얻게 하려 하심이니라
—〈요한복음 3:14-15〉

죽음이 삶과 반대된다고 말하는 것을 경계하자.
삶은 죽음의 한 형태, 그것도 매우 드문 한 형태이다.
—니체,『즐거운 지식』

나의 시작에 나의 끝이 있다…
                 나의 끝에 나의 시작이 있다.
In my beginning is my end…
                      In my end is my beginning.
—T. S. 엘리엇,「이스트 코커」("East Coker")

제4장

선악과나무의 주인인
뱀이 상징하는 지식과 지혜,
죽음과 삶의 결합

1

불사와 영원회귀의 상징이 된 뱀:
신화·종교적 재성찰

500만 년 전 무렵 호모 사피엔스 이전의 존재와 공통 조상을 공유했으리라고 믿어지는 침팬지는 뱀의 출현을 유별나게 두려워한다. 사전에 뱀을 만나본 경험이 전혀 없는 경우에도 마찬가지이다. (…) 인간에게도 뱀에 대한 혐오는 선천적이며 침팬지의 경우와 마찬가지로 청년기에 그 혐오의 강도가 점점 강해진다. (…) 뱀에 대한 혐오의 신경 회로는 아직까지 연구되지 않았다. 우리는 그것을 '준비된 학습'이라고 분류하는 것 외에는 그 현상의 근접인에 대해 아는 바가 거의 없다. (Wilson 『통섭』, 155-156)

이 책의 1, 2장에서 행해진 이브와 선악과의 연관 속에서 그리고 뱀의 신화적인 모습에 대한 논의에서 잠시 말을 비추기는 하였지만, 한국에서는 초가집 서까래에서 살면서 복을 선사하기도 하고 몇몇 경우에는 보신탕으로도 각광 받으면서 상서로운 동물로서, 동양에서는 용과 같은 품위로 대접받고 있기도 하고 있는 뱀의 표면적인 모습과 그 심상은 여전한 선입견인지는 모르겠지만 사실 그렇게 좋지는 않다. 간혹 동아시아 지역에서 뱀과 다정하게 기거하는 아이들에 관한 TV 방송 프로그램들을 볼 때 혹 필자가 인지하고 있는 뱀의 다른 모습이 있지 않을까 의구심이 들기도 하지만, 때로는 독액을 분비하기도 하며 그 아가리를 벌려 포획물을 먹는 장면이 나올 때면 여전히 징그럽고 무섭게 보이는 화상이 인류에게 각인된 뱀의 일반적인 모습이라고 할 수 있겠다.

뱀이라는 것이 인간 내면의 심리학적 투영일터인데(Ricoeur 1967, 257) 우리가 아직도 뱀을 끔찍하게 여기고 있다는 사실은 인간의 욕망과 행위들이, 그리고 후술하겠지만 뱀으로 표상된 신과 이에 대한 인간의 사유가 "끔찍함"과 "두려움"으로 표출되어서 그러한 것은 아닐까? 신들은 귀신과 천사를 막론하고 무서운 법이며 그것을 본다는 것은 유부(幽部)의 비밀을 알며 그것에 다가서고 있다는 것을 의미한다. 영특한 그리고 보기에 따라서는 사악한 두 눈은 말할 것도 없지만 둘로 갈라진 뱀의 혀는 사악한 악마의 두 쪽 난 발굽 또 때로는 갈라진 여성의 성기를 닮았다고 치부되기도 하였고, 동양은 모르겠으나 서양의 통속적인 상상력에서 뱀이 그것의 변형인 용과 함께 사탄의 표상으로 등장하였음은 1-2장에서 장황하게 논한 바 있다. 10여 년 전 개봉되었던 영화 〈그리스도의 수난〉(2004)에서 십자가에 매달리기 전 예수께서 가롯 유다와 동일시되는 뱀을 음향효과도 선명하게 짓밟는 장면은, 서양에서 뱀을 악의 근원과 동일시하는 사유가 여전히 이어지고 있다는 사실을 잘 드러내고 있다.

앞에서도 논의가 되었지만, 뱀에 관하여 부정적인 사유를 전 세계에 유포시킨 문명은 기독교 문명권이라고 알려져 있다. 서양 인류의 원조로 알려진 아담을 유혹하는 이브를 부추겨 인류를 사망의 구렁텅이로 인도했던 사악한 원흉이 뱀이라는 주장인데, 후대에 이르러 대략 기원전 6세기 이후에 뱀은 사탄과 동일시되기 시작하였고 기원후 2세기경부터는 여성과 동일화되는 수순을 밟게 되었는데, 이러한 견해는 페미니즘의 세례를 받은 21세기의 인류에게도 여전히 따라붙고 있다. 그렇다면 이러한 믿음의 발원지라고 알려져 있는 성경에서 뱀은 실제적으로는 어떻게 표현되어 있었을까?

4장인 본 장에서 필자는 우선 1장에서 논의되었던 선악과와 뱀과 여성의 연관성에 관한 논의를 확장하고 이것과 관련하여 1~2장들에서 논의가 미루어졌던 죽음나무와 생명나무에 관한 문헌학적 고찰을 수행한 후 이것에 상응한다고 치부되어온 지식과 지혜, 혹은 사망과 영생에 대한 동서양의 사유에 대한 점검을 수행할 것이며, 최종적으로는 우리의 주제인 뱀이 표상하는 삶과 죽음의 우로보로스적 변증에 대한 논의로 끝을 맺을 것이다. 뱀에 관하여 부정적 심상을 견지하고 있는 통속적인 믿음과는 달리 성경이 뱀을 지식나무와 생명나무의 주인, 또는 신 자체로도 파악하고 있는 수메르-메소포타미아와 그리스 신화의 뱀에 관한 사유를 한편 그대로 따르고 있다는 사실이, 1장에서 많이 수행하지 못했던 성경 구절에 대한 세세한 분석과 가능하다면 타 문화 간의 비교 연구를 통하여 밝혀지게 된다.

주제 면에서 본다면 1~2장과 겹치는 면이 없지는 않아 이 글의 시작에서는 논의의 전개상 1~2장을 함축적으로 요약할 때도 있으나, 본 장의 논지인 삶과 죽음의 변증 내지는 "가역성"(reversibility) 혹은 "등가성"(equivalence)을 이해하기 위해서는 앞장들에 대한 독서가 필요하다 말할 수 있다. 본 장의 후반부에서 새롭게 다루어지고 있는 지식나무와 생명나무에 대한 구태의연하지 않아야 할 우리의 논의는 지식에 대한 새로운 평가, 즉 지식과 분별의 총화가 지혜와 깨달음과 다르지 않다는 사실을 도출하게 하여, 뱀이 상징적으로 대표하고 있는 지식과 이것의 또 다른 이름인 분별적 이성을 폄하하여 타락과 사망의 도정으로 파악한 기독교의 사유가 수정되어질 수 있는 가능성을 함의하고 있다.

뱀이 지식과 이것의 취득의 결과로 인하여 죽음을 인식하게 만드는 표상이 되어 죽음 자체로 받아들여지기도 했지만 그의 원형적 표상은 오히려 꼬리를 무는 뱀, 즉 우로보로스(ouroboros)로 고대인들에게는 알려져 오기도 했다. 이는 죽음이 그 자체로 끝나는 것이 아니라 죽음이 이어주는 삶, 즉 재생과 영생을 바로 상정하고야 마는 인류의 불안함에서 발원한 소망사

항의 투영이 되기도 한다. 뱀은 허물을 벗고 다시 살아난다고 인지되었으며, 그 빳빳한 몸통으로 똬리를 틀 때는 음양을 겸비한 우주의 원리를 체화하는 동물로, 그리고 꼬리를 물고 우로보로스라는 원을 그리고 있을 때는 완전함과 영원의 상징으로 해석되기도 한다. 이러한 인식은 '죽음이 삶'이라는 은유의 역설적인 깨달음으로 인류의 심상과 의식에 등장하게 되는데, 일부 기독교적 사유에 의해 유실된 뱀에 관한 이러한 신화인문학적 상상력의 복원은 지식의 나무를 죽음으로 생명나무를 영생의 지혜로 보아 삶과 죽음의 연쇄적 통합체를 분리하여 더 이상 '삶으로 향하는 죽음'의 의미를 유실하여 삶의 '순간적' 의미를 도외시한 채 폭력과 전쟁, 의미 없는 자살과 진부한 죽음 사이를 배회하는 현대인들에게 사유의 다른 한 방편을 제공해 줄 수 있을 것으로 필자는 믿어 의심치 않는다.

이러한 현상학적 주체성의 의식을 넘어 삶을 삶으로, 죽음을 죽음으로 여여하게 받아들이는, 즉 삶과 죽음의 현상학적 등가성 내지는 가역성을 불가능케 하는 "방사방생"(方死方生)의 삶과 죽음에 관한 장자의 새로운 의식에 대해서는 여기서는 일단 미루어 기회가 혹 주어진다면 우리의 책의 말미에서 더 논하기로 한다. 그냥 삶이 있고 죽음이 있을 뿐 이러한 방생지설(方生之設)이라는 의식에 도달하면 인류는 삶과 죽음이라는 미명에서 벗어나 자유롭게 날 수 있게 될는지 모른다.

> 사물은 저것 아닌 것이 없고, 또 이것 아닌 것도 없다. (…) 그러므로 저것은 이것에서 생겨나고, 이것 또한 저것에서 비롯된다고 한다. 저것과 이것은 [저 혜시(惠施)가 말하는] 방생(方生)의 설(나란히 함께 생긴다는 설)이다. 그러나, [혜시도 말하듯이] 삶이 있으면 반드시 죽음이 있고 죽음이 있으면 반드시 삶이 있다.
>
> 物無非彼, 物無非是 (…) 故曰, 彼出於是, 是亦因彼. 彼是方生之設也. 雖然. 方生方死, 方死方生 (『莊子』, 「齊物論」)

필자는 그냥 "방"(方)을 "이리저리"(um)로 옮기니 여기저기 삶이 있고 죽음이 있을 뿐, 살다 가면 그뿐 일뿐, 굳이 삶을 죽음이라 죽음을 삶이라 더 이상 말하지 않으며, 이는 "우로보로스의 불가능성" 혹은 "탈우로보로스의 해석학"을 예고하고 있다.

2

성경에 나타난 뱀:
생명나무와 죽음나무의 통합

'지혜의 나무가 있는 곳에 낙원이 있다.' 아주 먼 옛날의 뱀도 그렇게 말하
고, 현대의 뱀도 그렇게 말한다. (『선악을 넘어서』 4장 단편 152; 696)

신학적으로 말하자면—잘 들어보라 나는 신학자로서는 거의 말하지 않으
니—자기 일의 끝에 인식의 나무 아래 뱀으로서 누워 있던 것은 바로 신
자신이다. (…) 악마라는 것은 제7일째의 신의 한가로움에 불과한 것이다.
(『이 사람을 보라』, 「선악을 넘어서」 439-440)

구약의 초기 경전들이 서술되던 BC 800년경의 시대에 아직까지 여성은
커녕 뱀 자체도 사탄과 동일시되지는 않았다는 사실은 잘 언급되고 있지
않았다. 창세기 3장은 이를 다음과 같이 표현하고 있을 뿐이다. "내가 너
로 여자와 원수가 되게 하고 너의 후손도 여자의 후손과 원수가 되게 하리
니"(3:15). 축자영감설을 신봉하는 학자들의 주장을 그대로 따르더라도 뱀
과 여자는 원수로 표현되어 있을 뿐이지, 이 구절에서 뱀이 여자와 동일시
되는 어떠한 표현도 우리는 발견할 수 없으며 이 서술 시점에서 사탄은 아

직 등장하지도 않았음은 이미 서술한 바 있다. 사탄이 신과 대항 관계로 등장하는 시기는 스가랴서가 쓰인 대략 기원전 6세기 이후, 즉 갈대아(바빌로니아)의 왕 네부카드네자르 2세(BC 604~BC 562)에 의한 바빌론 유수(幽囚 기원전 (597?)587-538년경으로 추정) 이후의 시기로 추정되는데, 성서는 이를 다음과 같이 기록하고 있다.

> 대제사장 여호수아는 여호와의 사자 앞에 섰고 사탄은 그의 우편에 서서 그를 대적하는 것을 여호와께서 내게 보이시느니라. 여호와께서 사탄에게 이르시되 사탄아 여호와가 너를 책망하노라 (슥 3:1-2)

사탄이 여호와의 우편에 서 있음을 눈여겨볼 일이다. 일본의 유아사 야스오(湯淺太雄) 교수에 의하면 6세기 이후 히브리인들의 사유에서 여호와와 대척되는 사탄이 등장하는 이유는 히브리인들의 사고에서 기인하는 것이 아니라, 그들을 바빌론의 포로 생활로부터 구해준 페르시아인들의 종교인 배화교에서 나타나는 빛과 지혜의 선신(Ahura Mazda)과 어둠의 악신(Ahriman)의 분화에서 연유한다고 한다(1978, 147). 스가랴서(BC 520-518)보다 앞서는 대략 기원전 5세기에서 3세기에 집필되었다고 추정되는 욥기에 사탄이 등장하기는 하지만, 신의 허락을 맡아 욥을 시험하는 역할을 하고 있어 우리가 오늘날 파악하고 있는 신과 대척을 이루는 부정적인 사탄으로만 파악할 수는 없다. 사탄이 원래 대천사의 일원이라든가 신의 아들들 중 한 명이라는 주장들은 이와 궤를 같이한다. 히브리인들이 애급의 포로 기간(BC 1446~1229) 중 아케나톤 왕조(BC 1353~1336)의 유일신 아텐(Aten), 즉 아돈 숭배 신앙을 애굽인들로 부터 배웠다면, 바빌론 유수 기간 이후 그들은 사탄의 개념을 그들을 해방시켜 준 페르시아인들로 부터 차용해 그들의 종교 신조에 추가하게 된다. 성 아우구스티누스(354-430)는 이후 이보다 한 걸음 더 나아가 선악과 영육의 대응과 분화를 배화교의 한 지파인 마니

교로부터 배우게 되어 인류의 원죄설을 창안하게 되고 선악의 이분법을 기독교의 강령으로 고착하게 한다.[1]

뱀의 화신으로 해석되는 사탄이 악의 근원으로 적극적으로 등장하는 시기는 신약의 마지막인 요한계시록이 집필된 연대로 추정되는 AD 81~96년경인데 성서는 이를 다음과 같이 기록하고 있다. "큰 용이 내어 쫓기니 옛 뱀, 곧 마귀라고도 하고 사탄이라고도 하는 온 천하를 꾀는 자라"(12:9). 그러나 계속 이어지는 요한계시록 12장의 13-17구절은 뱀이 하나님의 계명을 지키는 남성들을 낳은 여자를 핍박한다고 되어 있어, 창세기에는 아무 연관도 보이지 않는 뱀이 사탄과 동일시되어 적대적인 관계가 아닌 점을 제외하면, 여성과 뱀, 또는 후대에 일어난 일이기는 하지만 사탄이 상호 적대적인 관계로 파악되고 있는 창세기 3장의 해석을 여전히 따르고 있는 것처럼 보인다.[2]

그런데 여성의 원조인 이브가 악마의 화신으로 등장하는 전승은 성경의 구절이 아니라 그에 대한 초기교부들의 해석에서이다. 언급의 진위에 대해서 논의가 여전히 분분하지만 불합리하고 불가능하기 때문에, 즉 알 수 없기 때문에 신을 믿는다는 일견 조리가 있고 '지극히' 이성적인, 그러나 해석을 달리하기에 따라서는 이성과 신앙의 대립 관계에 대한 해결을 불가지론으로 미루었다고도 후대에 해석되기도 하는 말을 남긴, '삼위일체'(trinitas)라는 말을 처음으로 사용하여 성부와 성자는 하나의 동일한 실체이어서 분리된 것이 아니라 연장된(extended) 것이라는 일견 이성적이고 인간의 이성 내에서는 알 수 없는 신비라는 주장을 하는 카르타고의 유명한 교부 테르툴리아누스(160-220)는, 이브를 "악마의 통로"로 파악하여 예수 그리스도의 죽음이 여성에게서 연원한다는 시대착오적인 그러나 당대의 풍습에 비추어보면 지극히 합당한 발언을 하게 된다. 이 책의 1장에서 이미 인용한 바 있지만 그 관련 구절의 일부분을 여기서 다시 읽어 보자. "너희들은 각자가 이브의 화신임을 알지 못하는가 (⋯) 너희들은 금단의 나무의 봉인을 뜯은 자들이다. (⋯) 너희들로 인하여 죽음이 들어왔고 신의 아드님 또한 돌아가셔야만 했다"(『여성들의 복장에 관하여』(*De cultu feminarum*) I, 1; Noddings 52 재인용).

예수의 죽음이라는 사실이 십자가 부활의 필요조건임에도 불구하고 여성의 죄 때문에 죽음이 세상에 들어왔다고 역설하는 테르툴리아누스의 이러한 여성혐오적인 생각은, 기독교의 위대한 교부인 성 아우구스티누스로 이어지게 된다. 통속적인 상상력에서 이브와 자주 연관되어지는 아우구스티누스의 원죄설은 그의 화려했던 여성 행각에 대한 고백적인 뉘우침이 죄의식이 되어 행위의 대상에게 그 책임을 전가하는 반작용의 결과가 된 감이 없지 않기도 하다. "아픈 만큼 성숙해진다"는 말도 있지만 신비주의자들이 말하는 소위 '영혼의 어두운 밤'(dark night of the soul)을 거치고 난 후 아우구스티누스의 영적인 깨달음이 심대하다는 사실은 그의 『고백록』(397)과 연이은 방대한 저작들이 증명하고도 남음이 있다. 그러나 여성을 육체의 담지자로, 죄의 원인으로 파악하는 그의 논의는 후대로 갈수록 더욱 더 굳어져, 영혼=남성, 육체=여성이라는 이분법을 옹호하는 성 아퀴나스의 『신학대전』(1265-1273)의 몇 구절 속에서도 그 표현을 찾게 되기도 한다. 당대에 성경보다 더 많이 판매되었다고 전해지는 밀턴의 『실낙원』(1667)은 여성과 뱀과 사탄을 동일화하는 사유를 확연히 드러내는데(IX: 86, 792; X: 867-73), 이러한 성 차별적 사유방식이 비단 밀턴의 개인적인 생각뿐만 아니라 초기 교부시대부터 이어진 당대의 여성에 관한 시대적 생각을 반영하고 있음은 물론이다.

이브가 비록 뱀과는 원수지간으로 나타나고 있지만 자주 뱀과 같이 등장하여 "상호동연성"(coextensiveness)을 획득하는 과정에, 성경을 오늘의 입장에서 해석하여 새로운 의미를 부여하는 "회상적 오류"(retrospective fallacy)가 작동한다는 사실은 테르툴리아누스와 아우구스티누스 등의 여성관과 더불어 필자가 이미 1장에서 간략히 정리한 바 있다. 뱀 혹은 사탄과 여성의 적대 관계가 동등 관계로 치환된다는 것인데, 원수가 친구가 되고 또 그 원수를 사랑하게 된다는 이러한 기묘한 심리작용은 적국의 장수와 왕자를 사랑하게 되는 수많은 공주들의 이야기들과 스톡홀름 증후군으로 명명되어진 유괴범과 친밀해지는 현대의 영화 속 인물들의 이야기에서도 간혹 확인되고 있다. 타자는 주체의 다른 모습일 뿐이며 타자에 대한 무시와 멸시를 담보로 주체는 승화되고 고양되지만, 주체와 타자가 결국 같은 모습의 다른 형태표출이 되는 경우와 같다. 앞서 잠시 언급한 아우구스티누스의 속죄와 책임전가를 예로 들어 계속 설명하자면, 죄를 짓는 자가 본인이었음에도 불구하고 그 죄의 원인을 상대방, 즉 주체가 아니라 대상으로 전가하는 과정에서 뱀이 여자 그리고 사탄과 동일화되는 것이라고 빗대어 말할 수 있을 것이다.[3]

이러한 사고의 부정적인 결과는 모든 이가 죄가 있다는 바울의 논의를 확장한 아우구스티누스의 인류원죄설의 입안인데, 그의 사고에서 인간이 원래 태생적으로 죄가 있어서 원죄가 있는 것이 아니라 먹이사슬에 의존해야 하는 뭇 생명의 '상호 비루함'으로 구성되어 있는 피조물을 창조하는 행위 자체, 즉 존재 자체가 원죄이고 '업'(業)일 수 있다는 상념은 존재하지 않았던 것 같다. 살면서 우리는 많은 죄를 짓고 있다. 시인 김종삼을 바꾸어 말하자면 "살아 지은 죄 많아 우리는 죽어도 영혼이 없다."[4] 후대에 고착화되는 영육과 젠더의 이분법이 성경해석에 영향을 미친다는 생각이 또한 회상적 오류라는 관념인데, 성경은 그러나 알려진 바와는 달리 뱀에 관한 부정적인 해석을 받아들이기는 했지만 그에 관한 성경 편찬 이전의 수메르-바빌로니아, 그리고 그리스의 전통을 그대로 받아들여 뱀을 죄와 사악함으로만 보는 등식에서 벗어나 지혜와 죽음, 영생으로 보는 시원의 사유를 동시에 보여주고 있다. 이러한 뱀의 감춰진 다른 모습을 인문학의 여러 학문 분과를 통하여 밝히는 것은 비단 뱀으로 표상되었던 선악의 이분법을 넘어서는 한 계기가 될 뿐만 아니라, 지식이라는 분별심으로 가득하여 죽음을 단선적으로 사유하고 전파한 기독교적 관념을 비판적으로 되돌아보게 한다.

앞장들에 대한 요약은 이것으로 그치고, 이제 본 장의 논의를 본격적으로 시작해보자. 선악과라고 한국에서 번역되는 지식의 나무와 세계의 거의 모든 신화에 공통적으로 등장하는 생명나무(ets ha(ha)ym, 生命樹)[5]의 주인은 수메르-바빌로니아 신화를 따르자면 뱀, 즉 닌기쉬지다라는 뱀신이었는데 이는 수메르말로 "좋은 나무의 주(主)"라는 뜻을 갖고 있다. 『길가메시 서사시』는 길가메시가 인류에게 넘기기로 했던 불로초를 강탈해간 동물을 "(불같이 타오르는) 천사"를 의미하는 세라핌(seraphim 熾天使)과 어근이 유사한 뱀, 즉 "세루"(seru)로 표기하고 있다. 사족이 될지는 모르겠으나 불로초를 앗아간 동물이 뱀이라는 이야기가 기독교의 전승 속으로 들어와 뱀을 천사 사탄(Satanael)과 연관시키면서도 타락의 원천으로 보는 사유로 발전하였다는 주장은 충분히 개연성이 있어 보인다.

천사와 뱀을 동일시하는 이러한 사유는 후대에도 이어져 구약에 등장하는 세라핌을 이사야서는 "나는 불뱀" 또는 "날아다니는 불뱀"(14:29; 30:6), 또는 날개가 달렸으면서도 다리를 지닌 존재(6:2)로 표기하고 있으며, 『흠정역』(King James Version, 1611)에서는 그냥 "불뱀"(fiery serpent)으로 번역하기도 하였다. 세라핌은 히브리 어원 그대로는 "불뱀"이며(Charlesworth 325, 329, 332), 개역성경은 한문을 잘 살리어 "熾天使"로 번역하고 있다. 천사가 날개가 달린 것은 당연한데, '불'뱀의 공기적 속성과 천사의 날개는 분명히 연관성이 있어 보인다.

나무를 휘감거나 매달려 있는 뱀이 나무의 일부분, 또는 나무 자체와 동일시되고 있는 것은 시각적으로도 타당하였으니 생명나무는 뱀의 서식지이기도 하였다. 헬라스의 헤르메스뿐만 아니라 애급(이집트)의 달과 언어, 지혜의 신 토트(Thoth)와도 상응하는 수메르-바빌로니아 문화권의 닌기쉬지다(Nin.gish.zida, 아카드어로는 닌슈부르 "Nin.shu.bur")는, 대개 뿔이 달린 두 마리 뱀을 생사(生死)의 신물로 삼아 치유와 의술, 그리고 저승의 신이 되기도 하였는데, 이 문화권에서 뱀은 신 엔키의 지혜를 물려받아 성서에서 말하는 선악과와 생명나무의 신으로 인식되기도 하였다. 수메르어로 그의 이름 뜻은 "좋은 나무의 주(主)"인데, 1장에서 이미 지적한 바 있기는 하지만 다시 밝히자면 "고대 수메르어에서는 뱀과 나무를 의미하는 단어가 공히 "muš"(=mush)로 쓰였고 나무를 뜻하는 "muš"가 "giš"(=gish; 나무를 뜻하는 닌기쉬지다의 중간 이름)로 변하였다(Albright 279)." 이러한 사실을 다시 기억해내는 것은 뱀과 나무의 친연성을 넘어서 목하 이 장의 주제인 지식 나무와 생명나무의 동일성을 추찰해내는 데 상당히 유효하다. 뱀이나 용이 헤스페리데스의 사과나무나 에덴동산의 지식의 나무와 생명의 나무를 지키기도 하는 문지기이기도 하면서 닌기쉬지다처럼 그것의 주인으로 나타나는 이유이기도 한데, 바로 이러한 이유로 때로는 생명수 자체는 지혜와 불멸의 상징인 뱀과 동일시되곤 했다.[6]

　에덴동산의 중앙 지식의 나무 바로 옆에 생명의 나무가 위치하고 있었다는 사실로 미루어보아 우리는 히브리인들이 선악에 관한 지식, 즉 언어와 이성이 생명에 이르는 길임을 파악하고 있었다고 추정할 수도 있다. 성경은 아주 분명하게 선악과의 증득이 영생을 약속하는 생명나무 실과의 취득으로 이른다고 말하고 있으니, 영생의 필요조건은 같은 구절에서 명확히 적시하고 있는바 선악과가 표상하고 있는 선악의 분별임이 확실하다. 선악의 분별은 인류에게 우선은 죽음을 선사한다. "선악을 알게 하는 나무의 실과는 먹지 말라 네가 먹는 날에는 정녕 죽으리라 하시니라"(창세기 2:17). 그러나 창세기 3:22는 선악과의 증득이 인류에게 죽음을 선사한 것이 아니라 영생을 선사할 것으로 파악하고 있어 또한 비교를 요하고 있다.[7]

　여호와[YHWH Elohim] 하나님이 가라사대 보라 이 사람이 선악을 아는 일에 우리 중 하나같이 되었으니 그가 그 손을 들어 생명나무 실과도 따먹고 영생할까 하노라 하시고 선악과를 먹으면 죽는다는 사실에 정면으로 위배되는 이러한 구절, 즉 영생을 얻게 된다는 발화에 대해 인류는 그러나 납득할 만한 설명을 해오고 있지 않다. 본회퍼(Dietrich Bonhöffer)의 "창조와 타락"에 관한 다음과 같은 설명도 충분하지 않아 보이기는 하지만, 죽음에 대한 받아들임이 오히려 영생으로 이르는 길임을 암시는 하고 있는 것처럼 보인다.

> 그때나 지금이나 아담은, 스스로를 아담으로 아는 한, 영원한 생명을 원하지 않는다. 그는 오히려 죽음을 원하며 죽게 되기를 바란다. 우리 가운데 누가 영원히 살려고 하는가? 그러나 이렇게 죽는 가운데서 아담은 생명 없이도 살아야만 한다는 노예 상태로부터 자기 생멸을 구할 수 있기를 희망한다. 결국 그것은 생명 앞에서의 도리이자 동시에 생명을 붙잡는 것이다. 왜냐하면 하나님 앞에서의 도피와 하나님을 찾는 것은 하나이기 때문이다. 마찬가지로 하나님처럼 되려는 욕망과 생명나무에 대한 갈망은 같은 것이다. (176-177)

역설적으로 죽음이 영생으로 이른다는 인식의 편린을 드러내는 본회퍼 목사님의 글에서, 우리는 오히려 선악과를 먹고 죽음을 받아들여야 한다는 지상의 명령을 감지하게 된다. 지식의 선악의 나무는 필자에게 그러한 의미, 즉 인류가 죽음을 받아들일 때 죽음 이후의 삶을 겨우 성찰할 수 있다는 인식을 함의하고 있다. 오히려 우리는 죽어야 되는 것이 아닐까? '영생의 지겨움', 혹은 '윤회의 공포'라는 틀에 박힌 문구들에 굳이 기대지 않아도 죽음이 선사하는 휴식과 자유는 인간에게는 소중한 그 무엇이 아닐 수 없다. 죽음을 설명하기 위하여 전 세계에 보편적으로 등장하는 생명수 신화에 끼어들여진 듯한 인상을 주는 선악과는 인류의 필멸과 불멸을 오히려 적극적으로 설명하는 창세기 기자의 영민함을 드러내는 극적인 장치가 아닐 수 없다.

하나님의 이름으로 표현되고 있는 "YHWH Elohim", "Elohim", "Adonai" 등에 관한 논의는 다른 지면을 추후 요구하고 있는지라, 필자는 다만 여기서 창세기의 다른 구절, 예컨대 3:5에서의 표기법과 이에 대한 다양한 영독불어와 한글 번역을 소개하는 것으로 그치고자 한다. 우선 한국어 성경을 먼저 보자.

> 너희가 그것을 먹는 날에는 너희 눈이 밝아 하나님[Elohim]과 같이 되어 선악을 알 줄을 하나님이 아심이니라 (3:5)

영어 성경 중 KJV는 이를 "gods", NIV는 "God"으로 그리고 시대를 격해 클레멘티나 라틴어 성경과 루터 독어 성경, 그리고 몇몇 프랑스어 성경은 대체적으로 이를 "Deus", "Gott"와 "Dieu"로 번역하고 있음을 필자는 확인할 수 있었는데(https://biblehub.com/multi/genesis/3-5.htm 2023.1.31 검색), 흥미진진함은 한국의 개역판을 따르고 있는 필자가 인용하고 있는 톰슨 성경 번역이 이를 "하나님"이라고 번역하고 있어 선악과의 증득이 "우리" 또는 "하나님"으로 번역되는 유대의 하나님인 "Elohim"과 동격이 될 수 있는 형편이고 방편임을 분명히 하고 있다.

앞서 1장에서 논한 바 있지만 선악의 분별은 영생으로 가는 첩경, 혹은 그 자체이다. 지식에 대한 해석이 어떻든 간에, "안다"라는 것이 단순히 지식 혹은 지식 그 자체만을 뜻해서가 아니라, 선악의 분별 즉 언어와 이성의 증득을 지식과 지혜 그리고 생명의 취득으로 해석할 수 있기 때문이다. 이렇게 본다면 히브리어 성경의 "선과 악을 알게 하는 나무"(עץ הדעת טוב ורע 에츠 하다아트 토브 바라아)는 생명수와 속성이 거의 같은 쌍둥이 나무로 볼 수 있는데, 70인역에서도 "선과 악을 알게 하는 나무"(ξυλου του γινωσκειν καλον και πονηρον)로 그대로 번역되고 있는 선악과나무가 지식의 나무임을 주장하는 학자들은 특별히 히브리어에서 "알다"는 말이 성적인 접촉을 의미하기도 한다는 사실을 지적한다(임태수 97, 100).

"알다" "이해하다"는 동사 "야다"(yada)에서 온 "다아트"(daat)는 "지식" "이해" "지혜" 등으로 쓰이고 있는데, 히브리어에서 손을 의미하는 "yod"와 같은 어원을 갖는 "알다"의 의미로 쓰이는 동사 "야다"(yada)가 성적인 접촉을 뜻하기도 한다는 해석은 선악을 알게 하는 나무를 성에 관한 지식의 나무로 간주하게도 하였으니, 다아트는 이렇게 보면 무엇보다도 먼저 성에 관한 지식이 되며 뱀은 당연히 남성의 성기로 해석되곤 하였다(LaCocque & Ricoeur 43). 추측하기로는 이러한 의미에서 선악과는 지식의 나무로 그리고 "성을 아는 나무"로 탈바꿈되어 성에 적대적인 태도를 보이는 초기 기독교 교부들에 의해서 "나쁜", "사악한" 나무로 폄하되기 시작한 것 같다. 아담과 이브가 눈이 밝아져 처음 한 일은 그들의 사타구니를 무화과나무 잎으로 가리는 것이었는데, 무릇 지식의 시작은 성을 아는 것(carnal knowledge), 즉 우주의 생성원리인 음양을 분별하는 것이었다. 초기 교부들의 성에 관한 적개심 또한 이를 반영하고 있으나 선과 악을 알게 하는 나무가 구체적으로 언제서부터 지식의 나무로 표기되었는가는 탐구의 대상이다.[8]

조금 더 살펴보자. 생명나무의 생명을 뜻하는 히브리어 "하임"(חיים), 또는 문맥에 따라서 변화하는 "하하임"(החיים)은 창세기 2장 7절에서 나오는 하나님의 "생기"(하야), 또는 생령(네페쉬 하야)을 언급할 때도 쓰이고 있다. "하야"(חיה)는 "살아 있는"을 의미하는 형용사이고 그 남성명사 복수형이 "하임"이다(이희성 134). 하와의 뜻이 생명이고 보면 야훼(YHWH)와 하와(HAWWAH)는 비단 아나그램(anagram)이어서 뿐만 아니라, 그 속성으로도 생명이라는 공통분모를 지니고 있다. "'YHWH'의 어근은 'HWH'"이며, 당연히 그 뜻은 "살아 있다"이다(배철현 『신의 위대한 질문』 495; 주석 10). 하와가 생명을 속성으로 하는 지식의 나무를 범하는 것은 따라서 당연한 일이다. 하와는 아랍어와 아람어에서 뱀을 지칭하는 말과 어원학적으로도 유사하다고 주장된 바 있다(Phillips 41; Collins 40-41).

새로운 종교인 '영생'을 선포하는 기독교가 포교됨에 따라 앞서 인용한 창세기에 표현된 대로 '영생'을 얻게 하는 생명수는 절상되어 접근이 금지되고, 선악을 알게 하는 '지식'의 나무는 평가절하 되어 인류에게 사망을 선사하게 된다. 단군의 신단수나 부처의 무화과나무와 사뭇 비슷한 보리수, 그리고 프레이저(James Frazer)가 정리한 황금가지를 위시하여 전 세계에 공통적으로 등장하는 생명수 신화가 기독교가 들어서는 과정에서 전대의 신화를 폄하해야 할 필요성에 따라 어느 정도 잊히어져 가고 그 의미가 퇴색되어 사라져 기고, 생명의 나무와 같은 나무로서 영생을 약속할 수 있었던 지식의 나무는 죽음의 나무로 해석될 수밖에 없었다는 말인데, 이러한 체계 안에서 지식나무와 생명수의 주인 대신에 신의 아들 예수가 새로운 생명나무, 즉 영생의 주로 등장하게 되는 것은 당연한 일이었다.

그러나 한편 '지식'의 나무가 생명수 나무 자체로 번역되어야 한다는 주장이 없는 것은 아니라는 점은 지적해도 마땅하다. 성경은 공히 두 나무를 "보기에 아름답고(nehmad lemareh) 먹기에 좋은((wə)tob lemaakal)" 나무로 분명히 밝히고 있다.

> 여호와 하나님이 그 땅에서 보기에 아름답고 먹기에 좋은 나무가 나게 하
> 시니 동산 가운데에는 생명나무와 선악을 알게 하는 나무도 있더라
>
> (창 2:9)[9]

히브리어 성경이 생명나무와 선악을 알게 하는 나무를 적어도 문법적으로도 구별하고 있지 않아 등위 접속사 "그리고"(wə·)로 연결시키고 있을 뿐 아니라 "먹기에 좋은 나무"와 "선과 악을 알게 하는 나무"에서 후대에 "악"으로 오역된 원어 "거슬리는"(רַע, rā'(rah))을 그대로 쓰고 있다는 사실을 상기한다면, 굳이 후대에 특히 흠정역에서 변형되어 번역되어 의도된 대로 "선악을 알게 하는 나무"인 "선악의 지식의 나무"를 폄하할 필요는 없다.

그렇기 때문에 악을 '선의 결여'(privatio boni)로 보는 아우구스티누스의 입론은 재고되어야 할 것으로 나타난다. 악의 신비를 인류는 아직 해결하지 못하였으니, 악을 하느님의 창조물의 하나로 보는 경우 하느님이 악한 속성을 지니게 되고 이를 하느님의 창조 밖의 개념으로 보면 하느님 자신이 완전하지 못한 존재가 되기 때문이다. 사탄이 상징하는 악마, 죄, 죽음 등의 경우도 마찬가지이다. 선악이 표상하고 대표하는 온갖 것들의 대립을 하나의 개념으로 보는 경우와 다른 개념으로 보아 선악은 물론 죄와 사망의 편재와 독립성을 주장하는 경우인데, 넓게 보아 이는 개념사에 있어서 일원론과 이원론의 상치와 투쟁이기도 하다(Russell I: 255, II: 171, 187).

그런데 다음의 성경 구절은 악을 또한 하느님이 창조한 것으로 표현하고 있어 주목을 요한다.

나는 빛도 짓고 어두움도 창조하며 나는 평안도 짓고 환난도 창조하나니
나는 여호와라 이 모든 일을 행하는 자니라 하였느니라(이사야 45:7)

환난에 대한 히브리어 원어는 통상 악으로 번역되는 "rah"임을 주지할 일이니, 성서의 번역자들은, 특별히 영어를 저본으로 하는 성경들은 이를 "악"으로 번역하는 것을 주저하였다. 불가타 클레멘티나와 루터 성경은 이를 각각 "malum" "das Übel"로 번역하였음을 확인할 수 있었는데, 이는 필자가 1장과 이 책의 부록에서 논한 것을 참조하면 되겠다. 셉투아긴타는 이를 "κακος"의 4격인 "κακα"로 표기하였는데, 빛과 평안, 어두움과 악이 짝을 이루고 있는 그리스어 본문을 한국어 성경이 평화를 뜻하는 에이레네(ειρηνη)를 염두에 두고 이를 "환난"이라 옮기고 있음을 알 수 있다. 관련 구절을 전사하면 다음과 같다.[10]

εγω ο κατασκευασας φως και ποιησας σκοτος ο ποιων ειρηνην και κτιζων κακα εγω κυριος ο θεος ο ποιων ταυτα παντα

70인역 그리스어 성경, 즉 셉투아긴타에 표현되고 있는 어두움(σκότος ← σκιά)이나 환난에 해당하는 악(κακος)은 그런데, 그리스어의 빛과 평안과 더불어 창조 행위의 일부이지, 지금의 윤리적인 잣대가 함의하는 어두움과 악의 의미는 없다. 평화의 신인 에이레네는 전쟁의 신보다 하위신으로 자리 매김 되어 12지신의 반열에 올라가 있지도 않았으니, 평화가 전쟁보다 좋지도 않았고, 빛이 어둠보다 더 상위 개념도 아니었다. 소극적 의미의 평화로 에이레네는 절하되었고, 빛은 시원의 어두움, 혹은 근원의 혼돈(chaos)에 부수적인 개념으로 작동하였다.

하나님은 이제, 적어도 악이 창궐했던 바빌로니아 유수(幽囚) 시절의 이사야에게 있어서는 악의 창조주이기도 하다. 히브리어에서 "רע"(rah)는 통상 "싫은" "추한" "마음에 들지 않다" 등의 형용사와 동사로 쓰이다가 명사로 차츰 쓰이기 시작했으며, 우리가 선으로 번역하는 "טוב"(tob) 또한 "좋다" "마음에 들다" "향이 좋은" 등의 동사와 형용사의 뜻을 갖고 있는 것이 명확하며, 70인역 또한 이를 미추의 개념인 "kalos"와 "poneros"로 번역하고 있음을 우리는 4장 주석 7에 제시된 그리스어 원문에서 확인할 수 있었다 (ξυλου του γινωσκειν καλον και πονηρον).[11]

흠정역을 비롯한 영어권의 번역은 다소 지식의 나무를 홀대하는 의도를 드러내고 있지만, 선악을 알게 하는 나무에서 선에 해당하는 "tob"는 하나님이 창조하는 모든 짐승을 묘사하는 구절에도 등장함을 유념할 일이다. "하나님이 땅의 짐승을 그 종류대로, 육축을 그 종류대로, 땅에 기는 모든 것을 그 종류대로 만드시니 하나님의 보시기에 좋았더라(טוב: 창 1:25). 땅에 기는 모든 것들 중에 우리는 당연히 뱀으로 현신한 사탄도 포함될 가능성을 배제할 수 없다. 에스겔서 47장 1-12절, 특히 12절에서 나오는 생명의 나무를 묘사하는 술어 또한 창세기 2장 9절에 나타난 선악의 나무와 생명의 나무를 공히 서술하는 "먹기에 좋은"(tob lemaakal) 혹은 "먹음직하다"(lemaakal)이다.

> 강 좌우 가에는 각종 먹을 실과나무가 자라서 그 잎이 시들지 아니하며 실과가 끊치지 아니하고 달마다 새 실과를 맺으리니 그 물이 성소로 말미암아 나옴이라 그 실과는 먹을 만하고 그 잎사귀는 약 재료가 되리라

이러한 공통 술어의 사용에서 우리는 소위 사망에 이르는 지식의 나무와 영생에 이르는 지혜의 생명의 나무가 구별되지 않고 사용되고 있는 것을 알게 된다. 지식의 나무가 사망의 나무라면 사망을 통하지 않고서는 부활과 영생 또한 주어지지 않게 되니, 죽음은 곧 새로운 삶이 될 수밖에 없다. 에덴동산의 중앙에 선과 악을 알게 하는 소위 지식의 나무와 생명나무가 공히 존재할 수밖에 없는 이유이다. "선과 악을 알게 하는 나무"는 그런데 오로지 창세기에만 나타나며(이희수 2011, 129) 첨언을 하자면 그중에서도 특히 창세기 2-3장에만 등장하는데, 이는 애초에 창세기에 "선악의 나무"에 대한 언급이 없었거나 인간의 타락을 설명하는 기제로 후대에 추가된 것이 아닌가 하는 추측을 낳게 하고 있다.

지식의 나무 혹은 생명의 나무는 원래 우주의 중심(axis mundi), 즉 우주목(宇宙木)으로 전 세계의 신화에 보편적으로 등장하는 신화소인데,[12] "민간전승과 신화 속에서 생명나무와 죽음나무의 통합"(Bachelard 『휴식의 몽상』, 345)이 이루어지는 이유 또한 지식과 죽음(→ 영생)을 생명과 동등하게 보는 사유와 많이 다르지 않다. 요컨대 지식의 나무가 죽음의 나무이며 바로 동시에 생명의 나무라는 말인데, 지식과 죽음을 통해서 우리는 영원으로 들어갈 수 있으니 죽음은 그것의 결핍인 신과 역설적으로 동일화된다. 죽음은 신으로 가는 첩경이니, 이 책의 주제인 우로보로스 수사를 구사

한다면 죽음은 신이 되고 신은 죽음이 된다. 죽음이 없었다면 학문은 태동되지 않았을 것이고 신의 개념 또한 부질없는 것이 되었을 것이다. 선악과 나무 바로 옆에 생명수가 있었다는 성경의 기술은 그 두 나무가 애초에 같은 또는 적어도 쌍둥이 나무였으며, 선악의 구별 또는 인식이 생명과 죽음과 관련된 것으로 보는 성서의 입장이 반영되고 있음을 알 수 있다. 선악의 구별은 일회성의 지구상의 삶을 마감하는 인류에게 죽음이라는 또 다른 영생을 선사하는 기제들 중의 하나로 보아도 무방하다.

우리가 1장에서 간략히 인용한 바 있듯이 창세기에 나타난 두 나무들에 관한 신화는 또한 "사람의 죽음의 문제를 설명하려는 시도, 죽음이 세상에 들어온 경위를 제시하려는 시도로 (…) 어떤 편집자가 미숙하게 한 설화로 혼합시켜 놓았다"(Frazer 73)고 해석할 수도 있다.

> 인간이 불멸의 존재로 창조되었다고 성경에 쓰여 있지 않은 것도 사실이고, 또 인간이 불순종함으로써 불멸성을 상실했다고 성경에 쓰여 있는 것도 사실이다. 그러나 인간이 꼭 죽을 목숨으로 창조되었다고 성경에 쓰여 있지 않은 것도 사실이다. 오히려 우리는 이렇게 이해할 수 있다. 불멸성과 필멸성의 가능성이 똑같이 인간에게는 결정되어 있지 않고, 그것은 인간이 선택하도록 인간에게 넘겨져 있다. 생명나무는 인간의 손이 닿은 곳에 서 있었고 그 과일이 인간에게 금지된 것이 아니었기 때문에 (…) 창조주 하나님이 생명과일을 따 먹도록 조장하지는 않았더라도, 암암리에 허용은 해주신 것이다. (Frazer 73)

여기서 "어떤 편집자"는 분명히 사제 전승(Priestly document) 기록자, 혹은 R(redactor, 총체적인 편집 기록자) 기자를 말하고 있음인데, 아담과 이브의 창조에 대해서도 P가 묶고 있는 J와 E 전승이 다른 설명을 하고 있는 마당에야 프레이저(James Frazer)의 지식수와 생명수에 관한 주장을 단순히 허무맹랑한 것으로만 치부할 수는 없다. 생명은 죽음을 전제로 할 때 지속가능하다는 창세기 기자의 깨달음, 즉 사생에 관한 우로보로스적 인식이 혹 전 세계에 보편적으로 내재한 생명수신화에 죽음을 상정하는 지식의 나무를 생명수 옆에 위치시키거나 생명수 자체의 죽음과 삶의 변증을 드러내기 위하여 그 둘을 같은 나무로 간주하고 있는 것은 아닐지 궁구해야 할 일이다. 지식의 나무 자체가 오롯이 죽음의 나무가 될 수 없는 이유는 지식의 양가적 속성에 기인한다. 어떠한 경우에 있어서도 지식이 죽음과 파멸로 우리를 이끌 수는 없으니, 지식과 생명나무의 동일 공간에서의 공존은 생사가 여일(如一)하고 여여(如如)하다는 인식을 드러내고 있다. 지식과 지혜의 이분법에 대한 부정과 철회는 동서양의 이분법적 구분에서도 우리를 자유롭게 한다.

영생을 보장하는 생명나무의 과실을 발견할 수 있는 전제인 선악과에 대한 금제를 "신이 인간을 위하여 일한 행동과 완전히 모순된" 행위로 보는 시각, 즉 "그 둘을 모두 갖게 된다면 인간이 자기의 창조주와 똑같이 될 수 있다는 것을 두려워하기 때문"에 그러한 금제를 가한 신의 이중적 행위가 "천하였고 그 행동도 비열하였다"는 비판에 대해 프레이저는 "신은 인간이 무엇을 가질까봐 샘내는 분이 전혀 아니다"고 하면서 인간에게 영생을 주려는 하나님의 의도가 뱀의 간계에 의해 좌절되었다고 해석하고 있는데 (75) 궁색한 면이 없지 않다. 뱀의 행위를 포함하여 모든 것을 주관하시는 분이 적어도 개념상으로는 전지전능한 하나님일뿐더러, 하나님의 "이중적인" 행동에 대한 책임을 뱀에게 전가시키고 있는 형국이 되기 때문이다. 분별적 지식, 즉 이성에 대한 믿음과 생명의 신앙에 관한 기존의 첨예한 대립, 그리고 지식과 지혜에 관한 온갖 착종된 논의는 프레이저도 인정하고 있듯이 성경의 문학성과 텍스트성을 인정하는 것에서 수월하게 해결될지도 모른다.

생명나무의 주 넌기쉬지다는 그런데 수메르인들의 신화에서는 인류의 창조신인 엔키(Enki)의 아들로도 묘사되고 있으며, 주지하듯이 지혜의 신 엔키의 하체는 뱀의 모습을 지니고 있었다. (다음 부분에서 논의가 더 진행되겠지만 예수를 뱀의 아들로 보는 영지주의자들도 있어 이러한 전통이 근근이 이어지고 있다는 사실을 알 수 있다.) 지상에 얽매이지 않은 공기의 속성을 갖는 신의 모습을 나타내기에 사형(蛇形) 곡선이 어울린다는 짐작을 할 수는 있는데, 수메르-바빌로니아 신화는 그들이 신봉하던 신의 실체를 아예 뱀신으로 보고 있어 논란이 있어 왔지만, 이러한 논의들도 성경의 텍스트성처럼 신화의 역사성 내지는 비유적 특성으로 받아들이면 황당한 것으로만 치부될 까닭이 없다.

지식은 그 속성인 분별과 깨달음으로 인하여 인류에게 죽음을 알아차리게도 했지만 죽음 이후의 삶을 바라볼 수 있게 하는 능력 또한 선물하였다. 초기 교부들과 논쟁을 하였던 영지주의자들의 주장을 소개하자면 "뱀에게 가르침을 받은 아담과 이브는 지혜의 열매를 먹고 참 아버지가 누구인지를 알게 되었는데", 그들이 창세기의 신으로 파악하고 있는 질투와 증오의 신인 "야르다바오트"(Yardabaot)는 이로 인해 아담과 이브를 추방하게 되었다는 것이다(유아사 1978, 226).[13] 화염검을 들고 불의 전차 위에서 에덴동산을 지키고 있는 케루빔(Cherubim, 智天使)이라는 천사가 말 그대로 지식과 지혜를 맡은 천사이고 보면, 아담과 이브가 취한 과실은 윤리적인 함의를 지닌 선악과가 아니고 인식론적인 층위의 지식과 영생으로 가는 지혜를 품은 선악과나무임이 분명하다.

기독교가 고착화함에 따라 선과 악을 알게 하고 분별하게 하는 나무는 선악을 분별하고 성을 알게 하여 원죄를 창출하는 '지식'의 나무, 인식과 논리보다는 그것에 기초한 선악의 윤리적인 함의가 더욱 강조되는 나무가 되었다. 그러나 지식을 기반으로 하는 분별과 이성이 없다면 그 이후의 초분별과 초이성 또한 생각할 수 없게 된다. 뱀을 여성과 동일화하였던 밀턴(John Milton)조차도 "선한 지식이든 악한 지식이든 모든 지식은 순수한 것이며, 지식 그 자체가 부정한 것일 수는 없다"(1644, 348)고 말하였는데, 특별히 선악에 대해서는 상대적인 관점을 취하고 있어 그것을 분별적으로만 바라보는 행태에 제동을 걸고 있는 것처럼 보인다.

> 우리가 이 세상에서 알고 있는 선과 악은 거의 분리되지 않고 함께 자라고 있다. 선에 관한 지식과 악에 관한 지식은 함께 얽혀 있으며, 서로 구별하기 어려울 만큼 교묘하게 닮아서 (…) 선과 악의 지식이 쌍둥이처럼 함께 붙어서 이 세상에 튀어나온 것은 사과 한 알을 맛보면서 부터이다. 그리고 아마도 이것이 아담이 처한 운명이 된 것일테니, 그것은 선과 악을 함께 아는, 즉 악을 통해 선을 알게 되는 운명인 것이다. (1644, 350)

"선과 악을 알게 하는 나무"라는 히브리어 원어에서도 확인할 수 있었듯이 악을 아는 것은 선을 아는 것만큼, 아니 오히려 더 그보다 중요할 수 있겠다. 악을 알지 못하고 어떻게 선을 알 수 있을까? "[선악이라는] 지참금 때문에 우리에게 삶이 허용 된다"(Nietzsche 「중력의 정신」; Jung 『차라투스트라를 분석하다』 414 재인용). 니체가 갈파하고 있는 선악의 피안이라는 말이 선악 이후의 경지를 말하고 있음이 분명함에도 불구하고, 융의 다음과 같은 말, 즉 "그 스스로를 선악을 넘어 있다고 여기는 사람들이야말로 대개는 인류 최악의 고문자들인데 이는 바로 그들이 스스로의 병에 대한 고통과 두려움에 의해 착종되었기 때문이다"는 언급(Aion 53)은 특히 이 맥락에서 새겨들을 만하다.

선악의 피안과 초인의 도래를 말하는 니체는 과연 스스로의 병에 대한 고통과 두려움에서 벗어나고 있었는가? 선악의 이분법을 벗어나고 있는 듯한 밀턴의 위와 같은 언급은 지식에 대한 부정적인 생각을 일소하지는 못하겠지만, 선악에 관한 지식을 적대적으로 보는 사유를 재성찰할 수 있는 시사점을 던져주고 있다. 선악과로 표상되는 지식은 그렇다면, 그것이 동양의 대대적 사유를 의미하던 서양의 대립과 모순에 기반 하여 화해를 모색하는 변증적 사유를 의미하던, 지혜와 영생으로 가는 첩경임이 분명하다.

3

소피아(지혜)와
프로네시스(실천적 지혜)

선악의 분별과 영생의 밀접한 관련성을 말하고 있는 앞서 인용한 기원전 950~800년경에 편찬되는 J 문서를 따른 창세기 3:22의 구절은, 대략 주전 10세기에서 시작 500년 동안의 편집 과정을 거쳤다고 되어 있는 솔로몬의 잠언에는 다음과 같이 윤색되어 표현되고 있다. "지혜(hokhma)는 그 얻은 자에게 생명나무라 지혜를 가진 자는 복 되도다"(잠 3:18). 그런데 히브리어 성경에서 직접적으로 지혜와 명철(binah)을 동시에 언급하고 있는 부분은 잠언 3:13 구절이며, 한국어 성경은 '명철'의 의미를 어떻게 해석하느냐에 따라 그 뜻이 명확해지기도 달라지기도 한다. 호크마와 비나의 의미를 잘 살려 두 용어를 공히 지혜에 상당하는 용어로 표현하고 있는 성경은 주전 250-50년경에 완성되었다고 전해지는 70인역 그리스어 성경이다.[14] "지혜(σοφια)를 얻은 자와 명철(φρονησις)을 얻은 자는 복이 있나니." 이 구절을 그리스어, 라틴어, 프랑스어, 독일어 성경 번역으로 보자.

μακαριος ανθρωπος ος ευρεν σοφιαν και θνητος ος ειδεν φρονησιν

(70인역 잠언 3:13)

Beatus homo qui invenit sapientiam et qui affluit prudentia.

(불가타 성경 잠언 3:13)

Heureux l'homme qui a trouvé la sagesse,

Et l'homme qui possède l'intelligence! (1910 프랑스어 성경 잠언 3:13)

Wohl dem Menschen, der Weisheit findet, und dem Menschen, der

Verstand bekommt! (1912 독일어 성경 잠언 3:13)

그리스어로 "실천적 지혜", 혹은 실천 이성(praktische Vernunft) 정도를 의미한다고 할 수 있는 '프로네시스'는 한국어 성경에서 지식으로 번역되기도 하지만 명철, 또는 총명함이라 번역되고 있다.[15] 그런데 히브리 원어에서의 '비나'가 남성적인 지혜 호크마에 상응하여 지혜를 품고 완성하는 여성적인 지혜를 의미한다는 것을 알고 나면, 우리는 셉투아긴타가 이를 뭉뚱그려 왜 실천적 지혜를 의미하는 '프로네시스'로 표기하고 있는지 이해할 수 있게 된다.

카발라에 의하면 호크마와 비나에서 창조의 수(數), 혹은 청옥의 창조색을 의미하는 '세피로트'(Sephiroth) 나무 체계에 속하지 않는 다아트, 즉 '지식'이 출현하며 이러한 지식은, 우리가 폄하하여 알고 있는 세간에 인식된 지식과는 달리, 모든 것의 총화로 카발라에서는 파악되고 있는 것 같다. 프랑스어와 독일어에서 프로네시스는 각각 "l'intelligence"(지성)와 "der Verstand"(오성, 이해 또는 지적 능력)로 번역되고 있음을 눈여겨 볼 일이다. "지혜(hokhma, sophia)를 얻은 자와 명철(binah, pronesis)을 얻은 자는 복이 있나니"(잠언 3:13)와 같은 구문에서도 명철에 관한 영어, 독일어는 각각 "understanding", "Verstand"로 표기되어 있어 프로네시스의 의미에서 약간은 멀어지고 있음을 알 수 있을뿐더러, 눈 밝은 남자라면 인식, 파악, 해석 정도의 뜻을 지니는 독일어의 "verstehen"과 이해 정도의 뜻을 지녀 추후 오성(悟性)에 상응하는 영어의 "understand"(직역하면 독일어로는

"unterstehen" 정도)의 의미가 일치하지 않음을 또한 알 수 있다. (하이데거가 실천적 지혜인 프로네시스와 지혜, 즉 존재 물음과 원리에 해당하는 소피아를 구별하고 있다는 것은 본 논의와 일단은 무관하다.) 욥기 28:28, 즉 "또 사람에게 이르시기를 주를 경외함이 곧 지혜요, 악을 떠남이 명철이라! 하셨느니라"라는 구절은 흠정역에서 다음과 같이 번역된다. "And unto man he said, Behold, the fear of the Lord, that is wisdom; and to depart from evil is understanding." 영어판 성경은 지식(understanding)과 지혜(wisdom)를 층위를 두어 구별하고 있음을 알 수 있으니, 지식의 나무를 선악과로 치부하여 인류에게 죽음을 선사한 것으로 파악하는 전통이 영향을 미치고 있음이다.

한국어 성경 신명기 4:6은 히브리어 '비나'(binah)를 지식으로 번역하고 있으면서도, 또 한편으로는 지혜와 지식을 같은 품위를 지니고 있는 것으로 파악하고 있어 비나와 호크마를 대등한 것으로 해석하고 있다는 사실을 알 수 있다. '비나'는 요컨대 한국어로 "이해, 명철, 총명, 지혜, 지식, 지각, 뜻" 등으로 번역되었는데, 이는 마치 선악이 상극법(merism)으로 같이 사용되는 것과 유사하다.

너희는 지켜 행하라 이것이 여러 민족 앞에서 너희의 지혜(호크마)요 너희의 지식(비나)이라 / 그들이 이 모든 규례를 듣고 이르기를 이 큰 나라 사람은 과연 지혜와 지식이 있는 백성이로다 하리라. (강조 필자)

그러나 다음과 같은 구절은 통상적인 상상력에서 지식을 지혜의 하위 개념으로 보는 오해를 불러일으키기에 충분했는데, 여기서 말하고 있는 지식은 하나님에 대한 지식인 참된 지식이 아니라 헛된 지식으로 이해되고 있어 지식 자체가 헛된 것으로 그 의미의 변용을 갖게 된다.

지혜로운 자가 어찌 헛된 지식으로 대답하겠느냐?

어찌 동풍으로 그 품에 채우겠느냐? (욥 15:2)

ποτερον σοφος αποκρισιν δωσει συνεσεως πνευματος και

ενεπλησεν πονον γαστρος (셉투아긴타)

히브리어 "daat"는 셉투아긴타에는 말을 의미하는 "συνεσεως"로 번
역되어 있지만, 독일어나, 프랑스어, 한국어 번역은 불가타가 취하고 있는
"loquens"(← loquor)를 따르고 있다. 허튼 말, 허튼 지식. 문제는 한국어
"지식"의 의미 또한, 히브리어와 그리스어 성경의 지식과 지혜에 대한 상충
되는 사용 용례에서도 볼 수 있듯이, 어떤 때는 지혜와 같은 품위로 또 다
른 때는 지혜의 하위 개념으로 규정되어 사용되고 있다는 점에 있었다.

그런데 이사야 11:2, 즉 "여호와의 신[령, ruah→pneuma] 곧 지혜
(hokhma)와 총명(binah)의 신[령]이요 모략과 재능의 신[령]이요 지식(daat)
과 여호와를 경외하는 신[령]이 그 위에 강림하시리니"와 같은 구절에서 지
식(daat → gnosis → scientia)과 지혜와 총명은 같은 품위를 차지하면서 등장
하고 있다.[16] 다아트의 상대어로 흠정역에서 번역된 "knowledge"의 의미를
추적할 필요성이 제기되고 있는데, 영어에서 고래로 지식이 어떠한 뜻을 지
녀왔으며 흠정역(1611)이 번역되던 영국의 제임스 1세 치세 기간(1603-1625)
동안 "knowledge"는 어떠한 뜻을 지녔는지에 관한 탐구는 이미 늦은 감
이 있다.

후술되겠지만 도덕경 56장의 "지자불언 언자부지(知者不言 言者不知)"의
사상, 그리고 소크라테스의 "너 자신을 알라"(γνῶθι σεαυτόν, gnōthi seauton)
는 격언 역시 지식과 지혜를 나누지 않는다. 지혜는 대체로 "확실히 아
는 것"으로 간주되지만 오히려 히브리 문명권에서 지혜에 상당하는 "호
크마"는 어떤 사람을 성공시키는 기술, 또는 간교함으로 사용되는 경우도
있었고, 잠언 1장 7절, 즉 "여호와를 경외하는 것이 지식(daat; Erkenntnis;

science)의 근본이어늘 미련한 자는 지혜(hokhma; Weisheit; sagesse)와 훈계를 멸시하느니라", 이어서 9장 10절 "여호와를 경외하는 것이 지혜(hokhma)의 근본이요 거룩하신 자를 아는 것(daat)이 명철(binah)이니라"이라는 구절에서 보면, 히브리어뿐만 아니라 한국어 번역에서도 알 수 있듯이 지식과 지혜는 상호간 잘 구별되어 사용되지 않기도 한다. 이런 점에서 호크마는 비나와 거의 구별되지 않으며 그리스어 성경이 이를 소피아 대신 간혹 실천적 지혜, 즉 프로네시스로 번역하였다고 필자는 생각한다.

우리가 논의한 셉투아긴타의 잠언 1:7을 불가타 성경의 상응하는 구절들과 비교하면 다음과 같다.

αρχη σοφιας φοβος θεου συνεσις δε αγαθη πασι τοις ποιουσιν αυτην ευσεβεια δε εις θεον αρχη αισθησεως σοφιαν δε και παιδειαν ασεβεις εξουθενησουσιν (*Septuaginta*; 강조 필자)

timor Domini principium sapientiae; sapientiam atque doctrinam stulti despiciunt. (*Vulgata Clementina* 1592; 강조 필자)

timor Domini principium scientiae sapientiam atque doctrinam stulti despiciunt. (*Nova Vulgata* 1979; 강조 필자)

본문에 인용된 잠언의 구절 말고도 지식과 관련된 구절들은 호세아서 4:1, 4:6 등의 구절들에도 흩어져 나오고 있는데, 이때 "지식"으로 번역된 해당 히브리어도 역시 "다아트"이다. 잠언의 다음 구절은 지식과 지혜가 구별되지 않음을 확연히 알 수 있게 된다.

무릇 슬기로운(arum, astutus, klug, prudent(avisé)) 자는 지식(daat, cum consilio, mit Vernunft(Verstand), connaissance)으로 행하여도 미련한 자는 자기의 미련한 것을 나타내느니라 (13:16)

셉투아긴타, 불가타, 독일어와 프랑스어 성경 순으로 해당어를 표기하였는데, 지혜 혹은 슬기로운 자는 더 이상의 사족을 필요로 하지 않는 바, 지식을 행하는 자라는 뜻이 확연히 드러나고 있다. 창세기 3:1에서도 쓰인 "간교한"(arum)이라는 어휘가 여기서는 "총명한" 혹은 "슬기로운"(arum)이라는 의미로 쓰이고 있음을 눈여겨 볼 일이다.

위에서 행한 잠언 1:7의 대조 작업에서 알 수 있듯이 한국어 번역의 지식과 지혜가 셉투아긴타에서는 모두 '소피아'로 불가타에서는 '사피엔티아'로 표기되어 있다는 사실로부터, 우리는 히브리어 다아트와 호크마, 그리고 비나가 당대는 물론이고 후대에까지 별반 다르게 취급되지 않았다는 사실을 미루어 알 수 있다. 다만 적시한바 1979년 교황 요한 바오로 2세의 명에 의해 출간된 노바 불가타에서 제롬의 불가타(405)를 저본으로 한 클레멘스 불가타(1592)와는 달리 "사피엔티아"를 "scientia"로 바꾸었는데, 1592년과 이로부터 400년이 더 지난 오늘날의 의미에서 "지식"으로 갈음되는 "scientia"의 뜻이 어떠한 의미를 지니는지는 또 다른 이야기가 될 것이다. 주석 9에서 이미 논한 바 있지만 지식과 지혜가 구별되지 않았던 히브리어 성경에서 라틴어 불가타 성경으로 가면 지식과 지혜가 구별되어 사용되고 있음을 우리는 확인할 수 있었다.

4

치유의 신, 뱀

지식을 담당했던 뱀을 치유와 생명, 그리고 지혜의 상징으로 보았던 고대인들의 생각은 모세에 관한 일화에서 극명하게 드러난다. 모세가 뱀 모습을 한 지팡이를 가지고 사막에서 물을 찾는 이야기라든가(민수기 20:7-11), 죽음을 선사하는 여호와의 사자로 나타나는 뱀에게 물린 광야의 백성들을 놋뱀을 만들어 치유하는 장면에 관한 이야기(민수기 21:4-9)는 뱀에 관한 우리가 알고 있는 기존 기독교의 부정적 전승과는 분명 다른 이야기였다. "여호와께서 불뱀(nahash)들을 백성 중에 보내어 백성을 물게 하시므로 이스라엘 백성 중에 죽은 자가 많은지라 (…) 여호와께서 모세에게 이르시되 불뱀(sarap→seraphim)을 만들어 장대 위에 달라 물린 자마다 그것을 보면 살리라 모세가 놋뱀(nahash)을 만들어 장대 위에 다니 뱀(nahash)에게 물린 자마다 놋뱀(nahash)을 쳐다본즉 살더라"(민수기 21:6, 9).

영어 성경을 저본으로 한 한글 번역과는 달리 히브리어(nahash)와 희랍어(ophis), 불가타(serpens) 그리고 영독불 성경(serpent of brass, eherne Schlange, serpent d'airain)을 포함한 많은 성경들이 '불'뱀(sarap; nahash)의 경우를 제외하고 뱀과 '놋'뱀을 같은 단어로 표기하고 있음을 눈여겨 볼 일이다. 뱀의 살해와 치유기능을 적극적으로 밝히고 있는 민수기는 그러나 후대에 이르러 우상이 된 모세의 놋뱀을 쳐부수는 히스기야의 행동과는 대조된다. "여러 산당을 제하며 주상을 깨뜨리며 아세라 목상을 찍으며 모세가 만들었던 놋'뱀'을 이스라엘 자손이 이때까지 향하여 분향하므로 그것을 부수고 느후스단 [놋으로 만든 조각]이라 일컬었더라"(열왕기하 18:4).

구약이 뱀에 관한 긍정적, 부정적 표상을 동시에 지니고 있다고 간단히 말할 수도 있으나, 열왕기의 저자로 추정되는 신명기의 기자가 기록하고 있는 히스기야왕의 통치 시대(기원전 727~698), 즉 북이스라엘의 멸망으로 인하여 이방 종교의 뱀 신앙 유습을 타파하고 오로지 야훼 신앙으로 개혁을 단행했던 시대 전까지는, 적어도 뱀 신앙이 야훼 신앙과 더불어 공존하고 있었고 그것에 서로에게 적대적이지 않았다는 사실을 추정할 수 있게 된다(Charlesworth 328-329; 340). 신약 또한 구약이 보여주고 있는 이러한 뱀의 양면성을 그대로 지니고 있는데, 뱀을 지혜 또는 영생불멸의 예수와 동일시하는 마태(10:16)와 요한복음(3:14-15), "독사(echidna→viper)의 새끼"라는 유명한 표현이 나오는 마태(3:7)와 뱀을 사탄과 동일시하는 요한계시록(12:9)의 뱀에 관한 긍정과 부정의 상반된 표현에서 그것을 여전히 확인할 수 있음은 물론이다. 그 부정적인 함의에도 불구하고 그러나 죽음 속에서 부활하는 뱀처럼 부활의 예수에게 어울리는 엠블럼은 없었다.

필자에게 유년기의 기억으로 각인된 긍정적 이미지로 표상된 뱀에 관한 이야기의 압권은 여호수아와 아말렉의 전쟁의 이야기에서 모세가 올린 팔에 관한 이야기였다.

그 때에 아말렉이 와서 이스라엘과 르비딤에서 싸우니라. 모세가 여호수아에게 이르되 우리를 위하여 사람들을 택하여 나가서 아말렉과 싸우라 내일 내가 하나님의 지팡이를 손에 잡고 산 꼭대기에 서리라. 여호수아가 모세의 말대로 행하여 아말렉과 싸우고 모세와 아론과 훌은 산 꼭대기에 올

라가서 모세가 손을 들면 이스라엘이 이기고 손을 내리면 아말렉이 이기더

니. 모세의 팔이 피곤하매 그들이 돌을 가져다가 모세의 아래에 놓아 그가

그 위에 앉게 하고 아론과 훌이 한 사람은 이쪽에서, 한 사람은 저쪽에서

모세의 손을 붙들어 올렸더니 그 손이 해가 지도록 내려오지 아니한지라

(출 17:8-12)

후세에 다윗이 골리앗을 물리친 일화와 더불어 아시모프(Isaac Assi-
mov), 한콕(Graham Hancock), 가드너(Philip Gardner), 부레이(R. A. Boulay)
등 일부 학자들에 따라서는 여호와의 우주인 기원설과 레이더 무기 사용설
로도 해석되는 이 일화의 진위를 확인하는 것도 중요하겠다. 하지만 이 이
야기의 또 다른 핵심은 뱀에 관한 유대인들의 해석이 앞으로 필자가 밝힐
고대인들의 '지혜의 뱀'에 관한 사유를 그대로 지니고 있다는 점일 것이다.
"하나님의 지팡이"는 모세가 하나님으로부터 부여받아 그것으로 수원을
탐지하기도 했던 지혜와 영원불멸을 상징하는 "뱀 지팡"이었다고도 볼 수
있다.

이와 같은 뱀의 치유적 성격이 또한 극명하게 드러나 있다고 알려져
있는 신화는 그리스 신화인데 아폴론의 아들 아스클레피오스는 역시 뱀
의 여신이기도 한 메두사의 왼쪽에서 나온 피를 받아 생명을 죽이고, 오
른쪽에서 나온 피로는 치료를 하는 인물로 나타나 흥미진진함을 선사하
고 있다. 메두사가 생사의 피를 동시에 지니고 있다는 사실은 우리가 말하
고자 하는 뱀의 우로보로스적 사생관을 그대로 다시 확인해주고 있다. 의
학의 원조 아스클레피오스가 평소에 지니고 다니는 신물은 카두케우스
(caduceus)라고 불리는데, 뱀 한 마리가 나선형으로 똬리를 틀고 있는 모습
으로 그려져 있어 후대의 의술의 로고로 등장하게 된다.[17] 도시국가 아테네
의 수호 여신 아테나의 방패 앞면에는 메두사의 모습이 그리고 뒷면에는 아
테네 왕가의 시조가 되는 에릭토니우스(Erichtonius)가 그려져 있는데, 에릭

토니우스가 아테나와 헤파이스토스 신의 아들로 뱀신의 모습으로 그려져 있다는 사실을 인지하고 보면, 뱀에 관한 희랍인들의 사유는 우리가 알고 있는 그대로 뱀을 지혜와 동일시하고 있음에 다름이 아니다.

뱀과 지혜, 그리고 영원의 상징

구약의 신 야훼가 바다의 뱀신인 레비아단, 즉 용(龍, tannim, ophis)을 물리 쳐야만 했듯이(이사야 27:1; 시편 74:13-24; 요한계시록 12:7-9), 바빌로니아의 마르둑도 뱀신인 티아맛을, 이집트의 태양신 라(Ra)도 아포피스(Apophis)를, 희랍의 제우스와 아폴론도 튀폰(Typhon)과 퓌톤(Python)을 각각 물리친 후 주신으로 등극하고 그들의 권위를 유지할 수 있었다. 그러나 서양 문명권의 이러한 뱀 정복 신화는 뱀이 표상하는 권위와 신성을 흡수하고 융합해야만 진정한 신이 될 수 있었다고 해석할 수 있는 여지 또한 지니고 있었다. 지식과 지혜의 총화이자 생사를 아우르고 우주 생멸의 비밀을 간직하고 있는 뱀의 또 다른 모습은 그렇다면 고대인들에게 구체적으로 어떠한 의미로 표상되고 있었을까? 뱀에 관한 또 다른 전승은 1장에서 인용한 도판들에서 차례대로 확인할 수 있듯이, 제우스와 야훼가 뱀의 모습을 띠고 있는 것으로 나타나고 있어 희랍과 유대의 문명이 아직도 뱀에 관한 시원의 사유를 그대로 유지하고 있는 것을 보여주고 있다.

특별히 수메르인들의 뱀에 관한 사유는 놀라움을 넘어서 뱀으로 표상 되었던 분별심과 이기심, 죄와 폭력, 그리고 죽음에 관한 부정적 견해와 습속을 다시 성찰하게 한다. 그들의 신화체계를 따르자면 '안(An)의 후손 또는 심판관'이라는 뜻의 아눈나키(Anun.na.ki)라 불리어지는 존재들 중에서 인류를 창조한 이는 앞서도 언급한 엔키였는데, 그는 원통형 인장(cylinder seal) 그림에서도 나오고 있듯이 지혜의 상징인 초승을 머리에 이고 제우스와 야훼처럼 뱀 다리의 모습을 하고 있다. 초승과 보름 그리고 그믐이라는 변화를 거치고 있는 달의 모습을 구태여 엔키가 지니고 있는 이유는, 뱀의 우주적 표상인 달이 그 변화하는 모습으로 삶과 죽음의 순환성과 가변성, 즉 '역'(易)을 말하고 있기 때문만은 아닐 것이다. 그리스인들이 그 각각의 모습을 아르테미스, 셀레네, 그리고 헤카테로 의인화한 달이 난나(Nanna)였고 이로부터 달과 태양의 신이 분화되었다고 전하는 수메르 신화는, 지구에서 발견되는 달과 태양의 운석에 대한 분석의 결과에 기대어 달이 태양보다 먼저 생성되었다는 과학자들의 주장(Knight & Butler 79)과 궤를 같이 한다.

뱀이 왜 지혜와 동일화되었는지를 밝히는 융의 다음과 같은 소략한 설명은 기독교인들도 쉽게 수긍할 만한 상식적인 요소들을 포함하고 있을 뿐 아니라 이제까지 논한 요점을 잘 밝혀주고 있어 길게 인용할 만하다.

> 야훼는 아담에 앞서서 파충류를 창조했었다. 그러나 그것은 보통의 아주 지능이 낮은 뱀이었고, 사탄은 그 뱀 중에서 나무 뱀을 선택해서 그것의 형태로 자신을 위장했다. 그때부터 뱀이 가장 영적인 동물이라는 소문이 퍼졌다. 세계를 구원하는 로고스(자주 Nous와 동일한 것으로 나타남)로 이해되기 때문에 뱀은 또한 그 후에도 즐겨 누스νοῦς(영Geist, 오성Verstand)의 상징으로 쓰이게 되었고 높은 존경의 대상이 되었으며, 신의 두 번째 아들을 상징하는 것으로 허용되었다. 후에 나타난 어떤 설화는 뱀이 낙원에서 아담의 첫 번째 부인 릴리스Lilith였으며, 아담이 그녀와 악마의 무리를 낳았다고 한다. (『인간의 상』, 「욥에의 응답」, 342)

사탄이 신의 아들이고 신과 악마가 형제지간이라는 논의를 잠시 접어두고 논의를 진행하자면 사탄이 뱀의 모습을 띠어 원래 그의 속성인 지혜와 영성을 뱀에게 전승하였다는 해석인데, 특이하게도 뱀은 우리가 1장에서 논의한 것처럼 민간전승을 거쳐 여성과 동일시되고 있으나 다만 여기서는 이브 대신 릴리스로 나타나고 있다는 점이 다르다면 다른 점일 것이다.

5

원시인들이 파악한 뱀의 심상:
지혜, 재생, 영원

그렇다면 뱀은, 융이 정리하고 있는 성서적 전통 말고도, 왜 재생과 영원 그리고 지혜를 상징하는 모습으로 또한 다른 원시인들에게 비쳐졌을까? 첫 번째로 우리가 생각할 수 있는 것은 뱀에 관한 현상(학)적 고찰이다. 원시인들은 뱀이 허물을 벗고 다시 새로운 모습으로 나타나거나, 꼬리가 잘려도 다시 그 모습을 복원하는 형상을 보고, 그리고 때때로 그 꼬리를 물고 완벽함과 완전의 상징인 원을 그리고 있는 모습을 보며 뱀의 영원성을 추찰해내었다. "부활의 본보기는 해마다 일어나는 뱀의 허물벗기일 것이다"(Jung 「미사에서의 변환의 상징」, 『인간의 상』, 200). 우리가 흔히 우로보로스라고 명명하는 꼬리를 무는 뱀에 관한 모습은 또한 시작이 끝이고 끝이 또 다른 시작이며, 이로부터 삶이 죽음이고 죽음이 다시 삶을 위한 것임을 밝혀주는 상징이 되기에 부족함이 없었다. 뱀은 특히 빳빳하게 머리를 치켜들고 긴 막대기 형의 모습을 보일 때는 남근의 형상을 지녀 남성으로 그리고 똬리를 틀고 완전을 상징하는 원을 그리고 있을 때 여성 성기를 상징하는 여성으로 받아들여져 음양을 동시에 의미하기도 하여, 음양의 원리로 형성되는 우주와 그것의 주재자인 신을 설명하기에 부족함이 없었다.

신들은 지드(André Gide)의 개념을 빌리자면 '땅에 메어진 슬픈 인간'(『전원교향곡』, 37)과는 달리 허공을 자유롭게 날 수 있다고 상상되어졌는데, 그들의 하체를 발이 없는 모습으로 그려내는데 사형(蛇形)은 적절한 이미지가 될 수 있었다. 신의 모습은 따라서 부분적으로 또 전체적으로도 뱀의 모습으로 그려지기도 하였는데, 수메르의 지혜의 신 엔키가 뱀을 그 신물로 삼아 뱀의 형상으로 원통형 인장에 등장한다는 사실은 이미 밝힌 바 있다. 이는 비단 수메르에서뿐만 아니라 바빌로니아의 티아마트, 애급의 아포피스, 헬라스의 튀폰과 퓌톤, 인도의 브리트라 등이 대지의 여신으로 나타나는 사실과 궤를 같이하고 있다. 시원의 신들이 여신으로 나타나는 현상은 이 책의 11장에서 기술되고 있다.

그러나 이러한 현상만으로 뱀을 신의 상징으로 추인하고 옹립할 수 있을까? 뱀에 관한 두 번째 사유는 히브리인들을 포함하여 다른 고대인들이 믿었던 신들의 모습이 말 그대로 뱀 신이 아닐까하는 고고학적 고찰이다. 이는 뱀에 관한 축자적 해석이면서도 그대로 신화종교적인 해석이 되기도 하는데, 이러한 주장은 신의 기원에 관한 우주인 설화와 맞물려 있다. 많은 뇌신경 과학자들이 이구동성으로 주장하듯이 고양이를 난생 처음 본 쥐가 즉각적으로 나타내는 공포 반응처럼 뱀에 관한 선입견 혹은 편견이라 할 수 있는 반응은 징그러움 혹은 오싹함이고, 이는 아마도 인류의 유전 프로그램에 각인된 모종의 기억에서 기인할지도 모른다.

뱀 혹은 이와 유사한 형태의 파충류 신은, 몇몇 지방에서는 아이들이 겨울에는 따뜻한 품으로 여름에는 시원한 베개 대용으로 뱀과 친하게 지내고 있다는 보고가 있어 온 것도 사실이지만, 인류에게 왜 공포와 두려움을 안겨주었을까? 뱀이 신물이 아니라 신 자신이었다는 이러한 주장은 수메르문명의 12개의 별자리와 밀접한 연관을 맺고 있다.[18] 그들의 신화에 의하면 12번째 별자리는 지금으로부터 2500년경에 지구와 가장 근접한 위치로 지구를 통과한 혜성이었고, 이를 계속 따르자면 12번째 별자리인 정체

불명의 혜성이 지구로 근접했을 때 많은 신들이 지구로 이주하였고 그 결과 지구문명이 개화하기 시작하였다는 것이다. 그런데 이러한 시기는 흥미진진하게도 야스퍼스(Karl Jaspers)가 인류의 '차축시대'(Achsenzeit, 車軸 혹은 軸心時代)라고 명명한 기원전 800~200년, 어림잡아 기원전 5세기 전후와 일치한다.

출처가 불분명한 문헌들에 의하면 아담과 이브 자신들은 파충류의 속성을 갖고 있었는데, 그들은 특히 『하가다』(Haggadah)라는 위경(僞經)에는 선악과를 먹고 허물을 벗었다고 기록되어 있다(Boulay 122). 뱀 또한 다른 파충류처럼 다리를 갖고 있었는데 인류의 타락 이후 교사죄를 물어 "네가 모든 육축과 들의 모든 짐승보다 더욱 저주를 받아 배로 다니고 종신토록 흙을 먹을지니라"(창 3:14)라고 한 성경 구절을 전거로 삼아, 원래 뱀의 모습을 지닌 아담과 이브의 파충류 기원설을 신봉하게 되는 부레이(R. A. Boulay)의 주장은 뱀신 야훼의 히타이트 기원설, 즉 야훼가 뱀의 형상을 지닌 수메르의 최고신 안(An)의 손자, 즉 엔릴의 막내아들인 이쉬쿠르(Ishkur: 셈어로는 아다드 Adad)라고 하는 주장(16, 66, 75, 90), 그리고 인류의 문명 특히 애급과 메소포타미아 문명이 강을 의지하여 개화된 이유가 인류의 시조인 파충류 무리가 항상 습기를 필요로 하고 있었다는 추측(260-261)에 이르러서는 그 기이한 상상력이 최극점에 도달하고 있다. 20세기 수많은 영화와 오락물들에서 외계인 혹은 외계의 신들을 볼썽사나운 점액질의 파충류로 형상화한 연유에는 파충류에 대한 편견이 작동하고 있다.

수메르인들의 뱀에 대한 관념과는 약간 다른 논의가 되겠지만, 희랍 문명권에서 "예수, 그리스도, 하느님의 아들, 구세주"(Ιησοῦς Χριστός, Θεοῦ Υἱός, Σωτήρ 즉, Iesous Christos, Theou Yios, Soter)가 각 낱말의 첫 글자들의 합(anagram)에 의하여 단지 우연이라고 말하기에는 너무 우연이어서 필연인 '물고기'(ΙΧΘΥΣ; ichthys)로 표기되다가 때로는 뱀으로 연계된다는 사실은 어떻게 해석할 수 있을까? 융(Carl Jung)의 신화심리학의 체계 내에서 무의식의 그림자(shadow) 영역을 통하여 계시되는 신비적인 지혜의 상징으로서 물고기와 뱀이 예수그리스도와 동일화되는 것은 양자가 그 특성 상 완전함 그리고 전체성을 갖고 있기 때문인데, 이와 같은 사유는 특히 영지주의자 들의 사유에서 빈번히 발견될 수 있다고 유아사 교수는 밝히고 있다(1978, 228-229).

성물(聖物)로서 뱀을 추종하는 영지주의파의 하나인 나아스파(the Naassenes)는 어원 자체가 히브리어로 뱀을 의미하는 것으로 이제까지 받아들여진 나하쉬(nāhāsh)[19]의 그리스식 발음인 나아스(ναάς)에서 연원하였는데, 이들의 사유체계 내에서는 다음과 같음을 알 수 있다.

> 아들 신은 뱀이다. 왜냐하면 아버지의 증표를 위로부터 전하여 그들을 잠
> 에서 깨워서, 아버지의 특성, 즉 실체 없는 "존재"로부터 나왔던 실체를 이
> 세계로 가져왔던 것이 그이기 때문이다. (⋯) 그렇게 하여 카레라[나아스 파
> 의 신도들]에 의하면, 인간 중에 완전한 종족, 아버지의 형상을 본떠 만들
> 어 아버지와 동일한 본질(호모우시아, homoousia)를 가진 종족은 뱀에 의
> 하여 세계 밖으로 이끌려 나온다. (Jung *Aion*, 185)

"나하쉬"의 또 다른 뜻이 "모든 것을 아는 이"라는 주장(Boulay 20)을 또한 받아들인다면, 뱀을 신 또는 신의 대리자로 새기는 영지주의자들의 해석에는 무리가 없게 된다. 카발라에 의하면 생명의 나무는 엘로힘의 세 번째 천사 바루흐이고 지혜의 나무는 여성적인 원칙을 상징하는 에덴 12천 사 중 하나인 나아스이다. 이어지는 뱀과 물의 연관성에서 대한 부분에서 논의가 진행되겠지만 뱀은 물뿐만 아니라 불과도 연관되는데, 이는 뱀을 신 으로 볼 수 있다면 신명(神名)에 관한 필자의 다른 글에서 또한 밝혀지겠지 만, 불과 빛을 주로 그 속성으로 하는 신, 예컨대 아미타불과 비로자나불 그리고 제우스와 아인 소프 등의 신들의 속성을 뱀신이 또한 당연히 그 신

의 속성 중의 하나로 유지하고 있어야 하기 때문이다.

뱀신의 다른 모습이기도 한 불을 뿜는 용은 물과 불의 성질을 다 갖고 있는데, 귀여운 도룡뇽 살라만더(salamander) 또한 불을 뿜는 뱀의 일종이다. 불, 또는 불꽃을 체화하고 있는 리비도의 상징으로서의 뱀이라는 융의 연상(1985a, 149)을 추가하지 않아도, 음양의 자웅동체로서 물과 불을 한 몸에 지닌 완전한 신의 상징인 뱀에 관한 사유는 면면히 이어져 왔다. 전 세계의 신화소에 등장하는 용으로도 표현되는 '날개달린 뱀'(flying serpent) 은 물과 불의 속성을 동시에 지니고 있는 위대한 상징이다. 이들의 해석을 수메르인들의 뱀에 관한 사유와 더불어 허황된 이론들이라고 일소에 부칠 수 없는 까닭은, 앞서서 도판으로도 확인했던 원시인들의 사유에 관한 많은 증거자료와 유물들이 대영박물관을 위시한 전 세계의 박물관에서 새로운 정리 작업과 해석을 기다리고 있기 때문이기도 하지만, 그들의 투사된 해석이 인류의 보편 심상에 대해 전해 주는 바가 심대하기 때문일 것이다.

영원의 상징으로서의 뱀에 관한 세 번째 해석이 될 수 있는 현상학적·문학적 고찰은 뱀을 생명의 원소인 물과 그것을 주관하는 별자리인 달, 그리고 그것들이 지시하고 있는 공통 속성인 '여성성'과 연관시키는 일이다. 뱀이 죽음과 삶, 그리고 죽음으로 비롯되는 재생을 함축하고 있다는 사실은 굳이 바슐라르(Gaston Bachelard)의 물에 관한 상상력을 염두에 두지 않더라도 물과 여성, 그리고 행성으로서의 달과의 상관관계를 생각해 보면 쉽게 이해 가능하다. 뱀은 음양오행상 물에 관련된 동물임이 분명하며, 황무지였던 최초의 불모의 땅, "에레즈"(erez)를 에덴, 즉 물이 흐르는 "땅"(adamah)[20]으로 변화시키기 위하여 반드시 필요한 동물 에이전트였다.

서양의 회화적인 상상력, 특별히 세기말의 회화적 상상력이 뱀과 여성을 동일화하여 여성을 부정적으로 보는 것에 일조하였다면, 문학적 상상력은 창조의 상징으로서 뱀과 바다 그리고 이들이 상정하는 창조의 조건이자 모태인 혼돈에 관한 사유를 그대로 유지하고 있는 것 같다. 물의 총화로서의 바다는 수메르어 "mar"에서처럼 생명이 움트는 여성의 자궁과도 동일화 되지만, 멜빌(Herman Melville)이나 로렌스(D. H. Lawrence) 문학에서처럼 그 광포한 성질로 인하여 파괴와 죽음으로 표상되기도 한다. (불교의 죽음의 여 신 마라와 죽음을 뜻하는 아베스타어 "mar", 라틴어 "mors", 그리고 프랑스어의 죽음 "la mort", 바다 "la mer" 혹은 어머니 "la mère"와의 상관관계에 대해서는 9장에서 논의가 진행된다.) 물이 삶과 죽음을 동시에 상징하고 있다는 말인데 이는 여 기서 논의하고 있는 뱀의 우로보로스 상징과도 일치하고 있다.

시원의 바다, 혼돈과 이로부터 발원되는 창조의 성격을 동시에 지니고 있는 바다는 "뱀처럼" "시작도 끝도 없이"(Chopin 350-351), 죽음에서 삶이 발원하고 삶은 다시 죽음으로 향하고 있다는 카오스적 질서의 세계를 노 래하고 있다. 뱀은 또한 2장에서 자세히 밝힌 바 있듯, 달을 상징하는 동물 이기도 하다. 뒤랑의 멋들어진 현상학적 표현을 인용할 수밖에 없는데, 달 은 "시간의 측정인 동시에 '영원회귀'(éternel retour)의 명백한 약속"이며 뱀 의 우로보로스적 모습은 "단순히 살로 이루어진 원(圓)이 아니라 삶에서 나 오는 죽음, 그리고 죽음에서 나오는 삶, 삶과 죽음의 물질적 변증법이다"(『인 류학적 구조들』, 450, 484). "원은 시간의 [영원한] 공간적 투사이다"는 뒤랑의 말을 이해하기 위해서는 그의 『상상계의 인류학적 구조들』을 통독해야 하 는 수고를 거쳐야 한다.

6

뱀과 죽음, 그리고 재생: 유불선의 지식과 지혜

끝없는 경쟁과 문명의 역기능으로 숨 가쁜 우리의 모습을 볼 때, 인류는 하느님의 말씀처럼 선악과를 먹고 지적인 능력을 개발하는 것으로 인해 이미 모두 죽었는지도 모른다. (…) 지적 경쟁으로 인한 인류의 인간다운 삶은 이미 에덴동산에서 추방됨과 동시에 아득히 사라져 버렸는지도 모른다. 그래서 마음을 비우라는 『도덕경』의 사상을 가지고 『성서』, 「창세기」 신화를 해석해 봄으로써 종교의 기원에 대해 재고해 보면서 문명에 대해 반성해 보고자 한다. (김학목 2005, 370)

선악과 취득 이후 인류의 조상이 에덴동산에서 쫓겨나게 되고 그 결과 죽음이 인류에게 찾아왔다는 기독교의 재래적 해석은 일각에서는 뱀과 여성과 사탄, 그리고 죽음을 동일시하는 습속을 서양의 인류에게 전파하였다. 그러나 언어와 지식의 나무인 선악과의 증득이 인류의 진화과정에서 꼭 거치지 않으면 안 될 과정이었음을 인식하는 것이 21세기를 사는 인류의 영적인 깨달음이 될 수 있는 것은, 지식과 지혜가 그리고 죽음과 생명이 다르지 않다는 사실을 반추해 보면 알 수 있게 된다.

해석을 달리할 수 있다면 뱀을 상징으로 하였던 일단의 종교적 사유가 지향하고 있는 바는 "깨달음과 도를 닦는 것을 이야기하는 종교", 그리고 더 적극적인 의미에 있어서는 우리도 신이 될 수 있다는 포스트모던적 사유의 종교(김상일 2013 52, 45)가 아니라, 우리가 오히려 불멸의 신이 아니고 필멸의 인간이거나 신 또한 불멸의 신이 아닐 수 있다고 말해주는 것일 수 있다. "진화하는 신"(evolving God Briffault III, 168)이라는 개념이 들어서게 되는 소치인데, 영생의 지겨움과 윤회의 공포와 맞물린 팽창하는 우주 혹은 한없는 신, 또는 무량광불 혹은 무량수불(amitabha ← amitayus)에 관한 문학적 접근은, 신의 속성에 관한 또 다른 글을 요구하고 있다. 이러한 의미에서 인간의 죽음을 강조하고 있는 기독교는 오히려, 그 죽음을 부정적으로 보긴 했지만, 새로운 종교가 될 수 있는 가능성을 함의하고 있었다. 죽음이 영생이 될 수 있다는 사실을 그들은 자신들도 모르게 예수그리스도의 죽음에서 선취되었다고 말하고 있기 때문이다. "다 이루었다."(Tetelestai ← telos, 요한 19:30)[21]

역사를 돌이켜보면 그러나 사람을 신으로 옹립한 종교는 결과적으로는 의외로 유사한 교리와 교의를 지닌 후발 기독교와 힌두교로부터 심대한 영향을 받은 불교일 수 있으니, 이는 두 종교가 비록 그 기원이 어디로부터인지는 확실히 논의되어 정해진 바는 없으나 그 사상에 자양분을 대고 있는 소리 문자 체계를 주된 특징으로 하는 인도·유럽어족을 기반으로 하고 있다는 점에서도 유추할 수 있다.

동셈어 문명인 수메르-메소포타미아 문명의 영향을 받은 서셈어를 기반으로 하는 유대교와 이슬람교는 인도·유럽어족을 이러한 교의를 일정 부분 거부했지만, 아이러니하게도 보편종교로 발돋움한 것은 사람이 신이었던 아프리카·아시아어족의 종교가 아니라 사람을 신으로 옹립하게 되는 인도·유럽어족계의 종교이었음은, 라틴 문명권에 국한하자면 아리우스파의 퇴조와 아들 예수를 아버지 신으로 격상한 아타나시우스파의 부상으로 점쳐질 수 있었다. 이와 유사한 현상은 불교에서도 나타난다. 현신불로서의 석가모니가 과거불이자 미래불이 되는 것이다. 깨달은 자들을 부처로 보는 일부 선불교 또한 소승불교에서처럼 부처를 신이라고 오인할 때 표면적으로는 이러한 '신인동형설'(anthropomorphism)에서 자유롭지 않다. 사람이 신선이 된다는 도교의 사상은 그러한 것마저 굳이 괘념치 않는 도가의 무위적 입장과는 구별이 되기는 하겠지만, 원시 도가 사상으로부터 발원한 중국의 전통사상인 도교가 이러한 신인동형적 요소를 지니고 있다는 점 또한 궁구되어야 한다.

뱀의 상징에 관한 한 죽음은 삶이고 오히려 영생과 니르바나에 이르는 점차와 점진의 도정이지만, 죽음과 영생을 애써 분리하는 '제도로서의' 기독교를 근간으로 하는 서양세계는 '반복적이고' '순환적인'(circular) 차원의 죽음을 부정적으로 취급해왔다. 기독교가 당시 유행했던 다발적 윤회를 거부하고 단 한번뿐인 윤회만을 받아들여 천국과 지옥으로의 1회성 심판을 상정한 이유이다. 뱀을 둘러싼 해석에서도 여실히 드러나는 현상이지만 뿌리 깊은 선악의 분별과 삶과 죽음의 이분법, 혹은 삶과 죽음의 분별과 선악의 이분법은 정치외교사적인 측면에서는 폭력과 전쟁, 그리고 '선형적인'(linear) 의미로의 죽음으로만 점철되었던 서양의 역사에 항상 제거해야 할 타자를 양산하게 했고, 젠더적인 측면에서는 여성적인 것의 폄하를 가능하게 했다.

뱀이 지식과 지혜를 동시에 가리키고 있고, 지식과 지혜가 그리고 삶과 죽음이 이분법적으로 나누어지는 상호대적적인 개념이 아니라는 사실은, 앞서 소개한대로 영지주의자들이 "선과 악을 알게 하는 나무", 즉 지식과 분별 나무의 열매를 지혜의 실과로 보았던 사실에서도 입증되고 있다. 이러한 깨달음은 지식과 분별의 습득을 타락과 원죄로 여겨, 사망의 권세 속에서 구원의 선포를 감행하는 기독교적인 진리가 어느 정도로는 보편적으로 작동하고 있는 이 세상에, 인류가 더 이상 죄로 인해 잉태되지 않았고 "죄의 삯은 사망"(롬 6:23)이라는 비관적 관념에서 우리를 자유롭게 할 수 있게 하는 전거를 마련해 주게 된다.

"아는 것이 죄"라는 언급은 그 앎이 부분적일 경우에 성립될 뿐이지 앎 자체의 속성과는 관계가 없다. 지식을 기반으로 하지 않은 지혜가 현묘(玄妙)할 수 있다고 생각하지 않기 때문이다. 초기 교부들의 세례를 받은 서양 문명은 일견 지식을 폄하하고 있는 것 같지만 오히려 정반대로, 결과적으로 오늘날 서양의 과학 문명의 발달에 견주어 본다면, 서양 문명만큼 지식을 숭앙한 문화권은 없을 것이다. 더 단적으로 말하자면 죽음의 나무이어야 생명의 나무가 될 수 있는 것이니, 선악의 나무를 죽음의 나무로 보았던 초기 기독교의 사유는 자기 자신들도 모르게 진리를 말하고 있었는지 모른다. 이러한 사유를 극한으로 더 밀고가면 우리는 지식의 나무 자체가 생명의 나무와 동일화되고 있음을 알 수 있으니, 예수께서 진리와 생명을 그에게로 이르는 길로 파악하고 있는 이유이다. "내가 곧 길이요 진리요 생명이니"(요 3:16). 특별히 20세기를 보낸 인류에게 지식은 생명 그 자체이다. 지식을 홀대했다고 되어 있는 서양 문명이 오히려 지식의 추구를 게을리 하지 않고 생명과학과 인공지능을 포함하는 과학 문명을 이룬 소치이다.

서양의 기독교가 지식을 그리고 그것이 함의하고 있는 분별적 이성을 죽음으로 파악하고 있었음에도 불구하고 그들의 문명이 지식을 홀대하지 않는 방향으로 발전되었다면, 동양의 사유는 지식보다는 지혜를 우선하는 방향으로 큰 틀을 잡았다고 해석하는 와중에 지식을 폄하하고 홀대하기도 하여 소위 근대화의 과정에서 서양에 비해 뒤처지게 되었다고 근자의 일부 동양학 전공자들은 말하고 있다. 지식을 폄하하였다고 여겨진 서양 문명이 오히려 지식을 홀대하지 않았지만 깨달음과 지혜를 추구한 동양 문명은 지식을 낮잡아보았다는 주장인데, 특히 20세기 초 서양의 과학 문명을 옹호했던 호적과 진독수와 유학을 포함하는 중국 전통의 효용을 일부 인정하는 장군매, 양수명, 양계초 등이 대립했던 역사는 이를 증거하고 있다. 소위 근대화를 이룩한 서양의 우위가 사실 200년 남짓할 뿐이지만 지식의 주권을 빼앗겼다고 생각한 이들이 유포하였다고 알려진 '동양의 지식 홀대' 운운은 홍콩을 위시하여 대부분의 동남아시아를 식민지로 빼앗긴 중국인들의 자조에 덧붙여 서양인들이 축조한 관념이기도 하다.

동양에서 지식은 때로는 "앎과 슬기로움"이라는 표현에서 볼 때는 "슬기로움", 즉 지혜와 대척되는 것 같으나, 굳이 "과"(and)로 이어지는 양항을 대척관계로 볼 필요는 없다. 지식은 앎, 즉 성인들의 가르침이다. 지식과 지혜는 유가와 도가의 입장에서 보자면 달리 설명될 수 있으나 중국은 오랫동안 유가적 전통이 주류의 흐름을 유지하며 그 문화를 발전시켜 온 만큼, 지식과 지혜가 대립적이기보다는 상호 긍정적인 영향을 끼쳤던 것으로 보아도 될듯하다. 이는 외래 사상으로 중국에 들어온 불교사상이 중국의 도교를 만나 선불교로 거듭나는 과정에서도 그러하니, 사실 유불선으로 통칭되는 중국사상은 지식과 지혜를 구분하고 구별하지 않았던 것이 밝혀지게 된다. 이제 이러한 사유의 단초를 필자의 제한된 지식의 범위 내에서 불교와 유교와 도가 사상에 대한 간단한 점검을 통해 시작해보자. 논의가 워낙 방대하여 불교에 대한 점검은 신수와 혜능의 중국 선불교, 유교는 묵자와 순자, 도가 또한 지극히 적게 노자의 몇 마디들에 한정할 수밖에 없었음을 밝힌다.

선불교의
지식과 지혜

/

원시불교에서 분별지는 지혜로 간주되고 있었으나, 한국어 문화권에서 흔히 지혜로 번역되는 "반야"(panna)와 앎, 혹은 '분별지'(分別智)로 번역되는 식(識), 즉 "윈냐아나"(vinnana)와의 차이가 그리 많지 않다는 사실(활성 21-25; 43-45)은 많이 알려져 있지 않다. 중국의 선불교가 신수(神秀 ?-706)를 제치고 혜능(慧能 638-713) 사후 오랜 시간이 지나 그를 6조로 추후 정립하는 과정은 지식과 지혜에 대한 원시불교의 관점이 그대로 지속되고 있었음을 밝혀주는 좋은 예시일 수 있겠다. 한국의 선불교에서 돈오점수 논쟁으로도 개화되기도 하는 이러한 논의는 그러나 이상하게도 깨달음(지혜)에는 학식(지식)이 불필요하다는 논리로 와전되어 알려져 있기도 하다. 혜능이 비록 수련의 초창기에 경전에 대한 해박한 지식이 없었던 것으로 알려져 있으나, 그렇다고 해서 그를 배움을 모르고 경전을 중요하게 생각하지 않는 수행승이었다고만 보아서는 곤란하다.

혜능이 비록 유식계열의 경전은 아니지만 금강경과 법화경뿐만 아니라 열반경, 유마경, 능가경, 아미타경, 보살계 등을 자유자재로 언급했다는 주장(Wu 80)이 이를 뒷받침하고 있는데, 『단경』의 저자가 과연 혜능인가 하는 논의를 뒤로 하고 인용을 계속 하자면, 비록 인용문의 출처는 확인할 수 없었으나, 혜능이 행한 마지막 강의로 제시된 다음과 같은 말은 곱씹어볼만하다.

비우는 일에 집착하는 사람들은 말과 글은 아무런 쓸모가 없다고 말하면서 경전을 무시한다. 하지만 말과 글은 아무런 쓸모도 없다고 말하는 그 사람의 말 자체가 이미 아무런 쓸모가 없는 것이니 이를 어쩌나. (Wu 83 재인용)

불립문자라는 개념이 문자가 필요 없다는 뜻이 아니라 문자에 집착해서는 안 된다는 개념임을 밝히는 혜능의 사상은 언어의 불완전함을 말하는 서양철학과도 일맥상통하는 말로 받아들일 수 있으며, 아함경이나 금강경이 기록하고 있는 '뗏목의 비유' 혹은 장자의 '득어망전'(得魚忘筌)의 묘미를 혜능이 설파한 것이라고 말할 수 있다. 말과 글은 쓸모없지만 "쓸모없다"는 그 말 자체가 또한 이미 말과 글의 범주이며, 따라서 "쓸모 있다."

경허와 만공, 탄허와 청하 스님은 말할 것도 없지만 '돈오'를 의도적으로 강력하게 주장한 성철 스님의 경전에 관한 지식이 결단코 얇지 않고 두텁다는 사실은 잘 알려져 있다. 그들은 모두 학승으로 출발했던 것이다. 세상에 깨달은 채 하는 자들이 너무 많아 깨달음이 쉽지 않다는 메시지를 전달하기 위해 돈오를 주장했는지도 모르겠지만, 오히려 그러한 이유에서라면 점오를 강조해도 무방해 보이기도 한다. 석가세존이나 예수, 원효나 티베트의 요기 밀라레빠(Milarepa 1052-1135) 등 몇몇의 경우를 제외하고는 전적인 깨달음은 쉽지 않은 것 같다. 깨달음은 어렵고 이러한 면에서 있고도 '없다.' 돈오의 이면이 끊임없는 점오의 연속일 수밖에 없는 이유이며, 서양철학과 단순하게 비교하자면 돈오는 현상학과 점오와 점수는 해석학과 상응할 수 있겠는데, 현상학이 끊임없이 해석학적 점오와 점수를 요구하며 그 스스로를, 하이데거나 후설의 초월적 현상학이 지향하는 바 '해석학적 현상학'으로 정초하는 이유와 다르지 않다.

현상학은 이미 해석을 전제로 하며, 돈오는 점오와 점수를 통하여 시나브로 단박에 이루어진다. 범인들에게는 돈오돈수가 돈오점수 혹은 점오점수를 기반으로 할 수 밖에 없는 이유이기도 한데, 이 책을 시작하며 언급한 바 있지만 이를 서양철학으로 비유해서 말하자면 현상학이라 쓰고 해석학이라 읽는 이유이며, 결론에서 밝힌바 '인식론적인 단절'이나 '패러다임의 변화'가 전대의 지식과 과학을 기초로 일어날 수밖에 없는 이유이기도 하다. 최초의 기원과 시간이 도래하면 해석된 현상만이 존재하니 현상은 해석으로 스스로를 탈바꿈한다.

돈오돈수가 가능한 경우는 윤회의 업을 인정할 경우이기도 하니, 하택신회(荷澤神會 670(684)-762(758))의 뒤를 이어 그를 뛰어넘었다고 여겨지는 규봉종밀(圭峰宗密 780-841)은 숙세(宿世)로부터 논한다면 오직 '漸'만이 존재하지 '頓'은 있을 수 없다고 주장한 바 있으며, 이러한 그의 사상은 고려의 보조국사 지눌에 이르러 '돈오점수'로 정형화된 바 있다.[22] 한편 '지혜'는 한문으로는 "知慧" 또는 "智慧"로 표기되어 왔으며, 상용으로는 "혜"(慧)로 표기되기도 하였는데 "정혜쌍수"(定慧雙手), "종정발혜"(從定發慧)에서 이런 표기법을 가늠할 수 있다. 갈조광이 인용하고 있는 하택신회의 "반야바라밀 체자유지"(般若波羅密 體自有智)에 대한 종밀의 댓구 설명인 "지즉심체"(知卽心體)에서 하택의 지(智)는 종밀(780-841)의 지(知)로 탈바꿈되어 잘 구별되고 있지 않다는 사실을 알 수 있게 된다(『중국사상사』 II: 149).

모차르트와 같이 선천적으로 신동인 경우나 티벳 불교의 달라이 라마 선정과정에서, 그리고 사생학에서 자주 언급하는 전생 전의 기억을 유전자 혹은 아뢰야식(ālaya vijñāna, 阿賴耶識)에 지녀 수천 년 전의 수준 높은 고전어를 구사하는 경우 등에서 우리는 숙세의 침전과 기억의 분출로 인한 돈오의 예들을 찾을 수 있다. 플라톤의 "상기설"(想起設, anamnēsis)이나 베르그송의 '기억'(le souvenir)도 이러한 경우이다. 기억 혹은 '상기'(想起)는 잊어버린 것을 되찾는 것이니 윤회의 바퀴를 거슬러 그것은, 하이데거적 의미에서도 잃어버린 시간을 거슬러 "진리"(alētheia)로 스스로를 현시한다.

돈오와 점오의 문제는 동전의 양면이어서 이전투구(泥田鬪狗)하면서 한쪽의 우위를 다툴 일도 아니며, 이강옥 교수의 말을 빌자면 "실제 수행의 방법론과 연결되지 못하면 공허한 반목과 동어반복이 된다"(거금도 송광암 여름수련회 수행기 8). 근기와 방편에 따라 점오와 돈오는 일장일단을 갖는다. 항간에는 점오라는 개념, 혹은 단어 자체가 성립하지 않는다는 주장이 있어왔는데, 이는 『아함경』에서 부처님이 사성제와 십이연기를 설하여 "점차로 다가간다"(漸次來至)는 취지와 어울리지 않는다. 점오가 인도불교의 종지이긴 하나, 중국불교사에 있어 점오를 중시했던 인도불교와는 달리 돈오론의 시조로 알려진 도생(약 372-434)의 돈오에 관한 주장이 점오, 즉 부단한 수행과 독서를 필요로 하는 돈오를 주장했다는 사실은 그런데 잘 인식되고 있지 않는 것 같다. 그의 저작 『法華經疏』와 그의 글을 인용한 것으로 되어 있는 隨 나라 길장의 『二諦論』을 각각 보자.

> 무생법인無生法忍을 참답게 깨달아 얻은 무리들이 어지 언(言; 敎)을 필요로 하겠는가? (⋯) 아직 이치[理]를 보지 못한 때는 반드시 언진(言津; 敎學)을 필요로 하겠지만, 이미 이치를 보았다면 어찌 '언'을 쓰겠는가? 올가미와 통발을 얻어서 물고기와 토끼를 구하지만, 물고기와 토끼를 이미 잡았다면 올가미와 통발을 어찌 베풀겠는가?

> 과보는 바뀌고 달라지는 것이고, 생사는 대몽의 경계이다. 생사로부터 금강심에 이르기까지 모두 몽이며, 금강 이후의 마음에서 활연히 대오하여 다시 보는 바가 없는 것이다. (김진무 2015, 172; 173 각각 재인용)

도생의 돈오가 제 十地 금강심까지의 점진적 과정, 즉 七地 이후의 小頓惡의 경지를 거친 이후의 '豁然大惡'의 大頓惡임을 분명히 하는 위의 구절에서, 우리는 무생법인의 이치를 깨닫지 못한 경우 수행과 공부가 필수임을 알 수 있다. 도생은 점오의 중요성을 무시하지 않는다.

> 말씀이 어긋나면 피안을 향하다가 되돌아오게 된다. 피안을 향하다가 되돌아오게 되면, 큰 도는 닫혀버린다. 그러므로 반드시 점진적이어야 한다. (⋯) 설법은 점진적이어야 한다, 반드시 먼저 작은 것부터 설한 뒤에 큰 것을 설한다. (『法華經疏』 398上; 401上; 하유진 2011, 207-208, 209 재인용)

『고승전』과『辯宗論』등의 기록에 의하면 도생과 같이 혜원의 문하에서 수학한 혜관이 찬술한 점오에 관한 저작인『論頓惡漸惡義』와 그를 소개한 혜달(慧達)의『肇論疏』, 혜관의 제자인 법원(法瑗)의 점오에 관한 저작 등은 그러나 일부만 전해진다. 다음 인용문은 간접적이지만 필자가 찾은 바로는 도생의 저작과 더불어 "점오"라는 어휘를 기록한 문헌 중의 하나이다.

중국인은 이치를 보는 것은 잘하지만, 가르침을 받아들이는 것은 더뎌서 그 복잡다단한 학습의 과정은 덮어두고 그 한쪽 극단을 개척하였다. 인도 민족은 가르침을 받아들이는데 뛰어 나지만, 이치를 보는 데는 무뎌서 그 단번에 완료하는 길은 제쳐두고 점차 깨닫는 길을 열어나갔다.
(印度民族 易於受教, 難於見理, 故閉其頓了, 而開其漸惡 사령운『변종론』; 갈 조광 1986, 27 재인용―강조 필자; 김진무 2015, 178 또한 상재)

인도불교가 유식(唯識)을 기반으로 점오(漸惡)를 종지로 한다는 주장과 일맥상통하는데, 혜관의 점오론에 대항하기 위하여 쓴 사령운(謝靈運 385-433)의『辯宗論』은 유불도 3가를 갈무리한 중국의 돈오를 기반으로 하는 선종이 석가의 점오와 대비 된다 후술 하는데, 이는 도생이 말한 "석씨(석가모니)의 점오를 버리고 그 능지(能知, 능히 이를 수 있는 지식)를 취하며, 공씨(공자)의 태서(殆庶, 가까움)를 버리고 그 일극을 취한다는" 언급을 반향하고 있다. 석존이 비록 점오를 열었지만 은밀하게 돈해(頓解)를 세웠다고 김진무는 사령운을 요약하고 있는데(2006, 295), 인도불교가 "이치를 보는 데는 무뎌서"(難於見理)라는 주장에는, 여기서 말하는 '이치'('理'致)가 유식불교가 말하는 '식'(識), 즉 논리와 지식과 비슷한 격이라면, 동조하기가 심히 어렵다. 중관과 유식의 인도불교를 폄하하는 선가의 이러한 태도는 후일 소승을 폄훼하는 습성으로 굳어져 갔으며, 우리가 지금 논하는 돈오와 점오의 갈림길에서, 비록 도생의 기본입장이 돈오점수이고 이러한 종지가 먼 나라 한국에서는 보조국사 지눌에 의해 절충안으로 부상하기는 하였지만, 후술하겠지만 하택신회 이후의 중국선에서는 南頓北漸이라는 작위적 나눔 속에서 돈오를 종지로 하는 법맥을 형성하게 된다.

혹자는 또한 김용운처럼 인도인은 참을성이 많고 이론적이고, 노장사상으로부터 영향을 받은 중국인들은 초논리적이고 현실적이어서 인도인의 점오와 중국인의 돈오의 차이가 발생한다고 주장하기도 한다(134-135). 힌두교로부터 많은 자양분을 취할 수밖에 없었던 인도불교의 복잡다단함과 그것을 논리적으로 구현해내었던 음성문자로서의 산스크리트어가 표의문자를 쓰는 중국으로 넘어가면서 단박에 깨닫는다는 직관적 선불교로 전이하였다는 김용옥의 주장 또한 일면만 강조한 것으로 사려 된다. 임제로부터, 위산, 앙산, 조산, 동산, 운문, 법안 등에 이르기까지 교리에 통달하지 않은 사람이 없었다는 중국 불교의 대가 남회근의 지적(440), 그리고 선종이 경전에 대한 학습을 요구하고 있는 율종(律宗)의 기반 위에 서 있으며, 경전에 대한 무시 현상이 8세기 중엽 이후에나 시작된다는 갈조광의 지적(2000, 36, 84, 113) 등은 점오와 돈오가, 수행과 깨달음이 유리되지 않는다는 사실을 말하고 있음이다.

신수의 북종선은 억측과는 달리 그가 "입적한 706년부터 그의 맥을 잇는 일조(日照)가 입적한 862년까지 150년 동안 지속되었다"(갈조광 2000, 126). 알려진 바와 달리, "선종은 남종과 북종을 막론하고 이론에 대해서는 멸시"하였다고 갈조광은 주장한다(2000, 114). 신수와 혜능, 즉 남종선과 북종선의 차이가 알려진 것처럼 그리 많지 않다는 주장이며, 갈조광은 신수마저도 경전만을 중시했다는 항간의 선입견에 동조하고 있지 않다(1986, 27-28, 35-50). 선종의 대부분의 조사들이 수행을 중시하여 깨달음을 얻는 과정 속에서 "이론을 멸시"하였다는 말이, 그러나 경전에 대한 그들의 지식이 얕았다는 말은 물론 아니라고 필자는 생각한다.

혜능(638~713)의 설법과 어록을 모은 것이라고 추정되는 『육조단경』(六

祖壇經, 790년경)이 출판되었다는 사실 하나만을 보아도 오조와 육조의 지나친 대비와 오조, 혹은 그로 대표되었다고 치부되는 북종선에 대한 일방적인 평가절하는 어느 정도는 불식되어질 수 있을 것이다. 혜능 사후 출판된 『단경』(壇經)이 그의 어록을 집대성한 것이 아니라 그의 제자인 하택신회(荷澤神會, 684~758)의 『단어』(壇語)를 모방하여 후대에 편집된 것으로 보는 의견도 존재한다. 신수를 제치고 혜능이 6조가 되고 그 뒤를 이어 하택신회가 7조로 '잠시' 옹립되는 과정에는 하택의 육조현창운동(六朝顯彰運動 732)과 더불어, 그가 안록산의 난(755)을 평정하기 위하여 시주를 하면 승려 자격을 준다는 조건으로 발행한 군자금, 즉 향수전(香水錢)이 당나라 조정에 끼친 영향도 거론되어야 마땅하다. 후대에 이르러서는, 마치 하택이 혜능을 6조로 옹립하는 과정과 유사하게, 마조(馬祖)를 길러 낸 남악회양(南嶽懷讓)이 7조로 정립되지만 이는 9세기 이후로 알려져 있다(정성본 1991, 269). 하택이 당시 선종의 7조라 알려진 보적(普寂, 651-739)을 그리고 그의 스승인 신수를 공격하는 과정은, 점오를 주장한 것으로 후대에 알려진 "북종선"을 제치고 싶은 욕망에 기인한다고도 할 수 있다. 남종선이라는 말은 당시 존재하지 않았는데, 이는 하택이 만들어 낸 말이다(정성본 1991, 265, 276, 286, 297). 혜능은 사후 83년이 지난 796년 당 조정에 의해 비로소 육조로 공인되었으니, 하택은 이미 입적한 뒤의 일이다.

(정)성본 스님은 돈황본 육조단경에 관한 그의 기념비적 연구에서 혜능 사후 그의 저서라고 알려져 있는 단경이 그 문장이 저속하거니 번잡한 내용이 존재하고 당대의 선 문헌에서 언급되거나 인용된 적이 없다는 점, 그리고 단경에 나타나는 10대 제자들 가운데 남양혜충 국사나 영가현각, 남악회양, 청원행사 등이 포함되지 않았다는 점을 지적하면서, 단경의 편집설을 밝히고 있다. 성본 스님은 심지어 홍인, 신수, 혜능, 신회 또한 역사적인 실존 인물이 아니라고 주장하는데(2000, 30, 27, 17), 이는 전의설과 전법게로 의발을 전수한다는 전의(傳衣)의 관념이 그가 보기에는 이심전심으로 전

했다고 전해지는 정법안장의 사유와 대치될 뿐만 아니라, 육바라밀의 보살도 수행과 무아의 공사상의 실천을 수행하는 선불교의 차원과 달라 소승보다도 못한 법통사상을 보이고 있다는 점에서 그러하다.

성본 스님은 혜능식으로 되묻는다. "오조홍인이 육조혜능에게 가사와 함께 법을 전한다는 것은 무엇을 전한다는 것인가? 전할 법이 어디에 있는가"(2000, 39)? 육체와 마음의 이원론을 포함하여 단경에 나타나는 주장과 내용의 사상사적 모순은 혜능의 불이(不二)의 사상과도 어울리지 않는다. 단경이 혜능의 설법을 그대로 받아 엮은 것이 아니라 후대에 제멋대로 편집되었다고 말하는 근거가 여기에 있다. 금강경에 의하면 부처는 설한 것이 없다고 전해진다. 혜능이 전할 법이 없기 때문에 의발을 전수하지 않았다고 말할 수 있으며, 이는 혜능이 오조로부터 받은 금강경의 사상과도 부합한다. 종합하여 말하자면 깨달음의 법문으로 알려진 단경이 실은 여러 사람의 손을 거친 편집본이라는 말인데, 돈오의 텍스트가 점오점수의 과정을 거친 결과물이라는 사실은 우리의 논의에 많은 것을 시사해 주고 있다.

선종의 초조이자 서천 28조이기도 한 달마가 숭산에 오른 기록은 있으나, 그가 단경 등이 말하는 양무제(464-549)의 재위 기간(502-549)에 그를 방문하였다는 논의는 후세에 가미된 것으로 되어 있다. 혜능의 '9년 면벽설'이나 '외짝 신발설'도 그러하다. 여기서 중요한 것은 중국 선불교의 초조가 도를 깨치기까지 적어도 9년 면벽이 필요하였다는 사실인데, 지혜와 상응하는 것으로 알려진 돈오와 지식의 축적을 가납한다고 되어있는 점오의 논의에 마땅히 참고할 사항이다. 점오를 종지로 하는 인도선의 초조 석가세존은 6년의 고행을 한 것으로 되어 있으나, 인도선의 공부와 수행이 과연 중국선이 말하는 점오인지는 따져볼 일이며 중국선과 지눌의 普照禪이 점수와 점오를 배척했다는 낭설 또한 불식할 일이다.[23]

중국 유가철학의 지식과 지혜:
묵자와 순자를 중심으로

한편 유가철학에서도 또한 인의를 강조하는 철학적 입장으로 인하여 지식이던 지혜이던 양자 모두 인의에 이르는 도정으로 파악되고 있었으니 지식과 지혜는 구별되어 사용되고 있지 않았다. 知는 다음 문장에서 지혜로 번역되어 있으나 지식이라 번역해도 무방하다. "지혜를 통해 다다른 것을 어짊을 통해 지켜내지 못한다면, 그것을 [한번] 얻었더라도 반드시 잃게 된다"(知及之, 仁不能守之, 雖得地, 必失之 『論語』, 「衛靈公」).

문제는 지식과 지혜 양자에 공통으로 들어간 '知'의 의미와 사용에 관한 것인데, 중국 문명에서 '知'에 대한 개념은 "전국시대 중후반기를 거치면서 (…) 이전부터 내려오던 감정의 분화에 대한 논의에 본성과 감정의 관계가 결합하고 뒤이어 知 개념이 끼어든 것으로 보이는데"(장원태 2010, 40), 이는 우리가 인용할 '知'에 관한 텍스트들이 대개 전국시대 후반기에 산출된 것으로 보아 짐작할 수 있다.

원문은 공자가 편찬한 것으로 알려진 우리가 이 글의 제사의 첫 번째로 삼은 구절을 다시 인용해보자.

사람이 태어나 고요한 상태가 하늘이 부여한 본성이다. 외물의 자극을 받고서 움직이는 상태가 본성의 욕망이다. 외물이 이르게 되면 知가 知하게 되니, 그렇게 된 후에 좋아함과 싫어함이 드러나게 된다. 좋아함과 싫어함이 안에서 절도가 없게 되면, 지가 외부에 의해 끌려가 자신으로 돌아오지 못하게 되면, 천리가 없어지게 된다. (物之知知 然後好惡形焉 『禮記』, 「樂記」이 상옥 역저 973; 강조 필자)[24]

『淮南子』, 「原道訓」, 『呂氏春秋』, 「侈樂」에도 비슷한 구절로 나타나는 이 구절은 자칫 살펴보면 선악과 폭력의 기원으로서의 애증, 즉 호오지정(好惡之情)과 그것의 기반으로서의 지(知)와 사물, 그리고 물 이전의 하늘이 부여한 본성을 말하고 있는 것처럼 보이게 한다. 그러나 여기서 말하는 지식은 원문에서도 여실히 나타나는바 우주적 스케일의 '호오'와 '음양'에 관한 사유이지 윤리적 '선악'에 관한 사유는 아닐 것이다.

지식에 대한 천착을 심화한 중국의 사상가는 묵자(기원전 470?~391?)인데, 『墨子』, 「經上」, 「經設上」, A3-A6의 다음과 같은 구절은 지식, 즉 아는 것의 기원으로서 보는 것의 중요성을 밝히고 있는 문장이다.

> 知는 능력이다. 사람들이 知하는데 근거가 되는 것으로 반드시 知하게 된다. 시력과 같다(若明). (⋯) 知는 외부적 대상과 접촉하는 것이다 / 知를 가지고서 사물을 만나 사물을 기술하게 된다. 보는 것과 같다(若見). / 智는 비추는 것이다. (⋯) 시각의 명료함과 같다(若明).

> A3 知, 材也. 知也者 所以知也而必知. 若明.
> A5 知, 接也. 知也者 以其知過[遇]物而能貌之. 若見.
> A6 智, 明也. 智也者 以其知論物而其知之也著. 若明.

> (장원태 26 재인용)

'知'와 '智'가 若見, 若明으로 각각 구분되는 듯하다가 '知'와 '智'가 공히 "若明"으로 표현되고 있는 것을 눈여겨보면, 많은 주석가들이 주장하였듯이 앞의 두 '知'를 지혜(智慧)로 독해해야한다는 주장(염정삼 주해 『묵경』 63-76), 즉 지식과 지혜를 구별하고 있지 않다는 주장을 수긍할 수 있게 된다.[25]

그런데 묵자가 여기서 파악하는 "외부 대상과 접촉"하여 생기는 "보는 능력"인 "接也"로서의 (見)知"는 히브리어의 지식을 뜻하는 "daat"와 유사하다고 말할 수 있는데, 히브리어 "daat"는 "알다"는 뜻의 동사 "야다"(yada)에서 연원하여 성적인 접촉을 뜻하기도 하니 "손"을 의미하는 "yod"가 여기로부터 출원한다. 보는 행위와 만지는 행위, 그리고 아는 행위가 연결되는 가운데 음양의 분별과 성적인 지식과의 상관성이 도출되고 있음을 눈여겨 볼 일이다. 지식의 기원으로서의 '보는 것'과 불교의 정견(正見)의 유사함, 그리고 보는 것에서 발원하는 지식과 기독교의 선악과와의 연관성이 확인되는 순간이기도 하다.[26] 아담과 이브가 눈이 밝아져 처음 한 일은 그들의 벗은 몸을 무화과나무 잎으로 가리는 것이었는데, 무릇 지식의 시작은 성을 아는 것(carnal knowledge), 즉 우주의 생성원리인 음양을 보고 분별함이니, 보는 것과 아는 것의 상관성은 동서양을 막론하고 보편적으로 나타나는 현상임이 확인되고 있다.

선진시대(기원전 770~221) 지식과 지혜가 구별되어 사용되지 않고 있었다는 고찰은 순자(荀子, 기원전 298?~238?)에게서도 그 논의의 일단을 볼 수 있는데, 「正名」편의 다음 구절을 김학주, 장원태의 번역으로 각각 보자.

사람에게 지각의 원인이 되는 [것이 있는] 것을 앎[知]이라 하며 앎이 모여 있는 것을 지혜[智]라 한다. (所以知之在人者, 謂之知. 知有所合, 謂之智; 김학주 742)

知하게 되는 근거가 사람에게 있는 것을 知라고 하고, 知가 사실과 부합하는 것을 지식[智]이라고 한다. (所以知之在人者謂之知 知有所合謂之智; 장원태 18)

인용된 장원태의 번역을 따르자면 "知가 사실과 부합하는 것을 지식[智]"이라 하여 앎이 모여 있는 것, 즉 지식의 총화를 지혜로 보는 견해보다 지식과 지혜를 구별하는 것 같지만, 양자 공히 知의 근거를 사람으로 상정하고 있다. 장원태 교수는 "智"를 지식으로 번역하고 있어, 앞서서 인용한 『墨子』; 「經上」, 「經設上」 A3-A6 구절처럼 지혜를 지식과 구별하고 있지 않음이 확인된다. 김학주 교수 또한 이와 유사하게 같은 「正名」 편의 9절 번역에 있어서 어리석음(愚)과 지(知)를 구분하고 "知"를 지혜라 읽고 있다. "본디 지혜 있는 사람의 말은, 그것에 대해 생각해 보면 알기가 쉽고, 그것을 실천해 보면 쉽고도 편안하며, 그것을 지키고 보면 자기 입장이 편안해진다 (告知者之言也, 慮之易知也, 行之易安也, 持之易立也 김학주 761). 양자 모두 때에 따라서는 지식과 지혜를 구분하여 번역하고 있지 않음을 알 수 있는데, 이는 순자의 원문이 知와 智를 구별하여 사용하고 있지 않는 것을 따르고 있기 때문일 것이다.

　　지식이 모이거나 사실과 부합할 때, 혹은 지식에 일월이 비추이면 "智"가 되니, 이는 선악(善惡) ←호오(好惡, 愛憎) ←미추(美醜) ←지(智) ←지(知) ←물(物)의 전체 과정 속에서 애증과 호오가 절도를 찾을 때 지식과 지혜가 어우러지며 천리(天理)가 되는 과정과 같다. 맹자의 인의예지(仁義禮智) 사단(四端) 중 옳고 그름, 즉 시비지심을 지단(智端)이라 파악하는 맹자의 지혜에 관한 생각도 이와 일치하는 것 같다. 맹자의 사유를 주로 주자를 통하여 계승한 조선의 성리학이 '智'를 선호하는 경향이 여기서 감지된다고 말할 수 있으나, 보다 더 자세한 논의는 이 분야의 전문가에게 돌리기로 한다.

노자철학에 나타난
지식과 지혜

지식을 배격할 것 같은 선입관을 짙게 풍기는 도가 사상 또한 기대와는 달리 지식과 지혜를 구분하고 있지 않으며 어떤 경우는 오히려 지혜의 폐해를 지식의 폐해보다 더 강조하고 있으니, 유가=지식, 도가=지혜라는 도식과 더불어 지식보다 상급 범주를 이루는 지혜에 대한 선입관을 더 이상 견지할 수 없게 한다. 당대의 지에 대한 개념이 지금 우리가 운위하고 있는 지식의 개념과는 상당히 달랐던 것을 알 수 있는데, 『노자』 33장의 다음 구절에서 "다른 사람을 아는 것을 지(智)라고 하고, 자기 자신을 아는 것을 밝음(明)이라고 한다"(知人者智, 自知者明)는 구절은 지식과 지혜를 통상의 주장과는 달리 많이 구별하고 있지 않을뿐더러 자기 자신을 아는(知) 최상의 지혜를 "智"가 아니라 "明"으로 표현하고 있어 우리의 주목을 끌고 있다. 이는 오강남의 번역본에서는 다음과 같이 기술되어 있다.[27]

> 타인을 아는 자는 지혜로울 뿐이지만,
> 자신을 아는 자라야 명철하다.
> (知人者智, 自知者明 『도덕경』 33장)

노자철학에서 지(知)와 지(智)는 명(明), 즉 해와 달이라는 밝음과 어둠에 이르는 도정일 뿐인데, 이는 앞서 인용한 『論語』, 「衛靈公」의 "지혜를 통해 다다른 것을 어짊을 통해 지켜내지 못한다면, 그것을 [한번] 얻었더라도 반드시 잃게 된다(知及之, 仁不能守之, 雖得地, 必失之)"는 표현과 너무 흡사하다. 서양철학과 비교하여 굳이 말하자면 "明"은 소피아라기보다는 프로네시스와 가까운데 한국어 성경에서 "명철"도 번역되고 하는 프로네시스가 소피아를 완성하는 개념일 수 있다는 사실은 앞의 성경구절에 대한 분석에서 이미 행한 바 있다. 김용옥은 33장에 관한 해설에서 이를 다음과 같이 밝힌다.

> "지인자지知人者智"라는 표현에서 우리는 고문자에 과연 "지知"(지식, Knowledge)와 "지智"(지혜, Wisdom)라는 구분이 있었을까 하고 물어볼 수 있다. 그러나 그 대답은 부정적이다. (…) 백서본에는 "지인자지야知人者知也"로 되어 있는데 그것이 원형일 것이다. 왕필시대에 와서나 "지知"와 "지智"의 구분의 필요성이 생겨 현 텍스트의 모습으로 되었을 것이다(이미 중국의 지적 사회에 들어온 불교의 영향도 생각해볼 수 있다). 다음의 "명(明)"은 불교권에서는 "오悟"(깨달음)가 되었다. (『노자가 옳았다』 302-303)

유가와 도가가 엄격한 종파의 구분으로 분화되어지기 전 초기유가와 초기도가에서 지(知)와 지(智)의 개념이 서로를 배제하지 않고 때에 따라서는 구별되지 않는 것을 볼 수 있는데, 그러나 엄밀히 말하자면 실천적 智에서 관념적 知가 분화되어 나왔으니 설문해자를 원용하고 있는 사전 또한 이를 증거하고 있다.

글자의 만들어진 순서로만 볼 때 知보다 智가 앞선다는 사실은 절대적 지식과 상대적 지혜라는 측면에서 실천적, 방편적 지혜라는 개념과 이것이 관념화되어 지식으로 이르는 과정을 시사하고도 남음이 있다.[28] 지식과 지혜에 대한 이중적인 태도가 감지된다고 할 수 있으니, 중국문명의 지식과 지혜에 관한 사유는 희랍의 그것과도 일맥상통하고 있다. 실제 지식을 의미하기도 하는 소피아와 실천적, 방편적 지혜를 의미하는 智와의 유사성이 감지된다. 공자의 오륜, 즉 인의예지신(仁義禮智信)은 智를 사용하고 있으나, 장자에 이르면 지식과 지혜는 공히 知자를 사용하고 있으니, 장자가 논어와 거의 동시대 혹은 이후의 서책임이 확실하다면 섣부른 판단일 수 있으나 후기로 갈수록 智와 知의 혼용현상이 심화되며 知의 사용이 대세를 이루는 것을 알 수 있다.

지식과 지혜에 대해 소극적이고 부정적인 태도를 보이고 있다고 되어 있는 노자의 도덕경 또한, 비록 후대의 일이나 우리가 앞서 지적한 하택신회와 규봉종밀의 경우처럼, 지(知)와 지(智)를 구별하여 사용하고 있지 않으며, 지(智)에서 지(知)로의 변천과정을 이미 갈무리하고 있었다.

> 항상 백성들로 하여금 무지무욕하게 하고,
> 저 지혜롭다고 하는 자들로 하여금
> 감히 무엇을 하려고 하지 못하게 한다.
> 무위를 실천하면
> 다스려지지 않는 것이 없다.
> 常使民無知無欲,
> 使夫智者不敢爲也.
> 爲無爲,
> 則無不治. (『도덕경』 3장)

> 성인이라는 이상을 끊고
> 지혜로운 자의 형상을 버리면,
> 백성들의 이익은 훨씬 커진다.
> 絶聖棄智,
> 民利百倍. (『도덕경』 19장; 최진석 번역)

지혜를 슬기 또는 꾀, 모략 등으로 파악하기도 하는 도가적 문맥으로만 봐서는 지혜가 지식보다 백성들에게는 더 해롭다. 이러한 문맥에서 우리는 다음과 같은 표현을 얻게 된다. "그러므로 성인은 욕심을 내지 않는 것을 욕심내고 (…) 배우지 않는 것을 배운다"(是而聖人欲不欲… 學不學『도덕경』 64장). 이른바 "絶聖廢智, 絶仁廢義"(『도덕경』 19장)의 사상이다. 지식과 지혜를 구별하지 않고 있어 넓은 의미에 있어서 지혜를 포함하는 지식을 폄하하고 있는 것으로 간주되는 도가사상은 그러나 지식을 경시하지만은 않는다. "絶知棄辯", "絶學無憂"(19장, 20장)와 같은 표현에서 운위되는 지식과 학문은 교단으로 성립된 후기 유가적인 지식과 학문인바, "알아야 하지 않는 것을 아는 것이 최고요, 알아야 할 것을 알지 못하는 것이 병"(知不知上, 不知知病 71장)이라는 표현은 이를 두고 이름이다. 최상의 지혜라는 개념으로 "智"가 아니라 "知"가 쓰이고 있음을 알 수 있으니, 이는 우리가 앞서 논의한 바 智에서 知로의 분화과정과 일맥상통한다.

이 글의 초반부인 2장에서 논한 바 있지만, 특별히 서양사유에서 지식과 지혜, 앎과 깨달음은 생각하기 나름이지만 많은 차이가 있는 것은 아니다. 지식은 언뜻 인식론적인 차원에만 국한된다고 여겨지지만 지식의 총화로서 지혜가 상정하고 있는 윤리성과 통전성을 배제하지 않는다. 소피스트들이 나무를 다루는 기술을 포함하는 온갖 세속적인 지식, 즉 프로네시스를 소피아, 즉 지혜라고 간주했다는 사실은 다시 강조해도 마땅하다. 굳이 말하자면 철학은 실천적 지식, 즉 프로네시스와 구별되지 않는 폭 넓은 지식(sophia), 즉 '앎'에 대한 사랑이다.[29] 지혜에 대한 학문을 세속종교라고도 할 수 있는 철학에 오로지 국한할 수 없는 까닭이 여기에 있다.

7

우로보로스 심리인류학과 원(圓)의 상징

초인격심리학자 윌버(Ken Wilber)는 발달심리학을 이용하여 존재의 대 사슬(Great Chain of Being)로 정리한 우주-인류의 시대를 흥미롭게도 다음과 같이 8시대로 분류하고 있는데, 이는 각각 자연(Nature)-몸(Body)-원시적 마음(Early mind)-고차원적 마음(Advanced mind)-심령적 영혼(Psychic Soul)과 영특한 영혼(Subtle Soul)-인과적 정신(Causal Spirit)과 궁극적 정신(Ultimate Spirit)이다(9). 구조적으로 보면 1, 2층은 5층과, 3층은 6층과, 그리고 4층은 7-8층과 통하고 있는데, 한국의 김상일은 이를 풀어 다음과 같이 우로보로스-타이폰-태모-태양화-무(巫)-선(仙)-불(佛)-연(然)의 시대로 분류하고 있다(1994, 47).

카오스적 모호성이 지배하는 우로보로스적 시기는 쿤달리니 요가에서 말하는 물라다라 차크라(Muladhara Cakra)와 상응하는 항문에 응축된 우주에너지로써 창조 이전에 있었던 혼돈의 힘을 표상하고 있다. 쿤달리니는 산스크리트어로 "감겨있는"(kundal)에서 파생한 어휘로 영어권에서는 주로 뱀(serpent)으로 번역되는데, 여성 원리를 상징하는 시바신의 배우자인 샥티(Sakti)와 합하여 쿤달리니 샥티로 잘 알려져 있으며 이는 세 바퀴 반 똬리를 틀고 있는 뱀으로 표상된다. 가장 원초적인 우주에너지를 상징하는 물라다라 차크라가 "우주가 지탱되는 지고한 힘"인 샥티와 일체를 이루고 있음은 마지막 반 바퀴로 상징되는 깨달음, 즉 삼매(samadhi)의 과정이 "뿌리 차크라에 굳게 닻을 내리고" 있어야 한다는 사실(Bittlinger 37)을 말해주고 있다. 시작은 이미 끝을 향하고 있으며 끝은 다시 시작으로 회귀하고 있다.

우로보로스는 따라서 "어머니의 자궁이며 에덴동산"(김상일 2003, 247)으로 파악할 수 있는데, 미래학자 칼 세이건(Carl Sagan)에 의해 '에덴의 용(龍)'이라고 표현되기도 했던 카오스는 그 혼돈의 힘으로 모든 것의 질서를 낳았다. 그러나 시간이 흘러 인류가 합리적 사고와 자기반성적 사고를 기반으로 한 차축시대(윌버의 분류에 의하면 4기에 해당하는 태양시기)를 지나 이른바 4차 산업혁명과 관련이 있을 제2의 차축시대 또는 보병궁의 시대(윌버의 무적(巫的)시대)로 들어서고 있을 때, 우로보로스와 타이폰의 시대가 상징하는 물질적 자연과 에로스와 육체는 무시당하여 이성으로 대표되는 태양시대의 근본을 형성하지 못하고 폐기되기에 이르렀다. 물질의 중요성을 설파한 맑스와 성의 중요성을 강조한 프로이트의 주장은 태양시대의 결핍을 강조하는 논설이 되고 말았다. "억압된 것의 귀환"(the return of the repressed)이라고 잘 알려진 이러한 담론은 태양시기를 거쳐 무적(巫的)시대에 이르고 있는 인류에게 우로보로스와 타이폰적 요소의 회귀를 이미 예고하고 있다.

그렇다고 해서 육체 상태를 벗어나 넋(영혼)이 지배하기 시작하는 것으로 규정되는 무적 시기, 즉 "무속시대"가 이 시기와 구조적으로 상응하는 우로보로스와 타이폰의 시기로 퇴행하여 다시 인류사에 진입하고 있다는 말은 물론 아니다. 뱀으로 표상되었던 자연과 몸의 요소를 고려하지 않은 제5기와 이와 연관된 후속 문명이 전 시대 문명의 토대 위에서 구축되어야 하는 것이지, 마치 서양의 변증법적 논리가 함의한다고 간주되듯이 전 시대의 사유와 문명을 일방적으로 흡수해서는 곤란하다는 주장인데, 주지하듯이 헤겔에 의해서 정형화되는 변증법의 논리의 형식인 '지양'(Aufhebung)이라는 발전사관적 개념은 그것 자신이 오히려 지양되어야 할 '실천'(praxis)적인 요소를 이미 충분히 포함하고 있다.

부처와 나가르주나(Nagarjuna, 龍樹), 그리고 힌두교의 비슈누(Viṣṇu)가 뱀을 그 광배로 삼아 지혜를 설하고 있는 도판들은 모두 특이하게도 7마리의 뱀들이 그들이 이룩한 현인(賢人)의 성취, 즉 7번째 세계인 다르마카야(dharmakaya, 法身)를 드러내고 있다(도판은 김상일 1994, 336 참조). 신성 자체로 표현되는 제8기 스바하블라카야(svahablahkaya)의 바로 전 시기에 뱀들이 또 다시 출몰한다는 사실은, 인류의 심상에 여전히 생사여일의 지혜와 영원의 상징으로써 뱀이 자리하고 있다는 사실을 잘 말해주고 있다. 7마리의 뱀은 각각 7개 차크라, 즉 원(圓)을 각각 상징하고 있으며 7번째이자 마지막 차크라인 사하스라라(Sahasrara)에 이어 신성의 세계에 들어가는 구경원만한 스바하(Svaha)의 과정에 모든 차크라(chakra, 圓)가 동일하게 개화되어야 하지, 단순하게 지양되는 것이 아님을 이 도판들은 말해주고 있다.

'신학적 타락'과 '과학적 타락'을 구별하는 월버의 체계 안에서 생명이 그리고 창조 자체가 '죄'일 수는 있지만 인류가 지식=죄로 잉태되지 않았다는 월버를 차용한 김상일 교수의 주장(1994, 360, 369-370)에 필자는 따라서 동의하고 있다.[30] 창조 과정 자체가 (신학적으로는) 타락일 수 있지만 그 이후의 과학적 타락에서 인류가 진보와 진화를 이룩해나갔다는 이러한 논리를 따르자면 타락 이후 이브 그리고 그녀의 배후에 있는 뱀은 아담을 타락과 파멸로 이끈 자들이 아니라, 오히려 아담을 '지적으로' 각성시켜 그의 후손이라고 알려져 있는 인류를 지식과 이성, 즉 지성이 지배하는 태양시대로 이끈 자들이 된다. 인류가 말 그대로 '원죄'가 있다는 주장이, 모든 이들이 죄가 있다고 바울이 말하고 있기는 하지만, 축자적으로는 성경에 나오지 않는다는 사실은 다시 환기해 볼 만하다. 거듭 언급되지만 지식의 나무는 죄

7개의 나가(Naga, 뱀)에 의해 보호되고 있는 부처: 파리 기메 미술관–국립 아시아 미술관

와 사망의 나무가 아니라 생명의 나무로 가는 지름길에 서 있으며 때로는 지혜와 생명의 나무와 동일하게 취급되기도 하였다.

뱀이 죽음뿐 아니라 재생을 상징한 것은 죽음이 또 다른 생을 준비하는 필연적인 과정이라는 고대인들의 사고방식을 반영하는 것으로, 이는 죽음의 개념이 진부해질 정도로 만연해져 자살이 사회적 문제로 되어가고 있는 우리 사회에 시사하는 바가 크다. 죽음 이후 또 다른 삶이 이미 주어져 있다고 생각할 수 있다면 역설적인 의미에 있어서는 오히려 이생에서의 삶을 쉽게 포기할 수 없게 되는데, 이는 축적되는 '윤회의 바퀴 아래서', 즉 계속되는 학습과정 속에서 무엇인가를 다시 배워야 할 다음 생이 연이어 기다리고 있기 때문이며 그러한 학습과정이 중단된 곳에서 다시 시작되는 것이 아니라 처음부터 배웠던 과정을 비록 단축된 과정인지는 모르겠으나 다시 시작해야 하는 까닭이다. 불가에서 사바(saha, 沙河, 娑婆)의 의미는 인토(忍土), 감인토(堪忍土)라는 의미도 있지만 '잠시 머물다 가는 정거장'이라는 뜻도 있다. 정거장을 잘 갈아타지 못하면 다음 여정은 불편하거나 불가능하기 마련이다. 프로이트는 "삶을 원하거든 죽음을 준비하라"(Si vis vitam, para mortem)는 해묵은 격언을 인용하며 자신의 『전쟁과 죽음에 대한 고찰』을 맺고 있지만, 저 옛날의 공자는 『論語』, 「先進」편에서 "삶도 모르는데 어찌 죽음을 알겠느냐(未知生, 焉知死)"라고 하였다. 다음 생의 지혜가 아니라 금생의 지식이 중요한 것이다. 어쩌면 프로이트가 말하고 싶었던 것은 "죽음을 원하거든 삶을 준비하라"였는지 모른다.

뱀이 죽음과 재생을 동시에 의미했고 그것이 최상의 지혜라는 원시인들의 깨달음을 우리가 다시 상기하는 이유는 죽음 속에 삶이 있고 삶 속에 다시 죽음이 있다는 순환적인 우주에 대한 직관적인 깨달음일 뿐 아니라, 죽음을 받아들일 때에 삶도 치열해질 수 있다는 미래에 대한 결의의 표명이기 때문이다. 우리가 지상에서 머무는 시간이 순간적이기 때문에 더욱더 조심스럽게 그리고 성실하게 삶을 살아야 한다는 미 라이(My Lai) 학살을 목도했던 한 베트남 참전 용사의 외침(Lang 110)[31]은 부여받은 일회적이고 순간적인 삶의 소중함을 일깨워 주고 있다. 자신이 죽는다는 사실의 깨달음이, 비록 나치철학에서는 가학적 폭력으로 와전되어 나타나기도 하였지만(Marcuse 1959, 67; 1966 xi, xx), 현대세계에 만연한 비리와 사기, 폭력과 전쟁을 방지하는 의미가 되기도 하는 이유는, 자기 자신의 필멸에 대한 깨달음이, 왕왕 태평양 전쟁 당시 조동종과 임제종을 주로 하는 일본의 선불교 등 일부 종교에서 일어났듯이 타자의 멸절에 대한 인정과 체념을 넘어 호국승려로 전쟁에 적극적으로 가담하는 것이 아니라, 평화를 주창하는 몇몇 종파, 예컨대 메노파(the Mennonites)나 아미쉬(Amish) 그룹 등과 같이 타자의 소중함에 대한 인식으로 이어질 수도 있기 때문이다.

종교가 치유적인 기능을 상실한 작금의 시대에 인문학은 또다시 그 기능을 대신하려 하고 있으나, 이러한 시도가 종교를 대신하는 인문학이 될 수 있는가 하는 가능성은 여전히 미래로 향한 질문으로 남아있다. 19세기 말 영국의 문화비평가 아놀드(Matthew Arnold)의 고전운동이나 20세기 초 신휴머니즘(New Humanism)에 관한 주장들이 쇠락했던 이유를 우리는 알고 있다. 이론은 실천에서 그 빛을 확인하고 있으며 이것이 항간에 떠도는 인문치유의 의미이기도 하다. 지상에서의 삶이 영원하지 않다는 사실을 깨닫는 자가 취하는 길은 두 가지가 있을 수 있다. 하나는 필멸의 세계에서 쾌락의 추구를 최상으로 삼는 유아적이고 폭력적인 방식일 수 있고, 죽음을 받아들이는 자기의 마지막 모습을 거울삼아 이타행을 실천하는 보살(bodhisattva)의 길을 택하는 방식이 될 수도 있겠다.

어느 길을 갈 것인지는 본인의 선택이지만 적어도 생사가 여일(如一)하고 이것을 넘어 생사가 여여(如如)하다는 말을 전하고 있는 뱀에 관한 인문학적인 통찰과 사유가 "네 이웃을 네 몸과 같이 사랑하라"(마태 22:39)는 보살행의 실천을 요구하고 있는 것은 분명하다. '윤회'와 '영생'에 관한 이론이 삶을 척박하게 만들고 있을 때 죽음을 적극적인 의미에서 긍정적으로 받아들이는 자가 행복한 죽음과 성실한 삶, 그리고 타인을 위한 아름다운 삶을 살 수 있게 되는 까닭이 여기에 있다. 아픈 만큼 성숙해지는 법이니, 죽음은 우리를 철들게 하고 모든 것을 받아들이게 하여 궁극적으로 우리를 치유한다.

생명과 죽음의 우로보로스 순환
죽어야 산다!

뱀은 비단 지식의 나무가 생명나무라는 말을 전하고 있을 뿐 아니라, 죽음이 삶이고 삶이 죽음이라는 사실을 말하며 우리를 위로하고 치유하려 하고 있다. 현상학적으로도 그렇고 인구사회학적으로 보아도 죽음이 없다면 삶 또한 없다. 이것이 바로 "민간전승과 신화 속에서 생명나무와 죽음나무의 통합"(Bachelard 『휴식의 몽상』, 345)이 이루어지는 이유이기도 하며, 예수의 죽음의 십자가 나무가 그 모양 그대로 새로운 삶을 약속하는 생명의 나무가 되고 있는 이유이다.

더 단적으로 말하자면 죽음의 나무이어야 생명의 나무가 될 수 있는 것이니, 선악의 나무를 죽음의 나무로 보았던 초기 기독교의 사유는 자기 자신들도 모르게 진리를 말하고 있었는지 모른다. 우리는 티아마트에서 세상이 창조되었다는 신화를 잘 알고 있다. 티아마트는 바닷물을 이르는 말이었고 나일강 유역의 비옥한 땅을 경작하여야 할 애급인들의 입장에서 본다면 역류하는 소금기 가득한 바닷물은 농사를 망치는 죽음의 힘이었다. 그러나 이러한 죽음이라는 것에서, 배철현 교수도 암시하듯이(『신의 질문』, 450), 애급의 삶과 문명이 태동한 것이 아닌가? 히브리어 '아다마'(adamah)가 말하고 있듯이, 그리고 원환(圓環)의 뱀의 상징과 이와 유사한 부처의 원에 관한 설법에서 반복적으로 강조되고 있듯이, 우리는 죽음에서 나왔고 삶을 거쳐 죽음으로 돌아간다. 죽음은 삶이고 다시 죽음이다.

　"하늘의 명을 알 수 없다면 군자라 할 수 없다"(不知命 無以爲君子 「堯曰」)고 공자는 그의 『논어』를 끝내고 있지만, 그러나 천명이라고 알려진 죽음은 한 많은 삶을 살아온 일개 범부들에게 치유가 될 수 있을까? 아니 이러한 말을 한다는 것은 가당키라도 한 것일까?

7개의 뱀을 광배에 지니고 있어 다르마카야(法身)를 이룬 나가르주나(龍樹):
1700~1799년, 루빈 미술관

4장 주

1. 뱀을 악의 화신으로 여기는 유대-기독교 전통의 페르시아 기원설에 관한 아베스타어 문헌에 관한 연구와 배화교의 일파인 마니교의 선악의 이분에 관한 연구는 필자의 연구 범위를 상회하여 이 분야의 전문가에게 미루기로 한다.

2. 뱀을 사탄과 동일시하기 시작한 것은 배철현에 따르면 "기원후 1세기 제2경전인 지혜서"라고 주장하는데(2001, 128 주석 1), 개신교 성경에는 없는 이와 관련된 구절을 필자는 외경을 포함하고 있는 가톨릭 성경에서도 찾을 수 없었다. 외경의 이와 비슷한 구절로는 "독사의 이빨도 당신의 자녀들은 꺾지 못하였으니 (…) 당신의 말씀을 기억하라고 그들은 이빨에 물렸다가 곧바로 구원 되었습니다"(「지혜서」16:10-11) 정도이다.

3. 푸코 사후에 출판된 최근작 성의 역사 4권인 『살의 고백』(Les aveux de la chair, 2018)은 초기 기독교의 성에 대한 반감이 알려진 대로 아우구스티누스의 개인적인 죄책감에서 연유하는 것이 아니라 이교도들의 성에 대한 적대감이 투영된 것이라고도 주장한다. 그러나 어떠한 경로를 통해 성에 대한 혐오가 초기 기독교로 유입되었던 그것이 초기 기독교의 유산이고 그 속성이 되었음은 분명하다.

4. 원문의 일부는 다음과 같다. "나 지은 죄 많아 / 죽어서도 / 영혼이 / 없으리"(「라산스카」).

5. 1장에서도 밝힌 바 있지만, 히브리어 성경 인용은 웨스트민스터 레닌그라드 판을 참조하였으나, 필자의 초보적인 히브리어 지식으로 인하여 인용과 논의가 제한되었음을 밝힌다. 다만, 위의 경우와 같이 특정한 혹은 중요한 단어나 구절을 강조할 경우 관련 웹의 도움을 받아 로마자로 표기하였다.

6. 제사로 인용한 니체의 다음과 같은 말을 상기하자. "'지혜의 나무가 있는 곳에 낙원이 있다.' 아주 먼 옛날의 뱀도 그렇게 말하고, 현대의 뱀도 그렇게 말한다"(『선악을 넘어서』 4장 단편 152; 696). "신학적으로 말하자면—잘 들어보라 나는 신학자로서는 거의 말하지 않으니—자기 일의 끝에 인식의 나무 아래 뱀으로서 누워 있던 것은 바로 신 자신이다. (…) 악마라는 것은 제7일째의 신의 한 가로움에 불과한 것이다"(『이 사람을 보라』의 「선악을 넘어서」 439-440). 인용된 부분들의 원문을 밝히면 다음과 같다.

> "'Wo der Baum der Erkenntnis steht, ist immer das Paradies': so reden die ältesten und die jüngsten Schlangen. (Jenseits IV: 617) Theologisch geredet—man höre zu, denn ich rede seltenals Theologie—war es Gott selber, der sich als Schlange am Ende seines Tagewerks unter den Baum der Erkenntnis legte… Der Teufelist bloß der Müßiggang Gottes an jedem siebenten Tage… (Ecce Homo IV: 555)

강두식의 "지혜의 나무"는 한국니체학회 주관 김정현의 책세상 번역판에서는 "인식의 나무"로 통일되어 번역되고 있다. 『선악을 넘어서』에 대한 심훈의 청하 번역판(1982)과 『이 사람을 보라』의 "선악을 넘어서" 부분의 김태현의 청하 번역판(1982) 또한 이를 지식으로 하고 있으며, 심각한 오염판인 민성사 판의 최현은 지혜로, 카우프만 빈티지 번역판과 캠브리지 영어 번역판은 이를 "knowledge"로 옮기고 있다. 독일어판의 "인식"은 영어판에서는 "지식"으로 표기되어 있으나, 히브리어판의 삼라만상의 지식, 즉 다아트를 무엇으로 번역하는 것이 더 적합한가는 추후의 논의를 더 필요로 한다.

7. 창세기 2:17에 관하여 니체가 따르고 있는 루터의 번역을 저본으로 한 현대판

독일어 성서는 선악과를 "인식의 나무"로 번역하고 있다. "aber von dem Baum des Erkenntnisses Gutes und Böses sollst du nicht essen. Denn welches Tages du davon issest, wirst du des Todes sterben." 지식의 나무를 인식의 나무로 의역하고 있는 셈인데, 선악과를 분별지의 증득으로 인한 타락의 상징으로 보고 있는 필자의 1장에서의 주장과 어울리고 있다. 인식은 주체와 타자를 가르는 이성의 간특함이다. 우주 삼라만상에 대한 앎, 즉 지식(다아트)이 나와 너를 분별하는 이성적 인식으로 변안되고 있다.

biblehub.com에 저장된 히브리어 본문과 라틴어 원문, 그리고 bibledatabase.net의 구약성서 70인역(Septuaginta)을 참조한 바, 추후 논의를 위하여 여기서는 라틴어와 영어 번역만을 밝히기로 한다. "지식의 나무"라는 명사형 형태의 번역은 흠정역에서 처음 나타난다는 사실을 알 수 있다.

> de ligno autem scientiae boni et mali ne comedas in quocumque enim die comederis ex eo morte morieris lignum
> (불가타 성경 창세기 2:17)
>
> But of the tree of the knowledge of good and evil, thou shalt not eat of it: for in the day that thou eatest thereof thou shalt surely die.
> (흠정역 창세기 2:17)
>
> et ait ecce Adam factus est quasi unus ex nobis sciens bonum et malum nunc ergo ne forte mittat manum suam et sumat etiam de ligno vitae et comedat et vivat in aeternum (불가타 성경 창세기 3:22)
>
> And the LORD God said, Behold, the man is become as one of us, to know good and evil: and now, lest he put forth his hand, and take also of the tree of life, and eat, and live for ever: (흠정역 창세기 3:22)

8. 히브리어 성서의 동사 "알게 하는"이 영어 구문의 구조를 따라 명사 "지식"으로 바뀐 것은 필자가 확인한 바로는 『흠정역』이 처음이며 흠정역이 참고한 틴달(W. Tyndale) 성경과 이들과 더불어 에라스무스와 루터 또한 공통으로 참고하고 있는 소위 "수용문헌"(Text Receptus)에 대한 조사는 추후로 미룬다. 지식은 히브

리어와 그리스어에서 욥기 28:28, 즉 "주를 경외함이 곧 지혜요, 악을 떠남이 명철이라 하셨느니라"를 참고하여 따르자면 지혜는 호크마(hokmah)로, 지식, 또는 명철함은 비나(binah)로 표기되어 있다. 그러나 한국어에서 명철함과 지식은 그 뜻이 완전히 일치하지 않는 것처럼 보이는데, 그리스어로 표기된 해당 구절의 "episteme"는 명철(함)보다는 지식 또는 역시 같은 지혜로 번역하는 것이 수사학적으로 온당해 보인다. 지혜와 지식을 구별하지 않는 것을 알 수 있으나, 한국어 성경이 이를 지식으로 구태여 표기하고 싶지 않은 연유에는 아마도 지식과 지혜를 구별하려는 의도가 숨어 있는 것 같다. 아래에서 확인할 수 있듯이 독일어 성경은 이를 "Verstand"로 표기하고 있는데, 이에 대한 한국어 번역 '오성'(惡性)은 이해 또는 지식 정도로 번역하는 것이 또한 온당해 보인다. 이와 "이성"(Vernunft)과의 연관성과 차이에 관한 논의는 또한 별개의 것이다. 아래 『70인역』과 『불가타』에서 확인하듯이 지혜는 각각 "소피아"와 "사피엔티아"로 명철함 혹은 지식은 "에피스테메"와 "인텔리겐티아"로 표기되어 있다.

εɩπεν δε ανθρωπω ɩδου η θεοσεβεɩα εστɩν σοφɩα το δε απεχεσθαɩ απο κακων εστɩν επɩστημη (욥기 28:28; 70인역)

et dixit homini ecce timor Domini ipsa est sapientia et recedere a malo intellegentia (욥기 28:28; 불가타)

und sprach zu den Menschen: Siehe, die Furcht des HERRN, das ist Weisheit; und meiden das Böse, das ist Verstand.

(욥기 28:28; 루터판을 저본으로 한 1912 독일어 성경)

배철현은 선악과에 대한 글에서 "'선과 악의 지식의 나무'는 흔히 '선악을 알게 하는 나무'로 잘못 번역되었다고 지적하는데(http://blog.daum.net/_blog/BlogTypeView.do?blogid=0JhIe&articleno=8765971), 출처와 전거를 명확히 밝힐 일이다. 〈월간중앙〉에 연재된 이 글은 후에 그의 『신의 위대한 질문』(2016)에 엮어져 나오는데 여기서도 어원·문헌학적 고증은 자세히 이루어지지 않고 있다.

9. 라틴어 불가타 성경의 창세기 2:9의 해당 구절은 다음과 같은데, 이는 이 글 같

은 부분의 후반부에서 인용되는 잠언 1:7의 지식에 대한 불가타 성경의 변천, 즉 "sapientia"(지혜)로부터 "scientia"(지식)로의 이동과 궤를 같이한다.

> produxitque Dominus Deus de humo omne lignum pulchrum visu et advescendum suave lignum etiam vitae in medio paradisi lignumque scientiae boni et mali (강조 필자)

10. https://biblehub.com/multi/isaiah/45-7.htm(2022.11.2 검색)

11. 사과나무와 선악과의 혼동, 그리고 '악'(רע:rah)과 아카드어로 "시끄럽게 떠들다"라는 동사 [ragu]와의 유사성에 관한 조철수의 주장에 관해서는 이 책의 1장의 주석 12, 영어 '알다'(know)의 의미의 어원에 관한 추가적인 논의는 1장의 주석 20을 또한 참조할 것.

12. 나무의 끝없는 갱생의 능력은 수백 년 수령에 의해, 그리고 겨울을 뚫고 일어서는 힘에 의해 증명된 바 있다. 그렇기 때문에 나무는 "종교적 인간이 탁월하게 실재적이고 거룩하다고 간주하는 (⋯) 모든 것을 표현하는 존재가 된다.""게르만 신화의 이그드라실과 같은 우주의 나무에 덧붙여서 생명의 나무(예컨대 메소포타미아), 불멸의 나무(아시아, 구약성서), 지혜의 나무(구약성서), 청춘의 나무(메소포타미아, 인도, 이란)" 등이 그 예들이다(Eliade 『성과 속』, 133).

13. "야르다바오트"(Yar-dabaot)는 히브리어 "만군의 주"(야[웨] 차바오트)를 의미하는 것 같다.

14. 『70인역』의 편찬 연대에 대한 논의로는 이 책의 3장 주석 5를 참조.

15. 아리스토텔레스는 『니코마코스 윤리학』 제6권에서 "인식(episteme), 지혜(sophia), 기술(techne), 실천적 지혜(phronesis)"라는 4가지의 로고스와 소피아를 최상의 인식능력이자 최고의 지혜로 만들어주는 비로고스적 계기로서의 "직관"(nous)을 따로 상정하고 있다. 역사, 혹은 인간의 삶과 행위에 적용되는 프로네시스, 즉 "실천적 지혜"를 지혜로 발현하는 기능은 에토스에 주어진다. 프로네시스가 소피아보다 낮은 수준의 인식능력으로 아퀴나스와 하이데거 등에 의해서는 평가된 적이 있으나, 아리스토텔레스는 제6권 후반부에서 이 둘을 대등한 인식능력으로 평가하고 있다(207, 219).

프로네시스는 때에 따라 지성(intellectus ← nous), 혹은 오성(Verstand)으로 번역되고 있으나, 칸트철학에서 "Verstand"(understanding)가 이성의 하위개념으로 파악되고 있어 "悟性" 혹은 지성으로의 번역은 오역에 가깝다. 누스를 직관이 아니라 지성으로 번역하는 것은 "지식"에 대한 개념을 "지혜"로 격상할 때 가능한 번역이다. 직관 또한 "悟性"에 가깝게 사유될 때는 누스의 원뜻에 접근하고 있으나, 그 원래의 뜻이 "실천적 지혜"이고 보면 번역하지 않고 그냥 누스로 표기하는 것이 한 방안이 될 터이다. 물론 실천과 깨달음을 동위의 수준으로 보아 직관으로 번역해 볼 수도 있겠으나 이는 고도의 사유를 상정할 때 가능하다.

이와 관련해서는 반성택의 「후설 현상학과 프로네시스」(2018), 그리고 권석우, 「뮈토스는 신화이고 로고스는 이성인가?」(2021) 후반부 참조. 누스와 뱀을 의미하는 나하쉬(nāhāsh)에 해당하는 그리스어 나아스(ναάς), 즉 영지(靈知)와의 연관성에 관한 연구는 추후로 미루어진다. 다음 장에서 간략히 설명되겠지만 영지주의파의 하나인 나아스파(the Naassenes)라는 명칭은 뱀을 의미하는 "나아스"(ναάς)에서 연원한다.

16. 그러므로 지식의 의미를 충분히 숙고하지 않은 채 지식을 폄하하는 것처럼 해석되는 잠언 1장 2절, 즉 "이는 지혜와 훈계를 알게 하며 명철의 말씀을 깨닫게 하며"라는 구절에 대한 다음과 같은 설교성의 발언은 지양되어야 한다.

'지혜'(wisdom)가 품성이나 행실과 관련된다는 점에서 '지식'(knowledge, 히브리어 다아트[daat], 7절)과 구별되는 반면, 지식은 근본적으로 지적인 계몽을 가리킨다. 지식은 실생활에 적용할 수 없는, 서로 관련이 없고 체계적이지 못한 사실들의 축적에 불과할 뿐일 수 있다. 지혜는 그러한 사실들을 이용할 수 있게 하는 능력을 뜻한다. 그 중간쯤에 해당하는 의미를 '명철'(understanding, 히브리어 비나[binah], 2절)이라는 말 속에 나타낼 수 있을 것이다. 명철은 사실들을 평가하고 정리할 수 있는 능력을 나타내는데 그런 능력은 지혜의 틀을 갖추는 데 필수요건이다."(http://blog.naver.com/mabelhan/220716708607)

참과 거짓, 선과 악을 분별하는 능력 또는 지식이 비나이기도 한데, 선악을 분별하는 일이 왜 지탄받아야 하는지 다시 생각할 때이다. 비나는 다음과 같은 구절들에서 지혜와 갈음되는 "총명"으로 번역되고 있다.

이는 그가 모든 지혜와 총명을 우리에게 넘치게 하사 (엡 1:8)

이로써 우리도 듣던 날부터 너희를 위하여 기도하기를 그치지 아니하고
구하노니 너희로 하여금 모든 신령한 지혜와 총명에 하나님의 뜻을 아
는 것으로 채우게 하시고(골 1:9)

너희 중에 지혜와 총명이 있는 자가 누구냐 그는 선행으로 말미암아 지
혜의 온유함으로 그 행함을 보일지니라 (약 3:13)

17. 아스클레피오스의 카두케우스는 헤르메스의 카두케우스와는 구별되는데, 이는
전자가 한 마리의 뱀을 사용하고 있는 반면 후자가 두 마리의 뱀을 사용하고 있
다는 사실이다. WHO는 한 마리를, 미군의 의무부대는 두 마리를 그 엠블럼으
로 사용하고 있는데 그 의미의 구별은 그다지 크지 않은 것 같다. 한국의 청량리
장생불로관의 두 마리의 뱀이 꼬아진 심볼은 또한 중국의 복희여와도의 그것과
다르지 않다.

18. 바빌론 신화에서 12황도를 관통하는 뱀 또는 용의 별자리가 뱀과 달의 여신이
기도 한 이슈타르의 허리띠로 불리어졌다는 사실에 대해서는 Harding 347 참
조.

19. 창세기에 나타난 뱀으로 표현되는 "나하쉬"가 앞 쪽에 인용된 창세기 3:14에서
말하는 것처럼 다리를 지녔다는 사실은 명확하다. 학자들에 따라서는 이러한 뱀
이 파충류가 아닌 인간과 매우 유사한 신의 피조물인 천사 중의 하나이며, 아담
과 이브와는 달리 단지 저주를 받았지만 낙원에서 추방당하지 않았다고 주장하
기도 한다. 금단의 열매를 먹은 것은 아담과 이브이지 나하쉬가 아니기 때문이
다. 여기에 등장하는 뱀을 비단 창세기에서 뿐만 아니라, 가나안 지역의 우가리
트어 문헌에도 나타나는 최고신인 엘(El), 또는 번개와 폭풍을 부리는 풍요의 농
업 신 바알(Baal)로 보는 의견도 존재한다(Charlesworth 293, 308-314; 567 주
석 130).

20. "기쁨, 즐거움 (…) 풍요함"이란 의미를 지니는 히브리어 보통명사 에덴은 서 셈
족 단어에서 유래하는데, 이의 의미는 "풍성한 물의 장소"이며 4개의 강이 발원
하는 넓은 지형적 장소를 지칭한다고 한다(이희성 131-132). 에덴이란 용어는 수

메르어에서는 신(Dingir)이 거주하는 곳(E)이라는 의미를 띠고 있다고 주장되기도 하였는데, 몽고 건국신화에서 천신으로 알려진 '뎅기르'(tengeri 혹은 tengri)와 수메르의 '딘기르'의 유사성이 발견되어 흥미롭다. 몽고의 건국신화는 "Xaan tyrmas tengeri"(하늘에 계신 신이시여)라는 말로 시작되고 있다.

에덴은 그런데 어원학적으로는 평원을 뜻하는 수메르어 "EDIN"(아카드어 edinu)에서 연원하나, "이 단어를 셈어로 차용할 때 민간어원설(folk etymology)에 의해 잘못 분석하여 셈어 어근 –d-n(기쁨, 풍족함)으로 해설하였다"는 주장 또한 존재한다(배철현 2001, 123; 주석 18).

21. 불가타는 이를 "Consummatum est"로 표기하고 있다. 랭보의 다음과 같은 말은 그런데 자기만족과 사기의 패러디로만 보인다. "J'ai fait la magique étude / Du bonheur, que nul n'élude"("Delire," Une saison d'enfer). "헛소리"(delire), 혹은 황홀경의 착란이다.

22. 종밀은 깨달음을 證悟와 解悟로 나누며, 증오는 수행을 경유하는 깨달음인데 이에는 점수로 인한 돈오, 돈수로 인한 점오, 점수로 인한 점오가 있고, 해오는 깨달음을 얻은 후에 수행을 하는 경우를 말함인데, 돈오점수와 돈오돈수가 있지만 돈오돈수는 상상근기에만 해당한다고 말한다(종밀 407-08; 김진무 308-09 재인용). 종밀에게 있어 깨달음은 해오 중에서도 돈오점수가 가장 실행가능성이 높은 수행방법이며, 점수이건 돈수이건 돈오는 전제 조건으로 이해하는 것이 타당하다(김경숙 276-277). 돈오돈수는 그렇다면 해오점수(解悟漸修)일 수밖에 없으며, 박성배는 이를 "돈오돈수적 점수론"으로 규정한 바 있다.

23. 실제로 달마가 중국에 온 것은 470년경이 아니라 북송시대(960-1127)도 아닌 남송시대(1127-1279)라는 의견(갈조광 1986, 12-15; 35-50), 그리고 그를 북위의 효문제(재위 기간 471-499)에 창건한 소림사(496년)의 불타 선사와 혼동했다는 의견도 존재한다. 김진무에 의하면 이러한 고사의 혼동은 "달마-혜가계가 불타-승조계를 사상적으로 대체했음을 알리는 상징적 의미"를 드러내고 있다. 승조(僧稠 480-560)는 제2대 소림사 방장을 맡았다고 되어 있으며, 불타-승조계는 달마의 대승선에 대비하여 소승선이라 부르지만(김진무 2015, 232-233, 235) 큰 의미는 없다.

24. 호오를 인간의 일반적인 정서, 즉 호오지정(好惡之情)으로 보는 해석은 대체적으로 받아들여지고 있는데, 이상옥의 번역 또한 그러하다. "마음이 외물에 느껴서 움직이면 지력(知力)이 작용해서 그 외물을 알며 그렇게 되면 호오(好惡)의 정(情)이 발생한다"(이상옥 973). 호오에서 인간의 희노애락이 생기는데 정(情)을 서양의 감정, 정서, 혹은 정념과 유사한 것으로 파악할 수 있다면, 호오의 결과 또는 등가물이 정(情)인 셈이다. "인간의 본성이 좋아함, 싫어함, 기쁨, 노여움, 슬픔, 즐거움[으로 발현된 것]을 情이라 한다. (⋯) 性은 [인간이] 생래적으로 타고난 경향성이고, 情은 [性을 짐작케 하는] 바탕이 된다"(『荀子』, 「正名」). 희노는 호오로부터, 애락은 좋은 것과 나쁜 것으로부터 나온다는 구절과 이에 관한 설명이 나오는 『左傳』(昭公 25年), 『荀子』, 「樂論」 구절에 대한 논의로는 김명석 2012, 6-7; 13-14 참조. 호오, 즉 욕구와 혐오가 희노애락과는 달리 "희노에 의해 대표되는 감정 군에 속하지 않고 특별한 지위를 누려 (⋯) 감정들의 집합 바깥에 위치한다"는 주장에 대해서는 김명석 2008, 163-168 참조.

25. 원문의 지혜에 대한 표기는 지(知)+심(心)으로 되어있어 이를 "깨닫다", "밝게 알다"의 뜻을 또한 지닌 '서'(恕)로 바로 잡아 표기하기도 하였는데, 이를 '지'(智)로 읽자는 입장이 대세인 것 같다(장원태 26; 주석 14). 接知와 明知, 즉 智를 체와 용의 관점에서 바라보는 해석과 지(知)+심(心)과 恕에 관한 논의로 염정삼 73-76 참조.

필자가 추단하기에는 '知'와 '智'의 관계는 欲과 慾, 人과 仁의 관계처럼 상호동일성에서 유사하기는 하나, 형용사 혹은 동사의 의미에서 명사적 의미, 즉 구체적인 것에서 다소 개념적인 것으로의 미세한 변이가 감지된다. 서양철학의 소피아 또한 구체적이고 실용적인 지식(프로네시스)에서 개념적 지혜(sophia)로 변하였다. 마음(心)과 일월(日月)의 상관관계를 밝혀 줄 눈 밝은 문헌학자의 도움을 기다린다.

26. 불교에서 본다는 인식 행위의 중요성은 팔정도의 처음이 정견(正見)이라는 것에서도 알 수 있다. 깨달은 자를 의미하는 "budha"의 어근 "bud(h)-"와 "본다" 혹은 "알다"는 의미를 지닌 명사 "vidyā"(→ veda)와의 상관관계는 우연이 아니다. 지식의 기원으로서의 '보는 것'과 불교의 정견(正見)의 유사함, 그리고 보는 것에

서 발원하는 지식과 기독교의 선악과와의 연관성이 확인되는 순간이기도 하다.

27. 김형효는 "남을 아는 자는 지혜롭고, 자기를 아는 자는 도에 밝다"로 최진석은 "타인을 아는 자는 지혜로울 뿐이지만, 자신을 아는 자라야 명철하다"로 옮기고 있다. 우리가 이 글의 전반부에서 성경에 관한 분석에서 밝힌 '비나'(binah)는 간혹 지식(pronesis)으로 또 명철함으로 번역되었는데, 명철함보다 적어도 표면적으로는 지혜가 하위 개념에 위치하고 있는 것을 눈여겨 볼일이다.

33장에 관한 김형효의 주석은 지(知)의 획득을 선악과의 증득과 유사하게 보는 우리의 입장과 유사하여 인용을 요한다.

> 칸트식으로 해석한다면, 금단의 열매는 이기심을 말하는 동시에 그것을 먹으면 인간에게 사량분별력[말나식]이 생기게 된다는 것을 뜻한다. 그래서 신이 그것을 먹지 말라고 했다는 것이다. 그러나 인간이 그것을 먹음으로써 이기심과 사량분별력이 생겼고, 그것이 인류사의 문명을 잉태했다. 이것이 칸트가 암시한 대목이다. 그렇다면 노자가 말한 지혜의 꾀는 사량분별과 이기심의 작용이고, 도道는 진여자상의 자기출현을 상징하는 것으로 읽어야 할 것 같다. (…) 지혜와 힘은 망상을 낳고, 밝음과 강함은 진리를 만든다는 것이다. (…) 33장은 노자의 사유와 석가세존의 사유가 유사한 도道를 설파했다는 것을 웅변으로 입증하고 있다 하겠다. (275)

제7식인 말나식은 마음의 진여자성의 보고가 되는 제8식인 아뢰야식에 이르는 길이니, 지식을 홀대할 필요는 전혀 없는 것이다.

『도덕경』 33장의 구절과 관련된 유가와 도가의 지식과 지혜에 대한 설명은 십수 년 전 강원대 유강하 교수님의 도움을 받았다. 니체의 생명나무와 인식, 그리고 지혜에 관한 생각으로는 이 장의 전반부 참조.

28. 智에 대하여 위키백과는 다음과 같이 말하고 있다. "갑골문에서는 사냥하는 무기를 뜻하는 干(방패 간), 矢(화살 시)와 구술로 전수하는 의미의 口(입 구)가 합쳐져 사냥과 싸움의 경험을 전수하는 것을 의미한다. 금문으로 오면 干이 생략되고 曰(가로 왈)이 더해져 智가 되었고, 이후 知와 智로 분화되었다"(https://

namu.wiki/w/%E6%99%BA 2021.8.19. 검색). 智가 실천적 지식, 즉 지혜를 의미하는 프로네시스와 상응하는 것을 알 수 있다.

장자의 경우 지식과 지혜를 구별하고 있다고 보는데, 서대원 교수에 의하면 知慧는 "절대적이고 可知的이며", 知識은 지혜를 포함하는 개념으로 오히려 "상대주의적이고 不可知"하다. 보편타당한 지식은 주관에 따라 방편적 지혜로 출현하니 莊子 지식론의 특성은 "불확실한 지식을 버리고 지혜를 터득하는 것이다"(서대원 2005, 48, 58). 알쏭달쏭하지만 지혜는 지식의 일부분이고 지식은 그 끝을 알 수 없어 지혜로 만족해야한다는 취지로 새기면 될듯하다.

29. 필자가 "뮈토스는 신화이고 로고스는 이성인가: 로고스의 의미 변화와 20세기 로고스적 이성의 쇠락"이라는 미 출간 글에서 밝힌 바, "철학이라는 말을 현대적 의미에 있어서 로고스적 변증 혹은 비판 이성이라는 의미로 처음 사용한 이는 플라톤으로 알려져 있지만, "philosophos"에서 연원하는 철학(philosophia)이라는 용어는 피타고라스가 처음 사용하였고, 로고스라는 용어와 함께 "지혜를 사랑하는 사람들", 즉 철학자라는 용어를 비교적 초창기에 구사한 이는 헤라클레이토스이다"(21). 철학을 지혜에 대한 사랑이라고 파자했을 때, 그러한 지혜가 무슨 의미인가를 궁구하지 않고 이를 지식에 대립되는 것으로 파악하는 관행이 향후 지식을 평가절하 하는 습속으로 굳어졌음은 한국의 일부 교계에서 '지식은 사망' 운운의 표현에서 알아차릴 수 있다.

30. 제1장의 주석 36 참조.

31. 원문은 다음과 같다. "[B]ecause we migh not be around much longer, we had to take care how we behaved."

이 책의 내용을 구성하는 데 필자의 다음 논문이 일정 부분 초석이 되었다.

- 「생명나무와 죽음나무의 통합을 통해 둘러보는 지식과 지혜의 우로보로스」. 『비교문학』. 89 (2023.2.): 35-56.
- 「파르테노스와 네아니스 논쟁에 관한 성찰」. 『인문언어』. 24:2 (2022.12): 13-40.
- 「아담과 이브가 따먹은 과실은 사과였던가?: 사과와 무화과의 원산지와 선악과 (mālum)의 의미 변용에 대한 어원학적 고찰」. 『동서인문』. 20 (2022.12): 163-189.
- 「뱀과 죽음의 치유적 상상력: 행복한 죽음의 의미」. 『인문언어』. 16:2 (2014.08): 11-37.
- 「뱀의 신화적 이미지: 수메르-바빌로니아, 헬라스, 고대 유대-기독교 문명을 중심으로」. 『인문언어』. 12:1 (2010 여름): 39-60.
- 「성, 여성, 죽음: 유대기독교문화에 나타난 뱀과 이브에 대한 논의를 중심으로」. 『인문언어』. 11:1 (2009 여름): 149-171.
- 「처녀와 창녀: 서양문화와 (성)처녀의 이데올로기」. 『비평과 이론』. 13:2 (2008 가을/겨울): 105-130.

참고문헌

시문학의 인용은 필요한 경우를 제외하고는 간단한 출처만 본문에 밝힌다.

갈조광(거자오광).『선종과 중국문화』. 1986. 정상홍·임병권 옮김. 서울: 동문선, 1991.

_____.『중국사상사』. 1권, 2권. 2000. 이동연 외 옮김. 서울: 일빛, 1권 2013, 2권 2015.

강선남.「아담의 죄와 죽음에 관한 해석학적 고찰: 바오르 서간(로마 5, 12-21; 1코린 15, 20-22)을 중심으로」.『신학전망』186 (2014): 2-38.

강승일.「고대 메소포타미아의 성창제도」.『서양고대사연구』25 (2009): 7-36.

강여울.「도덕성에서 호오와 앎의 문제: 초기불교와 유가적 윤리관의 비교를 통해」.『철학연구』140 (2016): 129-152.

강영경.「단군신화에 나타난 웅녀의 역할」.『여성과 역사』16 (2012): 37-68.

강영안.『주체는 죽었는가: 현대 철학의 포스트 모던 경향』. 서울: 문예, 1996.

_____.『우리에게 철학은 무엇인가: 근대, 이성, 주체를 중심으로 살펴본 현대 한국철학사』. 서울: 궁리, 2002.

공원국. https://www.khan.co.kr/print.html?art_id=201904092147005&media=khan(2021.3.1 검색).

권석우.「성, 여성, 죽음: 유대기독교문화에 나타난 뱀과 이브에 대한 논의를 중심으로」.『인문언어』11:1 (2009 여름): 149-173.

길희성 역주.『바가바드기타』. 서울: 서울대, 2013.

김경수. 「제롬의 금욕주의와 결혼에 관한 연구」. 『한국기독교신학논총』 79:1 (2012.1): 83-107.

_____. 「히에로니무스의 금욕주의: 펠라기우스 논쟁을 중심으로」. 『서양중세사연구』 38 (2016.9): 121-153.

김경숙. 「圭峯宗密의 知思想 硏究」. 『한국불교학』 51 (2008): 257-282.

김경재. 『중심에 서 있는 생명나무』. 서울: 다산글방, 1994.

_____. 『이름 없는 하느님: 유일신 신앙에 대한 김경재 교수의 본격 비판』. 서울: 삼인, 2002.

김광식. 「하나님과 하나님」. 『신학논단』. 27 (1999.6): 115-130.

_____. 『고대기독교 교리사』. 서울: 한들, 1999.

김균진. 『죽음과 부활의 신학』. 서울: 새물결, 2015.

김기녀. 「독일 빌헬름 시대 부르주아 여성운동과 섹슈얼리티」. 『독일연구』 7 (2004): 1-22.

김내균. 『소크라테스 이전의 그리스 철학』. 서울: 교보, 1996.

김동규. 『멜랑콜리아: 서양문화의 근원적 파토스』. 2014. 파주: 문학동네, 2015.

김동주. 「초기 교부들의 70인역 이해에 대한 역사신학적 연구」. 『한국교회사학회지』 26 (2010): 137-169.

김동훈. 「지나치며 넘어가는 철학함: 하이데거 사유 내에서 전치사 über가 지니는 방법론적 의의」. 『현상학과 현대철학』 32 (2007): 135-165.

김명석. 「논어(論語)의 정(情) 개념을 어떻게 이해할 것인가」. 『동양철학』 29 (2008: 147-171.

_____. 「선악, 호오, 가치판단: 『논어』를 중심으로」. 『제지백가의 다양한 철학 흐름』. 송영배 외. 서울: 사회평론, 2009. 232-263.

_____. 「중국 고대유가의 음악을 통한 도덕 감정 계발모형 연구: 서곡: 『순자』와 『예기』, 「악기」의 감정관 분석을 중심으로」. 『동양철학』 38 (2012): 1-27.

김명희. 「현대평화연구에서 종교의 위치」. 『종교문화비평』 18 (2010): 15-47.

김방룡. 「『금강경』과 원불교 사상: 원불교와 불교의 새로운 관계모색을 제안하며」. 『원불교사상과 종교문화』 59 (2014.3): 1-54.

김산해. 『신화는 수메르에서 시작되었다』. 서울: 가람, 2003.

_____. 『최초의 신화 길가메쉬 서사시』. 서울: 휴머니스트, 2005.

_____. 『수메르, 최초의 사랑을 외치다』. 서울: 휴머니스트, 2007.

김상래. 「순자(荀子)의 맹자비판(孟子批判), 그 윤리적 의의」. 『동양철학연구』 84

(2015): 133-159.

김상봉.『나르시스의 꿈: 서양정신의 극복을 위한 연습』. 서울: 한길사, 2002.

_____.『호모 에티쿠스: 윤리적 인간의 탄생』. 파주: 한길사, 2006.

김상일.『한밝문명론: 한민족 통일의식의 기원과 역사』. 서울: 지식산업사, 1988.

_____.『카오스와 문명: 문명의 위기와 카오스 여신의 부활』. 서울: 동아사, 1994.

_____.『동학과 신서학』. 서울: 지식산업사, 2000.

_____.「켄 윌버의 초인격심리학과 한국 무속」.『한국무속학』 6 (2003): 233-250.

_____.『역과 탈현대의 윤리: 라이프니츠에서 괴델까지 역의 강물은 흐른다』. 서울: 지식산업사, 2006.

_____.『일즉다다즉일』. 한국정신과학회 편. 서울: 히어나우, 2013.

김상환.「헤겔의 '불행한 의식'과 인문적 주체의 역설」.『철학사상』. 36 (2010): 33-84.

김선자.「여와 신화와 중국 여성의 이중적 정체성: 여와의 기원과 변천에 관한 탐색」.『종교연구』45 (2006): 75-103.

_____.「신화, 사실, 상징: 建木신화를 중심으로」.『중국어문학논집』 15 (2000): 87-111.

김성민·김성우.「포스트모던 스피노자 윤리학에 대한 헤겔주의적 비판」.『철학연구』105 (2014): 30-51.

김숙임.「일상에서 평화 만들기: 여성이 만드는 평화와 인권」. 여성평화 아카데미 2001 봄 강좌. 1-14.

김승중.『한국인이 캐낸 그리스문명』. 서울: 통나무, 2017.

김승혜.『유교의 뿌리를 찾아서』. 1990. 개정판. 서울: 지식의 풍경, 2001.

김시천.「노자와 여성성:『노자』에서 '돌봄'의 개념은 가능한가」.『한국여성철학』 8 (2007): 1-26.

김신명숙.『여신을 찾아서』. 서울: 판미동, 2018.

김애령.「니체의 은유이론과 문체의 문제」.『철학연구』65(2004): 126-144.

_____.『여성, 타자의 은유: 주체와 타자 사이』. 서울: 그린비, 2012.

김영균·김태은.『탯줄코드: 새끼줄, 뱀, 탯줄의 문화사』. 서울: 민속원, 2008.

김용옥.『앙코르 와트·월남가다』. 서울: 통나무, 2005.

_____.『요한복음강해』. 서울: 통나무, 2007. 2007a.

_____.『기독교성서의 이해』. 서울: 통나무, 2007. 2007b.

_____.『도올의 도마복음 이야기: 이집트·이스라엘 초기기독교 성지순례기』. 서울: 통나무, 2008.

_____. 『도올의 도마복음 한글역주 II』. 서울: 통나무, 2010. 2010a.

_____. 『도올의 도마복음 한글역주 III』. 서울: 통나무, 2010. 2010b.

_____. 『도올의 로마서강해』. 서울: 통나무, 2017.

_____. 『도올, 시진핑을 말한다』. 증보신판. 서울: 통나무, 2018.

_____. 『나는 예수입니다: 도올의 예수전』. 서울: 통나무, 2020.

_____. 『노자가 옳았다』. I & II. 서울: 통나무, 2020.

_____. 『동경대전』. I & II. 김용옥 역주. 서울: 통나무, 2021.

_____. 『용담유사』. 김용옥 역주. 서울: 통나무, 2022. 2022a.

_____. 『도올주역강해』. 서울: 통나무, 2022. 2022b.

김용운. 『카오스와 불교』. 서울: 사이언스북스, 2001.

김원익 역. 『신통기: 그리스 신들의 계보』. 서울: 민음사, 2003. 2003a.

_____. 「신화와 여성의 문제: 크리스타 볼프의 『메데아』를 중심으로」. 『독일언어문학』 21 (2003b. 9): 223-51.

김응종. 『서양의 역사에는 초야권이 없다』. 서울: 푸른 역사, 2010.

_____·김용철. 「원에 표상된 합일적 상징 연구」. 『기초조형학』 13:1 (2012): 109-117.

김이곤. 「구약성서에서 본 생명의 영성에 관한 한 신학적 성찰」. 『장공 김재준의 신학세계』. 장공 김재준 목사 기념사업회 편. 수원: 한신대출판부, 2006. 115-143.

김현숙. 「篆刻의 方圓에 관한 周易美學的 研究」. 『동양철학연구』 60 (2009): 339-366.

김재철. 「하이데거의 존재론적 해석학」. 『철학연구』 111 (2009): 149-182.

_____. 「미쉬와 하이데거의 논쟁에 관한 연구」. 『존재론연구』 29 (2012): 1-49.

김재홍. 「호메로스의 시가를 통해서 본 자아와 행위의 문제」. Snell 457-500.

김정란. 「성배와 여성」. 『프랑스 문화연구』 10 (2005): 27-56.

김정현. 「니체와 페미니즘: 데리다와 코프만의 진리 담론을 중심으로」. 『철학』. 67 (2001): 79-102.

김제란. 「동양적 가부장제의 이론적 근거로서의 음양 사상: 선진에서 한 대까지의 전개 과정을 중심으로」. 『중국철학』 7 (2000): 83-115.

김종갑. 「예술과 외설: 여성의 누드」. 『영어영문학』 52:1 (2006 봄): 129-152.

김종미. 「곡신과 코라를 통해 본 탈 중심의 여성원리」. 『중국문학』 34 (2000): 167-186.

김종삼. 『누군가 나에게 물었다』. 서울: 민음사, 1982.

김주한. 「오리게네스의 작품과 아우구스티누스: 히에로니무스 논쟁을 통해 본 『70인 역』」. *KRJ* 40 (2016): 63-104.

김진경. 『고대 그리스의 영광과 몰락』. 서울: 안티쿠스, 2014.

김진무. 「선종에 있어서 돈오의 수용과 그 전개」. 『한국선학』 15 (2006): 277-317.

_____. 『중국불교사상사: 유불도 통섭을 통한 인도불교의 중국적 변용』. 서울: 운주사, 2015.

김학목. 「『도덕경(道德經)』의 시각으로 본 『성서(聖書)』의 창세기 신화: 아담에서 노아까지」. 『동서철학연구』 35 (2005): 237-257.

_____. 『노자 도덕경과 왕필의 주』. 2000. 개정판. 서울: 홍익, 2014.

_____. 『「장자」 곽상 주 해제』. 고양: 학고방, 2020.

김화영. 『바람을 담은 집』. 서울: 문학동네, 1996.

김헌. 『그리스문화의 신화적 상상력』. 서울: 서울대출판문화원, 2016.

김형기. 「'세기전환기'의 독일문학에 나타난 성과 사랑의 담론: 프랑크 베데킨트의 희곡문학을 중심으로」. 『인문과학논총』 2 (1996): 125-148.

김형수. 「쿠자누스의 '아는 무지'(docta ignorantia): 대립의 합치와 통일성에 대한 인식추구」. 『신학전망』. 174 (2011): 113-141.

_____. 「쿠자누스의 '하나'에 대한 이해: 대립의 합치와 통일성에 대한 인식추구」. 『가톨릭철학』. 29 (2022): 41-63.

김형효. 『하이데거와 화엄의 사유』. 화성: 청계, 2002.

_____. 『사유하는 도덕경』. 서울: 소나무, 2004.

_____. 『원효의 대승철학』. 서울: 소나무, 2006.

나인호. 『개념사란 무엇인가: 역사와 언어의 새로운 만남』. 서울: 역사비평사, 2011.

남진우. 『미적 근대성과 순간의 시학』. 서울: 소명, 2001.

남회근. 『불교수행법강의』. 1989. 서울: 부키, 2010.

노승현. 「노자가 말한 '검은 암컷의 문'은 무엇을 상징하며, 결국 무엇을 말하고자 했는가」. 섭서헌 2000, 509-524.

노자. 『도덕경』; 『노자의 목소리로 듣는 도덕경』. 최진석 역주. 일산: 소나무, 2014.

류경희. 「인도종교문화의 비폭력 (아힘사) 평화정신과 종교폭력」. 『종교문화비평』. 18 (2010): 48-77.

류진현. 「문화현상으로서의 데카당스: 19세기말 프랑스 문학의 한 흐름」. 『불어불문학연구』. 58 (2004): 469-494.

맹성렬. 『오시리스의 죽음과 부활』. 서울: 르네상스, 2009.

모종삼. 『동양철학과 아리스토텔레스』. 1997. 부산: 소강, 2001.

_____. 『모종삼교수의 중국철학 강의』. 1974. 서울: 예문, 2011.

문경환. 「"일본 고유의 병리": 그들에 대해 우리가 알아야 할 것들」. 『인문언어』. 17:1

(2015 여름): 11-63.

_____. 「번역의 음영: 창조적 오역인가 단순한 오역인가」. 『인문언어』. 19:1 (2017 여름): 129-169.

문혜경. 「델포이 신탁과 피티아의 기능」. 『서양고대사연구』. 32 (2012.9): 71-107.

민경식. 『신약성서, 우리에게 오기까지』. 서울: 대한기독교서회, 2008.

민희식. 『성서의 뿌리: 오리엔트 문명과 구약성서』. 서울: 블루리본, 2015.

박규태. 「혼돈의 힘: 소외신화·우로보로스·치유」. 『대순사상논총』 16 (2003): 45-67.

박동환. 『동양의 논리는 어디에 있는가』. 1993. 일산: 사월의 책, 2017.

_____. 『안티호모에렉투스』. 2001. 일산: 사월의 책, 2017.

박세당. 『장자, 남화경주해산보』. 전현미 역주. 서울: 예문, 1993.

박영한. 『머나먼 쏭바강』. 서울: 민음사, 1977.

박정수. 「『안티-오이디푸스』, 정신분석비판을 위하여」. 『진보평론』 31 (2007 봄): 135-164.

박정순. 「마이클 왈쩌의 정의전쟁론: 그 이론적 구성 체계와 한계에 대한 비판」. 『정의로운 전쟁은 가능한가』. 철학연구회 엮음. 서울: 철학과 현실사, 2006.

박정오. 「비너스의 계보: 가부장제의 확립과 여신숭배의 변화」. 『현대영미소설』 14:1 (2007): 27-47.

박종현. 『헬라스 사상의 심층』. 서울: 서광사, 2001.

박진영. *Women and Buddhist Philosophy*. Honolulu: U of Hawaii P, 2017.

박태봉. 「동서양 사상에 나타난 圓의 의미 고찰」. 『원불교사상과 종교문화』 78 (2018): 263-298.

박홍규. 『그리스 귀신 죽이기』. 서울: 생각의 나무, 2009.

박혜영. 「엘렌 씩수의 『출구』에 나타난 프로이드 뒤집어 읽기 II」. 『한국프랑스학논집』 26 (1999): 195-208.

_____. 「메두사의 신화와 여성: 누가 메두사를 두려워하는가?」. 『한국프랑스학논집』 61 (2008): 283-298.

박혜정. 「唐詩 속의 西王母 이미지의 기원과 활용」. 『동양학』 61 (2015): 19-22.

방동미. 『중국인이 보는 삶의 세계』. 정인재 옮김. 서울: EjB, 2004.

배철현. 「'유럽'의 모체를 찾아: 오리엔탈리즘 다시 읽기」. 『사상』 50 (2001 가을): 201-222.

_____ 역주. 『타르굼 옹켈로스 창세기』. 서울: 가톨릭출판사, 2001.

_____. 「성서신화이야기: 에덴과 파라다이스」. 『기독교 사상』 46.7 (2002): 199-206.

_____. 「이난나는 지하세계에 왜 내려갔나?」. 『종교와 문화』 10 (2004): 1-20.

_____. 『신의 위대한 질문: 신이 원하는 것은 무엇인가』. 파주: 21세기북스, 2015.

_____. 『인간의 위대한 질문: 우리는 무엇을 믿어야 하는가』. 파주: 21세기북스, 2015.

백승영. 「니체의 여성-라비린스, 그리고 모성이라는 아리아드네의 실」. 『철학사상』 55 (2015.2): 239-262.

사사키 아타루. 『야전과 영원』. 2011. 안천 옮김. 서울: 자음과 모음, 2016.

서동은. 「존재와 무, 그리고 절대무」. 『존재론 연구』 33 (2013): 187-220.

서영대. 『용, 그 신화와 문화: 세계편』. 서울: 민속원, 2002.

석법성. 『사망학: 죽음과 삶의 지혜』. 서울: 운주사, 2004.

섭서헌. 『노자와 성』. 서울: 문학동네, 2000.

_____. 『노자와 신화』. 서울: 문학동네, 2003.

송정화. 「중국 여신의 특징에 대한 소고」. 『동아시아 여성신화』. 동아시아고대학회 편. 서울: 집문당, 2003. 147-180.

_____. 「비교신화적 각도에서 본 동서양창조신화에 나타난 여성적 생명원리: 중국 신화와 그리스 신화에 나타난 혼돈, 구멍, 뱀의 이미지를 중심으로」. 『중국어문학지』 17 (2005): 21-47.

성철. 『신심명·증도가 강설』. 경남 합천: 장경각, 1987.

성해영. 『수운 최제우의 종교 체험과 신비주의』. 서울: 서울대출판부, 2020.

송호성. 『독서의 위안』. 서울: 화인북스, 2020.

순자. 『荀子』. 김학주 옮김. 서울: 을유, 2019.

스기우라 고헤이. 『형태의 탄생: 그림으로 본 우주론』. 1996. 송태욱 옮김. 서울: 안그라픽스, 2001.

신경원. 「니체와 데리다, 이리가리의 여성」. 『비평과 이론』 5:1 (2000): 5-35.

_____. 「니체의 진리, 삶, 심연과 여성 은유」. 『영미문학 페미니즘』 10:1 (2002): 157-185.

_____. 『니체, 데리다, 이리가레의 여성』. 서울: 소나무, 2004.

신광철. 「성서의 용 관념」. 『용, 그 신화와 문화: 세계편』. 서영대 엮음. 서울: 민속원, 2002. 105-121.

신명아. 「프로이트와 라깡의 쉬레버 박사의 정신병 사례 비교: 아버지와 '아버지의 이름」. 『라깡과 현대정신분석』 1:1 (1999): 18-38.

_____. 「가부장 사회의 여성비하현상과 '남성 히스테리' 증후로서의 포르노그라피」. 『비평과 이론』 4:1 (1999): 31-53.

신승환. 「탈형이상학적 사유의 의미」. 『존재론연구』 20 (2009): 21-42.

신월균. 「한국설화에 나타난 용의 이미지」. 『용, 그 신화와 문화: 한국편』. 서영대·송화섭 엮음. 서울: 민속원, 2002. 245-271.

신재식. 『신앙과 이성 사이에서: 아우구스티누스 & 아퀴나스』. 서울: 김영사, 2008.

심재상. 『노장적 시각에서 본 보들레르의 시 세계』. 서울: 살림, 1995.

안성림·조철수. 『사람이 없었다 神도 없었다』. 서울: 서운관, 1995.

오강남. 『장자』. 1999. 서울: 현암사, 2003.

오성종. 「신약의 전문용어 '하나님'의 말씀: 개념의 기원과 이해」. 『신약연구』 11:1 (2012.3): 161-211.

와카쿠와 미도리. 『사람은 왜 전쟁을 하는가: 전쟁과 젠더』. 파주: 문학동네, 2007.

왕필. 『노자주』. 파주: 한길, 2005.

왕화영. 「여성 월경의 유학적 맥락」. 『한국여성철학』 34 (2020): 1-34.

위형윤. 「핵무기와 평화신학의 실천과제에 관한 연구」. 『신학과 실천』 35 (2013): 7-42.

유강하. 「西王母의 神格에 대하여: 漢代 文獻과 文物을 통한 西王母의 神格 탐색」. 『중국어문학지』 25 (2007): 233-253.

유달림. 『중국의 성문화』. 상권. 강영매 외 역. 서울: 범우사, 2000.

유동림. 「곡선의 문화」. 『철학과 현실』 (1997): 268-273.

유아사 야스오. 『몸과 우주: 동양과 서양』. 이정배·이한영 옮김. 서울: 지식산업사, 2004.

_____. 『융과 그리스도교』. 1978. 이한영 옮김. 서울: 모시는 사람들, 2011.

유희성. 「순자의 인식론: 모종삼의 견해를 중심으로」. 『동양철학연구』 58 (2009): 112-139.

윤열수. 『龍 불멸의 신화』. 서울: 대원사, 1999.

윤용복. 「인도의 龍신앙」. 『용, 그 신화와 문화: 세계편』. 서영대 엮음. 서울: 민속원, 2002. 15-36.

윤일권·김원익. 『그리스·로마신화와 서양문화』. 서울: 문예출판사, 2004.

이강서. 『죽음을 생각한다는 것: 고대 희랍의 죽음 이해』. 서울: 모시는 사람들, 2015.

이기동. 『기독교와 동양사상』. 서울: 동인, 1999.

이기영. 『유마경강의』. 하권. 한국불교연구원, 2000.

이동수. 「포스트모던 페미니즘에서 여성의 정체성과 차이」. 『아시아여성연구』 43:2 (2004): 47-73.

이명옥. 『팜므 파탈: 치명적 유혹, 매혹당한 영혼들』. 다빈치, 2003.

_____.『팜므 파탈: 치명적 여인들의 거부할 수 없는 유혹』. 서울: 시공아트, 2008.

이미경a.「전쟁과 페미니즘」.『여성학연구』. 18 (2003): 25-47.

이미경b.「창조와 타락 이야기 (창 2-3장)에 나타난 신의 교육학」.『한국기독교신학논총』70 (2010): 277-310.

이봉지.「여성 성기의 문학적 표상: 나나와 알베르틴」.『프랑스어문교육』 10 (2000): 349-369.

이부영.『아니마와 아니무스: 남성 속의 여성, 여성 속의 남성』. 서울: 한길사, 2001.

이상복.「여성신화와 반(反)신화: 프랑크 베데킨트의 이중비극『룰루』의 유혹 모티프를 중심으로」.『브레히트와 현대연극』10 (2002): 127-144.

이용주.『죽음의 정치학: 유교의 죽음 이해』. 서울: 모시는 사람들, 2015.

이재진.「뵈데킨트의 드라마에 나타난 여성상과 신화적 특성: 룰루-괴기비극의 상징성을 중심으로」.『독어교육』 25 (2002): 401-428.

이정배.『바탕 한데 맞혀 놀이: 다석으로 세상을 읽다』. 서울: 동연, 2011.

이정우.『세계철학사』. 서울: 길, 2011.

_____.『소은 박홍규와 서구 존재론사: 동일성과 차이생성』. 서울: 길, 2016.

_____.「일본적 시간론의 한 연구: 도겐과 니시다에서의 '영원의 지금'」.『동양철학연구』93 (2018): 179-210.

이정희.「자유주의 페미니즘에서 제 3세계 페미니즘까지」.『비평문학』. 19 (2004): 193-220.

이종근.『메소포타미아 법의 도덕성과 종교』. 서울: 삼육대출판부, 2011.

이종성.「장자의 '小大之辯'에 관한 지식론적 고찰」.『동양철학연구』19 (1998): 389-414.

이주향.「기독교의 '죄' 개념에 대한 니체의 비판과 '죄' 사유의 긍정적 실천」.『니체연구』14 (2008): 51-71.

이주헌.『미술로 보는 20세기』. 서울: 학고재, 1991.

이진경.「노자, 모성의 정치를 꿈꾸다」.『동서철학연구』66 (2002): 59-89.

이진우.「진리의 허구성과 허구의 진실성」.『철학연구』35 (1994): 187-208.

이찬수.「절대무의 체험: 장소적 논리와 참회도 철학」.『우원사상논총』10 (2001): 98-122.

이케가미 슌이치.『마녀와 성녀』. 김성기 옮김. 서울: 창해, 2005.

이하림 역.『서양미술의 섹슈얼리티』. 서울: 시공사, 1998.

이형록.「탄트라 요가 명상의 수행 방법」.『한국동서정신과학회지』4:1 (2001): 113-

127.

이혜경. 『영미 및 유럽극에 나타난 모성』. 서울: 동인, 2004.

이혜정. 「전쟁과 평화에 대한 여성주의적 독해」. 『한국여성철학』 4 (2004): 59-78.

_____. 「전쟁에 대해 여성주의는 무엇을 말할 수 있는가?」. 『법철학연구』 14:1 (2011): 105-122.

_____. 「전쟁의 도덕성에 대한 철학적 고찰: 현실주의, 정당한 전쟁, 그리고 여성주의를 중심으로」. 『신학논단』 79:1 (2015): 281-299.

이희성. 「생명나무의 신학적 의미와 적용: 창세기와 잠언을 중심으로」. *KRJ* 20 (2011): 129-162.

이희수. 「이슬람과 전쟁」. 『본질과 현상』 8 (2007 여름): 51-62.

일연. 『삼국유사』. 김원중 옮김. 서울: 민음사, 2008.

일엽. 『청춘을 불사르고: 金一葉 스님 회고록』. 서울: 김영사, 2002.

임헌규. 「朱·陸 太極論辯과 形而上學」. 『한국철학논집』 17 (2006): 369-396.

_____. 「사암-율곡 태극논변과 율곡의 태극론」. 『한국사상과 문화』 29 (2005): 169-196.

임철규. 『눈의 역사 눈의 미학』. 서울: 한길사, 2004.

_____. 『그리스 비극: 인간과 역사에 바치는 애도의 노래』. 파주: 한길사, 2007.

_____. 『죽음』. 파주: 한길사, 2012.

임채우. 「원시도가의 여성주의 사상: 노자의 무와 여성성 그리고 여성의 힘」. 『도교문화연구』 18 (2003): 181-210.

임태수. 「생명나무와 선악을 알게 하는 나무의 현대적 의미」. 『신학사상』 138 (2007 가을): 89-114.

잔스추앙. 『도교와 여성』. 1990. 안동준·김영수 역. 서울: 창해, 2005.

장원태. 「선진시대 '知' 개념에 대한 연구: 본성론 관련 문헌과 『묵경』을 중심으로」. 『동아문화』 42 (2004): 2-63.

_____. 「주희의 지각 개념의 연원: 지 개념과 관련된 논의를 중심으로」. 『철학사상』 35 (2010): 29-61.

장영란. 「원시 신화 속에 나타난 영성의 상징 미학과 영성주의 인식론의 새로운 모델」. 『여성의 몸에 관한 철학적 성찰』. 한국여성철학회 엮음. 서울: 철학과 현실사, 2000. 58-91.

_____. 「고대 위대한 어머니 여신의 변형의 논리와 철학적 상상력 비판」. 『서양고전학연구』 18 (2002): 31-59.

_____.『위대한 어머니 여신: 사라진 여신들의 역사』. 파주: 살림, 2003.

_____.『아테네: 영원한 신들의 도시』. 서울: 살림, 2004.

_____.『장영란의 그리스 신화』. 파주: 살림, 2005.

_____.「그리스 신화와 전쟁의 기원」.『본질과 현상』8 (2007): 63-73.

_____.「고대그리스 신화의 철학의 '하늘'의 상징과 이미지의 변용」.『기호학연구』39 (2014): 509-537.

_____.「원형적 여성성과 위대한 어머니의 양가성의 상징과 이미지: 노이만의 분석심 리학을 중심으로」.『기호학연구』44 (2015): 227-254.

장윤수.「한국 성리학에서 '무극태극' 논쟁」.『철학연구』61 (1997): 169-188.

장일선.『구약전승의 맥락』. 서울: 대한기독교출판사, 1983.

장자. 『장자』. 오강남 풀이. 서울: 현암사, 2003.

_____.『장자』. 안동림 역주. 개정2판. 서울: 현암사, 2010.

장현근.「중국 고대정치사상에서 천명(天命) 관념의 등장과 군권의 정당화」.『중국학연 구』. 73 (2015): 503-527.

짱 롱시.『도와 로고스』. 1991. 백승도 외 옮김. 서울: 강, 1997.

정성본.『중국 선종의 성립사 연구』. 서울: 민족사, 1991.

_____.「육조단경, 어떻게 볼 것인가」.『불교평론』. 3 (2000 여름): 1-36. http://www. budreview.com/news/articleView.html?idxno=312

정성호 편역.『프로이트의 성애론』. 서울: 문학세계사, 1997.

정세근.『윤회와 반윤회: 그대는 힌두교도인가, 불교도인가』. 청주: 충북대, 2009.

정연학.「용과 중국문화」.『용, 그 신화와 문화: 세계편』. 서영대 엮음. 서울: 민속원, 2002. 37-72.

정은해 외.「하이데거의 길과 노자의 도」.『철학사상』14 (2002): 139-172.

정재서.『이야기 동양 신화: 동양의 마음과 상상력 읽기: 중국편』. 서울: 황금부엉이, 2004.

_____.『앙띠 오이디푸스의 신화학: 중국신화의 새로운 정립을 위하여』. 파주: 창비, 2010.

정진영.「국제정치 이론논쟁의 현황과 전망」.『국제정치논총』40:3 (2000): 5-38.

조긍호.『유학심리학』. 맹자·순자 편. 서울: 나남, 2002.

조대호.「카오스와 헤시오도스의 우주론:『신들의 탄생』을 중심으로」.『철학』. 71 (2002): 51-74.

조철수.「고대 메소포타미아 문화의 이해」.『종교·신학연구』. 9 (1996): 175-199.

_____. 『메소포타미아와 히브리 신화』. 서울: 길, 2000.

_____. 『유대교와 예수』. 서울: 길, 2002.

_____. 『수메르 신화』. 서울: 서해문집, 2003.

_____. 『예수 평전』. 서울: 김영사, 2010.

주원준. 『구약성경과 신들: 고대근동신화와 고대 이스라엘의 영성』. 2012. 의정부: 한남
성서연구소, 2016.

진은영. 『니체, 영원회귀와 차이의 철학』. 서울: 그린비, 2012.

차용구. 「아우구스티누스의 여성관」. 『서양중세사연구』. 16 (2005): 31-57

청담. 『마음속에 부처가 있다』. 혜성 엮음. 서울: 화남, 2003.

최갑수. 「홀로코스트, 기억의 정치, 유럽중심주의」. 『사회와 역사』. 70 (2006): 103-146.

최동민. 「헤겔의 전쟁론과 영구평화의 문제」. 『동서사상』 9 (2010): 231-256.

최몽룡. 『동북아 청동기시대 문화 연구』. 서울: 주류성, 2004.

_____. 『한국 청동기·철기시대와 고대사회의 복원』. 서울: 주류성, 2008.

최문규. 『죽음의 얼굴: 문학 속에서 인간은 어떻게 죽어가는가』. 파주: 21세기북스,
2014.

최상욱. 『하이데거와 여성적 진리』. 서울: 철학과 현실사, 2006.

_____. 『니체, 횔덜린, 하디데거, 그리고 게르만 신화』. 파주: 서광사, 2010.

최승자. 『즐거운 일기』. 서울: 문학과 지성, 1984.

최신한. 「헤겔, 야코비, 양심의 변증법」. 『헤겔연구』 23 (2008): 35-56.

최영전 엮음. 『성서의 식물』. 서울: 아카데미 서적, 1996.

최일성. 「금기, 위반 그리고 해체: '선악과 서사'에 대한 해체주의적 독해」. 『인문학 연구』.
44 (2108): 31-57.

최진석. 『노자의 목소리로 듣는 도덕경』. 2001. 일산: 소나무, 2014.

최화. 「베르크손은 일원론자인가」. 『철학』 24 (2009): 193-216.

_____. 『박홍규의 철학: 형이상학이란 무엇인가』. 2011. 서울: 이화여대출판부, 2021.

_____. 「지속과 차이의 존재론: 베르크손과 들뢰즈」. 『철학사상』 61 (2016): 339-366.

최혜영. 「남성적 젠더의 여성: 아마존과 아테나 여신」. 『서양사 연구』 39 (2008): 5-26.

_____. 『그리스 비극 깊이 읽기』. 서울: 푸른 역사, 2018.

틱낫한. 『죽음도 없이 두려움도 없이』. 허문명 옮김. 서울: 나무심는사람, 2003.

하신. 『신의 기원』. 홍희 역. 서울: 동문선, 1999.

하유진. 「도생의 돈오설」. 『불교학 연구』 29 (2011): 195-224.

한장경. 『역학원론: 생존법칙과 정치이론』. 서울: 향지사, 2012.

함석헌.『뜻으로 본 한국역사』. 1976. 파주: 한길사, 2010.

홍준기.『오이디푸스 콤플렉스, 남자의 성, 여자의 성』. 서울: 아난케, 2005.

홍준기·박찬부.「라깡의 임상철학과 정신분석의 정치성」.『라깡과 현대정신분석』 9:1 (Summer 2007): 41-69.

활성.『지식과 지혜』. 서울: 고요한 소리, 2020.

황영주.「평화, 안보 그리고 여성: "지구는 내가 지킨다"의 페미니즘적 재정의」.『국제정치논총』 43:1 (2003): 45-68.

_____.「만나기, 뛰어넘기, 새로 만들기: 페미니즘 국제정치학에서 안보와 그 과제」.『국제정치 논총』. 47:1 (2007): 75-93.

히구치, 기요유키.『일본인의 성』. 서울: 예문, 1995.

Aberbeck, Richard.「창세기 1-2장을 해석하는 다섯 가지 관점: 문학적으로 본 "날," 상호텍스트성과 배경」. *Reading Genesis 1-2: An Evangelical Conversation*. 2013. Ed. Daryl Charles.『창조 기사 논쟁: 복음주의자들의 대화』. 최정호 옮김. 서울: 새물결플러스, 2016.

Abraham. Ralph. *Chaos, Gaia, Eros*. 1994.『카오스, 가이아, 에로스』. 김중순 옮김. 서울: 두산동아, 1997.

Adams, Max. *The Wisdom of Trees*. 2014.『나무의 모험』. 김희정 옮김. 파주: 웅진, 2019.

Adorno, Theodore. "Subject and Object." *The Essential Frunk School Reader: The Postwar Years*. Eds. Andrew Arato and Eike Gebhardt. NY: Continuum, 1982. 497-511.

_____. *Einführung in die Dialektik*. 1958.『변증법 입문』. 홍승용 옮김. 서울: 세창, 2016.

_____. *Negative Dialektik*. 1966.『부정변증법』. 홍승용 옮김. 서울: 한길사, 1999.

Albright, W. F. "The Goddess of Life and Wisdom." *The American Journal of Semitic Languages and Literatures*. 36:4 (July 1920): 258-294.

Allen, Virginia. *The Femme Fatale: Erotic Icon*. Troy, NY: Whiston, 1983.

Alvarez-Pereyre F. & F. Heymann.「탁월성에 대한 욕망」. *Histoire de la famile. Eds.*

André Burgiere et als. 1994.『가족의 역사: 오래된 세계, 이질적인 선택』. 정철웅 옮김. 서울: 이학사, 1996. 385-430.

D'Amico, Francine. "Feminist Perspectives on Women Warriors." *The Women and War Reader*. Eds. Lois Lorentzen and Jennifer Turpin. NY: NYU P, 1998.

Anderegg, Michael, ed. *Inventing Vietnam: The War in Film and Television*. Phila.: Temple UP, 1991.

Andriano, Joseph. *Our Ladies of Darkness: Feminine Daemonology in Male Gothic Fiction*. University Park, PA: The Penn State UP, 1993.

Arendt, Hannah. *The Human Condition*. 1958. NY: Anchor, 1959.

Ariès, Phillipe. *Images of Man and Death*. Trans. Janet Llyod. Cambridge: Harvard UP, 1985.

_____. *The Hour of Our Death*. Trans. Helen Weaver. NY: Oxford UP, 1991.

Aristoteles. 『니코마코스 윤리학』. 강상진 외 옮김. 서울: 길, 2011.

Armstrong, Karen. *A History of God: The 4,000-Year of Judaism, Christianity and Islam*. NY: Ballantine, 1993.

_____. *The Case for God*. 2009. 『신을 위한 변론』. 정준형 옮김. 서울: 웅진, 2010.

Assante, Julia. *The Last Frontier: Exploring the Afterlife and Transforming our Fear of Death*. Novato, CA: New World Library, 2012.

Attali, Jacques. *Chemins de sagesse-traité du labyrinthe*. 1996. 『미로: 지혜에 이르는 길』. 이인철 옮김. 서울: 영림, 1997.

Augustinus, Aurelius. *Confessiones*. 397. *Confessions*. Trans. R. S. Pine-Coffin. NY: Penguin, 1986.

_____. *De Civitate Dei*. vols. 1-22. 『신국론』. 성염 역주. 서울: 분도, 2004.

Bachelard, Gaston. *L'intuition de l'instant*. 1931. 『순간의 미학』. 이가림 옮김. 서울: 영언, 2002.

_____. *L'eau et les rêves: essai sur l'imagination de la matière*. 1943. 『물과 꿈』. 이가림 옮김. 서울: 문예, 1980.

_____. 『대지, 그리고 의지의 몽상』. 민희식 옮김. 서울: 삼성출판사, 1986.

_____. *La Terre et les rêveries du repos*. 『대지, 그리고 휴식의 몽상』. 1948. 정영란 옮김. 서울: 문학동네, 2005.

_____. *La poétique de la l'espace*. 1957. 『공간의 시학』. 곽광수 옮김. 서울: 동문선, 2003.

_____. *La poétique de la rêverie*. 1961. 『몽상의 시학』. 김현 옮김. 서울: 홍성사,

1986.

Bachofen, Jacob. J. *Myth, Religion, & Mother Right: Selected writings of J. J. Bachofen*. Princeton: Princeton UP, 1967.

Bade, Patrick. *Femme Fatale: Images of Evil and Fascinating Women*. Mayflower: London, 1979.

Bahrani, Zainab. *Women of Babylon: Gender and Representation in Mesopotamia*. NY: Routledge, 2011.

Bal, Mieke. "Sexuality, Sin, and Sorrow: The Emergence of Female Character (A Reading of *Genesis* 1-3)." *The Female Body in Western Culture: Contemporary Perspectives*. Ed. Susan R. Suleiman. Cambridge: Harvard UP, 1985.

Baring, Anne, and Jules Cashford. *The Myth of the Goddess: Evolution of an Image*. NY: Arkana, 1993.

Barringer, Tim. *The Pre-Raphaelites: Reading the Image*. 1998. 『라파엘전파』. 권행가 옮김. 서울: 예경, 2002.

Bassein, Beth Ann. *Women and Death: Linkages in Western Thought and Literature*. NY: Greenwood, 1984.

Bataille, Georges. "Concerning the Accounts Given by the Residents of Hiroshima." *Trauma: Explorations in Memory*. Ed. Cathy Caruth. Baltimore: The Johns Hopkins UP, 1995. 221-235.

Batto, Bernard F. *Slaying the Dragon: Mythmaking in the Biblical Tradition*. Louisville, KT: John Knox P, 1992.

Baudelaire, Charles. *The Flowers of Evil*. 1857, 1861. Bilingual Edition. Trans. Jackson Matthews. NY: New Directions, 1989.

_____. 『악의 꽃』. 1968. 정기수 옮김. 서울: 정음사, 1979.

Baudelliard, Jean. 『섹스의 황도』. 정연복 옮김. 김진석 편. 솔, 1993.

Beauvoir, Simone. *The Second Sex*. 1949. Trans. H. M. Parshley. NY: Vintage, 1974. 『제 2의 성』. 이정순 옮김. 서울: 을유, 2021.

Beneke, Timothy. *Men on Rape*. NY: St. Martin's, 1982.

Benjamin, Jessiaca. "Master and Slave: The Fantasy of Erotic Domination." *Powers of Desire: The Politics of Sexuality*. Eds. Ann Snitow et als. NY: Monthly Review P, 1983. 280-299.

Benjamin, Walter. 『역사의 개념에 대하여 외』. 최성만 옮김. 서울: 길, 2008.

_____. 『보들레르 작품에 나타난 제2제정기의 파리』. 김영옥·황현산 옮김. 서울: 길, 2010.

Bergman, Arlene. *Women of Viet Nam*. San Francisco: Peoples Press, 1975.

Bernal, Martin. *Black Athena: The Afroasiatic Roots of Classical Civilization*. 1987. Vol I. 『블랙 아테나: 날조된 고대 그리스 1785~1985』. 오홍식 옮김. 서울: 소나무, 2006.

_____. *Black Athena: The Afroasiatic Roots of Classical Civilization* Vol. III: The Linguistic Evidence. New Brunswick: Rutgers UP, 2006.

Bernheimer, Charles. *Figures of Ill Repute: Representing Prostitution in Nineteenth century France*. Durham: Duke UP, 1989.

Bernsten, Dorothe & John Kennedy. "Unresolved Contradictions: Specifying Attitudes in Metaphor, Irony, Understatement and Tautology." *Poetics* 24 (1996): 13-29.

Besant, Annie. *Ancient Wisdom*. 1897. 『우리는 어디에서 와서 누구이고 어디로 가는가』. 조선우 옮김. 고양시, 경기도: 책 읽는 귀족, 2016.

Biaggi, Cristina, ed. *The Rule of Mars: Readings on the Origins, History and Impact of Patriarchy*. NY: Knowledge, Ideas & Trends, 2005.

Billinghurst, Jane. *Temptress: From the Original Bad Girls to Women on Top*. Vancouver: Greystone, 2003.

Bittlinger, Arnold. 『칼 융과 차크라』. 최여원 옮김. 서울: 아쉬람, 2010.

Boulay, R. A. *Flying Serpents and Dragons: The Story of Mankind's Reptilian Past*. Escondido, CA: The Book Tree, 1999.

Boulding, Elise. *Cultures of Peace: The Hidden Side of History*. Syracuse: Syracuse UP, 2000.

Bowker, Lee, ed. *Masculinities and Violence*. London: Sage, 1998.

Brandt, Bettina. "Germania in Armor: The Female Representation of an Endangered German Nation." Colvin & Watanabe-O'Kelly 86-126.

Brantlinger, Patrick. *Rule of Darkness*. Ithaca: Cornell UP, 1988.

Braun, V. and S. Wilkinson. "Socio-cultural Representations of the Vagina." *Journal of Reproductive and Infant Psychology* 19:1 (2001): 17-32.

Briffault, Robert. *The Mothers: A Study of the Origins of Sentiments and*

Institutions. vol. 3. London: Allen & Unwinn, 1927.

Bronfen, Elisabeth. *Over Her Dead Body: Death, Femininity and the Aesthetic*. NY: Routledge, 1992.

_____. "Women in the Forbidden Zone." *Death and Representation*. Eds, Sarah W. Goodwin and Elisabeth Bronfen. Baltimore: The Johns Hopkins UP, 1993. 192-209.

_____. *Liebestod und Femme Fatale*. Frankfurt: Suhrkamp, 2004.

_____. "Femme Fatale: Negotiations of Tragic Desire." *NLH* 35:1 (Winter 2004): 103-116.

Brosse, Jacques. *Mythologie des arbres*. 1989.『나무의 신화』. 주향은 옮김. 서우리, 경기도: 이학사, 1998.

Broughton, John M. "Babes in Arms: Object Relations and Fantasies of Annihilation." *The Psychology of War and Peace*. NY: Plenum, 1991.

Bruno, Giordano.『무한자와 우주와 세계』.『원인과 원리와 일자』. 강영계 옮김. 서울: 한길사, 2000.

Bullough, Vern, and Bonnie Bullough. *Women and Prostitution: A Social History*.『매춘의 역사』. 엄성욱 옮김. 서울: 까치, 1992.

Burguieres, Mary. "Feminist Approaches to Peace: Another Step for Peace Studies." *Millenium: Journal of International Studies* 19: 1 (1990): 1-18.

Broyles, Williams Jr. "Why Men Love War." *Esquire* 102 (1984): 55-65.

Byles, Joanna Montgomery. "Psychoanalysis and War: The Superego and Projective Identification." *JPCS* 8:2 (Fall 2003): 208-213.

Cairns, Earle E. *Christianity through the Centuries*.『세계 교회사』. 엄성욱 옮김. 서울: 은성, 1995.

Campbell, Joseph. *The Masks of God: Occidental Mythology*. vol. 1. 1964a.『신의 가면: 원시신화』. 이진구 옮김. 서울: 까치, 1999.

_____. *The Masks of God: Occidental Mythology*. vol. 3. 1964b.『신의 가면: 서양 신화』. 정영목 옮김. 서울: 까치, 1999.

_____. *The Masks of God: Creative Mythology*. 1968.『신의 가면 IV』. 정영목 옮김. 서울: 까치, 2002.

_____. *Mythic Image*. 1974.『신화의 이미지』. 홍윤희 옮김. 파주: 살림, 2006.

_____. *The Power of Myth*. 1992.『신화의 힘』. 이윤기 옮김. 서울: 이끌리오, 2002.

_____. *Goddesses: Mysteries of the Feminine Divine*. Ed. Safron Rossi. Novato, CA: New World Library, 2013.

Camphausen, Rufus. *The Yoni: Sacred Symbol of Female Creative Power*. Rochester, VT: Inner Traditions, 1996.

Carter, April. "Should Women be Soldiers or Pacifists?" Lorentzen & Turpin 33-37.

Carus, Paul. *The History of the Devil and the Idea of Evil*. 1900. 『악마의 탄생: 신에 대한 끝없는 투쟁』. 이지현 옮김. 파주: 청년정신, 2015.

Cassirer, Ernst. *Die Philosophie der Symbolischen Formen*. Bd. I. *Die Sprache*. 1923. 『상징형식의 철학: 언어』. 박찬국 옮김. 서울: 아카넷, 2011.

_____. *Die Philosophie der symbolischen Formen*. Bd. II. *Das mystische Denken*. 1925. 『상징형식의 철학: 신화』. 심철민 옮김. 서울: 도서출판b, 2012.

Cave, Stephen. *Immortality*. 2012. 『불멸에 관하여』. 서울: 엘도라도, 2015.

Chadwick, Henry. *Augustinus*. 1986. 『아우구스티누스』. 김승철 옮김. 서울: 시공사, 2001.

Charlesworth, James H. *The Good and Evil Serpent: How a Universal Symbol Became Christianized*. New Haven: Yale UP, 2010.

Childe, Gordon. *Man Makes Himself*. 1936. 1951. 『신석기혁명과 도시혁명』. 김성태·이경미 역. 서울: 주류성, 2013.

_____. *What Happened in History*. 1941. 1954. 『인류사의 사건들』. 고일홍 역. 파주; 한길사, 2011

_____. *Foundations of Social Archaeology: Selected Writings of V. Gordon Childe*. 2004. 『고든 차일드의 사회고고학』. 김권구 역. 서울: 주류성, 2009.

Chopin, Kate. *The Awakening and Other Stories*. NY: Modern Library, 2000.

Cixous, Hélène. "The Laugh of Medusa." 1975. *The Critical Tradition: Classic Texts and Contemporary Trends*. Trans. Keith Cohen and Paula Cohen. Ed. David H. Richter. NY: St. Martin, 1989. 1975a.

_____. *Le lire de la méduse / Sorties*. 1975b. 『메두사의 웃음/출구』. 박혜영 옮김. 서울: 동문선, 2004.

_____. "Fiction and its Phantoms: A Reading of Freud's Das Unheimliche." Trans. Robert Dennomé. *New Literary History* 7:3 (Spring 1976): 525-548.

Clastres, Pierre. *Recherches d'anthropologie politique*. 1980. 『폭력의 고고학: 정치 인류학 연구』. 서울: 울력, 2009.

Collins, Andrew. *From the Ashes of Angels: The Forbidden Legacy of a Fallen Race*. Rochester, VT: Bear & Co., 2002.

Colvin, Sarah, and Helen Watanabe-O'Kelly. *Women and Death 2: Warlike Women in the German Literary and Cultural Imagination since 1500*. NY: Camden, 2009.

Conford, F. 『종교에서 철학으로』. 1912. 남경희 옮김. 서울: 이화여대출판부, 1997.

_____. 『쓰여지지 않은 철학』. 1950. 이명훈 옮김. 서울: 라티오, 2008.

Conrad, Joseph. *Heart of Darkness*. 1899. Ed. Ross C. Murfin. 2nd ed. NY: Bedford, 1996.

Cooke, Miriam, and Angela Woollacott, eds. *Gendering War Talk*. Princeton: Princeton UP, 1993.

Corbin, Alain. *Les filles de noce: Misèere sexuelle et prostitution*. 1978. 『창부』. 이종민 옮김. 서울: 동문선, 1996.

_____. 「내밀한 관계 또는 주고받는 즐거움」. 무대 뒤켠. *Histoire de la vie privée*. 1999. Ed. Perrot, Michelle. 『사생활의 역사 IV』. 전수연 옮김. 서울: 새물결, 2002. 693-772. 575-838.

Creed, Barbara. *The Monstrous-Feminine: Film, Feminism, Psychoanalysis*. NY: Routledge, 1993.

Davies, Mererid Puw. "Women and Resistance in Vietnam, 1966-73." Watanabe-O'Kelley 229-249.

Davis-Kimball. "Nomads and Patriarchy." 2005. Biaggi 127-142.

Dawkins, Richard. God Delusion. 2006. 『만들어진 신』. 김명주 옮김. 서울: 김영사, 2007.

_____. *Outgrowing God*. 2019. 『신, 만들어진 위험』. 김명주 옮김. 파주: 김영사, 2021

Deacy, Susan. *Athena*. London: Routledge, 2008.

de Lauretis, Teresa. "The Violence of Rhetoric: Considerations on Representation and Gender." *The Violence of Representation: Literature and the History of Violence*. Eds. nancy Armstrong and Leonard Tennenhouse. NY: Routledge, 1989. 239-258.

Deleuze, Gilles. Le Bergsonisme. 1966. 『베르그손주의』. 김재인 옮김. 서울: 그린비, 2021.

_____. Différence et Répétition. 1968. 『차이와 반복』. 김상환 옮김. 서울: 민음사, 2004.

_____. L'anti-Oedipe: Capitalisme et schizophrénie. 1972. 『안티 오이디푸스』. 김재인 옮김. 서울: 민음사, 2015.

Del Vecchio, John M. The Thirteenth Valley. 1982. NY: Bantam, 1983.

De Rougemont, Denis. Love in the Western World. Trans. Montgomery Belgion. Princeton: Princeton UP, 1940.

Descombes, Vincent. Le Même et L'autre, qurante-cing ans de philosophie française(1933-1978). 1979. 『동일자와 타자』. 박성창 역. 서울: 인간사랑, 1990.

Detienne, Marcel, and Jean P. Vernant. Cunning Intelligence in Greek Culture and Society. Trans. Janet Llyod. Atlantic Highlands, NJ: Humanities, 1978.

Diels, H, and W. Kranz. Die Fragmente der Vorsokratiker. 1974. 『소크라테스 이전 철학자들의 단편 선집』. 김인곤 외 옮김. 서울: 아카넷, 2005.

Dijkstra, Bram. Idols of Perversity: Fantasies of Feminine Evil in Fin-de-Siècle Culture. NY: Oxford UP, 1986.

_____. Evil Sisters: The Threat of Female Sexuality in Twentieth-Century Culture. NY: Henry Holt, 1996.

Dittmar, Linda, and Gene Michaud. From Hanoi to Hollywood: The Vietnam War in American Fiction. New Brunswick: Rutgers UP, 1990.

Doane, Mary Ann. Femmes Fatales: Feminism, Film Theory, Psychoanalysis. NY: Routledge, 1997.

Douglas, Mary. Purity and Danger. NY: Praeger, 1966.

Dover, K. J. Greek Homo-sexuality. 1978. NY: Vintage, 1980.

Dowling, Linda. "The Decadent and the New Woman in the 1890's." Nineteenth Century Fiction 33:4 (March 1979): 434-453.

Drenth, Jelto. The Origin of the World. 2004. 『버자이너 문화사』. 김명남 옮김. 서울: 동아시아, 2006.

Drummond, Imogene. "Options for the Future: Transforming Patriarchy through a Process of Cultural Metamorphosis." 2005. Biaggi 423-436.

Duan, Naibin et als. "Genome Re-sequencing reveals the history of apple and supports a two-stage model for fruit enlargement." *Nature Communications* 8: 249 (15 Aug. 2017): 1-11. https://www.nature.com/articles/s41467-017-00336-7.pdf

Duerr, Hans P. 『은밀한 몸』. 1990. 박계수 옮김. 서울: 한길사, 2003.

_____. *Obszönität und Gewalt*. 1992. 『음란과 폭력: 성을 통해 본 인간 본능과 충동의 역사』. 서울: 한길사, 2003.

_____. *Der Erotische Leib*. 1997. 『에로틱한 가슴』. 박계수 옮김. 서울: 한길사, 2006.

Durand, Gilbert. *L'imagination symbolique*. 1964. 『상징적 상상력』. 진형준 옮김. 서울: 문지, 1983.

_____. *Les structures anthropologique de l'imaginaire*. 1992. 『상상계의 인류학적 구조들』. 진형준 옮김. 파주: 문학동네, 2007.

_____. *Introduction à la mythodologie*. 1996. 『신화비평과 신화분석: 심층사회학을 위하여』. 유평근 옮김. 서울: 살림, 1998.

During, Lisabeth. "The Failure of Love: A Lesser Theory of the Great War." Hüppauf 194-212.

Early, Frances, and Kathleen Kennedy, eds. *Athena's Daughters: Television's New Women Warriors*. Syracuse: Syracuse UP, 2003.

Eastlake, William. *The Bamboo Bed*. NY: Simon and Schuster, 1969.

Ehrenreich, Barbara. *Blood Rites: Origins and History of the Passions of War*. NY: Henry Holt & Co., 1997.

Ehrman, Bart D. *Misquoting Jesus: The Story Behind Who Changed the Bible and Why*. 『성경 왜곡의 역사: 누가, 왜 성경을 왜곡했는가』. 민경식 옮김. 서울: 청림, 2006.

Eisen-Bergman, Arlene. *Women of Vietnam*. San Fran.: Peoples P, 1975.

Eisler, Riane. *The Chalice and the Blade: Our History, Our Future*. NY: HarperCollins, 1987.

_____. "Partnership: Beyond Patriarchy and Matriarchy." 2005. Biaggi 405-422.

Eliade. Mircea. *Traité d'histoire des relligions*. 1940. 『종교사 개론』. 이재실 옮김. 서울: 까치, 1993.

_____. *Le mythe de l'éternel retour: Archétypes et répétition*. 1949. 『영원회귀의 신

화: 원형과 반복』. 심재중 옮김. 서울: 이학사, 2015.

_____. *Images et Symboles*. 1952. 『이미지와 상징』. 이재실 옮김. 서울: 까치, 2013.

_____. *The Sacred and the Profane: The Nature of Religion*. 1959. 『성과 속』. 이동하 옮김. 서울: 학민사, 1983.

_____. *Patterns in Comparative Religion*. 1958. 불어판 『종교사 개론』의 저자 자신의 영어판 번역. 『종교형태론』. 이은봉 옮김. 파주: 한길, 2007.

_____. 『세계종교사상사』 I. 1976. 이용주 옮김. 서울: 이학사, 2005.

_____. *Forgerons et Alchimistes*. 1956. 1977. 『대장장이와 연금술사』. 이재실 옮김. 파주: 문학동네, 1999.

_____. *Méphistophélès et l'androgyne*. 1962. 『메피스토펠레스와 양성인』. 최건원·임왕준 옮김. 파주: 문학동네, 2006.

Eliot, T. S. *The Complete Poems and Plays of T. S. Eliot*. London: Faber, 1977.

Ellias-Button, Karen. "Athena and Medusa: A Woman's Myth." *Anima* 2 (Spring 1979): 118-124.

Elshtain, Jean B. "Against Androgyny." 1981. Elshtain 2000: 229-248.

_____. "Reflections on War and Political Discourse: Realism, Just War, and Feminism in a Nuclear Age." *Political Theory* 13: 1 (Feb. 1985): 39-57.

_____. *Women and War*. 1987. Chicago: U of Chicago P, 1995.

_____. "The Problem with Peace." 1990. Elshtain & Tobias 255-266. 1990a

_____. & Shelia Tobias, eds. *Women, Militarism, and War*. Savage, Maryland: Rowman & Littlefield, 1990. 1990b.

_____. "Feminism and War." *Progressive* 55: 9 (Sep 1991): 14-16. 1991a.

_____. "Ethics in the Women's Movement." *AAPSS* 515 (1991): 126-139. 1991b.

_____. "Sovereignty, Identity, and Sacrifice." 1991. Elshtain 2000: 126-142. 1991c.

_____. "Feminist Themes and International Relations." *International Theory: Critical Investigations*. Ed. James der Derian. NY: NYU P, 1995.

_____. "Is There a Feminist Tradition on War and Peace?" 1996. Nardin 214-227.

_____. "Women and War: Ten Years On." *Review of International Studies* 244 (1998): 447-460.

_____. *Real Politics: At the Center of Everyday Life*. Baltimore: Johns Hopkins

UP, 2000.

_____. "Intellectual Dissent and the War on Terror." *Public Interest* 151 (Spring 2003): 86-95.

_____. *Just War against Terror: The Burden of American Power in a Violent World*. NY: Basic Books, 2004.

Engels, Friedrich. 『가족, 사유재산, 국가의 기원』. 1884. 김대웅 옮김. 서울: 아침, 1985.

Ensler, Eve. *The Vagina Monologue*. 『버자이너 모놀로그』. 류숙렬 옮김. 서울: 북하우스, 2001.

Euripides. *Ion*. Garber & Vickers 16-19.

Faulkner, William. *The Sound and the Fury*. 1929. NY: Penguin, 1981.

_____. *As I Lay Dying*. 1930. NY: Vintage, 1964.

_____. *Sanctuary*. 1931. NY: Signet, 1987.

_____. "Crevasse." *Collected Stories*. NY: Random House, 1950.

Federov-Davydov, German A. *The Silk Road and the Cities of the Golden Horde*. Berkeley: Zinat P, 1991.

Feldman, Thalia. "Gorgo and the Origins of Fear." *Arion* 4 (1965): 484-494.

Felski, Rita. *The Gender of Modernity*. 1995. 『근대성과 페미니즘』. 김영찬·심진경 옮김. 서울: 거름, 1998.

Ferenczi, Sandor. "On the Symbolism of the Head of Medusa." 1923. Garber & Vickers 87.

Fischer, Claudia. "Twilight of the Sun-God." *Iraq* 94 (2002): 125-134.

Finney, Gail. *Women in Modern Drama: Freud, Feminism, and European Theater at the Turn of the Century*. Ithaca: Cornell UP, 1989.

Flaubert, Gustav. *Salammbô*. 1862. Paris: Gallimard, 1970.

_____. *Salammbo*. Trans. A. J. Krailsheimer. NY: Penguin, 1977.

_____. 『살람보』. 양원달 옮김. 서울: 을유, 1976.

Fornari, Franco. *Psychoanalysis of War*. Trans. Alenka Pfeifer. NY: Anchor Books, 1974.

Foucault, Michel. 『성의 역사 III: 자기 배려』. 이혜숙·이영북 옮김. 1984. 파주: 나남, 2011.

_____. *The Courage of Truth. The Government of Self and Others II (1983-*

1984). 2008. Trans. Graham Burchell. NY: Picador, 2011.

Fowler, Robert. "Mythos and Logos." *Journal of Hellenic Studies* 131 (2011): 45-66.

Frances, Fitzgerald. *Fire in the Lake: The Vietnamese and the Americans in Vietnam*. Athens: U of Georgia P, 1986.

Frazer, James. *The Golden Bough*. 1957.『황금가지』. 장병길 옮김. 서울: 삼성, 1978.

_____. *Folklore in the Old Testament*.『문명과 야만』 I. 이양구 옮김. 서울: 강천, 1996.

Freemyer, Daniel & Song Inseo. "The Elusive Woman and Enigmatic Sign of Isaiah 7:14: A History of Their Interpretations."『장신논단』 48:3 (2016.9): 81-108.

Freud, Sigmund.『성욕에 관한 세 편의 에세이』. 1905. 1920. 김정일 옮김. 프로이트 전집 1996, 9: 225-374.

_____.「쥐 인간」. 1909. 김명희 옮김. 서울: 열린 책들, 2015. 프로이트 전집 2015. 9: 9-102.

_____.「불륜을 꿈꾸는 심리」. 1912. 프로이트 전집 1996. 9: 159-78.

_____. *Totem and Taboo*. 1913. NY: Vintage, 1946.

_____. "Reflections Upon War and Death." 1915. *Character and Culture*. Ed. Philip Rieff. NY: Collier, 1978.

_____. "Instincts and their Vicissitudes." 1915. SE 14: 117-140.

_____. "The Taboo of Virginity." 1918. SE 11: 191-208.

_____. "The Uncanny." 1919. GW 12: 229-268; SE 17: 217-256.

_____. "The Psychogenesis of a Case of Homosexuality in a Woman." 1920. SE 18: 145-172.

_____. "Medusa's Head." 1922. GW 17: 47-48; SE 18: 273-274.

_____. "The Infantile Genital Organization: An Interpolation into the Theory of Sexuality." 1923. SE 19: 141-148.

_____.「자아와 이드」. 1923.『쾌락원칙을 넘어서』. 프로이트 전집 1996. 14: 91-164.

_____. *The Ego and Id*. 1923. Trans. Joan Rivière. NY: Norton, 1960.

_____.「오이디푸스 콤플렉스의 해소」. 1924. 프로이트 전집 1996. 9: 45-53.

_____.「성의 해부학적 차이에 따른 심리적 결과」. 1925. 프로이트 전집 1996. 9: 9-24.

_____. 「절편음란증」. 1927. 프로이트 전집 9: 25-35. GW 14: 311-317; SE 21: 149-157.

_____. *Civilization and its Discontents.* 1930. *The Standard Edition of the Complete Psychological Works of Sigmund Freud.* 24 vols. Ed. James Strachey. NY: Norton, 1961.

_____. 「여성의 성욕」. 1931. 프로이트 전집 1996. 9: 195-224.

_____. "Why War?" 1932. Rieff 107-133.

_____. "Moses and Monotheism." 1939. SE 23: 3-137.

_____. *Gesammelt Werke.* München: S. Fisher Verlag, 1951. GW로 표기.

_____. *The Standard Edition of the Complete Psychological Works of Sigmund Freud.* 24 vols. Ed. James Strachey. NY: Norton, 1961. SE로 표기.

_____. 『프로이트 전집』. 서울: 열린 책들, 1996, 2015. 프로이트 전집 1996, 2015로 각각 표기.

Friedman, David. *A Mind of its Own.* 2001. 『막대에서 풍선까지: 남성 성기의 역사』. 김태우 옮김. 서울: 까치, 2003.

Frischauer, Paul. *Knaurs Sitengeschichte der Welt.* 1974. 『세계풍속사: 패러다이스에서 중세까지』. 상권. 이윤기 옮김. 서울: 까치, 1991. 1991a.

_____. 『세계풍속사: 르네상스에서 섹스 혁명까지』. 하권. 이윤기 옮김. 서울: 까치, 1991. 1991b.

Fronius, Helen, and Anna Linton, eds. *Women and Death: Representations of Female Victims and Perpetrations in German Culture 1500-2000.* Rochester: Camden, 2008.

Fuchs, Cynthia. "'Vietnam and Sexual Violence': The Movie." *America Rediscovered: Critical Essays on Literature and Film of the Vietnam War.* Eds. Owen W. Gilman Jr. and Lorrie Smith. NY: Garland, 1990.

Fuchs, Eduard. 『풍속의 역사 IV: 부르주아의 시대』. 1912. 서울: 까치, 1997.

Fuss, Diana, and Joel Sanders. "Bergasse 19: Inside Freud's Office." 1996. Garver & Vickers 267-271.

Gadon, Elinor W. *The Once and Future Goddess: A Sweeping Visual Chronicle of the Sacred Female and Her Reemergence in the Cultural Mythology of Our Time.* NY: HarperCollins, 1989.

Galtung, Johan. "Violence, Peace, and Peace Research." *Journal of Peace*

Research 6 (1969): 167-191.

_____. "Twenty-Five Years of Peace Research: Ten Challenges and Some Responses." *Journal of Peace Research* 22:2 (1985): 141-158.

_____. 『평화를 위한 선택』. 마이니치 신문 이케다 다이시쿠와 요한 갈퉁 대담집. 1995. 서울: 신영사, 1997.

_____. *Peace by Peaceful Means*. 1996. 『평화적 수단에 의한 평화』. 이재봉 외 옮김. 서울: 들녘, 2000.

Gardiner, Philip, and Gary Osborn. *The Serpent Grail: The Truth behind the Holy Grail, the Philosopher's Stone and the Elixir of Life*. London: Watkins, 1988.

_____. *Secrets of the Serpent: In Search of the Sacred Past*. Foresthill, CA: Reality, 2006.

Garver, Marjorie & Nancy Vickers, eds. *The Medusa Reader*. NY: Routledge, 2003.

George, Demetra. *Mysteries of the Dark Moon: The Healing Power of the Dark Goddess*. NY: HarperCollin, 1992.

Gibson, James W. *Warrior Dreams: Paramilitary Culture in Post-Vietnam America*. NY: Hill & Wang, 1994.

Gide, André. *La Symphonie pastorale*. Seoul: Shina-sa, 1981.

Gilman, Sander. *Difference and Pathology: Stereotypes of Sexuality, Race, and Madness*. Ithaca: Cornell UP, 1985.

_____. "The Syphilitic Woman." 1991. Garber & Vickers 261.

_____. "'Who Kills Whores?' 'I Do,' Says Jack: Race and Gender in Victorian London." 1991. *Death and Representation*. Eds. Sarah Goodwin & Elisabeth Bronfen. Baltimore: The Johns Hopkins UP, 1993. 263-284.

_____. *Freud, Race, and Gender*. Princeton: Princeton UP, 1993.

Gimbutas, Marija. "The Beginning of the Bronze Age in Europe and the Indo-Europeans: 3500-2500 B. C." *Journal of Indo-European Studies* 14:3 (1973): 163-214.

_____. "The First Wave of Eurasian Steppe Pastoralists into Copper Age." *Journal of Indo-European Studies* 18:4 (Winter 1977): 277-329.

_____. *The Civilization of the Goddess: The World of Old Europe*. San Francisco:

HarperSanFrancisco, 1991.

_____. *The Language of the Goddess*. 1989. NY: HarperCollins, 1991.

_____. "The Kurgan Culture and the Indo-Europeanization of Europe: Selected Articles from 1952-1993." *Journal of Indo-European Studies Monograph 18*. Washington: Institute for the Study of Man, 1997.

_____. *The Living Goddesses*. Ed. Miriam Dexter. Berkeley: U of California P, 1999.

Goldstein, Joshua. *War and Gender*. Cambridge: Cambridge UP, 2001.

Gordon, Cyrus. *The Bible and the Ancient Near East*. 1953. NY: Norton, 1997

Göthe, Wolfgang. *Faust*. 1808. Trans. Philip Wayne. NY: Penguin, 1949.

_____. 『파우스트』. 정서웅 옮김. 서울: 민음사, 1999.

Gottener-Abendroth, Heide. "Notes on the Rise and Development of Patriarchy." 2005. Biaggi 27-42.

_____. "Modern Matriarchal Studies: Definition, Scope, and Topicality." *Societies of Peace: Matriarchies Past, Present, and Future*. By Herself. N.p.: Iranna P, 2009. 2nd World Congress on Matriarchal Studies.

Graham, A. C. *Yin and Yang and the Nature of Correlative Thinking*. 1986. 『음양과 상관적 사유』. 이창일 옮김. 화성: 청계, 2001.

Graves, Robert. *The Greek Myths*. Vol 2. 1955. NY: Penguin, 1985.

Grayzel, Susan R. *Women's Identities at War: Gender, Motherhood, and Politics in Britain and France during the First World War*. Chapel Hill: The U of North Carolina P, 1999.

Greer, Germaine. *The Female Eunuch*. NY: McGraw-Hill, 1971.

Gubar, Susan. "'This is My Rifle, This is My Gun': World War II and the Blitz on Women." *Behind the Lines: Gender and the Two World Wars*. Ed. Margaret Higonnet and Jane Janson. New Haven: Yale UP, 1987. 227-259.

Gusdorf, Georges. *Mythe et Méthaphysique*. 1984. 『신화와 형이상학』. 김점석 옮김. 파주: 문학동네, 2003.

Guthke, Karl S. *The Gender of Death: A Cultural History in Art and Literature*. Cambridge: Cambridge UP, 1999.

Guthrie, W. K. C. *The Greeks and their Gods*. Boston: Beacon, 1950.

Haas, Willy. *Die Belle Epoque in Textenm Bildern und Zeugnissen.* 1967. 『세기 말과 세기초: 벨 에포크』. 김두규 옮김. 서울: 까치, 1994.

Hack, Roy. *God in Greek Philosophy to the Time of Socrates.* 1931. 『그리스 철학과 신』. 서울: 도서출판b, 2011.

Hall, Nor. *The Moon and the Virgin.* NY: Harper & Row, 1980.

Hallisay, Margaret. *Venomous Woman: Fear of the Female in Literature.* NY: Greenwood, 1987.

Harari, Yuval. *The Ultimate Experience.* 2008. 『극한의 경험』. 이희주 옮김. 서울: 옥당, 2017.

Harding, Esther. *Les Mystères de la femme.* 『사랑의 이해: 달 신화와 여성의 신비』. 김정란 옮김. 서울: 문학동네, 1996.

Hasford, Gustav. *The Short-Timers.* 1967. NY: Bantam, 1983.

Hathaway, Nancy. *The Friendly Guide to Mythology.* 2001. 『세계신화사전』. 신현승 옮김. 서울: 세종서적, 2004.

Hawkes, Jacquettta. *Dawn of the Gods: Minoan and Mycenaean Origins of Greece.* NY: Randon, 1968.

Hawthorne, Nathaniel. *The Scarlet Letter.* 1850. Boston: St. Martin, 1991.

Hays, H. R. *The Dangerous Sex: The Myth of Feminine Evil.* NY: Putnam, 1964.

Hedgecock, Jennifer. *The Femme Fatale in Victorian Literature: The Danger and the Sexual Threat.* Amherst, NY: Cambria P, 2008.

Hegel, Georg. 『정신현상학』 2. 임석진 옮김. 서울: 한길사, 2005.

_____. 『대논리학』 1. 임석진 옮김. 서울: 벽호, 1997.

Heidegger, Martin. *Sein und Zeit.* 1927. 『존재와 시간』. 이기상 옮김. 서울: 까치, 1988.

_____. *Holzwege.* 1950. 『숲길』. 신상희 옮김. 파주: 나남, 2007.

_____. *Der Satz vom Grund.* 1957. 『근거율』. 김재철 옮김. 서울: 파라아카데미, 2020.

_____. *Nietzsche.* 1961. 『니체』. 박찬국 옮김. 서울: 길, 2019.

_____. *Hölderlins Hymne "Der Ister."* 1984. 『이스터』. 최상욱 옮김. 서울: 동문선, 2005.

Heinemann. Larry. *Close Quarters.* 1974. NY: Warner Books, 1983.

Hemingway, Ernest. *For Whom the Bell Tolls.* 1940. NY: Scribner's. 1968.

_____. *Death in the Afternoon*. 1942. NY: Scribner's, 1960.

_____. *The Old Man and the Sea*. 1952. NY: Scribner's, 1980.

Herodotus. *Historiai*.『역사』. 박광순 옮김. 서울: 범우사, 2008.

_____. *Historiai*.『역사』. 천병희 옮김. 일산: 숲, 2009.

Hesiodos. *Theogonia*.『신통기: 그리스 신들의 계보』. 김원익 역. 서울: 민음사, 2003.

Hess, Richard S. *Israelite Religions: An Archaelogical and Biblical Survey*. 2007. 『이스라엘의 종교』. 김구원 옮김. 서울: 기독교문서선교회, 2009.

Hess, Thomas, and Linda Nochlin, eds. *Woman as Sex Object: Studies in Erotic Art, 1730-1970*. Art News Annual 38. NY: Newsweek, 1972.

Higonnet, Margaret. "Suicide: Representations of the Feminine in the Nineteenth Century." *Poetics Today* 6:1-2 (1985): 103-118.

_____. and Patrice Higonnet "The Double Helix." *Behind the Lines: Gender and the Two World Wars*. Eds. Margaret Higonnet et al. New Haven: Yale UP, 1987. 31-47.

_____. "'Things Worth Dying For': Gender and Ideology of Collectivity in Vietnam Representation." *Cultural Critique* 16 (Winter 1987-1988): 79-103.

_____. "Women in the Forbidden Zone: War, Women, and Death." *Death and Representation*. Eds. Sarah Goodwon & Elisabeth Bronfen. Baltimore: The Johns Hopkins UP, 1993. 192-209.

Hilmes, Carola. *Die Femme Fatale: ein Weiblichkeitstypus in der nachromantischen Literatur*. Stuttgart: J. B Metzlersche Verlagsbuchhandlung, 1990.

Hoffmann-Curtius, Kathrin. "Constructing the Femme Fatale: A Dialogue between Sexology and the Visual Arts in Germany around 1900." Fronius & Linton 157-186.

Homer. "Medusa as Shield and Sign." From *Illiad*. Garber & Vickers 9.

Hornblower, Simon & Antony Spawforth, eds. *The Oxford Classical Dictionary*. Oxford: Oxford UP, 1996.

Huebner, Andrew J. *The Warrior Image: Soldiers in American Culture from the Second World War to the Vietnam Era*. Chapel Hill: The U of North Carolina P, 2008.

Huffman, John W. *Tiger Woman*. NY: CreateSpace, 2009.

_____. http://youtu.be/UqgpUaVMdQc 2011.3.16. "The Balancing Act Show." Danielle Knox와의 인터뷰

Huggett, William Turner. *Body Count*. 1973. NY: Dell, 1983.

Hunt, Lynn. *The Invention of Pornography*. 1993. 『포르노그라피의 발명: 외설성과 현대성의 기원 1500-1800』. 조한욱 옮김. 서울: 책세상, 1996.

Hurwitz, Siegmund. Lilith: *The First Eve: Historical and Psychological Aspects of the Dark Feminine*. Trans. Gela Jacobson. Einsiedeln, Switzerland: Daimon Verlag, 1992.

Hüppauf, Bernd. *War, Violence, and the Modern Condition*. NY and Berlin: Walter de Gruyter, 1997.

Hustvedt, Asti. "The Art of Death: French Fiction at the Fin de Siècle." *The Decadent Reader: Fiction, Fantasy, and Perversion from Fin-de-Siècle France*. Ed. Asti Hustvedt. NY: Zone, 1998. 11-29.

Huysmans, Joris-Karl. *A Rebours*. 1884. 『거꾸로』. 서울: 대산, 2007.

Huyssen, Andreas. *After the Great Divide: Modernism, Mass Culture, Postmodernism*. Bloomington: Indiana UP, 1986.

Inness, Sherrie. *Tough Girls: Women Warriors and Wonder Women in Popular Culture*. Phila.: U of Penn P, 1999.

Irigaray, Luce. *The Way of Love*. Trans. Heidi Bostic and Stephen Pluhacek. London and NY: Continuum, 2002.

Jacobsen, Thorkild. *The Treasures of Darkness: A History of Mesopotamian Religion*. New Haven: Yale UP, 1976.

Jacobus, Mary. *Reading Woman: Essays in Feminist Criticism*. NY: Columbia UP, 1986.

Jaffe, Aniela. 「시각예술에 나타난 상징성」. Jung 1964, 231-272.

Jaffe, Michele. *The Story of O*. 1999. 『O: 기호의 매춘부』. 박수현 옮김. 일산: 이소, 2002.

James, Henry. *The Bostonians*. 1886. NY: Vintage, 1991.

James, William. "The Moral Equivalent of War." 1910. *War: Studies from Psychology, Sociology, Anthropology*. rev. ed. Ed. Leon Bramson and George Goethals. NY: Basic, 1968.

Jancovich, Mark. "'Vicious Womanhood': Genre, the Femme Fatale and Postwar America." *Canadian Journal of Film Studies* 20:1 (Spring 2011): 100-114.

Jassanoff, Jay H. & Alan Nussbaum. "Word Games: The Linguistic Evidence in *Black Athena*." Black Athena *Revisited*. Eds. Mary R. Lefkowitz & Guy M. Rofers. Chapel Hill: The U of North Carolina P, 1996. 177-205.

Jeffords, Susan. *The Remasculinization of America: Gender and Vietnam War*. Bloomington: Indiana UP, 1989.

_____. "'Things Worth Dying For': Gender and Ideology of Collectivity in Vietnam Representation." *Cultural Critique* 16 (Winter 1987-1988): 79-103.

Jobes, Karen & Moisés Silva. *Invitation to the Septuagint*. 『70인역 성경으로의 초대』. 김구원 옮김. 서울: CLC, 2007.

Johnson, Buffie. *Lady of the Beasts: Ancient Images of the Goddess and Her Sacred Animals*. 1988. NY: HarperCollins, 1990.

Jones, David. *Women Warriors: A History*. Dulles, VA: Brassey's, 1997.

Jung, Carl. *The Archetypes and the Collective Unconscious*. 1950. Trans. R. Hull. Princeton: Princeton UP, 1959.

_____. 『원형과 무의식』. 한오수·이유경 옮김. 서울: 솔, 2019.

_____. *Aion: Researches into the Phenomenology of the Self*. 1950. Trans. R. Hull. Princeton: Princeton UP, 1959.

_____. et als. 『인간과 상징』. 1964. 이윤기 옮김. 서울: 열린 책들, 1996.

_____. Symbol und Libido. 1985. 『상징과 리비도』. 서울: 솔, 2005. 『변환의 상징』 1부. 1912, 1952. 1부. 1985a.

_____. *Heros und Mutterarchetyp*. 1985. 『영웅과 어머니 원형』. 서울: 솔, 2006. 『변환의 상징』 2부. 1985b.

_____. 『연금술에서 본 구원의 관념』. 서울: 솔, 2004.

_____. 『인간의 상과 신의 상』. 서울: 솔, 2007.

_____. *Psychology and Religion: East and West*. London: Routledge, 1978.

_____. *Mysterium Coniunctionis*. London: Routledge, 1978.

_____. *Culture in Transition*. Princeton: Princeton UP, 1959. CW 19.

_____. 『C. G. Jung의 회상, 꿈, 그리고 사상』. 1962. Aniella Jaffe 술(述). 이부영 옮김.

서울: 집문당, 1989.

Kamesar, Adam. "The Virgin of Isaiah 7:14: The Philological Argument from the Second to the Fifth Century." *Journal of Theological Studies* 41.1 (April 1990): 51-75.

Kant, Immanuel. *Kritik der Urteilskraft.* 『판단력비판』. 백종현 옮김. 서울: 아카넷, 2009.

Karakolis, Kristos. "The Relationship between Septuagint and the Hebrew Bible in Origen's Exegesis: The Example of IS 7:14." *Canon & Culture* 8:2 (2014. 10): 191-206.

Kaufmann, Jean-Claude. *Corps de femme regards d'hommes.* 1995. 『여자의 육체 남자의 시선: 토플리스 사회학』. 서울: 한국경제신문사, 1996.

Keller, Nora Okja. *Comfort Woman.* NY: Penguin, 1997.

Kelly, J. N. D. *Introduction to the Early History of Christian Doctrine.* 1960. 『고대기독교교리사』. 서울: 한글, 1980.

Kennedy, Paul. "Continuity and Discontinuity in British Imperialism 1815-1914." *British Imperialism in the Nineteenth Century.* Ed. C. C. Eldridge. London, Palgrave, 1984.

Keohane, Robert O. "The Promise of Institutionalist Theory." *International Security* 20: 1 (1995): 39-52.

_____. "Beyond Dichotomy: Conversations Between International Relations and Feminist Theory." *International Studies Quarterly* 42 (1998): 193-198.

Kerényi, Karl. *The Gods of the Greeks.* NY: Thames & Hudson, 1951.

_____. *Athene: Virgin and Mother in Greek Religion.* NY: Spring, 1978.

Kessey, Pam. *Vamps: An Illustrated History of the Femme Fatale.* San Francisco: Cleis P, 1997.

Kitto, H. D. F. *The Greeks.* 1951. 『고대 그리스, 그리스인들』. 박재욱 역. 서울: 갈라파고스, 2008.

Klein, Melanie and Joan Riviere. *Love, Hate and Reparation.* 1937. NY: Norton, 1964.

Klein, Michael. "Historical Memory and Film." Dittmar & Michaud 19-40.

Knight, Christopher, and Alan Butler. *Who Built the Moon?* 2005. 『누가 달을 만

들었는가』. 서울: 말글빛냄, 2006.

Kojève, Alexandre. *Hegel, eine Vergegenwärtigung seines Denkens*. 1947. Trans. Iring Fetscher. 『역사와 현실의 변증법』. 설헌영 다시 옮김. 서울: 한벗, 1988.

Krafft-Ebing, Richard von. *Psychopatia Sexualis*. 189. Trans. Franklin S. Klaf. NY: Bell, 1965.

Kristeva, Julia. "Stabat Mater." *The Female Body in Western Culture: Contemporary Perspectives*. Ed. Susan R. Suleiman. Cambridge: Harvard UP, 1985. 99-118.

_____. *Pouvoirs de l'horreur*. 1980. 『공포의 권력』. 서민원 옮김. 서울: 동문선, 2001.

Kuhn, Thomas. *The Structure of Scientific Revolutions*. 1962. 『과학혁명의 구조』. 서울: 까치, 1999.

Lacan, Jacques. *Écrits: A Selection*. 1966. NY: Norton, 1977.

LaCapra, Dominick. *History and Memory after Auschwitz*. Ithaca: Cornell UP, 1998.

LaCoque, Andre & Paul Ricoeur. 1998. 『성서의 새로운 이해』. 김창주 역. 서울: 살림, 2006.

Laplanche, J, and J.-B. Pontalis. *The Language of Psycho-analysis*. Trans. Donald Nicholson-Smith. NY: Norton, 1973.

Laquer, Thomas. *Making Sex: Body and Gender from the Greeks to Freud*. Cambridge: Harvard UP, 1990.

Lederer, Wolfgang. *The Fear of Women*. NY: Harvest, 1968.

Lembcke, Jerry. *Hanoi Jane: War, Sex & Fantasies of Betrayal*. Amherst: U of Massachusetts P, 2010.

Lenz, Günter H. "Toward a Diologics of International American Culture Studies: Transnationality, Border Discourses, and Public Culture(s)." *The Futures of American Studies*. Eds. Donald Pease and Robyn Wiegman. Durham: Duke UP, 2002. 461-485.

Lerner, Gerda. *The Creation of Patriarchy*. NY: Oxford, 1986.

Levenson, Jon. *Creation and the Persistence of Evil*. 1987. 1994. 『하나님의 창조와 악의 잔존』. 홍국평·오윤탁 옮김. 서울: 새물결플러스, 2019.

Levinas, Emmanuel. *Totality and Infinity*. Trans. Alphonso Lingis. Pittsburgh: Duquesne UP, 1969.

_____. *Le temps et L'autre*. 1947. 『시간과 타자』. 강영안 역. 서울: 문예출판사, 1996.

Lincoln, Bruce. "Gendered Discourses: The Early History of 'Mythos' and 'Logos.'" *History of Religions* 36: 1 (Aug., 1996): 1-12.

_____. *Theorizing Myth: Narrative. Ideology, and Scholarship*. 1999. 김윤성 외 옮김. 『신화 이론화하기』. 서울: 이학사, 2010.

Loewe, Michael. *Chinese Ideas of Life and Death: Faith, Myth and Reson in the Han Period*. 1982. 『고대중국인의 생사관』. 이성규 역. 서울: 지식산업사, 2003.

Loraux, Nicole. "What is a Goddess?" Pantel 11-45.

Lorentzen., Lois, and Jennifer Turpin, eds. *The Women and War Reader*. NY: NYU P, 1998.

Lubell, Winifred. *The Metamorphosis of Baubo: Myths of Woman's Sexual Energy*. Vanderbilt: Vanderbilt UP, 1994.

Lucie-Smith, Edward. *Sexuality in Western Art*. 1977. 이하림 옮김. 『서양미술의 섹슈얼리티』. 서울: 시공사, 1999.

Lucretius, Titus. 『사물의 본성에 관하여』. 강대진 옮김. 서울: 아카넷, 2012.

Lukacs, Georg. *The Theory of the Novel*. Trans. Anna Bostok. London: Merlin, 1978.

Luyster, Robert. "Symbolic Elements in the Cult of Athena." *History of Religions* 5:1 (Summer 1965): 133-163.

Mainon, Dominique, and James Ursini. *The Modern Amazons: Warrior Women On-Screen*. Milwaukee: Limelight, 2006.

_____. *Femme Fatale: Cinema's Most Unforgettable Ladies*. Milwaukee: Limelight, 2009.

Mann, Thomas. *Der Zauberberg*. 1924. Frankfurt: Fischer Taschenbuch Verlag, 1981. *The Magic Mountain*. Trans. H. T. Lowe-Porter. NY: Vintage, 1969.

Marcuse, Herbert. *Eros and Civilization*. 1955. NY: Vintage, 1966.

_____. "The Ideology of Death." *The Meaning of Death*. ed. Herman Feifel. NY: McGraw-Hill, 1959.

Marshall, Gail. ed. *The Cambridge Companion to Fin De Siècle*. NY: Cambridge UP, 2007.

Martin, Emily. 「여성의 몸에 관한 의학적 비유: 월경과 폐경」. *Writing on the Body:*

Female Embodiment and Feminist Theory. Eds. Katie Conboy et als. 『여성의 몸 어떻게 읽을 것인가?』. 김희선 옮김. 서울: 한울, 1997.

McDermont, Rachel F. and Jeffrey J. Kripal, eds. *Encountering Kali: In the Margins, at the Center, in the West*. Delhi: California UP, 2003.

McGann, Jerome. "The Beauty of Medusa: A Study in Romantic Literary Iconology." *Studies in Romanticism* 11 (1972): 3-25.

McGrath, Alister. *The Dawkins Delusion?: Atheist Fundamentalism and the Denial of the Divine*. 2007. 『도킨스의 망상』. 전성민 역. 파주: 살림, 2008.

Menon, Elizabeth. *Evil by Design: The Creation and Marketing of the Femme Fatale*. Urbana: U of Illinois P, 2006.

Mettinger, Tryggve. *In Search of God: The Meaning and Message of the Everlasting Names*. 1988. Trans. Grederick Cryer. 『하나님의 이름들』. 안종철 옮김. 서울: 쿰란, 2006.

Meyers, Carol. *Discovering Eve: Ancient Israelite Women in Context*. NY, Oxford: 1988.

Milton, John. *Areopagitica*. 1644. *Milton's Selected Poetry and Prose*. Ed. Jason P. Rosenblatt. NY: Norton 2011.

_____. *Paradise Lost*. 1667. Ed. Gordon Teskey. NY: Norton, 2005.

_____. 『실낙원』. 조신권 옮김. 서울: 아가페, 2013.

Mishima, Yukio. 「우국」. 『이문열 세계 명작 산책: 죽음의 미학』. 이문열 편. 파주: 살림, 1996.

_____. *Death in Midsummer and other Stories*. NY: New Directions, 1966.

Morrison, Toni. *Beloved*. NY: Plume, 1987.

Moi, Toril. *Sexual/Textual Politics: Feminist Literary Theory*. NY: Routledge, 1981.

Moore, Michael. "This is Like Déjà Vu All Over Again: Eight Types of Tautology." *ETC* (2001 Summer): 151-165.

Muchembled, Robert. *L'orgasme et l'Occident*. 2005. 『쾌락의 역사』. 노영란 옮김. 서울: 지식을 만드는 지식, 2008.

Myers, Tony. *Slavoj Zizek*. 2003. 『누가 슬라보예 지젝을 미워하는가』. 박정수 옮김. 서울: 앨피, 2005.

Nagel, Joachim. *Femme Fatale: Faszinierende Frauen*. 2009. 『팜 파탈: 유혹하는

여성들』. 송소민 옮김. 서울: 예경, 2012.

Nahm, Milton, ed. *Selections from Early Greek Philosophy*. NY: Appleton, 1964.

Naiman, Eric. *Sex in Public: The Incarnation of Early Soviet Ideology*. Princeton: Princeton UP, 1997.

Nardin, Terry, ed. *The Ethics of War and Peace: Religious and Secular Perspective*. Princeton: Princeton UP, 1996.

Nataf, Georges. *Symboles, signes et marques*. 1981.『상징, 기호, 표지』. 김정란 옮김. 서울: 열화당, 1987.

Nead, Lynda. *Myths of Sexuality: Representations of Women in Victorian Britain*. London: Blackwell, 1990.

Needham, Joseph. *Science and Civilization in China*.『중국의 과학과 문명』. II. 이석호 외 옮김. 서울: 을유, 1986.

Neumann, Erich. *The Origins and History of Consciousness*. 1949. Princeton: Princeton UP, 1973.『의식의 기원사』. 이유경 옮김. 서울: 분석심리학연구소, 2015.

_____. *The Great Mother: An Analysis of the Archetype*. 1963. Trans. Ralph Manheim. Princeton: Princeton UP, 1991.

_____. *The Fear of the Feminine and other Essays on Feminine Psychology*. Princeton: Princeton UP, 1994.

Newfield, Christopher. "The Politics of Male Suffering: Masochism and Hegemony in the American Renaissance." *Differences* 1:1 (Winter 1989): 55-87.

Newman, John. *Bibliography of Imaginative Works about American Fighting in Vietnam*. 2nd ed. NY: Scarecrow P, 1988; 3rd ed. NY: Rowman & Littlefield, 1996.

Nietzsche, Friedrich. *Das Hauptwerk*. München: Verlagsbuchhandlung GmbH, 1990.

_____.『즐거운 지식』. 곽복록 옮김. 서울: 동서문화사, (1976) 2009.

_____.「비도덕적 의미에서의 진리와 거짓에 관하여」. 이진우 옮김. 니체전집 3: 441-461.

_____. "Über Wahrheit und Lüge im aussermoralischen Sinne." *Sämtliche Werke; Kritische Studienaudgabe*. 2nd edition. Eds. Mazzino Montinari

& Giorgio Colli. München: Walter de Gruyter, 1999. I: 873-890.

_____.『즐거운 학문』. 니체 전집 12. 안성찬·홍사현 옮김. 서울: 책세상, 2009.

_____.『차라투스트라는 이렇게 말하였다』. 니체 전집 13. 정동호 옮김. 서울: 책세상, 2014.

_____.『선악을 넘어서』.『인간적인 너무나 인간적인』. 강두식 옮김. 서울: 동서문화사, 2011.

_____.『선악의 저편』. 니체 전집 14. 김정현 옮김. 서울: 책세상, 2009.

_____.『우상의 황혼』. 니체 전집 15. 백승영 옮김. 서울: 책세상, 2009.

_____.『안티 크라이스트』. 니체 전집 15. 백승영 옮김. 서울: 책세상, 2009.

_____.『이 사람을 보라』. 니체 전집 15. 백승영 옮김. 서울: 책세상, 2009.

Noddings, Nel. *Women and Evil*. Berkeley: U of California P, 1989.

Olender, Maurice. "Aspects of Baubo: Ancient Texts and Contexts." *Before Sexuality: The Construction of Erotic Experience in the Ancient Greek World*. Eds. David M. Halperin et als. Princeton: Princeton UP, 1990. 83-114.

O'Brein, Tim. *If I Die in a Combat Zone*. NY: Broadway, 1999.

Padmasambhava.『티벳 해탈의 서』. 1954. 유기천 옮김. 서울: 정신세계사, 2000.

Pagels, Elaine. *Adam. Eve, and the Serpent*. NY: Random. 1988.

_____. *The Origin of Satan*. 1995.『사탄의 탄생』. 서울: 루비박스, 2006.

Paglia, Camille. *Sexual Personae: Art and Decadence from Nefertiti to Emily Dickens*. New Haven: Yale UP, 1990.

Panikkar, Raimon. *Cultural Disarmament: The Way to Peace*. Louisville, KT: Westminster John Knox P, 1995.

Pantel, Pauline, ed. *A History of Women in the West: From Ancient Goddess to Christian Saints*. vol. 1 Trans. Arthur Goldhammer. Cambridge: Harvard UP, 1992.

Peach, Lucinda J. "An Alternative to Pacifism? Feminism and Just War Theory." *Hypatia* 9:2 (Spring 1994): 152-172.

Phillips, John. A. *Eve: The History of an Idea*. NY: Harper & Row, 1984.

Pick, Daniel. *Faces of Degeneration: A European Disorder, 1848-1918*. Cambridge: Cambridge UP, 1989.

Platon.『향연』. 천병희 옮김. 파주: 숲, 2016.

_____. 『티마이오스』. 박종현·김영균 역주. 파주: 서광사, 2000.

Poe, Edgar A. *The Unabridged Edgar Allan Poe*. Phila.: Running Press, 1983.

Pomeroy, Sarah B. *Goddesses, Whores, Wives, and Slaves: Women in Classical Antiquity*. NY: Schocken, 1975.

Ponce, Charles. *Kabbalah*. 1978. 『카발라』. 조하선 옮김. 서울: 물병자리, 1997.

Poulet, Georges. *The Metamorphoses of the Circle*. 1961. Trans. Dawson, Carley & Elliot Coleman. Baltimore: The Johns Hopkins P, 1966.

Pratt, Annis. *Dancing with Goddess: Archetypes, Poetry, and Empowerment*. Bloomington: Indiana UP, 1994.

Praz, Mario. *The Romantic Agony*. 1933. Trans. Angus Davidson. NY: Oxford UP, 1970.

Prioleau, Betsy. *Seductress: Women Who Ravished the World and Their Lost Art of Love*. NY: Penguin, 2003.

Pushkin, Alexander. 『뿌슈낀의 서사시』. 최선 외 엮음. 서울: 천지, 1995. 23-56.

Raitt, Jill. "The Vagina Dentata and the Immaculatus Uterus Divini Fontis." *The Journal of the American Academy of Religion* 48:3 (1980): 415-431.

Reardon, Betty. *Sexism and the War System*. NY: Teachers College Press, 1985.

_____. *Women and Peace: Feminist Visions of Global Security*. Albany: SUNY P, 1993.

_____. "Women or Weapons?" 1998. Lorentzen & Turpin, 289-295.

Renan, Ernest. *Vie de Jésus*. 1863. 『예수의 생애』. 최명관 옮김. 서울: 훈복, 2003.

Reuther, Rosemary. *Goddess and the Divine Feminine*. Berkeley: U of California, 2006.

Richards, Janet. "Why the Pursuit of Peace is no Part of Feminism." Elshtain & Tobias 211-225.

Ricoeur, Paul. *The Symbolism of Evil*. 1967. Trans. Emerson Buchanan. Boston: Beacon P, 1969.

Rieff, Philip, ed. *Character and Culture*. NY: Collier, 1978.

Rilke, Rainer Maria. 『두이노의 비가 외』. 김재혁 옮김. 서울: 책세상, 2000.

Rose, Jacqueline. *Why War?: Psychoanalysis, Politics, and the Return to Melanie Klein*. NY: Balckwell, 1993.

Russell. Bertrand. *Why I am not a Christian?* 『나는 왜 기독교인이 아닌가』. 송은경

옮김. 서울: 사회평론, 1999.

Rigoglioso, Marguerite. *The Cult of Divine Birth in Ancient Greece*. NY: Palgrave, 2009.

_____. *Virgin Mother: Goddess of Antiquity*. NY: Palgrave, 2010.

Robbins, Kittye. "Tiamat and her Children: An Inquiry into the Persistence of Mythic Archetypes of Woman as Monster/Villainess/Victim." *Face to Face: Fathers, Mothers, Masters, Monsters: Essays for a Nonsexist Future*. Ed. Meg Murray. Westport, Conn: Greenwood P, 1983. 75-96.

Rohmer, Sax. *The Yellow Claw*. 1915. *Four Complete Classics*. NY: Castle, 1983.

Rose, Jacqueline. *Why War?: Psychoanalysis, Politics, and the Return to Melanie Klein*. NY: Balckwell, 1993.

Ruddick, Sara. "The Rationality of Care." Elshtain & Tobias 229-254.

_____. "'Woman of Peace': A Feminist Construction." Lorentzen & Turpin 213-326.

_____. *Maternal Thinking: Toward a Politics of Peace*. 1995. 『모성적 사유: 전쟁과 평화의 정치학』. 이혜정 옮김. 서울: 철학과 현실사, 2002.

Ruelland, Jacques. 1993. 『성전, 문명충돌의 역사: 종교 갈등의 오랜 기원을 찾아서』. 1993. 김연실 옮김. 서울: 한길사, 2003.

Russell, Bertrand. *Why I am not a Christian?* 『나는 왜 기독교인이 아닌가』. 송은경 옮김. 서울: 사회평론, 1999.

Russell, Jeffrey B. *A History of Witchcraft*. 1980. 『마녀의 문화사』. 김은주 옮김. 서울: 르네상스, 2001.

_____. *Lucifer: The Devil in the Middle Ages*. 1986. 『루시퍼: 중세의 악마』. 악의 역사 III. 김영범 옮김. 서울: 르네상스, 2001a.

_____. *The Devil: Perceptions of Evil from Antiquity to Primitive Christianity*. 1987. 『데블: 고대로부터 원시 기독교까지 악의 인격화』. 악의 역사 I. 김영범 옮김. 서울: 르네상스, 2001b.

_____. *Satan: The Early Christian Tradition*. 1987. 『사탄: 초기 기독교의 전통』. 악의 역사 II. 김영범 옮김. 서울: 르네상스, 2001c.

Sagan, Carl. *The Dragons of Eden: Speculations on the Evolution of Human Intelligence*. 1977. 임지원 옮김. 서울: 사이언스북스, 2006.

_____. *Cosmos*. NY: Ballantine, 1980.

Santine, Daria. "Amazon Myths from Hederich to Bachofen." Sarah Colvin & Watanabe-O'Kelley. 15-27.

Sartre, Jean Paul. Selections from *Being and Nothingness*. *Woman in Western Thought*. Ed. Martha Osborne. NY: Random, 1979.

Sasa. Ghada. *The Femme Fatale in American Literature*. NY: Cambria P, 2008.

Scheper-Hughes, Nancy. "Maternal Thinking and Politics of War." Lorentzen & Turpin 227-233.

Schneider, Michael. 1994. 『자연, 예술, 과학의 수학적 원형』. 이충호 옮김. 서울: 경문사, 2002.

Schorske, Carl. *Fin de Siècle Vienna: Politics and Culture*. NY: Knopf, 1980.

Schubart, Rikke. *Super Bitches and Action Babes: The Female Hero in Popular Cinema, 1970-2006*. Jefferson, NC: McFarland, 2007.

Schury, Gudrun. *Lebensflut*. 2001. 『피의 문화사』. 장혜경 옮김. 서울: 이마고, 2001.

Sedgwick, Eve K. *Between Men: English Literature and Male Homosocial Desire*. NY: Columbia UP, 1985.

Shearer, Ann. *Athene: Image and Energy*. London: Viking Arkana, 1996.

Shelley, Mary. *Frankenstein*. 1831. NY: Bedford, 2000.

Showalter, Elaine. *A Literature of Their Own: British Women Novelists from Brontë to Lessing*. Princeton: Princeton UP, 1977.

_____. *Sexual Anarchy: Gender and Culture at the Fin de Siècle*. London: Bloomsbury, 1991.

Shuttle, Penelope, and Peter Redgrove. *The Wise Wound: Myths, Realities, and Meanings of Menstruation*. 1978. NY: Bantam, 1990.

Siebers, Tobin. *The Ethics of Criticism*. Ithaca: Cornell UP, 1988.

Silesius, Angelus. *Der Cherubinische Wandersmann*. 1986. 『방랑하는 천사』. 서울: 지만지, 2005.

Singer, Irving. *The Nature of Love*. Chicago: Chicago UP, 1984.

Sissa, Guilia. "Maidenhood without Maidenhood: The Female Body in Ancient Greece." *Before Sexuality: The Construction of Erotic Experience in the Ancient Greek World*. Eds. David M. Halperin et als. Princeton: Princeton UP, 1990. 339-364.

Sitchin, Zecharia. *The 12th Planet*. 1976. 『수메르, 혹은 신들의 고향』. 이근영 옮김.

서울: 이른아침, 2004.

Sjöö Monica, and Barbara Mor. *The Great Cosmic Mother: Rediscovering the Religion of the Earth*. 1975. rev. ed. NY: Harper & Row, 1987.

Skjelsboek, Inger. "Is Femininity Inherently Peaceful?: The Construction of Femininity in War." *Gender, Peace and Conflict*. Eds. Inger Skjelsboek and Dan Smith. NY: Sage, 2001. 47-67.

_____ & Dan Smith, eds. *Gender, Peace and Conflict*. NY: Sage, 2001.

Slater, Philip. *The Glory of Hera: Greek Mythology and the Greek Family*. Boson: Beacon, 1968.

Slotkin, Richard and James K. Folsom, ed. *So Dreadful a Judgement: Puritan Responses to King Philip's War, 1676-1677*. Middletown, Conn.: Wesleyan UP, 1978.

Smith, Mark. *The Early History of God: Yahweh and the other Deities in Ancient Isarael*. Grand Rapids, MI: Eerdmans, 2002.

Snell, Bruno. 『정신의 발견: 서구적 사유의 그리스적 기원』. 1955. 김재홍 옮김. 서울: 까치, 1994.

Spanos, William V. *America's Shadow: An Anatomy of Empire*. Minneapolis: U of Minnesota P, 2000.

Spengler, Oswald. 『서구의 몰락』. 1917. 박광순 옮김. 서울: 범우사, 1995.

Spong, John, S. *The Sins of Scripture*. 2005. 『성경과 폭력』. 서울: 한국기독교연구소, 2007.

Stein, Gertrude. *Wars I Have Seen*. London: Bastford, 1945.

Stephenson, Jill. *Women in Nazi Germany*. Essex: Pearson Education Ltd., 2001.

Stibbe, Matthew. *Women in the Third Reich*. London: Hodder Education P, 2003.

Stocker, Margarita. *Sexual Warrior: Women and Power in Western Culture*. New Haven: Yale UP, 1998.

Stone, Merlin. *When God was a Woman*. NY: Barnes & Noble, 1976.

Stott, Rebecca. *The Fabrication of the Late Victorian Femme Fatale: The Kiss of Death*. Hong Kong: MacMillan, 1992.

Stur, Heather. *Beyond Combat: Women and Gender in the Vietnam War Era*. Cambridge: Cambridge UP, 2011. Dragon Ladies의 신판

Sylvester, Christine. *Feminist International Relations: An Unfinished Journey.* Cambridge: Cambridge UP, 2002.

_____. "War Experiences/War Practices/War Theory." *Millenium* 40:3 (2012): 483-203.

Tal, Kalí. "The Mind at War: Images of Women in Vietnam Novels by Combat Veterans." *Contemporary Literature* 31:1 (Spring 1990): 76-96.

Tartar, Maria. *Lustmord: Sexual Murder in Weimar Germany.* Princeton: Princeton UP, 1995.

Taylor, Sandra C. *Vietnamese Women at War: Fighting for Ho Chi Minh and the Revolution.* Kansas City: UP of Kansas, 1999.

Teich, Mikulas & Roy Porter, eds. *Fin de Siècle and its Legacy.* Cambridge: Cambridge UP, 1990.

Theweleit, Klaus. *Male Fantasies: Women, Floods, Bodies, History.* 1977. Trans. Stephen Conway. Minneapolis: U of Minnesota P, 1996.

_____. "The Bomb's Womb and the Genders of War." Cooke & Woollacott 283-315.

Thompson, Lana. *The Wandering Womb.* 1999. 『자궁의 역사』. 백영미 옮김. 서울: 아침이슬, 2004.

Thurer, Shari. *The Myths of Motherhood: How Culture Reinvents the Good Mother.* Boston: Houghton, 1994.

Tickner, J. Ann. "You Just Don't Understand: Troubled Engagements Between Feminists and IR Theorists." *International Studies Quarterly* 41 (1997): 611-632.

Tobias, Sarah. "Toward a Feminist Ethic of War and Peace." Nardin 228-241.

Toynbee, Arnold. *War and Civilization.* NY: Oxford UP, 1950.

Turner, Caren G. "'Vietnam' as a Women's War." *A Companion to the Vietnam War.* Eds. Marilyn Young and Robert Buzzanco. Oxford: Blackwell, 2002. 93-112.

Upanishad. The Principal Upanisads. Ed. Trans. S. Radhakrishnan. NY: Humanity Books, 1992.

Utrio, Kaari. *A History of Eve.* 1984. 『이브의 역사』. 안미현 옮김. 서울: 자작, 2000.

Váléry, Paul. 『해변의 묘지』. 1922. 김현 역. 서울: 민음사, 1976.

Vasseleu, Cathryn. "Nor Drowning, Sailing: Women and the Artist's Craft in Nietzsche." *Nietzsche, Feminism, and Political Theory*. Ed. Paul Patton. London: Routledge, 1993.

Vernant, Jean-Pierre. "Frontality and Monstrosity." Garber & Vickers 210-231.

_____. 『그리스인들의 신화와 사유』. 1965. 박희영 옮김. 서울: 아카넷, 2005.

Veyne, Paul. *Les Grecs ont-ils cru à leur mythes?* 1983. 『그리스인들은 신화를 믿었는가?: 구성적 상상력에 대한 논고』. 김운비 옮김. 서울: 이학사, 2002.

Vincent, Gérard. 「몸 그리고 섹스의 수수께끼」. *Histoire de la vie privée*. Eds. Antoine Prost and Gérard Vincent. 1999. 『사생활의 역사 V』. 김기림 옮김. 서울: 새물결, 2006. 300-360.

Walker, Barbara G. *The Woman's Encyclopedia of Myths and Secrets*. NY: HarperCollins, 1983.

Walton, John H. *Genesis 1 as Ancient Cosmology*. 2011. 『창세기 1장과 고대 근동 우주론』. 강성열 옮김. 서울: 새물결플러스, 2017.

_____. 「역사적 아담은 있다: 원형적 창조론」. *Four Views on the Historical Adam*. 2013. Eds. Matthew Barrett & Ardel Caneday. 『아담의 역사성 논쟁』. 김광남 옮김. 서울: 새물결플러스, 2015.

Weatherford, Doris. *American Women and World War II*. NY: Castle, 2009.

Weaver, Gina M. *Ideologies of Forgetting: Rape in Vietnam War*. Albany: SUNY P, 2010.

Webb, James. *Fields of Fire*. Englewood Cliffs, NJ: Prentice Hall, 1978.

Weber, Samuel. *The Legend of Freud*. Minneapolis: U of Minnesota P, 1982.

Wedekind, Frank. *The Lulu Plays & Other Sex Tragedies*. 1952. Trans. Eric Bentley. NY: Riverrun P, 2000.

_____. 『지령, 판도라의 상자』. 이재진 옮김. 서울: 성균관대, 1999.

Wegner, Paul D. "How Many Virgin Births are in the Bible? (Isaiah 7:14): A Prophetic Pattern Approach." *JETS* 54.3 (September 2011): 467-484.

Weston, Jessie. *From Ritual to Romance*. 1920. 『제식으로부터 로망스로』. 정덕애 옮김. 서울: 문지, 1988.

Wheelright, Philip. *Metaphor and Reality*. 김태옥 옮김. 서울: 2000, 한국문화사.

Wiesner-Hanks, Merry. *Gender in History*. 2001. 『젠더의 역사』. 노영순 옮김. 서울: 역사비평사, 2006.

Wilber, Ken. *Up from Eden: A Transpersonal View of Human Evolution*. Boulder: Shambhala, 1981.

Wilde, Oscar. *Salome*. Illustr. Aubrey Beardsley. 1894. NY: Dover, 1967.

Wilk, Stephen. *Medusa: Solving the Mystery of the Gorgon*. NY: Oxford UP, 2000.

Wills, Garry. *What Paul Meant*. 2006. 『바울은 그렇게 가르치지 않았다』. 김창락 옮김. 서울: 돋을새김, 2007.

Wilson, Edmund. *Consilience: The Unity of Knowledge*. 1998. 『통섭: 지식의 대통합』. 최재천·장대익 옮김. 서울: 사이언스 북스, (2005) 2012.

Wilson, Leslie S. *Serpent Symbol in the Ancient Near East*. Lanham: UP of America, 2001.

Wittgensteon, Ludwig. *Tractatus Logico-philosophicus*. 1921. 『논리-철학 논고』. 이영철 옮김. 서울: 책세상, 2006.

Wolkstein, Diane, and Samuel Kramer. *Innana, Queen of Heaven and Earth: Her Stories and Hymns from Sumer*. NY: Harper & Row, 1983.

Woolf, Virginia. *Mrs. Dalloway*. 1925. NY: HBJ, 1953.

———. *To the Lighthouse*. 1927. NY: HBJ, 1981.

Wu, John C. H. *The Golden Age of Zen*. 1996. 『선의 황금시대』. 김연수 역. 서울: 한문화, 2006

Wunderlich, Uli. *Der Tanz in den Tod*. 2001. 『메멘토 모리의 세계: 죽음의 춤을 통해 본 인간의 삶과 죽음』. 김종수 옮김. 서울: 길, 2008.

Yalom, Marilyn. *A History of the Breast*. 『유방의 역사』. 윤길순 옮김. 서울: 자작나무, 1999.

Yarnall, Judith. *Transformations of Circe: The History of an Enchantress*. Urbana: U of Illinois P, 1994.

Zaidman, Louise. "Pandora's Daughters and Rituals in Ancient Grecian Cities." Pantel 338-376.

Zizek, Slavoj. 『폭력이란 무엇인가: 폭력에 대한 6가지 삐딱한 성찰』. 2008. 정일권 외 옮김. 서울: 난장이, 2012.

Zola, Emile. *Nana*. 1880. Paris: Gallimard, 2002.

———. 『나나』. 송면 옮김. 서울: 삼성, 1975.

권석우

서울시립대학교 인문대학 영어영문학과 교수. 연세대학교 영문과 학사, 대학원 석사, 뉴욕시립대 대학원(CUNY Graduate Center) 석사(MPhil), 박사(PhD-학위논문『폭력을 통한 타락: 헤밍웨이』). 서울시립대 인문대학장 (겸 교육대학원장), 국제언어인문학회 회장을 역임하였다. 한국연구재단 전문위원(2021.1-현재). 서울시립대학교에서 미국문학, 학살과 전쟁과 평화, 죽음학 등을 강의하며, "노근리 학살에 나타난 인종주의", "미국학의 역사적 전개", "우로보로스의 현상학" 등 41편의 논문과 미미한 4편의 공저 저술이 있다. 우암논문상(2006)을 수상했으며, 강의우수상, 연구업적우수상 등 다수 수상. "영문학자가 읽은 장자의 사생관"이 2023년 하반기 출간 예정이며, "번역이 바꾼 세계사"를 집필 중이다.

seokwook@uos.ac.kr

꼬리 먹는 뱀
우로보로스 사유와
서양 문명 비판

Ⅰ

선악과와 처녀 잉태:
유대-기독교 문명

1판 1쇄 발행 2023년 2월 28일

지은이 권석우
펴낸이 장종표

편집주간 배정환
책임편집 양성숙
디자인 *Yedang Graphic*

펴낸곳 도서출판 청송재
출판신고 2020년 2월 11일 제2020-000023호

주소 서울시 송파구 송파대로 201 테라타워2-B동 1620호
전화 02-881-5761 **팩스** 02-881-5764
이메일 sol@csjpub.com **홈페이지** www.csjpub.com
페이스북 www.facebook.com/csjpub
블로그 blog.naver.com/campzang

값은 뒤표지에 있습니다.
ISBN 979-11-91883-15-2 99300